De Belíndia ao Real

De Belíndia ao Real

José Carlos Carvalho,
Luiz Chrysostomo de Oliveira Filho,
Pedro S. Malan, Regis Bonelli
(organizadores)

De Belíndia ao Real
Ensaios em homenagem a Edmar Bacha

1ª edição

Rio de Janeiro
2018

Copyright © dos organizadores: José Carlos Carvalho, Luiz Chrysostomo de Oliveira Filho, Pedro S. Malan e Regis Bonelli, 2018

Capa: Elmo Rosa

CIP-BRASIL. CATALOGAÇÃO NA PUBLICAÇÃO
SINDICATO NACIONAL DOS EDITORES DE LIVROS, RJ

D32 De Belíndia ao Real: ensaios em homenagem a Edmar Bacha/ organização José Carlos Carvalho... [et al.]. – 1ª ed. – Rio de Janeiro: Civilização Brasileira, 2018.
il.; 23 cm.

Inclui bibliografia
ISBN 978-85-200-1363-2

1. Bacha Edmar, 1942-. 2. Reforma monetária – Brasil. 3. Brasil – Política econômica. 4. Economia – Brasil – História. I. Carvalho, José Carlos.

18-49720
CDD: 332.4150981
CDU: 336.748.5(81)

Leandra Felix da Cruz – Bibliotecária – CRB-7/6135

Direitos de edição da obra em língua portuguesa no Brasil adquiridos pela EDITORA CIVILIZAÇÃO BRASILEIRA. Todos os direitos reservados. Nenhuma parte desta obra pode ser apropriada e estocada em sistema de bancos de dados ou processo similar, em qualquer forma ou meio, seja eletrônico, de fotocópia, gravação etc., sem a permissão do detentor do copyright.

EDITORA CIVILIZAÇÃO BRASILEIRA
Um selo da
EDITORA JOSÉ OLYMPIO LTDA.
Rua Argentina, 171 – Rio de Janeiro, RJ – 20921-380 – Tel.: (21) 2585-2000.

Seja um leitor preferencial Record.
Cadastre-se no site www.record.com.br e receba informações sobre nossos lançamentos e nossas promoções.

Atendimento e venda direta ao leitor:
mdireto@record.com.br ou (21) 2585-2002.

Texto revisado segundo o novo Acordo Ortográfico da Língua Portuguesa.

Impresso no Brasil
2018

A Regis Bonelli
(in memoriam)

SUMÁRIO

PREFÁCIO – PEDRO S. MALAN   11

INTRODUÇÃO – JOSÉ CARLOS CARVALHO, LUIZ CHRYSOSTOMO
DE OLIVEIRA FILHO E PEDRO S. MALAN   13

PARTE 1 – MEMÓRIA

1. O economista escritor   31
Fernando Henrique Cardoso
2. Memória acadêmica   43
Edmar Bacha

PARTE 2 – TEORIA, POLÍTICA MONETÁRIA E FISCAL

3. A caminho da economia desmonetizada   81
André Lara Resende
4. Rotações e translações: as curvas de juros na interação fiscal-monetária   101
Eduardo Loyo
5. A crise fiscal e monetária brasileira: três episódios   113
Affonso Celso Pastore
6. Informação, nível de inflação e dinâmica inflacionária   135
Marco Bonomo
7. A nova matriz econômica e a política monetária no Brasil
entre 2011 e 2014   153
Paulo Vieira da Cunha
8. Riqueza e "intolerância com dívida": estimativas empíricas muito
preliminares   197
Gustavo H. B. Franco e Evandro Buccini

PARTE 3 – CRESCIMENTO, DESENVOLVIMENTO ECONÔMICO E BALANÇO DE PAGAMENTOS

9. Contabilizando o futuro: o Brasil na armadilha do lento crescimento   219
Regis Bonelli

10. Sem restrições, sem crescimento: uma nota sobre a macroeconomia argentina durante a bonança dos anos 2000   245
Guillermo Rozenwurcel e Ramiro Albrieu

11. Onde foi parar a restrição de divisas do modelo de três hiatos?   265
José Carlos Carvalho

12. Mercado de capitais: breve história de uma trilogia   287
Luiz Chrysostomo de Oliveira Filho

13. Obsessão autárquica: visão a longo prazo do Brasil na economia mundial   327
Marcelo de Paiva Abreu

14. A economia política da reforma comercial: o papel dos portos   343
José Tavares de Araújo Jr.

15. Brasil e as cadeias de comércio globais   367
Thomas Wu e Daniel Leichsenring

PARTE 4 – ECONOMIA E DISCIPLINAS CONTÍGUAS

16. As fábulas e o economista no país dos contrastes   391
Maria Laura Viveiros de Castro Cavalcanti

17. A ambição do Supremo e o Plano Real   401
Joaquim Falcão

18. A elite política brasileira e os desafios da segunda década do século XXI   417
Bolívar Lamounier

19. A saga de Belíndia: as políticas sociais no país dos contrastes   431
Simon Schwartzman

20. Oferta de trabalho e mobilidade urbana   471
José Márcio Camargo e Rafael Bacciotti

PARTE 5 – DEPOIMENTOS E AGRADECIMENTO

21. Lembranças de uma amizade mais do que cinquentenária   487
Alkimar R. Moura

22. Saudação   497
Regis Bonelli
23. Depoimento   501
Elena Landau
24. Do interesse pela economia ao interesse pela defesa da abertura da economia   503
Sandra Polónia Rios
25. Tributo a Edmar Bacha   507
Márcio Garcia
26. Palavras de agradecimento   509
Edmar Bacha

SOBRE OS AUTORES   511

Prefácio
Homenagem a um grande amigo

Pedro S. Malan

Edmar, esse menino vai longe foi o título do livro escrito por Alaíde Lisboa, que tinha o jovem Edmar, seu sobrinho predileto, como personagem. A escritora mostrou suas mineiras virtudes: pendor literário, astúcia, sensibilidade e faro premonitório. Mas creio que ainda não alcançara imaginar quão longe o menino de fato chegaria, ao completar 75 anos de vida.

Naquela ocasião – fevereiro de 2017 –, a legião de amigos(as) e admiradores(as) se fez representar, através de mais de sessenta participantes (alguns vindo especialmente do exterior), em um dia inteiro de intenso, substancioso e festivo seminário realizado no Instituto de Estudos de Política Econômica (Casa das Garças). Este livro reúne trabalhos ali apresentados, bem como alguns comoventes depoimentos sobre o homenageado, entre as dezenas dos gravados em vídeo ao longo daquele dia.

Mesmo quem, como eu, teve o privilégio de acompanhar a brilhante carreira de Edmar desde o final dos anos 1960, após a obtenção de seu doutorado em Yale (1968), ficará impressionado com a leitura da "Memória acadêmica" escrita pelo próprio Edmar, e em boa hora publicada aqui neste livro. As detalhadas explicações do autor sobre o que o levou a escrever seus vários textos mostram que há método e eixos temáticos conferindo certa unidade implícita ou subjacente à sua vastíssima obra.

Edmar sabe, como bom epistemólogo, que nas ciências (exatas e humanas), a abertura bíblica "no princípio era o verbo" se expressa como no princípio era uma pergunta, ou a identificação de um problema para o qual se procuram respostas. Estas tentativas de respostas assumem a forma de hipóteses que devem ser submetidas às evidências disponíveis, com resultados destas avaliações devidamente divulgados.

Só se pode falar em "teoria" se um conjunto de hipóteses sobre problemas inter-relacionados for se constituindo ao longo do tempo como compatíveis ou não conflitantes com as sempre cambiantes evidências e sobrevivendo às possibilidades de "falsificação" por hipóteses competidoras para a interpretação dos problemas em questão. Em suma, infindáveis diálogos – espera-se que não de surdos –, especialmente nas ciências humanas.

Os privilegiados que tiveram a oportunidade de ler o extraordinário livro de Edmar, *Belíndia 2.0: Fábulas e ensaios sobre o país dos contrastes,* terão se dado conta de que o autor, na sua maturidade, não hesita em utilizar, à maneira de Max Weber e Nicholas Kaldor, "tipos ideais" e "fatos estilizados" ou, à maneira de Jorge Luis Borges, labirintos, metáforas e fábulas (inclusive eróticas, como o delicioso texto "Discreto erotismo da economia"). Tudo vale a pena quando a alma não é pequena, e o objetivo maior, sempre, ainda que implícito, é o de ajudar o leitor a fazer perguntas, identificar problemas e, principalmente, melhor compreender – e melhor contribuir ou transformar o Brasil, para melhor, como sempre procurou fazer Edmar Bacha.

Há economistas que tiveram (e têm) destacada atuação no ensino e/ou na pesquisa em economia e na formação de gerações. Há economistas que tiveram destacadas atuações no setor público, seja como formuladores de políticas, seja como operadores; e, pelo exemplo, influenciaram gerações. Ou que tiveram atuações no setor privado como estrategistas ou grandes executivos e operadores, também influenciando gerações. Há economistas que tiveram destacada atuação nos meios de comunicação, contribuindo de forma significativa para a melhoria da qualidade do debate sobre políticas públicas. Há economistas que estabeleceram sólida reputação no seu próprio país e na sua região.

Faço a seguinte pergunta ao eventual leitor: quem entre os economistas brasileiros combinou todas as características listadas acima, e que chega aos 75 anos tendo meio século de ininterrupta produção intelectual de alta qualidade publicada no Brasil e no exterior?

Acertou! É aquele menino que iria longe. E foi. Chama-se Edmar Lisboa Bacha, de quem tenho orgulho de ser amigo, e a quem prestamos, com este livro, uma singela, mas merecidíssima, homenagem.

Introdução

José Carlos Carvalho,
Luiz Chrysostomo de Oliveira Filho
e Pedro S. Malan

"Para ser original, é preciso juntar conhecimento com imaginação."
Fernando Henrique Cardoso, *in O economista escritor,*
Academia Brasileira de Letras, abril de 2017.

Este livro homenageia os 75 anos do economista **Edmar Lisboa Bacha** e seus mais de cinquenta anos de profícua e destacada carreira acadêmica e profissional. Os ensaios espelham parte importante de sua temática como pesquisador criativo e grande formulador de políticas públicas. Os autores desta coletânea estiveram presentes em um grande seminário na sede do Instituto de Estudos de Política Econômica/Casa das Garças (IEPE/CdG) em fevereiro de 2017. Os debates contaram com a reflexão de acadêmicos de diversas áreas do saber, destacados representantes do setor privado, autoridades e ex-autoridades públicas, do Brasil e do exterior. Entre as mais de oitenta pessoas vindas do país e do exterior – Paris, Washington, Nova York, Buenos Aires e Córdoba –, sobressaiu a participação de colegas de profissão e de seus ex-alunos. Estes vieram celebrar a importante data com o mestre que, por muitos anos, lhes ensinou com dedicação e rigor os meandros da ciência econômica.

Edmar, como poderá ser apreciado ao longo das páginas que se seguem, sempre cultivou o hábito de agregar e nunca excluir. Agregou admiradores e seguidores não por imposição, mas pelo brilho com que sempre enfrentou os problemas e dilemas do país. Com exitosa e destacada carreira internacional, um dos primeiros doutores em Economia do Brasil formados no exterior (Yale University, Estados Unidos, 1968), pesquisou e lecionou nas seguintes instituições: Harvard University, Massachusetts Institute of Technology (MIT), Columbia University, Yale University, University of California, em Berkeley, e Stanford University. Teve participação ativa na organização dos programas de mestrado do Departamento de Economia da Universidade de Brasília nos anos 1970 e depois, nos anos 1980, no da Pontifícia Universidade Católica do Rio de Janeiro, onde formou alunos, mestres e doutores. Serviu como consultor em instituições multilaterais, como a ONU, Banco Mundial, UNCTAD, Banco Interamericano de Desenvolvimento e Fundo Monetário Internacional. Publicou centenas de artigos em revistas científicas e livros para o público especializado, escreveu livros para o ensino de seus alunos, e redigiu artigos didáticos para o público, em revistas e jornais de grande circulação. Edmar sempre teve a preocupação de evitar o jargão clássico, ou o hermetismo do meio. Sempre quis, seja através de fábulas, seja pelo simples fato de escrever com clareza, que todos pudessem entender e participar das grandes questões nacionais.

Sua atuação, entretanto, não se restringiu à produção e ao ensino de ideias. Foi ativo na vida pública e privada. No setor público comandou o IBGE e o BNDES. Como formulador, esteve ativo na criação do Plano Real, além de ter participado do Plano Cruzado. Colaborou com um banco privado, o BBA, no Brasil e em Nova York. No setor privado, também presidiu a mais importante associação de classe do sistema financeiro e de mercado de capitais, a ANBID, hoje ANBIMA. Desde 2003, é sócio fundador e diretor do IEPE/CdG, um importante centro independente de estudos e debates econômicos, políticos e sociais no Rio de Janeiro.

O livro *De Belíndia ao Real* está organizado em cinco seções além desta introdução. São contribuições de 29 autores em 21 artigos e seis depoimentos, além do Prefácio. A seção inicial, Memória, contém uma descrição detalhada da trajetória intelectual e profissional de Edmar Bacha. As três seguintes – Teoria, política monetária e fiscal; Crescimento, balanço de pagamentos e desenvolvimento; e Economia e disciplinas contíguas – dão conta do conjunto de interesses do homenageado, em que seus autores procuraram dar destaque, em cada um dos textos, ao universo de pesquisas e publicações de Edmar. O livro conclui com uma série de depoimentos de colegas e alunos, tendo por fim o próprio agradecimento do homenageado.

Para o leitor interessado, vale acrescentar que todas as apresentações estão disponíveis no site do Instituto (<www.iepe/cdg.com.br>). Em adição aos textos aqui publicados há outras quatro discussões que completam o debate e que não estão reproduzidas neste volume. São elas: i) as mudanças de longo prazo e a pressão estrutural por maiores gastos públicos no Brasil, de Pedro S. Malan e Monica de Bolle; ii) a abordagem epistemológica sobre psicanálise e ciência econômica, de Francisco Lopes; iii) uma discussão empírica sobre efeitos fiscais e inflação, de Márcio Garcia e Diogo Guillén; e iv) a análise da inflação na Argentina nos anos 2000 com base em um modelo neoestruturalista, de Roberto Frenkel e Diogo Friedheim. Persio Arida participou das discussões e contribui com uma apresentação posterior sobre inflação inercial e moeda no Departamento de Economia da PUC-Rio.

Memória

Essa seção se inicia com um testemunho histórico sobre o economista escritor. Preparado e lido pelo acadêmico e ex-presidente da República Fernando Henrique Cardoso no evento de recepção de Edmar Bacha na Academia Brasileira de Letras, em 7 de abril de 2017, o texto discorre com maestria sobre os atributos de Edmar e sua relação com a gênese do Plano Real. Partindo do referencial metafórico de Belíndia e seu reino, escrito em 1974, e de outras duas fábulas incluindo o Lisarb (o país das coisas ao avesso), a serem comentadas mais à frente, FHC mostra como Edmar tornou palatáveis explicações áridas e conceitos abstratos em textos que dão concreção ao que ele quer dizer. As fábulas, em parte escritas em um período de forte censura política, deram conta das mazelas e infortúnios de um país com grandes diferenças de renda e com altos níveis de inflação.

Em uma bem-humorada narrativa, Fernando Henrique detalha a história de como foi construído o pensamento que derrubou a inflação com a reforma monetária de julho de 1994, dando origem a uma nova moeda, o Real. Ele relaciona o desenvolvimento intelectual de Edmar, suas principais descobertas, publicações e motivações de sua experiência profissional, desde os tempos da ODEPLAN, no Chile dos anos 1970. Está também ali contada com leveza e clareza a necessidade de se entender a experiência anterior do Austral na Argentina e do Cruzado no Brasil; a concepção da necessária desindexação da economia e a lógica de se criar uma unidade indexada denominada URV (Unidade Real de Valor). No capítulo, é ressaltado o rito de passagem do técnico para o "intelectual público". O momento em que o economista deixa de ser apenas um formulador para se tornar um hábil negociador e interlocutor no Congresso Nacional junto às lideranças políticas, no esforço de aprovação do novo plano de estabilização.

O autor lembra que Edmar, assim como outros ilustres economistas membros passados da Academia – Roberto Simonsen, Roberto Campos e Celso Furtado –, apesar das diferentes visões e concepções, coincidiram num ponto crucial: colocaram toda a sua sabedoria e conhecimento a serviço de um Brasil melhor.

Na sequência, a seção apresenta a Memória Acadêmica de Edmar, organizada e escrita por ele mesmo. Mais do que uma sistematização do conjunto de artigos publicados ao longo de sua produtiva trajetória, o capítulo é parte de uma interessante história do pensamento econômico brasileiro e um exemplo de disciplina e coerência intelectual.

Desde meados dos anos 1960 Edmar tem escrito sobre teoria, desenvolvimento econômico, economia da América Latina e sobre diversos problemas da economia brasileira, como crescimento, produtividade, desigualdade, política comercial, comércio internacional e inflação. Com o propósito de organizar sua produção acadêmica, o artigo relaciona as publicações com suas principais afiliações institucionais: Yale University, 1964-1968; ODEPLAN, Chile, 1969; IPEA-Rio, 1970-1971; Universidade de Brasília e Harvard University, 1972-1978; PUC-Rio, 1979-1993; interregno de pesquisas acadêmicas, 1994-2002; e IEPE/CdG desde 2003.

É notável acompanhar ao longo do texto suas primeiras publicações – como a de 1966, sobre o México, no *El Trimestre Económico* –, passando por sua tese de doutorado sobre a política brasileira do café em 1968, na Yale University, ao artigo de 1971 com Lance Taylor no *Quarterly Journal of Economics*, que cunhou a fórmula conhecida na literatura econômica como a "taxa de câmbio sombra Bacha-Taylor", importante medida inclusive para os formuladores de política estimarem a taxa de câmbio apropriada para uma política de liberalização dos fluxos comerciais.

Nos anos 1970, além de publicar sua primeira fábula, "O rei da Belíndia", em linguagem acessível e para um público maior, Edmar aprofundava suas investigações analíticas de caráter mais teórico como, por exemplo, na chamada controvérsia de Cambridge sobre a teoria do capital, em coautoria com Dionísio Dias Carneiro, ou na revisão crítica da literatura sobre a curva de Kuznets, em seus estudos em Harvard sobre distribuição de renda.

Posteriormente, no período em que esteve como professor ou à frente do Departamento de Economia da PUC-Rio nos anos 1980/1990, Edmar conduziu um conjunto de pesquisas que ajudaram a redefinir nosso pensamento econômico e a interpretação de nossa realidade econômica. Seus interesses pelos assuntos macroeconômicos versaram sobre áreas diversas. Desde a crise da dívida, a escassez de divisas e a estagnação até a inflação. É do início deste período (1982) sua reinterpretação do modelo de crescimento de dois hiatos, de Bruno e Chenery, que levará mais à frente a sua clássica modelagem de três hiatos (1990) que se tornou a base para vários estudos empíricos sobre crescimento na América Latina. Um pouco adiante, Edmar passou a se dedicar, entender e refletir sobre o principal mal do país no período: a inflação. Usando de sua habilidade na construção de fábulas, Edmar atacou o problema, e de forma criativa e elucidativa, através de Lisarb e de Inflaflução, ajudou um público maior a compreender a gravidade da questão. No centro de um celeiro de ideias, Edmar, junto com seus colegas da PUC-Rio, elaborou uma nova agenda e um novo diagnóstico para a questão da inflação. Os artigos, seminários e discussões desse período foram cruciais não somente para uma nova compreensão dos requisitos para a estabilização de preços, como também desembocaram na formulação e execução do Plano Real em 1994.

16 | DE BELÍNDIA AO REAL

Nos últimos anos a Memória Acadêmica de Edmar prossegue mostrando com riqueza seu aprofundamento de temas passados, bem como o desenvolvimento de novas linhas de reflexão. Essas passam a refletir a realidade pós-Real, as adversidades após a crise financeira de 2009 e as mudanças na política econômica depois de 2003. São investigados temas como as elevadas taxas de juros no país, a razão de nossa "incerteza jurisdicional", a ineficiência dos mercados locais de capitais, a desindustrialização, a falta de integração do país às cadeias globais de valor, além do encaminhamento de uma nova agenda social para o Brasil, tema que sempre esteve no radar do economista escritor, como diria Fernando Henrique Cardoso.

TEORIA, POLÍTICA MONETÁRIA E POLÍTICA FISCAL

Nesta seção são reunidos capítulos que abrangem tópicos de teoria econômica, revisitados sob olhares distintos, e de interpretação das políticas monetária e fiscal dos últimos anos no Brasil e no mundo. São elencados desafios, acertos, erros e propostas de novos caminhos.

André Lara Resende abre a seção com uma erudita e elucidativa discussão sobre o papel da moeda e as teorias monetárias. Em uma análise que perpassa a evolução da história do pensamento econômico dos últimos trezentos anos, ele discute as várias interpretações sobre o papel da moeda e da política monetária especialmente após o advento da crise financeira de 2007/2008, lembrando que na última década do século passado a teoria monetária passou por uma grande reviravolta. Citando Hicks, o autor menciona que novas teorias monetárias surgem como consequência das próprias crises financeiras.

As atuações dos bancos centrais dos Estados Unidos, da Inglaterra, do Japão e do Banco Central Europeu, com suas políticas de *Quantitative Easing* (QE) e estímulo monetário, trouxeram novamente à tona a discussão e o questionamento da Teoria Quantitativa da Moeda (TQM). Mesmo com o aumento maciço da base monetária – na casa de centenas de bilhões de dólares por esses bancos centrais –, pouco efeito se viu no aumento da taxa de inflação.

Aprofundando a análise, André Lara Resende recorda as principais funções da moeda e destaca seu papel primordial como unidade de conta. Discorre sobre as ideias de David Hume e Adam Smith, passando pelo nascimento da TQM; as redefinições de visões sobre o que eram as moedas metálicas e as quase-moedas, como o crédito; a inconstância da velocidade de circulação da moeda presente nos debates entre keynesianos e monetaristas nas décadas de 1960/1970; e a consideração sobre a exogeneidade da oferta de moeda e os possíveis mecanismos de transmissão. André ainda detalha a história da "controvérsia bulionista" no passado, os debates posteriores da Cambridge inglesa, com Kaldor e Joan Robinson, até a Escola Estruturalista Latino-Americana na década de 1950.

Ao final do ensaio o autor detalha a importância de Wicksell para o melhor entendimento do mundo contemporâneo, com elevada sofisticação financeira, e indica que é seu arcabouço clássico que deveríamos considerar como o ponto de partida natural para a urgente revisão da teoria monetária. Ressalta que a TQM é uma descrição possível para um sistema de pagamentos puramente monetário, mas que se torna irrealista à medida que o sistema de pagamentos se sofistica, evoluindo para um sistema contábil, ou "uma economia de puro crédito". O autor conclui mencionando a contribuição de Michael Woodford de 2003 em sua abordagem "neowickelliana para um modelo neokeynesiano", em que a moeda sai de cena e a taxa de juros se torna a variável de política monetária, através da qual as autoridades monetárias poderiam influir sobre a demanda agregada e o nível de preços. Uma rica proposição para repensar nossos novos tempos.

Eduardo Loyo explora as dificuldades de se interpretar de forma tradicional os caminhos e descaminhos recentes da gestão da política monetária internacional em economias avançadas. Em um mundo ainda perplexo por anos seguidos de afrouxamentos quantitativos, taxas de juros negativas, baixo crescimento e resiliência a estímulos fiscais, mudanças de rotas ou anúncios de autoridades monetárias podem, e devem, ser questionados. A partir de um comunicado do Banco Central do Japão no final de 2016 sobre um novo tratamento da taxa de juros de dez anos, o autor esmiúça o que poderiam ser os reflexos sobre a inclinação da estrutura a termo da taxa de juros e sobre o resto da economia (e da própria política monetária) e como esses possíveis impactos poderiam ser mensurados. Acrescenta ainda ser difícil *a priori* justificar certas tendências ou previsões em um mundo interligado, onde decisões de alguns países, em especial os Estados Unidos pós-Trump, influenciam mercados e as interações entre as políticas monetária e fiscal. Usando o termo "Europa caudatária", mostra como a comparação da Eurozona com o Japão foi particularmente irônica, dado que o Banco Central Europeu (BCE) não parecia disposto a replicar a moderação japonesa do achatamento da estrutura a termo e acabou enfrentando uma abertura muito maior de taxas por força da reprecificação da curva de juros norte-americana. Loyo sugere cautela ao se interpretarem esses fenômenos, usando a alegoria das "rotações", e termina por indicar que "essa história ainda está longe de terminar" e que estamos "muito longe de ter clareza de como terminará".

Affonso Celso Pastore revisita com propriedade e clareza as crises monetária e fiscal do Brasil das décadas de 1970 e 1980 e tira lições dessas experiências para analisar a crise fiscal atual. O problema da armadilha do baixo crescimento recente é atribuído à expansão persistente do gasto público que vem sendo observada no período posterior ao Plano Real – e só poderemos escapar dessa armadilha promovendo as reformas que afastem o fantasma da dominância fiscal.

Marco Bonomo explora uma área de grande conhecimento e experiência dos brasileiros, a inflação, seus diagnósticos e as formas de debelá-la. Relembra sua própria história de convívio com o tema desde os tempos de graduação e mestrado no Departamento de Economia da PUC-Rio nos anos 1980, onde as primeiras ideias não ortodoxas foram gestadas. Foi lá que nasceram as duas vertentes principais de propostas que visavam quebrar a inflação inercial, a saber, o choque heterodoxo de Francisco Lopes – propondo um congelamento simultâneo de preços e salários (como no Plano Cruzado de 1986) – e a moeda indexada de André Lara Resende e Persio Arida, que defendia uma conversão voluntária de preços a uma nova moeda plenamente indexada e que circularia paralelamente à antiga, até sua extinção – a base do Plano Real de 1994.

Uma questão que sempre instigou Bonomo foi a dinâmica da inflação e as consequências de sua aceleração em ambientes de inflação moderada ou de descontrole absoluto. Através de um simples modelo econométrico, o autor reintroduz a discussão e validade da Curva de Phillips para o Brasil em momentos de inflação alta e baixa, subdividindo as estimações por períodos, levando em conta dois momentos diferentes: de 1976 até 1994 (excluindo 1986/1990, período de vários planos de estabilização) e de 1995 até 2010, no intervalo pós-estabilização. Seu objetivo foi ilustrar como o ambiente de inflação alta é bem diferente do de inflação baixa, mesmo quando incluído o nível de atividade como variável explicativa. São ainda analisadas experiências passadas de combate à inflação, como no caso de Israel nos anos 1980, assim como diversas interpretações ao longo dos últimos vinte anos dos efeitos de choques inflacionários de oferta, modelos com incerteza e aceleração endógena de preços, modelos com expectativas racionais e sistemas dinâmicos, até visões mais recentes de aplicações da teoria fiscal de preços. Por fim, o autor nos apresenta sua interpretação do fenômeno inflacionário (e de sua dinâmica), descrevendo um mecanismo de transmissão em que considera fundamental observar o que chama de conteúdo informacional dos preços relativos, em um mundo onde a inflação "embaça" a percepção desses preços para os consumidores. Esse mecanismo, pontua, não é compartilhado pelas firmas que fixam os preços, mas atinge os consumidores que não conseguem fazer uma "leitura" correta por serem imperfeitamente informados.

Paulo Vieira da Cunha aborda como um viés ideológico pode desmontar uma gestão de política econômica, desestruturando-a e levando o país a uma de suas mais profundas crises. A adoção do que passou a se chamar de a Nova Matriz Econômica (NME) inaugurou, a partir de 2011, um período de desmandos fiscais e reinterpretações da política monetária até então vigente. A visão central era de que a maneira de se contrapor aos efeitos da crise econômica internacional no Brasil deveria estar baseada na execução de uma política anticíclica, com usos e abusos de qualquer instrumento disponível de política pública, especialmente na intersecção entre a política monetária e fiscal. Com rigor e farta base de dados, Paulo mostra, entre outras características do período: i) como se deu o ativismo fiscal, a implementação das chamadas políticas macroprudenciais; ii) a relação espúria entre o Tesouro e o Banco Central; iii) a reinterpretação da política de metas de inflação com reflexos diretos sobre reduções artificiais de juros; iv) práticas de controle de preço e câmbio; v) "contabilidades criativas" e o uso de instituições financeiras do governo para contrapor-se ao que se definia como "enfraquecimento da demanda interna". A justificativa da implementação dessa política "keynesiana tropical", ou "desenvolvimentista", partiu do princípio de que a maneira de se contrapor à queda da demanda externa e à mudança desfavorável dos termos de troca, pós-*boom* das *commodities*, deveria ser através de mais consumo, por estímulos fiscais, creditícios ou qualquer outro elemento que estimulasse o aumento da renda disponível, incluindo-se aí aumentos reais do salário mínimo. Não havia qualquer atenção realista ou preocupação com a recuperação do investimento privado, a produtividade ou o equilíbrio das contas públicas. As trágicas consequências da implementação da NME foram o descrédito da autoridade monetária, déficits crescentes e reforço dos elementos inerciais da inflação. Paulo conclui lembrando que a observância a normas disciplinares por parte do Tesouro é essencial para uma correta convergência com as políticas do Banco Central. Segundo ele, o principal desafio é construir uma base fiscal duradoura para se alcançar uma política monetária eficaz: a probabilidade de um fracasso fiscal constrange e reduz o escopo da política monetária. E isso, ressalta, foi esquecido e engavetado.

Gustavo H. B. Franco e Evandro Buccini exploram empiricamente, na tradição de Piketty, se as estimativas da riqueza privada no Brasil passível de ser alocada em títulos públicos poderiam nos ajudar a entender se os atuais níveis de endividamento público começam de fato a comprometer nosso futuro. O princípio subjacente à análise, especialmente no Brasil pós-1994, onde a inflação não mais serve de ajuste, é que a observância da sustentabilidade da dívida pública deveria estar calcada em duas possibilidades: ou bem se resolve com a geração de superávits primários ou se garante com o patrimônio preexistente. Nesse sentido, a preocupação dos autores é questionar se no presente estamos diante de um *crowding out* ou se estamos tranquilos com o aumento da dívida pública, podendo esta ser absorvida pelo aumento da poupança privada. Após as estimativas e uma análise comparativa com diversas nações em diferentes estágios de desenvolvimento, os autores indicam que nosso endividamento público está entre os maiores do mundo quando comparado com a riqueza privada interna. Uma boa justificativa para termos ainda hoje uma das maiores taxas de juros do mundo e processos recorrentes de *crowding out*, em que o crescimento da dívida pública ocorre às expensas da expulsão de instrumentos financeiros privados.

CRESCIMENTO, BALANÇO DE PAGAMENTOS E DESENVOLVIMENTO ECONÔMICO

Os três blocos de discussão deste grupo de ensaios apresentam temas aos quais Edmar dedicou longo período de investigação, produzindo amplo material de pesquisa acadêmica, influenciando gerações de economistas aqui e no exterior. A problemática e os dilemas de nosso volátil crescimento, do lento desenvolvimento econômico e as restrições impostas por nosso balanço de pagamentos em vários momentos de nossa história são aqui retratados.

Regis Bonelli abre a discussão com uma estruturada verificação de como a produtividade está na origem do baixo crescimento brasileiro, mostrando que a forte queda na produtividade do trabalho e também do capital é um problema que vai se tornar ainda mais relevante nos próximos anos, quando a transição demográfica for se aprofundando. Dentre as alternativas sugeridas pelo autor são enfatizados o papel da educação e também um aumento no grau de participação do comércio exterior no PIB, tema explorado na sequência.

Guillermo Rozenwurcel e Ramiro Albrieu usam o modelo dos três hiatos de Bacha (1990) para explicar o crescimento argentino das últimas décadas. Observam que a falta de divisas pode ter sido relevante para conter o crescimento nas décadas de 1970 e 1980, mas a restrição fiscal parece ter sido o principal fator que explica o baixo crescimento na Argentina nos últimos anos.

No capítulo seguinte, José Carlos Carvalho faz uma análise semelhante para o caso brasileiro. Observa que aqui a abundância recente de reservas cambiais foi muito mais evidente do que no caso argentino, e ainda assim o crescimento econômico não veio – culpa da precária situação fiscal. Levando o argumento da menor importância de divisas ao extremo, analisa o desempenho econômico da Austrália, que opera num sistema de câmbio livre – praticamente sem usar reservas cambiais – mas com equilíbrio fiscal.

Luiz Chrysostomo de Oliveira Filho volta aos temas da *Trilogia de mercado de capitais*, obra por ele organizada com Edmar Bacha (volumes I e II) e Armando Castelar (volume III) nos anos 2005, 2006 e 2007, referência no estudo sobre o tema, e desenvolvida a partir de uma parceria entre a Anbid (atual Anbima) e o Instituto de Estudos de Política Econômica/Casa das Garças (IEPE/CdG). No capítulo é feita uma revisão do que foi discutido no período e atualizadas as perspectivas para nosso mercado de capitais nos próximos anos. À luz das experiências brasileira e internacional, são examinadas questões relativas a indexação, tributação, fundos compulsórios e bancos públicos. São relembrados os diagnósticos e as sugestões discutidas à época, bem como a adoção posterior de políticas públicas no segmento. O capítulo demonstra ainda que, apesar de o mercado de capitais brasileiro possuir ampla e eficiente infraestrutura, governança aprimorada, regulação eficiente, investidores sofisticados e autorregulação ativa, sua relevância permanece diminuta. Para que as empresas e o setor de infraestrutura pudessem contar com um financiamento de médio e longo prazos não bancários, seria necessário completar o ciclo de estabilização do país. Desequilíbrios fiscais permanentes, dívida pública elevada e as incertezas institucionais postergam um maior aprofundamento desse mercado e atrasam o próprio desenvolvimento econômico.

Nos últimos anos, Edmar Bacha tem dedicado parte de suas pesquisas ao que poderíamos chamar de a economia política da proteção e se pergunta por que o Brasil continua a ser uma das economias mais fechadas do mundo. Bacha dedicou análises ao tema da abertura comercial levando em conta aspectos ligados à eliminação gradual de barreiras comerciais, com a devida compensação por um processo ordenado de desvalorização cambial. Da mesma forma, pontuou os entraves à adoção de acordos de livre comércio e ao desenho de propostas para reduzir custos de transação. Os três artigos seguintes – de autoria de Marcelo de Paiva Abreu, José Tavares de Araújo Junior, Thomas Wu e Daniel Leichsenring – se debruçam sobre esses dilemas e propõem caminhos.

Marcelo de Paiva Abreu aborda nossa tradicional obsessão pela autarquia numa perspectiva histórica, observando que hoje nossa economia é mais fechada do que no passado. No Brasil, o índice de exportações em relação ao PIB atingiu o pico antes da Primeira Guerra Mundial em mais de 20% e hoje situa-se em torno de 12%. Na década de 1950, chegamos a representar 2,2% das exportações mundiais, alimentados em boa parte pelos altos preços do café, mas caímos rapidamente para um índice inferior a 1% ao longo dos anos. O autor destaca pontos referentes a nossa política de proteção desde meados do século XIX, tanto do ponto de vista da aplicação de tarifas como dos controles quantitativos de importação. A adoção de políticas protecionistas, à exceção de breves períodos, sempre foi vista como parte de um mecanismo que alavancaria o crescimento local. Marcelo relaciona a autarquia com a política passada de proteção do café, via mecanismos de intervencionismo estatal, com desdobramentos para o início da industrialização no país, em especial no enfrentamento dos problemas do balanço de pagamentos no pós-guerra. A esse processo se somaram atitudes de política econômica e comercial de subsídios às exportações nos anos 1960/70 e estratégias de acordos comerciais regionais em detrimento de outras formas de se relacionar com o mundo globalizado. O autor termina com um certo ceticismo, alegando que uma mudança na direção de maior extroversão exigirá uma ruptura com a tradição herdada. Para ele, políticas menos autárquicas dependerão de melhorias em outros aspectos da política econômica para reduzir efeitos adversos de curto prazo de uma maior liberalização do comércio. Questiona se estaríamos de fato preparados para enfrentar definitivamente essa nova opção.

José Tavares de Araújo Junior enfrenta a discussão do custo de transação através de detalhada análise da importância do setor portuário, à luz da experiência internacional recente e da legislação brasileira. Mostra que na Europa e na China o desempenho empresarial das autoridades portuárias fortalece o viés liberalizante da política comercial. Faz referências a estratégias de gestão com maior eficiência nas reduções de custos e medidas de facilitação ao comércio, como o estabelecimento de acordos de cooperação com portos de outros países e a adesão a parcerias público-privadas com o intuito de obter melhorias na integração de modais de transporte. Por outro lado, o autor indica que no Brasil a situação é oposta, dado o quadro de ineficiência das Companhias Docas e da legislação atual. Conclui sugerindo que, sem mudanças na governança e aperfeiçoamentos regulatórios, parte da agenda de liberalização caminhará lentamente, favorecendo grupos políticos e empresariais de caráter protecionista.

Reforçando a relevância do tema, no capítulo que fecha a seção, Thomas Wu e Daniel Leichsenring se debruçam sobre a urgência da uma maior integração do Brasil às cadeias de comércio global. Os autores realizam uma cuidadosa análise dos benefícios da maior participação no comércio global, provendo ainda uma farta comparação com outros países, evidenciando como esse pode ser o caminho para reversão de nossa baixa produtividade e crescimento.

ECONOMIA E DISCIPLINAS CONTÍGUAS

Uma das características de Edmar como economista sempre foi seu apreço por uma visão analítica mais ampla da sociedade. Sua produção acadêmica como cientista social esteve alicerçada em considerações sobre aspectos históricos, políticos e na dinâmica social do país e da América Latina. Esta seção vai além do que nossa *dismal science* normalmente se propõe a enfrentar. Somos brindados com cinco visões, escritas por uma antropóloga, um jurista, um cientista político, um sociólogo e dois economistas. Após a discussão de temáticas sociais e políticas, o último capítulo da seção quantifica impactos de políticas públicas sobre a mobilidade urbana.

Maria Laura Viveiros de Castro Cavalcanti, cúmplice de vida e ideias de Edmar, destrincha com humor e clareza a gênese das fábulas e como elas se relacionam com os graves problemas estruturais da economia. Ela lembra que a veia fabulística foi ativada quando Edmar, ainda como estudante de doutorado em Yale nos anos 1960, leu a fábula de seu professor Edmund Phelps sobre a taxa ótima de crescimento econômico. Daí em diante, com criatividade e didatismo, ele explorou os tortuosos caminhos dos reinos de Belíndia e Lisarb, além de usar alegorias futebolísticas na "inflaflução" e de pôr para dançar as curvas de oferta e demanda marshallianas, quando apela para o "discreto erotismo da macroeconomia" para falar do impacto da crise financeira mundial de 2008/2009 sobre a teoria econômica. Edmar aborda temas sérios com a profundidade dos sábios, mas com a leveza dos bons educadores.

Joaquim Falcão aprofunda a discussão sobre os riscos e as consequências de nossas incertezas jurídicas (ou jurisdicionais). Com um exemplo que trata de questões relacionadas ao processo de estabilização do Real e o Supremo Tribunal Federal (STF), expõe as fragilidades implícitas na forma como proposições técnicas podem ter interferências, ou interpretações, jurídicas adversas. Trata-se de decisões do Judiciário que podem afetar o equilíbrio econômico de medidas urgentes e necessárias. Assim, em 1993, no governo Itamar Franco, às vésperas do Real, o Congresso aprova e sanciona o novo imposto IPMF (Imposto Provisório sobre Movimentação Financeira) através da Emenda Constitucional n. 3. Apesar da emergência fiscal e da aprovação legislativa, o imposto não pôde ser cobrado. A pressa em aprovar levou a um debate e a uma reconsideração da temática constitucional. Instado a opinar, o Supremo vetou a cobrança com base no princípio da anterioridade fiscal. Para o Executivo e o Congresso, a cobrança do imposto era imediata. Para o Supremo, não. Sua decisão se baseava em uma interpretação do que se constituiria numa cláusula pétrea da Constituição de 1988.

Joaquim Falcão, numa análise comparativa internacional com as jurisdições americana, alemã, italiana e portuguesa, argui que esse evento abriu um caminho de incerteza, pois deu ao Supremo a competência última de opinar sobre qualquer decisão do Congresso Nacional em matéria de Emenda Constitucional. Uma incerteza que persiste até hoje, inserindo em nossa realidade uma maior judicialização da política e a politização do próprio Supremo. As consequências são conhecidas.

Bolívar Lamounier discute a representatividade e as características da elite brasileira desde o século passado até os dias de hoje. Iluminando nosso passado patrimonialista oligárquico, passando pelo populismo, o regime militar e a renovação democrática constrói uma narrativa cética de qual será nosso futuro nesse campo. Identifica limitações e conflitos nas lideranças políticas no período pós-abertura e pontua como se deu ao longo dos anos a desvalorização da carreira dos políticos como profissão. Relaciona em detalhe como evoluiu essa representação e a formação de quadros oriundos de diferentes origens e estratos sociais. Termina a análise com a percepção de que o Partido dos Trabalhadores reconfigurou o universo ideológico brasileiro fortalecendo um sentimento antiliberal, centrado em diferentes momentos do tempo num "assembleísmo" anacrônico ou num "estatismo" desenfreado. Para ele, reconstruir uma elite eletiva com legitimidade será um processo penoso e demorado, com todas as consequências danosas que isso traz para a vida social e econômica do país.

Simon Schwartzman faz um longo e completo estudo de nossos equívocos na formulação e adoção de políticas sociais. São detalhados aspectos gerais da pobreza, dos direitos sociais, da mobilidade social, das políticas urbanas, a implementação das políticas de transferências de renda, a educação como direito social ou capacitação, o acesso ao mercado de trabalho, os mecanismos de proteção social e a dinâmica dos movimentos sociais. Da mesma forma que Bolívar, Simon vai a nossas origens e lembra que a distribuição dos direitos e benefícios pelo governo para determinados grupos sociais é fortemente enraizada em práticas políticas que remontam aos primórdios da nação, decorrente da forma como o Estado patrimonialista foi organizado. O que poderia ter sido uma ruptura, com a adoção de novas ações em governos ditos mais de esquerda, não significou nada além de uma extensão via cooptação de outros setores da sociedade, com o foco em transferências de recursos e emprego público. A preocupação sempre foi a mesma: prestação de serviços de curto prazo em troca de apoios políticos. A percepção da desigualdade que tanto incomodou Edmar no Reino da Belíndia, quase meio século depois parece ainda persistir, para desalento de seus súditos.

Por fim, José Márcio Camargo e Rafael Bacciotti analisam a questão da oferta de trabalho e mobilidade urbana no país. Intrigados com a queda da taxa de participação no mercado de trabalho (relação entre a população economicamente ativa e a população em idade ativa) entre 2005 e 2014, constroem um modelo econométrico simplificado, com dados de 2011 até 2015 da Pesquisa Nacional por Amostra de Domicílios (PNAD-IBGE), e estimam a relação entre a taxa de participação no mercado de trabalho, o salário real e o tempo de deslocamento casa-trabalho-casa. Mostram que aumentos do salário real tendem a aumentar a taxa de participação ao mesmo tempo que aumentos do tempo de deslocamento reduzem a taxa de participação.

O capítulo ressalta que existem poucos trabalhos no Brasil que investigam de maneira específica a relação entre mobilidade urbana e participação no mercado de trabalho. Pontua que a pesquisa sobre mobilidade deveria ser ampliada, dada a sua importância como uma possível restrição da capacidade de crescimento econômico. Para uma determinada escala de oferta de infraestrutura, aumentos da taxa de crescimento da economia podem levar a um aumento do tempo de deslocamento da casa para o trabalho, reduzindo assim a oferta de mão de obra e consequentemente o próprio crescimento.

Depoimentos e agradecimento

A última seção do livro é um momento especial. Retrata com emoção a figura de Edmar não apenas como um pensador. Firma a característica do homem e sua responsabilidade diante do mundo. São realizados depoimentos em dois formatos: um na forma de gravações em vídeo, não disponibilizados aqui, e outro em breves textos de caráter pessoal. Nos vídeos é possível ouvir repetidamente tributos à sua generosidade intelectual, seu rigor científico, seu espírito público, sua capacidade de bom ouvinte, as qualidades éticas, o talento de ensinar, a incansável curiosidade, a habilidade em juntar pessoas e fomentar o debate. É possível ver aqui alguém que não apenas influenciou, e influencia, o debate nacional, mas também influenciou várias gerações de economistas e alunos.

Nos depoimentos escritos são descritas as experiências e relações de dois tipos. As dos colegas de vida, como Alkimar R. Moura e Regis Bonelli, e as de ex-alunos, como Elena Landau, Sandra Polónia Rios e Márcio Garcia. No primeiro caso, Alkimar, que abre a seção, detalha com delicadeza e carinho a relação com seu mais antigo amigo. Afinal, é mais de meio século, como ele mesmo escreve. Relatando a aventura dessa amizade desde os tempos de graduação na Faculdade de Ciências Econômicas da Universidade Federal de Minas Gerais (FACE/UFMG) até os dias de hoje, são mencionadas experiências nas quais vida e obra se confundem. Da formação universitária, a vinda para o Rio de Janeiro na Fundação Getulio Vargas, o caminho para o doutorado, a produção acadêmica, as muitas instituições a que se dedicou, o homem público e o agregador de gente. Regis Bonelli completa a história e elenca artigos de Edmar que marcaram também sua vida como colega, admirador e coautor. Desde os primeiros artigos publicados, mostra versatilidade em tratar profundamente, com rigor e criatividade, um conjunto tão diverso de temas, qualidade rara nos dias de hoje. De salário, emprego e distribuição de renda, até inflação, comércio e finanças internacionais. Os ex-alunos são unânimes em afirmar seu compromisso como educador. Alguém que revolucionou a forma de ensinar Economia, a capacidade de estimular as pessoas a pensar de uma forma diferente e a sempre presente disposição de participar e ouvir. Antes de tudo, uma pessoa aberta ao debate e à reflexão.

O livro conclui com as palavras de agradecimento do homenageado. Edmar nos brinda mais uma vez com um conjunto consistente de reflexões e lança mão novamente de suas famosas fábulas. Cunha um novo país, a Rusmala, combinação da Rússia com a Guatemala. Provoca-nos a pensar se de fato estaríamos fadados a esse destino, impactados por um país que insiste em apresentar um quadro de desigualdade, pobreza, introversão, impostos elevados sem contrapartida de serviços, e imerso em um cenário de grave crise social e corrupção de suas elites. Toca em pontos relevantes. Não desiste.

Nos apresenta um caminho. Confessa que, a despeito da complexidade das soluções, vê saídas possíveis. Assume que sua maior obsessão nos últimos tempos é o estudo de nossa integração ao mundo, como instrumento, tendo nossa integração local (social e regional) como objetivo. Lembra que poucos países após a Segunda Guerra conseguiram superar a armadilha da renda média. Cita os casos da Coreia do Sul, Hong Kong, Israel, Cingapura, Taiwan, e também da Austrália, Noruega, Nova Zelândia e ainda da Espanha, Grécia, Irlanda e Portugal. Todos, de uma forma ou de outra, integrados ao mundo.

Por fim, reafirma seu compromisso com a liberdade e a esperança. Para Edmar, o grande trunfo deste país grande, fechado e desigual, é a democracia. A prova é que assim passamos pelos mais complexos testes, como o do Plano Real na luta contra a hiperinflação e o do andamento da Lava-Jato na luta contra a corrupção. O mestre mais uma vez nos estimula a discutir, achar caminhos e persistir. Talvez a senha para sairmos da fábula e construir o verdadeiro Brasil. O Brasil real.

Os organizadores gostariam de agradecer à dedicada equipe do Instituto de Estudos de Política Econômica/Casa das Garças, em especial a Beatriz Luz e Pedro Paulo da Silva, que, com destacada eficiência, permitiram que o seminário transcorresse com grande sucesso.

Victor Koichi Nomi e Armando Castelar, do Instituto Brasileiro de Economia (IBRE) da Fundação Getulio Vargas, auxiliaram na organização de dados para um dos artigos apresentados. Somos gratos pela diligência e presteza com que foi realizado o trabalho.

Da mesma forma os organizadores manifestam com enorme pesar a perda precoce do amigo Regis Bonelli, coorganizador do evento e deste livro. Regis foi um parceiro fundamental e coidealizador de tudo o que fizemos. Sua contribuição a este livro e ao seminário vai muito além de seus textos aqui publicados. Com seu refinado humor, presença agradabilíssima e arguta inteligência, tornou nosso trabalho uma atividade descontraída e sempre prazerosa. Sem perder o rigor do que pretendíamos realizar, Regis nos cativava com suas brincadeiras e nos desafiava. Conseguiríamos reunir tanta gente importante, de tantos lugares e com tantos debates em um tempo tão exíguo? Na divisão de tarefas do grupo, Regis brincava com a alocação do tempo de cada um e sempre finalizava com uma tirada sutil de humor. Economistas têm a tradição de ser sisudos, mas Regis sempre desafiou o preceito. Com leveza mostrou que dá para fazer ciência conciliando equilíbrio, felicidade e paixão. Saudade imensa.

Parte I

Memória

1

O ECONOMISTA ESCRITOR

Fernando Henrique Cardoso

Edmar Bacha nasceu com o dom da escrita, em uma família na qual desde o berço foi embalado por outros tantos escritores. E mesmo que não tivesse na alma e no aconchego familiar o sentimento dos que sabem lidar com as palavras, sua inspiração, de há muito, tornou-o um burilador de mitos e fábulas: inventou a Belíndia; criou um país que, se não era imaginário, foi grafado do fim para o começo, o Lisarb; e, como se fosse produtor de palavras à Guimarães Rosa, nos veio com uma "inflaflução".

Desde moço Edmar usou a imaginação para tornar atraente a compreensão de temas econômicos essenciais para entender o que ocorria no Brasil. Tornou palatáveis as explicações, substituindo a aridez de conceitos abstratos que, não obstante, mexem com o dia a dia das pessoas, por palavras simples colocadas em um contexto imaginário, o que dá concreção ao que se quer dizer.

A fábula "O rei da Belíndia", escrita em 1974 no contexto da crítica de oposição à política econômica da ditadura brasileira, consagrou em nosso imaginário social o termo Belíndia para parafrasear o Brasil de tão grandes desigualdades socioeconômicas. Uma década depois, no ambiente do gradual retorno à democracia, o debate econômico se deslocou para o combate a um mal menos óbvio, mas tremendamente corrosivo, a inflação. A esse tema se dedicaram "O fim da inflação no reino de Lisarb" e "Inflaflução: os preços em alta no país do futebol", ambas de 1985. Essas três fábulas compõem a primeira parte do livro *Belíndia 2.0*, com o qual Edmar celebrou seus 70 anos, e que ganhou o Prêmio Jabuti na categoria Economia, Administração e Negócios em 2013. Essa veia imaginativa – que desponta aqui e ali em sua obra acadêmica e nos artigos jornalísticos – é uma forma muito pessoal da participação de Edmar Bacha em acirrados debates sobre políticas públicas.

Com a fábula "O rei de Belíndia", quis mostrar como a política econômica do período do autoritarismo, em um país de desigualdades como o nosso, não ia ao coração das questões, não combatia a desigualdade nem a inflação que a acentuava. Lança mão de inesperadas junções de sílabas para sugerir a mistura entre Bélgica e Índia, na época simbolizando respectivamente a prosperidade e o desalento, para ressaltar que as diferenças de renda e os contrastes sociais no Brasil se acentuavam, a despeito do crescimento da economia. O PIB, que aumentara a taxas chinesas na década de 1970, festejado pelo regime autoritário e apelidado de "Felicitômetro dos Ricos" por Bacha, escondia a distância cada vez maior entre a Bélgica e a Índia existentes no Brasil. A ideia de escrever Belíndia fora inspirada pelo economista e prêmio Nobel Edmund Phelps, que na década de 1960 criara uma fábula transformando o que seriam equações matemáticas explicativas do crescimento econômico em uma narrativa compreensível. No conto de Bacha, o rei de Belíndia ouve do economista visitante que a desigualdade de renda torna a média de crescimento dos ingressos inadequada como medida do bem-estar do país.

Nosso autor volta ao tema na introdução de *Belíndia 2.0*, publicado em 2012. Com base em dados de 1999 a 2009, ele mostra que a renda média do conjunto da população brasileira cresceu 2,4% ao ano nesse período, abaixo do crescimento observado nos anos do chamado milagre. Mas, à diferença do que ocorrera naqueles anos, a renda dos mais pobres agora crescia mais do que as dos mais ricos. Significativamente mais: entre 1999 e 2009, a renda dos 20% mais ricos cresceu cerca de 2% ao ano e a dos 20% mais pobres, cerca de 6% ao ano. Na democracia, a distância entre a Bélgica e a Índia começava a se encurtar. Os efeitos desse encurtamento sobre o crescimento só não eram maiores porque os mais ricos ainda se apropriavam de mais de 60% da renda. Ao revisitá-la, Bacha constatou mudanças positivas em Belíndia. O PIB já não beneficiava apenas os ricos. A desigualdade, entretanto, seguia grande, provocando efeitos negativos sobre o crescimento do país.

Com a imagem de um país que estava pelo avesso, Edmar populariza em "Lisarb" um de seus temas acadêmicos fundamentais: a inflação, que tudo desorganizava e cuja sombra impedia visualizar os demais problemas brasileiros. Já o menos óbvio achado verbal, a "inflaflução", é um recurso intelectual para mostrar que para debelar a inflação seria necessário que todos percebessem, de uma só vez, os males causados por ela e mudassem de comportamento. O paralelo com as torcidas nos estádios de futebol é uma *trouvaille*, inspirada pelo proponente da taxa que leva seu nome, James Tobin. Edmar escreveu que, ao se aproximar o momento em que um craque vai marcar um gol, em um Fla-Flu imaginário, uns se levantam na arquibancada, logo outros os imitam na geral, sustentando-se na ponta dos pés para enxergar melhor: cria-se uma situação ruim para todos. O desconforto é grande, mas todos permanecem na mesma posição, como se estivessem em um estado de inércia coletiva. Nenhum torcedor toma a decisão de se sentar porque não tem garantia alguma de que todos os demais farão o mesmo e, neste caso, será o único a não ver mais o jogo.

Era assim com a inflação: os preços e salários subiam todo mês e cada qual queria garantir seu aumento. O lance inicial da inflação ocorrera havia tanto tempo, que ninguém se lembrava mais. Todo mundo se acomodara, os ricos, com a correção monetária das contas nos bancos a cada dia; os pobres, com o reajuste dos salários a cada seis meses. Mantinham-se todos no desconforto da inflação. Mas o sofrimento dos pobres era muito maior e a desigualdade só fazia aumentar.

Em face das soluções propostas para conter a inflação – e omito pormenores –, Edmar Bacha retoma o tema futebolístico. E se o juiz, em vez de apitar para os jogadores, apitasse, por um momento, para a plateia e mandasse que todos se sentassem? Em seguida, o juiz, obedecido, voltaria a suas funções e todos estariam assistindo mais confortavelmente à partida. Claro, o juiz precisaria ter autoridade. Este seria o problema do Brasil com seus líderes, que estariam sem ânimo e sem a energia para, num gesto heterodoxo, voltarem-se para a plateia e ordenarem: acabou a inflação. Quem sabe se houvesse um acordo, termina Edmar Bacha, seria possível matar o mal de uma só cajadada?

Um parêntese. Recordo-me de quando, em nosso esforço para colocar em marcha o Plano Real, que na época ainda se chamava Plano FHC, fui ver o presidente Itamar com alguns membros da apelidada "equipe econômica", Edmar Bacha entre eles. Pois bem, a explicação do estádio de futebol foi convincente. O presidente, que desconfiava um tanto das tecnicalidades dos economistas, se encantou com as palavras de Edmar e este, mineiro que nunca deixa de ser, apesar de aclimatado ao Rio, deve haver percebido a súbita simpatia que despertara e, sem perder vaza, pediu a Itamar, com a gentileza própria de seus coestaduanos, que autografasse uma mensagem para seus filhos. Daí por diante, a escuta presidencial se tornou mais fácil: imagens e palavras, mais do que equações, convencem as pessoas.

Nas fábulas, Bacha sublinha algumas de suas obsessões, mas seu percurso intelectual é mais amplo e profundo. Começa com as tentativas de entender como funcionava a economia cafeeira, peça-chave por muito tempo na sustentação de nossa prosperidade. É de admirar a persistência no tema: as primeiras referências surgem em artigo publicado em 1961 em um órgão do diretório acadêmico da Faculdade de Ciências Econômicas da UFMG; nele, comenta favoravelmente os efeitos positivos sobre a economia cafeeira da Instrução 208 da SUMOC, instituição e norma das quais hoje certamente poucas pessoas hão de lembrar-se.

Tendo servido brevemente em Londres na Organização Internacional do Café e mantendo o interesse pelo tema, foi sobre o café que Edmar Bacha escreveu sua tese de doutoramento na Yale University, onde fez os estudos de pós-graduação. Foi incentivado a ir para lá por Werner Baer, economista americano que teve papel significativo na formação de vários economistas brasileiros. Na tese, nosso homenageado juntou duas paixões, a do tema em causa e a da medição dos fenômenos analisados: discorreu sobre a econo-

O ECONOMISTA ESCRITOR | 33

mia cafeeira usando a econometria. Em 1992, volta ao tema para fazer uma avaliação sobre cem anos de política cafeeira. É difícil esquecer os primeiros amores...

Começava a se formar o que viria a ser o intelectual que agora também se cobre com o fardão da Academia Brasileira de Letras: o interesse pelas coisas do Brasil, a capacidade de falar e escrever de modo compreensível e o rigor na medição dos fenômenos que está estudando. Ainda não era o intelectual público, mas já era mais do que o técnico.

Sua formação intelectual tivera base sólida na Faculdade de Ciências Econômicas da UFMG em Belo Horizonte (a plêiade de intelectuais que foram seus contemporâneos é impressionante). É de salientar que Edmar fez parte do primeiro grupo de estudantes brasileiros na área de ciências humanas, e não só de economia, que se dirigiu aos Estados Unidos, principalmente a partir dos anos 1960, para apropriarem-se de métodos científicos mais rigorosos. E, no caso, Edmar Bacha soube escolher para seus estudos temas de significação não só acadêmica, mas mirando as grandes questões do país.

Edmar Bacha mostrou desde o início de sua carreira certo pendor ao ecletismo e à heterodoxia: tinha admiração por Ignácio Rangel e, especialmente, por Celso Furtado. Só não menciono o nome de muitos de seus colegas e professores no exterior que adotavam posições divergentes da maré interpretativa dominante – especialmente alguns economistas dos Estados Unidos e do Chile – porque serão eventualmente menos conhecidos do público brasileiro.

Esta característica ele carrega até hoje: aborda os temas sobre os quais se debruça com independência de espírito, pode adotar posturas críticas que levam os demais a verem nele um discordante, um heterodoxo, dirão os economistas. Porém, não defende seus pontos de vista apelando ao dogma, mas à prova dos fatos e, quando possível, à sua mensuração.

Foi com este espírito aberto que sofreu a influência de outros professores e colegas nas várias instituições em que trabalhou. Ele mesmo mostra o quanto pesaram em sua formação as influências do Centro de Aperfeiçoamento dos Economistas da Fundação Getulio Vargas. Aí era Mario Henrique Simonsen quem tinha o papel central. Com ele, Bacha revigorou a percepção da importância das matemáticas e, quem sabe, a nostalgia de um curso de engenharia com o qual sonhara na adolescência.

Terminado o estágio de formação universitária, Bacha passou um ano em Santiago, entre 1968 e 1969, trabalhando em um projeto de colaboração entre o MIT e os planejadores chilenos da ODEPLAN. Só para citar alguns dos grandes economistas envolvidos na tarefa, o projeto estava sob a batuta de gigantes como Rosenstein-Rodan e Hollis Chenery, tinha entre os colaboradores Carlos Diaz Alejandro (que era professor em Yale) e entre os colegas de trabalho estava

34 | DE BELÍNDIA AO REAL

Lance Taylor, com quem, aliás, Bacha escreveu sobre "métodos de cálculo do preço sombra da taxa de câmbio".

Refiro-me a esse texto para mostrar que a fabulação com o propósito de esclarecer os assuntos tratados não inibiu Bacha de enfrentar temas a respeito dos quais o leigo, só ao ler o palavrório necessário para enunciar do que se trata, corre assustado. Não por acaso boa parte dos ensaios e textos de Edmar Bacha foi acolhida por publicações em inglês, quando o próprio texto não nasceu com nosso autor escrevendo nessa língua para expressar, com mais precisão, tecnicalidades que nós somos incapazes de escrever em nossa própria língua, mas que Bacha pode fazê-lo, e bem, nas duas línguas, o português e o inglês.

Os anos 1970 foram férteis para Edmar Bacha tentar deslindar alguns dos desafios que atormentavam as pessoas e os economistas. Foram os anos de repercussão da controvérsia sobre os efeitos do desenvolvimento econômico capitalista na distribuição de renda. Albert Fishlow, que foi professor em Berkeley de outro grande profissional que tanto colaborou para "o Brasil ter jeito", Pedro Malan, havia mostrado dados preocupantes sobre a concentração de renda. E fez isso sendo colaborador do IPEA, órgão do ministério do Planejamento, concebido por Reis Velloso (outro dos que influenciaram a carreira de Bacha) para juntar pessoas que pensavam com liberdade acadêmica, ainda que membros da burocracia federal. Bacha, juntamente com Lance Taylor, entrou no debate sobre o tema.

Em sua heterodoxia foi mais longe: enfrentou outra polêmica da época, sobre o chamado "intercâmbio desigual", revisando as posições de Raúl Prebisch e do economista da ONU Hans Singer até chegar às posições mais radicais de Arghiri Emmanuel. Talvez estes nomes não ressoem hoje, mas nos anos 1970, quando Bacha analisou seus trabalhos, eram o *crème de la crème* do pensamento econômico progressista: na verdade, discutia por intermédio deles os alicerces do pensamento da CEPAL, dito estruturalista, que teve enorme vigência até os anos 1980.

Mesmo estando em Harvard, onde passou dois anos, entre 1975 e 1977, como pesquisador visitante, tinha a atenção voltada para o que acontecia no Brasil. Além de Os *mitos de uma década*, editado pela Paz e Terra em 1976, a mesma editora publicou, em 1978, *Política econômica e distribuição de renda*, uma seleção de artigos que Bacha havia escrito para a *Folha de S.Paulo* naquele período. Sempre ativo no debate público, mesmo quando vivendo no exterior, ele colocava seu saber especializado (só no MIT fez seis cursos, enquanto pesquisava em Harvard) para melhor compreender os problemas nacionais e informar o público mais amplo sobre seus pontos de vista.

No final dos anos 1970, nosso homenageado volta a um tema que sempre lhe foi caro, só que sem as vestes da fábula: as desigualdades. Analisa a "curva de Kuznets" – outro mantra que deixa a ver navios os menos habituados, para relacionar o crescimento às mudanças na intensidade da desigualdade.

Em 1979, deixa a Universidade de Brasília, onde organizara um curso de mestrado e se desloca para a PUC-Rio, onde mergulha nos temas do momento. Entre eles, o da crise da dívida externa, que assolava nossas finanças. Disso é testemunho eloquente o livro publicado em 1986 pela Fondo de Cultura Económica do México – editora que foi importantíssima na formação de parte de nossa intelectualidade –, chamado *El milagro y la crisis: Economía brasileña y latinoamericana.*

Havia mais, porém: nos anos 1980, vários intelectuais brasileiros se debruçavam sobre a "hidra" que nos envolvia, a inflação. As opiniões se dividiam entre os partidários de um remédio gradualista que fosse esmagando pouco a pouco a vitalidade da fera, e os favoráveis a um choque que a derrubasse de vez. Durante o regime militar prevaleceram os gradualistas, mas já havia propostas mais favoráveis ao tratamento de choque. Otávio Gouvêa de Bulhões, que se tornou partidário deste tipo de tratamento, propôs um choque ortodoxo, contendo a oferta da moeda e suprimindo a correção monetária, invento este – a correção monetária – que anestesiava, mas não eliminava os efeitos perversos da inflação. Chico Lopes respondeu propondo um choque heterodoxo, com congelamento temporário de preços e salários; Persio Arida sugeriu neutralizar a inflação a partir de graus maiores de indexação, enquanto André Lara Resende propôs acabar com a inflação por meio da introdução de uma moeda indexada.

E foi assim que, em meados dos anos 1980, entraram em cena os que nos anos 1990 deram a batalha vitoriosa do controle da inflação com o Plano Real. Edmar Bacha, dizendo-se um "danadinho", na fábula de Lisarb (voltamos à mineiridade...) conclamou Tancredo Neves, anos antes do Real, a ver que as especulações dos economistas só se transformariam em programa prático se tivessem um timoneiro político, uma vez que a inflação mexe com interesses concretos de pessoas e grupos sociais. Não se desfaria a golpes de equação ou de explicações abstratas, embora elas fossem a base das políticas de estabilização.

Nos embates teóricos que então se travaram entre estruturalistas e monetaristas – os nomes para caracterizar as diferenças de concepção sobre como lidar com a inflação foram se alterando –, Bacha, no geral, achava que o conflito distributivo, a luta entre grupos sociais pela distribuição da renda, era visível a olho nu. Também achava que, embora muitas vezes não fosse fácil incluir esse conflito em modelos explicativos expressos em linguagem matemática, era fundamental levá-lo na devida conta na formulação das políticas de combate à inflação.

Tampouco fechava os olhos, entretanto, ao que era considerado uma posição "de direita", conservadora, na visão de muitos estruturalistas. Bacha sabia e dizia que a contenção fiscal era requisito para o êxito dos programas de estabilização. Era, dirão, eclético.

Melhor, digo eu, era e é realista e sabia que o instrumental da teoria econômica é indispensável, mas sabia também que a condução econômica é política, quer dizer, há interesses em jogo e seu resultado não é automático nem neutro, depende de as pessoas se convencerem de que as medidas propostas valem a pena.

Os economistas acadêmicos vivem a esgrimir conceitos, equações e teorias para buscar provar abstratamente o que é certo. Ontem, hoje e amanhã. Sem eles não há mapa possível, mas de quando em vez é preciso que o bom senso ponha travas à ambição probante. Diante de dilemas deste tipo, em 1987 Bacha foi claro e direto: "para conciliar estabilização com crescimento e democracia, futuros planos de estabilização precisariam incorporar as lições de cada uma das três perspectivas – a monetarista, a inercialista e a conflitista –, zerando o déficit do governo e desindexando salários e preços no contexto de um acordo social."[1] Quem escrevia isso não era apenas o economista, mas o homem que já havia tido experiências políticas, seja como participante do Plano Cruzado, seja dirigindo o IBGE, no governo José Sarney. Despontava o intelectual público.

A década de 1980 foi rica na evolução intelectual de Edmar Bacha. Além de manter vivas suas antigas preocupações, incorporou outros temas do debate corrente. Com Pedro Malan escreveu sobre a dívida externa, matéria a que dedicou mais tarde um trabalho acadêmico encarando a dívida do ângulo dos impactos que causava na situação fiscal.

Foram inúmeras as vezes em que Bacha, depois que se doutorou, voltou ao exterior, seja para participar de seminários, congressos ou para exercer a docência. Envolvido nessas atividades, teve energia para continuar a publicar e ainda por cima foi um dos editores, entre 1974 e 1985, do conhecido *Journal of Development Economics*, para mencionar uma entre as múltiplas atividades intelectuais do período.

A lista dos economistas e intelectuais com quem cruzou é enorme. E, com o já referido espírito aberto, absorveu muito do que leu e viveu. Contudo, sua experiência mais marcante foi a de conviver com os professores do departamento de economia da PUC no Rio de Janeiro. Foi neste celeiro que Bacha, como tantos outros, amadureceu sua visão de economista e de cidadão.

Foi com essa bagagem, e com a experiência criticada, mas não renegada, do Plano Cruzado que se jogou na dura tarefa de enfrentar de 1993 em diante uma inflação que beirava a hiperinflação. Seu artigo "O Plano Real: uma avaliação" (reproduzido em *Belíndia 2.0*) talvez seja o melhor resumo analítico do que ocorreu naquele esforço para derrubar a hiperinflação; certamente é um dos melhores textos disponíveis para descrever e compreender a implantação da nova moeda em 1994.

Edmar Bacha concluíra o balanço crítico do Plano Cruzado dizendo: "O monetarismo nos ensinou a necessidade de zerar o déficit operacional, para controlar a expansão monetária e domar as expectativas inflacionárias. O inercialismo nos ensinou a necessidade de desindexar salários e juros e de coordenar as decisões de preço, para evitar a recessão. O conflitismo nos ensinou a necessidade de coordenarmos um acordo social prévio para evitar que a política de estabilização caia presa, seja do autoritarismo, seja do populismo."[2]

Era o intelectual maduro que, ao refletir sobre o escrito e o feito, não se prendia a dogmas nem a escolas, sintetizava o que dera certo e o que faltara no passado e prescrevia o que se deveria fazer no futuro. O Plano Cruzado se desfez depois de um imenso, mas efêmero, sucesso inicial. Para consolidar a inflação baixa faltou combinar a desindexação, por meio do congelamento de preços e salários, com políticas monetária e fiscal duras. Sem elas, e com um aumento de salário real decretado na partida para apaziguar pressões distributivas, o congelamento levou o país ao racionamento e ao esvaziamento das reservas internacionais. Ao final, o país pediu moratória aos credores externos e tinha uma inflação ainda mais alta do que antes do Plano.

Na nova batalha, a do Plano Real, era preciso evitar esses equívocos. Quando o Plano Real começou a sair da discussão entre seus proponentes para se transformar em política pública, os economistas sabiam, portanto, o que evitar e o que fazer: valeram-se das experiências vividas durante a consecução do Plano Cruzado. Restava combinar com a sociedade, pois o acordo social desejado não chegou a existir, senão que sob outra forma.

Não vou cansá-los com a descrição minuciosa dos passos tomados para conter a hiperinflação, mas é bom recordar que já se partiu da necessidade de fazer o ajuste fiscal. O controle do déficit público era essencial. Por isso, no início criamos o PAI (Plano de Ação Imediata) para cuja efetivação não só Bacha, mas Gustavo Franco, Wistron Fritsch e vários outros da equipe do Ministério da Fazenda trabalharam intensamente. E é preciso não esquecer o papel de José Serra, que nesta fase colaborou ativamente. Era a parte, digamos, convencional de um programa de ajuste fiscal, que se desenvolveu em 1993. Para viabilizar os cortes orçamentários criamos um Fundo Social de Emergência, que nada mais era do que uma autorização para o Executivo cortar 20% das verbas correntes dos orçamentos dos anos fiscais de 1994 e 1995 e utilizar esses recursos para reduzir a dívida do governo.

Nessa etapa começava a se revelar outra dimensão da personalidade de Edmar Bacha: a do hábil negociador, que ia visitar as bancadas partidárias e com competência, fleuma e capacidade de diálogo aplainava resistências. Foi quando o apelidamos de "senador". Era mais do que o técnico ou o professor e mesmo mais do que o economista: mostrava-se o homem com o dom do diálogo, pressuposto necessário tanto para os políticos, na acepção corrente, como para o homem público. Bacha se tornara um intelectual público plenamente. Sua valia neste aspecto foi enorme.

O segundo passo importante, depois do ajuste fiscal, seria o de conceber a reforma monetária, continuar a fazer a reforma fiscal e induzir as pessoas a mudarem de comportamento. A inspiração básica da reforma monetária, é inegável, veio de um famoso artigo publicado em conjunto por Persio Arida e André Lara Resende, conhecido como "Plano Larida". Como quase tudo na vida, as invenções não surgem do nada, nem muitas vezes de quem leva o nome de sucesso. As experiências com o Cruzado, como reiterei, e as lições deixadas pelo Plano Austral, na Argentina, sob Alfonsín, e sabe Deus que outras contribuições mais, serviram de inspiração para o que veio a ser o Plano Real. Mas é inegável que neste caso a prata da casa foi fundamental.

Mais uma jabuticaba, diziam os céticos. Mais uma adaptação vitoriosa que reelaborou múltiplas experiências e considerou as peculiaridades da conjuntura brasileira, digo eu. Há décadas, quando eu era professor visitante em Cambridge, escrevi um ensaio sobre as teorias econômicas elaboradas na CEPAL e dei o título de "A originalidade da cópia".[3] Por mais que tenham existido fontes e experiências que contribuíram para o Plano Real, o certo é que da junção delas resultou algo original. Para ser original é preciso juntar conhecimento com imaginação. Foi o que não faltou aos economistas a que me estou referindo.

A feitura do Real foi um trabalho penoso, persistente, de convencimento e de ordenação legal. Ele incluiu o enorme esforço de negociação da dívida externa (do qual participaram Pedro Malan e André Lara Resende e, antes deles, diplomatas como Jório Dauster e Sergio Amaral). Passou também por uma batalha político--jurídica para convencer os interessados (e não só os sindicatos de trabalhadores, mas os aplicadores no mercado financeiro) de que, uma vez criada uma nova moeda, a conversão dos salários vigentes – assim como a dos ativos financeiros, com suas peculiaridades – deveria fazer-se pela média dos valores observados nos quatro meses anteriores, e não pelo pico, ou seja, pelo valor mais alto verificado naquele período. Como o acordo social prévio não existira, era necessário construí-lo caminhando e, quando fosse o caso, que o governo, com a aprovação do Congresso, determinasse o que se faria.

Tratarei de referir-me apenas a dois pontos mais, para mostrar a complexidade do processo de destruição da hiperinflação e a contribuição de Edmar Bacha. Um ponto refere-se à criação da Unidade Real de Valor (URV) e sua transformação em moeda, outro, à pedagogia necessária para a aplicação das novas regras.

Comecemos por ver como surgiu esse ente de razão de nome complicado, "Unidade Real de Valor", URV. Quanto eu me lembre, ademais do texto da dupla Larida, que inspirou o modo como no Plano Real se tentava quebrar a inércia inflacionária, e arriscando-me a omitir nomes, foi Edmar Bacha quem nos influenciou em aspectos importantes do novo Plano. Em meados de junho/julho de 1993, fui à casa de André Lara Resende, em São Paulo, para incitá-lo a colaborar com nossa equipe e encontrei-o, como de hábito, cheio de ideias e de disposição. Disse-lhe que poderia pôr mãos à obra para preparar um plano monetário, mas que disso não falasse senão com duas pessoas: Pedro Malan, que ainda era negociador da dívida externa em Washington, e Edmar Bacha. Por que falar com este último?

Porque Edmar Bacha, inspirado por um texto antigo de Persio Arida, havia sugerido em nossas reuniões que deveríamos indexar todos os preços, inclusive os salários, à Unidade de Referência Fiscal (UFIR), que fazia a correção monetária diária dos impostos devidos. Propunha a "ufirização" da economia. Estava dada a fórmula para um programa de indexação geral da economia, como que a levar a indexação da inflação a seu máximo: se tudo se movesse na mesma direção e na mesma velocidade, seria como se a inflação tivesse efeito nulo sobre salários, ativos e outros preços.

A reforma monetária, sob este aspecto, teria efeito neutro na pugna distributiva. Criou-se um referencial para os preços com efeitos equivalentes aos de uma dolarização, sem os inconvenientes desta, que manietaria o Banco Central nas decisões sobre o câmbio, pois, com a dolarização, estas escapariam do controle do governo nacional, com todas as consequências negativas, especialmente no comércio exterior.

Denominados em URV, todos os preços e salários passaram a variar diariamente segundo um mesmo indexador. Quebrou-se assim o mecanismo que realimentava a inflação: cada agente econômico aumentava os seus preços na expectativa de que os outros fariam o mesmo e a eles buscava se antecipar, com medo de ficar para trás na corrida inflacionária. A corrida favorecia quem tinha maior poder de mercado para impor os seus preços. Quem sempre perdia eram os trabalhadores, sobretudo os sindicalmente menos organizados.

Voltamos à fábula: se o juiz desse uma ordem firme e todos a obedecessem, o jogo seria mais bem vislumbrado. Em vez de usar a UFIR como valor de referência, inventamos a URV, coordenamos as expectativas e, em princípio, nos livramos das amarras ao dólar. Da URV nasceu o Real como moeda, sem que tivéssemos que recorrer a congelamento de preços e sem os contenciosos jurídicos que caracterizaram os planos anteriores.

Milagre? Não: por trás do passe de mágica havia o trabalho de controle fiscal e a expectativa de que reformas na economia e no Estado, fundamentais para a consolidação da estabilidade, seriam postas em prática a seguir, porque a sociedade apoiaria o Real e elegeria um governo com ele comprometido.

Edmar participou de tudo isso junto com seus colegas, entre os quais Gustavo Franco, até que, por motivos pessoais, quando me tornei presidente, voltou ao Rio e comandou o BNDES.

No meio-tempo, o economista-senador participou do enorme esforço pedagógico de mudar as práticas correntes: a outra decisão significativa na execução do Plano Real foi a de antecipar publicamente os passos que a política econômica seguiria. Tratava-se de obter um acordo social por adesão: alcançar um objetivo que todos desejavam através da transparência plena das medidas que iriam ser tomadas. O mantra era: "anunciar tudo que será feito; fazer somente o que tiver sido anunciado". Esta decisão, quanto me lembre, foi proposta por Persio Arida (já então envolvido na equipe econômica) e apoiada entusiasticamente por mim.

À falta de um acordo social na partida, que pelo menos a transparência ajudasse na tentativa de ganhar corações e mentes, batalha que foi coordenada inicialmente por mim e depois, brilhantemente, por Rubens Ricupero, que me substituiu no Ministério de Fazenda em abril de 1994, mas que no dia a dia teve a participação de muitos colaboradores, e especialmente a de Edmar Bacha.

Deste período em diante, Edmar Bacha continuou, como até hoje, ajudando a mudar as formas de entender a economia, os processos decisórios em geral e o comportamento de quem manda. Seria demasiado longo seguir cada nova contribuição dele. De novo, dois pontos apenas. Fiel a suas preocupações, Edmar não se esqueceu dos conflitos distributivos, dedicou muito de seu melhor esforço a organizar junto com Simon Schwartzman uma *Nova agenda social* para o Brasil,[4] e nesta tarefa continua. Técnico que é, não cansa também de valorizar a avaliação quantitativa das políticas públicas.

Intelectual público, que também é, escreve, predica, não se esconde, para mostrar que o ambicionado crescimento econômico só virá se formos capazes de nos conectar com os fluxos de comércio e criatividade globais e que o aumento da produtividade é crucial para gerar renda. Esta corre o risco, se não a certeza, de permanecer concentrada e, ao longo do tempo, terá efeitos negativos sobre o próprio crescimento do país, se não formos capazes de melhorar as condições de educação, saúde, emprego e bem-estar do povo.

Foi esta a trajetória até aqui do professor Edmar Bacha, diretor de um notável *think tank*, a Casa das Garças, e agora também membro da Academia Brasileira de Letras. Ao escolhê-lo, seus pares nos recordamos dos ilustres economistas que o antecederam naquela Casa: Roberto Simonsen, Roberto Campos e Celso Furtado. Com diferentes visões e experiências, coincidiram em um ponto crucial com o qual coincide também Edmar Bacha: puseram seus conhecimentos a serviço de um Brasil melhor.

Notas

1. Aula magna ministrada em 1987 e reproduzida em Bacha, Edmar, 2012, p. 15.
2. Cf. Bacha, Edmar, op. cit., p. 73.
3. Cf. Cardoso, Fernando Henrique, 1980, pp. 17-56.
4. Cf. Bacha, Edmar; Schwartzman, Simon (orgs.), 2011.

Referências bibliográficas

Bacha, Edmar. "Moeda, inércia e conflito: reflexões sobre políticas de estabilização no Brasil". In: *Belíndia 2.0*. Rio de Janeiro: Civilização Brasileira, 2012.

Bacha, Edmar; Schwartzman, Simon (orgs.). *Brasil: a nova agenda social*. Rio de Janeiro: LTC, 2011.

Cardoso, Fernando Henrique. "Originalidade da cópia: a Cepal e a ideia de desenvolvimento". In: *As ideias e seu lugar*. Petrópolis: Vozes, 1980.

2

MEMÓRIA ACADÊMICA

Edmar Bacha[1]

INTRODUÇÃO

Desde meados da década de 1960, tenho escrito extensamente sobre desenvolvimento econômico, economia da América Latina e problemas econômicos brasileiros. Meus textos incluem ensaios de persuasão e reflexões sobre a formulação de políticas econômicas. Revisito essas contribuições em ordem cronológica, não só por causa da variedade de tópicos, mas também porque eles tendem a se agrupar em períodos específicos.

Há sete períodos a considerar, identificados de acordo com minhas principais afiliações institucionais: Yale University, 1964-1968; Odeplan, Chile, 1969; IPEA-Rio, 1970-1971; Universidade de Brasília e Harvard University, 1972-1978; PUC-Rio, 1979-1993; Interregno de pesquisas acadêmicas, 1994-2002; e IEPE/ Casa das Garças, 2003-2016.

YALE UNIVERSITY, 1964-1968

Meu primeiro texto publicado foi originalmente um *paper* para uma disciplina do mestrado em Economia que cursei na Yale University. Em *A estratégia do desenvolvimento econômico*, Albert Hirschman[2] sugeriu que os países menos desenvolvidos seriam relativamente mais eficientes na produção de bens que requeressem operações ritmadas por máquinas. Carlos Diaz-Alejandro interpretou o termo *machine-paced* como significando tecnologias intensivas em capital e testou a hipótese de que a produtividade relativa do trabalho em países em desenvolvimento seria maior em indústrias mais intensivas em capital.[3] Ele encontrou algumas evidências para isso. Eu discordei de seu argumento. A mão de obra nos países em desenvolvimento está em excesso de oferta, argumentei, portanto, a produtividade do trabalho no setor moderno não é tão relevante quanto a produtividade do capital, que é o fator escasso de produção. Quanto mais produtivo for o capital, mais pessoas poderão ser transferidas do

| 43

setor rural para o setor urbano. Por isso, testei se a produtividade do capital era relativamente maior no México do que nos Estados Unidos em indústrias intensivas em capital. Usei dados dos Censos de 1960 para indústrias no México e nos Estados Unidos para estimar uma regressão da produtividade relativa do capital nos dois países na relação capital-trabalho em cada uma dessas indústrias. Não encontrei qualquer evidência para a versão de Díaz-Alejandro da hipótese de Hirschman.

O artigo foi publicado no México, na revista *El Trimestre Económico* em 1966.[4] Em 1968, completei minha tese de doutorado sobre a política brasileira do café, incorporada em um modelo econométrico para a economia cafeeira mundial.[5] Minha inovação foi no que se pode chamar de "politimetria", o estudo de regras de política econômica com o uso de técnicas econométricas. A literatura anterior sobre o tema argumentava que o governo brasileiro usava sua posição dominante no mercado mundial do café para fixar o preço do produto no nível que maximizava a receita cambial do país. Ou seja, no ponto da curva de demanda para o café brasileiro no qual o valor absoluto da elasticidade-preço da demanda atingia o valor da unidade. Discordei dessa interpretação. Em primeiro lugar, as estimativas disponíveis do valor absoluto da elasticidade-preço da demanda de café eram unanimemente menores que a unidade. Em segundo lugar, uma análise histórica da lógica dos formuladores da política econômica brasileira mostrava que, além da receita cambial, eles também estavam preocupados com os custos em moeda local de manter altos os preços do café no exterior. Eles lidaram com esse problema parcialmente com impostos sobre a produção de café, mas estes eram violentamente combatidos pelo poderoso *lobby* dos cafeicultores. A consequência foi a acumulação de consideráveis estoques de café em armazéns de propriedade do governo, cuja aquisição e manutenção eram dispendiosas para o orçamento público. Testei assim a hipótese de que o governo brasileiro fixaria o preço do café a meio caminho entre o valor que maximizava as receitas de exportação do produto e o valor que minimizava os desembolsos líquidos do governo com a aquisição do excedente da produção em relação às exportações. Minha evidência econométrica mostrou que isso realmente ocorria, com as ponderações de cada objetivo dependendo do tamanho dos estoques de café.

ODEPLAN, CHILE, 1969

Meu primeiro emprego após a obtenção do Ph.D. em Yale foi como pesquisador associado do Centro para Assuntos Internacionais do MIT (Massachusetts Institute of Technology). Fui membro de uma missão conjunta do MIT e de

Harvard em Santiago, Chile, para ajudar o Ministério do Planejamento do governo local (Odeplan) na formulação de políticas de desenvolvimento econômico. Nesse contexto, escrevi um artigo com Lance Taylor sobre o preço sombra da taxa de câmbio, que teve ampla repercussão.[6] Foi publicado como o principal artigo da edição de maio de 1971 do *Quarterly Journal of Economics*[7] e reproduzido em uma coletânea de análises de custo e benefício.[8] Minha principal contribuição nesse trabalho foi o desenvolvimento de uma fórmula para o cálculo da taxa de câmbio de equilíbrio, definida como aquela que – em um contexto de equilíbrio parcial – equilibraria a balança comercial na ausência de distorções, particularmente aquelas causadas por tarifas às importações e subsídios às exportações. Essa fórmula ficou conhecida na literatura como a "taxa de câmbio sombra de Bacha-Taylor", uma ferramenta útil não só para a análise de custo-benefício social, mas também para avaliar o impacto das distorções fiscais no nível da taxa de câmbio, e para estimar a taxa de câmbio que os formuladores de política deveriam procurar alcançar no contexto de uma política de liberalização dos fluxos comerciais.

No Chile, fiquei muito impressionado com a relutância da Venezuela em abrir sua economia a seus parceiros no Grupo Andino. A razão era que isso causaria uma desindustrialização do país. Assim, decidi escrever um modelo de comércio simples com três setores ("bens primários", "indústria leve" e "indústria pesada") para fornecer um ordenamento de alternativas de política comercial para um país cujo governo tivesse preferência pela indústria, apesar de ter uma desvantagem comparativa nessa atividade.[9] Ou seja, restringi o campo das escolhas políticas às alternativas que geravam uma parcela predeterminada da indústria na produção agregada. O comércio livre não era viável, mas mostrei que um ordenamento ideal de alternativas de política comercial nesse contexto de *second best* seria, em primeiro lugar, obter preferências tarifárias nos mercados dos países industrializados e, empatadas em segundo lugar, promover uma união aduaneira ou fornecer subsídios às exportações industriais. O aprofundamento industrial (como preferido pelos formuladores de política venezuelanos) era uma pobre terceira opção.

Ipea-Rio, 1970-1971

Em 1970, mudei-me para o Rio de Janeiro e trabalhei durante um par de anos no Ipea, além de também lecionar na Escola de Pós-Graduação em Economia da Fundação Getulio Vargas. No IPEA, em colaboração com três economistas mais jovens, escrevi um livro estimando os preços sombras do capital, do trabalho e da taxa de câmbio no Brasil.[10] A ideia, que nunca frutificou, era usar esses parâmetros em análises de custo-benefício social no país. Estimamos que a taxa social de retorno sobre o capital (ou a taxa social de desconto) era de 18%, quase duas vezes superior ao valor utilizado para o desconto de fluxos de caixa na análise de projetos no BNDES. O cálculo do preço sombra da mão de obra não qualificada foi igual à metade de seu preço de mercado no Nordeste e a dois terços dele no Sudeste. O preço sombra da taxa de câmbio foi 25% mais alto (ou seja, mais desvalorizado) do que a taxa de câmbio de mercado. Mais tarde, incluí esses resultados em um estudo mais amplo sobre preços sombra para a análise social de projetos em países em desenvolvimento.[11]

Também desenvolvi uma fórmula simples para decompor em três termos o crescimento do emprego em setores industriais a dois dígitos. O primeiro termo (que denominei de "expansão") dependia da taxa de crescimento do valor agregado da produção industrial como um todo. O segundo termo ("estrutural") dependia da mudança da composição setorial da indústria. O terceiro termo ("tecnológico") dependia da taxa setorial de crescimento da produtividade do trabalho. Com Milton da Mata, apliquei essa decomposição a dados brasileiros no período de 1949-1969.[12] Mostramos, em particular, que tanto o componente tecnológico como o estrutural reduziram a absorção de mão de obra que teria ocorrido simplesmente através do componente de expansão.

Minha preocupação com o ritmo lento de absorção de mão de obra no setor moderno da economia brasileira levou-me a escrever um livro com Milton da Mata e Rui Modenesi,[13] arguindo que os encargos trabalhistas reduziam o emprego de mão de obra no setor formal e sugerindo que a previdência social passasse a ser financiada por um imposto sobre o valor adicionado. Essa preocupação também motivou meu primeiro ensaio em persuasão; a defesa de uma estratégia de crescimento mais intensiva no uso de mão de obra e mais orientada para a exportação, em oposição à propensão dos formuladores de política brasileiros de enfatizarem uma estratégia de substituição de importações intensiva no uso de capital. A base analítica da proposta é formada pelas estimativas antes mencionadas para os preços sombra da mão de obra, do capital e da taxa de câmbio no Brasil. O texto, intitulado "O subemprego, o custo social da mão de obra e a estratégia de crescimento brasileiro", teve bastante impacto, levando a intensos debates no Senado Federal no início da década de 1970.[14]

UNIVERSIDADE DE BRASÍLIA E HARVARD UNIVERSITY, 1972-1978

Meu emprego seguinte foi na Universidade de Brasília, onde em 1972 me tornei chefe do Departamento de Economia e comecei um novo programa de Mestrado em Economia. O foco da minha pesquisa em Brasília foi sobre a distribuição de renda no Brasil.

Em um dos trabalhos que escrevi sobre este tópico, contestei a visão predominante de que a tendência para a concentração de renda era consequência da escassez de mão de obra qualificada no país. O ponto principal que apontei em "Hierarquia e remuneração gerencial"[15] foi que a remuneração dos gerentes (definidos como aqueles que ocupavam posições mais altas na hierarquia das empresas) estava mais estreitamente associada à taxa de lucro do que à taxa de retorno da educação. Usei várias pesquisas salariais privadas para tentar separar a remuneração dos gerentes daquela dos trabalhadores de linha altamente qualificados e obtive algumas evidências para minha hipótese. No final, no entanto, tive que abdicar dessa visão sociológica e gerencial não convencional sobre o mercado de trabalho. Em meados da década de 1970, a teoria do capital humano reinava suprema no campo da economia do trabalho. Recentemente, visões mais elaboradoras do mercado de trabalho estão em voga para analisar a piora da distribuição de renda nos países industrializados. Por exemplo, Muller, Ouimet e Simintzi[16] mostram que firmas do Reino Unido que exibem as maiores diferenças salariais entre as posições no topo e na base da pirâmide salarial são também aquelas que têm maiores taxas de lucro. A diferença é que eu tomei a taxa de lucro como uma variável predeterminada à qual a remuneração dos gerentes estava associada. Este artigo, ao contrário, associa lucros maiores aos esforços de gerentes mais talentosos. Felizmente, para meu ponto de vista, os autores deixam claro que estão falando de correlações e não de relações causais.

Outro artigo foi uma resenha que fiz com Lance Taylor sobre o debate da distribuição de renda no Brasil.[17] Nosso principal argumento era que a política de arrocho do salário mínimo era um fator crucial para explicar a concentração de renda no país na década de 1960. Estávamos novamente fazendo frente à hipótese alternativa de que essa concentração tinha a ver com a escassez de mão de obra qualificada. Para nós, os dados censitários mostravam claramente que as parcelas da população cuja renda cresceu menos eram aquelas situadas em torno do salário mínimo, cujos aumentos foram inferiores à taxa de inflação por decisão de política do governo militar. A renda dos mais pobres, com rendimentos muito inferiores ao salário mínimo (principalmente trabalhadores rurais), não sofreu tanto. Mas, novamente, dada a prevalência das hipóteses de um mercado de trabalho competitivo e do poder da teoria do capital humano, no final, o veredito profissional foi que Lance Taylor e eu tínhamos adotado uma posição "política", em contraste com a posição "científica" dos defensores de ajustes automáticos do mercado de trabalho às forças da oferta e da procura. Hoje em dia, com o desenvolvimento de modelos de barganha e de visões do mercado de trabalho com agentes heterogêneos e em concorrência monopolística, os economistas parecem estar mais dispostos a aceitar um papel independente para o salário mínimo na determinação da distribuição de renda. Essa mudança de atitude é clara em artigos recentes que discutem a importância do salário mínimo para a evolução da distribuição de renda nos EUA, por exemplo, Autor, Manning e Smith[18] e Dube.[19] Para o Brasil, artigo recente de Engbom e Moser[20] analisa que até 70% da melhoria na distribuição de renda no período de 1996 a 2012 foi devido aos aumentos do salário mínimo. O argumento parece exagerado, mas mostra a extensão da mudança de posição dos economistas em relação ao tema desde a década de 1970.

Não tendo conseguido convencer meus colegas de profissão sobre o papel central das políticas salariais do governo para a concentração de renda do Brasil na década de 1960, fui mais bem-sucedido com um breve texto para um público mais amplo, com base em um argumento analítico de Montek Ahluwalia e Hollis Chenery.[21] Trata-se da primeira e mais famosa de minhas fábulas econômicas: "O rei da Belíndia".[22] Nela, imaginei um reino povoado por alguns poucos belgas ricos cercados por um mar de indianos pobres. Um economista visitante é contratado para medir a taxa de crescimento do reino. Em vez de usar as contas nacionais, o economista começa com as pesquisas domiciliares. Pergunta então como agregar as taxas de crescimento dos rendimentos de cada família para obter a taxa de crescimento do país como um todo. O economista apresenta três esquemas de ponderação distintos: um, privilegiando os pobres, outro, com pesos democráticos e um terceiro, privilegiando os ricos. Em seguida, mostra que o esquema de ponderação favorecendo os ricos dá-lhe o mesmo número para o crescimento do país que o do PIB – que ele então argumenta ser um "felicitômetro dos ricos". Em contraste com o esquema privilegiando os ricos, os esquemas alternativos – o que favorecia os pobres e o democrático – apresentavam taxas de crescimento muito baixas na década de 1960. O rei então demite seu ministro da Fazenda e autoriza a divulgação das três maneiras alternativas de medir a taxa de crescimento de Belíndia. A moral da história era que já não se faziam reis como no passado. A fábula, publicada em 1974 no jornal *Opinião*, foi um sucesso instantâneo e tornou-se uma poderosa arma para criticar as políticas econômicas do governo militar. Tanto no país como no exterior, Belíndia tornou-se desde então um apelido para o Brasil, como uma representação sintética da distribuição de renda altamente concentrada do país.

Em Brasília, fiquei fascinado com a controvérsia de Cambridge sobre a teoria do capital. Nesse contexto, formamos um grupo de estudos para ler o *Production of commodities by means of commodities* de Piero Sraffa. O resultado foi o artigo "Sraffa and Classical economics", escrito com Dionisio Carneiro e Lance Taylor.[23] Trata-se de um exercício de álgebra linear que interpreta o sistema-padrão de produção de Sraffa como um sistema regular de insumo-

-produto. Mostramos como esse sistema poderia ser usado para derivar uma fórmula simples para a teoria invariante do valor de David Ricardo (que requer uma mercadoria-padrão, em termos da qual a distribuição do produto líquido entre lucros e salários é insensível a variações nos preços relativos). Outra fórmula simples também poderia ser derivada desse sistema para explicar a transformação de valores em preços de Karl Marx (que também requeria a mesma mercadoria-padrão necessária para resolver o problema de Ricardo). Além do prazer de escrever esse texto na companhia de Dionisio Carneiro e Lance Taylor, sua maior utilidade para mim foi dar uma base analítica para outro artigo que menciono a seguir sobre a teoria da troca desigual.

Em 1975, tornei-me pesquisador visitante do Instituto de Desenvolvimento Econômico da Harvard University (licenciado da Universidade de Brasília), onde mantive meu interesse em questões de distribuição de renda. Lá, escrevi uma revisão crítica da literatura sobre a curva de Kuznets, que relaciona o grau de concentração da distribuição de renda à renda *per capita*, de acordo com uma curva em forma de U invertido.[24] Apresentei este texto em sessão plenária no Congresso da Associação Econômica Internacional em Tóquio, em 1977. Nele, critiquei explicações puramente econômicas de mudanças na distribuição de renda entre países e ao longo do tempo, enfatizando o papel de fatores não econômicos como guerras e revoluções sociais. Minhas conclusões de então estão em ampla concordância com a crítica de Piketty à curva de Kuznets em seu celebrado livro *O capital no século XXI*.[25]

Em outro texto que escrevi nesse período, assumi uma posição estruturalista ainda mais acentuada: trata-se de um modelo de comércio entre dois países com especialização completa, que discute a "troca desigual" no comércio entre o centro e a periferia do sistema capitalista.[26] O artigo articula temas de comércio desenvolvidos por Arthur Lewis, Harry Johnson, Raúl Prebisch, Hans Singer e Arghiri Emmanuel. No modelo, o centro se especializa no bem com uma alta elasticidade-renda da demanda, e a periferia, no bem com uma baixa elasticidade-preço da demanda (estes são os pressupostos do modelo de "crescimento empobrecedor" de Harry Johnson e também, implicitamente, da tese de Prebisch-Singer sobre a apropriação pelo centro dos ganhos de produtividade da periferia). O salário real na periferia está fixado no nível de subsistência, de acordo com a condição de excesso de oferta de mão de obra de Lewis. Os capitalistas maximizam a taxa de lucro na periferia; pela hipótese do "imperialismo do comércio" de Emmanuel, essa é a mesma taxa de lucro que prevalece no centro. Nesse modelo, quando a produtividade do trabalho aumenta na periferia, a taxa de salários permanece invariante, mas o emprego no setor moderno diminui. Em contrapartida, o progresso técnico no centro (onde há pleno emprego) gera salários mais altos. Nesse modelo de comércio assimétrico, não há sombra de convergência de renda entre a periferia e o centro. O texto foi publicado como artigo principal da edição de dezembro de 1978 do *Journal of Development Economics*.

Ao retornar ao Brasil, em 1978, passei mais um ano na Universidade de Brasília. Lá, a partir de várias fontes, construí séries históricas de salários para os setores urbano e rural da economia brasileira desde a Segunda Guerra Mundial. Com base nesse conjunto de dados, escrevi um texto em que mostrei que no passado a relação entre os salários urbanos e rurais fora muito sensível aos preços relativos entre produtos industriais e agrícolas.[27] Ou seja, ao contrário da hipótese de Lewis, no passado brasileiro havia uma segmentação acentuada entre os mercados de trabalho urbano e rural. Isso foi válido para as décadas de 1940 e 1950. Na década de 1960, as tendências da razão entre os salários urbanos e rurais foram dominadas por fatores políticos e institucionais, a saber, a extensão ao setor rural da legislação trabalhista em 1963 e a subsequente compressão do salário mínimo real pelo governo militar. Na década de 1970, com o desenvolvimento de um mercado de trabalhadores migrantes diários, o diferencial entre os salários urbanos e rurais diminuiu rapidamente e tornou-se muito menos sensível à relação entre os preços dos produtos agrícolas e industriais. Assim, historicamente, observou-se uma tendência para o encolhimento da diferença entre salários urbanos e rurais. Também não se observaram ganhos reais de salários por parte da força de trabalho urbana não qualificada no período. No fim das contas, o texto confirma as hipóteses de Lewis, mas as qualifica pelo papel desempenhado pelas políticas governamentais no mercado de trabalho.

Em outro texto, mais tarde reproduzido no compêndio de Gerald Meier sobre *Leading Issues in Economic Development*,[28] analisei as relações entre a agricultura e a indústria ao longo do processo de desenvolvimento econômico.[29] Tradicionalmente, a agricultura era vista na literatura econômica como sendo a fornecedora de dois insumos críticos para a industrialização: bens de salário (como nas industrializações forçadas de tipo soviético) e divisas (como na industrialização substitutiva de importações da América Latina). Em ambos os casos, a extração do excedente agrícola era aceita como um caminho legítimo para a industrialização. Mais recentemente, argumentei, essa estratégia vinha sendo criticada com o argumento de que a própria agricultura era uma fonte de modernização e progresso técnico. "Consertar os preços relativos" tornou-se o novo mantra, no sentido de se adotarem políticas de preços que não mais discriminassem contra o setor agrícola. O texto adverte contra mudanças abruptas nessa direção, favorecendo abordagens gradualistas respeitadoras das rigidezes estruturais que caracterizam as economias em desenvolvimento.

PUC-Rio, 1979-1993

Em 1979, entrei para o Departamento de Economia da Pontifícia Universidade Católica do Rio de Janeiro, e lá permaneci até junho de 1993.[30] Na PUC-Rio, minhas pesquisas passaram a focar as questões macroeconômicas da época no Brasil e na América Latina.

Por um lado, lidei com a escassez de divisas, a crise da dívida e a estagnação econômica. Por outro, com crises fiscais, inflações galopantes e planos de estabilização. Separadamente, concentrei-me em grandes temas da experiência histórica brasileira no século XX.

(i) Escassez de divisas, crise da dívida e estagnação

Para um volume em homenagem a Hollis Chenery, escrevi um artigo reinterpretando o modelo de crescimento de dois hiatos de Bruno e Chenery, colocando-o no contexto de um modelo macroeconômico padrão de uma pequena economia aberta.[31] Nesse artigo, interpretei a restrição de poupança do modelo de dois hiatos como sendo a condição para o equilíbrio interno (ou para a plena utilização da capacidade instalada) e a restrição de divisas como a condição para o equilíbrio externo (ou para um fluxo de comércio equilibrado). Uma economia restrita pelas divisas é aquela que (operando com uma tecnologia com coeficientes fixos para bens de capital importados) enfrenta um limite superior para suas exportações, de modo que o equilíbrio externo ocorre a uma taxa de crescimento do PIB inferior à da plena utilização dos recursos domésticos. Nesse contexto, o "pessimismo sobre as elasticidades" no que se refere à reação do comércio a mudanças de preços relativos ou o "medo da depreciação cambial" são explicações alternativas para um país em desenvolvimento permanecer em um regime de restrição de divisas mesmo que tenha capacidade doméstica subutilizada.

Em artigo complementar, em coautoria com Persio Arida, desenvolvemos um modelo macroeconômico de desequilíbrio com preços fixos, para a análise dos regimes de balanço de pagamentos de uma economia emergente.[32] Nesse modelo, a hipótese do excedente de mão de obra de Lewis aparece como sendo a imagem espelhada da restrição de divisas de Bruno e Chenery. Argumentamos que o balanço de pagamentos de uma economia semi-industrializada normalmente se situa entre um déficit clássico e um déficit estrutural, sendo esses regimes de mercado identificados, respectivamente, com a doutrina do FMI e a crítica da CEPAL (Comissão Econômica para a América Latina e o Caribe). Ambos são caracterizados por desemprego e déficits de balanço de pagamentos, mas a terapia para corrigir esses males depende da natureza do desequilíbrio no mercado de bens. Em particular, o ponto de vista estruturalista é correto quando o déficit externo resulta não de demanda interna excessiva, mas de demanda externa insuficiente. Mas as condições para um déficit verdadeiramente estrutural são mais rigorosas do que as reivindicadas pela doutrina da CEPAL. A economia pode apresentar desemprego, déficit externo e excesso de oferta de bens e, no entanto, dependendo da elasticidade-preço da demanda externa, desvalorizações da taxa de câmbio real, se politicamente possíveis, podem eliminar a região de déficit estrutural.

O fracasso das tentativas de ajuste lideradas pelo FMI no Brasil no início da década de 1980 mostraram claramente as dificuldades de corrigir o desequilíbrio externo puramente através de restrições do crédito e desvalorizações cambiais. Fiz uma crítica a essas políticas em dois trabalhos empíricos sobre o Brasil, escritos para conferências no Instituto de Economia Internacional em Washington, DC, em 1983.[33]

Também escrevi um ensaio de persuasão amplamente divulgado intitulado "Prólogo para a Terceira Carta".[34] Trata-se de uma crítica, em linguagem simples, da medicina do FMI conforme aplicada ao Brasil, devido a seu foco excessivo no ajuste imediato do balanço de pagamentos, com atenção insuficiente às consequências estagflacionárias dessa política em uma economia altamente indexada como a brasileira.

Outro texto, escrito para o Grupo Intergovernamental dos 24 sobre Assuntos Monetários Internacionais e Desenvolvimento (G-24), consistiu em uma explicação passo a passo, baseada em equações simples, dos chamados exercícios financeiros do FMI, base de suas políticas de ajustamento.[35] O artigo critica o viés recessivo desses procedimentos e defende que deveriam ser complementados por "exercícios de crescimento". O objetivo destes seria estabelecer os requisitos de crédito externo de programas mais sensatos de ajuste do FMI. O referido texto foi a espinha dorsal do relatório de 1987 do Grupo dos 24, *The role of the IMF in adjustment with growth*.[36]

Em um artigo apresentado na reunião de Nova York de dezembro de 1982 da Associação das Ciências Sociais Aliadas,[37] estendi essa crítica aos experimentos de monetarismo de economia aberta no Cone Sul (Argentina, Chile e Uruguai) na década de 1970. O ponto principal do texto é ilustrado com um gráfico que mostra a apreciação extraordinária da taxa de câmbio real que esses países experimentaram quando adotaram uma taxa de câmbio nominal fixa para controlar a inflação na presença de indexação salarial defasada. O ponto relevante para a política era que a questão salarial tinha que ser tratada diretamente, em vez de se forçar a economia a percorrer uma trajetória de desequilíbrio por meio de uma âncora cambial.

A natureza dos desequilíbrios da balança de pagamentos nas economias de mercado emergentes foi outra questão macroeconômica muito discutida no início da década de 1980. Como consultor do Grupo dos 24, desenvolvi um esquema contábil inicialmente proposto por Bela Balassa[38] para decompor mudanças na conta-corrente do balanço de pagamentos em variáveis relacionadas a políticas domésticas e a choques externos. Ele foi a base analítica para um relatório da UNCTAD intitulado *Compensatory financing of export earnings shortfalls*.[39] O mesmo exercício de decomposição dos desequilíbrios da conta-corrente desempenhou um papel central em uma análise empírica sobre choques externos e as perspectivas de crescimento do Brasil no período de 1973 a 1989.[40] Concluí que a dívida externa do Brasil se acumulou no período principalmente por causa da deterioração dos termos de troca, dos choques das taxas de juros e da recessão mundial. No entanto, também apontei que, diante de circunstâncias externas adversas, o governo brasileiro optou por financiamento externo em vez de ajuste doméstico.

Em um documento complementar usei a fórmula de decomposição anteriormente desenvolvida para uma análise do impacto dos choques externos nos países latino-americanos no período de 1978 a 1982.[41] A conclusão foi que não era possível resumir em uma única expressão, como "choques externos" ou "gastos excedentes", os motivos pelos quais as contas externas dos países latino-americanos se deterioraram tão profundamente nesse período. Cada caso tinha de ser analisado individualmente.

Esses exercícios implicitamente admitiram que, qualquer que fosse a fonte de desequilíbrio de conta-corrente, o financiamento externo de alguma forma o acomodaria (mesmo que fosse com o uso das reservas internacionais). Os fluxos de capital estrangeiro autônomos não faziam parte dessas análises. Mas a maior disponibilidade de fontes privadas de financiamento externo foi uma parte importante da história do endividamento da América Latina na década de 1970, levando eventualmente à crise da dívida de 1982. Tratei dessa questão em uma série de outros artigos nesse período.

Em 1981, Carlos F. Díaz-Alejandro e eu escrevemos uma revisão histórica das interações das finanças internacionais com o crescimento da América Latina em uma monografia publicada na série de *Princeton Essays in International Finance*.[42] O tom desse ensaio reflete uma perspectiva pessimista para a América Latina em relação à possibilidade de repetição do desempenho favorável da década de 1970, mas otimista em relação a cenários catastróficos. Concluímos que, se os acontecimentos se tornassem muito piores para os principais mutuários latino-americanos do que antecipávamos (como de fato ocorreu), então, esquemas de refinanciamento de suas dívidas, como proposto por Fishlow,[43] tornar-se-iam atraentes.

Para uma conferência no Banco de la República, na Colômbia, em 1982, escrevi um artigo fazendo uma distinção entre a intensidade e o estilo das interações dos países latino-americanos com as finanças internacionais.[44] No primeiro quesito, Argentina, Brasil e Chile usaram abundantemente o capital estrangeiro, já Uruguai e Colômbia fizeram um uso mais prudente. De acordo com o estilo, Brasil e Colômbia tenderam a usar o capital estrangeiro de forma mais regulamentada, como complemento das finanças domésticas. Argentina, Chile e Uruguai adotaram a liberalização financeira de forma mais completa e houve uma tendência de substituição da poupança doméstica por poupança estrangeira. No final, apenas a Colômbia (que usou o capital estrangeiro com prudência e sob controles rigorosos) conseguiu evitar o colapso da dívida da América Latina em 1982-83.

Em 1989, Pedro Malan e eu publicamos uma revisão da experiência brasileira com a dívida externa, que levou o país do "milagre econômico" da década de 1970 à crise econômica e aos programas de ajuste liderados pelo FMI no início dos anos 1980.[45] Separadamente, em artigo para o Grupo dos 24 reproduzido em livro para honrar a memória de Sidney Dell,[46] expus as lições da crise da dívida para a adoção de medidas de política internacional que pudessem contribuir para a sustentabilidade dos fluxos de capital para os países em desenvolvimento.

Parte das sugestões nesse último artigo originou-se de um livro que Miguel Rodriguez e eu organizamos para a Secretaria Permanente do Sistema Econômico Latino-Americano e do Caribe (SELA), no qual analisamos criticamente as intervenções políticas do Banco Mundial e do FMI na América Latina.[47] Um artigo subsequente, em coautoria com Richard Feinberg,[48] oferece uma análise crítica resumida das intervenções do Banco e do Fundo na América Latina na década de 1980. Em resumo, criticamos o foco excessivo dessas instituições no ajuste imediato do balanço de pagamentos e no controle da inflação às expensas de medidas estruturais que propiciassem o crescimento econômico na região.

Menção também deve ser feita a um artigo que escrevi para a Conferência de Basileia de 1987 da Associação Econômica Internacional.[49] Nele, apresento sugestões conciliatórias para lidar com o excesso de dívida externa da América Latina. Essas sugestões não são muito distintas daquelas eventualmente adotadas no Plano Brady.

Os ajustes de política para lidar com a crise da dívida, em particular as acentuadas desvalorizações da taxa de câmbio, levaram a uma profunda crise fiscal em toda a América Latina e no Brasil em particular. Essas desvalorizações aumentaram o ônus da dívida externa pública em termos de moeda local. A dívida pública aumentou ainda mais porque os governos se sentiram compelidos a assumir parte da dívida externa privada para evitar a falência generalizada das empresas locais. O tempo havia chegado para novas formas de pensar as causas e consequências das crises fiscais na América Latina.

Escrito no final de 1988, quando eu lecionava na University of California, Berkeley e Stanford University, "Um modelo de três hiatos" é provavelmente o mais citado de meus ensaios. Foi publicado no *Journal of Development Economics* de abril de 1990,[50] e reproduzido em compêndio sobre a ajuda internacional na nova economia global.[51] O texto consiste em um modelo macroeconômico com preços fixos que mostra a interação entre a crise fiscal e o ritmo do crescimento econômico. O pressuposto crítico é que existe uma complementaridade entre os investimentos públicos (em infraestrutura) e os investimentos privados. Assim, quando o ajuste fiscal impõe uma contração do investimento público, a taxa resultante de crescimento do PIB restrito pelo fisco pode ser inferior às taxas determinadas pelas restrições de divisas ou de poupança. Em um texto complementar, "Crise da dívida, transferências externas e taxa de crescimento dos países em desenvolvimento",[52] escrito para um relatório do G-24 sobre o futuro do Banco Mundial, propus que o conceito relevante para a análise da contribuição do capital externo para o crescimento do país receptor era a transferência líquida real e não a poupança externa.[53] Isso porque era a transferência e não a poupança que determinava a capacidade de importação de um país em desenvolvimento. Em uma análise menos formalizada,[54] propus uma nova abordagem da crise da dívida externa, centrada não na falta de divisas, mas no déficit do governo.

A modelagem de três hiatos tornou-se a base para uma série de estudos empíricos sobre o crescimento da América Latina no Banco Interamericano de Desenvolvimento. Esses foram publicados em um livro, que organizei em1993, sobre os requisitos de poupança e investimento para a retomada do crescimento na América Latina.[55]

Anteriormente, para uma conferência internacional em 1988, em Honolulu, analisei a estagnação econômica da América Latina desde a crise da dívida no início da década de 1980.[56] Imputei essa estagnação a uma série de problemas estruturais:

- Alto nível de dívida externa do setor público contraída a taxas de juros flutuantes;
- Introspecção econômica, ou seja, baixo nível de exportações industriais, juntamente com alta dependência de um punhado de *commodities* primárias;
- Falta de flexibilidade nas contas do setor público;
- Mecanismos rígidos de indexação;
- Grau extremo de concentração da distribuição de renda.

Concluí que políticas efetivas para o crescimento na América Latina exigiriam novas instituições capazes de lidar com os conflitos sociais de maneira mais eficaz do que no passado. Esse artigo era uma crítica à política econômica autoritária não inclusiva na região, associada a um alto grau de endividamento externo. Hoje, trinta anos depois, a América Latina já se recuperou da "década perdida" de 1980 e a democracia é a regra geral. Mas a região foi incapaz de sustentar uma taxa de crescimento elevada como o fez pelo menos uma dúzia de outros países em industrialização. As lições desses casos foram indicadas no *The Growth Report*, uma atividade patrocinada pelo Banco Mundial, presidida pelo prêmio Nobel Michael Spence e da qual participei. Esses casos de sucesso são na grande maioria de países na Ásia e – reproduzo o relatório (p. 21) – possuem cinco características marcantes, que em geral não estão presentes na América Latina:

- Exploraram plenamente a economia mundial;
- Mantiveram estabilidade macroeconômica;
- Alcançaram altas taxas de poupança e investimento;
- Permitiram que os mercados alocassem os recursos;
- Tiveram governos comprometidos, críveis e capazes.

(ii) Alta inflação e políticas de estabilização

Para revisar meus textos sobre inflação e políticas de estabilização, volto ao início da década de 1980 procurando fornecer o sabor certo da evolução de meu pensamento em relação à modelagem do processo inflacionário do Brasil.

Em 1980, publiquei um artigo na *Revista Brasileira de Economia*,[57] que posteriormente expandi para um livro completo[58] com o objetivo ambicioso (mas finalmente frustrado) de construir um modelo neoestruturalista de livro-texto sobre inflação e crescimento. Um pressuposto básico é uma função de poupança clássica (segundo a qual apenas os capitalistas poupam porque a propensão marginal dos trabalhadores a poupar é igual a zero). Outro pressuposto é que, devido à indexação defasada dos salários, há uma relação negativa entre a taxa de inflação e o salário real. Comparando duas posições de equilíbrio em plena capacidade, o equilíbrio com uma maior taxa de investimento tem uma taxa de inflação maior e um salário real mais baixo. A intenção aqui foi descrever em um modelo simples o mecanismo do arrocho salarial que acompanhou o "milagre econômico" brasileiro da década de 1970.

Em artigo subsequente, Francisco Lopes e eu escrevemos um modelo mais elaborado sobre as interações entre inflação, crescimento e política salarial.[59]

O texto, publicado como artigo principal da edição de agosto/outubro de 1983 do *Journal of Development Economics*, incorpora o imposto inflacionário no modelo. Também fornece uma lógica rebuscada desenvolvida por Francisco Lopes, com base no mecanismo da política salarial brasileira, para a relação entre os salários e a inflação passada postulada no texto anterior. O artigo argumenta que as políticas ortodoxas de estabilização – como exemplificadas por uma redução autônoma da taxa de crescimento da oferta de moeda – implicavam uma diminuição duradoura da taxa de crescimento do produto, se a fórmula de reajuste dos salários, como no Brasil, previsse uma indexação defasada em relação à inflação.

Quando lecionava na Columbia University, em Nova York, em 1983 e 1984, um debate exaltado ocorria no Brasil sobre como lidar com uma taxa de inflação que atingira 200% ao ano. Longe ficaram os dias em que o debate fora sobre gradualismo *versus* tratamento de choque. A questão agora era sobre qual tipo de "parada súbita" aplicar. Octávio Gouvêa de Bulhões sugeriu um "choque ortodoxo"[60] ao qual Francisco Lopes respondeu com um "choque heterodoxo".[61] Persio Arida argumentou a favor da indexação plena de preços e salários.[62] André Lara Resende provocou um furacão com a proposta de introdução de uma moeda paralela indexada.[63]

O que fiz na época foi manifestar meu ceticismo com uma nova fábula, "O fim da inflação no reino de Lisarb" (um lugar onde tudo funcionava de trás para a frente, incluindo o próprio nome do país).[64] A fábula consistia em um animado, mas inconclusivo, debate entre economistas de diferentes convicções sobre como lidar com a alta inflação. No final, Seven, recém-eleito rei de Lisarb, persuadiu-se de que, sendo uma questão social, a inflação não poderia ser resolvida apenas com matemática ou formulações engenhosas. Entendeu que a economia ajudava, mas também ficou convencido da importância de sua liderança política. Infelizmente, no mundo real, Tancredo Neves morreu antes de assumir o cargo e o Brasil teve de esperar mais dez anos até que Fernando Henrique Cardoso, um líder político do mesmo calibre que ele, pudesse usar o talento dos economistas locais para pôr fim à hiperinflação no Brasil.

No entremeio, de 1986 a 1992, o país passou pelo Plano Cruzado, do qual participei, além de uma série de outras experiências heterodoxas de estabilização fracassadas. Quando fui membro da equipe econômica do governo e presidente do IBGE, de maio de 1985 a novembro de 1986, consegui produzir dois textos sobre a estabilização da inflação. O primeiro foi outra fábula. Em "Inflaflução", usei uma metáfora de James Tobin, em que ele compara a inflação inercial com um estádio onde todos se levantam para ver a partida, e o problema seria como fazer as pessoas sentarem-se de volta.[65] A ideia é que existem dois equilíbrios, um mau, com inflação (todos em pé), e um bom, sem inflação (todos sentados), e que as pessoas estão presas no mau equilíbrio. Sugeri que, para resolver esse problema de ação coletiva, o árbitro deveria parar o jogo por um momento e apitar para o público, fazendo com que todos se sentassem ao mesmo tempo. Infelizmente, uma solução fácil demais, como demonstraria o fracasso do congelamento de preços e salários do Plano Cruzado, decretado em 28 de fevereiro de 1986. Muitos problemas imprevistos entraram em jogo. O principal foi a dificuldade política de converter salários por seus valores médios nos seis meses anteriores (na metáfora, fazer todos se assentarem nos lugares em que estavam, por pior que fossem). Proliferou a acusação de que o governo estava praticando um arrocho salarial, mesmo quando o decreto original havia adicionado um bônus de 8% a todos os salários (15% no caso do salário mínimo) e previsto que os salários seriam imediatamente reajustados quando a inflação acumulada após o plano atingisse 20% (o famoso "gatilho salarial"). A generosidade dos mecanismos de conversão salarial somada à eliminação do imposto inflacionário (não compensada por uma redução equivalente no déficit público) gerou um excesso de demanda na economia, o que tornou impossível manter o congelamento dos preços. Em um artigo escrito em junho de 1986, procurei explicar as características do Plano Cruzado e os desafios que enfrentava, mas, de fato, os problemas de escassez de bens eram mais profundos do que eu podia reconhecer publicamente.[66] Apesar dessa pressão, o governo decidiu adiar uma flexibilização do congelamento de preços até depois das eleições de novembro de 1986. Essa decisão funcionou muito bem do ponto de vista eleitoral, mas foi um desastre do ponto de vista econômico. Era muito tarde quando um mal concebido ajuste de preços foi finalmente adotado no final de 1986. O gatilho salarial disparou e a inflação retornou a taxas ainda mais altas do que antes do plano.

De volta à PUC-Rio, dei a Aula Magna no Encontro Anual da Associação Nacional de Centros de Pós-Graduação em Economia (ANPEC) de dezembro de 1987. Apresentei minhas reflexões sobre as tentativas frustradas, tanto ortodoxas quanto heterodoxas, de estabilização da inflação no Brasil na década de 1980.[67] Identifiquei três escolas de pensamento sobre a natureza do processo inflacionário no país: monetarismo, inercialismo e conflitismo. Discuti as controvérsias sobre déficit público nominal *versus* operacional; expectativas *versus* inércia; inércia inflacionária *versus* conflito distributivo e moeda ativa *versus* moeda passiva. Defendi a adoção de um pacto social para superar o conflito distributivo. Ele deveria conter restrições à monetização da dívida pública pelo Banco Central, controle do déficit público e desindexação da economia. Os futuros programas de estabilização, concluí, precisariam incorporar as lições de cada uma das escolas concorrentes para conseguirem compatibilizar a estabilização da inflação com a democracia e o crescimento econômico.

No mesmo espírito, mas com alcance mais amplo, fiz uma revisão das lições dos programas de estabilização nos países em desenvolvimento na década de 1980. Em coautoria com Dionisio Dias Carneiro, esse texto foi a base de um relatório da Secretaria Geral para a Assembleia da Organização das Nações Unidas em 1991.[68] Em um tom otimista, o texto afirma ter havido uma redução das divergências entre abordagens anteriormente irreconciliáveis. Essa convergência profissional, segundo o documento, foi, em parte, uma reflexão sobre os fracassos de versões extremas de programas ortodoxos e heterodoxos. Mas também foi uma reflexão sobre os sucessos de experiências que conseguiram combinar componentes ortodoxos e heterodoxos, como Israel em 1985 e México em 1987. O artigo discute então uma série de novos elementos que foram incorporados aos antigos debates entre monetaristas e estruturalistas: choque *versus* gradualismo, reforma do setor público, política industrial, controles temporários de preços e âncoras nominais. Conclui com recomendações para os empréstimos baseados em políticas do FMI e do Banco Mundial.

Meu último artigo sobre a estabilização da inflação antes do Plano Real foi preparado para uma Aula Magna nos exames para professor titular da Faculdade de Economia e Administração da Universidade Federal do Rio de Janeiro.[69] O artigo oferece uma nova abordagem sobre a natureza fiscal da inflação no Brasil. Argumenta que a inflação era importante para o governo brasileiro não só por gerar um imposto inflacionário, mas também e talvez principalmente porque corroía em termos reais as despesas autorizadas no orçamento. Fazia isso sem afetar a arrecadação de impostos em termos reais porque estes, em contraste com as despesas que eram orçadas em termos nominais, eram protegidos contra a inflação pelos reajustes diários da Unidade Fiscal de Referência (UFIR). Isso explicaria o paradoxo de uma taxa de inflação muito alta estar acompanhada de um déficit primário muito baixo. Esse déficit era pequeno apenas por causa da contração dos gastos reais proporcionada pela própria inflação. Uma implicação do argumento era que, para parar a inflação, primeiro seria necessário um mecanismo alternativo para reduzir parte das despesas autorizadas no orçamento. Uma vez que no Brasil as despesas nominais eram legalmente muito rígidas, a implantação desse mecanismo exigiria uma Emenda Constitucional.

Em apêndice a esse artigo, apresentei um modelo alternativo de inflação. Sua dinâmica era determinada pelo fato de que a maior parte da oferta monetária relevante era remunerada de acordo com a própria inflação. Essa foi uma tentativa de modelar o mecanismo da correção monetária da dívida pública que servia de lastro para os depósitos bancários remunerados. No pressuposto de que a moeda ampla (M4) era a determinante da inflação, o artigo argumenta que a remuneração dessa moeda pela própria inflação multiplicava o efeito do déficit primário sobre a inflação. Sendo assim, era uma explicação alternativa

MEMÓRIA ACADÊMICA | 59

de por que um pequeno déficit primário podia gerar uma inflação tão grande. A implicação é que a inflação poderia ser eliminada por um programa crível de reforma monetária que eliminasse a correção monetária da dívida pública. Mas a credibilidade era essencial, pois, de outra forma, essa eliminação poderia simplesmente provocar uma fuga da moeda ampla, o que conduziria a economia para uma trajetória de hiperinflação. Tanto o texto principal como o apêndice ao artigo foram ingredientes relevantes para o Plano Real, do qual participei, inicialmente como assessor do ministro da Fazenda (em 1993 e 1994), e posteriormente como presidente do BNDES (em 1995).

(iii) Temas da história econômica do Brasil no século XX

Na Columbia University, no final de 1984, Herbert Klein e eu organizamos um seminário para avaliar a rápida transição do Brasil de uma sociedade principalmente rural no início da década de 1940 para uma economia essencialmente urbana em meados da década de 1980. O livro resultante[70] contém um conjunto de trabalhos sobre as mudanças estruturais e as políticas governamentais que moldaram a sociedade brasileira contemporânea. Escrito por diversos autores, o volume aborda primeiro as mudanças macrossociais que ocorreram no crescimento populacional, no setor rural anteriormente predominante e na expansão dos centros urbanos. Em seguida, trata das consequências dessas mudanças em termos da evolução da estrutura de ocupações, dos padrões de mobilidade social e da distribuição de renda. Finalmente, examina a história das políticas de bem-estar social, educação e saúde. O tema que percorre todo o volume é a enormidade das mudanças associada à incompletude do processo, especialmente em termos de resultados sociais. Em muitas áreas, e como resultado da natureza das políticas governamentais, o Brasil merecia de fato ser chamado de Belíndia, uma sociedade definida em termos regionais e de classes sociais comparável à Bélgica, que coexiste com uma parte mais pobre, mais rural e mais ao norte, comparável, na maioria dos aspectos, à Índia.

Em 1992, retornei ao tópico de minha dissertação de doutorado e escrevi uma monografia sobre o papel histórico do café na economia brasileira.[71] A monografia trata da expansão da produção do café no século XIX, mas foca na política de valorização do produto iniciada em 1906. O documento detalha a evolução dessa política ao longo do século XX, até sua extinção, em 1990, com o fechamento do Instituto Brasileiro do Café no governo do presidente Collor. O texto propõe uma reavaliação do comportamento dos preços do café no século XIX. O documento mostra que houve um desequilíbrio fundamental entre o rápido crescimento da demanda mundial e o lento crescimento da oferta mundial que fez com que o preço real do café tivesse uma tendência de aumento secular, de meados da década de 1840 até o final da década de 1980. Argumenta que foram esses preços reais em continuada elevação, e não o salto temporário dos preços nominais provocado pelo Encilhamento (como argumentaram Delfim Netto[72] e outros historiadores), que geraram uma superprodução de café no Brasil no início da década de 1890. Essa superprodução, por sua vez, fez os preços do café baixarem muito ao longo daquela década. A valorização do café foi a resposta a essa baixa, em um contexto em que o Brasil respondia por 80% das exportações mundiais. Introduzida em 1906, manteve-se como uma característica da política brasileira do café até 1989. A monografia argui que, graças a essa política de valorização, o café foi o único produto primário que conseguiu escapar da maldição de Prebisch no século XX. Enquanto os preços reais de todas as outras *commodities* tenderam a reduzir-se, o contrário ocorreu com os preços reais do café. Um gráfico na monografia indica o fato notável que a relação entre os preços do café e um índice dos preços das *commodities* em geral triplicou ao longo do século XX.

Mas, afinal, a avaliação da monografia sobre a política de valorização do café é bastante negativa. Por causa dela, o café se manteve como o produto de exportação dominante do país por mais de cem anos, mesmo quando o Brasil foi continuamente perdendo sua participação no mercado mundial para outros produtores. Outros produtos além do café simplesmente não conseguiam competir nos mercados estrangeiros: o preço em dólares do café era muito alto e a taxa de câmbio se mantinha sobrevalorizada. Em consequência, ocorreu uma redução dramática da participação das exportações totais no PIB, à medida que a parcela do Brasil no mercado mundial do café diminuía e o setor não comercializável da economia se expandia. A parcela das exportações no PIB diminuiu de 20,6% em 1906, quando a valorização do café foi introduzida, para apenas 3,3% em 1964, quando o café finalmente perdeu sua posição dominante nas exportações brasileiras. Nesse contexto de escassez permanente de divisas, ganhou peso a chamada política do similar nacional. Significava essencialmente que produtos com um similar nacional não podiam ser importados. Na prática, os produtos que substituíam as importações se tornavam assim bens não comercializáveis, enquanto as divisas geradas pelo café ficavam reservadas para as necessidades de insumos e bens de capital importados dessa indústria nacional altamente protegida. No nível ideológico, havia uma hostilidade permanente entre a elite rural reclamando contra uma indústria "artificial" e a elite urbana clamando que a proteção era necessária para industrializar o país. Mas as elites se aliavam na defesa de uma taxa de câmbio apreciada que mantinha os preços do café elevados em dólares e reduzia os custos domésticos dos insumos importados não competitivos. Desenvolveu-se então uma aliança implícita entre os interesses dos cafeicultores e os dos industriais, a qual facilmente derrotou as tentativas do ministro da Fazenda, José Maria Whitaker, de acabar com a política de valorização do café e o sistema de taxas múltiplas de câmbio em 1954. Essa foi a derrota definitiva de uma visão de crescimento econômico apoiado na diversificação das exportações e o triunfo da visão oposta, que se tornou explícita no mandato do presidente Kubitschek (1956-1960), de aprofundar o processo de substituição de importações, mantendo a supremacia do café na pauta de exportação brasileira. Hoje em dia, outras *commodities* ganharam importância na pauta de exportação e o Brasil não mais depende do café. Mas o setor industrial em processo de encolhimento se mantém voltado para dentro, incapaz de concorrer nos mercados externos.

No início de 1993, Bolívar Lamounier e eu escrevemos um ensaio que traça as raízes das dificuldades enfrentadas pelo Brasil para implementar uma estratégia de crescimento menos intervencionista. O objetivo seria superar o processo de industrialização orientado para dentro, propenso à inflação e socialmente excludente que começou com o Estado Novo de Vargas e atingiu um clímax com o regime militar de 1964-1985.[73] O texto observa as dificuldades de fazer tais reformas no contexto da Constituição de 1988, que fortaleceu o poder de grupos de interesses enraizados no aparelho governamental. Não obstante, contrariamente às concepções pessimistas predominantes, argumentamos que o cenário mais plausível para a década de 1990 seria uma convergência entre a democracia e as reformas econômicas, levando a uma economia mais liberal, ao controle da alta inflação e à maior inclusão social. Pelo menos temporariamente, o otimismo do artigo foi logo confirmado pela bem-sucedida implementação do Plano Real e a posterior eleição de Fernando Henrique Cardoso como presidente do Brasil.

INTERREGNO DE PESQUISAS ACADÊMICAS, 1994-2002

Entre 1994 e 2002, minhas pesquisas acadêmicas tornaram-se limitadas devido ao meu envolvimento com outras atividades no governo e no setor privado. O artigo principal que escrevi nesse período foi uma avaliação do Plano Real. Ele foi construído em várias etapas a partir de 1995, mas recebeu forma final apenas em 2003, como capítulo de um volume em homenagem a Lance Taylor.[74] O artigo descreve inicialmente o contexto político e econômico da introdução do plano. Em seguida, explica suas três fases: o mecanismo constitucional de ajuste fiscal, conhecido como Fundo Social de Emergência; o dispositivo para a unificação do sistema de indexação, conhecido como a unidade real de valor; e, finalmente, a transformação desta unidade no Real, a nova moeda brasileira, em 1º de julho de 1994. O documento enfatiza que cada uma das três fases foi pré-anunciada e submetida ao Congresso para aprovação. Enfatiza características fundamentais do Plano: desindexação precedida de indexação plena; estabilização súbita sem congelamento de preços ou repúdio de dívida; políticas monetárias e cambiais parcialmente flexíveis; e ausência de recessão econômica. Ao contrário de algumas interpretações simplistas, enfatiza que o Plano foi muito mais do que uma simples estabilização ancorada no dólar. Mas também explica como a âncora do dólar foi usada e por que a opção de dolarização foi descartada. Em seguida, relata o desequilíbrio entre demanda e oferta agregadas gerado pelo Plano e discute as políticas adotadas em 1985-86 para sua correção. O documento conclui que o Plano Real foi bem-sucedido em reduzir a inflação e mantê-la baixa. Mas também que, contrariamente às expectativas iniciais, a estabilização foi insuficiente para tornar o crescimento sustentado do PIB compatível com um equilíbrio externo razoável.

Retornei ao tema do equilíbrio externo em um artigo para o Congresso Anual da Associação Nacional de Centros de Pós-Graduação em Economia (ANPEC) de 2002. Trata-se de um texto com reflexões – que denominei de pós-cepalinas – sobre a evolução do pensamento econômico heterodoxo em relação à inflação e à vulnerabilidade externa na América Latina desde o manifesto de Prebisch de 1949.[75] Com relação à inflação, reivindiquei sucesso. A tese estruturalista da inflação tornou-se, na minha geração, a teoria da inflação inercial. Depois que entendemos a lógica do dinheiro passivo (e remunerado pela própria inflação) e também o papel das variáveis fiscais, o Plano Real pôde ser implementado, o que eliminou a alta inflação no Brasil. Menos êxito, argui, foi alcançado na frente externa. A tese original da CEPAL sobre a vulnerabilidade externa focava as fragilidades do modelo primário-exportador e favoreceu a industrialização via substituição de importações. A hipótese do "estrangulamento externo", na minha geração, inicialmente tomou a forma do modelo de dois hiatos, que favorecia tanto a substituição de importações como a promoção das exportações. No modelo de dois hiatos, a relação entre exportações e investimentos é positiva, uma vez que estes estão restritos pela falta de importações complementares. O problema, no entanto, não era um impedimento físico, mas a falta de financiamento. É nesse contexto que o estrangulamento externo encontra o problema clássico da transferência externa. Uma "parada súbita" na entrada de capital estrangeiro impõe a necessidade de uma desvalorização real para que a transferência externa negativa possa ocorrer. Em um contexto de dívidas internas dolarizadas, isso aprofunda a crise inicial. O modelo se aplica bem à Argentina, mas não tanto ao Brasil. No Brasil, os modelos de equilíbrio duplo, com a natureza do equilíbrio (bom ou ruim) dependendo das expectativas dos investidores estrangeiros sobre a sustentabilidade da dívida pública, parecem mais apropriados. A sensibilidade da natureza do equilíbrio às expectativas dos investidores estrangeiros está ligada ao fato de que a moeda doméstica não é conversível. Por causa dessa inconversibilidade, ela não serve como uma reserva de valor que poderia ser usada como garantia para o investimento real. Assim, o país continua dependendo da entrada de dólares em uma versão moderna do modelo original de estrangulamento externo.

Um ensaio de persuasão escrito para uma mesa-redonda com Joseph Stiglitz e Dani Rodrik no BNDES, em setembro de 2002, elabora essa discussão.[76] Com o título "Do consenso de Washington ao dissenso de Cambridge", começa com o argumento de que, para uma crítica do consenso de Washington frutificar, o "dissenso de Cambridge" de Rodrik e Stiglitz precisava de um paradigma alternativo ao neoliberalismo. Esse paradigma, sustentei, devia partir do conceito da restrição de divisas, fundamentado no fato de que o retorno do capital estrangeiro em uma economia em desenvolvimento se materializa em uma moeda local inconversível. Em consequência, exceto para plataformas exportadoras, surge um problema para transferir esses recursos da moeda local para a moeda forte. Esse problema da transferência restringe o ingresso de capital (porque aumenta o risco do investimento) e tende a gerar crises cambiais periódicas. Se a restrição de divisas é, de fato, o principal obstáculo para o crescimento sustentado dos países emergentes, o foco da solução pareceria estar na esfera das finanças. A opção para escapar do dilema seria aprofundar e promover mercados financeiros domésticos de longo prazo. Mas alavancar as finanças locais não significa simplesmente aprofundar e ampliar os mercados financeiros locais. A "exportabilidade" da produção interna – um conceito que tomei emprestado de Hirschman – é igualmente importante. O objetivo é a redução da vulnerabilidade financeira externa. Isto poderia ser conseguido ou por um maior acesso a mercados locais de capitais de longo prazo, ou por uma maior exportabilidade da economia – porque essa proveria as garantias em moeda forte necessárias para sustentar os investimentos externos. O documento conclui que a solução não é substituir a poupança externa pela poupança interna. Pelo contrário, a amplificação das garantias internacionais do país, através da exportabilidade da produção doméstica, lhe permitiria que assumisse com segurança um maior volume de dívida externa por unidade de produto. Isso ampliaria o acesso do país à poupança externa, conforme necessário para acelerar a taxa de crescimento do PIB por meio da exploração das oportunidades locais de investimento.

IEPE/Casa das Garças, 2003 – 2016

O Instituto de Estudos de Política Econômica/Casa das Garças é um centro de pesquisas e debates que economistas originários da PUC-Rio, incluindo aqueles de que participamos do governo do presidente Fernando Henrique Cardoso, criamos em 2003. Nele, retomei uma atividade de pesquisas ativa e diversificada.

Para a conferência internacional inaugural do instituto, em dezembro de 2003, Persio Arida, André Lara Resende e eu escrevemos um artigo com uma nova interpretação de por que as taxas reais de juros permaneciam tão altas no Brasil.[77] A percepção fundamental era de que o Brasil não dolarizou, ao contrário das outras economias emergentes que passaram por processos de alta inflação, tanto na América Latina quanto na Europa Oriental. A dolarização, argumentamos, era o caminho natural para países que sofriam de "incerteza jurisdicional". Introduzimos esse conceito para indicar as dificuldades enfrentadas pela moeda local de estabelecer-se como reserva de valor em um contexto jurisdicional em que contratos financeiros tendiam a não ser honrados. O uso generalizado de uma moeda própria do Brasil (em vez do dólar) em um contexto de incerteza jurisdicional era o motivo, argumentamos, de um mercado financeiro local a longo prazo não prosperar e as taxas de juros de curto prazo serem tão altas. Enfatizamos que não defendíamos a dolarização, pois ela tendia a provocar outras distorções, como mostrava claramente o caso da Argentina. Em vez disso, propúnhamos um ataque direto às instituições jurídicas e políticas que sustentavam a incerteza jurisdicional no país. O documento gerou intenso debate no Brasil.

Com Fernando Gonçalves e Marcio Holland, tentei testar suas hipóteses em um exercício econométrico baseado em painéis. Mas não conseguimos estabelecer uma ligação direta entre a taxa de juros real e as variáveis com que medimos a incerteza jurisdicional, mesmo considerando a dolarização.[78] O documento original, no entanto, manteve-se como uma importante contribuição para o debate sobre as altas taxas de juros no Brasil.

Ele foi a inspiração para uma série de três livros sobre os mercados de capitais do Brasil que o IEPE produziu entre 2005 e 2007.[79] Nesses livros, economistas associados à Casa das Garças e praticantes dos mercados financeiros brasileiros analisamos: (i) as relações entre a expansão dos mercados de capitais locais e o crescimento econômico brasileiro; (ii) o papel da dívida pública no desenvolvimento dos mercados de capitais brasileiros; e (iii) a interação dos bancos públicos (particularmente o BNDES) com os mercados de capitais locais. Coeditei dois desses três livros e contribuí com textos curtos expandindo tópicos originalmente desenvolvidos no artigo de Arida, Bacha e Lara Resende. Esses livros tornaram-se referências-padrão em cursos acadêmicos de universidades brasileiras e influenciaram a formulação de políticas econômicas no país.

Anos depois, retornei a essa temática em artigo escrito para um livro que organizei com Monica de Bolle em homenagem à memória de Dionisio Dias Carneiro.[80] Nele, adotei uma abordagem de política econômica sobre como reduzir a taxa de juros real. Sugeri um programa sequencial com cinco conjuntos de medidas, dos quais o primeiro era certamente o mais importante:

- Estabelecer um limite para o aumento de gastos do setor público e vincular a expansão do crédito dos bancos públicos à postura de política monetária do Banco Central;
- Oferecer parte das reservas internacionais como garantia da dívida pública doméstica;
- Incluir a estabilidade de preços entre os objetivos econômicos permanentes da Constituição e definir uma meta de inflação de longo prazo;
- Indexar os preços administrados e os salários contratuais à meta de inflação de longo prazo; e
- Liberalizar as aplicações financeiras de brasileiros no exterior.

Logo após esse artigo, o Banco Central do governo de Dilma Rousseff (2011–2015) iniciou um processo de redução da taxa básica de juros mesmo com a taxa de inflação em elevação e já tendo atingido o topo da meta. Na introdução de *Belíndia 2.0*,[81] sugeri que se essa estratégia não desse certo (como de fato não deu) minhas propostas mais fundamentalistas poderiam ser postas em prática. Depois que Dilma Rousseff foi impedida, o governo de Michel Temer (2016-2018) introduziu legislação congelando o gasto real do governo federal por vinte anos e vinculando a taxa de juros subsidiada do BNDES à taxa real de juros da dívida pública. Com a ajuda de um amplo hiato do produto e uma colheita excepcional, em 2018 a inflação se reduziu a cerca de 3% ao ano, a taxa real de juros está abaixo de 3% e se espera uma taxa de crescimento do PIB também próxima de 3%. O cenário é melhor do que antes, mas ainda bem longe da retomada de um crescimento vigoroso.

Além das altas taxas de juros, o outro principal quebra-cabeça da pós--estabilização da economia brasileira era: por que o crescimento do PIB não alcançava taxas mais elevadas? Regis Bonelli e eu abordamos essa questão em um texto com várias versões a partir de 2005. A última versão foi publicada em um volume em homenagem a Roberto Frenkel.[82] O texto é uma investigação empírica dos motivos do colapso das taxas de crescimento do PIB depois de 1980. Mostramos inicialmente que esse colapso esteve associado a um colapso simultâneo da taxa de crescimento do estoque de capital. O artigo desenvolve uma fórmula que divide essa taxa de crescimento em quatro componentes (além da depreciação do estoque de capital): taxa de poupança; preço relativo do investimento; grau de utilização do capital; e relação produto-capital. Com base nessa decomposição, surge uma primeira conclusão a partir de uma análise das contas nacionais (que foram em parte por nós refeitas): ao contrário do entendimento corrente, apenas uma parte pequena do colapso da acumulação de capital poderia ser imputada a uma redução da taxa de poupança – pois essa permaneceu praticamente constante nos períodos antes e depois de 1980. O principal culpado do colapso foi um aumento acentuado do preço relativo do investimento. Igualmente importante foi um aumento na relação capital-produto. Esse segundo fenômeno pode ser parcialmente explicado pela crescente complexidade da economia brasileira. Mas uma análise empírica sugere que o aumento do preço relativo do investimento teve suas raízes em uma substituição ineficiente de máquinas e equipamentos importados por bens de capital domésticos e por um ritmo muito lento de crescimento da produtividade no setor de construção civil.

Como retomar um crescimento mais rápido do PIB, no entanto, continuou sendo uma questão não resolvida. Em novo ensaio de persuasão,[83] argumentei que uma parte não reconhecida do problema residia na reduzida participação do comércio exterior na economia brasileira. Em consequência, as firmas brasileiras (particularmente na indústria e nos serviços) carecem da escala, da tecnologia, dos insumos e da concorrência necessárias para acelerar o crescimento. Sugeri a introdução de um programa para a integração do país às cadeias globais de valor baseado em três pilares: redução do Custo Brasil; substituição da proteção tarifária por proteção cambial; e acordos internacionais de comércio.

Uma crítica a essa proposta é que a abertura ao comércio exterior não foi suficiente para fazer o México prosperar. Regis Bonelli e eu abordamos essa questão em outro artigo, em que fazemos uma comparação das experiências de crescimento econômico do Brasil e do México.[84] O artigo explora o comportamento de variáveis macroeconômicas e estruturais. Mostramos que o setor de bens comercializados se saiu muito melhor no México do que no Brasil. No entanto, esse dinamismo não se propagou para o setor de bens não comercializados, cuja produtividade cresceu mais lentamente do que no Brasil. Concluímos que, além da integração ao comércio exterior, a integração doméstica, social e regional, era um ingrediente necessário para sustentar o crescimento em economias relativamente grandes como o Brasil e o México.

Além do lento crescimento, o Brasil também sofreu de desindustrialização. Esse tópico foi objeto de uma série de seminários na Casa das Garças, levando à elaboração de um livro que organizei com Monica de Bolle, sobre o futuro da indústria no Brasil. Para esse livro, escrevi um artigo argumentando que as variáveis externas – o auge das *commodities* e um elevado influxo de capital estrangeiro – foram os determinantes da desindustrialização do país no período 2005-2011.[85] Variáveis relacionadas à política doméstica, como a taxa de câmbio e a taxa de juros, teriam tido, no máximo, um papel de coadjuvantes. Documentei essas proposições com o uso de modelagem e esquemas contábeis simples.

O auge das *commodities* foi também objeto de um artigo com Albert Fishlow para o *The Oxford Handbook on Latin American Economics*.[86] A primeira parte do trabalho é uma revisão da literatura sobre a chamada maldição dos recursos naturais e a doença holandesa. Encontramos nessa literatura apenas um consenso limitado, mas talvez óbvio, de que as instituições eram importantes para os resultados. Na segunda parte do trabalho, analisamos as experiências de Argentina, Brasil, Chile e Venezuela com a gestão de seus recursos naturais. Encontramos um conjunto complexo de políticas, com o Chile dando as melhores lições, e a Venezuela, as piores; o Brasil ainda buscava um caminho sobre como lidar com sua nova riqueza de petróleo, e a Argentina não conseguia superar a volatilidade econômica provocada pelos ciclos das *commodities*. A conclusão não surpreendente desta parte foi que as políticas também importavam para os resultados. A péssima administração pelo governo brasileiro da riqueza do petróleo, que levou ao pior escândalo de corrupção da história do país, logo confirmou como boas políticas são necessárias para evitar a maldição dos recursos naturais.

O último texto dessa longa jornada foi em coautoria com Simon Schwartzman. Nele, procuramos repensar a agenda social do Brasil.[87] Constatamos que o país gasta com políticas sociais parcelas do PIB semelhantes às de países mais ricos, como os Estados Unidos e o Reino Unido. Não obstante, os resultados dessas políticas em termos de bem-estar da população não são visíveis. Além disso, embora a cobertura das políticas tenha melhorado muito – todas as crianças agora estão nas escolas, por exemplo –, a qualidade dessa cobertura é muito ruim. Identificamos que a população brasileira passará por um processo de envelhecimento muito rápido na primeira metade deste século. Consequentemente, as políticas sociais necessárias serão não só mais complexas, mas também mais caras. Em seguida, resumimos as lições de um livro que organizamos com diversos autores, para lidar com esses desafios nos campos da saúde, das aposentadorias e pensões, da assistência social, da educação e da segurança pública.[88] Num apertado resumo, sugerimos que uma nova agenda social para o país deveria ter três características básicas: justiça, dando aos pobres o privilégio de acesso à rede de segurança social; realismo, com reconhecimento explícito da restrição orçamentária do governo; e eficácia, com um gerenciamento responsável e consequente dos recursos públicos.

Conclusões

A conclusão a que chego, após rever minha produção intelectual desde 1966 sobre a evolução das economias do Brasil e da América Latina de modo geral, é que o copo está meio cheio, meio vazio.

Meio cheio porque a América Latina enfrenta hoje problemas de ordem superior àqueles que existiam no começo de minha carreira como economista. Com poucas exceções, as divisões políticas e sociais nesses países são agora tratadas por meios democráticos, não mais por juntas militares ou líderes autocráticos. Seus indicadores sociais melhoraram sensivelmente e as economias latino-americanas se modernizaram além do que se poderia imaginar cinquenta anos atrás. Finalmente, a profissão de economista na região cresceu e se tornou mais sofisticada – quando eu comecei havia apenas uns poucos economistas com doutorado na América Latina. Essa expansão dá esperança de melhores decisões de política econômica num contexto democrático.

Hiperinflação, experiências fracassadas de estabilização, restrição de divisas, crises de dívida externa e pelejas políticas com o FMI e o Banco Mundial – questões que dominaram o pensamento econômico na minha geração – são atualmente observadas menos frequentemente e em apenas alguns poucos países. Apraz-me ter participado como intelectual e formulador de políticas para a diminuição da ocorrência de alguns desses problemas.

Por outro lado, o copo está meio vazio. Com a industrialização e a urbanização, a América Latina teve sucesso em superar a armadilha da pobreza e alcançar o status de renda média. Mas esses países foram incapazes de dar o próximo passo, que seria o desenvolvimento de setores industriais e de serviços competitivos internacionalmente. A agricultura e a mineração se modernizaram e se diversificaram, mas a indústria e os serviços permaneceram de modo geral voltados para dentro, e uma desindustrialização prematura tendeu a ocorrer. A região parece estar presa numa armadilha de renda média com níveis de renda *per capita* inferiores a um terço do observado nos Estados Unidos.

A despeito de melhorias recentes, a América Latina continua sendo uma das regiões com os maiores níveis de desigualdade na distribuição de renda no mundo. Na falta de políticas compensatórias, o problema social daqueles que são deixados para trás poderá piorar se, como seria desejável, a região se abrir para o comércio internacional e assim incorporar tecnologias mais avançadas para alcançar o nível de renda dos países mais desenvolvidos. Como no resto do mundo, a população da América Latina está envelhecendo rapidamente. Isso significa que as crises fiscais que já atormentam a região serão uma ameaça crescente para sua estabilidade macroeconômica. Muito resta a fazer para encher o copo. Tais são os desafios que se colocam para o Brasil e a América Latina no século XXI.

Notas

1. Com as ressalvas usuais, agradeço os comentários de André Lara Resende, Alkimar Moura, Luiz Chrysostomo de Oliveira Filho e Roberto Zagha.
2. Hirschman, 1958.
3. Díaz-Alejandro, 1965.
4. Bacha, 1966.
5. Bacha, 1969.
6. O artigo indica que os economistas sugeriam três enfoques distintos para estimar a taxa de câmbio sombra: (i) ela deveria refletir o valor em termos de bem-estar da economia de um dólar adicional; (ii) ela deveria refletir o custo de oportunidade de um dólar em outros usos; e (iii) ela deveria ser a taxa de câmbio de equilíbrio. Esse último foi o enfoque que recomendamos para ser usado em análises de projetos de investimento. Cf. Bacha e Taylor, 1971, p. 198.
7. Bacha e Taylor, 1971.
8. Harberger *et al.*, 1972: 29-59.
9. Bacha, 1972b.
10. Bacha *et al.*, 1971.
11. Bacha, 1977.
12. Bacha e Mata, 1973.
13. Bacha, Mata e Modesi, 2012.
14. Bacha, 1972a.
15. Bacha, 1974a.
16. Muller, Ouimet e Simintzi, 2017.
17. Bacha e Taylor, 1978.
18. Autor, Manning e Smith, 2016.
19. Dube, 2017.
20. Engbom e Moser, 2017.
21. Ahluwalia e Chenery, 1974.
22. Bacha, 1974b.
23. Bacha, Carneiro e Taylor, 1977.
24. Bacha, 1978a.
25. Piketty, 2014.
26. Bacha, 1978c.
27. Bacha, 1979.
28. Meier, 1964.
29. Bacha, 1978b.
30. Exceto por um período como professor visitante na Columbia University e Yale University, em 1983-84; dois anos como presidente do IBGE e assessor do ministro do Planejamento, em 1985-86; e um período de três meses como professor visitante na University of California em Berkeley e Stanford University, de dezembro de 1988 a fevereiro de 1989.

31. Reproduzido em português em Bacha, 1982a.
32. Arida e Bacha, 1984.
33. Bacha, 1983a; Bacha, 1983b.
34. Bacha, 1983d.
35. Bacha, 1987b.
36. Bacha, 1987a.
37. Bacha, 1983c.
38. Balassa, 1983.
39. UNCTAD, 1985.
40. Bacha, 1984b.
41. Bacha, 1985b.
42. Bacha e Díaz-Alejandro, 1982.
43. Fishlow, 1978.
44. Bacha, 1984a.
45. Bacha e Malan, 1989.
46. Bacha, 1995,
47. Bacha e Rodriguez, 1987.
48. Bacha e Feinberg, 1988,
49. Bacha, 1988b.
50. Com versão em português em Bacha, 1989.
51. Burnell e Morrissey, 2004, pp. 289-306.
52. Bacha, 1990a,
53. A poupança externa é igual ao déficit em conta-corrente em preços correntes. A transferência líquida real é igual ao déficit da balança comercial em preços constantes.
54. Bacha, 1990b.
55. Bacha, 1993.
56. Bacha, 1988c.
57. Bacha, 1980.
58. Bacha, 1982b.
59. Lopes e Bacha, 1983.
60. Bulhões, 1984.
61. Lopes, 1984.
62. Arida, 1984.
63. Arida e Resende, 1985.
64. Bacha, 1985a.
65. Bacha, 1985c.
66. Bacha, 1986.
67. Bacha, 1988a.
68. Com versão em português em Bacha e Carneiro, 2012e.
69. Bacha, 1994.

70. Bacha e Klein, 1986.
71. Reproduzida em Bacha, 2012d.
72. Delfim Netto, A., 1959.
73. Lamounier e Bacha, 1964.
74. Traduzido para o português em Bacha, 2012c.
75. Bacha, 2003.
76. Bacha, 2002.
77. Reproduzido em português em Arida, Bacha e Lara Resende, 2012a.
78. Bacha, Holanda e Gonçalves, 2009a; Bacha, Holanda e Gonçalves, 2009b.
79. Bacha e Oliveira Filho, 2005; Bacha e Oliveira Filho, 2006; e Pinheiro e Oliveira Filho, 2007.
80. Bacha, 2011.
81. Bacha, 2012a, p. 22.
82. Bacha e Bonelli, 2016a.
83. Bacha, 2013b.
84. Bacha e Bonelli, 2016b.
85. Bacha, 2013a.
86. Reproduzido em português em Bacha e Fishlow, 2012f.
87. Bacha e Schwartzman, 2012g.
88. Bacha e Schwartzman, 2011.

REFERÊNCIAS BIBLIOGRÁFICAS

Ahluwalia, M.; Chenery, H. Apêndice ao capítulo 1 de H. Chenery *et al. Redistribution with Growth*. Oxford: Oxford University Press, 1974.

Arida, P. "Neutralizar a inflação: uma ideia promissora", Economia em Perspectiva, São Paulo: Conselho Regional de Economistas, set 1984. Reproduzido in: Rego J. M. (ed.). *Inflação inercial, teorias sobre inflação e Plano Cruzado*, Rio de Janeiro: Paz e Terra, 1986, pp. 159-161.

Arida, P.; Bacha, E. "Balanço de pagamentos: Uma análise de desequilíbrio para economias semi-industrializadas". *Revista Pesquisa e Planejamento Econômico*, abr. 1984, nº 14, vol. 1, pp. 1-58.

Arida, P.; Bacha, E.; Lara Resende, A. "Crédito, juros e incerteza jurisdicional: Conjeturas sobre o caso do Brasil". In: Bacha, E. *Belíndia 2.0*. Rio de Janeiro: Civilização Brasileira, 2012a, pp. 213-249.

Autor, D. H.; Manning A.; Smith C. L. "The contribution of the minimum wage to US inequality over three decades: a reassessment". *American Economic Journal Applied Economics*, 2016, n. 1, vol. 8, pp. 58-99.

Bacha, E. "Comparación entre la productividad industrial de México y los Estados Unidos", *Revista El Trimestre Económico*, out-dez 1966, nº 132, vol. 33, nº 4, pp. 657-74.

_____. "An Econometric Model for the World Coffee Economy: The Impact of Brazilian Price Policy". Ann Harbor: University Microfilms Library Services. Microfilm. (Doctoral Dissertation Series – Edmar Lisboa Bacha.) 31 jul 1969, A96261.

_____. "O subemprego, o custo social da mão de obra e a estratégia brasileira de crescimento". *Revista Brasileira de Economia*, jan-mar 1972a, nº 26, vol. 1, pp. 105-116.

_____. "Preferência pela indústria e política comercial em um país em processo de industrialização". In: M. Buescu (org.). *Ensaios Econômicos – Homenagem a Octávio G. Bulhões*. Rio de Janeiro: APEC, 1972b, pp. 17-48.

_____. "Hierarquia e remuneração gerencial". *Revista Estudos Econômicos*, 1974a, nº 4(1), pp. 143-175. [Reproduzido em Bacha, E. *Mitos de uma década*. Rio de Janeiro: Paz e Terra, 1976, pp. 107-134.]

_____. "O Rei da Belíndia, o economista visitante e o produto interno bruto". *Revista Opinião*. Rio de Janeiro, 19 ago 1974b, pp. 14-15. [Versão atualizada em Bacha, E. *Belíndia 2.0*. Rio de Janeiro: Civilização Brasileira, 2012b, pp. 33-38.]

_____. "Case studies in the estimation of national economic parameters in less developed countries". In: Berney, R.; Schwartz, H. (orgs.). *Social and Economic Dimensions of Project Evaluation*. Washington, DC: Interamerican Development Bank, 1977.

_____. "Além da curva de Kuznets: Crescimento e desigualdade". In: Bacha, E.

_____. *Política econômica e distribuição de renda*. Rio de Janeiro: Paz e Terra, 1978a, pp. 79-115.

_____. "Industrialização e o setor agrícola". In: Bacha, E. *Política econômica e distribuição de renda*. Rio de Janeiro: Paz e Terra, 1978b, pp. 117-145.

_____. "An interpretation of unequal exchange from Prebisch-Singer to Emmanuel". *Journal of Development Economics*, dez 1978c, nº 5(4), pp. 319-330. [Versão em espanhol com um novo apêndice em Bacha, E. *El milagro y la crisis*. FCE, 1986, pp. 360-373.]

_____. "Crescimento econômico e salários urbanos e rurais: O caso do Brasil". Pesquisa e Planejamento Econômico, dez 1979, nº 9, vol. 4, pp. 585-628.

_____. "Notas sobre inflação e crescimento". *Revista Brasileira de Economia*, out-dez 1980, nº 34, vol. 4, pp. 541-555.

_____. "Crescimento com oferta limitada de divisas: Uma reavaliação do modelo de dois hiatos". *Pesquisa e Planejamento Econômico*, ago 1982a, nº 12, vol. 2, pp. 285-310.

_____. *Análise macroeconômica: Um texto intermediário*. Rio de Janeiro: IPEA, 1982b.

_____. "Vicissitudes of recent stabilization attempts in Brazil and the IMF alternative". In: Williamson, J. (ed.). IMF Conditionality. Washington, DC: Institute for International Economics/MIT Press, 1983a, pp. 323-340.

_____.· "The IMF and the prospects for adjustment in Brazil". In: Williamson, J. (ed.). *Prospects for Adjustment in Argentina, Brazil, and Mexico*. Washington, DC: Institute for International Economics/ MIT Press, 1983b, pp. 323-340.

_____.· "Elementos para uma avaliação do monetarismo no Cone Sul". Pesquisa e Planejamento Econômico, ago 1983c, nº 13, vol. 2, pp. 489-505.

_____.· "Prólogo para a terceira carta". *Revista de Economia Política*, out-dez. 1983d, nº 12, vol. 3, pp. 5-20.

_____.· "Complementación vs integración: Estilos latinoamericanos de apertura financeira al exterior". In: Ocampo, J. A. (ed.). *La Política Económica en la encrucijada*. Bogotá: Banco de la República/Editorial Presencia, 1984a, pp. 77-95. [Reproduzido em E. Bacha, *El milagro y la crisis*. México: FCE, 1986, pp. 310-327.]

_____.· "Choques externos e perspectivas de crescimento: O caso do Brasil". Pesquisa e Planejamento Econômico, dez 1984b, nº 14, vol. 3, pp. 583-622.

_____.· "O fim da inflação no reino de Lisarb". *Revista de Economia Política*, jan-mar 1985a, nº 5, vol. 1, pp. 126-143. [Reproduzido em Bacha, E. *Belíndia 2.0*. Rio de Janeiro: Civilização Brasileira, 2012b, pp. 39-49.]

_____.· "Contabilidade dos choques externos: O caso da América Latina, 1978-1982". Pesquisa e Planejamento Econômico, ago 1985b, nº 15, vol. 2, pp. 261-276.

_____.· "Inflaflução: Os preços em alta no país do futebol". Nova Imagem (IBGE), nov 1985c, nº 1, pp. 12-13. [Reproduzido em Bacha, E. *Belíndia 2.0*. Civilização Brasileira, 2012b, pp. 51-54.]

_____.· "A inércia e o conflito: O Plano Cruzado e seus desafios". Texto para *Discussão* nº 131, Departamento de Economia, PUC/RJ, jul 1986.

_____ (como membro do grupo de trabalho). "The Role of the IMF in Adjustment with Growth". Washington, DC: Inter-governmental Group of 24 on International Monetary Affairs, 25 mar 1987a. [Reproduzido em IMF Survey (Supplement on the Group of 24 Deputies' Report), 10 ago 1987.]

_____.· "O sistema de condicionalidades do FMI: Uma proposta de reforma". *Pesquisa e Planejamento Econômico*, ago 1987b, nº 17, vol. 2, pp. 333-342.

_____.· "Moeda, inércia e conflito: Reflexões sobre políticas de estabilização no Brasil". *Pesquisa e Planejamento Econômico*, abr 1988a, nº 18, vol. 1, pp. 1-16.

_____.· "Escaping confrontation: Latin America's debt crisis in the late 1980s". In: Borner, Silvio (org.). *International Finance and Trade in a Polycentric World. Proceedings of a Conference Held in Basel by the International Economic Association*. Nova York: Macmillan, 1988b, pp. 38-51.

_____.· "A estagnação econômica da América Latina". *Revista Brasileira de Economia*, out-dez 1988c, nº 42, vol. 4, pp. 395-409.

_____.· "Um modelo de três hiatos". *Pesquisa e Planejamento Econômico*, ago 1989, nº 19, vol. 2, pp. 213-32.

————. "Crise da dívida, transferências externas e taxa de crescimento dos países em desenvolvimento". *Revista Brasileira de Economia*, jul-set 1990a, n° 44, vol. 3, pp. 437-456.

————. "O fisco e as divisas: Um novo enfoque para a dívida externa". Nova Economia, FACE/UFMG, Belo Horizonte, MG, nov 1990b, n° 1, vol. 1, pp. 37-49.

———— (org.). *Savings and Investment Requirements for Growth Resumption in Latin America.* Washington, DC: InterAmerican Development Bank, 1993.

————. "O fisco e a inflação: Uma interpretação do caso brasileiro". *Revista de Economia Política*, n° 53, jan-mar 1994, 14(1), pp. 5-17. [Reproduzido em Bacha, E. *Belíndia 2.0.* Rio de Janeiro: Civilização Brasileira, 2012b, pp. 115-134.]

————. "Selected international policy issues on private market financing for developing countries". In: Helleiner, G.; Bacha, E.; Abrahamiam, S.; Lawrence, R.; Malan, P. (orgs.). *Poverty, Prosperity and the World Economy: Essays in Memory of Sidney Dell.* Nova York: St. Martin Press, 1995, pp. 167-184.

————. "Do consenso de Washington ao dissenso de Cambridge". In: Castro, Ana Celia (org.). *Desenvolvimento em debate: Novos rumos do desenvolvimento no mundo.* Rio de Janeiro: Mauad: BNDES, 2002, pp. 359-365.

————. "Reflexões pós-cepalinas sobre inflação e crise externa". *Revista de Economia Política*, jul-set 2003, n° 91, 23(3), pp. 143-150.

————. "Além da tríade: Como reduzir os juros?". In: Bacha, E. e de Bolle, M. (orgs.). *Novos dilemas da política econômica: Ensaios em homenagem a Dionisio Dias Carneiro.* Rio de Janeiro: LTC, 2011, pp. 130-139.

————. *Belíndia 2.0.* Rio de Janeiro: Civilização Brasileira, 2012b.

————. "O Plano Real: uma avaliação". Em: Bacha, E. *Belíndia 2.0.* Rio de Janeiro: Civilização Brasileira, 2012c, pp. 135-175.

————. "Política brasileira do café: Uma avaliação centenária". In: Bacha, E. *Belíndia 2.0.* Rio de Janeiro: Civilização Brasileira, 2012d, pp. 305-408.

————. "Bonança externa e desindustrialização: Uma análise do período 2005-2011". In: Bacha, E. e de Bolle, M. (orgs.). *O futuro da indústria no Brasil: Desindustrialização em debate.* Rio de Janeiro: Civilização Brasileira, 2013a, pp. 97-120.

————. "Integrar para crescer: O Brasil e a economia mundial". In: Velloso, João Paulo dos Reis (ed.). *Visão de Brasil: Estratégia de desenvolvimento industrial.* Rio de Janeiro: Fórum Nacional, 2013b, pp. 47-66.

Bacha, E.; Barbosa-Araújo, A.; da Mata, M.; Modenesi, R. *Análise governamental de projetos de investimento no Brasil.* Rio de Janeiro: IPEA, Relatório de Pesquisa n° 1, 1971 (3a. ed., 1974).

Bacha, E.; Bonelli, R. "Accounting for the rise and fall of Brazil's growth after World War II". In: Damill, Mario; Rapetti, Martin; Rozenwurcel, Guillermo (orgs.). *Macroeconomics and Development: Roberto Frenkel and the Economics of Latin America.* Nova York: Columbia University Press, 2016a, pp. 188-207.

_____. "Coincident growth collapses: Brazil and Mexico after the 1980's". *Novos Estudos Cebrap*, jul. 2016b, edição nº 105, pp. 151-181.

Bacha, E.; Carneiro, D. D. "Programas de estabilização em países em desenvolvimento: Antigas verdades e novos elementos". In: Bacha, E. *Belíndia 2.0*. Rio de Janeiro: Civilização Brasileira, 2012e, pp. 75-114.

Bacha, E.; Carneiro, D. D.; Taylor, L. "Sraffa and classical economics: Fundamental equilibrium relationships". *Metroeconomica*, 1977, nº 29, pp. 39-53.

Bacha, E.; Diaz-Alejandro, C. F. "International financial intermediation: A long and tropical view". *Princeton Essays in International Finance*, mai 1982, nº 147, pp. 133-151.

Bacha E.; Feinberg, R. "When supply and demand don't intersect: Latin America and the Bretton Woods institutions in the 1980's". *Development and Change*, jul 1988, nº 19, vol. 3, pp. 371-400.

Bacha E.; Fishlow, A. "O ascenso recente nos preços das commodities e o crescimento da América Latina: Mais do que vinho velho em garrafa nova?". In: Bacha, E. *Belíndia 2.0*. Rio de Janeiro: Civilização Brasileira, 2012f, pp. 409-435.

Bacha, E.; Holland, M.; Gonçalves, F.M. "Risk, dollarization, and interest rates in emerging markets: A panel-based approach". *World Bank Economic Review*, 2009a, nº 23(1), pp. 101-117.

_____. "A panel-data analysis of interest rates and dollarization in Brazil". *Revista Brasileira de Economia*, 2009b, nº 63, vol. 4, pp. 341-360.

Bacha, E; Klein, H. (orgs.). *A transição incompleta: Brasil desde 1945* (2 volumes). Rio de Janeiro: Paz e Terra, 1986.

Bacha, E.; Malan, P. "Brazil's debt: From the Miracle to the Fund". In: Stepan, A. (org.). *Democratizing Brazil: Problems of Transition and Consolidation*. Nova York: Oxford U. Press, 1989, pp. 120-140.

Bacha, E.; Mata, M. "Emprego e salários na indústria de transformação, 1949/1969". *Pesquisa e Planejamento Econômico*, 1973, nº 3, vol. 1, pp. 303-340.

Bacha, E.; Mata, M.; Modenesi, R. *Encargos trabalhistas e absorção de mão de obra*. Rio de Janeiro: IPEA, Relatório de Pesquisa nº 12, 1972.

Bacha, E.; Oliveira Filho, L. C. (orgs.). *Mercado de capitais e crescimento econômico*. Rio de Janeiro: ContraCapa, 2005.

_____. *Mercado de capitais e dívida pública*. Rio de Janeiro: ContraCapa, 2006.

Bacha, E.; Rodriguez, M. (orgs.). *Recessão ou crescimento: o FMI e o Banco Mundial na América Latina*. Rio de Janeiro: Paz e Terra, 1987.

Bacha, E.; Schwartzman, S. Brasil: *A nova agenda social*. Rio de Janeiro: LTC Editores, 2011.

_____. "Repensando a agenda social". In: Bacha, E. *Belíndia 2.0*. Rio de Janeiro: Civilização Brasileira, 2012g, pp. 269-302.

Bacha, E.; Taylor, L. "Foreign exchange shadow prices: A critical evaluation of current theories". *Quarterly Journal of Economics*, mai 1971, nº 85, vol. 2, pp. 197-224.

_____. "Brazilian income distribution in the 1960's: 'Facts', model results and the controversy". *Journal of Development Studies*, abr 1978, n° 14, vol. 3, pp. 271-297.

Balassa B. "Policy responses to external shocks in sub-Saharan African countries". *Journal of Policy Modelling*, 1983, n° 1, vol. 5, pp. 75-106.

Bulhões, O. G. "Consenso mal aproveitado". *Conjuntura Econômica*, dez 1984, n° 12, vol. 38, pp. 111-118.

Burnell, P.; Morrissey, O. (orgs.). *Foreign Aid in the New Global Economy*. Cheltenham, R. U.: Edward Elgar, 2004.

Delfim-Netto, A. *O problema do café no Brasil*. São Paulo: FEA-USP, 1959 [Republicado pela Editora UNESP, 2009].

Díaz-Alejandro, C. F. "Industrialization and labor productivity differentials". *Review of Economic and Statistics*, mai 1965, n° 2, vol. 47, pp. 207-2014.

Dube A. "Minimum wages and the distribution of family incomes". IZA – *Institute of Labor Economics* DP n. 10572, fev 2017. [Disponível em: <www.ftp.iza.org/dp10572.pdf>.

Engbom N.; Moser C. "Earnings inequality and the minimum wage: evidence from Brazil". *CESifo Working Paper Series* n. 6393, 2017. [Disponível em: <www.papers.ssrn.com/sol3/papers.cfm?abstract_id=2940013>.]

Fishlow, A. "A new international economic order: what kind?". In: Fishlow, A. *et al. Rich and Poor Nations in the World Economy*. Nova York: McGraw-Hill, 1978.

Harberger, A. *et al.* (orgs.). *Benefit Cost Analysis* – 1971. Chicago: Aldine, 1972.

Hirschman, A. *The Strategy of Economic Development*. New Haven: Yale University Press, 1958.

Lamounier, B.; Bacha, E. "Redemocratization and economic reform in Brazil". In: Nelson, J. (org.). *A Precarious Balance: Democracy and Economic Reforms in Latin America*. Volume II. San Francisco, CA: International Center for Economic Growth and Overseas Development Council, 1994, pp. 143-185.

Lopes, F. "Só um choque heterodoxo pode curar a inflação". *Economia em Perspectiva*, São Paulo: Conselho Regional de Economia de São Paulo, ago 1984. Reproduzido em Lopes, F. (1988), *O choque heterodoxo: Combate à inflação e reforma monetária*, Rio de Janeiro: Editora Campus, pp. 118-120.

Lopes, F.; Bacha, E. "Inflation, growth and wage policy: A Brazilian Perspective". *Journal of Development Economics*, ago-out 1983, n° 13, vol. 1-2, pp. 1-20.

Meyer, G. M. (org.). *Leading Issues in Economic Development*. Nova York: Oxford U. Press, 1996, 6ª ed.

Mueller H.; Ouimet P.; Simintzi E. "Within-firm pay inequality". *The Review of Financial Studies*, 2017, n° 10, vol. 30, pp. 3605-3635.

Piketty, T. *O capital no século XXI* (Tradução de M. B. de Bolle). Rio de Janeiro: Intrínseca, 2014.

Pinheiro, A.C.; Oliveira Filho, L. C. *Mercado de capitais e bancos públicos*. Rio de Janeiro: ContraCapa, 2007.

Resende, A. L. "A moeda indexada: uma proposta para eliminar a inflação inercial". Rio de Janeiro: Departamento de Economia PUC-Rio. Texto para discussão n. 75, set 1994.

UNCTAD [United Nations Committee on Trade and Development]. *Compensatory Financing of Export Earnings Shortfalls*. Nova York: Nações Unidas TD/B/1029/ Rev. 1, 1985.

PARTE II

TEORIA, POLÍTICA MONETÁRIA E FISCAL

3

A CAMINHO DA ECONOMIA DESMONETIZADA[*1]

André Lara Resende

I.

Segundo John Hicks, a teoria monetária está ainda mais intricadamente ligada à história do que a própria teoria econômica.[2] O quadro histórico e institucional, os preconceitos dos debatedores e a definição sempre arbitrária do que é a moeda desempenham um papel crucial na construção de uma estrutura teórica para o estudo dos assuntos monetários.

Na última década do século XX, a teoria monetária passou por uma grande reviravolta. Os agregados monetários e a Teoria Quantitativa da Moeda (TQM) foram deixados de lado. A moeda desapareceu da nova safra de modelos macroeconômicos. Nas duas últimas décadas, os modelos neokeynesianos conhecidos como Dynamic Sthochastic General Equilibrium (DSGE) tornaram-se tão ubíquos quanto irrealistas. Nos modelos DSGE não existem moeda, liquidez ou setor financeiro. As inadimplências são excluídas por hipótese.

Após a crise financeira de 2007, diante da esmagadora evidência de sua importância, tentou-se reintroduzir a moeda e o setor financeiro nos modelos macroeconômicos, mas a política monetária hoje está diante de um anacronismo institucional e um impasse analítico. Os Bancos Centrais se defrontam com a perda de eficácia de seu principal instrumento de política monetária, ou seja, a taxa de juros nas reservas bancárias, e a teoria já não tem mais uma âncora para o nível de preços e para a inflação. As grandes crises financeiras sempre nos levaram a um novo debate sobre a moeda e à reformulação da teoria monetária. John Hicks, mais uma vez, é quem afirma que as teorias monetárias surgem das crises financeiras. Dessa vez não foi diferente.

---

[*] Originalmente escrito para palestra na Columbia University, em 15 de dezembro de 2016. Publicado em André Lara Resende, *Juros, moeda e ortodoxia*, São Paulo, Companhia das Letras, 2017.

II.

A moeda não faz parte do modelo analítico de referência da teoria econômica. O chamado modelo de equilíbrio geral de Walras-Arrow-Debreu determina o equilíbrio instantâneo dos preços relativos e das quantidades demandadas e ofertadas. A moeda, os preços nominais e o nível geral de preços não desempenham nenhum papel relevante na determinação do equilíbrio. Sempre foram tratados como acréscimos *a posteriori* que não afetam a economia real. Daí a expressão "a moeda é como um véu". Até o final do século XX, a teoria monetária supunha que o nível geral de preços fosse independente do equilíbrio real da economia e determinado pela quantidade de moeda. Essa suposição, que é a essência da TQM, tornou-se o modelo analítico de referência para a política monetária. O nível geral de preços, a inflação e a deflação eram considerados fenômenos puramente monetários. A controvérsia, nas décadas de 1960 e 1970, entre keynesianos e monetaristas, versava principalmente sobre em que medida a política monetária seria capaz de afetar a atividade econômica. Não havia grande discordância quanto à influência da moeda como a principal variável na determinação do nível de preços e da inflação. O adágio de Milton Friedman, segundo o qual "a inflação é sempre e em toda parte um fenômeno monetário", era até muito recentemente considerado indiscutível.

Apesar da sua aceitação quase universal, a pleiteada proporcionalidade fixa entre moeda e nível de preços nunca teve inquestionável sustentação empírica. Muito menos o sentido da causalidade da moeda para os preços. Não importa quantos epiciclos tenham sido acrescentados à hipótese básica da TQM: a única evidência sistemática foi a da correlação no longo prazo entre a quantidade de moeda e o nível de preços. Ocorre que correlação de longo prazo entre duas variáveis nominais é mero truísmo do qual nada pode ser inferido. Após a grande crise financeira de 2007 nas economias desenvolvidas, com o chamado Quantitative Easing (QE), a defesa da TQM se tornou insustentável. Com o QE, os Bancos Centrais realizaram o que pode ser considerado um experimento de laboratório definitivo. Através de programas de compras maciças de títulos financeiros, públicos e privados, os Bancos Centrais monetizaram grandes proporções dos ativos financeiros. Desde então, as defasagens e os problemas de identificação econométrica já não podem mais ser invocados para justificar a falta da evidência empírica que daria sustentação à proporcionalidade entre a moeda e os preços. O FED, por exemplo, desde 2008, promoveu um aumento da base monetária americana de dezenas de bilhões para perto de 2 trilhões de dólares – aumento da ordem de vários milhares por cento –, sem que isso provocasse qualquer aumento da inflação. Os experimentos de QE do Banco do Japão, do Banco da Inglaterra e do Banco Central Europeu foram todos da mesma ordem de grandeza, sem que houvesse qualquer sinal de aumento da inflação.

III.

De acordo com a definição clássica da moeda, suas principais funções são a de servir como meio de pagamento, como unidade de conta e ainda como reserva de valor. A primeira delas – meio de pagamento – foi quase sempre percebida como primordial. Facilitar as transações e eliminar a necessidade de dupla coincidência de demandas, necessária no sistema de escambo, foi com certeza o mais importante papel da moeda nas economias primitivas. Mas a moeda também desempenha um papel na intermediação de recursos, na transferência de recursos dos agentes superavitários para os agentes deficitários. Essa segunda função está associada à sua propriedade de reserva de valor e de instrumento de crédito. Enquanto servir como meio de pagamento é a tarefa mais importante nas economias primitivas, a relevância da função de reserva de valor e de intermediação, de servir como instrumento de crédito, aumenta conforme a sofisticação da economia e do sistema financeiro. É provável que seja essa a razão pela qual as primeiras conceituações do que seja moeda sempre destacaram seu papel de troca e meio de pagamento. No entanto, ao se começar a análise das questões monetárias a partir de sua função como meio de pagamento, no âmbito das trocas de mercadorias, tende-se a subestimar a importância da moeda como unidade de conta. É, entretanto, o fato de servir como unidade de conta, como padrão universal de valor, que define a moeda. Essa é sua única propriedade essencial, a que deveria ter precedência analítica sobre todas as demais. Qualquer tipo de ativo pode ser usado como meio de pagamento, desde que se aceite incorrer no deságio do seu prêmio de iliquidez. O que define a moeda – e faz com que o seu prêmio de iliquidez seja nulo – é o fato de ela servir como unidade de valor – para a fixação dos preços, e não o fato de ela ser um meio de pagamento.

A ênfase analítica original no papel da moeda como meio de pagamento levou a um longo descaso da teoria monetária em relação à importância das questões relativas ao crédito e à liquidez. Segundo Schumpeter, a análise das questões monetárias pode partir tanto da moeda para compreender o crédito como do crédito para compreender a moeda.[3] Enquanto a primeira linha analítica leva a "teorias monetárias do crédito", a segunda leva a "teorias creditícias da moeda". Esses pontos de partida distintos conduzem a entendimentos diferentes quanto à política monetária. Dessa forma, é mais fácil entender a moeda como um tipo especial de mercadoria em sua função de meio de pagamento, e como unidade de conta e crédito em sua função de intermediação e de reserva de valor.

As origens da teoria monetária no mundo ocidental estão estreitamente associadas à história do sistema bancário e financeiro inglês. No século XVII, quando David Hume e Adam Smith começaram a discutir questões monetárias, o sistema financeiro na Inglaterra ainda era pouco sofisticado. O papel da moeda como meio de pagamento parecia ser o mais relevante; além do mais, como a moeda era realmente lastreada por uma mercadoria, é compreensível que o ponto de partida para a análise fosse o sistema de pagamentos, baseado na transferência de uma moeda-mercadoria. A dimensão física da moeda--mercadoria e seu valor intrínseco eram vistos como premissas naturais para a análise dos sistemas financeiro-creditícios mais complexos e sofisticados. Cada etapa em direção ao desenvolvimento de um sistema de pagamento mais complexo, como foi o caso da introdução dos certificados emitidos pelos bancos (no início integralmente e, depois, só parcialmente lastreados em moeda-metálica), assim como a introdução de depósitos bancários, deu ensejo a novos debates e controvérsias sobre a teoria e a boa prática monetária. As dificuldades analíticas iniciais foram eventualmente superadas com a redefinição das linhas de demarcação entre o que era a moeda-metálica pura, a quase moeda – como os certificados bancários de grande circulação – e o crédito. Essas demarcações eram tidas como importantes porque o estoque de moeda-metálica – e somente o estoque de moeda-metálica pura – era considerado relevante tanto para a determinação do nível dos preços como para a liquidação de obrigações relativas às transações internacionais.

IV.

A Teoria Quantitativa da Moeda, segundo a qual o estoque de moeda determina o nível de preços, $M.V = P.T$, é provavelmente uma das mais antigas e mais conhecidas relações teóricas na economia. Foi primeiro formulada por David Hume, no século XVII. É baseada na observação de que deve haver uma proporcionalidade V entre o estoque de moeda M, usada no pagamento de todas as transações T, a um nível de preços P. Esta relação é de fato uma identidade – verdadeira por definição –, supondo-se que todas as transações sejam efetivamente pagas em moeda e que o estoque seja totalmente utilizado para pagar transações. Numa economia do século XVII, na qual havia uma moeda-mercadoria e na qual os mercados financeiros eram relativamente pouco sofisticados, essa era provavelmente uma boa aproximação da realidade. Mesmo assim, saltar da identidade quantitativa, $M.V = P.T$ para a afirmação de que o estoque de M determina P requer duas hipóteses adicionais que são cruciais. Primeiro, que V, a velocidade de circulação da moeda, seja constante; segundo, que M, o estoque de moeda, seja uma variável exogenamente determinada. Em sua *Teoria geral*, Keynes questionou a constância de V, especialmente quando a economia estivesse em condições recessivas deflacionárias, uma situação à qual ele deu o nome de armadilha da liquidez. A constância na velocidade de circulação da moeda, V, se tornou o centro de um aguerrido debate entre os monetaristas e os keynesianos nas décadas de 1960 e 1970. A velocidade de circulação emergiu não mais como uma constante, e sim como uma função estável de variáveis conhecidas num dado contexto institucional, sendo a principal delas a taxa nominal de juros. Já o entendimento de que a oferta de moeda, M, seria uma variável exógena, sob controle dos Bancos Centrais, era dado como ponto pacífico até muito recentemente. A verdade é que desde os primeiros debates sobre questões monetárias, na Inglaterra do século XVIII, houve quem questionasse o caráter exógeno de M, mas aqueles que viam a moeda e o crédito como uma variável endógena ao sistema nunca conseguiram predominar e ser incorporados à ortodoxia da teoria monetária.[4]

Ainda que a moeda seja considerada uma variável exógena, para que ela determine o nível de preços, como pretende a TQM, é necessário que haja uma explicação de por que e como um aumento no estoque de moeda se traduz em um aumento do nível de preços. A TQM nunca definiu muito claramente os chamados mecanismos de transmissão da moeda para os preços. Jamais houve uma explicação clara de como a oferta de moeda afeta a demanda agregada e o nível de preços. À época de David Hume, sob a visão mercantilista prevalecente, segundo a qual o estoque de ouro do país era uma boa medida da riqueza nacional, fazia sentido acreditar que o aumento da quantidade de moeda, que era essencialmente equivalente ao estoque de ouro, corresponderia de fato a um aumento da riqueza do país. Que um aumento da riqueza do país (como aconteceu com o influxo do ouro da América) levasse ao aumento da demanda e pressionasse os preços, faz sentido numa economia estagnada como era a da Europa no século XVII. Já numa economia com um sistema financeiro, ainda que rudimentar, mas com ao menos um único instrumento de dívida, como um título financeiro que pague juros, o mecanismo de transmissão deveria requerer no mínimo mais alguns passos. O aumento da quantidade de moeda levaria a uma maior demanda pelos títulos financeiros, o que provocaria a queda da taxa de juros, o que por sua vez estimularia a demanda agregada.

A CAMINHO DA ECONOMIA DESMONETIZADA | 85

V.

O período de 1797 a 1821, no qual, por decisão do Parlamento inglês, foi suspensa a conversibilidade da moeda em ouro no país, provocou um grande debate que ficou conhecido como a "controvérsia bulionista". Enquanto os bulionistas sustentavam que a estabilidade monetária exigiria a conversibilidade, os antibulionistas não viam nisso uma garantia da estabilidade financeira. Questionavam ainda algumas premissas básicas do que veio a ser a ortodoxia monetária, como a exogeneidade da oferta de moeda e o sentido da causalidade da moeda para os preços. Para os antibulionistas, o nível geral de preços não era resultado da quantidade de moeda, mas ao contrário, a quantidade de moeda é que dependia do nível de preços. Mais tarde, em meados do século XIX, no que veio a ser a segunda rodada da controvérsia monetária na Inglaterra, a chamada Banking School, em oposição à Currency School, retomou os argumentos dos antibulionistas e voltou a questionar o sentido da causalidade da moeda para os preços.[5]

Thomas Tooke, por exemplo, um dos principais expoentes da Banking School, alegou em seu panfleto de 1844, *Uma investigação sobre o princípio da moeda*, que a quantidade necessária de moeda em circulação era uma variável endógena, e não exógena, e que, ao contrário do que propõe a TQM, são os preços que determinam a quantidade de moeda na economia. À época, a crítica de Tooke à Currency School e à TQM foi recebida com grande interesse por, entre outros, John Stuart Mill, que viu na tese "uma discordância irreconciliável" em relação à doutrina estabelecida. Stuart Mill sugeriu a seus contemporâneos que dessem ouvidos às ideias inovadoras de Tooke, pois elas mereciam "uma atenção respeitosa".[6] Mas eles parecem não ter concordado, pois a interpretação de Tooke nunca foi incorporada à ortodoxia monetária.

Henry Thornton, antes de Tooke, foi outro antibulionista com ideias inovadoras e heterodoxas também quase completamente esquecido. Hicks e Hayek estão entre as raras exceções de analistas que deram atenção às teses dos antibulionistas. Hicks dedicou um capítulo de seu livro *Critical Essays in Monetary Theory*[7] às considerações de Thornton. Hayek considerou que, "apesar de os méritos de Thornton terem ficado por muito tempo encobertos pela fama de Ricardo, agora já se reconhece que, no que diz respeito à moeda, a principal contribuição do período clássico deve-se a ele".[8]

As mesmas questões e dúvidas voltaram à baila um século mais tarde, na Cambridge inglesa, com nomes como os de Nicholas Kaldor e Joan Robinson.[9] A Escola Estruturalista Latino-Americana da década de 1950, associada a nomes como José Olivera, Juan Noyola e outros, desenvolveu uma teoria não monetária da inflação, mas os defensores da ortodoxia monetária nunca tomaram conhecimento desses autores, de suas críticas e de seus esforços para desenvolver uma alternativa analítica.[10] Para a teoria monetária dominante, a hipótese de que a moeda é uma variável exógena e de que o sentido da causalidade seria da moeda para os preços continuou inquestionada durante décadas, até o fim do século XXI.

É compreensível que aqueles que questionam a importância da conversibilidade e defendem a moeda fiduciária tendam a questionar o caráter exógeno de *M*, bem como a causalidade da moeda para os preços. Ao partir de uma teoria creditícia da moeda, em oposição a uma teoria monetária do crédito, é mais fácil aceitar a moeda fiduciária e compreender que a estabilidade do sistema monetário não depende necessariamente, nem é garantida, pela conversibilidade da moeda. Foi David Hume quem formulou a estrutura analítica a partir da qual os teóricos quantitativistas clássicos como David Ricardo desenvolveram seus estudos. Hume se baseia na moeda como meio de pagamento; desenvolveu portanto uma teoria monetária do crédito, na classificação de Schumpeter. A adoção de uma estrutura lógica que vai da moeda para o crédito foi o roteiro natural seguido pelos economistas clássicos. Isso explica a longa predominância das teorias quantitativistas, resultado natural de quando se considera primeiro a moeda para só em seguida se pensar o crédito. A grande maioria dos economistas clássicos começou suas análises monetárias a partir do processo de trocas numa economia na qual os pagamentos eram feitos através da transferência de uma moeda-mercadoria. Só mais tarde, diante da evolução do sistema financeiro, as revisaram para incluir o papel-moeda, os certificados e os depósitos bancários. A evolução financeira levou a sucessivas redefinições do que é moeda, a chamada quase moeda, constituída por ativos financeiros de alta liquidez, e do que é crédito. A moeda-mercadoria se manteve, no entanto, como a pedra angular da estrutura analítica clássica. A tese de Hume ganhou força com os bulionistas, entre eles David Ricardo, que por sua vez exerceu profunda influência sobre os membros da Currency School. Os bulionistas e os adeptos da Currency School foram os quantitativistas originais. Thornton e Tooke, em contrapartida, foram os principais expoentes do antibulionismo e da Banking School na controvérsia monetária inglesa. Ao contrário de Hume e de Ricardo, eles partiram do crédito para entender a moeda. Ao formular teorias creditícias da moeda não se superestima a importância da materialidade da moeda. É também mais fácil compreender que a propriedade essencial da moeda não é a de servir como meio de pagamento, e sim a de servir como unidade de conta, o padrão universal de valor.

VI.

Até recentemente, a maioria dos estudos sobre a evolução dos sistemas de pagamento pressupunha que a moeda teria precedido o crédito na história econômica.[11] Essa pressuposição falha ao não perceber que a moeda não pode existir antes que surja uma unidade de conta universal, e que uma unidade de conta universal não pode ser dissociada da noção contábil de débito e crédito. A moeda física não é essencial para a existência de um sistema de débitos e créditos, mas sem um sistema contábil de débitos e créditos não é possível definir uma unidade padrão de valor e, portanto, não é possível ter uma moeda, nem mesmo uma moeda-mercadoria. É a existência de uma unidade de crédito e débito, de uma unidade de conta, de um padrão universal de valor, que define a moeda. Não se pode defini-la antes que se estabeleça uma unidade contábil abstrata. A existência da moeda requer a existência de unidade de conta, mas o inverso não é necessariamente verdade – a existência de uma unidade de conta não requer a existência de uma moeda física. Provavelmente essa é a razão pela qual Hicks sustenta que o crédito precedeu a moeda na história.[12] Os comerciantes só passaram a usar um meio de troca de aceitação universal depois da adoção de uma unidade universal de conta.[13]

A aceitação universal da moeda por seu valor nominal para quitação de dívida – sua propriedade de liquidez absoluta – não pode ser dissociada do fato de que ela sirva como unidade de conta. É por ser o padrão universal de valor que faz com que, por definição, a moeda tenha perfeita liquidez. Ao partir da moeda-mercadoria, ao se formularem teorias monetárias do crédito, tende-se a se desconsiderar esse elemento lógico crucial para o entendimento da essência da moeda. A moeda pode perder seu valor aquisitivo ou se desvalorizar em relação a seu lastro, a uma *commodity* de referência como o ouro, num regime de conversibilidade parcial. Mas continuará a ser moeda enquanto for usada como a unidade de conta na qual são fixados os preços.[14] Na história da teoria monetária, a confusão entre o valor do lastro de uma moeda conversível – o seu conteúdo de ouro, por exemplo – e a própria moeda deu origem a um grande número de equívocos. Enquanto preços não forem cotados em unidades de ouro, mesmo quando a moeda é conversível em ouro, o ouro não é moeda; é simplesmente a margem de garantia das unidades de débito e crédito da moeda fiduciária. A moeda é uma unidade contábil por meio da qual os preços são cotados. Ela pode ou não ter uma margem de garantia mercantil – como nos casos da moeda conversível ou puramente fiduciária–, mas toda moeda é essencialmente um título de dívida cujo emitente goza de credibilidade e cujo valor nominal unitário é utilizado para a cotação dos preços.

VII.

O conceito de que o crédito tem precedência lógica em relação à moeda é uma ideia controversa nunca integralmente incorporada à ortodoxia da teoria monetária. Com antibulionistas como Thornton e Tooke marginalizados e esquecidos, a compreensão de que a materialidade não é uma característica essencial da moeda, de que um sistema de pagamentos pode ser integralmente escritural, teve que esperar por Knut Wicksell para ser revisitada.

No prefácio a seu *Interest and Prices: A Study of the Causes Regulating the Value of Money*, publicado pela primeira vez em 1898, Wicksell diz que seu objetivo primordial era examinar "os argumentos a favor e contra a Teoria Quantitativa". Para ele, os críticos da TQM estavam certos, uma vez que a teoria, "mesmo na forma em que é descrita nos textos verdadeiramente clássicos de Ricardo sobre a moeda, é suscetível a objeções demais [...] para ser aceita sem modificação". Mas seus críticos, mesmo os mais proeminentes como Tooke e seus seguidores, nunca foram capazes de formular uma alternativa coerente para substituí-la.

Wicksell argumentou que sistemas de pagamentos podiam ser classificados segundo seu nível de sofisticação. Num extremo estaria uma economia puramente monetária, sem crédito nem sistema financeiro, na qual a totalidade dos pagamentos seria feita em espécie. No extremo oposto estaria uma economia financeira altamente sofisticada, na qual a proporção dos pagamentos feitos em espécie seria irrisória. Esta foi denominada por Wicksell como uma "economia de puro crédito". A TQM é uma descrição razoável do funcionamento de uma economia com um sistema de pagamentos puramente monetário, mas se torna uma descrição cada vez menos realista à medida que o sistema de pagamentos da economia evolui em direção a um sistema puramente contábil e que o sistema financeiro se sofistica. Quanto mais próximo de um sistema puramente contábil, da economia de puro crédito, mais endógena e instável é a velocidade de circulação da moeda, que pode chegar a valores extremos, com a chance de tender tanto para zero como para infinito. Um sistema de pagamento puramente contábil não requer a existência da moeda física para – de forma endógena – criar ou destruir qualquer quantidade de liquidez. A partir de uma base monetária física irrisória, quase nula, um sistema financeiro sofisticado é capaz de criar e destruir liquidez de maneira irrestrita.

Wicksell formulou também uma alternativa original e coerente para a TQM, baseada na dinâmica entre a taxa financeira de juros e a taxa real de retorno dos investimentos, que ele chamou de taxa natural de juros. Defrontou-se então com a questão que sempre assombrou os macroeconomistas quando a TQM é descartada: se não é a moeda, o que determina o nível de preços? Wicksell foi

A CAMINHO DA ECONOMIA DESMONETIZADA | 89

o primeiro a reconhecer que ele também não foi capaz de dar uma resposta satisfatória a essa pergunta. Em seu último trabalho, *The Monetary Problem of the Scandinavian Countries* (1925), ele menciona a sua perplexidade diante das "irracionais" flutuações do nível de preços. E reconhece desalentadamente que "preferiria ouvir alguém que fosse capaz de expressar uma opinião autorizada sobre essas questões muito antes de tentar eu mesmo qualquer explicação".[15]

A abordagem inovadora de Wicksell, segundo a qual o crédito afeta a demanda agregada através da interação entre a taxa de juros do mercado financeiro e a taxa natural de juros, ficou posta de lado, quase esquecida, dado o total domínio da TQM, até um século mais tarde. No início do século XXI, Michael Woodford, em seu livro intitulado *Interest & Prices* (2003), adotou o que ele chamou de uma "abordagem neowickselliana para um macromodelo neokeynesiano", e que a partir de então se tornou a referência dos modelos macroeconômicos.[16] Nesses modelos woodfordianos, a moeda sai completamente de cena e a taxa de juros se torna a variável da política monetária, através da qual as autoridades monetárias controlam a demanda agregada e o nível dos preços. Assim como na economia desmonetizada integralmente contábil, ou puramente creditícia – na denominação de Wicksell –, no mundo neokeynesiano sem moeda não há nada que ancore os preços nominais. O nível de preços, segundo uma analogia criada por Wicksell, estaria submetido a uma dinâmica semelhante à de um cilindro sobre uma superfície plana rugosa: existiria alguma inércia, mas ele acompanharia a inclinação da superfície, que representaria a pressão da demanda agregada.

O fato de que o nível de preços fique indeterminado quando não há uma oferta exógena de moeda é decorrência lógica de que existe um número infinito de combinações entre moeda, M, e preços, P, compatíveis com determinado equilíbrio do valor real do estoque de moeda M/P, também chamado do nível de encaixes reais na literatura macroeconômica. Essa indeterminação, que já estava clara para Wicksell, foi redescoberta no início do século XXI, quando por fim se compreendeu que a taxa de juros, e não a oferta de moeda, era efetivamente a variável instrumental da política monetária.[17]

VIII.

Na história da teoria monetária existe uma clara correlação entre os que apoiam a TQM e os que têm a moeda-mercadoria como ponto de partida de sua análise. Já os que adotam a moeda fiduciária como ponto de partida tenderam sempre a ser mais críticos à TQM. Esse é o motivo pelo qual os antibulionistas e a Banking School estavam menos inclinados a ser quantitativistas. Na classificação das economias segundo o grau de sofisticação financeira proposta por Wicksell, existem dois casos conceituais extremos. O primeiro é o de uma economia com uma moeda-mercadoria, mas sem mercado financeiro nem crédito. O segundo é o de uma economia na qual não há circulação de moeda, na qual há apenas uma unidade de conta, portanto puramente contábil, mas com um sistema financeiro e creditício sofisticado. Uma economia de puro crédito na denominação de Wicksell. As economias modernas sempre estiveram em algum ponto intermediário entre esses dois casos conceituais extremos. A economia inglesa do século XVII já tinha um sistema financeiro; não poderia, portanto, ser enquadrada no caso extremo de uma economia puramente monetária, com uma moeda-mercadoria, mas seu setor financeiro ainda era relativamente pouco sofisticado, se comparado com o setor financeiro de uma economia desenvolvida na segunda metade do século XX. Estava assim um pouco mais próxima do caso extremo de uma economia puramente monetária. É provável que isso explique a vitória prática dos bulionistas e a vitória intelectual da TQM, no início do século XIX. O apelo intuitivo de um sistema conceitual puramente monetário, sem crédito, baseado numa moeda-mercadoria, era muito mais forte dois ou três séculos atrás do que é hoje. Quando Wicksell desenvolveu a sua teoria monetária, no final do século XIX, os sistemas financeiros já eram mais sofisticados. É provável que já estivessem mais próximos do extremo de uma economia puramente contábil, de puro crédito, do que do extremo de uma economia puramente monetária, baseada numa moeda-mercadoria.

Ainda assim, o sofisticado e coerente arcabouço teórico proposto por Wicksell, no qual a TQM poderia ser entendida como um caso particular, o de uma economia monetária simples sem sistema financeiro, levou mais de um século para chegar ao primeiro plano da teoria macroeconômica. O prolongado domínio da TQM é realmente difícil de ser explicado. Nunca houve evidência empírica que sustentasse a tese da velocidade de circulação da moeda como uma constante, nem mesmo como uma função estável da taxa nominal de juros. Também nunca houve evidência clara de que o sentido da causalidade fosse da moeda para os preços. Portanto, a única explicação para o prolongado domínio da TQM é que, sem ela, não se tinha uma alternativa teórica para ancorar o nível de preços. Na ausência de uma alternativa satisfatória, uma teoria simples e bem estabelecida é capaz de resistir à evidência contrária por muito mais tempo do que se poderia imaginar.

IX.

No mundo contemporâneo, com a revolução digital a todo vapor, as economias desenvolvidas estão mais perto do que jamais estiveram do ideal-tipo da economia desmonetizada, puramente contábil, ou de puro crédito. A economia sem moeda-papel já deixou de ser apenas uma possibilidade teórica; é hoje perfeitamente factível. Em alguns países, como a Suécia e a Coreia do Sul, o processo já atingiu um estágio avançado, mas em toda parte a evolução rumo a um sistema de pagamentos puramente contábil é claro e irreversível.[18] O fim da moeda-papel, do dinheiro em espécie, não está longe, mas a moeda física não é o único componente da atual definição de moeda que está a caminho da extinção. Também os depósitos à vista nos bancos têm seus dias contados. Assim como aconteceu com as notas bancárias negociáveis nos primórdios dos sistemas bancários, e também com os cheques algumas décadas atrás, os depósitos bancários acabarão substituídos por sistemas eletrônicos de pagamentos interconectados. A intermediação financeira também deverá dispensar o uso da moeda, através dos sistemas eletrônicos de pagamentos integrados a um sistema também eletrônico de liquidação e custódia de ativos financeiros. O papel da moeda, tanto como meio de pagamento quanto como intermediação financeira, terá então desaparecido, mas sua propriedade essencial, a de ser a unidade de conta, a referência universal de valor na qual os preços são cotados, continuará indispensável.

Numa economia desmonetizada, puramente contábil, a política monetária é obrigatoriamente uma política de taxa de juros, mas, com o desuso dos depósitos bancários, as reservas compulsórias nos Bancos Centrais precisarão ser redefinidas. O fim dos depósitos à vista deverá acelerar e radicalizar o processo de encolhimento dos mercados de reservas bancárias, até seu completo desaparecimento.[19] O fim de reservas compulsórias fracionárias e a exigência de reservas integrais, correspondentes a 100% dos depósitos (como foi proposto pelo Plano de Chicago de 1933), combinado com as reservas compulsórias calculadas sobre os ativos das instituições financeiras, provavelmente teria sido sempre uma alternativa melhor para garantir a estabilidade do sistema financeiro. Numa economia desmonetizada, puramente contábil, a taxa básica de juros deverá continuar a ser a taxa sobre as reservas nos Bancos Centrais, mas à medida que a economia se aproxima do ideal-tipo desmonetizado, de puro crédito, as reservas bancárias serão constituídas sobretudo por depósitos voluntários nos Bancos Centrais.[20] Nesse caso, não há razão para que a condução da política de juros se restrinja à taxa curta do *overnight*, como fazem hoje a maioria dos Bancos Centrais. A política monetária poderia ser feita através de toda a estrutura a termo estabelecida para as taxas de juros nos depósitos do sistema bancário no Banco Central. Isso seria tão ou mais eficiente do que a política monetária tradicional, baseada na taxa de juros overnight combinada com operações de mercado aberto nos títulos públicos. Teria, além do mais, a vantagem de separar com clareza o componente de juros do componente de

92 | DE BELÍNDIA AO REAL

liquidez da política monetária. O componente de juros seria implementado através da estrutura a termo definida para a remuneração dos depósitos no Banco Central. Não seria mais necessário utilizar as operações de mercado aberto para influenciar indiretamente a estrutura a termo das taxas de juros. Tanto as tradicionais operações de mercado aberto com títulos públicos como as novas e menos ortodoxas operações de Quantitative Easing (QE) poderiam ser utilizadas apenas para o controle da liquidez dos mercados.

À medida que as economias contemporâneas se aproximam do ideal-tipo wickselliano da economia desmonetizada, de puro crédito, não existe mais um agregado monetário básico. Todo crédito é endogenamente criado ou destruído e, em princípio, ilimitado. Desde o fim do século XVII, tal fato foi mais bem compreendido pelos que optaram por abordar as questões monetárias a partir do crédito, que pensavam em termos de teorias creditícias da moeda, na nomenclatura de Schumpeter. Uma vez compreendido que a moeda é, em essência, a unidade de conta na qual os preços são cotados, que o crédito e a liquidez são endógenos, os agregados monetários não podem mais ser considerados a âncora dos preços. Tal fato foi redescoberto na macroeconomia contemporânea, primeiro por Sargent e Wallace (1975) e mais tarde, na década de 1990, pela macroeconomia neokeynesiana de Michael Woodford. Os modelos macroeconômicos neokeynesianos do século XXI, formulados com base na proposta original de Woodford (2003), deixaram os agregados monetários de lado e adotaram a taxa de juros como instrumento da política monetária. Embora se declare wickselliana, a abordagem de Woodford, além de excluir a moeda de seu arcabouço analítico, exclui também o crédito, o setor financeiro e a função investimento. Infelizmente, isso desfigura por completo a "alternativa coerente" à TQM proposta por Wicksell.

A descrição original e sofisticada da dinâmica macroeconômica proposta por Wicksell, como vimos, estava baseada na interação entre a taxa de juros do mercado financeiro e o retorno real do capital, ou a taxa natural de juros. Dessa dinâmica resulta um mecanismo cíclico, no qual a criação endógena e cumulativa de crédito é eventualmente revertida, levando à destruição também endógena do crédito e da liquidez. O caráter endógeno e cumulativo do crédito é crucial para explicar os ciclos de expansão e de contração nas economias com mercados financeiros desenvolvidos. A dificuldade de compreender tais características faz com que se deixe de perceber o ponto central da economia puramente escritural de Wicksell. Dado que as economias desenvolvidas contemporâneas estão mais próximas do ideal-tipo escritural, de puro crédito, os modelos que não incorporem o sistema financeiro e o processo cumulativo de Wicksell – como é o caso dos modelos neokeynesianos baseados em Woodford – não são capazes de iluminar o caráter cíclico e endógeno das economias financeiras contemporâneas. Não podem, portanto, servir de referência para balizar a condução da política monetária. A política monetária baseada num modelo verdadeiramente wickselliano deveria adotar medidas macroprudenciais contracíclicas muito antes que o ciclo expansivo do crédito viesse a se reverter, pois é justamente a súbita reversão endógena do crédito que provoca o colapso da liquidez e as crises bancárias. Essa é a razão pela qual é importante impor limites à alavancagem no sistema e definir metas para a inflação dos preços dos ativos financeiros. A instabilidade cíclica de mercados financeiros foi ressaltada por Charles Kindleberger e ocupa lugar central na obra de Hyman Minsky, mas até muito recentemente, quando não ignorados por completo pela ortodoxia macroeconômica, suas contribuições foram percebidas como meras curiosidades intelectuais.[21]

X.

Como no modelo wickselliano de puro crédito, integralmente escritural, não há agregados monetários, a questão da indeterminação do nível de preços continua sem resposta. A analogia sugerida por Wicksell – a de um cilindro sobre uma superfície plana rugosa – talvez seja a melhor descrição do comportamento do nível de preços. O nível de preços e, portanto, também a inflação são de fato desancorados. São primordialmente função da sua história, do passado que alimenta as expectativas sobre seu comportamento futuro. Uma vez posta em marcha, a inflação tem alto nível de inércia. Enquanto o intervalo entre a remarcação dos preços não for tão curto que leve a moeda a perder sua propriedade essencial de unidade de conta, se não houver choques exógenos, a inflação tende a ser estável. Taxas estáveis de inflação são bem mais difíceis de ser influenciadas pela política monetária do que a velha curva de Phillips parecia indicar.[22] A questão sobre quais os principais fatores que atuam para tirar a inflação de seu equilíbrio inercial ainda está em aberto. Não se sabe se é sobretudo a taxa de juros e seu efeito sobre a demanda agregada, como sustenta a teoria macroeconômica contemporânea, ou se são os choques de oferta, como pretendiam muitos dos antibulionistas e, em tempos mais recentes, os macroeconomistas da Cambridge inglesa e da Escola Estruturalista Latino-Americana. O que está claro é que a inércia é tanto mais forte quanto mais bem ancoradas estiverem as expectativas. Expectativas bem ancoradas são o resultado de uma inflação estável por um período longo de tempo. Independentemente do nível da inflação, se ela estiver estabilizada por algum tempo, as expectativas ficarão ancoradas no nível observado. Taxas muito altas de inflação tendem à aceleração, mas, enquanto os intervalos entre os reajustes de preços for longo o bastante para que a moeda não perca sua propriedade de unidade de conta, a inflação tenderá à estabilidade inercial. A inflação é sempre muito mais estável do que se imagina. Ocorre que uma inflação sistematicamente abaixo da meta será considerada uma ameaça de deflação, e uma inflação sistematicamente acima da meta será considerada uma inflação crônica, enquanto a inflação sistematicamente dentro da meta será interpretada apenas como sinal da eficácia da política monetária.

No arcabouço wickselliano de uma economia puramente escritural, fica claro que o sentido da causalidade nem sempre é da liquidez para os preços. Quando a inflação se torna mais instável, a expectativa de que ela se acelere leva à expansão do crédito e da liquidez. As expectativas de inflação mais alta são embutidas nos contratos financeiros e provocam a expansão monetária. Se a liquidez e a inflação não aumentam na proporção projetada pelos contratos financeiros, o resultado é uma taxa real de juros *a posteriori* mais alta do que o previsto, com transferência de riqueza dos devedores para os credores. O aumento das inadimplências e o pânico provocam uma súbita contração endógena da liquidez que pode levar a uma crise financeira de grande proporção. O processo é semelhante ao descrito por Irving Fisher, ao qual ele denominou "crise de deflação de dívida" (*debt deflation crisis*). Assim como a deflação, a inflação substancialmente inferior à prevista aumenta o valor real das dívidas. Essa é a razão pela qual a tentativa de controlar a inflação crônica através de um inesperado aperto na liquidez tem maior probabilidade de provocar recessões e crises bancárias do que de levar à estabilização dos preços.[23] O aumento exógeno da liquidez através das operações de compra de títulos pelos Bancos Centrais, a já mencionada política de QE, pode evitar que ocorra uma depressão profunda quando o crédito e a liquidez são endogenamente reduzidos de maneira drástica. Mas, como ficou claro com o experimento radical da política monetária desde a crise financeira de 2007, o processo é assimétrico e a injeção exógena de liquidez é incapaz de reiniciar o ciclo ascendente do crédito. Tanto a demanda agregada quanto a inflação permaneceram abaixo das metas estabelecidas pela política monetária.

XI.

A política monetária no século XXI deverá levar em conta o fato de que as economias contemporâneas estão muito mais próximas do ideal-tipo da economia puramente escritural, desmonetizada e com um sistema financeiro sofisticado, do que do ideal-tipo da economia monetária na qual os pagamentos são feitos através de uma moeda-mercadoria. Com a crise financeira de 2007 e a monetização radical dos QE, ficou claro que não fazia sentido ter mantido até pouco tempo atrás a TQM como a espinha dorsal da teoria monetária. A TQM pode ter sido uma aproximação razoável da realidade para as economias do passado, puramente monetárias, com o sistema de pagamentos lastreado numa moeda-mercadoria, mas teve uma vida muito mais longa do que deveria. Diante da evolução financeira das economias modernas, a TQM deveria ter sido aposentada há tempos. Só a partir do livro de Woodford, de 2003, a TQM desapareceu da fronteira acadêmica da macroeconomia. O modelo desmonetizado de Woodford, com metas de inflação acopladas a uma regra para as taxas de juros – a chamada Regra de Taylor –, se tornou então a referência para a condução da política monetária. Infelizmente, os modelos woodfordianos, apesar de se pretenderem wicksellianos, deixaram de lado o ponto principal da inovadora contribuição de Wicksell: os ciclos endógenos e cumulativos, resultado da interação entre a taxa financeira e a taxa natural de juros, que podem dar margem a bolhas especulativas sucedidas por crises de liquidez. Os novos modelos DSGE neokeynesianos, que passaram a dominar a literatura macroeconômica desde meados de 1990, demonstraram ser tão irrelevantes quanto irrealistas. A atração dos modelos DSGE, assim como a da Teoria Quantitativa antes deles, deve-se ao fato de que constituem estruturas analíticas que dão respostas relativamente simples e universais, para a formulação de políticas monetárias. Mas as questões monetárias não permitem respostas abstratas, pois dependem de contextos institucionais específicos que não podem ser abstraídos sem prejudicar seu entendimento.

Em 1936, Bertil Ohlin, na introdução à primeira edição inglesa de *Interest and Prices*, de Wicksell, diz que, "mediante sua brilhante hipótese de uma economia de puro crédito, Wicksell foi capaz de escapar da tirania que o conceito de 'quantidade de moeda' tinha até então exercido sobre a teoria monetária". Infelizmente, essa tirania teve um domínio muito mais prolongado na teoria e na prática das políticas monetárias. Até mesmo quando foram finalmente abandonadas, substituídas pela nova ortodoxia woodfordiana, as lições essenciais de Wicksell continuaram a ser desconsideradas. A revolução digital da informática está levando a economia contemporânea a se aproximar com rapidez do ideal-tipo wickselliano da economia de puro crédito. Com o surgimento da chamada *blockchain*, a revolução já em curso dos sistemas de pagamentos deverá se acelerar. Um novo modelo de referência para a teoria monetária deverá sucatear em definitivo os vestígios do quantitativismo das teorias monetárias do crédito e recomeçar a partir das teorias creditícias da moeda. O arcabouço wickselliano clássico deveria ser o ponto de partida natural para essa urgente revisão da teoria monetária.

Notas

1. Agradeço a Edmar Bacha pelos comentários e pelas sugestões desde as primeiras versões.
2. J. R. Hicks, 1967, p. 156. Num livro detalhado e erudito, *Monetary Theory and Policy from Hume and Smith to Wicksell*, A. Arnon também cita J. Hicks, segundo o qual a teoria monetária, ainda mais do que a teoria econômica geral, está relacionada a fatos e instituições econômicas.
3. J. A. Schumpeter, 1954, p. 717.
4. Nas páginas 197 e 198 de H. Thornton, *Paper Credit*, o autor afirma: "Não há como negar que um aumento na emissão de papel possa ser, frequente e justamente, considerado apenas – ou sobretudo – um efeito da alta de preços." Citado em Arnon, 2011, p. 111.
5. Veja o capítulo 7 de Arnon, *op. cit.*, sobre os antibulionistas, particularmente Henry Thornton, e o capítulo 2, sobre o debate entre a Banking School e a Currency School, na Inglaterra em meados do século XIX, especialmente quanto a Thomas Tooke.
6. Veja referência à resenha do livro de Tooke por J. S. Mill em Arnon, *op. cit.*, cap. 12, p. 217.
7. Hicks, *op. cit.*, pp. 174-88.
8. Veja Arnon, *op. cit.*, cap. 7, p. 97.
9. N. Kaldor, 1970, é um crítico devastador da Teoria Quantitativa da Moeda na sua versão friedmaniana da década de 1960.
10. Veja J. Olivera, 1960; J. F. Noyola, 1956, e O. Sunkel, 1958.
11. C. Goodhart, 2009, alega que a origem da moeda não foi, como originalmente sugerido por C. Menger, 1892, pp. 239-55, uma iniciativa privada para diminuir o custo das transações, e sim um fenômeno social que antecede o desenvolvimento dos mercados formais. Assim, a moeda favoreceu o surgimento dos mercados, e não o contrário.
12. Veja Arnon, *op. cit.*
13. *Ibid.*, cap. 4, pp. 51-2.
14. A noção de que o que define a moeda é o fato de ser usada como a unidade de valor na qual os preços são fixados é o principal aspecto na Teoria Monetária dos Preços (PTM) de Calvo. Veja Calvo, 2013, e Lara Resende, 2016.
15. Veja Arnon, *op. cit.*, p. 365.
16. Woodford, *op. cit.*, 2003.
17. John Cochrane, 2011, após uma revisão detalhada da literatura sobre a indeterminação do nível de preços no mundo pós-keynesiano, conclui que "a regra de Taylor, no contexto dos modelos neokeynesianos, leva à mesma indeterminação do nível de preços provocada pelas metas fixas de juros". Para Woodford, *op. cit.*, 2003, "isso significa que há um número infinito de diferentes possibilidades de

respostas de equilíbrio para as variáveis endógenas diante de distúrbios reais". Veja-se Lara Resende, *op. cit.*, 2016, sobre a indeterminação do nível de preços.

18. K. Rogoff, 2016, argumenta em favor da abolição da moeda em espécie como um modo de evitar o limite inferior a zero para as taxas nominais de juros e também para dificultar as transações financeiras ligadas a atividades criminosas.

19. Como mencionado, o chamado mercado de FED Funds foi reduzido de 250 bilhões de dólares por dia em 2007 para menos de 60 bilhões por dia em 2016. À medida que as reservas bancárias se tornam irrelevantes, a base de incidência da taxa de juros básica do FED se reduz. Hoje, a sua principal variável de política não é mais a taxa dos FED Funds, mas uma banda com um piso definido pela taxa de juros paga pelo excesso de reservas (Ioer), e um teto definido pela taxa de juros cobrada sobre a insuficiência de reservas, a chamada Reverse Repo Rate.

20. Veja J. H. Cochrane, 2014.

21. Veja Kindleberger, 1978, e H. Minsky, 1986.

22. Veja Blanchard, Cerutti e Summers, 2015.

23. Evidência do pouco impacto que essa abertura de um hiato de capacidade ociosa tem sobre a inflação, com uma curva de Phillips relativamente achatada, pode ser encontrada em Blanchard, Cerutti e Summers, *op. cit.*

REFERÊNCIAS BIBLIOGRÁFICAS

A. Arnon. *Monetary Theory and Policy from Hume and Smith to Wicksell: Money, Credit, and the Economy.* Cambridge: Cambridge University Press, 2011.

A. L. Resende. "A teoria da política monetária: Reflexões sobre um percurso sinuoso e inconclusivo". In: E. Bacha (org.). *A crise fiscal e monetária brasileira.* Rio de Janeiro: Civilização Brasileira, 2016.

_____. *Juros, moeda e ortodoxia.* São Paulo: Companhia das Letras, 2017.

C. Goodhart, "The Continuing Muddles of Monetary Theory: A Steadfast Refusal to Face Facts", Conference in Memory of Lionel Robbins, London School of Economics, 2009.

C. Menger. "On the Origins of Money". In: *Economic Journal*, n. 2. Londres: 1892.

C. P. Kindelberger. *Manias, Panics and Crashes: A History of Financial Crisis*, 1978, 5a. ed., Nova Jersey: John Wileys&Sons, 2005.

G. Calvo. "The Price Theory of Money, Prospero Liquidity Trap and Sudden Stops". In: *Monetary and Economic Studies*, nov. 2013.

H. Minsky. *Stabilizing the Unstable Economy.* Nova York: McGraw Hill, 1986.

H. Thornton. *Paper Credit.* Londres: J. Hatchard, 1802.

J. A. Schumpeter. *History of Economic Analysis.* Londres: Allen & Unwin, 1954.

J. F. Noyola. "El desarollo económico y la inflación en México y otros países latinoamericanos". In: *Investigación Económica*, v. xvi, n. 4, pp. 604-25. Cidade do México: Unam, out-dez 1956.

J. H. Cochrane. "Determinacy and Identification with Taylor Rule". *Journal of Political Economy*, jun. 2011.

_____. "Monetary Policy with Interest on Reserves". In: *Journal of Economic Dynamics and Control*, v. 49, 2014, pp. 74-108.

J. Olivera. "La teoría no monetaria de la inflación". In: *El Trimestre Económico*, v. 27, n. 108. Cidade do México: Fondo de Cultura Económica, out.-dez. 1960.

J. R. Hicks. "Monetary Theory and History: An Attempt at Perspective". *Critical Essays in Monetary Theory*. Oxford: Oxford University Press, 1967.

K. Rogoff. *The Curse of Cash*. Princeton: Princeton University Press, 2016.

M. Woodford. *Interest & Prices*. Princeton: Princeton University Press, 2003.

N. Kaldor. "The New Monetarism". In: *Lloyds Bank Review*, v. 97, pp. 1-18, Londres, jul. 1970.

O. Blanchard, E. Cerutti e L. Summers. "Inflation and Activity: Two Exploration of their Monetary Policy Implication". IMF working papers 15/230, 2015.

O. Sunkel. "La inflación chilena: Un enfoque heterodoxo". In: *El Trimestre Económico*, v. 25, n. 4, pp. 570-99. Cidade do México: Fondo de Cultura Económica, out-dez 1958.

4

Rotações e translações: as curvas de juros na interação fiscal-monetária

Eduardo Loyo

Tantas têm sido as oportunidades de tomá-lo emprestado da mecânica, que o termo "rotação" está por toda parte quando se fala sobre política macroeconômica e investimentos nas economias avançadas. Há referências a uma *rotação* entre instrumentos de estímulo à atividade, em que a política fiscal se apresentaria para aliviar a sobrecarga alegadamente imposta até agora à política monetária. Também há referências a uma *rotação* da estrutura a termo de taxas de juros, proposital ou acidental, conciliando juros de curtíssimo prazo ainda baixos, e até negativos, com taxas longas em patamares menos anormais. Há, enfim, referências a uma *rotação* entre classes de ativos financeiros, condizente com as rotações anteriores, em prol de ações e em detrimento de títulos de renda fixa cuja longa tendência de apreciação agora se reverteria.

Se não é surpresa tais movimentos rotatórios serem contemplados no contexto atual – e até de fato ocorrerem –, tem havido em seu desenrolar alguns traços curiosos, surpreendentes, às vezes irônicos. Não é necessariamente onde mais fariam sentido, do ponto de vista normativo, ou de onde se esperaria que saíssem semelhantes notícias, que determinados desenvolvimentos desse enredo primeiro despontam. Nem é necessariamente aos propósitos que primeiro motivaram sua implementação que algumas medidas têm acabado por servir, assim como a recusa em tomar determinadas providências pode ter aberto caminho justamente para consequências que se parecia tentar evitar. Assim transladadas de seu hábitat natural, de finalidade ou de efeito, essas rotações vão se sucedendo e interagindo umas com as outras para formar uma nova configuração das principais variáveis financeiras globais.

Japão inovador

Em setembro passado, o Banco do Japão anunciou que passaria a tratar a taxa de juros de dez anos como uma espécie de instrumento "extra" de política monetária, em adição aos instrumentos convencionais e a outros menos convencionais já em uso. De um banco central outrora considerado conservador, vinha uma inovação momentosa na forma de conduzir a política monetária: o chamado "controle da curva de juros".

Algumas das primeiras reações dos comentaristas especializados ao anúncio do Banco do Japão focaram nas sobredeterminações aparentemente envolvidas na ideia. Em primeiro lugar, parecia ser uma tentativa de controlar, ao mesmo tempo, preços (no caso, equivalentemente, taxas de juros) e quantidades (mantido como foi o programa de afrouxamento quantitativo, inclusive, em um primeiro momento, com metas numéricas) no mercado de títulos públicos de um dado prazo. Pretendia-se, além disso, continuar controlando a taxa de juros na ponta mais curta (não só no presente, mas de maneira continuada, hoje e sempre) e ao mesmo tempo passar a controlar, separadamente, outra, muito embora essa segunda devesse, a princípio, estar ancorada na trajetória esperada da própria taxa curta no futuro, junto com prêmios a termo presumivelmente determinados por forças de mercado.

Nesse segundo aspecto, soava como algo mais ambicioso do que a pretensão, compartilhada com os programas de afrouxamento quantitativo, de influenciar em alguma medida esses prêmios a termo dentro das estreitas margens proporcionadas pelos chamados "efeitos portfólio", e de influenciar as próprias expectativas a respeito da trajetória futura da taxa curta mediante sinalizações porventura implícitas nas compras de ativos pelos bancos centrais. Os programas de afrouxamento quantitativo, à diferença do novo sistema anunciado pelo Banco do Japão, operam sem metas publicamente declaradas para o formato da estrutura a termo e, dessa forma, sem qualquer desafio aberto à consistência de sua precificação desejada com as condições de mercado vigentes. Nesse mesmo sentido, também seria algo mais ambicioso do que a reencarnação moderna da "Operação Twist" do Federal Reserve, inaugurada em 2011 e encerrada em 2012, que, embora tivesse igualmente a intenção de influenciar a inclinação da estrutura a termo, tampouco se comprometia com metas numéricas para taxas mais longas.

Logo se compreendeu, como não podia deixar de ser, que não havia passe de mágica, nem aspirações do Banco do Japão a graus de controle manifestamente impossíveis à luz da teoria econômica. De início, ficou entendido que as metas quantitativas do programa de aquisição de títulos haviam sido mantidas, mais do que tudo, para evitar o susto que o súbito anúncio de sua eliminação poderia

102 | De Belíndia ao Real

provocar, mas que, em caso de conflito, teriam primazia sobre essa estipulação de volumes de títulos a serem adquiridos; as metas anunciadas para as taxas de dez anos. Não se almejava, portanto, realmente controlar preços e quantidades em um mesmo mercado, mas sim uma comunicação menos traumática da reforma do *guidance* numérico a ser seguido pelas intervenções no mercado de títulos – transicionando de metas quantitativas para metas para as taxas de juros correspondentes.

De forma semelhante, o Banco do Japão acabou reconhecendo expressamente que taxas curtas e longas não são dois instrumentos que podem ser controlados de forma independente. Pareceu satisfazer-se em assumir um compromisso a respeito da taxa de dez anos que, a julgar por sua própria experimentação anterior com as condições de mercado e com as margens de manobra proporcionadas por efeitos portfólio, não padeceria – pelo menos não por ora – de incompatibilidade com a precificação da estrutura a termo que deveria emanar da trajetória futura esperada da taxa curta. O anúncio da meta para a taxa de dez anos só foi oficializado, diga-se de passagem, quando essa taxa já havia caminhado espontaneamente, respondendo a meras especulações sobre o que o Banco do Japão pretenderia a respeito da posição da estrutura a termo, para as proximidades do patamar em que acabou sendo então deliberadamente "fixada" – qual seja, em torno de zero.

Não ficou tão clara, entretanto, como será a relação mais permanente entre controle de taxas curtas e de taxas longas, caso sobrevenham condições de mercado que, aí sim, gerem incompatibilidade entre os objetivos numéricos estipulados para os dois instrumentos. Haverá tolerância maior com desvios da taxa longa do que normalmente há, e, supostamente, continuará havendo, em relação à curta? Ou os próprios objetivos para uma e/ou para outra serão "endogenamente" ajustados ao longo do tempo, de forma a reconciliá-los com forças de mercado fadadas a prevalecer na precificação dos prêmios a termo? Ao afirmar que as taxas curtas, embora já negativas, poderiam cair mais, a mensagem primária pode ter sido a de que resta espaço para estímulo monetário adicional mesmo sem novo achatamento da estrutura a termo. Mas, com essa observação, o Banco do Japão também abre caminho, caso não queira permitir uma elevação da taxa longa, e os determinantes autônomos dos prêmios a termo demandem uma inclinação mais positiva da curva de juros, para acomodar esse desenvolvimento mediante taxas curtas ainda mais baixas.

Há, além disso, conhecidos conflitos entre mudanças pontuais e instantâneas de metas para taxas longas – na forma como costumam mudar as metas para taxas *overnight*, em degraus, de um dia para o outro, como produto de decisões periódicas de política monetária – e a estabilidade das taxas curtas em torno dessas transições. De fato, condições de não arbitragem exigiriam flutuações enormes da taxa curta para que a taxa longa pudesse descrever um degrau desse tipo, à medida que o degrau se aproximasse e fosse incorporado às expectativas do mercado. Diante dessas inconsistências entre a expectativa de degraus da taxa longa e uma trajetória minimamente estável para a taxa curta, tampouco o método de implementação de *mudanças* de metas para a taxa de dez anos ficou esclarecido.

Se a mudança operacional mais óbvia disse respeito ao formato do *guidance* para o programa de compras de títulos pelo Banco Central, e outros aspectos operacionais – em particular, como se resolverão eventuais conflitos no controle simultâneo de taxas longas e curtas – não ficaram plenamente esclarecidos, talvez o aspecto mais importante do anúncio de setembro de 2016 tenha sido o sinal mais nítido que o Banco do Japão passou a dar sobre onde deseja que a curva de juros se posicione, seja lá o que for capaz de fazer para assegurar tal resultado.

Nesse ponto, entretanto, também prevaleceu, de início, certa confusão a respeito da natureza do compromisso, e, portanto, de sua verdadeira intenção. Alguns enfatizavam a instituição de um *piso* para os juros de prazo mais longo, entendendo que o Banco do Japão pretendia, dados os juros curtos, impor uma inclinação mínima à estrutura a termo. Outros (por exemplo, o *Financial Times*) insistiam em falar de *teto*, sugerindo, pelo contrário, o desejo de impor uma inclinação máxima.

A ideia de uma inclinação *mínima* para a estrutura a termo seria um modo de seguir trabalhando com taxas curtas em território negativo, reconhecendo, no entanto, os possíveis efeitos deletérios de taxas longas muito baixas sobre a sensação de riqueza dos poupadores e sobre a rentabilidade da intermediação financeira. Alguma perplexidade era compreensível, contudo, diante dessa noção, pois até ali o esforço dominante entre bancos centrais, inclusive o japonês, vinha sendo no sentido de explorar as margens ainda disponíveis para a compressão das taxas mais longas, à medida que iam se deparando com os limites para a redução das taxas curtas (estivessem esses limites cravados em zero, como era convencional supor por simplicidade, ou, na prática, graças à substituição imperfeita entre moeda manual e depósitos bancários, um pouco abaixo de zero).

O compromisso com um piso para a taxa longa soava, portanto, como uma inversão dessa lógica, como capitulação aos argumentos, com que bancos centrais vinham sendo insistentemente bombardeados, mas aos quais pareciam continuar refratários, de que juros longos muito baixos, ou curvas de juros muito pouco inclinadas, poderiam ser ineficazes ou até contraproducentes como fatores de estímulo à demanda agregada, pelos seus efeitos deletérios sobre o comportamento e a saúde financeira de poupadores, bancos e seguradoras.

Já a noção de uma inclinação *máxima* para a curva de juros, por sua vez, pareceria fazer sentido como antídoto contra a resposta contracionista endógena das taxas longas, na eventualidade de esforços maiores de estímulo na frente fiscal. Expansões fiscais, pela antecipação de seus eventuais efeitos sobre atividade e inflação, e às vezes pelo seu impacto sobre a percepção de sustentabilidade da dívida e os respectivos prêmios de risco, normalmente levam a uma abertura de trechos mais longos da estrutura a termo. Esta, por seu turno, tende a desfazer, pela contração que representa das condições monetárias *lato sensu*, parte do estímulo advindo da própria expansão fiscal.

Em uma situação em que o espaço fiscal já é escasso, por conta do volume preexistente de dívida pública, seria bem natural não querer desperdiçar nem um pouco do estímulo que uma expansão fiscal adicional fosse capaz de gerar, e por isso houvesse a preocupação em evitar, ou pelo menos limitar, esse ato reflexo dos juros longos. Acontece que, se os juros estão inferiormente limitados pelos limites práticos à redução das taxas nominais (seja no zero, seja em sua proximidade), permanecendo acima do que seria o patamar ideal para o bom desempenho da economia, há menos razão para que se verifique o habitual ato reflexo das taxas longas. Se o estímulo fiscal se limita a tornar adequadas taxas de juros que, em sua ausência, seriam excessivamente contracionistas, não há tanto motivo para que estas subam, ou para que se espere que venham a subir.

Igualmente, com juros que permaneçam muito baixos, quiçá negativos, mesmo mediante quantidade moderada de estímulo fiscal adicional, não há uma piora tão significativa na dinâmica da dívida e uma perspectiva de insolvência que justifiquem prêmios de risco de crédito tão mais elevados.

Em um ambiente assim, como o que prevalece no Japão, a utilidade de estipular uma inclinação máxima para a estrutura a termo se apoiaria mais na crença de que os mercados, sem orientação em contrário por parte do Banco Central, reagiriam a uma expansão fiscal, indevidamente, de acordo com os padrões habituais, aumentando prêmios a termo além do que seria racionalmente condizente com o ponto de partida na armadilha da liquidez.

Fosse qual fosse o risco de um indesejável ato reflexo da curva de juros japonesa na eventualidade de expansão fiscal, contudo, não parecia que o país estivesse diante de uma mudança substantiva nessa direção, que justificasse de antemão o passo preparatório de uma mudança operacional na política monetária. Alguma esperança chegou a ser despertada pela própria interpretação de que, com a mudança, o Banco do Japão pudesse estar preparando caminho para o melhor aproveitamento de algum estímulo fiscal adicional, mas, de fato, não sobreveio tal mudança de postura fiscal.

Naturalmente prevaleceu, por conseguinte, a interpretação de que a mudança havia sido motivada, antes de mais nada, pela preocupação com os efeitos da pouca inclinação da estrutura a termo sobre a intermediação financeira e sobre o comportamento de poupadores de horizonte mais longo. Tratou-se mesmo, naquele momento, de estabelecer pisos mais do que de impor tetos para as taxas de dez anos. Essa interpretação foi respaldada por comentários em *off* atribuídos a fontes do Banco do Japão, e pela direção do movimento que os juros de dez anos fizeram em antecipação ao anúncio propriamente dito, movimento esse, afinal, referendado pela nova meta estipulada para a taxa longa.

EUROPA CAUDATÁRIA

Era natural que se manifestassem na Europa as mesmas preocupações vistas no Japão, com bancos, empresas de seguros e poupadores individuais, e com a possível erosão, por intermédio desses canais, do estímulo esperado de taxas de juros muito baixas.

O Banco Central Europeu (BCE) insistiu muito que a saúde financeira dos bancos, particularmente questionada em sua jurisdição está sob maior ameaça por parte de ineficiências estruturais do sistema – inclusive excesso de capacidade – do que da compressão conjuntural das margens líquidas de juros. Ressaltava que juros mais baixos ao longo da estrutura a termo têm, inclusive, efeitos indiretos positivos na qualidade dos ativos do sistema bancário e nos volumes de empréstimos. A própria intensidade do achatamento da curva de juros, e de seu aspecto talvez mais exasperante, que são juros longos negativos, permaneceu menor na Eurozona do que no Japão.

Mas as autoridades políticas nos países-membros, com destaque para as alemãs, seguiram reiterando suas objeções à estratégia de política monetária do BCE. A ênfase maior das reclamações recaiu sobre os problemas que o programa de afrouxamento quantitativo – a quem se atribui, em última análise, o achatamento mais extremado da estrutura a termo – é acusado de provocar, entre iniquidades contra os poupadores e efeitos colaterais adversos na atividade econômica, mais do que em argumentos contrários a taxas *curtas* em território negativo.

As autoridades europeias não teriam forçosamente que chegar às mesmas conclusões que suas congêneres japonesas a respeito das vantagens e desvantagens de taxas muito baixas ao longo da curva de juros, e muito menos acompanhá-las na explicitação mais heterodoxa de um objetivo numérico para taxas de dez anos (ou prazo que o valha) com o propósito de sustentar essas taxas contra um declínio que considerassem exagerado. A julgar, contudo, pelo precedente da sequência de suas conversões à prática de taxas curtas negativas, não era de modo algum inconcebível que o Banco Central Europeu terminasse seguindo os passos do Banco do Japão em algum tipo de iniciativa para dar suporte à inclinação positiva da estrutura a termo, a despeito, no caso, de suas maiores resistências iniciais a abrir mão dessa dimensão adicional do estímulo monetário.

Um veredito de maior envergadura a esse respeito, entretanto, acabou perdendo a premência por força de um evento altamente idiossincrático: as eleições presidenciais norte-americanas e seu impacto sobre a estrutura a termo de taxas de juros, tanto nos Estados Unidos quanto em outras partes do mundo. De potencial caudatária estratégica (ou até metodológica) que talvez tivesse se tornado da política monetária japonesa no posicionamento da curva de juros, a da Eurozona converteu-se, em parte, em caudatária da elevação dos juros longos observada nos Estados Unidos (além, é claro, de determinantes domésticos dos movimentos dos juros europeus, inclusive o desenrolar da história do Brexit). A Europa embarcou nesse movimento solidário, todavia, sem que sua economia política facilitasse o uso do espaço fiscal desigualmente distribuído entre países-membros como instrumento de estímulo agregado na Eurozona, em contraste com a premissa que se disseminou a respeito da mudança na postura fiscal norte-americana.

Figura 4.1
Taxas de juros de dez anos: EUA, Alemanha e Japão

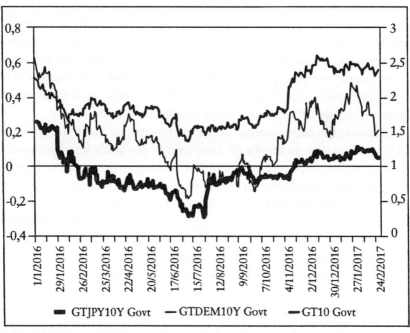

Fonte: Bloomberg e BTG Pactual.

Trumpflação e suas ironias

Como se vê na Figura 4.1 (taxas americanas no eixo direito; japonesas e alemãs no esquerdo), a taxa dos títulos de dez anos do Tesouro norte-americano, que já se elevara cerca de 1/4 de ponto percentual entre o início de outubro e a data da eleição presidencial (8 de novembro) – em parte puxada pela sensação de que uma vitória cada vez mais provável de Hillary Clinton daria ao Federal Reserve maior tranquilidade, comparada a um cenário de incertezas caso ganhasse seu adversário, Donald Trump, para prosseguir no processo de normalização monetária –, paradoxalmente avançou outros 3/4 de ponto diante da inesperada vitória de Trump. O reflexo desses movimentos na Europa é exemplificado pelo desempenho dos títulos alemães de dez anos, cujas taxas, nesse ínterim, saíram do patamar ligeiramente negativo em que se encontravam para subir cerca de 1/2 ponto de porcentagem.

Além de questionamentos sobre a conveniência de tamanha solidariedade entre taxas de juros longas de lados opostos do Atlântico, há espaço para dúvidas fundamentais sobre a adequação do movimento originário sofrido pelos próprios juros norte-americanos. Afora ter sido quase instantânea – e, por isso mesmo, um tanto duvidosa –, a mudança geral de sentimento do mercado a respeito do resultado da eleição, com base em acréscimos modestíssimos ao seu conjunto informacional sobre o futuro governo Trump, ainda resta espaço para muita insegurança, especificamente, a respeito da reprecificação da estrutura a termo de taxas de juros. Não se sabe muito bem que iniciativas o novo presidente de fato proporá, seja no campo fiscal, seja no regulatório, seja no comercial; das que propuser, não se sabe ao certo quais prosperarão; das que possam prosperar, seu potencial impacto sobre atividade econômica e inflação é muito difícil de estimar com base na informação disponível.

Em particular, não parece que uma economia em que tal estímulo adicional, sobretudo na esfera fiscal, seja tão bem-vindo – por ainda ser, supostamente, necessário, a despeito da queda da taxa de desemprego – deveria querer sacrificar uma parte relevante desse efeito expansionista mediante aperto de condições monetárias, com uma abertura substancial das taxas de juros longas. Se, por outro lado, a economia já está em tão boa forma que é bem-vinda uma abertura de taxas longas dessa magnitude, não se compreende tão bem a conveniência dos próprios estímulos fiscais, e menos ainda a polêmica que vem cercando até agora qualquer passo do Federal Reserve no sentido da normalização monetária (que se manifestava, inclusive, na sua maior cautela na ancoragem da estrutura a termo, depois da experiência do *taper tantrum*). De mais a mais, a abertura das taxas de juros longas já é um fato, assim como a transmissão de seus efeitos à economia como um todo (mitigados estes, apenas em parte, por terem os juros reais *ex ante* subido menos que os nominais, por conta do aumento de cerca de 30 pontos-base das expectativas de inflação para o mesmo prazo). Enquanto isso, os estímulos adicionais que essa abertura já "compensa" permanecem em campo ainda altamente especulativo.

Faria sentido normativo toda essa reprecificação da estrutura a termo norte-americana se o país estivesse pretendendo não aumentar estímulos, acrescentando o impulso fiscal a um máximo que já pudesse estar extraindo do monetário, mas sim mudar a composição de um dado estímulo total, trocando impulso monetário por impulso fiscal.

É bem verdade que não foi nesses termos que a discussão começou a respeito da passagem do bastão do estímulo macroeconômico das autoridades monetárias para as fiscais: partia-se originalmente do desejo de obter mais estímulo quando o monetário parecia ter atingido o seu máximo. Aos poucos, porém, o argumento moldou-se à situação diferenciada de economias em que houvesse a percepção de que a política monetária não só não tinha mais para onde avançar, mas de que, na verdade, já avançara em demasia. Pelos efeitos colaterais que pudesse estar provocando ou por terem seus passos mais extremados se revelado contraproducentes até mesmo para fins de estímulo à demanda agregada, a prescrição seria de que retrocedesse um pouco, cabendo então ao impulso fiscal adicional compensar esse recuo. Como é no achatamento radical da estrutura a termo que se concentram as acusações de efeitos colaterais adversos da política monetária recente, um aumento de sua inclinação seria a margem mais natural para o recuo tático das autoridades monetárias, cedendo o passo às autoridades fiscais.

O curioso é que, do ponto de vista estritamente econômico, os Estados Unidos não deveriam ser o local mais propenso a liderar a implementação de uma estratégia de rotação motivada nesses termos, justamente por não serem uma economia em que a política monetária estivesse no campo altamente experimental das taxas negativas ou das estruturas a termo extremamente achatadas, e em que, por isso, pudesse prevalecer maior ansiedade pelo retorno a território monetário mais familiar. Na Europa continental ou no Japão, sim, mas não nos Estados Unidos, onde o argumento principal a favor de uma rotação do estímulo monetário para o fiscal continuava sendo apenas o mais tradicional, de que juros atipicamente baixos podem dar margem ao surgimento de bolhas de preços de ativos. Esse argumento das bolhas, por sua vez, não sugere uma mera correção das manifestações mais extremadas do relaxamento monetário, de volta a juros ainda bastante baixos, de qualquer modo, se comparados aos padrões históricos, mas a busca mais rápida de uma genuína normalização da postura monetária mediante adoção, na medida em que forem necessários, de estímulos de outra natureza.[1]

Se há certa ironia em ver os Estados Unidos puxando a fila da rotação do estímulo monetário para o fiscal – ou, pelo menos, ensaiando fazê-lo –, também há certa ironia no que parece ter sido, diante desse desenvolvimento, a consequência da mudança operacional anunciada pelo Japão em setembro de 2016. Desenhada originalmente para moderar o achatamento da estrutura a termo de taxa de juros – e bem-sucedida nesse quesito, na medida em que os juros de dez anos subiram de cerca de -1/4 ponto percentual para a faixa de -10 a +10 pontos-base –, a meta japonesa para os juros longos acabou logrando defendê--los contra elevações como as observadas em outras economias centrais, diante da reprecificação sofrida pela estrutura a termo norte-americana. Movimentos mais recentes revelaram que o Banco do Japão, embora ainda passível de hesitações operacionais e mal-entendidos de comunicação, está disposto a intervir mais decididamente para impedir que a taxa de dez anos se afaste muito da meta, então para adentrar mais em terreno *positivo*. O que alguns chegaram a suspeitar que pudesse ser precaução do Banco do Japão contra um ato reflexo da curva de juros caso a postura fiscal japonesa se tornasse mais expansionista parece ter acabado por funcionar como proteção contra ato reflexo semelhante, só que deflagrado por sinais de estímulo fiscal do outro lado do Pacífico.

A comparação da Eurozona com o Japão é particularmente irônica, dado que o BCE não parecia disposto a replicar sequer a moderação japonesa do achatamento da estrutura a termo – pelo menos não desde logo, mediante o dispositivo inovador da meta para os juros mais longos – e acabou, com isso, enfrentando uma abertura muito maior dessas mesmas taxas por força da reprecificação da curva de juros norte-americana (embora, justiça seja feita, pareça ter havido mais vida própria, de natureza doméstica, nos movimentos de juros europeus do que nos dos japoneses).

Já se tem aí um rol extenso de consequências não pretendidas e inesperadas em torno da interação entre política fiscal e política monetária, e das estratégias operacionais adotadas pelos bancos centrais, muito embora a história ainda esteja longe de terminar, e estejamos também muito longe de ter clareza sobre como terminará.

NOTA

1. Mais recentemente, Eric Rosengren, presidente do Federal Reserve Bank de Boston, apontou outro argumento a favor de uma rotação da curva de juros norte-americana. O intuito seria implementar determinado grau de normalização monetária com menor fortalecimento do dólar. Isso seria obtido mediante menor elevação dos juros mais curtos, aos quais a taxa de câmbio seria mais

sensível, a ser compensada por uma elevação maior dos mais longos. Esta, por sua vez, seria produzida pela redução da carteira de títulos longos detida pelo Federal Reserve. Não se trataria, nesse caso, de um aumento da inclinação da curva causado pela expectativa de estímulos fiscais adicionais, nem está claro, tendo esse aumento já ocorrido, em que medida caberia intensificá-lo pelo encolhimento do balanço do Federal Reserve. As declarações de Rosengren são posteriores ao empinamento da curva de juros por conta da expectativa de trumpflação, sugerindo pelo menos seu conforto, do ponto de vista da calibragem das condições monetárias, com o movimento já observado.

5

A CRISE FISCAL E MONETÁRIA BRASILEIRA: TRÊS EPISÓDIOS

Affonso Celso Pastore[1]

INTRODUÇÃO

Edmar Bacha tem contribuições importantes em muitos campos da análise e da política econômica no Brasil, e sua análise sobre os sucessivos erros de diagnóstico relativos às causas da inflação o preparou para as importantes contribuições dadas ao Plano Real. Por algum tempo tivemos a ilusão de que as reformas iniciadas em 1994 haviam vacinado a economia brasileira contra crises de natureza fiscal e monetária, mas a nossa história de crises ainda não havia chegado ao fim. Em mais um de seus incontáveis esforços para entender os problemas brasileiros, Edmar Bacha nos presenteou, próximo da comemoração de seus 75 anos, com a organização de um volume no qual, sob sua competente coordenação, são apresentados excelentes diagnósticos e propostas de solução para a mais recente crise fiscal e monetária vivida pelo Brasil. Motivado por essa discussão, quero, neste artigo, olhar para três episódios de crises fiscais e monetárias com desenlaces muito diferentes, mas com uma característica comum: o crescimento acentuado dos gastos. Começo com o ambicioso programa de investimentos financiados por empréstimos externos, iniciado em 1973, que culminou na crise da dívida externa dos anos 1980. Em seguida, percorro os desequilíbrios fiscais e monetários dos anos 1980 que, juntamente com a indexação generalizada de preços, salários e câmbio, levaram à superinflação que precedeu o Plano Real. Dou início à seção seguinte analisando como o regime de metas de inflação combinado com metas para os superávits primários e o suporte da Lei de Responsabilidade Fiscal parecia ter livrado o país do risco do crescimento explosivo da dívida pública, e discuto, em seguida, como a falha em conter o crescimento acelerado dos gastos públicos ao lado do abuso dos incentivos tributários nos conduziram a uma crise que não somente entrará para a história como a que gerou a recessão mais longa e profunda desde que o Comitê de Datação de Ciclos Econômicos (CODACE) começou a datar os ciclos econômicos no Brasil, como se não for resolvida levará – no mínimo – a uma inflação persistentemente elevada, prendendo o país ainda mais na armadilha do baixo crescimento econômico.

A CRISE DA DÍVIDA EXTERNA

Entre 1968 e 1973, vivemos o "milagre brasileiro", que nada mais foi do que a consequência defasada das reformas do Programa de Ação Econômica do Governo (PAEG) – o plano de estabilização dos ministros Roberto Campos e Gouvêa de Bulhões, de 1966.[2] Nos anos do "milagre brasileiro", ocorreram taxas de crescimento do PIB superiores a 10% ao ano, cuja principal fonte foi o estrondoso crescimento de 7% ao ano da produtividade média por trabalhador, que, por sua vez, foi predominantemente provocado pelo aumento da produtividade total dos fatores, com uma contribuição bem menor da acumulação de capital.[3]

Em 1973, ocorreu o primeiro choque de elevação dos preços internacionais do petróleo, e o Brasil continuou crescendo, embora a taxas um pouco mais baixas do que as do período do "milagre". Mudaram, contudo, as fontes do crescimento, com a maior contribuição vinda dos investimentos em capital fixo e não mais da produtividade total dos fatores. A taxa de investimentos aumentou para níveis que são recordes históricos, saindo de pouco menos de 22% do PIB, em 1974, para pouco mais de 24% do PIB, em 1982, mas nesse período, tanto quanto agora, as poupanças domésticas eram baixas, e a consequência foi o crescimento dos déficits nas contas-correntes, que, entre 1970 e 1983, atingiram valores muito mais elevados do que em qualquer outro período (Figura 5.1). O ambicioso programa de investimentos tinha um único objetivo – manter o crescimento acelerado – e foi realizado com grande participação de empresas estatais, sendo financiado por empréstimos externos que serviam, também, para financiar os déficits nas contas-correntes por meio do aumento da dívida externa.

Figura 5.1
Saldos das contas-correntes: dados anuais

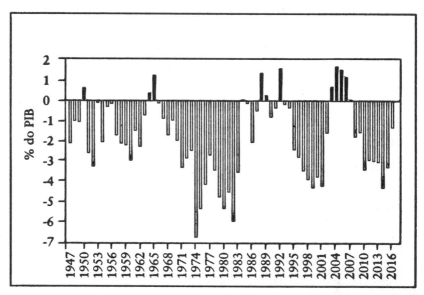

Fonte: Banco Central do Brasil.

As autoridades brasileiras da época não tinham qualquer preocupação quanto à sustentabilidade do crescimento econômico. Acreditavam que os países exportadores de petróleo não conseguiriam aumentar suficientemente o consumo e a formação bruta de capital fixo para reduzir seus superávits nas contas-correntes, restando-lhes investir no exterior, com os bancos internacionais "reciclando os petrodólares" e mantendo permanentemente elevada a oferta de empréstimos externos, com os quais o Brasil poderia financiar os investimentos e os consequentes déficits em contas-correntes. Nesse período, a conta de capitais no Brasil era muito fechada; os investimentos estrangeiros diretos eram baixos; e praticamente não havia investimentos em carteira, quer em renda fixa, quer em renda variável, fazendo com que a única forma de financiar os déficits nas contas-correntes fosse com dívida externa na forma de empréstimos bancários. A consequência foi o crescimento da dívida externa, que saiu de 15% do PIB, em 1973, para perto de 55% do PIB, em 1982, praticamente igual à totalidade do passivo externo, que atingiu mais de 50% do PIB (Figura 5.2). Como o Banco Central não tem dados oficiais para o passivo externo brasileiro para aquele período, usei as estimativas de Lane e Milesi Ferretti.[4]

Figura 5.2
Passivo externo líquido e dívida externa total (pública mais privada)

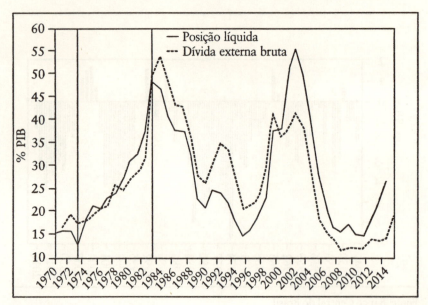

Fonte: Banco Central do Brasil.

Mas havia algo profundamente errado naquele diagnóstico. O ano de 1973 não marcou apenas a formação do cartel da Organização dos Países Exportadores de Petróleo (OPEP), mas também o final do regime de Bretton Woods, no qual os países fixavam a taxa cambial em relação ao dólar norte-americano, podendo manter reservas em ouro ou em dólares, e os Estados Unidos se comprometiam a manter fixo o preço do ouro, com os demais países mantendo reservas em ouro ou em dólares, mas, diferentemente do que ocorria durante o padrão ouro, o dólar não era conversível em ouro nas transações domésticas, mas somente entre autoridades monetárias na quitação dos saldos no balanço de pagamentos. Naquele regime econômico não havia sentido falar-se em inflações e em ofertas de moeda para cada país isoladamente, e sim em uma oferta mundial de moeda – cujo crescimento era determinado pela oferta de moeda dos Estados Unidos – e em uma inflação mundial. Contudo, os Estados Unidos não se dispunham a controlar a sua oferta monetária, o que permitiria manter fixo o preço do ouro, e a consequência foi a expansão do estoque mundial de moeda e a inflação mundial. O abandono do câmbio fixo e a adoção da flutuação cambial, após 1973, levariam a políticas monetárias independentes em cada país, mas, nos primeiros anos após o colapso de Bretton Woods, os países ainda continuariam com intervenções pesadas no mercado de câmbio, mantendo taxas cambiais em torno de uma paridade muito estável, o que reproduzia muitas das características do regime anterior, mantendo-se a tendência à expansão da oferta mundial de moeda e a uma inflação mundial.[5] O aumento da oferta mundial de moeda era a causa mais importante da abundância de empréstimos externos, e não a reciclagem de petrodólares, e havia o risco – totalmente ignorado pelas autoridades brasileiras da época – de que mudanças na política monetária dos Estados Unidos poderiam estancar a oferta de crédito bancário, expondo o país a uma crise de balança de pagamentos.

A origem do aumento da oferta monetária dos Estados Unido estava no seu desequilíbrio fiscal ao lado da leniência do Federal Reserve. Entre 1965 e 1973, os Estados Unidos estiveram envolvidos na Guerra do Vietnã, que, como todas as guerras, foi financiada por expansão monetária. Reinhart e Rogoff[6] apontam que desde o final da Segunda Guerra Mundial os Estados Unidos experimentaram o fenômeno da dominância fiscal, com o Federal Reserve "facilitando o financiamento fiscal, ainda que em nome do emprego". Por vários anos esteve em execução um acordo através do qual, para facilitar a vida do Tesouro na venda de títulos públicos, o Federal Reserve se comprometia a fixar os preços dos títulos, o que equivale a operar fixando a taxa de juros sem obedecer a qualquer regra com realimentação ligada à inflação, deixando a porta aberta à dominância fiscal. Arthur Burns – então presidente do Federal Reserve – foi abduzido pelo consenso do *mainstream* da época, que era crítico à eficácia da política monetária no combate à inflação, favorecendo o uso das políticas de rendas, e tinha uma clara preferência pela acomodação monetária, como é mostrado pelas curvas de reação estimadas por Clarida, Gali e Gertler[7] e por Judd e Rudebusch.[8]

Naquelas circunstâncias, era inexorável que a taxa de juros nos Estados Unidos teria de se elevar. Por algum tempo os bancos internacionais tiveram a ilusão de que "países não quebram" – como foi afirmado por Walt Wriston, então presidente do Citibank –, elevando de forma imprudente sua exposição em empréstimos internacionais, e têm parte importante da responsabilidade pela crise que se desenvolveu. Mas mesmo antes que Volcker decidisse elevar a taxa de juros, em 1979, os bancos já haviam percebido que isso seria inevitável, e começaram a forçar as renovações dos empréstimos com base em taxas de juros reajustáveis ligadas à LIBOR (London Interbank Offered Rate), que segue de perto as taxas de juros das T-bills (Figura 5.3), provocando a gradual redução na oferta de empréstimos, e fazendo surgir os primeiros sinais de que nos encaminhávamos para uma crise. Quando finalmente os juros se elevaram, a dívida externa brasileira não era mais sustentável, e ocorreu a crise. O desenlace foi o *default* externo, e quando ele ocorreu, o Brasil não tinha recursos nem para pagar os compromissos (principal e juros) da dívida, nem para pagar as importações. Uma consulta aos dados do Banco Central mostra que em meio aos atrasos na quitação de importações – inclusive as mais essenciais, como de remédios –, as reservas no conceito de liquidez internacionais caíram ao nível ridiculamente baixo de US$ 4 bilhões, e as reservas no conceito de caixa tornaram-se negativas! Foi uma gigantesca crise de balança de pagamentos, que empurrou o país ao extremo da "centralização cambial", regulamentada pela resolução 851 do Banco Central, que estabelecia que os importadores fechassem normalmente o câmbio junto ao sistema bancário, mas o Banco Central somente realizaria as remessas quando ocorresse a disponibilidade de dólares.

Figura 5.3
Taxas de juros – T-bills e LIBOR

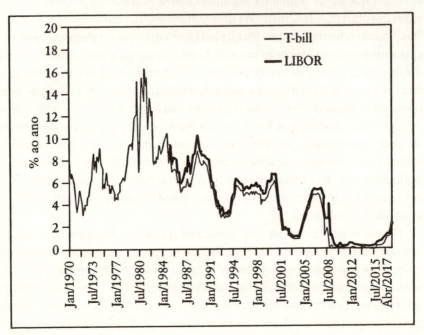

Fonte: Banco Central do Brasil.

Era claro que, nessas circunstâncias, a atividade econômica teria de desabar, acentuando a recessão, e naquele momento a ação mais importante por parte das autoridades seria a recomposição das reservas e o restabelecimento da normalidade dos pagamentos das importações e aos bancos, o que exigia novos empréstimos. Mas estes somente poderiam ser obtidos com a finalização de um acordo com o FMI, que sob um forte conjunto de condicionalidades forneceria parte dos recursos, que seriam complementados pelos bancos credores. Contudo, naqueles anos, a fraqueza do governo militar, já nos seus estertores, impedia a aprovação de quaisquer reformas que permitissem atender às condicionalidades, o que estendeu a duração da crise, levando a um regime econômico caótico que favoreceu o crescimento da inflação.

Superindexação, expansão fiscal e descontrole monetário

A crise da dívida externa marcou o início da "década perdida" e de uma superinflação. A decisão tomada ainda durante o PAEG, e nunca revertida nos primeiros anos da década de 1980, foi a de conviver com a inflação, e não de eliminá-la, utilizando a indexação para reduzir seus custos. Havia naqueles anos a ilusão de que a menos do custo de bem-estar – sabidamente baixo –, vindo da subutilização do estoque real de moeda[9] todos os demais custos da inflação poderiam ser eliminados – ou pelo menos extremamente reduzidos – com a indexação. Mas, se de um lado a indexação de ativos financeiros pode facilitar o financiamento dos déficits com dívida pública, e por isso tenderia a reduzir a inflação, a indexação de preços, salários e da própria taxa cambial eleva a persistência dos choques na inflação – a inércia –, e dificulta o seu controle, com inflações elevadas comprometendo o crescimento econômico.

Da mesma forma como nos anos do "milagre brasileiro", no início da década de 1980 o governo tinha ampla rejeição ao uso da política monetária no controle da inflação e uma clara preferência pela versão tupiniquim de uma política de rendas, que era o controle de preços executado pelo CIP – o Conselho Interministerial de Preços. O desprezo pelo papel da política monetária é uma das razões – mas não a única – para a perda de poder do Banco Central. Embora este tenha nascido com a ilusão de que seria independente – afinal, no seu ato de criação, seus diretores tinham um mandato fixo –, estava totalmente subordinado ao CMN, o Conselho Monetário Nacional.[10] A resistência do Banco do Brasil em perder seus privilégios como autoridade monetária e o acesso à emissão de moeda explicam por que não foi criado um banco central assemelhado ao dos demais países, optando-se por transformar o Conselho da SUMOC (Superintendência da Moeda e do Crédito) – um órgão subordinado ao Banco do Brasil – no CMN, ao qual era atribuída a tarefa de formular a política monetária, cujo executor seria o Banco Central, e por que o Banco do Brasil permaneceu como um membro do seleto grupo das autoridades monetárias.[11] Logo após a criação do Banco Central, quatro de seus diretores eram membros do CMN, mas as sucessivas mudanças de composição deste órgão foram pulverizando seu poder, dando-lhe apenas um voto – o de seu presidente – e ampliando a participação de um número crescente de ministros de estado, de presidentes de outros bancos públicos e mesmo de representantes do setor privado.[12]

> Diariamente o Banco do Brasil consolidava o montante de recursos que o governo utilizava, verificava o saldo nas contas-correntes e pedia ao Banco Central para cobrir a diferença através da chamada "conta movimento", com o Banco Central emitindo ou moeda ou dívida sem a autorização do Congresso.[13]

Além de a execução do orçamento da União ser realizada por um departamento do Banco do Brasil e de a gestão da dívida pública ser realizada pelo Banco Central, com o CMN e não o Congresso autorizando a expansão da dívida pública, o governo emprestava, por meio do orçamento monetário, recursos subsidiados ao setor agrícola, mas os subsídios não eram tratados como despesa da União.[14] Havia total promiscuidade entre os órgãos formuladores da política econômica e os seus instrumentos, e total ausência de controles nos campos fiscal e monetário.

Antes da crise da dívida externa, o governo poderia usar as empresas estatais ou seu próprio orçamento para captar empréstimos externos realizando investimentos ou gastos correntes com a contrapartida de elevação da dívida externa, mas, diante do desaparecimento do crédito externo, somente poderia usar a expansão da dívida pública ou da base monetária. Por algum tempo, o baixo crescimento da dívida pública interna deu a ilusão de que a partir do início dos anos 1980 não havia nenhum desequilíbrio fiscal, e de que as elevadas taxas de inflação nada tinham a ver com a indisciplina fiscal, sendo fruto apenas e tão somente do mecanismo – *deus ex machina* – da "inflação inercial". Mas, na realidade, o déficit era elevado, e tanto quanto nos anos anteriores ao PAEG, era financiado pela coleta de senhoriagem. Não havia nem controle fiscal nem uma política monetária com um mínimo de independência no uso dos instrumentos. Por isso, choques inflacionários como os provenientes dos déficits públicos elevavam a inflação sem que uma âncora nominal dissipasse seus efeitos, que se propagavam através da indexação e, como subproduto, geravam endogenamente a senhoriagem que financiava o déficit público, impedindo o crescimento explosivo da dívida pública bruta, dando a ilusão de inexistência de um problema fiscal.

Meu objetivo nesta seção não é discutir de que forma teria de ser resolvido o problema da superinflação. Não tenho dúvidas de que a solução correta foi a encontrada pelo Plano Real e defendida por Bacha,[15] iniciando-se com uma reforma monetária que fez desabar a inércia, seguida da criação de uma âncora nominal – primeiro com o câmbio fixo e em seguida com o regime de metas de inflação – e de regras impondo a disciplina fiscal. Quero demonstrar que não é preciso um apelo à heterodoxia para explicar aquele episódio. Precisamos apenas de um modelo ortodoxo convencional, com uma curva de Phillips e uma curva IS, ao qual adicionamos as expectativas de inflação determinadas pela indexação, no qual o Banco Central não usa a política monetária para dissipar choques inflacionários, que se propagam com a indexação nem tinha formas de opor-se à pressão para financiar os déficits com senhoriagem, submetendo-se totalmente à dominância fiscal.

As equações (1) e (2) são, respectivamente, a curva de Phillips e a curva IS, com $\beta > 0$ e $b < 0$, nas quais π é a taxa de inflação, π^e é a taxa de inflação esperada, $(y - y^p)$ é o hiato do PIB, com y^p sendo o produto potencial, e $r_t = R_t - R_t^N$ é a diferença entre a taxa real de juros de mercado, R, e a taxa real neutra, R^N.

$$(1) \quad \pi_t = \pi_t^e + \beta \left(y_t - y_t^p\right) + u_t$$
$$(2) \quad \left(y_t - y_t^p\right) = br_t + v_t$$

Para fechar o modelo, é necessário especificar como são formadas as expectativas. A inflação é dada por $\pi_t = \overline{\pi}_t + \eta_t$, que é a soma de duas componentes: a) a componente "permanente" é dada por $\overline{\pi}_t = \overline{\pi}_{t-1} + e_t$, que, devido à indexação generalizada de preços, salários e da própria taxa cambial, tende a repetir em t a taxa ocorrida em $t - 1$; b) e a componente "transitória", dada por choques aleatórios, η_t. Os indivíduos observam o comportamento do Banco Central e concluem que ele não atua alterando a taxa de juros para dissipar os choques inflacionários, o que faz com que estes alterem a componente "permanente" da inflação. A política monetária não proporciona quaisquer informações sobre o comportamento da inflação cujas expectativas são determinadas exclusivamente pela indexação. Muth[16] demonstrou que nessas circunstâncias o melhor previsor das taxas de inflação no período t, no sentido que minimiza o erro quadrático médio da projeção, é uma média móvel de pesos geometricamente declinantes das inflações passadas, na forma:

$$(3) \quad \pi_t^e = \sum_{j=1}^{\infty} (1 - \gamma)\gamma^j \, \pi_{t-j} = \frac{1 - \gamma}{1 - \gamma L} \pi_{t-1}$$

em que L é o operador de defasagens $(Lx_t = x_{t-1})$, e π_t^e é a taxa de inflação esperada em t, dadas as informações sobre os efeitos da indexação sobre as taxas passadas de inflação, e dado o comportamento do Banco Central.

Usando as três equações acima, chega-se a:

$$(4) \quad \pi_t = \pi_{t-1} + \beta b(r_t - \gamma\, r_{t-1}) - [(u_t + \beta\, v_t) - \gamma\, (u_{t-1} + \beta v_{t-1})]$$

Isso mostra que, mesmo que o Banco Central iguale a taxa real de juros à taxa neutra $(r_t = r_{t-1} = 0)$, a inflação seguirá um caminho aleatório, ou seja, estamos diante de uma forma de "inflação inercial" com as mesmas características da enunciada por Arida e Lara Resende.[17]

Para que chegássemos a esse resultado, foram necessárias duas condições. A primeira é que haja a plena indexação em um conjunto relevante de preços, e que isso seja percebido pelos indivíduos na formação das expectativas de inflação. A segunda é que o Banco Central seja leniente, não alterando a taxa de juros em resposta a um aumento (queda) da inflação. Nesse modelo, não foi incluída explicitamente uma oferta de moeda, mas é fácil estabelecer como ela se comporta. Como o Banco Central mantém fixa a taxa de juros, a oferta de moeda se ajusta passivamente, e as taxas de inflação causam as taxas de expansão monetária, mas não há causalidade no sentido inverso, como mostram as evidências empíricas para esse período.[18]

Um *random walk* (uma raiz unitária no processo explicativo de π_t) não leva a inflações sempre crescentes, mas este comportamento pode acontecer em duas circunstâncias. A primeira ocorre quando o Banco Central fixa permanentemente a taxa real de juros de mercado abaixo da taxa real neutra, isto é, $R_t < R_t^N$. Substituindo $r_t = r_{t-1} < 0$, em (4) vê-se que a inflação continua tendo uma componente de *random walk*, mas agora com um deslocamento determinista positivo, ou seja, com uma tendência linear crescente. A segunda vem de uma sucessão de impulsos fiscais positivos, como, por exemplo, uma sucessão de déficits públicos. Na curva IS dada por (2) podemos fazer $v_t = \theta_t + \omega_t$, em que θ_t é o impulso vindo do déficit e ω_t é uma variável aleatória. Valores positivos de θ levam a uma inflação crescente mantendo-se a sua componente de *random walk*, e a tendência crescente se acentua ainda mais caso, além deste desequilíbrio fiscal, tenhamos um maior grau de leniência do Banco Central, com a taxa real de mercado sendo fixada sempre abaixo da taxa real neutra.

O que acontecia com a política fiscal nesse período? Nos anos após a crise da dívida externa não assistimos ao crescimento acelerado da dívida pública, o que por algum tempo levou à ilusão de que naquela inflação não havia uma componente fiscal. Testes realizados por Pastore[19] e por Issler e Lima[20] não rejeitam a hipótese de que nesse período a restrição orçamentária intertemporal do governo estaria sendo atendida, mas ambos apontam que tal resultado não era devido à disciplina fiscal, que realmente não existia, e sim ao fato de que a passividade da oferta monetária gerava endogenamente a senhoriagem necessária para financiar o déficit.

Qual seria a senhoriagem necessária para garantir o atendimento da restrição orçamentária intertemporal do governo? Vou analisar apenas o caso particular no qual a relação dívida/PIB permanece constante. O acréscimo da dívida entre dois períodos é dado por:

$$(5) \quad b_t - b_{t-1} = -(s_t - \sigma_t) + \frac{R - \rho}{1 + \rho} b_{t-1}$$

em que $\sigma_t = (M_t - M_{t-1})/P_t y_t$ é a senhoriagem; M_t é o estoque da base monetária; P e y são o nível de preços e o PIB; $s_t = \tau_t - g_t$ é o superávit primário; R e ρ são a taxa real de juros e a taxa de crescimento do PIB; e b é a relação dívida/PIB. A senhoriagem necessária para fazer $b_t - b_{t-1} = 0$ é dada por:

$$(6) \quad \sigma_t = \frac{R - \rho}{1 + \rho} b_{t-1} + (g_t - \tau_t)$$

Tomemos os dados típicos daquele período: um crescimento do PIB de 3% ao ano; uma taxa real de juros de 13% ao ano; e uma dívida bruta em relação ao PIB de 30%. Neste caso, ainda que tivéssemos déficits primários, $g_t - \tau_t$, de 0,5% do PIB, a relação dívida/PIB permaneceria constante desde que fosse gerada uma senhoriagem de 3,5% do PIB. Na Figura 5.4 estão as senhoriagens, e verifica-se que nos anos 1980 a senhoriagem média se situava em torno de 3,5% do PIB. É curioso que as senhoriagens médias dessa década são muito próximas às que ocorreram anteriormente ao PAEG, porém as taxas de inflação nos anos 1980 foram muito mais altas. Uma das diferenças está em que, nos anos 1980, tivemos a combinação da plena indexação de preços, salários e câmbio, com a passividade monetária – traduzindo-se na ausência de uma âncora nominal e no financiamento inflacionário dos déficits –, enquanto, no período anterior ao PAEG, apesar da mesma intensidade da senhoriagem, a moeda não tinha uma acomodação passiva, nem havia a indexação generalizada de preços, salários e câmbio.[21] Maiores déficits gerariam um impulso fiscal positivo, elevando a inflação e produzindo endogenamente a senhoriagem, e isso ocorre ainda que a taxa real de juros de mercado permaneça igual à taxa real neutra de juros.

Figura 5.4
Senhoriagem em proporção ao PIB

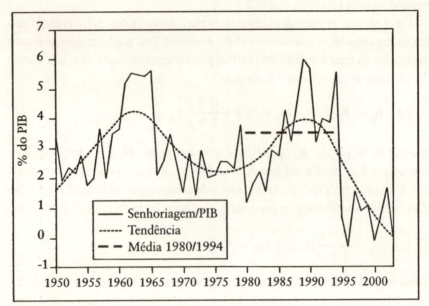

Fonte: Elaboração do autor e Banco Central do Brasil.

A demonstração acima não é a única e vale a pena recordar como este mesmo resultado foi obtido por Issler e Lima.[22] A intuição para o teste por eles realizado pode ser obtida com a equação (5), que mostra que a condição para que $b_t - b_{t-1} = 0$ é que haja uma relação de cointegração entre o superávit primário, a senhoriagem e o estoque da dívida em relação ao PIB. O teste por eles desenvolvido mostra que tal cointegração somente existe quando a senhoriagem é explicitamente incluída na equação. Quando ela é excluída, não há a cointegração, o que significa que na ausência da senhoriagem os déficits primários levariam ao crescimento explosivo da dívida, e ao descumprimento da restrição orçamentária intertemporal do governo. Issler e Lima exploraram, também, as curvas de resposta a impulso obtidas a partir de um modelo VEC – de correção de erros –, e verificaram que, diante de um desvio no déficit público, a única reação no campo fiscal era o aumento das receitas, sem nenhum ajuste dos gastos. Mas mesmo diante da reação das receitas, o que predominava no financiamento do déficit era a coleta da senhoriagem.

Embora eu concorde integralmente com Bacha quando este afirma que o final da superinflação requeria uma reforma monetária eliminando a indexação, juntamente com a criação de uma âncora nominal, e que um "choque" monetário puro levaria a uma recessão politicamente intolerável, vale a pena perguntar se um Banco Central com independência no uso dos instrumentos e mais alinhado com os conhecimentos atuais conseguiria pelo menos reduzir os efeitos da inércia. Admitindo que ele trabalhasse com uma curva de reação dada por $r_t = \kappa \pi_t^e$, em que k > 0, e substituindo esta curva em (4), chegamos a

$$(7) \quad \pi_t = [1 + \beta bk(1 - \gamma)]\pi_{t-1} + [(u_t + \beta v_t) - \gamma(u_t + \beta v_t)]$$

Para que a inflação deixe de seguir um *random walk* e reverta à média é necessário apenas que $[1 + \beta bk(1 - \gamma)] < 1$, e como b é negativo, será atendida por valores positivos de k. Naquelas circunstâncias, a política monetária sozinha não teria tido sucesso em terminar com a inflação, mas pelo menos poderia ter sido usada para levar a uma menor geração da senhoriagem, forçando a autoridade fiscal a cortar gastos e/ou elevar tributos.

O jogo não cooperativo que naquele período se desenvolveu entre as autoridades fiscal e monetária, cuja existência fica claramente caracterizada nas análises de Jaloretto,[23] Franco[24] e Ferreira,[25] não foi decidido quando o Banco Central teria "jogado a toalha" depois de resistir por algum tempo às pressões para emitir moeda e financiar os déficits, como é exposto por Sargent e Wallace[26] ao descreverem os fatos estilizados relativos à disputa entre as duas autoridades na sua "aritmética monetarista desagradável". Foi um jogo decidido no próprio ato de criação do Banco Central, que não lhe deu poder para exercer a política monetária, sendo esta condenada a ser continuamente "dominada" pela política fiscal, à qual nunca foi imposta qualquer disciplina.[27] Nesta intepretação o aumento do grau de indexação foi a resposta da economia à indisciplina fiscal, somada à total ausência de uma âncora nominal.

A ESTABILIZAÇÃO E O CAMINHO DE UMA NOVA CRISE

Com o controle da inflação, desaparecia a senhoriagem, e dado o tamanho da dívida, a sua estabilidade em relação ao PIB teria que ser mantida por meio de superávits primários suficientemente elevados para neutralizar o efeito do excesso da taxa real de juros sobre a taxa de crescimento econômico. Mas o reconhecimento de que isto era necessário não foi imediato. Logo após a implantação do Plano Real, a dívida bruta era pequena, situando-se em torno de 30% do PIB, mas cresceria acentuadamente devido ao reconhecimento de passivos fiscais ocultos, como a federalização das dívidas dos estados e o saneamento dos bancos estaduais[28] e a manutenção, entre 1994 e 1998, de elevadas taxas reais de juros que eram julgadas necessárias para conter a expansão da demanda, que sempre ocorre em programas de estabilização com base na âncora cambial. As taxas reais de juros cresceram ainda mais quando o governo usou esse estímulo para inibir a fuga de capitais durante o contágio das crises do México e do Sudeste Asiático, em 1995 e 1997. Naqueles anos, uma elevada proporção da dívida bruta era atrelada ao dólar, e quando em 1998 a elevação da taxa de juros não estancou o ataque especulativo provocado pelo contágio da crise da Rússia, e o câmbio real se depreciou, a dívida bruta no conceito do FMI – que inclui toda a carteira própria do Banco Central e não apenas os títulos usados em operações compromissadas – saltou para 60% do PIB. Acentuava-se a partir desse ponto a suspeita de que o país sofria de intolerância à dívida, que, na definição de Eichengreen, Hausmann e Panizza,[29] é "a incapacidade de manejar níveis de dívida que são manejáveis em países industrializados", dando suporte ao diagnóstico de Fischer de que ainda que a teoria econômica não nos forneça uma orientação precisa sobre o tamanho ótimo da relação dívida/PIB, ela deveria ser menor em um país emergente do que em uma economia industrializada, e que uma relação de 60% para um país emergente é muito elevada, com os países emergentes devendo ficar no intervalo entre 30% e 40%.[30]

O tamanho da dívida impunha que o governo trabalhasse com metas para os superávits primários, que desde a negociação do acordo com o FMI, em 1998, passaram a fazer parte integrante do regime de política macroeconômica que seria implantado logo no início de 1999. As barras verticais na Figura 5.5 são os valores mensais dos superávits primários recorrentes – a diferença entre as receitas recorrentes e os gastos primários –, ambos dessazonalizados e expressos em termos reais. Com uma breve interrupção, durante a queda cíclica da receita real na crise de 2008/2009, a magnitude dos superávits primários entre 1998 e 2013 foi suficiente para fazer com que nesse período a relação dívida/PIB se reduzisse (Figura 5.6) em qualquer um dos dois conceitos – a definição do FMI e o oficialmente adotado pelo governo brasileiro. Mas isso não era uma consequência do controle das despesas em termos reais, cujo crescimento médio manteve-se muito estável, em torno de 6% ao ano, mesmo contando com o suporte das sucessivas prorrogações da "desvinculação das receitas da União", permanecendo sempre acima do crescimento médio do PIB, e sim uma consequência do crescimento das receitas. O crescimento das receitas recorrentes veio em parte da criação de novos impostos, como a COFINS e a CPMF, que no segundo mandato de FHC levaram a um aumento de receita de 3 pontos percentuais do PIB e a CSLL – Contribuição Social sobre o Lucro Líquido –, que entre 2002 e 2008 adicionou mais 0,7 ponto percentual do PIB. Contou, também, com o gradual alargamento da base tributária permitido pela combinação de reformas microeconômicas que aumentaram a formalização no mercado de trabalho, a partir do primeiro mandato de Lula, com o aumento do emprego gerado pelo período favorável de crescimento econômico, fazendo com que a arrecadação previdenciária tivesse um ganho de 1,3 ponto percentual do PIB entre 2003 e 2012. A partir de 2002, o Brasil beneficiou-se de uma "bonança externa"[31] – um ciclo de forte elevação de preços internacionais de *commodities*, levando a expressivos ganhos de relações de troca – o que favoreceu o crescimento econômico, e, somado aos ingressos de capitais, levou à valorização do câmbio real, com o consequente aumento das importações, provocando, entre 2006 e 2012, um aumento de arrecadação de 0,4 ponto percentual do PIB.

Figura 5.5
Receitas recorrentes, despesas sem manobras e saldos primários

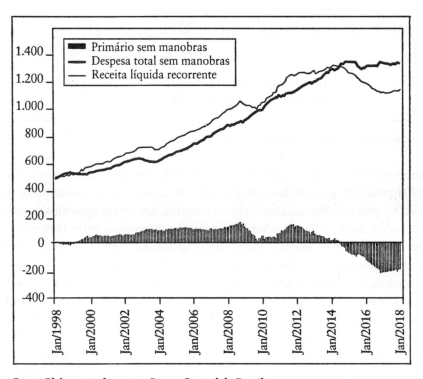

Fonte: Elaboração do autor e Banco Central do Brasil.

Figura 5.6
Dívida bruta em relação ao PIB – Definições: a brasileira e a do FMI 85

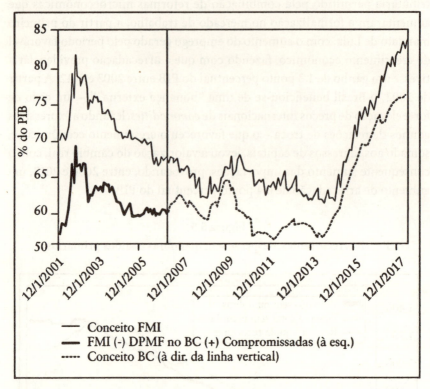

Fonte: Elaboração do autor e Banco Central do Brasil.

Inegavelmente, o regime econômico inaugurado com a reforma monetária de 1994 produziu uma mudança importante em relação ao comportamento do país no passado. Porém, a exemplo do ocorrido nos outros episódios de crise discutidos neste artigo, nenhum dos sucessivos governos, entre 1998 e 2015, procurou conter o crescimento real das despesas. Ao longo de décadas foram sendo postergadas as reações que seriam necessárias para evitar os efeitos da transição demográfica sobre o déficit da Previdência. A queda das taxas de natalidade persistiu, reduzindo a proporção da população mais jovem, diminuindo proporcionalmente as receitas, e a queda da taxa de mortalidade também persistiu, elevando a proporção da população mais velha, provocando o aumento dos benefícios, e ainda que a soma destes dois fenômenos não tivesse provocado, nos últimos anos, elevações sensíveis nos déficits, a perspectiva, na ausência de uma reforma, é de déficits insustentáveis no futuro. Porém, por um longo período, a incapacidade política de controlar os gastos não inibiu os sucessivos governos de usarem o aumento da arrecadação para assegurar o cumprimento do compromisso com as metas de superávits primários e com a solvência do setor público. No entanto, esse objetivo deixou de ser perseguido quando, a partir de 2011, o governo abandonou o regime do "tripé da política econômica", baseado nas metas de inflação com um razoável grau de flutuação cambial e nas metas de superávits primários, optando pela "nova matriz de política econômica", passando a estimular o crescimento através de incentivos de natureza tributária e creditícia, com o governo dando ao Banco Central a "autorização política" para reduzir artificialmente a taxa de juros e abandonar o objetivo de atingir a meta de inflação.

Desde 2007, o Tesouro vinha transferindo recursos por fora do orçamento dos bancos oficiais – predominantemente o BNDES –, elevando diretamente a dívida bruta, e usando parte de tais recursos para fornecer empréstimos a taxas de juros subsidiadas, com efeitos sobre os resultados primários. Em muitos casos, os superávits primários foram mascarados pela contabilidade criativa, como, por exemplo, quando os subsídios eram pagos pelo banco oficial aos beneficiários usando o caixa do banco, como ocorreu com o BNDES em programas como o PSI, com o governo adiando a transferência dos recursos para o Tesouro, ocorrendo de fato um empréstimo do banco ao Tesouro. Não foi essa a irregularidade usada no processo de impeachment – existiram outras –, mas isso não a absolve de ter sido um financiamento direto do BNDES ao Tesouro, que é algo incompatível com o controle fiscal. Da segunda metade de 2011 em diante, já era claro que o crescimento econômico vinha fraquejando, e uma das providências do governo consistiu em convencer o Banco Central a derrubar artificialmente a taxa de juros, o que, somado à forte expansão fiscal e do crédito por parte de bancos oficiais, elevou fortemente a inflação, aumentando a percepção de riscos. Em adição, o governo abusou de estímulos fiscais vindos de reduções, isenções e desonerações tributárias – os "gastos tributários" que ocorriam em resposta às pressões de grupos de interesse sendo direcionados a setores específicos, caracterizando o que Zingales[32] define como políticas pró-negócios, em contraposição às políticas pró-mercado, sem nenhuma contribuição à melhoria da eficiência econômica e ao crescimento da produtividade.

Os gastos tributários já vinham crescendo desde 2006, quando saltaram de uma média de 1,4% do PIB, entre 2000 e 2005, para uma média um pouco inferior a 3% do PIB, entre 2009 e 2013, mas desse ponto em diante elevaram-se para valores superiores a 4% do PIB, atingindo um pico de 4,8% do PIB, em 2015 (Figura 5.7). Para aferir as consequências sobre os resultados primários, temos que somar aos gastos tributários a queda de receitas vinda do forte encolhimento do PIB, a partir do segundo trimestre de 2014, quando o Brasil entrou em uma recessão que é a mais longa e profunda desde que o CODACE começou a datar os ciclos econômicos no Brasil. Em 2015, o governo fez algumas tentativas tímidas de reduzir as desonerações sobre a folha de trabalho e cortou os gastos discricionários, levando os investimentos em proporção ao PIB aos níveis mais baixos da história, mas mesmo assim não escapou de déficits primários extremamente elevados, que são os responsáveis pelo enorme salto na dívida pública bruta em proporção ao PIB a partir do início de 2014, como foi mostrado na Figura 5.6. Tornou-se claro que vivíamos um desequilíbrio fiscal estrutural, que requeria medidas muito mais drásticas do que as que foram timidamente ensaiadas.

Figura 5.7
Gastos tributários

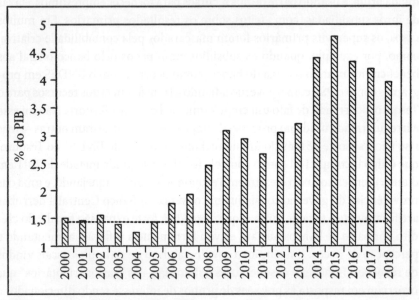

Fonte: Secretaria do Tesouro Nacional.

O ciclo de reformas que deve levar ao ajuste se iniciou com a aprovação de uma Emenda Constitucional que estabelece que os gastos primários – obrigatórios e discricionários – em um dado ano somente podem ser corrigidos pela inflação no ano anterior, o que, na prática, os congela em termos reais. Uma reforma da Previdência compatível com a realidade demográfica do país é uma peça absolutamente fundamental. Mas dada a profundidade da recessão e da perspectiva de que a retomada será muito lenta, sem contar com a elevação de alíquotas e/ou a revogação dos benefícios vindos dos "gastos tributários", a recuperação de receitas será insuficiente para produzir superávits primários nos próximos anos.

Exercícios sobre dinâmica da dívida levam a resultados que são altamente sensíveis às hipóteses, mas se admitirmos uma economia estagnada ou crescendo muito pouco em 2017, com uma retomada do crescimento ocorrendo a taxas anuais entre 2% e 3% de 2018 em diante, é fácil concluir que na ausência de aumentos da arrecadação vindos de reajustes tributários a dívida bruta deverá facilmente superar a marca de 90% do PIB, com grande probabilidade de chegar a mais de 100%. Valores como estes somente não conduziriam a elevações fortes de prêmios de risco, com a depreciação cambial constrangendo a política monetária devido ao seu efeito sobre o câmbio e sobre a inflação, caso fique claro que o governo tem o necessário apoio político para aprovar um ciclo de reformas, começando pela mais importante – a da previdência –, que permitam minimizar o risco de solvência do setor público. Até o presente, implicitamente, o mercado financeiro tem admitido que é alta a probabilidade de sucesso, o que é evidenciado pelo fato de que desde o momento em que o atual governo começou a sinalizar a sua orientação, com evidências de que a sua capacidade de articulação política gera no Congresso um ambiente favorável à aprovação de reformas, e mesmo antes da aprovação da Emenda Constitucional que congela os gastos, as cotações do CDS brasileiro caíram em relação ao pico atingido ao final de 2015 e o real se valorizou. Pelo menos temporariamente tal reação exorcizou o fantasma de ocorrência da forma de dominância fiscal exposta por Blanchard,[33] quando um movimento semelhante ocorreu nos preços dos ativos na transição de FHC para Lula, em 2002/2003.

Estamos no começo de um longo processo de ajuste que requer compromissos com o dimensionamento dos gastos em um nível compatível com os recursos. Se caminharmos na direção de concretizar o ciclo de reformas que dimensionem os gastos de acordo com os recursos, o Banco Central estará livre das pressões vindas da política fiscal e poderá executar com eficiência a sua tarefa de manter a inflação em torno da meta, criando as condições para que a economia brasileira retome o crescimento. Infelizmente, contudo, a nossa história não nos dá evidências de disposição de enfrentar os custos políticos acarretados pelo controle do crescimento dos gastos. Oxalá neste campo o país tenha rompido com a sua própria história!

Notas

1. Agradeço as discussões e sugestões de Marcelo Gazzano e Caio Carbone.
2. Veloso; Vilela e Giambiagi, 2008.
3. Ferreira e Veloso, 2013.
4. Lane e Milesi Ferretti, 2006.

5. Johnson, 1976; Swoboda, 1976.
6. Reinhart e Rogoff, 2013.
7. Clarida, Gali e Gertler, 1998.
8. Judd e Rudebusch, 1998.
9. Bailey, 1956.
10. Franco, 2016.
11. Jaloretto, 2016.
12. Franco, 2016.
13. Ferreira, 2016.
14. Ferreira, 2016.
15. Bacha, 2012.
16. Muth, 1981.
17. Arida e Lara Resende, 1985.
18. Pastore, 1997.
19. Pastore, 1994.
20. Issler e Lima, 1998.
21. Pastore e Pinotti, 2007.
22. Issler e Lima, 1998.
23. Jaloretto, 2016.
24. Franco, 2016.
25. Ferreira, 2016.
26. Sargent e Wallace, 1993.
27. Pastore, 2015, cap. 3.
28. Portugal, 2016.
29. Eichengreen, Hausmann e Panizza, 2003.
30. Fischer, 2002.
31. Bacha, 2013.
32. Zingales, 2012.
33. Blanchard, 2005.

REFERÊNCIAS BIBLIOGRÁFICAS

Arida, P. e Lara Resende, A. "Inertial Inflation and Monetary Reform: Brazil". In: Williamson, John (ed.). *Inflation and Indexation: Argentina, Brazil and Israel*. Washington: Institute of International Economics, 1985.

Bacha, E. "O Plano Real: Uma avaliação". In: *Belíndia 2.0*. Rio de Janeiro: Civilização Brasileira, 2012.

Bacha, E. "Bonança externa e desindustrialização: uma análise do período 2005-2011". In: *O futuro da indústria no Brasil: Desindustrialização em debate*. Rio de Janeiro: Civilização Brasileira, 2013.

Bailey, M. J. "The walfare cost of inflationary finance". *Journal of Political Economy*, abr 1956, n° 2.

Clarida, Richard; Gali, Jordi e Gertler, Mark. "Monetary Policy Rules and Macroeconomic Stability: Evidence and Some Theory". NBER Working Paper, 6442, mar 1998.

Eichengreen, B.; Hausmann, Ricardo Panizza, Ugo. "Currency Mismatches, Debt Intolerance and Original Sin: Why they are not the same and why it matters". *NBER Working Paper*, 10036, out 2003.

Ferreira, A. "Origens e evolução da Secretaria do Tesouro Nacional". In: Bacha, E. *A crise fiscal e monetária brasileira*. Rio de Janeiro: Civilização Brasileira, 2016.

Ferreira, P. C. e Veloso, F. "O desenvolvimento econômico no pós-guerra". In: Veloso, F.; Ferreira, P. C.; Giambiagi, F. e Pessoa, S. (eds.). *Desenvolvimento econômico: Uma perspectiva histórica*. Rio de Janeiro: Campus, 2013.

Fischer, S. "Financial Crises and Reform of the International Financial System." *NBER Working Paper* 9297, out 2002.

Franco, G. H. B. "O Conselho Monetário Nacional como autoridade monetária: Das origens aos dias atuais". In: Bacha, E. *A crise fiscal e monetária brasileira*. Rio de Janeiro: Civilização Brasileira, 2016.

Issler, J. V. e Lima, L. R. O. "Public Debt Sustainability and Endogenous Seignoriage in Brazil: Time Series Evidence from 1974-92". *Ensaios Econômicos EPGE*, dez 1998.

Jaloretto, C. "Banco Central do Brasil: Evolução histórica e questões atuais". In: Bacha, E. *A crise fiscal e monetária brasileira*. Rio de Janeiro: Civilização Brasileira, 2016.

Johnson, H. G. "Um panorama da crise mundial e do comércio internacional". *Revista Brasileira de Economia*, jan-mar 1976, vol. 30.

Judd, J. e Rudebusch, G. D. "Taylor's rule and the Fed: 1970/1997". *FRBSF Economic Review*, 1998, vol. 3.

Lane, P. e Milesi-Ferretti, J. M. "The External Wealth of Nations Mark II: Revised and Extended Estimates of Foreign Assets and Liabilities, 1970-2004". *IMF Working Paper*, 2006, vol. 6, n° 69.

Muth, J. F. "Optimal Properties of Exponentially Weighted Forecasts". In: Lucas Jr., R. E. e Sargent, T. J. *Rational Expectations and Econometric Practice*. Minnesota: The University of Minnesota Press, 1981.

Pastore, A. C. "Déficit público, a sustentabilidade do crescimento das dívidas interna e externa, senhoriagem e inflação: Uma análise do Regime Monetário Brasileiro". *Revista de Econometria*, 1994, vol. 14.

_____. *Inflação e crises: O papel da moeda*. Rio de Janeiro: Elsevier, 2015.

_____. "Passividade Monetária e Inércia". *Revista Brasileira de Economia*, jan-mar 1997, vol. 51.

Pastore, A. C. e Pinotti, M. C. "O PAEG e as políticas econômicas dos anos 1960 e 1970". In: Moura, A. *Paeg e Real: Dois planos que mudaram a economia brasileira*. Rio de Janeiro: FGV, 2007.

Portugal, M. "Política fiscal na primeira fase do Plano Real, 1993-1997". In: Bacha, E. *A crise fiscal e monetária brasileira*. Rio de Janeiro: Civilização Brasileira, 2016.

Reinhart, C. M., e Rogoff, K. "Shifting Mandates: The Federal Reserve First Centennial" *NBER Working Paper*, 18888, mar 2013.

Sargent, T. J. e Wallace, N. "Some Unpleasant Monetarist Arithmetic". In: Sargent, T. J. *Rational Expectations and Inflation*. Nova York:, Harper and Collins, 1993.

Swoboda, A. K. "Inflação, Petróleo e Crise Econômica Mundial". *Revista Brasileira de Economia*, jan-mar 1976, vol. 30.

Veloso, F.; Villela, A. e Giambiagi, F. "Determinantes do 'milagre' econômico brasileiro (1968-1973): Uma análise empírica". *Revista Brasileira de Economia*, 2008, vol. 62, n° 2, pp. 221-246.

Zingales, L. *Capitalism for the people*. Nova York: Basic Books, 2012.

6

INFORMAÇÃO, NÍVEL DE INFLAÇÃO E DINÂMICA INFLACIONÁRIA[1]

Marco Bonomo

INTRODUÇÃO

Nos meus tempos de estudante de economia na PUC-Rio – que incluem graduação e mestrado, de 1979 a 1986 –, o Brasil estava perto do auge do seu longo processo inflacionário, com inflações anuais que variaram entre 70% e 370% ao ano. O diagnóstico de vários dos meus professores, logo aprendido nas apostilas do primeiro curso de Macroeconomia da graduação do André Lara Resende e do Chico Lopes, era que o Brasil vivia um período de inflação inercial: havia um processo de retroalimentação da inflação pelo qual ela tendia a se reproduzir por meio da indexação de salários e preços. Independentemente do mecanismo de retroalimentação da inflação, o que ficava claro é que uma inflação daquela magnitude era impossível de ser domada por medidas convencionais de política monetária e fiscal.

Durante o meu doutorado me dei conta de que o arcabouço novo keynesiano com expectativas racionais e rigidez de preços e/ou salários não era capaz de explicar a enorme dificuldade em desinflar,[2] nem mesmo se introduzíssemos indexação.[3] Também foi nessa época que firmei a visão de que a inflação alta tinha uma tendência intrínseca a acelerar maior do que a tendência a permanecer na inércia. Isso me levou a uma busca malsucedida de tentar modelar esse fenômeno a partir da interação entre firmas fixadoras de preços e consumidores.

Este artigo, em homenagem aos 75 anos do meu mestre Edmar Bacha,[4] pretende recuperar essas ideias e avançar um pouco na sua documentação empírica e discussão dos possíveis mecanismos envolvidos. A seção "Antecedentes: herança puquiana" abordará brevemente as ideias de inflação inercial predominantes no começo dos anos 1980 no departamento de economia da PUC. Na seção "A inflação que acelera", inicialmente apresentaremos evidências sugestivas da hipótese levantada de que uma inflação alta tem tendência intrínseca a se acelerar. A evidência empírica será complementada com comparações da curva de Phillips no Brasil em períodos de inflação alta e baixa. A seguir, discutirei algumas interpretações para o fenômeno de aceleração da inflação na literatura, apontando suas limitações. A seção seguinte apresentará

| 135

ingredientes para uma nova teoria, baseada na interação entre consumidores com informação ruidosa de preços relativos devido à inflação alta e firmas que, cientes dessa confusão, determinam preços otimamente. Mais adiante, discuto possíveis implicações dessa interação para a dinâmica da inflação em vários contextos. A seção final apresentará as conclusões.

Antecedentes: herança puquiana

Nesta seção descreveremos brevemente as ideias de inflação inercial e evidências de curva de Phillips durante o processo inflacionário brasileiro nos anos 1980. A proposta não é fazer um apanhado detalhado de todos os artigos e ideias,[5] e sim abordar de forma sucinta ideias e resultados mais marcantes sob a minha perspectiva.

Havia, nos anos 1980, um debate sobre estimação de curva de Phillips e implicações para a política de estabilização, que se conectava com o diagnóstico de inflação inercial e com as propostas de estabilização não convencionais formuladas na época. As estimações de curva de Phillips, feitas com dados anuais para períodos longos, nem sempre obtinham coeficiente do hiato do produto significativo e com o sinal esperado, isto é, em que uma recessão causasse uma redução da inflação.[6] Argumentarei mais adiante que o período adotado para essas estimações era muito grande, incluindo subperíodos de inflação moderada e de inflação alta, o que pode ter sido responsável pela instabilidade dos resultados. Em particular, a minha conjectura é que o período de inflação mais alta é o responsável pela instabilidade da estimação, pois a curva de Phillips não funcionaria da forma convencional nessa situação.

De qualquer forma, a conclusão a que se chegava é que a alta inflação dos anos 1980 não era fruto de um excesso de demanda naquele momento, mas devia-se a mecanismos de retroalimentação da inflação, como a indexação formal e informal dos preços. Dessa forma, se o produto fosse neutro, a inflação persistiria no mesmo patamar. Choques de oferta, como os choques de petróleo de 1973 e 1979 e a maxidesvalorização cambial de começo de 1983, levariam a inflação para novo patamar, mais alto.[7] Esse diagnóstico motivou propostas de estabilização alternativas às baseadas nas políticas monetária e fiscal. As duas vertentes principais dessas propostas que visavam quebrar a inflação inercial foram o choque heterodoxo[8] – que preconizava o congelamento simultâneo de preços e salários – e a moeda indexada[9] – que defendia a conversão voluntária de preços a uma nova moeda plenamente indexada que circularia paralelamente à moeda antiga até a extinção desta última. Como é bem conhecido, a primeira ideia inspirou o Plano Cruzado, enquanto a segunda, o Plano Real, mas a análise de planos de estabilização foge ao escopo deste artigo.

Bacha[10] apontou que a inflação parecia acelerar continuamente a partir de 1982, o que seria incompatível com o diagnóstico de inflação inercial. Na próxima seção, ilustraremos essa tendência a acelerar da inflação brasileira em períodos de inflação alta e mostraremos evidências que sugerem que esse fenômeno é mais geral.

A INFLAÇÃO QUE ACELERA

Evidências

Figura 6.1
Inflação brasileira de 1970 a 1985

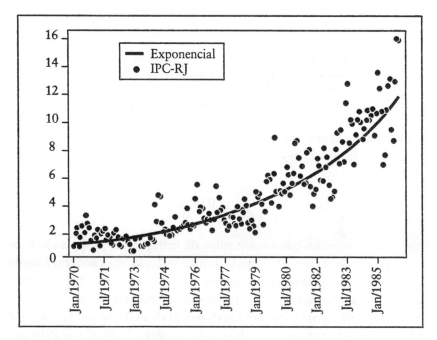

Fonte: Banco Central do Brasil.

A Figura 6.1 mostra a inflação medida pela variação do Índice de Preço ao Consumidor (IPC) no Rio de Janeiro (IPC-RJ), de 1970 até o final de 1985. Ajustando uma curva exponencial, fica claro que há uma tendência de aceleração da inflação. Essa tendência é crescente no nível da inflação, o que é confirmado pela regressão linear do log da inflação no tempo, reproduzida na Tabela 6.1.

Tabela 6.1
Dinâmica da inflação brasileira

	Variável dependente Log (IPC-RJ)
T	0,040***
	(0,003)
Constante	1,051***
	(0,133)
Observações	63
R2	0,843
R2 ajustado	0,840

Nota: ***p < 0,01
Fonte: Banco Central do Brasil.

O resultado da estimação implica a seguinte dinâmica aproximada para a tendência da taxa de inflação π:

$$\frac{d\pi_t}{dt} = 0,04\,\pi$$

Essa relação significa que os aumentos da inflação são proporcionais ao nível da inflação. Assim, a tendência de uma inflação alta a acelerar é muito maior, e, por conseguinte, muito mais fácil de perceber. Com a inflação mais baixa, as oscilações devido a choques poderiam mais facilmente encobrir a tendência. Para tornar o exemplo mais palpável: a relação indica que uma inflação de 1% ao mês, como a observada no início da década de 1970, geraria um aumento da inflação de 0,04% ao mês, enquanto uma inflação de 15% ao mês, como no final de 1985, geraria uma adição mensal na inflação de 0,6% todo mês.

O fenômeno não parece ser só brasileiro. A Figura 6.2 mostra a inflação de Israel no período de 1961 até 2000. É visível o contínuo processo de aceleração inflacionária a partir de 1968 até a estabilização em 1985. Tampouco parece ser um fenômeno restrito a Brasil e Israel. Fischer *et al.*[11] apresentam uma evidência internacional sugestiva desse fenômeno. Eles estudaram episódios de inflação alta no mundo e estimaram uma matriz de probabilidade de transição entre intervalos de inflação. O resultado é que a probabilidade de a inflação subir é claramente crescente no nível corrente de inflação.

Figura 6.2
Inflação isralense de 1961 a 1999

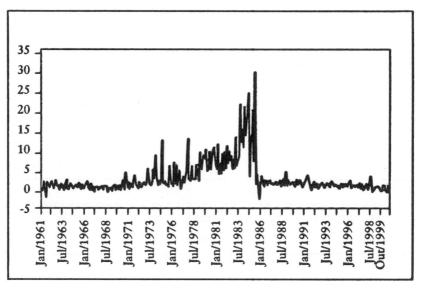

Fonte: Bloomberg.

Curva de Phillips na inflação baixa e alta

Como mencionado na seção "Antecedentes: herança puquiana", as evidências de curva de Phillips na literatura brasileira dos anos 1980 eram controversas. Mas as amostras usadas nesses artigos eram longas, incluindo subperíodos de níveis diferentes de inflação. A nosso ver, a evidência fica mais clara se fizermos uma estimação para o período de inflação muito alta entre 1976 e 1994, excluindo os subperíodos entre 1986 e 1990, em que vários planos de estabilização heterodoxos influenciaram a dinâmica da inflação. Também repetimos a mesma regressão para o período pós-estabilização, de 1995 a 2010.

Tabela 6.2
Curva de Phillips na inflação baixa e alta

	Variável dependente (IPC-RJ – IPC-RJ-b1)	
	1976-1986 e 1991-1994	1995-2010
IPC-RJ-b1	0,124***	-0,306***
	(0,027)	(0,089)
Industr_b1	0,002	0,028
	(0,204)	(0,035)
Industr_b2	0,344	0,063*
	(0,270)	(0,035)
Industr_b3	-0,143	0,102***
	(0,106)	(0,034)
Observações	51	60
R2	0,513	0,298
R2 ajustado	0,471	0,248
F Statistic	12.354***	5.942***

Nota: *p<0,1; **p<0,05; ***p<0,01
Fonte: Elaboração do autor.

Este não é um artigo sobre curva de Phillips, e, portanto, não se pretendeu buscar a melhor especificação possível para o Brasil, que certamente deveria incluir câmbio e um termo *forward-looking*. O intuito é apenas ilustrar como o ambiente de inflação alta é bem diferente do ambiente de inflação baixa, mesmo quando se inclui o nível de atividade como possível variável explicativa da dinâmica da inflação. Como a inflação é não estacionária no período de inflação alta, nossa variável dependente na Tabela 6.2 é a variação da inflação, que foi medida pelo IPC-RJ da Fundação Getulio Vargas (FGV). Como regressores, temos o crescimento da produção industrial defasado em um, dois e três períodos, além da inflação defasada. Os dados são trimestrais.

Para o período de inflação alta, encontramos um coeficiente positivo para inflação defasada, o que indica que o aumento da inflação é tanto maior quanto maior for a inflação – o que está de acordo com a nossa descrição da subseção "Evidências". Por outro lado, apesar de a soma dos coeficientes dos termos do produto industrial ser um pouco superior ao encontrado para o período de inflação baixa, nenhum dos seus coeficientes é estatisticamente significante. Uma interpretação é que a inflação mais alta é tão mais variável, que, mesmo que variações de produto tenham o mesmo efeito que na inflação baixa, esse efeito seria mais difícil de capturar estatisticamente.[12] Para o período de inflação baixa, o resultado é diferente. Em primeiro lugar, o coeficiente da inflação passada é negativo e significativo, indicando a estacionariedade da inflação. Os coeficientes do produto industrial defasado são todos positivos, sendo dois deles significativos (um a 1% e outro a 10%). Ou seja, com a inflação estacionária, é possível estimar com alguma precisão estatística o efeito do produto sobre a inflação.

Interpretações

A interpretação de que a inflação aumentava por uma combinação de inércia inflacionária e choques de oferta inflacionários mereceu análise detalhada por parte de Michael Bruno[13] para a economia israelense. Em primeiro lugar, ele derivou uma equação para a dinâmica da inflação a partir de equações de determinação de salário e câmbio que incluíam indexação. Argumentou que a maior inflação levaria a um grau maior de indexação e a um encurtamento do período de reajustes, provendo evidência empírica para tal fenômeno. Por sua vez, esse maior grau de indexação mudaria a dinâmica da inflação. Assim, a inflação mais baixa teria um processo estacionário, mas, a partir de determinado nível, adquiriria uma raiz unitária e se tornaria não estacionária. A partir daí, um choque de oferta inflacionário levaria a inflação para um nível permanentemente mais alto. O aumento da indexação resultante de um patamar mais alto de inflação mudaria a dinâmica da inflação de forma que novos choques de oferta tivessem efeitos ainda maiores, e assim por diante.

Algumas questões ficam sem respostas nesse arcabouço. Se choques inflacionários de oferta levariam a inflação para patamares maiores, choques deflacionários reduziriam a inflação, conforme apontado por Francisco Lopes.[14] Talvez não fosse coincidência que essas acelerações estivessem acontecendo em países com estrangulamento externo, e, portanto, mais sujeitos a choques de desvalorização cambial do que de valorização cambial. Mesmo que os choques inflacionários prevalecessem, deveríamos observar também quedas de inflação devido a choques desinflacionários. Com efeito, havia choques desinflacionários, mas, pelo menos para Israel, seus efeitos estimados eram assimétricos, pois os coeficientes estimados dos choques negativos eram aproximadamente zero. Essa assimetria de coeficientes está em desacordo com o arcabouço usado por Bruno, que é eminentemente simétrico.

Outra intepretação para o processo de aceleração inflacionária para inflações altas foi proposta por Roberto Frenkel.[15] Ele modela o processo de fixação de preços em um ambiente de incerteza, gerando endogenamente a aceleração da inflação. No seu modelo, o preço de venda e a quantidade produzida são fixados com certa antecedência. O preço é determinado como um *markup* sobre o custo variável esperado no momento de venda. A defasagem entre o momento de fixação de preços e o momento de venda faz com que a inflação esperada seja importante para determinar o custo esperado dos insumos no momento da venda. Em condições inflacionárias, Frenkel argumenta que há uma incerteza sobre a inflação, que implica dois tipos de risco para o produtor: o risco de que a demanda seja menor do que a quantidade produzida e o de subestimar a inflação de custos. É natural assumir que esses riscos sejam negativamente correlacionados, pois, ao superestimar a inflação, ganha-se em termos de margem, mas perde-se em termos de quantidade demandada. No entanto, a perda de subestimar a inflação não gera um benefício de venda, pois como a quantidade produzida está fixa e não pode ser imediatamente aumentada, a maior demanda não resultará em maiores vendas. É essa assimetria que faz com que o produtor escolha, em um ambiente de incerteza, um preço que embuta uma inflação maior do que ele espera. Como se supõe que a incerteza é tanto maior quanto maior a inflação, essa diferença entre a inflação embutida na fixação do preço e a inflação esperada é crescente no nível de inflação. Dessa forma, o modelo de Frenkel gera uma aceleração endógena da inflação, que é crescente no seu nível corrente.

Note que o resultado de Frenkel[16] depende de duas hipóteses cruciais: a de que preços são fixados antecipadamente e a de que não é possível atender a aumentos inesperados de demanda. A primeira hipótese poderia ser justificada pela existência de rigidez de preço, embora essa não esteja entre as explicações elencadas no artigo. A justificativa para a hipótese de assimetria em relação a variações na demanda é mais questionável. Mesmo em uma economia sem inflação, produtores enfrentam incerteza quanto à demanda, e não parece plausível que não sejam capazes de satisfazê-la quando essa está um pouco acima da esperada. A existência de estoques, em parte, está voltada para resolver esse problema.

Uma explicação mais recente, inspirada na experiência brasileira, foi a aventada por Eduardo Loyo,[17] que propõe uma aplicação da teoria fiscal de preços para explicar a aceleração da inflação na década de 1980. No modelo proposto, as taxas de juros reais estão determinadas pelo lado real da economia,[18] de forma independente da política monetária e fiscal. A dinâmica da taxa de juros nominal e da inflação é determinada conjuntamente pela restrição orçamentária intertemporal do governo e pela política monetária. De forma mais específica, na equação da restrição orçamentária intertemporal do governo, a inflação inicial faz com que o valor real da dívida hoje corresponda ao valor presente dos superávits futuros descontados. Por sua vez, na regra de política monetária, a evolução da taxa nominal de juros é determinada por uma regra de *feedback* em relação à inflação corrente. Dada uma taxa de inflação inicial (a que faz com que o valor real da dívida seja consistente com a restrição orçamentária intertemporal) e uma taxa nominal de juros determinada pela regra de juros, a inflação do próximo período é determinada de forma a tornar essa taxa nominal de juros consistente com a taxa de juros real (dada pelo lado real da economia). A taxa de inflação do próximo período determina, via regra de política monetária, a taxa nominal de juros do próximo período e a taxa de inflação do período seguinte (consistente com a taxa de juros real dada), e assim por diante. Loyo argumenta que a aceleração da inflação em 1983 decorreu de uma mudança da regra de juros, que passou a determinar aumentos maiores da taxa de juros nominal como reação a aumentos de inflação, requerendo, por sua vez, aumentos cada vez maiores de inflação para serem consistentes com a taxa de juros real de equilíbrio. Esse processo resultaria em trajetórias explosivas de juros nominais e inflação.

A conclusão parece paradoxal. Em um período em que o Brasil adotou uma política monetária mais ortodoxa e uma política fiscal que resultou em uma redução do déficit operacional de cinco pontos percentuais,[19] a explicação da aceleração da inflação se basearia em uma compensação para o efeito fiscal de uma política monetária mais agressiva. Sem me aprofundar no mérito dessa explicação, gostaria de notar que ela não tem como objetivo o entendimento de por que taxas de inflação mais altas tendem a acelerar, e sim a explicação de um episódio específico: a aceleração da inflação no Brasil no começo da década de 1980. A aceleração da inflação dependeria não de a inflação inicial ser alta, mas de uma combinação do regime de dominância fiscal com uma política monetária agressiva, que faria com que, no único equilíbrio do modelo, a inflação tivesse trajetória explosiva.

INGREDIENTES PARA UMA NOVA TEORIA

As teorias modernas costumam se apoiar em modelos de expectativas racionais que resultam em sistemas dinâmicos representados por equações simultâneas, cuja solução caracteriza a evolução estocástica da economia. Frequentemente os mecanismos de transmissão ficam esquecidos. Como consequência, fica difícil contar uma história, do começo ao fim, de como o efeito de um choque se dá, ou as histórias implícitas são muito implausíveis, e o fato de elas serem implausíveis não costuma ser critério para seleção dessas teorias.

Entre as teorias que ganharam proeminência, me chama atenção, sob esse aspecto, a teoria fiscal de preços. Nessa, o preço dos bens deve ser tal que valha uma equação intertemporal que faz com que o valor real da dívida hoje seja igual ao valor presente dos superávits futuros do governo. Se a previsão de gastos futuros aumentar – o que significa redução do valor presente dos superávits –, o preço deve subir hoje para que o valor real da dívida caia. O valor real da dívida tem que cair porque o valor real anterior não seria totalmente pago pelos menores valores dos superávits primários futuros agora prevalecentes. Mas o ajuste se dá pelo preço médio do produto da economia, que resulta da decisão de inúmeros vendedores de produto que dificilmente reagem diretamente à expectativa de maior gasto do governo no futuro. Alguns vão argumentar que se não houver aumento do preço o setor privado vai se sentir mais rico, demandar mais e isso é que vai fazer um aumento de preços. Mas então me pergunto, por que as pessoas se sentem mais ricas com a piora da situação fiscal do governo? Por que não há possibilidade de *default*, e por que essa não se reflete em deságio do valor nominal da dívida? Em outras palavras, por que a dívida real não se deprecia pela queda do numerador – o seu valor nominal, em vez do aumento do denominador –, o nível de preços? Foge ao escopo deste texto a continuidade dessa digressão, mas a ideia aqui é exemplificar minha preocupação com o realismo do mecanismo de transmissão, que de alguma forma norteia a minha abordagem.

Então volto à velha tradição de procurar descrever o mecanismo de transmissão, no qual o comportamento de quem fixa preço é um foco de atenção em uma teoria de como os preços são determinados. A história que vou contar tem como ingrediente fundamental o conteúdo informacional dos preços relativos, com a inflação embaçando a percepção de preços relativos dos consumidores. No entanto, esse problema de percepção não é compartilhado pelas firmas, que determinam os preços levando em conta a reação de consumidores imperfeitamente informados.

Nas próximas subseções descreverei o problema de percepção dos consumidores, o problema de determinação de preços das firmas, para depois, então, tirar decorrências para a dinâmica da inflação.

144 | DE BELÍNDIA AO REAL

Consumidor, inflação e informação sobre preços relativos

Quem é velho o suficiente para ter vivido o ambiente de inflação alta no Brasil talvez se recorde da falta de noção de preços relativos predominante. O contraste era realmente grande para quem viveu, como eu, uma parte desse período nos Estados Unidos. Lá, aprendi que a noção de preços relativos se adquire com o tempo. Observava-se um preço em uma semana, e semanas depois, ao observar--se outra cotação, era possível fazer uma comparação informativa. E a decisão de comprar era baseada nessas comparações. Com a inflação alta, os preços mudavam com frequência superior a uma vez por mês no começo dos anos 1990 no Brasil. A não ser que se tirasse o dia para cotar preços, seria impossível comparar os preços coletados ao longo do tempo. A decisão de comprar, então, estava pouco ancorada em uma percepção informada de preços relativos. Era difícil saber se um preço observado era alto ou baixo, em relação ao preço dos concorrentes.

Essa situação não passou despercebida pelos economistas latino-americanos.[20] No entanto, não é fácil formalizar a modelagem do efeito negativo da inflação no bem-estar do consumidor. Preços variáveis podem beneficiar o consumidor via efeito substituição[21] ou podem aumentar a eficiência da pesquisa de preços.[22] O efeito negativo preconizado pelos economistas de países de inflação alta é obtido por Laurence Ball e David Romer,[23] que modelam uma relação de clientela em que há produtores com custos diferentes, que ajustam os preços de forma infrequente. O consumidor toma o preço corrente como sinal do preço médio da firma. Com inflação baixa, como cada produtor tem uma variação pequena de preços reais, o preço corrente é uma boa *proxy* para o preço médio. Mas esse sinal se deteriora com o aumento da inflação, quando o intervalo de preços reais gerado pela política de preços de cada produtor aumenta, dificultando a inferência do consumidor. A demanda então se torna menos elástica ao preço corrente e as firmas aumentam a margem de lucro.

O modelo de Ball e Romer ilustra um dos elementos da nossa história: a relação entre inflação e o conteúdo informacional de preços, com maior inflação levando à deterioração da informação. Além disso, adicionamos um ingrediente de assimetria, baseado na curva de demanda quebrada. Baseamo--nos na fundamentação de Stéphane Dupraz,[24] derivada de um efeito clientela e uma assimetria informacional.

A assimetria informacional é entre clientes e firmas, pois uma parte dos clientes observaria somente o preço da firma de quem compra, não observando os preços das outras firmas, embora eles tenham um preço de referência. Como consequência, se uma firma fixar um preço mais baixo do que o preço de referência, ela vai atrair relativamente menos clientes de outras firmas do que ela vai perder aumentando os preços. Logo, um aumento de preços em relação a um preço de referência pode aumentar a receita por unidade vendida, mas levar a firma a perder clientes. Mas uma redução, além de reduzir a receita, leva a um aumento relativamente menor no número de clientes.[25] Isso induz a quebra da curva de demanda localizada no ponto correspondente ao preço de referência. Supomos que a proporção de consumidores desinformados aumente com o nível de inflação, fazendo com que a mudança de inclinação correspondente à quebra se torne mais acentuada com uma inflação mais alta.

Na nossa versão, fazemos o preço de referência para o consumidor ser o preço passado reajustado pela inflação passada.[26] Também adicionamos uma falha de percepção de acordo com a qual o conteúdo informacional do preço observado para os consumidores se reduz, como ocorre, por exemplo, em Ball e Romer.[27] Como consequência, o preço máximo que a firma poderia cobrar sem perder clientela excederia o preço passado reajustado pela inflação passada, e o ponto de quebra da demanda se daria a um preço que superaria o preço passado reajustado pela inflação passada. Essa diferença entre o ponto de quebra da demanda e o preço reajustado pela inflação passada seria crescente na inflação.

Firmas fixando preços diante de consumidores com informação ruidosa de preços relativos

No ambiente inflacionário, conforme mencionado, faz sentido supor que as firmas sejam mais informadas do que os consumidores sobre preços relativos e também que as firmas estejam cientes do problema de informação do consumidor. Assim, as firmas vão escolher seu preço a cada período levando em conta o problema de inferência do consumidor descrito acima.

Como vimos, a firma pode cobrar um preço máximo igual ao preço passado reajustado pela inflação passada, adicionado de uma margem, que reflete o problema de percepção do consumidor, sem perder clientes. A firma, ao maximizar lucro, tenderá então a escolher esse preço se as outras firmas adotarem a mesma regra. Se as outras firmas somente ajustassem seu preço com base na inflação passada, a firma que adicionasse essa margem aumentaria seu preço relativo. Mas todas as firmas fazendo isso simultaneamente levam a uma aceleração da inflação, enquanto os preços relativos se mantêm inalterados. Como essa margem, que reflete o problema de percepção do consumidor, é crescente na inflação, a aceleração da inflação é crescente na inflação.

Essa aceleração pode ser em magnitude pequena a cada período, mas, em períodos de maior incidência de choques agregados de custo, a inflação pode acelerar mais, pois o efeito dos choques será assimétrico, como detectado por

Bruno.[28] Reduções de custos seriam pouco repassadas, pois um aumento menor de preços não aumentaria significativamente a demanda e, como consequência, tenderiam a não compensar a perda de receita com o preço mais baixo. Por outro lado, aumentos de custos seriam repassados em maior grau. Dessa forma, a incidência de choques aumentaria a tendência da inflação a acelerar. É plausível supor que variações do nível de atividade tenham também efeitos assimétricos, por argumentos similares.

Nível de inflação e os efeitos do nível de atividade e de choques de custos

Suponha que o nível de capacidade ociosa dos recursos na economia seja normal. Se a inflação estiver perto de zero, os preços relativos serão muito transparentes e qualquer desvio de um preço individual será muito notado. Por isso, há pouco incentivo para desviar e a inflação será muito estável. Se a inflação for alta, a transparência de preços relativos é baixa e ela deverá acelerar. Então, de acordo com essa visão, a transparência dos preços relativos é a principal âncora da inflação.

Com inflação baixa, choques de redução de custos são pelo menos em parte repassados porque uma redução de preços tem efeito importante na demanda. E o repasse de choques positivos de custo tende a ser menor, pelo mesmo motivo. Assim, o efeito de choques é mais simétrico e a maior incidência de choques contribui menos para o aumento da inflação.

De forma similar, o efeito do nível de atividade tende a ser mais simétrico com a inflação baixa. Note, porém, que a conjunção da inflação baixa com a revolução informacional causada pela internet aumentou em muito a transparência dos preços relativos. Assim, pequenos desvios de preços relativos podem causar variações importantes na demanda, o que faz com que a curva de Phillips se torne pouco inclinada, conforme detectado recentemente.[29]

Essa estabilidade da inflação baixa diante da grande recessão dos Estados Unidos fez com que muitos questionassem os modelos correntes de curva de Phillips, gerando artigos que propõem soluções para o enigma. Segundo Ball e Mazumder,[30] a utilização da taxa de desemprego de curto prazo, em vez da de longo prazo, e a utilização de dados das *surveys* de expectativas no lugar de expectativas racionais melhoram substancialmente a performance de uma curva de Phillips padrão. Dupraz[31] propõe uma mudança mais radical no modelo padrão, gerando, a partir de modelo fundamentado na demanda quebrada, uma curva de Phillips convexa. Além de a curva ser quase horizontal quando a inflação é próxima de zero, o *trade off* entre nível de atividade e produto é permanente.

INFORMAÇÃO, NÍVEL DE INFLAÇÃO E DINÂMICA INFLACIONÁRIA | 147

Conclusão

Os modelos de dinâmica macroeconômica recentes não se adaptam à dinâmica de inflação alta e têm dificuldades em replicar a recente dinâmica de inflação baixa. Experiências exageradas, como as de inflação alta no Brasil, podem desvendar mecanismos de transmissão de preços menos notáveis na inflação baixa. A experiência de inflação alta nas economias latino-americana e israelense suscitou ideias alternativas sobre esses mecanismos, várias delas geradas na PUC-Rio nos anos 1980. Essas abordagens, junto com a experiência hiperinflacionária, marcaram minha formação de economista e de alguma forma semearam as ideias deste artigo. Nele, exponho elementos para uma teoria da dinâmica inflacionária, inicialmente inspirada pela experiência de inflação alta, na qual se destaca o papel da precisão da informação dos consumidores sobre os preços relativos da economia. Assim, fornece elementos para a análise das mudanças recentes na dinâmica da inflação, sugerindo que a revolução no acesso à informação de preços relativos causada pela internet pode ter sido a propulsora dessas mudanças.

As ideias expostas aqui parecem estar em consonância com observações recentes de quem tem por ofício monitorar a inflação. Em 2017, em discurso na National Association for Business Economics dos Estados Unidos, a então presidente do Federal Reserve (Fed), Janet Yellen, especulou sobre as causas da pouca sensibilidade da inflação americana ao aumento da atividade no período recente:

> Mais especulativamente, mudanças na estrutura da economia doméstica podem também estar alterando a dinâmica da inflação de maneira que não consta nos modelos convencionais. A crescente importância das compras on-line, com impacto no aumento da competitividade do setor de varejo dos Estados Unidos, pode ter reduzido as margens de preço e restringido a possibilidade das empresas de aumentar preços em resposta à demanda crescente.[32]

Notas

1. Agradeço a Fernando Barbosa a excelente assistência, a Persio Arida, a Edmar Bacha, a Samer Shousha e aos participantes do Seminário em Homenagem aos 75 anos de Edmar Bacha os comentários.
2. Conforme mostrado em Ball, 1994.
3. Bonomo e Garcia, 1994.

4. Edmar Bacha teve muita importância na minha formação de macroeconomista, e teve muita influência no caminho que escolhi. Tive a sorte de tê-lo como professor de Macroeconomia em três disciplinas: o segundo curso de macro na graduação, o primeiro de mestrado e um curso de finanças internacionais, dividido com Carlos Diaz-Alejandro. Foi também o principal incentivador para que eu fizesse doutorado nos Estados Unidos. Na volta do doutorado, quando me tornei professor e seu colega na PUC, sua influência continuou importante. Edmar liderou a modernização da pós-graduação de economia da PUC, o que levou à criação do doutorado (que contou com meu entusiástico engajamento). Sempre defensor inabalável dos valores acadêmicos, a ele sou muito grato.

5. Bastos e Mello Neto (2014) abordam com detalhe os artigos – em especial os relacionados à curva de Phillips – e analisam a teoria e a retórica.

6. Lara Resende e Lopes, 1981, encontram o coeficiente do hiato do produto não significativo, enquanto Lopes, 1982, e Modiano, 1983 e 1985, encontram um coeficiente significativo com o sinal esperado.

7. Ver, por exemplo, Lopes, 1986.

8. Lopes, 1986.

9. Lara Resende, 1984, Lara Resende e Arida, 1985.

10. Bacha, 1986, e Bacha, 1988.

11. Fisher *et al.*, 2202.

12. Outra possibilidade é que o efeito de variações do produto sobre a inflação se torne assimétrico na inflação alta, não sendo, por isso, bem capturado por uma especificação linear.

13. Bruno, 1993.

14. Lopes, 1986.

15. Frenkel, 1979.

16. Frenkel, 1979.

17. Loyo, 1979.

18. Em suma, ele propõe um modelo de dotação em que, em equilíbrio, o consumo em cada período é igual à dotação do período. Então o fluxo de consumos está dado e a equação de Euler, que relaciona consumo presente e futuro à taxa real de juros, determina a taxa real.

19. Note que isso não é necessariamente inconsistente com a teoria proposta, pois, de acordo com essa, a aceleração da inflação neutraliza o efeito real do maior déficit nominal gerado pelo aumento da taxa de juros.

20. E.g. Franco e Parcias, 1990, e Tommasi, 1994.

21. Waugh, 1944.

22. Kohn e Shavell, 1976, Bénabou, 1988.

23. Ball e Romer, 2003.

24. Dupraz, 2017.

25. Poderia aumentar a quantidade comprada pelos clientes. Para simplificar, omitimos no argumento as variações na margem intensiva.

26. A evidência de *surveys* parece indicar que a formação de expectativas dos indivíduos é mais bem capturada por uma heurística baseada na variação passada do que com a hipótese de expectativas racionais.
27. Ball e Romer, 2003.
28. Bruno, 1993.
29. Ver, por exemplo, Miles *et al.*, 2017.
30. Ball e Mazumder, 2014.
31. Dupraz, 2017.
32. Yellen, 2017 (tradução nossa).

REFERÊNCIAS BIBLIOGRÁFICAS

Bacha, Edmar. "Inércia e conflito: O Plano Cruzado e seus desafios". Texto para Discussão nº 131, Departamento de Economia, PUC-Rio, 1986.
———. "Moeda, inércia e conflito: Reflexões sobre políticas de estabilização no Brasil". *Pesquisa e Planejamento Econômico*, 1988, nº 18, vol. 1, pp. 1-16.
Ball, Laurence. "Credible Disinflation with Staggered Price Setting". *American Economic Review*, mar 1994, pp. 282-289.
Ball, Laurence; Mazumder, Sandeep. "A Phillips Curve with Anchored Expectations and Short-Term Unemployment". *NBER Working Paper*, 20715, 2014.
Ball, Laurence e Romer, David. "Inflation and Informativeness of Prices". *Journal of Money, Credit, and Banking*, 2003, nº 35, pp. 177-196.
Bastos, Carlos Pinkusfeld e Mello Neto, Mario Rubens de. "Moeda, inércia, conflito, o fisco e a inflação: Teoria e retórica dos economistas da PUC-Rio". *Revista Econômica*, 2014, vol. 16, nº 1.
Bénabou, Roland. "Search, Price-Setting and Inflation". *Review of Economic Studies*, 1988, nº 55, pp. 353-373.
Bonomo, Marco e Garcia, René. "Indexation, Staggering, and Disinflation". *Journal of Development Economics*, 1994, vol. 43, pp. 39-58.
Bruno, Michael. *Crisis, Stabilization, and Economic Reform*. Oxford, Clarendon Lectures in Economics/Oxford University Press, 1993.
Dupraz, Stéphane. "A Kinked-Demand Theory of Price Rigidity". Nova York: Mimeo, 2017.
Fischer, Stanley; Sahay, Ratna e Vegh, Carlos. "Modern Hyper- and High Inflations". *Journal of Economic Literature*, set 2002, vol. 40, pp. 837–880.
Franco, Gustavo e Parcias, Carlos. "Inflação, clientela e preços relativos". *Revista de Economia Política*, 1991, vol. 11, nº3 (43).
Frenkel, Roberto. "Decisiones de Precio en Alta Inflación". Argentina: Estudios CEDES, 1979, vol. 2(3).
Kohn, Meir e Shavell, Steven. "The Theory of Search". *Journal of Economic Theory*. Ithaca, 1976, vol. 9, pp. 93-123.

Lara Resende, André. "A moeda indexada: Uma proposta para eliminar a inflação inercial". Texto para Discussão nº 75, Departamento de Economia, PUC-Rio.

Lara Resende, André e Arida, Persio. "Inertial inflation and monetary reform". In: Williamson, John (org.). *Inflation and Indexation: Argentina, Brazil and Israel*. Cambridge: MIT Press, 1985.

Lara Resende, André e Lopes, Francisco. "Sobre as causas da recente aceleração inflacionária". *Pesquisa e Planejamento Econômico*, 1981, vol. 11, nº 3, pp. 599-616.

Lopes, Francisco. "Inflação e nível de atividade no Brasil: Um estudo econométrico". *Pesquisa e Planejamento Econômico*, 1982, vol. 12, nº 3, pp. 639-670.

Lopes, Francisco. *O Choque Heterodoxo*. Rio de Janeiro: Campus, 1986.

Loyo, Eduardo. "Tight Money Paradox on the Loose: A Fiscalist Hyperinflation." Cambridge: Harvard University Press, 199.

Miles, David; Panizza, Ugo; Reis, Ricardo e Ubide, Angél. "And yet it moves: inflation and the great recession". *Geneva Reports on the World Economy*, 2017, 19.

Modiano, Eduardo. "A dinâmica de salários e preços na economia brasileira: 1966-1981". *Pesquisa e Planejamento Econômico*, 1983, vol. 13, nº 1, pp. 39-68.

Modiano, Eduardo. "Salários, preços e câmbio: Os multiplicadores dos choques em uma economia indexada". *Pesquisa e Planejamento Econômico*, 1985, vol. 15, nº 1, pp. 1-32.

Tommasi, Mariano. "The Consequences of Price Instability on Search Markets: Towards Understanding the Effect of Inflation". *American Economic Review*, 1994, vol. 84, pp. 1385-1396.

Waugh, Frederick. "Does the Consumer Benefit from Price Instability?". *Quarterly Journal of Economics*, 1944, vol. 58, pp. 602-614.

Yellen, Janet. "Inflation, Uncertainty, and Monetary Policy". Discurso – Federal Reserve System, 26 de setembro de 2017.

7

A NOVA MATRIZ ECONÔMICA E A POLÍTICA MONETÁRIA NO BRASIL ENTRE 2011 E 2014[*]

Paulo Vieira da Cunha

1. INTRODUÇÃO

A crise financeira de 2008-2009 produziu deflação global, mas não no Brasil. De 2010 a 2016, a inflação atingiu a média de 6,8% anual na variação acumulada em 12 meses. Esse número se situa mais que dois pontos percentuais acima do centro da banda como meta de inflação. O cerne da alta inflação foi o período de 2011 a 2014, que coincidiu com o período da nova matriz macroeconômica (NME). A reintrodução de políticas macro mais sensatas e coerentes, a partir de maio de 2016, em seguida ao início do processo de impedimento de Rousseff e, principalmente, depois que uma nova administração assumiu o comando do Banco Central, em junho de 2016, trouxe de volta as expectativas de que a política monetária novamente seria eficaz. Ela já é. No entanto, limitações estruturais, principalmente fiscais, à eficácia da política monetária são fortes e exigirão muito tempo para serem superadas.

Essas notas delineiam a evolução da política monetária durante a NME. A seção 2 resume os debates que levaram a sua adoção, discute a transição para um regime de metas de inflação "modificado" no desfecho da crise financeira global (CFG) e examina as principais inovações introduzidas na política monetária da NME. Embora o foco seja a política monetária, o objetivo é enfatizar o papel da política fiscal. A seção 3 discute as ligações entre política monetária e política fiscal. A seção 4 conclui com algumas observações para o futuro.

2. A NOVA MATRIZ MACROECONÔMICA (NME)

Os principais indicadores econômicos do período de 1995 a 2016 são mostrados na Tabela 7.1 (no Apêndice). As duas primeiras administrações do presidente Lula, do Partido dos Trabalhadores (PT), se destacaram: cresci-

---

[*] Tradução de Afonso Celso da Cunha Serra.

| 153

mento do PIB à taxa média anual de 4,1%; crescimento de 4,8% do salário real, com forte expansão do emprego formal; quase equilíbrio da conta-corrente externa, com rápido crescimento das importações, possibilitado por expansão ainda mais rápida das exportações, durante o *boom* de *commodities* liderado pela China; aumento das reservas internacionais, reforçando a credibilidade internacional; e desempenho fiscal prudente, com superávits primários na média de 3,1% do PIB, mais ou menos o mesmo das duas administrações anteriores de Fernando Henrique Cardoso, mas com redução dos déficits nominais, em consequência das taxas de juros mais baixas. O impacto da crise financeira global foi curto e brando. Até o terceiro trimestre de 2008, a economia prosperava desatenta do resto do mundo, desacelerou no quarto trimestre, mas só no primeiro trimestre de 2009 a crise financeira realmente atingiu o país.

Figura 7.1
Inflação pelo IPC e meta de taxa de juros da política monetária

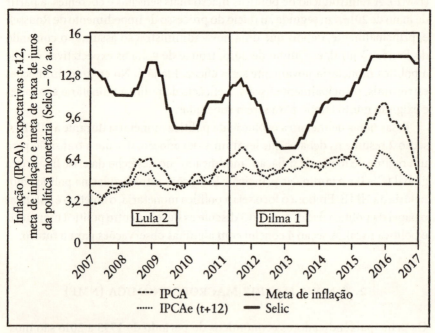

Fonte: Banco Central do Brasil.

A crise financeira global e suas consequências imediatas

A Figura 7.1 mostra o caminho da inflação e da política monetária. Receando que o superaquecimento da demanda interna alimentasse a inflação, o Banco Central brasileiro (BCB) aumentou a taxa básica de juros, em setembro de 2008, para 13,75%, a mais alta em dois anos. O recuo só começou em janeiro de 2009, um ano depois de o Federal Reserve (Fed) dos Estados Unidos fazer sua taxa chegar ao limite inferior zero – *zero lower bound*. A taxa básica alcançaria o seu ponto mais baixo, 8,75%, em julho de 2009. Nessa época, o Fed já adotara vários programas de emergência para injeção de liquidez, já acrescentara a chamada "flexibilização quantitativa – QE" (*quantitative easing*) ao seu arsenal, e implementara um programa de *swap* com o BCB, para fornecer-lhe financiamento de emergência em dólar. O Fed enfrentava uma crise sem precedentes e adotou medidas radicais. O Banco Central do Brasil demorou a responder, e adotou medidas fortes, mas convencionais.

Os mercados brasileiros foram lentos em avaliar a magnitude da crise global. Em pesquisa do Banco Central sobre as expectativas do mercado, ainda em fins de 2008, a mediana das previsões de crescimento para o ano seguinte era de 2,4%, 2,7 pontos percentuais abaixo da taxa de crescimento registrada em 2008, mas ainda na média dos anos de Fernando Henrique Cardoso. No fim das contas, o crescimento de 2009 veio a ser de -0,1%. O fundo do poço do ciclo foi no primeiro trimestre de 2009, com uma contração de -2,4% pela taxa anualizada ajustada sazonalmente. No quarto trimestre de 2009, a economia já crescia a 5,3% pela taxa anualizada ajustada sazonalmente. A queda foi breve, e a recuperação, notável.

O que aconteceu, então? O ambiente externo ajudou: A política de estímulo da China transbordou para o Brasil, e o efeito foi intenso. A política expansionista do Fed ajudou a acalmar os mercados de capitais brasileiros. O estímulo da política interna, enquanto isso, foi ainda mais extraordinário. O impulso vindo da China atingiu o pico no primeiro trimestre de 2010. A essa altura, o governo Lula já tinha seu próprio conjunto de medidas: uma resposta anticíclica coordenada, baseada em políticas fiscais e quase fiscais (pelos bancos e empresas estatais), que criou 2,14 milhões de empregos formais, aumentou o salário médio em 4,4% ao ano e elevou o salário mínimo em 16,4% ao ano; tudo isso durante 2010. Para um país acostumado a reagir às crises externas com medidas pró-cíclicas, de aperto do cinto, para preservar as reservas internacionais, essas iniciativas foram nada menos que revolucionárias.[1]

A resposta, porém, foi exagerada e perdulária. Ela marcou não o "triunfo da política anticíclica", mas o início da instabilidade econômica, que se estenderia por anos a fio. Talvez Lula e seus assessores ignorassem a escala sem precedentes do estímulo chinês.[2] Talvez eles subestimassem o alcance global da ação do Fed. Ou a razão não foi apenas anticíclica, afinal, estavam em jogo as eleições presidenciais de 2010. Lula não podia ser eleito pela terceira vez, ele tinha de escolher um sucessor que mantivesse o PT no poder, em parte para prosseguir no encobrimento – e na ampliação – dos gigantescos esquemas de corrupção que ele havia arquitetado; alguém que não só lhe seria grato e submisso. A tarefa era encontrar um candidato que inequivocamente fosse visto por todos como alguém "feito por Lula". Daí a escolha surpreendente de Dilma Rousseff. Alguém que jamais havia feito uma campanha política em nome próprio e que nunca tinha exercido um cargo eletivo; desconhecida pelos eleitores, retardatária no PT e forasteira em suas maquinações de corrupção. Na esfera de Brasília, ela era conhecida por sua competência tecnocrática, não pela habilidade política. Ideóloga esquerdista no estilo dos anos 1960, aliara-se à extrema esquerda do partido. Também era notória por sua lealdade feroz a Lula. A ofensiva anticíclica valeu a pena.

As elites locais que, em massa, apoiaram Dilma, e a maioria dos analistas de mercado, que não a apoiaram, argumentavam e acreditavam que os excessos do ano eleitoral diminuiriam depois da eleição. Não haveria descontinuidade na estratégia política "de fundo" do PT e de seus aliados. Afinal, graças a ela, eles venceram as eleições e conquistaram uma base de apoio sem paralelo no Congresso. Um triunfo para a chamada política "pragmática", que garantia estabilidade macroeconômica e ambiente pró-negócios.

O que esse raciocínio negligenciou, porém, foi que ocorrera algo diferente na resposta do partido, algo que ia além de uma combinação de oportunismo político e discernimento anticíclico. Em face da recomposição do círculo interno que cercava Lula, depois dos escândalos, da corrupção e dos indiciamentos de seu primeiro governo, a resposta do partido à crise foi uma retomada do catecismo do PT dos anos de oposição, antes da guinada moderadora que levara o partido ao poder, em 2002. Entre os apóstolos da esquerda, a crise financeira global "demonstrara" o fracasso do Estado mínimo, do "Consenso de Washington", e dos dogmas do "mercado eficiente" e da "mão invisível". E esse pensamento, a díade do oportunismo com corrupção, impregnaria a nova administração.

Dilma Rousseff e desenvolvimentismo[3]

Quando Rousseff chegou ao poder, em 2011, uma correção cíclica estava em curso. Até ela sabia que uma taxa de crescimento real das despesas públicas de 18% ao ano não era sustentável. (Ver Figura 7.2.) O governo podou o orçamento, e o Banco Central acelerou o ciclo de reaperto da política monetária. A nova equipe, porém, tinha uma visão diferente da política macroeconômica.

Figura 7.2
Despesas primárias (sem juros) do Tesouro

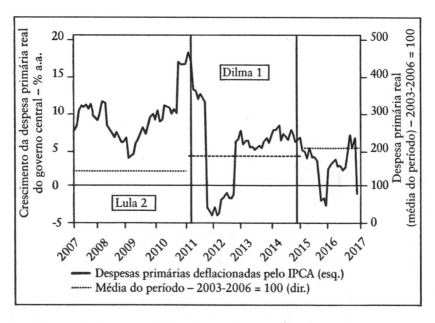

Fonte: Secretaria do Tesouro Nacional.

Como formulador de políticas, Lula era autodidata; líder sindical pragmático, que aprendera economia em negociações salariais com empresas multinacionais e por meio de laços estreitos com os movimentos trabalhistas centristas dos Estados Unidos (AFL/CIO) e da Alemanha (IG Metall). No exercício da Presidência, ele ouvia atentamente os seus assessores. Seus métodos políticos oscilavam ao sabor de sua acuidade política e conforme o tom de sua equipe. Como sabemos agora, ele não era avesso à corrupção, ao contrário, mas suas ações não eram doutrinárias. O foco era a preservação e a ampliação do poder político. Rousseff, ao contrário, estudara economia, embora de uma espécie peculiar. Em uma disciplina sujeita a dogmas e a "...ismos", o dela era de marca *sui generis*, "desenvolvimentismo", ou, em tom mais pejorativo, pelos críticos, "keynesianismo tropical" desnorteado.[4]

Para Rousseff e equipe, o principal desafio de 2011 não era o fim do superciclo de *commodities*. Tampouco eram as ondas de choque da crise financeira global; nem a crise que então pairava sobre a Europa; nem mesmo a desaceleração no crescimento da produtividade. Essas questões eram relevantes, mas o principal problema, na visão deles, era que a demanda interna não estava crescendo com rapidez suficiente para compensar a queda na demanda externa e a perda nos termos de troca. E a demanda interna, real não nominal, era algo que, em seus breviários, podia ser construída de maneira sustentável pelas políticas públicas.[5]

No primeiro trimestre de 2011, a absorção interna cresceu 7,7% ao ano, em termos reais, e as importações, 26,2% ao ano (ver Figura 7.3). No entanto, o ritmo de criação de empregos formais estava em um ponto de inflexão, da expansão à velocidade frenética de 18,7% ao ano nos 12 meses anteriores para o crescimento ainda acelerado, mas nem tanto, de 7,1% ao ano, no fim do ano. Os salários reais e o salário mínimo traçavam padrão semelhante (ver Figura 7.4). A desaceleração no consumo era iminente. O foco, portanto, tinha de concentrar-se em medidas para estimular a demanda. Em meados de 2011, essas ideias se aglutinaram na NME.

Figura 7.3
Absorção interna, investimento e importações

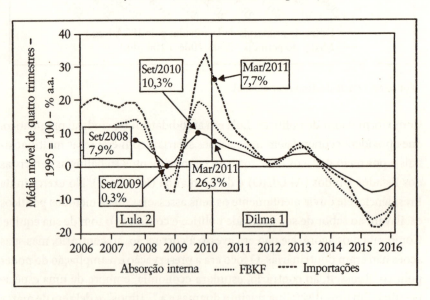

Fonte: Secretaria do Tesouro Nacional.

Figura 7.4
Crescimento do emprego e do salário mínimo real

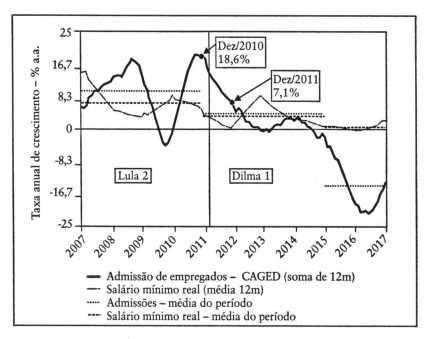

Fonte: IBGE.

A Nova Matriz Macroeconômica (NME)

Não houve documento seminal nem apresentação abrangente.[6] Em vez disso, houve uma conjuminância de ideias em longa fermentação, debatidas entre economistas em posições importantes na nova administração, insatisfeitos com as políticas remanescentes do governo de Fernando Henrique Cardoso. Quem mais se destacava entre eles era Nelson Barbosa, que foi Secretário de Política Econômica (2008-2011) e Secretário Executivo (2011-2013), no Ministério da Fazenda; ministro do Planejamento, Orçamento e Gestão (2014-2015); e, por um breve período, Ministro da Fazenda (2015-2016). Em trabalho com o coautor José Antonio Pereira de Souza, debatido em 2010 na Columbia University, em Nova York, entre outros lugares, Barbosa contrastou o período "neoliberal" do governo Lula (2003-2005) com o estágio de "desenvolvimentismo" subsequente, que começou em 2006, enfatizando que, embora tenham gerado estabilidade, as políticas "neoliberais" não promoveram o crescimento. A pedra angular, adotada em 2006, foi o uso muito mais ativo de políticas, instituições e crédito, por meio de bancos e empresas estatais, para produzir crescimento no curto prazo.

> Três iniciativas tomadas na execução da política fiscal, ainda em 2006, marcaram a inflexão econômica: elevação substancial no salário mínimo; aumento no investimento público; e reestruturação de carreiras e salários dos servidores públicos.[7]

Barbosa e Souza, então, listam as iniciativas tomadas durante a crise financeira global e, resumindo o período pós-2005, observam que:

> Fundamental para qualquer análise do período é a recuperação da postura mais ativa do Estado na promoção do desenvolvimento econômico. O desequilíbrio e a incerteza, inerentes ao crescimento econômico, demandaram um papel indutor e regulador mais consciente do Estado, especialmente na formatação das expectativas de investimento para o longo prazo. O reconhecimento da necessidade de um papel mais ativo do Estado, com a recuperação progressiva da capacidade de investir em áreas estratégicas, foi, e continua a ser, imprescindível. Isso implicou o Estado assumir responsabilidades que se julgavam, durante a hegemonia neoliberal recente, alheias a suas esferas de atuação.[8]

Antecedentes

É ingênuo atribuir a inflexão de Lula em 2006 a um novo despertar de suas simpatias ideológicas esquerdistas, muito menos a uma opção deliberada pelo "desenvolvimentismo" como estratégia. A causa foi política. Confrontado pela erupção do mensalão, Lula voltou-se para os seus velhos sequazes no movimento sindical.[9] Cinco anos depois, em 2011, quando Rousseff assumiu o poder, as ideias se amalgamaram, inclusive a corrupção generalizada nas empresas estatais, principalmente na Petrobras. O que se seguiu foi uma enxurrada de decretos, ativismo e controle sobre as principais alavancas da política econômica, inclusive o Banco Central. Não era tão simples quanto dizer ao Banco Central o que fazer. A nova equipe econômica, chefiada pela própria presidente, formulou um diagnóstico comum e, se não consensual, pelo menos um curso de ação factível, abrangendo o ministro da Fazenda; o ministro do Planejamento, Orçamento e Gestão; o Banco Nacional de Desenvolvimento Econômico e Social; os bancos comerciais estatais, as empresas estatais e o Banco Central.

Lula temia e confiava no Banco Central. Ele assumiu a Presidência em 2003, com a economia em desarranjo e sob uma nuvem de expectativas adversas e de antagonismo ostensivo. Seus primeiros dias no cargo, afligidos por uma crise cambial e precedidos pelo retorno ao FMI, reavivaram a ameaça de inflação; sob o medo de que o primeiro governo esquerdista da história brasileira terminasse em desastre. Ele devia sua eleição, em parte, à abordagem centrista do seu futuro ministro da Fazenda, Antonio Palocci. Este construiu as suas próprias credenciais. Apoiou e ajudou a negociar o acordo com o FMI; desenvolveu estreitas relações de trabalho com a antecessora equipe de Cardoso; e, em seguida, proveu o seu ministério com pessoal da administração de Cardoso e de centros de estudos e pesquisas "liberais".

Palocci foi decisivo na cooptação de Meirelles para o Banco Central, escolha bizarra, uma vez que Meirelles acabara de conquistar um mandato na Câmara dos Deputados, pelo principal partido de oposição. Para marcar sua posição, usou a sabatina do Senado Federal para deixar claro que sua administração seria de continuidade – advertência clara aos baluartes do PT que haviam condenado a gestão da política monetária do governo de Cardoso. Para o aplauso dos políticos não petistas, e do mundo empresarial, Meirelles, no devido curso, foi além de seus laços com Palocci e tornou-se assessor de Lula. E assim agiu enquanto enfrentava oposição feroz do gabinete dominado pelo PT e de aliados próximos do presidente, sobretudo depois de Guido Mantega, desenvolvimentista de carteirinha, ascender aos escalões superiores da política econômica, substituindo Palocci como ministro da Fazenda.

A estratégia de Meirelles era isolar o Banco Central em relação ao resto do governo para manter reuniões estritamente bilaterais com o presidente. O termo-chave era "independência operacional", mas, para todos os efeitos, o Banco Central era impenetrável, exceto para contatos de mais alto nível: o Banco Central de Meirelles preservou sua autonomia. A conquista de credibilidade contribuiu para a implementação da política econômica, mas não sem custos. O período de Meirelles, até 2009, foi do *boom* de *commodities*, propiciando ganhos no volume de exportações e nos termos de troca, que, sugere Edmar Bacha, injetaram na economia, cumulativamente, recursos equivalentes a 10 pontos percentuais do PIB, maná não dos céus, mas das *commodities*. Nessas circunstâncias, a política econômica estava errada, a contramão do equilíbrio macroeconômico – política fiscal passivamente frouxa e política monetária ativa e crescentemente apertada. Superávits fiscais maiores teriam ajudado a neutralizar os efeitos desestabilizadores do aumento súbito (e transitório) da demanda externa, do crescimento brusco das exportações. O governo Lula, porém, optou por gastar o ganho externo.[10] O padrão de vida melhorou. Infelizmente, sem maior aumento do investimento e da produtividade, a melhoria foi temporária. Muitos veem o período de 2006 a 2010 como os "anos dourados". Na verdade, os erros na política econômica nesse período derrubaram a capacidade do Brasil de crescer no futuro.

Por volta do fim do segundo governo Lula, o crescimento da produtividade paralisara-se, sob o efeito do salto extraordinário nos salários reais e na fatia da mão de obra nos custos de produção, gerando grave perda na competitividade externa. Um indicador de custos unitários do trabalho, estimado pelo Banco Central, aumentou de quase 100, em janeiro de 2007, para 141, quatro anos depois (ver Figura 7.5). A gestão da taxa de câmbio e as expectativas daí decorrentes desempenharam papel ativo na política monetária – mais do que o admitido convencionalmente em regimes de metas de inflação (MI) "flexíveis".

Figura 7.5
Salários e taxas de câmbio ajustados pela produtividade

Fonte: Elaboração do autor, IBGE e Caged.

A partir de 2005, o Banco Central acumulou reservas internacionais em proporções colossais: de US$ 53,8 bilhões, em fins de 2005, para US$ 180,3 bilhões, em fins de 2007, e US$ 288,6 bilhões, em fins de 2010. E assim foi, de início, não por causa de preocupações com o nível da taxa de câmbio, mas em consequência de receios de que o estímulo externo adicional superaqueceria a economia e os mercados de crédito. (A apreciação não prevista da taxa BRL/USD foi uma das razões pelas quais, em retrospectiva, a política monetária se revelou apertada demais em torno de 2005-2006.[11]) A acumulação era esterilizada por meio de operações de mercado aberto, garantidas com bônus do Tesouro. Em devido tempo, esse acúmulo de títulos de dívida do Tesouro mantidos pelo Banco Central, e a correspondente dívida pública em aberto sob as chamadas *operações compromissadas*, emergiria como sério desafio para a política monetária. A mesma situação ocorreria com o custo de manter reservas e com o nível da taxa de câmbio real. Mas essas não eram preocupações do Banco Central de Meirelles.

Durante os oito anos de Lula/Meirelles, não obstante o aumento das reservas, a taxa de câmbio real valorizou 44% (com base no nível médio de 2003), enquanto os termos de troca ganharam 28%, e o índice salário/taxa de câmbio, 65% (ver Figura 7.6). Os mercados gostaram do Banco Central "ortodoxo" e, de início, fecharam os olhos para os abusos fiscais. Os empresários, paparicados por anos de protecionismo, por taxas de juros subsidiadas, por acesso fácil aos favores do governo – e, agora sabemos, à corrupção desenfreada –, apoiaram as políticas expansionistas de 2005 a 2008. De todo o coração, também abraçaram as políticas anticíclicas de 2009 e 2010.

Figura 7.6
Termos de troca e taxa de câmbio efetiva real

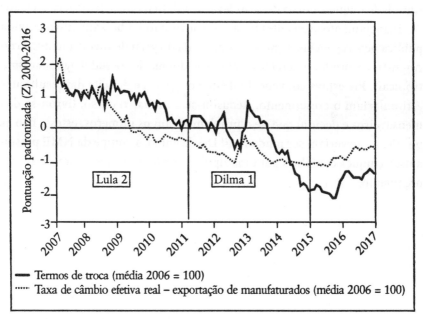

Fonte: Elaboração do autor, IBGE, Banco Central do Brasil.

A nova administração

O governo Dilma começou prometendo ajustes; no entanto, em vez disso, a nova matriz macroeconômica foi um desastre. O consenso elaborado pela própria presidente levou à adoção mais convicta do diagnóstico equivocado de demanda interna insuficiente. Os incumbentes atrelaram-se a avaliações inadequadas, às vezes deliberadamente. Por volta de 2011 e 2012, os indicadores estatísticos usuais apontavam para taxas de crescimento do PIB potencial minguantes, com a taxa potencial fechando em 2%-2,5%.[12] Embora jamais sancionada oficialmente, em parte porque em seus modelos teóricos o conceito não fazia sentido, no Banco Central e no Ministério da Fazenda da NME, a estimativa "quase oficial" conhecida era de 4,5%-5%, "no longo prazo". Para alcançá-la, a NME prescrevia expansão dos gastos públicos, sem aumento de impostos; logo, financiada por déficits fiscais maiores.

As necessidades de financiamento do Tesouro aumentaram para R$ 925,7 bilhões no fim do ano de 2012 (10,7% do PIB), em comparação com R$ 277,3 bilhões um ano antes (6,3% do PIB)[13] (ver Figura 7.7). Elas eram tão grandes que o alarme soou no Tesouro. Em manobra ousada, a equipe técnica preparou um relatório assustador para o então secretário do Tesouro, Arno Augustin, em que previu, corretamente, no caso, que a continuidade daquele curso de ação levaria a déficits insustentáveis; a custos de financiamento crescentes para o Tesouro; a um rebaixamento da dívida pública pelas agências de *rating*, com perda do grau de investimento. Arno Augustin, contudo, era crente convicto no dogma do "pseudokeynesianismo tropical". Ele estava convencido de que os gastos e déficits daí resultantes estimulariam o crescimento. Recusou-se a mudar o curso, livrou-se dos mensageiros e decidiu que, se o problema eram os números, estes – não as políticas – deveriam ser mudados.[14] Desde então, a equipe da NME passou a usar truques contábeis para manipular os números que apareceriam no orçamento.

164 | DE BELÍNDIA AO REAL

Figura 7.7
Necessidades de financiamento bruto do Tesouro

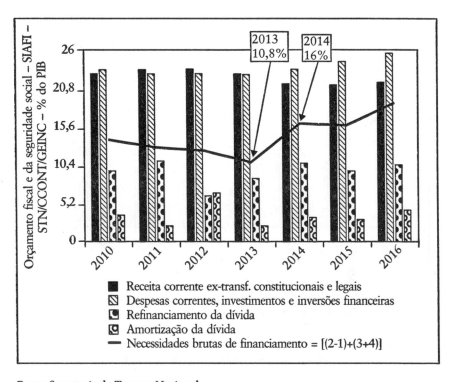

Fonte: Secretaria do Tesouro Nacional.

Através dessa e de outras falcatruas, e como os gastos não estavam instigando o crescimento, e, portanto, não contendo a desaceleração das receitas, o déficit fiscal chegou a 10,2% do PIB, em 2015. A dívida interna do governo aumentou de -50% do PIB, em dezembro de 2011 (primeiro ano da administração Rousseff), para -58% no fim de 2015. Em junho de 2016, quando foi impedida, era de 61% (ver Figura 7.8). Nos anos Rousseff, as despesas aumentaram implacavelmente. Em 2015, o impulso para gastar mais, mesmo enquanto as receitas despencavam, finalmente produziu o resultado mais temido, um grande déficit primário (1,9% do PIB), com a disparada no endividamento.

Figura 7.8
Dívida pública e taxas de juros

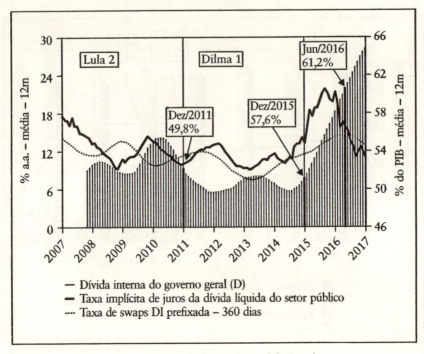

Fonte: Secretaria do Tesouro Nacional e Banco Central do Brasil.

Grande parte da expansão dos gastos ocorreu por meio dos bancos públicos, especialmente o Banco Nacional de Desenvolvimento Econômico e Social (BNDES).[15] Na busca por "campeões nacionais", o BNDES, omisso à corrupção e disposto a atuar aonde os bancos comerciais privados não iam, dobrou o seu balanço patrimonial como proporção do PIB, de 7,4% do PIB, em 2007 (R$ 202,7 bilhões), para mais de 14,3% do PIB, em 2011 (R$ 624,8 bilhões), e 15,2%, em 2014 (R$ 877,2 bilhões). Para financiar tal expansão, lançou mão de empréstimos do Tesouro Nacional, que acumularam a quase 9% do PIB entre 2008 e 2014.[16] Em paralelo, a Caixa Econômica Federal iniciou um programa ambicioso de empréstimos hipotecários subsidiados. Concessões tributárias e creditícias a setores-alvo foram adicionadas à mistura de políticas industriais. Quando tudo mais fracassou, e a inflação tornou-se problema, introduziram-se controles de preços e de câmbio no amálgama letal da NME.

Enquanto isso, receando um colapso financeiro, o Banco Central aumentou as taxas de juros em 2015. Previsivelmente, a conta de juros sobre a dívida pública disparou para 8,3% do PIB no fim do ano. Como mostra a Figura 7.8, a taxa de juros implícita sobre a dívida, em dezembro de 2015, era de 23,5%.[17] O Banco Central estava tentando controlar as expectativas frenéticas de desvalorização iminente, ao mesmo tempo que sofria grandes perdas nas operações de *swap* cambial. Depois da reeleição de Rousseff, em outubro de 2014, as taxas de juros de curto prazo dispararam, enquanto a confiança das empresas e dos consumidores mergulhava. A taxa do *swap* de seis meses, como indicador de tendência, ganhou 173 pontos-base (ponto-base = 0,01 ponto percentual) nos últimos quatro meses de 2014. A taxa BRL/USD perdeu 63% no ano, até agosto de 2015. Além disso, sem uma âncora monetária confiável, o BRL mais fraco rapidamente se converteu em inflação mais alta, que aumentou os subsídios implícitos nos preços controlados. Com a debacle fiscal, eles tiveram de ser liberados. O choque adicional levou a inflação para 10,7% ao ano, no fim de 2015, não obstante a queda de 3,9% ao ano no consumo real, e queda de 13,9% no investimento.

A NME foi um desastre, não só porque agravou o fracasso de outros modelos das administrações do PT, mas também porque exacerbou as práticas corruptas dos governos Lula. Ampliou as distorções em curso, debilitando ainda mais a taxa de crescimento da produtividade.[18] Em uma economia em luta com ineficiências, as novas foram esmagadoras. Más políticas e tentativas reiteradas de redobrar o seu impacto, por meio do uso cada vez maior de recursos fiscais, exauriram a confiança dos investidores. O resultado político da contestada eleição presidencial de 2014, que Dilma venceu com uma campanha de desinformação e de falsas promessas; os escândalos ostensivos de corrupção e suborno; sua própria incompetência política; e os efeitos em onda da mixórdia política letal redundaram, em 2015, em um círculo deprimente de expectativas adversas, em colapso nos investimentos, e em recessão profunda.[19]

Política monetária[20]

O Banco Central da NME privilegiou eventos externos. Não porque estivessem sujeitos a restrições de financiamentos externos; ao contrário, os fluxos de capital eram profusos; mas, sim, porque percebiam o Brasil, comparativamente, como a mítica "ilha de tranquilidade, cercada por mares turbulentos, infestados de crises externas".[21] E, assim, achavam eles, as fontes externas de instabilidade seriam dominantes. Políticas heterodoxas adotadas pelos principais bancos centrais do mundo, e eventos como a crise europeia de 2012, ou o *"taper tantrum"* (histeria global pela desativação gradual da QE), de 2013, aceleraram a transmissão dos choques externos. Seria necessário, portanto, enfrentar e intervir nesses canais. E a ferramenta adequada seria a alteração ou aumento da regulação bancária. Para o Banco Central da NME, até que foi fácil. Em primeiro lugar, porque o Brasil sempre privilegiou instrumentos regulatórios de controle do crédito. Por outro lado, intelectualmente, o consenso pós-crise financeira global, baseado em evidências irrefutáveis, de que bancos centrais, como o Fed dos Estados Unidos e o Banco Central Europeu, tinham negligenciado as ameaças de má gestão e de imprudência financeira, favorecia a intervenção regulatória. O contexto era outro, mas, mesmo assim, o Banco Central da NME viajou o mundo enaltecendo suas políticas.[22]

O Banco Central da NME levou a sério o debate sobre "políticas macroprudenciais" e recebeu de bom grado suas conclusões. Com uma história de crises financeiras, a questão era familiar. Desde o começo da década de 1980, no Banco Central, a estabilidade financeira era parte integral da missão e propósito da autoridade monetária. Em contraste marcante com o Fed dos Estados Unidos, o Banco Central brasileiro exercia e exerce controle sobre todos os aspectos da supervisão e da aplicação da regulação. Os arranjos funcionaram bem. Apesar de sua integração estreita com as finanças globais, o sistema financeiro brasileiro saiu relativamente ileso da crise financeira global. E, com justiça, merece créditos pela força da sua supervisão. Além disso, enquanto outros bancos centrais enfrentavam o desafio de desenvolver a partir do zero sua caixa de ferramentas macroprudencial, o Banco Central brasileiro já contava com esses recursos. Sem dúvida, eles tinham sido criados para outras finalidades, não como regulação prudencial, mas como instrumento de repressão financeira, com os quais financiar o déficit fiscal. Mesmo assim, em 2011, o Banco Central da NME tinha à sua disposição ampla variedade de instrumentos de política macroprudencial. E foi eficiente com as práticas de restrições quantitativas ao crédito. Além do que, desde muito tempo, vinha operando com requisitos de reservas seletivas, limites de crédito, provisionamento "dinâmico" etc., tanto que, em administrações anteriores, houvera esforços conscientes para reduzir seu escopo e intenção.

Nem tanto no Banco Central da NME. Em 2010, a segmentação do mercado de crédito alcançava novo pináculo. Empréstimos de "longo prazo", subsidiados, com motivações políticas, do BNDES e de outros bancos estatais, correspondiam a mais da metade de todos os empréstimos a empresas. A preocupação do Banco Central, no entanto, era outra. Ele estava focado nos fluxos de capitais externos e na gestão ativa da taxa de câmbio, relançando com nova marca alguns dos controles tanto sobre fluxos de capitais como quantitativos de crédito recentemente descartados. No pós-crise financeira global, a política monetária não convencional das economias avançadas, mormente nos Estados Unidos, impulsionou fluxos de capitais das economias centrais para as emergentes.[23] E, em 2010, eles chegaram ao Brasil. O gatilho foi à expansão maciça da liquidez, deflagrada por uma nova rodada de QE nos Estados Unidos.

Não importa que, logo depois, em 2012, a enxurrada secou e tornou-se pouco. Em resposta, o Banco Central, com o Ministério da Fazenda, em breve sequência, impôs, aumentou e reduziu impostos sobre as entradas; elevou e depois rebaixou os requisitos de reservas. O Banco Central primeiro acelerou as compras de reservas internacionais para conter a apreciação da taxa de câmbio; depois, as emprestou (temporariamente) ao setor privado para amansar a depreciação. Comprou e depois vendeu derivativos de taxa de câmbio para oferecer *hedge* de câmbio ao setor privado. As políticas produziram os efeitos almejados: a tributação das entradas impactou as decisões dos investidores e o ritmo dos influxos; a mudança nos requisitos de reserva afetou a disponibilidade total e a composição do crédito; a intervenção alterou o nível efetivo e esperado de taxa de câmbio. Tudo isso enquanto o governo mantinha uma enorme expansão fiscal, de forma que, tendo sido eficazes, as políticas prejudicaram ainda mais a já comprometida eficiência dos investimentos.

As políticas também mudaram as percepções sobre o Banco Central. Aqui estava um banco central que não mais perseguia um propósito único. Uma autoridade monetária que fazia intervenções para atingir metas de preço e quantidade, atuando em várias direções simultâneas e mediante instrumentos sobrepostos e opacos. O desafio era comunicação e, no entanto, o Banco Central da NME estava mudo; com efeito, quanto mais mudava, menos se comunicava. A credibilidade sofreu um forte golpe.

Aos poucos, mas com certeza, o público percebia que o Banco Central não era o mesmo. O Banco Central da NME mudou o próprio regime de metas de inflação. Não era o original. Também nisso, ele acompanhava e se apropriava, indevidamente, da discussão nas economias centrais. Na esteira da crise financeira global, o crescimento despencava, a inflação virava deflação, e muitos bancos centrais estavam na *zero lower bound*. Nesse contexto, a prioridade do objetivo de inflação foi questionada. O debate suscitou propostas de "flexibilização" da MI. Lars Svensson, um dos patriarcas do regime de MI original, recomendou:

> MI flexível significa que a política monetária almeja estabilizar tanto a inflação em torno da meta de inflação quanto a economia real, ao passo que meta de inflação estrita almeja estabilizar somente a inflação, sem considerar a estabilidade da economia real.[24]

No regime flexível, os desvios em relação à meta são tolerados se não persistirem, ou seja, se forem vistos, com confiança, como transitórios. Se os objetivos e a duração dos desvios forem nitidamente considerados parte de um horizonte político; isto é, com a chamada "*forward guidance*", ou o "uso da comunicação para influenciar as expectativas de mercado em relação à trajetória futura da taxa de juros".[25]

Ecoando essas visões, o Banco Central da NME incluiu em suas atas comentários sobre as limitações da MI "pura". E insinuou uma estratégia de metas flexíveis, compatível com os objetivos da NME de revitalizar a demanda interna. Isso, porém, não foi tudo. O Banco Central da NME escavou mais fundo. As coisas não ficaram só nas ações, mas também nas ideias por trás delas – e os antecedentes aqui remontam ao debate sobre por que o Brasil tem taxas de juros reais tão altas. Uma vertente da literatura, agora dominante, argumenta que as causas têm raízes profundas nas instituições legais, na organização e no funcionamento dos mercados de capitais, incluindo segmentação do mercado, falhas no regime fiscal e outras causas subjacentes à baixa poupança. Outra vertente, igualmente respeitável, mas facilmente desvirtuada, recua até os planos de estabilização "heterodoxos" das décadas de 1980 e 1990. O ponto em questão é o que os economistas denominam "equilíbrios múltiplos" e a intuição inspirada em um resultado matemático sem nenhuma observação empírica imediata. Ocorre que a teoria que escora as "estabilizações baseadas em taxas de câmbio", como o Plano Real, de 1994, produz pelo menos dois resultados possíveis, ou seja, estabilização com inflação baixa e taxas de juros reais baixas (por exemplo, Israel, em 1985) e estabilização com altas taxas de juros (Brasil, em 1994). No caso do Brasil, a presunção sempre foi a de que a economia ficou atolada no mau equilíbrio por causa de questões estruturais aventadas pela primeira vertente da literatura, basicamente a postura fiscal.

O Banco Central da NME, contudo, talvez induzido pelo viés ideológico do círculo interno de Rousseff, parecia ter concluído que a realidade era outra, e que era hora de agir. Em meados de 2011, o Banco Central iniciou um debate público sobre mudança estrutural; não quanto à sua necessidade, mas, sim, quanto a resultados que se supunham já alcançados. Mudança da espécie que, de alguma maneira, possibilitaria um movimento do "mau" equilíbrio para outro melhor – para uma taxa de juros reais neutra, permanentemente mais baixa, a ser adotada como meta pelo banco central. De fato, começando na reunião de setembro de 2010, o Comitê de Política Monetária (Copom) acrescentou o seguinte parágrafo às atas de suas reuniões:

> Como consequência da estabilização e da correção de desequilíbrios, as quais determinaram mudanças estruturais importantes, o processo de amadurecimento do regime de metas se encontra em estágio avançado, e isso se reflete favoravelmente na dinâmica da taxa de juros neutra e na potência da política monetária... Apesar de reconhecer que um elevado grau de incerteza envolve o dimensionamento de variáveis não observáveis, o Copom considera que as estimativas mais pessimistas sobre o nível atual da taxa de juro real neutra tendem, com probabilidade significativa, a não

encontrar amparo nos fundamentos. O Comitê também pondera que há evidências de que a tração da política monetária aumentou no passado recente e, comparativamente ao que se observava há alguns anos, atualmente pressões inflacionárias são contidas com mais eficiência por meio de ações de política monetária.

Em tom diferente, comemorando o primeiro ano da NME, o ministro da Fazenda, Guido Mantega, escreveu, em dezembro de 2012:

> O Brasil vive um momento de mudança estrutural em sua economia. Depois da estabilização de preços promovida pelo Plano Real, da revolução inclusiva e distributiva a partir de 2003 e da mudança de patamar de crescimento econômico a partir de 2006, o país agora passa por nova mudança fundamental: a colocação das taxas de juros em níveis normais para uma economia sólida e com baixo risco.[26]

Influenciado ou não por essas ideias, o fato é que o Banco Central adotou ações radicais em agosto de 2011. Iniciou um experimento que reduziu a taxa básica em 525 pontos-base, de 12,5% para 7,25%, em 14 meses, e ela se manteria em 7,25% – o nível mais baixo desde a adoção da MI – de outubro de 2012 a abril de 2013. O incrível é que isso foi feito independentemente do que estava acontecendo com a inflação esperada ou efetiva. A iniciativa contrariava todos os modelos aceitáveis de previsão de inflação na época. Mal se passaram quatro meses depois do início do experimento, com a meta de fim de ano em 4,5%, a inflação já se aproximava de 7,5% ao ano, com poucos sinais de desaceleração. Embora a economia começasse a desacelerar, o mercado de trabalho ainda estava aquecido. Meses antes, em julho de 2009, a taxa de desemprego chegara a 8%. Em agosto de 2011, ela caíra para 6%, e a média de 12 meses do salário mínimo real aumentara quase 10% no ano. Os rendimentos reais médios em empregos privados formais subiram quase 4% ao ano. Enquanto isso, as expectativas de inflação eram intratáveis: para os 12 meses seguintes, a expectativa de inflação era de 5,5%, e se aceleraria para quase 6,5%, o teto da banda de MI.

A mensagem era clara. Aquele não era um banco central que pretendia alcançar a meta de inflação. Na verdade, era um banco central que havia trocado o centro da banda pelo teto da banda como meta de inflação. "Flexibilidade" era um logro, uma desculpa. O verdadeiro objetivo era produzir um *trade-off* de curto prazo entre inflação e crescimento; a mais antiga e mais ridícula tapeação dos bancos centrais. Não deu certo. Os mercados perceberam a jogada; as taxas longas aumentaram, provocando um curto-circuito. Nem tudo estava perdido, porém; o estratagema serviu a objetivos políticos. A NME queria ostentar política ativista, queria mostrar que estava estimulando a demanda interna e gerando emprego, fosse ou não verdade. Para alguns ouvidos, eram boas notícias. Para outros, um retorno decepcionante aos controles de preços e de câmbio, comprometendo a credibilidade da política monetária.

Como eles ousaram? Isso não foi na década de 1980, no auge dos programas heterodoxos, mas trinta anos depois. Talvez tenha sido porque, em meados de 2011, os formuladores de políticas brasileiros estivessem surfando uma onda de otimismo e vaidade. Depois da crise financeira global, o Brasil era o "queridinho" dos investidores.[27] As agências de *rating* e observadores internacionais respeitados aplaudiam a NME, confundindo, por exemplo, a adequação dos estímulos fiscais na Europa com os do Brasil. O FMI, um crítico contumaz, era um deles. O seu "repensamento da política macroeconômica" repetia alguns dos mesmos argumentos da NME. E, sem dúvida, os sofismas dos pronunciamentos do governo ajudaram. O ponto é que o Banco Central da NME nunca olhou para trás. Não reconheceu nem tentou mitigar os fracassos. Embora não pudesse alegar sucesso, aceitou implicitamente que, desde então, a meta da inflação era, de fato, o teto, não o centro da banda. E logo se deu conta da dificuldade de alcançar também esse novo alvo, dependendo cada vez mais do controle de preços para encobrir um impulso inflacionário que, inevitavelmente, irrompeu no nível de dois dígitos, na iminência de transformar-se em inflação inercial. Foi um fracasso retumbante e irreversível.

As "inovações" na política monetária foram todas erros crassos. A negligência deliberada quanto às metas de inflação, sem definição clara da política monetária; o mau uso das ferramentais macroprudenciais; a retomada do controle de preços generalizado; a tentativa desastrada de reduzir a taxa básica neutra de equilíbrio – tudo por força da crença equivocada de que a atividade econômica estava baixa em consequência da demanda insuficiente, a serviço, em última instância, de objetivos políticos. No fim das contas, a reconstrução do regime de MI era tarefa que o Banco Central da NME não poderia enfrentar. O custo de três anos de má gestão da política econômica foi estornado e descartado como outro experimento canhestro, sem culpa ou responsabilidade de ninguém, como legado sombrio deixado para o sucessor.

3. O PAPEL DA POLÍTICA FISCAL

O Brasil não tinha banco central adequado antes de 1964, e só em 1986 as funções do Banco do Brasil, um banco comercial de capital aberto, foram isoladas

das funções do Banco Central. E só dois anos depois o Banco Central passou a executar operações de mercado aberto. Os limites formais aos financiamentos do Tesouro pelo Banco Central datam de fins da década de 1980, e só foram implementados na década seguinte, período de quase hiperinflação, com, gradualmente, indexação quase total do sistema financeiro. A autoridade monetária de fato não existia, sujeita, como estava, às necessidades de financiamento do sistema fiscal e quase fiscal (inclusive os bancos estatais) e sem restrição pelo Congresso de sua capacidade de emitir dívida. A autoridade monetária independente começou a tomar forma só depois do plano de estabilização de 1994 (Plano Real), e de fato se firmou somente depois da flutuação da taxa de câmbio e da adoção do regime de MI, em 1999.

Mesmo então, a ideia de uma autoridade monetária independente não era de todo defensável. Entre os economistas, havia muitas dúvidas e questionamentos. Não se desenvolvera e não se aplicava a política monetária em um contexto de taxas de juros reais muito altas? Não se defrontava a política monetária com um estoque de dívida pública muito elevado, em grande parte denominado em dólares dos Estados Unidos, e com resultados fiscais extremamente imprevisíveis? Tudo isso, durante períodos muito prolongados, sob ameaça de insolvência externa? Em suma, não estava a política monetária no Brasil sujeita à dominância fiscal?

A referência mais comum é um trabalho de Blanchard, de 2004, sobre o Brasil:

> O cânone da macroeconomia em uma economia aberta é que o aumento pelo banco central da taxa de juros real torna a dívida pública interna mais atraente e leva a uma apreciação real. Se, porém, o aumento na taxa de juros real também aumentar a probabilidade de calote da dívida, o efeito pode ser, ao contrário, tornar a dívida pública interna menos atraente e levar a uma depreciação real. Esse resultado é mais provável quanto mais alto for o nível inicial da dívida, quanto mais alta for a proporção da dívida denominada em moeda estrangeira, e quanto mais alto for o preço do risco. Nessas condições, a meta de inflação pode produzir efeitos nitidamente perversos: um aumento no juro real em resposta à inflação mais alta resulta em depreciação real. A depreciação real, por seu turno, acarreta mais aumento da inflação. Nesse caso, a política fiscal, não a política monetária, é o instrumento certo para diminuir a inflação.[28]

A preocupação consistia nos macrodesequilíbrios no começo de 2003, depois da disparada do câmbio em razão das incertezas políticas, no terceiro trimestre de 2002, e, como se veio a constatar, os receios eram infundados. A economia se ajustou, a política monetária reconquistou a eficácia, e os críticos explicaram por que a hipótese de dominância fiscal era inaplicável.[29] O conceito, contudo, impregnou o discurso. Os analistas debatem hoje sobre dominância fiscal, e não só no passado, mas também no contexto atual. Muitos opinam, por exemplo, que o regime em 2015 era de dominância fiscal.

O motivo desse fascínio é simples. No Brasil, o lado fraco da política econômica é, e tem sempre sido, fiscal. Nas três últimas décadas, desde a Constituição de 1988, a política fiscal está errada. E isso depois de vinte anos de regime ditatorial, em que a política fiscal esteve subordinada aos objetivos do nacionalismo e do militarismo sob um Estado patrimonialista. Daí a atração do *insight* básico de Blanchard: "a política fiscal, não a política monetária, é o instrumento certo para diminuir a inflação".

No Brasil, usualmente, a política fiscal atua em direção contrária à política monetária. Reconhecidamente, no período de 1999 a 2010, e mais recentemente, a política monetária foi eficaz. A inflação e a atividade futuras reagiram na direção esperada às decisões do Banco Central sobre a taxa de juros. No entanto, durante muito tempo, nesse período, a situação fiscal lidou contra a eficácia da política monetária. Não há dominância fiscal. Observa-se, no entanto, um padrão inusitado de ativismo fiscal. No plano político, reconhecer que o desequilíbrio fiscal é estrutural, não cíclico, é caso recente. Em nota oficial, surge apenas no Ministério da Fazenda do governo de Temer. Não foi assim durante o período da NME, ao contrário. Não bastasse o aumento do gasto público, do crescimento vertiginoso das operações do BNDES, da Caixa Econômica Federal, das políticas de subsídios setoriais, de controle de preços etc. Outra forma de ativismo fiscal deu-se no relacionamento entre o Banco Central e o Tesouro. Uma política subterfúgia e às escuras do escrutínio público.

"Contabilidade criativa" e relações Banco Central-Tesouro

Em teoria, o Banco Central do Brasil opera a política monetária como qualquer outro banco central. Ele define a taxa básica de juros e, então, gerencia o seu nível no mercado. Para tanto, aumenta ou diminui o volume de reservas bancárias no *overnight*, por meio de operações de mercado aberto (OMA), aumentando ou diminuindo a liquidez do sistema. Só que, na prática, as OMA do Banco Central são "operações compromissadas", operações de repo (acordos de recompra) reversas, garantidas por papéis do Tesouro, conduzidas no mercado de derivativos local. Não são, diretamente, uma troca de títulos por moeda.

O balanço patrimonial do Banco Central é grande. Na verdade, o tamanho do seu balanço patrimonial é proporcionalmente maior do que o do Fed dos Estados Unidos, 48,2% do PIB, em 2016, e já era grande antes da crise fiscal global. Sua composição é também drasticamente diferente. Como mostra a Tabela 7.2 (no Apêndice), a base monetária representa apenas 8,9% do balanço patrimonial total; depósitos de bancos comerciais, 12,2%; contas do Tesouro, 34,6%. O maior item do passivo, 35,8% do total, é operações compromissadas. Em contrapartida, o Banco Central mantém um terço do estoque total de títulos do Tesouro (ver Figura 7.9).

Figura 7.9
Passivo total do Banco Central (% do PIB), Títulos do Tesouro Nacional na carteira do Banco Central (% do total)

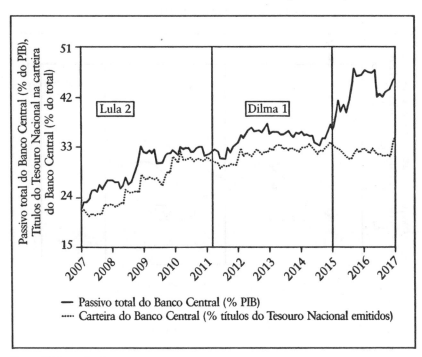

Fonte: Elaboração do autor.

A expansão das operações compromissadas foi consequência da acumulação de reservas internacionais. Ao comprar divisas, o Banco Central criava reservas bancárias (emitia moeda), mas ao mesmo tempo queria controlar a liquidez para garantir seu objetivo de taxa de juros. Ou seja, ele queria esterilizar sua própria ação no mercado de reservas. O Banco Central, no entanto, não dispunha de ativos para vender ao mercado. Para ter instrumentos, ele teve que comprar títulos do Tesouro, usando como "dinheiro" depósitos na conta do Tesouro no Banco Central. Vendia, então, esses títulos no mercado, drenando a liquidez que havia criado ao comprar dólares. Só que não podia fazer isso no mercado secundário de títulos do Tesouro. O mercado secundário era (e é) pequeno, e não trabalhava bem. O que se tinha eram operações de repos e de repos reversos (compromissadas) entre o Banco Central e agentes com conta nele. E, com o passar do tempo, essas operações continuaram a expandir-se (ver Figuras 7.10a e 7.10b), produzindo dois resultados críticos.

Figura 7.10a
Operações compromissadas e ativo externo líquido do BC –
% da base monetária – média – 12m

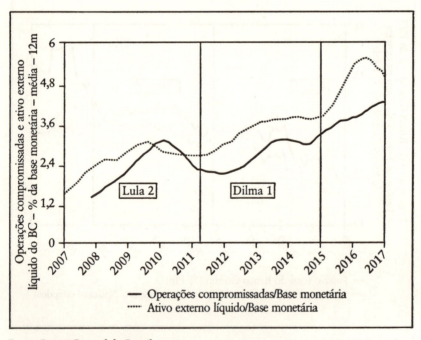

Fonte: Banco Central do Brasil.

Figura 7.10b
Operações compromissadas – Passivo total do BC – Média – 12m

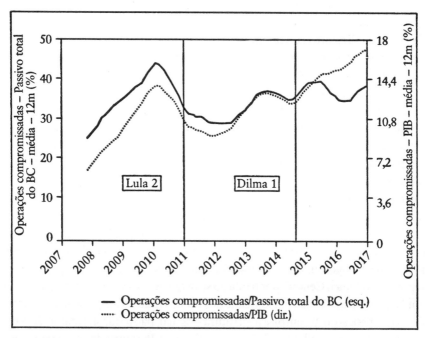

Fonte: Banco Central do Brasil.

Primeiro, o estoque de reservas internacionais aumentou, assim como o tamanho da conta do Tesouro no Banco Central. De fato, o tamanho cresceu tanto que, independentemente de mudanças súbitas nas reservas, a conta do Tesouro no Banco Central sempre apresentava superávit – um grande superávit. Sem dúvida, o Tesouro poderia ter usado esse superávit para recomprar sua própria dívida, reduzindo a conta. No entanto, durante os anos da NME, o Tesouro preferiu não agir assim, pois tinha um incentivo. Por acordo, os juros pagos sobre os depósitos na conta eram iguais à taxa de juros média dos títulos do Tesouro que o Banco Central havia comprado. Portanto, a conta produzia um fluxo contínuo de renda financeira para o Tesouro, paga pelo Banco Central. A rigor, até 2009, a receita da remuneração da Conta Única do Tesouro foi utilizada inteiramente para pagar a dívida pública. A partir de 2010, ela começa a ser usada para outras finalidades alternadamente com as receitas correntes – por exemplo, financiar despesas correntes.

As quantias envolvidas eram grandes: o Banco Central estima que, entre dezembro de 2006 e novembro de 2015, os juros pagos sobre operações compromissadas totalizaram 10,1% do PIB.[30] Por certo, havia um ciclo compensatório. O Tesouro pagava juros sobre os títulos comprados pelo Banco Central. A diferença era que esse fluxo era excluído da conta de despesas primárias do governo (que não incluem pagamento de juros), por se tratar de juros pagos. Essa é, porém, a conta monitorada pelo Congresso. A cada ano, em conformidade com a Lei de Responsabilidade Fiscal, o Congresso estabelece um limite para os gastos primários no ano em curso. Assim, o expediente entre o Banco Central da NME e o Tesouro funcionava como subterfúgio político para cumprir as exigências do Congresso, sem realmente cumpri-las. O déficit nominal do governo crescia, mas o déficit primário, controlado pelo Congresso e monitorado pelo mercado, nem tanto. Uma forma de ativismo fiscal.[31]

Segundo, a conversão de títulos do Tesouro em operações compromissadas produziu um encurtamento no prazo da dívida do Tesouro. Vez por outra, durante o período da NME, o Tesouro saía dos leilões de nova dívida sem colocar os títulos que pretendia vender. Dada a incerteza macroeconômica no período, os investidores não queriam títulos do Tesouro de longo prazo a taxas fixas de juros. Se disponíveis, eles teriam preferido papéis com duração zero (ou seja, prazo apenas do *overnight*) e taxas flutuantes.[32] E o Tesouro oferecia (e oferece) esse papel, um legado dos tempos de alta inflação. Se os interessados não conseguissem comprá-los, eles se satisfaziam com as operações compromissadas. Compravam, então, bônus do Tesouro com prazos mais longos, mas não os mantinham. Em vez disso, faziam operações de repos com o Banco Central, por trinta ou sessenta dias, às vezes, com vencimentos ainda mais curtos. E, na contabilidade dos fundos mútuos (os principais compradores dos papéis do Tesouro), é a estrutura original, não a transformação de repo, que importa para atender às exigências regulatórias. Portanto, de fato, embora não do ponto de vista regulatório, ocorria um encurtamento do prazo dos títulos do Tesouro no mercado. Em janeiro de 2015, o setor de fundos mútuos, o maior veículo de investimento de renda fixa no Brasil, tinha 24,4% de seus ativos investidos em operações compromissadas. Resultado: uma redução efetiva do prazo médio da dívida pública, portanto, da taxa de juros média paga pelo Tesouro sobre o seu estoque total de dívida. Outra forma de ativismo fiscal.[33]

Vale destacar que, no âmbito das relações Tesouro/Banco Central, outra coisa acontecia com as variações das reservas internacionais, também com impacto sobre o resultado fiscal. Como a taxa de câmbio flutua, expresso em reais, o valor das reservas internacionais varia, mesmo quando não há transações em reservas internacionais. A contabilidade do Banco Central é em reais, e precifica ativos e passivos de acordo com seus valores correntes em mercado, ou seja, "marcados a mercado". Portanto, a mudança de valor das reservas internacionais impacta diretamente o balanço patrimonial. O critério é controverso, e, desde a aprovação da Lei 11.803/2008, também assimétrico e perverso.[34] De acordo com a lei, quando o valor aumenta (ou seja, quando ocorre depreciação do real em relação às moedas da reserva internacional), o Banco Central transfere caixa para o Tesouro, quase imediatamente (em geral, com um atraso de no máximo dois meses). No entanto, quando o valor diminui (ou seja, quando há uma apreciação do Real),

178 | DE BELÍNDIA AO REAL

o Tesouro compensa a perda do Banco Central com uma emissão especial de bônus do Tesouro. Isso significa que os ganhos na avaliação são depositados na conta do Tesouro no Banco Central, mas as perdas na avaliação não são debitadas na mesma conta, outra razão pela qual o superávit nessa conta era (e é) tão grande.

Para manter a liquidez do mercado sob controle, e assim atingir a meta de taxa de juros, o Banco Central deve intervir, se o Tesouro sacar e gastar os recursos da Conta Única. Outra vez, o instrumento preferido são as operações compromissadas, e as consequências são as expostas acima: o Banco Central compra títulos do Tesouro realimentando a Conta Única e paga juros sobre os valores nessa conta iguais aos pagos pelos títulos do Tesouro. O Tesouro pode usar os recursos da Conta Única como quer, e pode ocorrer um financiamento implícito do Tesouro pelo Banco Central, se o Tesouro sacar da conta não para abater dívida, mas para financiar despesas correntes, como ocorreu durante o período da NME. Ainda outra forma de ativismo fiscal.

As implicações são claras. Tivessem os déficits fiscais levado a medidas transparentes de acumulação de dívida, as taxas de juros e as condições do mercado teriam sido diferentes. O custo dos empréstimos do Tesouro teria sido mais alto, e, talvez, a capacidade do governo de se autofinanciar, menor. A posição da política monetária e os subterfúgios usados criaram falso espaço fiscal. O fato de ter sido mal-usado apenas completa a tragédia do período da NEM.

4. Conclusão

O Banco Central da NME tornou-se uma instituição com a credibilidade comprometida, o que reforçou os elementos inerciais da inflação e enfraqueceu as instituições que governam as relações Tesouro/Banco Central. O uso de um regime de MI mais responsável e transparente poderia ter entregado a inflação na meta. De fato, já se alcançou esse resultado, em parte por força dos efeitos de uma recessão de profundidade sem precedentes, o que, em si, é o legado das políticas da NME. A autodisciplina e o respeito às normas por parte do Tesouro podem restabelecer limites estritos para a atuação quase fiscal do Banco Central, o que, mais uma vez, já foi feito pela nova administração. O exemplo do Banco Central da NME mostra, contudo, que foi relativamente fácil subverter os princípios. O que foi feito, aconteceu dentro do arcabouço institucional. Com poucas exceções, não houve necessidade de nova legislação nem de mudança na regulação. Havia espaço para desvios, e o ímpeto foram as demandas da política fiscal e os objetivos políticos. No fim das contas, o principal fracasso foi o do regime macroeconômico, o que tem sido uma constante na história brasileira. Até hoje, o principal desafio é construir a base fiscal duradoura para a política monetária eficaz. A probabilidade de um fracasso fiscal constrange e reduz o escopo da política monetária.

Considerando as suas ferramentas, o sucesso da política monetária depende das expectativas. No modelo de MI canônico, e na maioria das aplicações no mundo real, a referência é a inflação futura. Há outros elementos. Por exemplo, as previsões de taxa de câmbio influenciam as expectativas de inflação; a posição da política fiscal, em si, afeta indiretamente as previsões do hiato do produto. Esse é o padrão. Conosco, entretanto, haveria que considerar uma variação. As expectativas de inflação, e, portanto, o impacto da política monetária, são condicionados diretamente pelas expectativas sobre os resultados fiscais. Não há uma expectativa de que, automaticamente, a política monetária neutralizaria um choque fiscal, de maneira a resguardar as expectativas de inflação. Durante a NME, era porque a busca de objetivos políticos não estava sujeita a restrições da política monetária. Atualmente, é porque a trajetória prevista do índice da dívida pública interna sobre o PIB é instável e pode descambar para a insolvência.[35]

Com essa ressalva, os mercados funcionam normalmente. As crises foram superadas. Os valores dos ativos evoluíram em conformidade ao diferencial das taxas de juros externas e internas, às mudanças nas percepções sobre o risco-país e sobre a taxa de câmbio. A hipótese de que o próximo passo pudesse ser a monetização ou a rejeição da dívida pública, embora considerada, foi usualmente descartada. Os investidores sabem que esse é um resultado possível, mas o acreditam improvável. De alguma maneira, a crença é que a posição fiscal mudará. No passado, foi porque o crescimento do PIB atenuaria as restrições; agora, é porque há alguma confiança em que o governo promova, finalmente, as mudanças estruturais necessárias. É essa crença que possibilita o funcionamento da política monetária.

Não é de uma situação de dominância fiscal, na concepção técnica. Trata-se, no entanto, de um quadro em que as restrições fiscais são dominantes. Isso ajuda a explicar o comportamento dos mercados durante o período NME, quando as autoridades recorriam a subterfúgios para tentar, com algum sucesso, ludibriar o mercado. Desde então, o quadro fiscal melhorou, a inflação diminuiu e suas expectativas estão ancoradas no contexto de uma redução forte e rápida da taxa de juros. A situação fiscal, contudo, continua sendo um obstáculo à execução da política monetária. Apesar do desemprego e do hiato do produto escancarado, o Banco Central esperou os resultados do processo político, antes de iniciar o ciclo de desaperto em curso, em dezembro de 2016. Ele esperou a confirmação de que o Congresso cumpriria a promessa de adotar as medidas fiscais prometidas. E provavelmente prosseguirá no mesmo rumo, mesmo que consiga trazer a taxa para níveis mínimos, com a inflação abaixo do piso da meta. Com isso, constrói credibilidade, incorporando no cenário de inflação suas expectativas sobre a política fiscal. Felizmente, hoje, os pronunciamentos do Banco Central e do Ministério da Fazenda sobre a política econômica são convincentes. Do contrário, os mercados de títulos da dívida reagiriam de maneira alarmante à incongruência entre os resultados fiscais vigentes e a evolução esperada da dívida pública.[36]

Fato curioso, porém certo, é que as expectativas – também sobre a inflação – expressam um julgamento político. Um governo com forte apoio político pode safar-se entregando menos. Ele pode produzir expectativas positivas, quando os resultados são, de fato, medíocres, comprometendo os resultados futuros. O período da nova matriz econômica é um caso típico.

Mas nem tanto, hoje. A perspectiva fiscal para a próxima década é extremada, pelos próprios padrões do Brasil. É mais desafiadora que as crises da década de 1990 e do começo dos anos 2000, mesmo considerando que, desde então, a composição da dívida pública e sua gestão prudencial melhoraram substancialmente. O prazo médio da dívida aumentou, a base de investidores é maior, e a gestão da dívida pública conta com elementos suficientes para assegurar sua solvência. Mesmo assim, a situação é alarmante. Na hipótese otimista de que o ajuste fiscal ora em curso continue, o resultado primário do governo central não deve apresentar superávits antes de 2021 ou 2022. Entretanto, para estabilizar a relação entre dívida líquida e PIB, de acordo com cálculos da própria Secretaria do Tesouro Nacional do Ministério da Fazenda, o superávit deveria ser de 1,6% do PIB no cenário base com taxa de juros real em 4%, crescimento do PIB real de 2,6%, e taxa de câmbio estável.[37] As hipóteses podem ser razoáveis para o futuro, mas não o são retrospectivamente. Se o passado é o prólogo, a taxa neutra de juros não estaria tão baixa, o PIB não estaria crescendo a seu potencial, e a taxa de câmbio seria volátil. A Emenda Constitucional 95, de 15 de dezembro de 2016, que limita o crescimento real do gasto público (despesas primárias) não é suficiente. O próximo obstáculo é a reforma do sistema de Previdência Social. Esperada de início para a segunda metade de 2017, é possível que ela só venha a ser aprovada pelo novo governo, em 2019 – e isso introduz uma nova camada de risco político.

O que esperam os investidores que detêm títulos da dívida pública brasileira? Aparentemente, muito pouco. Pelo jeito, a política fiscal é quase sempre crível. Durante a NME, era a promessa de crescimento, mesmo quando, notoriamente, a realidade era decepcionante. E quanto aos acontecimentos no biênio 2016/17? Tanto quanto se supõe, os investidores reagem a eventos, um rebaixamento no *rating*, um fiasco político, um impasse nas negociações sobre o orçamento. Em breve, porém, eles aceitam o *status quo*, com as suas inconsistências. Predomina certo fatalismo sobre a política partidária e o sistema político, sobre o que pode ser feito e sobre a dívida. Esse fatalismo alimenta a inação, até a próxima crise.

Esse estado de coisas, evidentemente, afeta a política monetária. Aqui, as expectativas desempenham papel fundamental, e o futuro deve ser antecipado. Muito além dos choques internos e externos, a incerteza fiscal solapa sua eficácia. O manejo competente das ferramentas de política monetária ajuda a atenuar, mas é incapaz de neutralizar a incerteza. As ferramentas são eficazes.

No entanto, por mais sensata e qualificada que seja a equipe, ela jamais ousaria neutralizar integralmente o impacto da política fiscal. Seria um descalabro. Se o lado fiscal é intratável, como tem sido, e talvez continue a ser, a solução mais fácil seria abdicar, pelo menos durante algum tempo, o que, evidentemente, agravaria ainda mais as perspectivas para o futuro. A implicação é que, com o passar do tempo, a política monetária no Brasil tenda a fracassar.

A omissão política, a leniência regulatória, as anistias parciais de dívidas, o perdão ou o reescalonamento de impostos e de outras obrigações, a reformulação de contratos, os processos de impedimento que terminam sem as punições constitucionais, a tolerância com programas políticos inacabados, tudo isso são manifestações de insegurança jurisdicional que, definitivamente, se refletem nos preços dos ativos. Como Edmar Bacha há muito tempo tem alertado, essa situação ajuda a elucidar o enigma de por que, mesmo em tempos de boa política monetária, o Brasil opera em regime de altas taxas de juros reais, que realimenta o baixo crescimento e a perspectiva fiscal desalentadora. Também explica por que, no Brasil, a política fiscal impõe limites à política monetária.

Notas

1. Fato devidamente enaltecido no discurso oficial. Ver Meirelles, 2009, par. 9.
2. Em 2009, devido a um estímulo fiscal gigantesco, equivalente a 12% do PIB chinês e 1,5% do PIB global, a China cresceu 10% ao ano, enquanto a economia global, 0,4%. As importações chinesas de soja e seus derivados somaram 53% do total global; as de minério de ferro, 65%. Possivelmente, em 2009 e nos anos imediatamente subsequentes, após a própria China, quem mais se beneficiou desse estímulo foi o Brasil. Os dados são do International Monetary Fund (IMF), 2011.
3. Um relato detalhado dos 13 anos de política econômica do PT pode ser encontrado em Safatle; Borges e Oliveira, 2016. Escrito por três jornalistas econômicos do jornal *Valor Econômico,* o livro apresenta uma cronologia dos principais eventos e de seus protagonistas.
4. O desenvolvimentismo, na prática, aceita uma interpretação questionável do aforismo de Keynes de que a demanda acaba criando oferta. Recessões e estagnação não são reflexos de inadequação do consumo e/ou dos investimentos privados, atrelados às expectativas de ingresso e/ou lucros futuros. Elas são provocadas por políticas de gastos públicos. Grande parte do pensamento desenvolvimentista negligencia os déficits públicos. Eles não são uma restrição financeira; eles não causam más alocações de recursos; eles não substituem gastos privados por gastos públicos, nem hoje nem no futuro. Ao contrário, eles são "restrições autoimpostas aos gastos públicos [e] devem ser removidas". Rezende, F. (2009), p. 95.
5. Ver, por exemplo, Bresser-Pereira, L.C. e Gala, P., 2010.

6. Safatle; Borges e Oliveira, 2016, p. 93; Holland, M., 2012.
7. Barbosa, N. e Souza, J., 2010, p. 14.
8. Barbosa, N. e J. Souza, 2010, p. 31.
9. "Na reunião da Câmara de Política Econômica, na Casa Civil, realizada no segundo semestre de 2005 e coordenada pela então ministra Dilma Rousseff, ficou claro que não havia mais apoio do governo Lula a propostas conservadoras, liberais ou 'neoliberais', como o déficit zero, para a política econômica. Era hora de enfrentar o mensalão e ganhar as eleições de 2006." Safatle; Borges e Oliveira, 2016, p. 24.
10. Bacha, E., 2013, pp. 47-65.
11. Gonçalves, C., 2015.
12. Ver Pastore, A., Gazzano, M. e Pinotti, M., 2015, e suas análises.
13. Definido como saldo primário (receitas correntes menos despesas correntes, excluindo juros sobre a dívida pública) mais custos de capital (amortização da dívida, custos de investimentos financeiros e físicos) mais custos dos juros sobre a dívida pública. Fonte: Secretaria do Tesouro Nacional. Séries Temporais. Execução Orçamentária – União.
14. O relatório da equipe foi divulgado em novembro de 2015, assim que Arno Augustin foi destituído da Secretaria do Tesouro. Ele foi usado no processo de impedimento contra Dilma Rousseff. Relatório completo do episódio, com detalhes das chamadas "pedaladas fiscais", apareceu na edição de *Valor Econômico*, de 13 de novembro de 2015: "O aviso foi dado: pedalar faz mal", de Leandra Peres.
15. Para os defensores da NME, o BNDES é um antídoto necessário contra as falhas de mercado que impedem o desenvolvimento de empréstimos a longo prazo no Brasil. Contra a indisposição dos bancos comerciais de assumir dívidas de projetos grandes, indivisíveis e de longa maturação. Contra a desvantagem competitiva que sofrem as empresas nacionais por atuarem sob um regime monetário que privilegia altas taxas de juros reais. A favor da força propulsiva de um plano estatal de coordenação de investimentos estratégicos. A realidade, porém, é outra. Nova evidência empírica sugere que, ao contrário, os empréstimos do BNDES reduziram o crescimento da produtividade, e, decerto, inibiram o desenvolvimento dos mercados de capitais, além de comprometerem a eficácia da política monetária. Veja, por exemplo, Coelho, Pinho de Mello e Rezende, 2007; Musacchio e Lazzarini, 2014; Bonomo e Martins, 2016; e a literatura citada ali. Em nenhuma outra época, essa constatação foi mais óbvia do que durante o período NME.
16. Os empréstimos foram alocados por procedimentos internos ao BNDES, extramercado. Além do acesso privilegiado, e do custo para o Tesouro na emissão de títulos para capitalizar o BNDES, os empréstimos embutiam subsídios na taxa de juros: a diferença entre a Taxa de Juros de Longo Prazo (TJLP) e as taxas de juros pagas pelos títulos da dívida pública emitidos pelo Tesouro para lastrear essas operações. Recentemente, a Secretaria de Acompanhamento Econômico do Ministério da Fazenda estimou que os subsídios nos programas do BNDES

entre 2010 e 2014 custaram ao Tesouro R$ 63,3 bilhões, 0,3% do PIB acumulado no período. SEAE, 2017.

17. A taxa implícita é a razão entre o total de juros pagos pelo governo central (Tesouro mais Banco Central) e o estoque da dívida interna líquida.

18. O declínio da produtividade está bem documentado em uma série de trabalhos magistrais escritos por Edmar Bacha e Regis Bonelli. Ver, por exemplo, Bacha E. e Bonelli, R., 2005 e 2016.

19. Em 2015, o investimento total contraiu 14,1% ano a ano. A partir de 2012, novos investimentos em máquinas e equipamentos cresceram a taxas mais baixas do que a depreciação, acarretando, portanto, destruição parcial do estoque de capital.

20. Ver o capítulo 6 de Safatle, C., Borges, J. e Oliveira, R., 2016, para uma linha do tempo e descrição.

21. Eles não estavam sozinhos. Falando em Brasília, em 1º de dezembro de 2011, a diretora-gerente do FMI, Christine Lagarde, disse: "A resiliência marcante da economia brasileira é consequência das notáveis realizações da competente gestão macroeconômica [...] e também se beneficiou com setor bancário sólido e bem capitalizado, que até agora atenuou o impacto de um importante canal de contágio da crise financeira global."

22. Sobre a visão do Banco Central, ver Pereira da Silva e Harris, 2012. Sobre a visão do FMI, ver Ostri *et al.*, 2011.

23. Para uma visão do Banco Central, ver Barroso, 2016; Barroso; Pereira da Silva e Sales, 2013. Para uma visão global, ver Rey, 2013.

24. Svensson, 2010. Sobre a visão anterior, ver Svensson, 2003.

25. Zilberman, E Barboza, R. M. "'Forward guidance' e projeções condicionais". *Valor Econômico*, 27/01/17 (*N. do T.*).

26. Mantega, 2012, "O primeiro ano da nova matriz econômica", *Valor Econômico*, 19/12/2012.

27. Ver, por exemplo, Brainard, L. e Martinez-Diaz, L., 2009.

28. Blanchard, 2004.

29. Goldfajn, 2002. Ver também Goldfajn e Guardia, 2003; Fraga, Goldfajn e Minella, 2003.

30. DEPEC/BCB, 2015. Recentemente, a Secretaria do Tesouro Nacional passou a publicar regularmente as contas do relacionamento Tesouro/BCB: Ver Tabelas 2.1 e 2.2 dos relatórios mensais do Resultado do Tesouro Nacional. Os dados indicam que, em média, durante o período da NME (2011-2014), a "remuneração das disponibilidades" do Tesouro no Banco Central transferiu ao Tesouro o equivalente a 1% do PIB, por ano.

31. Em termos líquidos, o resultado do relacionamento Tesouro/Banco Central foi positivo para o Tesouro durante todos os anos da NME. Incluindo a emissão de novos títulos, além da remuneração das disponibilidades, o Banco Central transferiu ao Tesouro o equivalente a 1,6% do PIB, por ano. Em dezembro de

2015, já quando abandonada a NEM, mas ainda na administração Rousseff, o Tesouro voltou a usar esses recursos quando decidiu pagar o restante das "pedaladas" do seu primeiro mandato, ou seja, do período da NME. Como explicam Garcia, M. e Afonso, J., 2016: "As pedaladas, recorrentes desde 2011, ocorreram para esconder gasto e déficit, assim evitando explicitar que se descumpria a meta fiscal do ano. Se as pedaladas foram gastos excessivos no passado, o correto seria que as 'despedaladas' constituíssem redução de gasto ou aumento de receita no futuro. Assim, evitar-se-ia que a dívida bruta saísse de controle. Mas tal compensação não ocorreu. Foram quitados R$ 72,4 bilhões das pedaladas sem cortar um só centavo dos gastos públicos ou criar um só centavo de receita. Apesar disso, o TN ainda fechou 2015 com um caixa acima de R$ 800 bilhões! Duas fontes principais explicam o aumento do caixa do TN apesar do pagamento das pedaladas. O TN endividou-se muito (mais R$ 493 bilhões em títulos emitidos só até novembro) e o BC lhe repassou recursos monumentais (R$ 250 bilhões entre resultado e remuneração de caixa)."

32. Ver Calvo, G. e Guidotti, P., 1990, e Alfaro, L. e Kanczuk, F., 2006.

33. Na operação de repo, o Banco Central recebe o título do Tesouro como garantia. Assim, recebe os juros devidos sobre o papel, geralmente de prazo mais longo do que o das operações compromissadas. Por causa desse desencontro na duração, o Banco Central, geralmente, recebia taxa mais alta do que pagava. O procedimento pode ser comparado à ferramenta "operation twist", do Fed dos Estados Unidos. Só que o Fed compra e vende papéis diretamente no mercado secundário. Por exemplo, em setembro de 2011, para reduzir as taxas de juros de longo prazo, o Fed vendeu *Treasuries* de curto prazo e comprou papéis de longo prazo, pressionando para baixo os rendimentos. E o Fed faz uso de "operation twist" deliberada e publicamente como instrumento de política monetária, em raras ocasiões.

34. Para uma análise exaustiva e excelente da questão, ver: Mendes, M., 2016.

35. Ver, por exemplo, Pastore & Associados, 2017, p. 22.

36. Começando em novembro de 2016, o Banco Central implementou um ciclo de corte que deve reduzir a taxa, de 14% para 7%, em fins de 2017. Enquanto isso, a inflação desacelerou sistematicamente, de 7% para cerca de 2,5%, em fins de setembro de 2017. A expectativa de inflação para os 12 meses subsequentes e para horizontes mais distantes estão agora bem ancoradas em ou abaixo das metas para 2018-2020. Embora os efeitos de choques positivos para os preços agrícolas e de energia não devam ser minimizados, o sucesso na desinflação foi o resultado do restabelecimento da credibilidade da política econômica, que, em parte, foi produto da capacidade da administração Temer de cumprir parte importante das promessas de reforma, apesar de todas as dificuldades.

37. Secretaria do Tesouro Nacional, 2017. Em sua análise da proposta de Emenda Constitucional 95, a Consultoria de Orçamento e Fiscalização Financeira – CONOF do Congresso Nacional previu déficits primários para todo o período

2014-2021 (0,3% do PIB no último ano, a partir de um pico de 2,5% do PIB em 2016), com a dívida bruta chegando a 95,1% do PIB em 2024. CONOF, 2016, Tabela 3.

REFERÊNCIAS BIBLIOGRÁFICAS

Alfaro, L., F. Kanczuk. "Sovereign debt: indexation and maturity". Washington: Inter-American Development Bank nº 560, 2006.

Bacha, E. "Integrar para crescer: O Brasil na economia mundial." Rio de Janeiro: Instituto de Estudos de Política Econômica – Casa das Garças, dez/2013.

Barbosa, N.; J. Souza. "A inflexão do governo Lula: Política econômica, crescimento e distribuição de renda", p. 14. Brasília, DF: Ministério da Fazenda – Secretaria de Política Econômica, 2010.

Blanchard, O. *Fiscal Dominance and Inflation Targeting: Lessons from Brazil*. Working Paper 10389. Cambridge, MA: National Bureau of Economic Research, 2004.

Blanchard, O., G. Dell'Ariccia; P. Mauro "Rethinking Macroeconomic Policy". IMF Staff Position Note. Washington: International Monetary Fund, 2010.

Bonomo, M.; Martins, B. "The Impact of Government-Driven Loans in the Monetary Transmission Mechanism: what can we learn from firm-level data?". Texto para discussão nº 419. Brasília: Banco Central do Brasil, 2016.

Brasil. "Notas do COPOM", 153ª reunião, par. 19, 1/9/2010. Banco Central do Brasil. Disponível em <www.bcb.gov.br/?copom153>. Acesso em 8/8/2018.

Brasil. "Séries Temporais. Execução Orçamentária–União". Brasília: Tesouro Nacional. Disponível em: <www3.tesouro.fazenda.gov.br/series_temporais/ principal.aspx?tema=4#ancora_consulta>.

Brasil. "Fatores condicionantes da evolução das operações compromissadas e eventos correlatos." Departamento de Pesquisas e Estudos Econômicos/ Banco Central do Brasil, 2015.

Bresser-Pereira, L. C.; P. Gala. "Macroeconomia estruturalista do desenvolvimento". *Revista de Economia Política*, vol. 30, nº 4 (120), p. 663-686, out.-dez., 2010.

Bruno, M. "Econometrics and the Design of Economic Reform". *Econometrica*, vol. 57, nº 2, 1989.

Bruno, Michael; S. Fischer. "Seigniorage, operating rules and the high inflation trap". *Quarterly Journal of Economics* nº 105, pp. 353-74, 1990.

Calvo, G. "Servicing the Public Debt: The Role of Expectations". *American Economic Review* nº 78 (4), 1988.

Calvo, G.; P. Guidotti. "Indexation and Maturity of Government Bonds: An Exploratory Model". In: Dornbusch, R.; Draghi, M. (orgs.). *Public Debt Management: Theory and History*. Cambridge: Cambridge University Press, pp. 52-93, 1990.

Centro de Estudos do Novo Desenvolvimentismo – FGV-EESP. Disponível em <cnd.fgv.br>. Acesso em 8/8/2018.

De Grauwe, P. "The Governance of a Fragile Eurozone." Ceps Working Document n° 346, 2011.

De Mello, L.; Pisu, M. "The bank lending channel of monetary transmission in Brazil: A VECM approach". In: *The Quarterly Review of Economics and Finance*, 50 (1), p. 50-60, 2010.

Fraga, A.; I. Goldfajn; A. Minella "Inflation Targeting in Emerging Market Economies". Working Paper 10019. Cambridge: The National Bureau of Economic Research, 2003.

Garcia, M. "Brazil in the 21st Century: How to Escape the High Interest Trap?". Texto para discussão n° 466. Rio de Janeiro: PUC-Rio, 2004.

Garcia, M.; José R. Afonso. "Despedalar repedalando?". *Valor Econômico*, 15/1/2016.

Goldfajn, I. "Há razões para duvidar de que a dívida pública no Brasil é sustentável?". Notas Técnicas do Banco Central do Brasil. Brasília, DF: 2002.

Goldfajn, I.; E. R. Guardia. "Regras fiscais e sustentabilidade da dívida no Brasil". Notas Técnicas do Banco Central do Brasil. Brasília, DF: 2003.

Gramlich, E. *Subprime Mortgages: America's Latest Boom and Bust*. Washington DC: The Urban Institute Press, 2007.

"Impactos do 'novo regime fiscal' – subsídios à análise da proposta de emenda à Constituição – PEC n° 241/2016". Consultoria de Orçamento e Fiscalização Financeira (CONOF): Estudo técnico n° 12/2016, Tabela 3, ago. 2016.

Mantega, G. "O primeiro ano da nova matriz econômica". *Valor Econômico*, 19/12/2012.

Meirelles, H. "Pronunciamento do Presidente do Banco Central do Brasil", par. 9. *IX Seminário Anual de Metas para a Inflação*, 15/5/2009.

Mendes, M. "A Lei 11.803/2008 e a Relação Financeira Tesouro – Banco Central". Brasília: Senado Federal, 2015.

Obsfeld, M. "Rational and self-fulfilling balance-of-payments crises". *American Economic Review* 76 (1), 1986.

Resende, André L. *The Fischer equation and causality interest rate-prices*, mimeo.

Rezende, F. "The Nature of Government Finance in Brazil". *International Journal of Political Economy*, 38 (1), p. 95, 2009.

Ribeiro Blanco Barroso, J. "Capital Flows to Emerging Markets: Causes, Consequences and Policy Options". *XVIII Annual Inflation Targeting Seminar of the Banco Central do Brasil*. Rio de Janeiro, 2016.

Safatle, C.; J. Borges; R. Oliveira. *Anatomia de um desastre*. São Paulo: Portfolio-Penguin, 2016.

Svensson, L. "Inflation Targeting". In: B. Friedmanm M. Woodford (orgs.). *Handbook of Monetary Economics*. Holanda do Norte: Elsevier, 2010.

Takeda, T.; Rocha, F.; Nakane, M. I. "The Reaction of Bank lending to Monetary Policy in Brazil". *Revista Brasileira de Economia*, 59(1), pp. 107-126, 2005.

Tabela 7.1
Principais indicadores econômicos

	Cardoso -1 (1995-1998)	Cardoso -2 (1999-2002)	Lula -1 (2003-2006)	Lula -2 (2007-2010)	Dilma -1 (2011-2014)	2007	2008	2009	2010	2011	2012	2013	2014	2015	2016
Crescimento real (% a.a.)	2,5	2,1	3,5	4,6	2,4	6,1	5,1	-0,1	7,5	4,0	1,9	3,0	0,5	-3,8	-3,6
PIB (Índice 1998 = 100)	97,8	104,9	117,7	139,9	160,1	132,3	139,0	138,9	149,3	155,2	158,2	163,0	163,8	157,6	152,0
Deflator implícito (% a.a.)[1]	27,1	7,9	9,0	7,8	6,9	6,4	8,9	7,4	8,6	8,3	5,9	6,5	6,9	7,9	8,3
Produção industrial (% a.a.)	1,4	2,5	3,5	3,0	-0,7	5,9	3,1	-7,1	10,2	0,4	-2,3	2,1	-3,0	-8,2	-6,6
Taxa média de desemprego (% da PEA)			10,5	8,7	7,3	9,1	8,9	8,7	8,0	7,7	7,4	7,1	6,8	8,5	11,5

(cont.)

	Cardoso -1 (1995-1998)	Cardoso -2 (1999-2002)	Lula -1 (2003-2006)	Lula -2 (2007-2010)	Dilma -1 (2011-2014)	2007	2008	2009	2010	2011	2012	2013	2014	2015	2016
Rendimento real da população ocupada (% a.a.)	1,8			3,0	3,1	2,9	2,6	1,9	4,4	3,2	4,8	3,3	1,1	-0,3	-2,3
Massa salarial (real % a.a.)			4,4	5,2	4,4	5,3	5,1	3,1	7,3	4,8	5,3	4,8	2,9	-0,2	-3,5
Crédito (% PIB)				40,3	49,7	34,7	39,7	42,6	44,1	46,5	49,2	50,9	52,2	53,7	49,6
Inflação IPCA-IBGE (% a.a.)[2]	5,5	8,8	6,4	5,1	6,2	4,5	5,9	4,3	5,9	6,5	5,8	5,9	6,4	10,7	6,3
R$/US$ – média no ano	1,0	2,2	2,7	1,9	2,0	1,9	1,8	2,0	1,8	1,7	2,0	2,2	2,4	3,3	3,5
Taxa SELIC meta em final de ano[2]	30,2	19,7	16,4	11,1	10,0	11,3	13,8	8,8	10,8	11,0	7,3	10,0	11,8	14,3	13,8
Taxa de juros nominal – CDI (taxa efetiva) – média no ano	33,3	19,7	18,4	11,0	9,7	11,8	12,4	9,9	9,8	11,6	8,4	8,0	10,8	13,2	14,0

(cont.)

	Cardoso -1 (1995-1998)	Cardoso -2 (1999-2002)	Lula -1 (2003-2006)	Lula -2 (2007-2010)	Dilma -1 (2011-2014)	2007	2008	2009	2010	2011	2012	2013	2014	2015	2016
TJLP média no ano	15,3	10,8	9,7	6,2	5,4	6,4	6,3	6,1	6,0	6,0	5,8	5,0	5,0	6,3	7,5
Taxa de juros real sem inflação – IPCA	21,5	10,0	11,0	5,5	3,3	7,0	6,1	5,3	3,6	4,8	2,4	2,0	4,1	2,3	7,3
Balança em conta-corrente (US$ bilhões)	-26,8	-20,6	10,4	-33,1	-82,6	0,4	-30,6	-26,3	-75,8	-77,0	-74,2	-74,8	-104,2	-58,9	-23,5
Balança em conta-corrente (% do PIB)	-3,2	-3,5	1,3	-1,7	-3,4	0,0	-1,9	-1,6	-3,5	-3,1	-3,3	-3,0	-4,2	-3,3	-1,3
Investimentos diretos estrangeiros (US$ bilhões)	15,8	25,3	15,8	53,8	88,5	44,6	50,7	31,5	88,5	101,2	86,6	69,2	96,9	75,1	78,9
Reservas internacionais – Liquidez (US$ bilhões)	52,2	35,8	60,5	225,3	361,9	180,3	193,8	238,5	288,6	352,0	373,1	358,8	363,6	356,5	365,0

(cont.)

	Cardoso -1 (1995-1998)	Cardoso -2 (1999-2002)	Lula -1 (2003-2006)	Lula -2 (2007-2010)	Dilma -1 (2011-2014)	2007	2008	2009	2010	2011	2012	2013	2014	2015	2016
Risco país (final de período)	825,5	923,5	337,0	255,0	208,3	222,0	416,0	196,0	186,0	208,0	142,0	224,0	259,0	523,0	328,0
Resultado primário do setor público (% do PIB)[3]		3,2	3,5	2,8	1,6	3,2	3,3	1,9	2,6	2,9	2,2	1,7	-0,6	-1,9	-2,5
Juros nominais do setor público (% do PIB)[3,4]		-7,6	-7,2	-5,4	-5,0	-6,0	-5,3	-5,1	-5,0	-5,4	-4,4	-4,7	-5,4	-8,4	-6,5
Resultado nominal do setor público (% do PIB)[3,4]		-4,4	-3,8	-2,6	-3,4	-2,7	-2,0	-3,2	-2,4	-2,5	-2,3	-3,0	-6,0	-10,2	-8,9
Dívida líquida do setor público (% do PIB)[5]		59,8	49,7	40,2	32,4	44,5	37,6	40,9	38,0	34,5	32,2	30,5	32,6	35,6	45,9
Dívida bruta do setor público (% do PIB)[5]			55,5	55,9	53,2	56,7	56,0	59,2	51,8	51,3	53,7	51,5	56,3	65,5	69,5

(cont.)

	Cardoso -1 (1995-1998)	Cardoso -2 (1999-2002)	Lula -1 (2003-2006)	Lula -2 (2007-2010)	Dilma -1 (2011-2014)	2007	2008	2009	2010	2011	2012	2013	2014	2015	2016
Necessidades de financiamento do governo geral – soma 12m (R$ bilhões)[6]				170,6	291,1	222,1	159,0	265,8	35,7	213,6	326,6	142,3	481,9	582,8	462,3
Necessidades de financiamento do governo geral – soma 12m (% do PIB)[6]				5,5	5,7	8,2	5,1	8,0	0,9	4,9	6,8	2,7	8,5	9,9	7,3
Necessidades de financiamento do governo geral – juros da DPMF – soma 12m (% do PIB)[6]				6,1	5,4	6,6	6,5	5,7	5,6	5,8	5,2	5,1	5,5	7,6	8,1

Fonte: IBGE, BACEN e STN.
1) Até 2014, dados do IBGE; de 2015 em diante, variação do IGP centrado; 2) Exclui 1995; 3) Cardoso 2 = 2002; 4) Metodologia do Banco Central – desconsidera impacto da desvalorização cambial sobre a dívida externa; 5) PIB valorizado ao final de período, segundo metodologia do Banco Central; 6) BCB – Indicadores econômicos consolidados, Tabela IV.26 – "Dívida bruta do Governo Geral – Fatores condicionantes – Fluxos mensais."

Tabela 7.2
Balanço patrimonial do Banco Central

R$ – bilhões	Dez/10	Dez/11	Dez/12	Dez/13	Dez/14	Dez/15	Dez/16
Ativos	1.290,3	1.583,4	1.809,0	1.907,7	2.157,0	2.783,9	3.032,2
Ativo em moedas estrangeiras	496,1	675,5	784,2	900,7	1.008,9	1.471,2	1.292,7
Ativo em moeda local	794,2	907,9	1.024,8	1.007,0	1.148,1	1.312,7	1.739,5
Títulos públicos federais	703,2	754,5	910,2	953,1	1.113,2	1.279,1	1.518,0
Passivos	1.290,3	1.583,4	1.809,0	1.907,7	2.157,0	2.783,9	3.032,2
Passivo em moedas estrangeiras	33,1	27,6	26,6	15,0	16,5	16,6	54,6
Passivo em moeda local	1.241,3	1.537,0	1.760,8	1.874,1	2.121,9	2.663,8	2.851,8
Base monetária	206,9	214,3	233,3	249,6	263,6	255,3	270,3
Depósitos de instituições financeiras	323,7	373,4	274,2	323,6	283,2	338,6	371,1
Compromissos de recompra	288,7	351,2	597,2	568,9	837,1	967,8	1.085,3
Obrigações com o Governo Federal	410,5	578,2	633,5	687,1	697,9	1.036,6	1.050,2
Patrimônio líquido	15,9	18,8	21,6	18,6	18,6	103,5	125,8
Porcentagem do total de ativos/passivos							
Ativos	100,0%	100,0%	100,0%	100,0%	100,0%	100,0%	100,0%
Ativo em moedas estrangeiras	38,4%	42,7%	43,3%	47,2%	46,8%	52,8%	42,6%

(cont.)

R$ – bilhões	Dez/10	Dez/11	Dez/12	Dez/13	Dez/14	Dez/15	Dez/16
Ativo em moeda local	61,6%	57,3%	56,7%	52,8%	53,2%	47,2%	57,4%
Títulos públicos federais	54,5%	47,7%	50,3%	50,0%	51,6%	45,9%	50,1%
Passivos	100,0%	100,0%	100,0%	100,0%	100,0%	100,0%	100,0%
Passivo em moedas estrangeiras	2,6%	1,7%	1,5%	0,8%	0,8%	0,6%	1,8%
Passivo em moeda local	96,2%	97,1%	97,3%	98,2%	98,4%	95,7%	94,1%
Base monetária	16,0%	13,5%	12,9%	13,1%	12,2%	9,2%	8,9%
Depósitos de instituições financeiras	25,1%	23,6%	15,2%	17,0%	13,1%	12,2%	12,2%
Compromissos de recompra	22,4%	22,2%	33,0%	29,8%	38,8%	34,8%	35,8%
Obrigações com o Governo Federal	31,8%	36,5%	35,0%	36,0%	32,4%	37,2%	34,6%
Patrimônio líquido	1,2%	1,2%	1,2%	1,0%	0,9%	3,7%	4,1%
Porcentagem do PIB							
Ativos	33,2%	36,2%	37,6%	35,8%	37,3%	46,4%	48,2%
Ativo em moedas estrangeiras	12,8%	15,4%	16,3%	16,9%	17,5%	24,5%	20,6%
Ativo em moeda local	20,4%	20,7%	21,3%	18,9%	19,9%	21,9%	27,7%
Títulos públicos federais	18,1%	17,2%	18,9%	17,9%	19,3%	21,3%	24,1%

(cont.)

R$ – bilhões	Dez/10	Dez/11	Dez/12	Dez/13	Dez/14	Dez/15	Dez/16
Passivos	33,2%	36,2%	37,6%	35,8%	37,3%	46,4%	48,2%
Passivo em moedas estrangeiras	0,9%	0,6%	0,6%	0,3%	0,3%	0,3%	0,9%
Passivo em moeda local	31,9%	35,1%	36,6%	35,2%	36,7%	44,4%	45,4%
Base monetária	5,3%	4,9%	4,8%	4,7%	4,6%	4,3%	4,3%
Depósitos de instituições financeiras	8,3%	8,5%	5,7%	6,1%	4,9%	5,6%	5,9%
Compromissos de recompra	7,4%	8,0%	12,4%	10,7%	14,5%	16,1%	17,3%
Obrigações com o Governo Federal	10,6%	13,2%	13,2%	12,9%	12,1%	17,3%	16,7%
Patrimônio líquido	0,4%	0,4%	0,4%	0,3%	0,3%	1,7%	2,0%

Fonte: IBGE, BACEN e STN.

8

RIQUEZA E "INTOLERÂNCIA COM DÍVIDA": ESTIMATIVAS EMPÍRICAS MUITO PRELIMINARES

Gustavo H. B. Franco e Evandro Buccini[1]

A ideia de que a dívida pública brasileira, sobretudo interna, e mesmo considerando apenas a parcela sob a forma de títulos (a dívida mobiliária), seria *grande demais* tem invocado prognósticos novos e assustadores, bem como debates acalorados a respeito da influência das contas fiscais sobre a política monetária. Vista como proporção do Produto Interno Bruto, a dívida pública brasileira, mesmo depois de ultrapassar 70% do PIB, não parece impressionar quando comparada à de outros países: é talvez a maior entre os emergentes, mas é bem menor que a da maior parte dos países desenvolvidos. Isso não deveria proporcionar maior alívio pois, *ceteris paribus* e ressalvadas as inúmeras particularidades que afetam os determinantes do risco soberano, são bastante diversas as possibilidades de endividamento abertas para países ricos e pobres. É de se notar, todavia, que raramente se vê muita elaboração sobre as razões dessa diferença a partir da comparação que pareceria mais óbvia, aquela entre os níveis de riqueza em cada país. Na verdade, este cotejo é um dos temas desta nota.

Em suas diferentes acepções, a riqueza já foi um tema muito popular entre pesquisadores nos primeiros tempos da contabilidade nacional,[2] mas, gradualmente, o interesse no assunto foi se reduzindo, seja em função de dificuldades conceituais e de medição, ou em razão da percepção de que o PIB oferecia uma métrica mais fácil e operacional para o progresso das nações e também uma régua simples e homogênea para as grandezas macroeconômicas e para as comparações internacionais. Ocasionalmente se argumenta que esta ou aquela dimensão positiva ou negativa da atividade econômica não é capturada pelo PIB como tipicamente acontece, por exemplo, quando os olhares se voltam para os temas ambientais, o capital humano e institucional, ou para os determinantes da felicidade.[3] De forma assemelhada, o fenômeno da desigualdade e seus determinantes foram as motivações principais para o festejado trabalho de Thomas Piketty, que indagava sobre se o processo de acumulação de capital levava inexoravelmente à concentração da riqueza, como nas clássicas profecias marxistas.[4]

Não deve haver dúvida de que as meticulosas estimativas para a riqueza em diferentes países trazidas por Piketty introduziram uma dimensão empírica

| 197

adicional a orientar a conjectura sobre o patamar a definir dívidas ditas "excessivas", um tema tratado com relativa parcimônia em seu trabalho, mas sobre o qual produziu alguns *insights* importantes. O tamanho da riqueza privada pode ser um elemento crucial para explicar as diferenças nacionais na capacidade de o Estado se endividar bem como para se entenderem as tensões entre o público e o privado nas definições da política fiscal e de dívida pública, com as consequências que se pode imaginar sobre as taxas de juros, possivelmente na forma canônica do chamado *crowding out*.

A comparação entre o endividamento público e a riqueza envolve alguns cuidados, a começar pelo fato de que é preciso separar riqueza pública e privada e atentar para o fato de que "como um título público nada mais é que um crédito de uma parcela da população (os que recebem juros) sobre outra (os que pagam impostos) deve ser excluído da riqueza nacional e incluído apenas na riqueza privada".[5] Isso quer dizer que a dívida pública interna, emitida em moeda nacional, não reduz a riqueza nacional, uma vez que é simultaneamente um ativo do setor privado e um passivo do governo.[6] Isso posto, os fatos estilizados trazidos por Piketty são os seguintes: como a riqueza privada de França, Alemanha, Inglaterra e EUA, segundo estimativas do mesmo, estava entre quatro e seis vezes os respectivos PIBs em 2010,[7] e lembrando que o nível de riqueza pública *líquida* desses países é próximo de zero, a dívida pública representava nessa ocasião uma parcela *modesta* da riqueza privada nacional, mal chegando a 20% do total, mesmo depois dos acréscimos à dívida pública decorrentes da crise.

A ideia de que a dívida pública nos EUA, em particular, seria *pequena* para um país rico como os EUA e ainda mais dotado do chamado "privilégio exorbitante", ou de uma demanda internacional excessiva por sua própria moeda, não deveria surpreender.[8] Essas considerações podem amenizar as apreensões quanto aos níveis hoje muito elevados de endividamento público em alguns países ricos, em boa medida justificáveis seja pelo fato de que os episódios anteriores de "desalavancagem" a partir de níveis semelhantes de dívida, ocorridos ao longo dos anos 1950, contaram com a grande ajuda de uma combinação perversa entre repressão financeira e inflação,[9] seja pelas alternativas oferecidas pelo próprio Piketty, cuja recomendação mais conhecida é um imposto confiscatório para reduzir a dívida e a desigualdade.[10] Na essência, portanto, não haveria razão para maiores preocupações ao menos em se tratando dos países ricos muito endividados, incluído o Japão, pois afinal, são países *muito ricos*.

Mas e quanto ao Brasil? Nossas riquezas conhecidas, somadas às ainda ocultas (somos o país do futuro, como se sabe), não seriam também muito maiores que as dívidas contraídas pelo governo? Ou não seria o exato oposto?

Com estimativas ainda que aproximadas para o nível de riqueza privada passível de ser alocada em títulos públicos seria possível aferir se o endividamento público entrou em uma faixa de atenção ou mesmo de perigo. Este trabalho possui ambições

198 | DE BELÍNDIA AO REAL

modestas diante dessas questões e limita-se a produzir uma estimativa empírica para a riqueza privada no Brasil na acepção utilizada por Piketty prudentemente descrita como muito preliminar. Essa estimativa, todavia, não discrepa em ordem de grandeza das obtidas por outros autores a partir de diferentes metodologias. Em seguida, com base em comparações entre a nossa estimativa e alguns conceitos diferentes de endividamento público, esta nota forma um juízo sobre se a dívida pública parece excessiva e especula sobre se os achados amparam a existência de um processo de *crowding out* e sobre os complexos mecanismos envolvidos na absorção de dívida interna (em moeda e indexador doméstico) por investidores não residentes. Em face da dimensão do trabalho empírico aqui desenvolvido, seja para as estimativas para a riqueza privada brasileira, seja para os dados de outros países, não se pode afirmar que os números aqui dispostos forneçam mais que uma primeira impressão. Ainda assim, nossa expectativa é de que os resultados estimulem outros esforços de pesquisa mais minuciosos nessa mesma direção.

RIQUEZA E ENDIVIDAMENTO EXCESSIVO

Os países diferem na sua capacidade de se endividar mercê de uma infinidade de fatores, cujo estudo constitui a base da pujante indústria do risco soberano, na qual pontificam as agências de rating, além de bancos, seguradoras e seus respectivos reguladores, todos compartilhando uma sabedoria relativamente amadurecida sobre capacidade e disposição para o pagamento de dívidas. A experiência de endividamento de países emergentes é objeto de uma enorme literatura de viés histórico, mas que, por razões compreensíveis, se concentra nas questões atinentes ao endividamento *externo*, ou seja, *aquele constituído em moeda diferente daquela do próprio país*. É com base nessa experiência que Carmen Reinhart, Kenneth Rogoff e Miguel Savastano desenvolveram a famosa tese segundo a qual certos países mostram uma espécie de "intolerância" com relação a endividamento público, ou seja, uma incapacidade que muitas economias emergentes experimentariam ao alcançar certos patamares de dívida que pareceriam perfeitamente administráveis pelos padrões das economias avançadas. Segundo os autores, esta condição se mostra "intimamente relacionada com o largamente disseminado fenômeno do *serial default* ('calote serial', numa tradução ao pé da letra) que tem acometido tantos países ao longo dos últimos dois séculos".[11]

Quando se trata de dívida interna, todavia, a "síndrome da intolerância" parece perder nitidez e talvez mesmo o sentido. Os *defaults* em dívidas denominadas em moeda doméstica, na percepção de Reinhart & Rogoff, seriam pequenos e parciais, bem como (e principalmente) muito difíceis de aparecer nas estatísticas.[12] A explicação para esta condescendência com relação ao endividamento interno tem uma base curiosa: não deveria ser muito pesado carregar um endividamento que pode ser quitado com a entrega de uma mercadoria de que o próprio devedor possui o monopólio de fabricação. Na verdade, é exatamente nesse ponto que reside uma das razões de ser da própria inflação, ou seja, a pintura de pedaços de papel para honrar compromissos do governo, ao menos em termos nominais. Independentemente do mérito ético, a inflação *sempre pode resolver* o problema da dívida interna, como é bem sabido e reconhecido na historiografia brasileira relacionada à experiência monetária do país.

Parece fora de dúvida que a memória coletiva brasileira registra a experiência inflacionária na mesma gaveta onde guarda todos os outros episódios de descumprimento e de reestruturação de compromissos do governo federal, incluídos os confiscos explícitos, expurgos em reformas monetárias, as "moedas podres", os empréstimos compulsórios não devolvidos e as outras tantas dívidas mantidas no subsolo, ou num estágio posterior ao reconhecimento, mas anterior à sua securitização, como, por exemplo, as obrigações do Fundo de Compensação de Variações Salariais (FCVS), além das múltiplas encrencas em planos econômicos, várias ainda vivas, ou quase, depois de mais de duas décadas. Há também uma infinidade de pequenos assassinatos decorrentes de atraso ou mesmo da não execução de dotações orçamentárias, restos a pagar e de atrasos inacreditáveis em pagamentos de precatórios judiciais, para não falar de "promessas não cumpridas", mesmo quando formalizadas nos documentos orçamentários. O fato é que agências de classificação de risco soberano parecem não atribuir maior importância a esses *defaults* domésticos em suas incontáveis manifestações sobre a solidez financeira e fiscal do país, inclusive ao deixar de estabelecer diferenças no *rating* para obrigações em moeda nacional ou estrangeira. Tudo se passa como se o assunto da dívida interna fosse mais complexo, ou que pudesse ser solucionado com o emprego de mecanismos que as agências não se sentiam confortáveis em reconhecer. Essa desatenção ao endividamento interno aparece em múltiplos formatos na literatura, e uma de suas expressões mais paradoxais tem a ver com a estranha indiferença diante do fato de muitos bancos centrais exibirem *patrimônio líquido negativo*, uma ocorrência exótica em um contexto onde o principal indicador de solidez bancária, e centro do esforço regulatório de supervisão bancária em escala global, é o *capital* dos bancos. *Como é possível que o capital do banco dos bancos não tenha a menor importância?*

A resposta para este paradoxo, já um tanto mais ampliado que o fornecido pela despreocupação genérica com a dívida pública doméstica, é a que foi oferecida logo acima: o banco central possui a capacidade de fabricar a única substância com a qual a lei permite que se faça aumento de capital em empresas sediadas no país. Portanto, não há que se falar em deficiência de capital de um banco central, por curioso que pareça, pois para este, o dinheiro é um passivo não exigível, ou seja, *não é dívida*. O passo seguinte seria o de concluir que o "meio circulante" pertenceria às contas patrimoniais da instituição emissora, como se o papel-moeda emitido fosse uma ação preferencial ao portador do banco central.[13]

O assunto foi discutido de forma pioneira por Peter Stella entre outros nos anos 1980 e mais recentemente, observando diversos bancos centrais após a crise, quando examinou uma amostra de treze bancos centrais relevantes, incluídos o Federal Reserve System (FED), o Banco do Japão e o Banco da Inglaterra, mais da metade da qual com o patrimônio "virado".[14] Para este conjunto, Stella redefiniu o "capital" introduzindo a ideia de *fundamental equity* – algo como o patrimônio fundamental ou essencial de um banco desse tipo –, e que seria *a soma do capital com o saldo da conta "meio circulante"*. Para todos os bancos centrais dessa amostra o valor do patrimônio líquido assim calculado, incluindo o "meio circulante", se tornava positivo e maior que 2% do PIB. É irônico, Stella conclui, que seja o "poder da senhoriagem", algo que não mais se limita à impressão de papel-moeda, que garante, em última instância, a capacidade de um banco central bem executar as suas funções, a saber, uma política monetária sadia. Portanto, as bases mais profundas do sistema monetário no regime de moeda fiduciária estariam diretamente ligadas ao domínio e à possibilidade de a autoridade emissora *abusar* dos poderes de emissão. É como dizer que a única empresa de segurança patrimonial realmente efetiva é a máfia.

Mas deixando o reino dos paradoxos e voltando ao mundo no qual as dívidas dos Estados soberanos precisam ser pagas com superávits fiscais, ou com o emprego de patrimônio preexistente, e para os quais a inflação *não poderá* ser a solução redentora para saldar (ou destruir) os compromissos do Estado, como parece ser o caso do Brasil depois de 1994, a riqueza será necessariamente um elemento chave da sustentabilidade financeira e fiscal do Estado, ou da "equivalência ricardiana" para usar uma expressão consagrada. Curiosamente, no exato momento quando David Ricardo formulou esta tese, logo após as Guerras Napoleônicas, os níveis de endividamento público do país eram da ordem de 200% do PIB, porém, os níveis de riqueza privada na Inglaterra estavam entre sete e oito vezes o PIB. Portanto, conforme observa Piketty, o alto endividamento "não fez secar o fluxo de investimento privado para a acumulação de capital", e assim, segundo conclui, "o temido fenômeno do *crowding out* não ocorreu, e o aumento na dívida pública foi aparentemente absorvido pelo aumento da poupança

RIQUEZA E "INTOLERÂNCIA COM DÍVIDA" | 201

privada".[15] De um jeito ou de outro, a riqueza privada acabou resolvendo o endividamento público com pouco esforço, como se supõe que vai ocorrer com o Japão no século XXI.

Já no Brasil é importante assinalar que o problema com a dívida interna parece ficar mais sério e mais transparente depois de 1994 quando a estabilização da moeda limita drasticamente as possibilidades de financiamento inflacionário do Estado. Essa nova lógica de responsabilidade fiscal ainda precisa ser mais bem absorvida pelas instituições fiscais brasileiras e seus respectivos operadores. De muitas maneiras, a mesma despreocupação característica da época da inflação elevada por parte dos ordenadores de despesa sobre a origem dos recursos parece continuar em nossos dias, mesmo quando se sabe que a fonte de financiamento do gasto é o endividamento público, que é caro e precisa ser pago. É como se todos caíssem vítimas inocentes de inconsistência temporal, ou expostos a uma tentação irresistível para o gasto excessivo no curto prazo, permanentemente pressionando os termos de troca entre o presente e o futuro.

Estimativas empíricas para o Brasil

A Tabela 8.1 segue o roteiro conceitual e metodológico adotado por Piketty para suas estimativas de riqueza privada para diversos países. Nossas estimativas foram construídas principalmente a partir das estatísticas disponíveis para diferentes instrumentos financeiros para os quais já se sabe ou é possível estimar as parcelas detidas por pessoas físicas. Como as ações estão entre esses instrumentos, é preciso desconsiderar os valores detidos por pessoas jurídicas, cujas ações, em valor de mercado, já estariam na conta para totalizar a riqueza dos indivíduos. Diversos tipos de aproximações tiveram que ser utilizados para imóveis e ações como se descreverá adiante. As informações referentes a declarações de bens junto à Secretaria da Receita Federal, posteriormente trabalhadas por Marcos Medeiros, representam pouca ajuda para este esforço pois trazem valores históricos, ou custos de aquisição, para imóveis e ações, ainda que indiquem saldos a mercado em fim de período para ativos financeiros. Esses totais podem oferecer uma indicação importante quanto a ordens de grandeza, pois, na verdade, é como se definissem um piso para a estimativa, conforme se verá na Tabela 8.2.

Tabela 8.1

Estimativas para a riqueza pessoal no Brasil, 2007 e 2016

Item	2007			2016		
	R$ bilhões	% PIB	% renda disponível	R$ bilhões	% PIB	% renda disponível
Ativos financeiros e esquemas de poupança						
1. Imóveis	2.467,8	90,7	223,0	6.183,5	104,0%	223,5%
2. Moeda, depósitos à vista e a prazo	93,5	3,4	8,4	190,7	3,2	6,9
3. Depósitos de poupança	206,7	7,6	18,7	645,0	10,9	23,3
4. Tesouro Direto	1,4	0,1	0,1	32,8	0,6	1,2
5. Fundos mútuos de investimento	556,5	20,5	50,3	1.519,7	25,6	54,9
6. EFPC (fundos de pensão)	435,8	16,0	39,4	711,0	12,0	25,7
7. RPPS	0,0	0,0	0,0	165,6	2,8	6,0
8. FGTS	144,7	5,3	13,1	345,5	5,8	12,5
9. Ativos no exterior	256,6	9,4	23,2	657,7	11,1	23,8
Ações						
10. Cias. abertas	122,3	4,5	11,1	107,5	1,8	3,9
11. Empresas fechadas	560,1	20,6	50,6	492,2	8,3	17,8
Memo: dívida bancária	*398,5*	*14,6*	*36,0*	*1.500,0*	*25,2*	*54,2*
Riqueza financeira (total ex. imóveis)	1.979,3	72,8	178,9	3.367,8	56,7	121,7
Riqueza total	4.447,0	163,5	401,9	9.551,3	160,7	345,2

Fontes e observações: elaboração dos autores, Banco Central, IBGE, Anbima, Ministério da Fazenda. Memo: PIB dos 12 meses anteriores a cada período – em dezembro de 2007 = R$ 2,7 trilhões; e em dezembro de 2016 = R$ 5,9 trilhões. Renda disponível conforme publicada pelo Banco Central, R$ 1,11 trilhão no primeiro período e R$ 2,77 trilhões no segundo. EEPC – Entidade Fechada de Previdência Complementar. RPPS – Regime Próprio de Previdência Social.

Como pode ser visto na Tabela 8.1, os imóveis representam mais da metade do total, uma proporção relativamente alta quando comparada a países ricos, mas relativamente comum em países emergentes. As estimativas para o valor dos imóveis partem da metodologia das contas nacionais do IBGE para o cálculo das "atividades imobiliárias e aluguéis", que compreendem a incorporação, o comércio e a administração de imóveis. Os cálculos para a renda nacional normalmente estimam as rendas de aluguéis assumindo que os imóveis residenciais próprios geram "serviços de habitação" para seus proprietários, como se fora um aluguel imputado, uma estimativa do que os proprietários pagariam se não vivessem em imóveis próprios. O aluguel imputado corresponde a cerca de 70% do total de aluguel de imóveis. Somando o efetivo ao imputado, os aluguéis correspondem a cerca de 90% da produção das "atividades imobiliárias e aluguéis". Para as nossas estimativas, estimamos em 80% do valor divulgado nessa rubrica como fluxo de aluguéis para pessoas físicas. Descontamos esses valores utilizando a taxa de juros real que a NTN-B 2050 é negociada para chegar a um valor estimado do imóvel. De acordo com nossos cálculos, os valores resultantes foram: cerca de R$ 2,5 trilhões para dezembro de 2007, correspondentes a 91% do PIB dos doze meses anteriores; e R$ 6,184 trilhões para julho de 2016, ou 104% do PIB dos doze meses anteriores. Resultados similares foram obtidos por Reiff e Barbosa (2005) que estimaram modelos hedônicos para calcular valor de imóveis no Brasil entre 1980 e 1999 e chegaram a um valor médio em torno de 100% do PIB no período, com máximo de 106% em 1999 e mínimo de 80% em 1980.

Para os ativos financeiros usamos dados do Banco Central para os valores "em poder do público" e adotando a hipótese de que a parcela de pessoas físicas corresponde à mesma que se observa para depósitos a prazo, para os quais, em julho de 2016, a proporção era ligeiramente superior a 50%. Dentro dessa premissa, estimamos os valores para papel-moeda e para depósitos à vista. Para depósitos a prazo os valores para pessoas físicas são os diretamente publicados pelo Banco Central. Para depósitos de poupança adotou-se a hipótese simplificadora de que a totalidade dos depósitos é de pessoas físicas. O mesmo se passa com as carteiras de títulos públicos no sistema Tesouro Direto.

O instrumento financeiro mais popular de retenção de riqueza por pessoas físicas é o fundo mútuo, para o qual existem estatísticas bastante completas publicadas pela Anbima,[16] incluindo diversos tipos de fundos, inclusive os de previdência aberta (VGBLs e PGBLs), fechados, os sem liquidez diária, e os FDICs (direitos creditórios), FIPs (investimentos e participações) e FIIs (imobiliários). Nesses casos, contudo, o valor da quota não é necessariamente marcado a mercado. Os valores na Tabela 8.1 são referentes à quota de final de mês. O relatório para julho de 2016 está disponível, mas não o de 2007. Utilizamos a porcentagem de ativos de titularidade de pessoas físicas em 2016 no estoque total de fundos em 2007. Em julho de 2016, o valor total de cotas de fundos era de R$ 1,52 trilhão,

48% do total dos fundos. Aplicando essa taxa para o total de fundos divulgado em dezembro de 2007 chegamos em R$ 557 bilhões reportados nesta tabela. A Associação Brasileira das Entidades Fechadas de Previdência Complementar (Abrapp) fornece dados mensais dos ativos dos fundos de pensão (Entidades Fechadas de Previdência Complementar – EFPC), cujos participantes ou titulares são pessoas físicas. Esses valores são parte da riqueza pessoal, tal como aqueles investidos no FGTS.[17] A Tabela 8.1 também reporta os valores aportados nos Regimes Próprios de Previdência Social (RPPSs) que já existem em cerca de 2 mil entes federativos, e com mais de 600 entidades plenamente constituídas em 2016.

Para os valores em ações de companhias abertas detidos por pessoas físicas utilizamos dados da BM&F Bovespa, que divulga mensalmente a posição de pessoas físicas na Bolsa de Valores, a preços de mercado. Bem mais complexo é estimar os valores detidos por pessoas físicas em ações de companhias não listadas em bolsa, para as quais não há qualquer informação pública sobre seu valor. As informações nas declarações de bens à Receita Federal, como se sabe, dizem respeito aos valores de aquisição, o que pode ter pouca relação com os valores de mercado. Sabe-se que o número de empresas brasileiras listadas em Bolsa é pequeno quando comparado ao que se observa em outros países, por isso é preciso cautela ao utilizar parâmetros de outros países para calibrar a razão entre o valor das empresas listadas e as não listadas no Brasil. No caso dos EUA, por exemplo, que divulgam separadamente o valor das participações dos indivíduos em empresas listadas e não listadas, a razão é reconhecidamente elevada, pois o mercado de capitais norte-americano é particularmente profundo: em alguns momentos especiais, o valor das participações de indivíduos em empresas listadas é muito maior que o alocado em ações de companhias fechadas. Por conta disso, optamos por utilizar a razão média observada na Europa, divulgada no balanço dos indivíduos publicado pelo BCE.

Pessoas físicas detêm recursos no exterior, e o Banco Central divulga o estoque de ativos de residentes brasileiros no exterior, mas não diferencia indivíduos e empresas. Por isso, adotamos a hipótese reconhecidamente arbitrária de que 50% do investimento em carteira e da conta "moedas e depósitos" convertidos para o Real com a taxa de câmbio média do ano é de pessoas físicas.

Resta considerar os passivos de pessoas físicas junto ao sistema bancário. Como esses ativos já estão na conta, pois constam do valor das ações detidas por pessoas físicas, cabe deduzir as dívidas de indivíduos junto aos bancos (na verdade, junto a pessoas jurídicas em geral), a fim de evitar dupla contagem. As dívidas entre pessoas físicas não foram consideradas pois não afetam o valor agregado da riqueza pessoal.

São esses os números resumidos na Tabela 8.1 em que apresentamos os valores nominais para cada um dos itens descritos, e que levam a um valor para a riqueza total de cerca de R$ 4,5 trilhões correspondentes a 163% do PIB e cerca de 4 vezes da renda disponível em 2007 e R$ 9,5 trilhões equivalentes a 161% do PIB e 3,4 vezes a renda disponível em 2016.

Estimativas de outros autores para a riqueza no Brasil se situam na mesma ordem de grandeza a julgar pelos números coligidos da Tabela 8.2 a seguir.

Tabela 8.2
Riqueza privada no Brasil: estimativas diversas, entre 2000 e 2016

	2000	2007	2012	2016
Banco Mundial	171%			
Davies e Shorrocks	213%			
Idem (Global Wealth Report)		146%		149%
Medeiros		98%	105%	

Fontes e observações: World Bank (2006), Davies *et al.* (2009), Global Wealth Report, diversos números e Medeiros (2015).

O estudo do Banco Mundial produz estimativas para o ano 2000 no contexto de esforços para medir também o valor da riqueza representada por recursos naturais e também por intangíveis. Os valores para a "riqueza produzida", conforme ali definido, são os que mais se aproximam do conceito de riqueza estimado na Tabela 8.1. James Davies e colaboradores trabalharam com dados de domicílios para muitos países, complementados por uma variedade de técnicas estatísticas, e também obtiveram uma estimativa para o ano 2000. Dois desses pesquisadores passaram a produzir em bases regulares um relatório sobre riqueza global (Global Wealth Report) para um instituto de pesquisa patrocinado por um grande banco global de participação destacada na administração de fortunas, com base nos quais foram obtidas as estimativas para 2007 (146%) e 2016 (149%) indicadas na Tabela 8.2. As estimativas de Marcelo Medeiros foram feitas com base nos dados brutos das declarações de bens junto à Secretaria da Receita Federal nas quais, como se sabe, exceto pelos ativos financeiros, todos os outros ativos estão registrados pelos seus valores de aquisição ou subscrição. As estimativas de Medeiros oferecem muito claramente um piso para os nossos cálculos.

A Tabela 8.3 resume estimativas para diferentes países, separados em países ricos e emergentes, feitas por Piketty e pelo Global Wealth Report para 2013 e 2016. Os números parecem confirmar *grosso modo* a tese, um tanto acaciana talvez, segundo a qual, nos países ricos, a riqueza representa um múltiplo maior do PIB que nos países emergentes. Na verdade, a conclusão é bem menos óbvia do que parece, pois estaria a indicar justamente que os países com PIBs maiores teriam capacidade desproporcionalmente maior de sustentar dívidas pois seus níveis de poupança acumulada, ou de riqueza, são maiores que o que se observa em países emergentes *em relação a seu próprio PIB*.

Tabela 8.3
Riqueza privada em diversos países: estimativas de Piketty e GWR para 2013 e 2016

		2013 Piketty	2016 GWR
Países desenvolvidos	Austrália	436%	512%
	Canadá		494%
	França	491%	478%
	Alemanha	351%	355%
	Itália	553%	538%
	Japão	509%	509%
	Coreia	451%	447%
	Espanha	551%	351%
	Suíça		525%
	Reino Unido	475%	534%
	EUA	418%	457%
	Média	470%	473%
Países emergentes	China	382%	205%
	México		152%
	África do Sul	228%	232%
	Chile		256%
	Colômbia		222%
	Índia		138%
	Indonésia		188%
	Malásia		157%
	Filipinas		191%
	Rússia		89%
	Turquia		148%
	Média	305%	180%

Fontes e observações: Piketty (2014), Global Wealth Report, diversos números.

Resta, por fim, comparar as estimativas de riqueza com diferentes conceitos de dívida pública brasileira para aferir se a comparação com a riqueza adiciona *insights* sobre a questão da sustentabilidade do endividamento público. A Tabela 8.4 traz essas comparações.

Tabela 8.4

Endividamento público e riqueza privada, diversos conceitos, 2007 e 2016

Conceito de dívida	2007			2016		
	como % do PIB	% da riqueza total	% da riqueza financeira	como % do PIB	% da riqueza total	% da riqueza financeira
Dívida mobiliária fora do BC	45,0	27,5	61,9	47,7	29,7	84,3
Dívida líquida do setor público interna	51,8	31,7	71,2	58,9	36,6	103,9
Dívida bruta interna	51,7	31,6	71,0	70,3	43,8	124,1

Fontes e observações: Banco Central do Brasil, Tabela 8.1, elaboração dos autores.

A Tabela 8.4 exibe três conceitos distintos de dívida interna em proporção ao PIB de 2007 e 2016 e também com relação às medidas de riqueza calculadas pela Tabela 8.1. A dívida mobiliária fora do BCB é aquela sob a forma de títulos em poder do público, sem considerar a que está em carteira na Autoridade Monetária. A dívida líquida do setor público interna refere-se a todos os tipos de dívida, não apenas a que está na forma de títulos, mas é líquida de créditos que o setor público possui com o setor privado dentro do país. A dívida bruta interna não considera essas deduções. As três aumentaram de 2007 para 2016 como proporção do PIB, sendo que a dívida bruta com mais clareza, quase vinte pontos percentuais do PIB em nove anos. Esse é o período da "Nova Matriz" e também de acumulação de ativos contra o setor privado, por exemplo, através do BNDES, portanto, compreende-se que a dívida bruta tenha aumentado bem mais que a líquida.[18]

As comparações dos três conceitos de dívida interna com as estimativas de riqueza total revelam que em 2007 algo pouco inferior a 1/3 da riqueza privada brasileira total estaria dedicada a financiar o governo enquanto em 2016 essa proporção teria se elevado para algo entre 30% e 44%. Quando se trata da riqueza financeira os números são ainda mais impressionantes: já estavam ao redor de 2/3 em 2007, mas em 2016 se observam números entre 84% e 124%.[19] Numa primeira observação parece estranho que se observem números assim tão altos, inclusive maiores que 100%, o que poderia indicar a existência de subestimação dos valores para a riqueza financeira, o que não se pode afastar. Todavia, uma explicação plausível ainda que parcial para o fenômeno é o fato de que a parcela da dívida interna detida por não residentes se elevou de 0,88% do total em 2007 para algo em torno de 14,3% em dezembro de 2016, correspondentes a R$ 427 bilhões (ou 12,7% do total da riqueza financeira reportada na Tabela 8.1) depois de estar em 20% em 2014.[20] Há várias observações a fazer sobre esse mecanismo. Numa primeira observação é como se as necessidades de financiamento do Tesouro Nacional a provocar a necessidade de aumento no endividamento público fossem financiadas do exterior, ou seja, como se fosse emissão de dívida externa contratada em moeda nacional e indexadores locais.[21] Com efeito, em 2015, ao adotar a 6ª edição do Manual de Balanço de Pagamentos do FMI o BCB estabeleceu que "a estatística da dívida externa divulgada trimestralmente pelo BCB passará a compreender o estoque de títulos de renda fixa negociados no mercado doméstico e detidos por não residentes, em especial, a parcela correspondente da Dívida Pública Mobiliária Federal Interna (DPMFi)".[22] Nesse momento, os valores dos títulos da dívida interna detidos por não residentes correspondiam a 26,1% da dívida externa bruta brasileira, percentual que vinha se mantendo nessa faixa desde 2011.

É preciso observar, no entanto, que há nesse mecanismo o clássico "problema da transferência", ou seja, o Tesouro não obtém moeda nacional para financiar seu déficit diretamente dos investidores estrangeiros, pois não a possuem. O não residente precisa vender seus dólares em mercado, e o BCB poderá ou não comprar tais dólares, e esterilizar ou não as suas compras. Se o fizer, ou seja, se obtiver os reais através de colocação de títulos do Tesouro em mercado, terá elevado a dívida em poder do público para carregar créditos contra o Tesouro dos EUA, tudo isso para neutralizar os efeitos monetários da entrada de dólares causada pelo interesse de investidores estrangeiros em absorver o aumento na dívida mobiliária interna, agora reclassificada como externa. É como se a dívida interna aumentasse em dobro, ao menos a bruta, quando o Tesouro se financia em reais com não residentes. Mais preciso seria dizer que o aumento na dívida mobiliária interna, agora reclassificada como externa, tivesse um acréscimo de custo decorrente do *carry* negativo das reservas internacionais que pode ser bem maior que qualquer benefício que a participação estrangeira possa trazer nos leilões primários do Tesouro. Na ausência dessa consideração é possível exibir indicações de que a presença estrangeira na dívida doméstica ajudou a reduzir as taxas de alguns tipos de papéis, porém, é claro, esta evidência deve ser vista com grande "ceticismo".[23]

Tudo considerado, a presença estrangeira na dívida interna, ou sua transfiguração parcial em dívida externa, pode mitigar uma situação de *crowding out*, mas não há dúvida de que introduz uma série de novas complexidades. Como não é claro se é uma alternativa econômica, sobretudo se o custo de carregamento das reservas internacionais é considerado, a autoridade se vê diante da dúvida sobre estimular ou vedar a participação estrangeira na dívida interna, o que envolverá o sempre delicado tema do controle sobre entradas de capitais estrangeiros no país.

Vale observar adicionalmente que a venda direta de títulos do Tesouro para não residentes está longe de ser a única explicação envolvendo relações com o exterior para o aparente paradoxo em proporções maiores que 100% na Tabela 8.4. Durante o período considerado por esta tabela, 2007-2016, os investimentos diretos no Brasil, por exemplo, acumularam um montante superior a US$ 400 bilhões, considerando apenas participações no capital de empresas locais de não residentes.[24] Esses valores nada agregam à riqueza pessoal de residentes, mas podem estar sendo utilizados em boa medida para acumular títulos da dívida interna nas tesourarias das respectivas empresas. Não há necessariamente um desvio de finalidade ou irregularidade nessa possibilidade, o que fica claro é que este e outros canais assemelhados estão funcionando como mecanismos complementares ou acessórios ao processo de *crowding out* provocado por demandas excessivas para o financiamento de déficits e dívida que parecem cada vez mais claramente insustentáveis.

Conclusões

Ainda que se possa dizer que há muito a se pesquisar para melhorar as estimativas existentes sobre riqueza financeira privada, inclusive de modo a permitir mais comparabilidade entre países, parece haver pouca dúvida de que o endividamento público no Brasil, quando comparado à riqueza privada, estaria facilmente entre os maiores do mundo. Não há dúvida de que temos aqui uma avenida muito promissora para explicações sobre a presença das maiores taxas de juros do mundo em solo brasileiro e de processos de *crowding out* no âmbito do qual o aumento do endividamento público precisa ocorrer através da expulsão de outros instrumentos financeiros da riqueza privada, o que se faz com juros e prazos cada vez mais atrativos para o investidor.[25] A terminologia "dominância fiscal" aparece com frequência nos debates recentes sobre os níveis talvez excessivos da dívida pública, ou das tensões entre a política monetária e a situação fiscal, mas a literatura especializada prefere preservar esta linguagem para casos extremos de perda de funcionalidade da política monetária, como o do cenário da "perversa aritmética monetarista", originalmente descrito por Thomas Sargent e Neil Wallace, e também no caso do "paradoxo do dinheiro caro" conforme a descrição de Eduardo Loyo para o mergulho do país na hiperinflação nos anos 1980.[26] A pertinência de situações assemelhadas para o Brasil dos últimos anos, inclusive, ensejando sérias dúvidas sobre a ineficácia da política monetária, provocou debates em que muitos cuidaram de defender a integridade das relações macroeconômicas convencionais e evitar o que poderia ser um "mergulho numa política monetária experimental, norteada pela total contraversão do senso comum".[27] Não obstante, entre os extremos da dominância fiscal e o da total independência da política monetária relativamente às exigências do financiamento da dívida pública, há um campo intermediário carecendo de melhores protocolos. Sabe-se que o mau estado das contas públicas e o tamanho da dívida pública tornam mais azeda e difícil a tarefa do BCB, mas os mecanismos exatos de formação desse azedume precisam estar mais explícitos, inclusive para que a "culpa" pelos juros altos fosse depositada no endereço correto.

Este trabalho procurou dar alguns passos iniciais no terreno das estimativas para a riqueza de forma a permitir novos *insights* sobre as dificuldades de sustentação de déficits e dívidas elevados no Brasil. Estimativas bastante preliminares foram reunidas na Tabela 8.1, mas que não discreparam daquelas obtidas em diversos outros trabalhos. Essas estimativas permitem inferências interessantes sobre os limiares de intolerância de dívida e de *crowding out* para o país, valendo observar que mais da metade da riqueza privada brasileira estaria alocada em imóveis, o que serve para limitar a parcela da riqueza total que poderia estar alocada em títulos públicos. Nossas estimativas sugerem que a parcela da riqueza financeira privada investida em instrumentos de dívida pública teria se movido de patamares em torno de 2/3 do total em 2007 para proporções talvez superiores a 100% em 2016, um pequeno mistério que convida a muitas interpretações, sem excluir os erros de medição. A principal via de explicação tem a ver com os investimentos de não residentes em títulos da dívida pública denominada em moeda nacional, bem como outros mecanismos pelos quais não residentes podem estar carregando dívida denominada em reais como, por exemplo, através das empresas estrangeiras sediadas no Brasil.

O crescimento da dívida pública em moeda nacional observado nesses anos teria sido absorvido através da exaustão das possibilidades da riqueza financeira doméstica e também através de uma "externalização" direta ou indireta do endividamento em moeda nacional. Esta singularidade brasileira talvez seja a explicação, ou ao menos boa pista para uma outra perplexidade nacional sobre a qual muito se discute: as causas fiscais para as altas taxa de juros.

Notas

1. Os autores agradecem a Gabriel Jardanovski as habilidades exercidas no manejo dos dados.
2. "On the Measurement of National Wealth", 1938, de Simon Kuznets, é um clássico, e muito indicativo é o próprio título do longo projeto de pesquisa patrocinado pelo NBER: *Studies in Income and Wealth*.
3. Como em World Bank, *Where is the Wealth of Nations?*, 2006; ou em Stiglitz, Sen & Fitoussi, *Commission on the Measurement of Economic Performance and Social Progress*, 2009.
4. Thomas Piketty, *Capital in the Twenty-First Century*, 2014, p. 1.
5. *Ibidem*, p. 114.
6. Por óbvio, não é o que se passa com a dívida externa, que não é nosso assunto aqui.
7. Thomas Piketty, *Ibidem*, pp. 145, 154.
8. Por exemplo, J. Bradford DeLong, "On the Proper Size of the Public Sector and the Level of Public Debt in the Twenty-First Century". Na verdade, o tema é antigo e retroage ao menos à época em que a expressão "privilégio exorbitante" foi primeiro empregada pelo presidente francês Valery Giscard d'Estaign, conforme discutido extensamente em Barry Eichengreen, *Exorbitant Privilege: the Rise and Fall of the Dollar and the Future of the International Monetary System*.
9. Carmen Reinhart e M. Belen Sbrancia, "The Liquidation of Government Debt", 2011, p. 8.
10. Thomas Piketty, *Capital in the Twenty-First Century*, 2014, p. 541.
11. Carmen Reinhart, Kenneth Rogoff e M. A. Savastano, "Debt Intolerance", 2003, p. 1. Carmen Reinhart e Kenneth Rogoff desenvolveram esses conceitos tendo em mente a experiência de endividamento *externo*, na qual a experiência do Brasil não parece tão negativa quanto pareceriam indicar os sete episódios de *default* ou reestruturação de dívida externa ocorridos entre 1801 e 2002, no contexto de uma estranha amostra da qual também fazem parte Espanha e Alemanha com o mesmo número de episódios de *default* experimentados pelo Brasil.
12. Carmen Reinhart e Kenneth Rogoff compilam bem menos episódios de *default* em dívida interna que externa desde 1800 – apenas 70 casos comparados a 250 em *defaults* de dívida externa, e listam apenas dois episódios para o Brasil: 1986-87 e 1990. Carmen Reinhart & Kenneth Rogoff, *This Time is Different: Eight Centuries of Financial Folly*, 2009, pp. 111, 126.
13. O assunto é discutido extensamente em Gustavo Franco, "Notas sobre *crowding out*, juros altos e LFTs", 2017, caps. 2 e 9.
14. Peter Stella, "Minimizing Monetary Policy", 2010.
15. Thomas Piketty, *Capital in the Twenty-First Century*, 2014, p. 34.

16. <www.anbima.com.br/pt_br/informar/estatisticas/fundos-de-investimento/fi-consolidado-historico.htm>.
17. Não foram incluídos os totais do FAT para os quais não há mais contas individuais.
18. Não estão consideradas nesta conta nem as reservas nem o endividamento externo, pois trata-se aqui de dívida interna.
19. Como evidência firme nessa direção, ainda que não na mesma magnitude, observa-se que o percentual dos ativos de fundos de pensão brasileiros alocado em títulos do governo se elevou de 54,9% em 2007 para 67,1% em 2015, conforme dados da Abrapp.
20. André Melo e Mauricio Dias Leister, "O investidor não residente na dívida pública em moeda local", 2016; e relatórios mensais do Tesouro Nacional.
21. A prática de indexação cambial na dívida interna em 2016 era marginal.
22. BCB, "Estatísticas do setor externo – Adoção da 6ª edição do Manual de Balanço de Pagamentos e Posição Internacional de Investimentos (BPM6)", 2015, p. 4.
23. André Melo e Mauricio Dias Leister, "O investidor não residente na dívida pública em moeda local", 2016, p. 35.
24. Vale recordar que o aumento nas reservas internacionais nesse mesmo período foi de cerca de US$ 180 bilhões.
25. A funcionalidade das LFTs – títulos públicos cujo rendimento é a taxa do *overnight* – nesse processo é enorme, pois representa o ativo sem risco de principal e de taxa, e inclusive de liquidez. É a ponta de lança do *crowding out*. *Cf.* Gustavo Franco, "Notas sobre *crowding out*, juros altos e LFTs".
26. Eduardo Loyo, "Tight Money Paradox on the Loose: a Fiscalist Hyperinflation".
27. Eduardo Loyo "Neofisherianismo: vai entender", *Valor* 3.2.2017. O artigo respondia aos de André Lara Rezende: "Juros e conservadorismo intelectual" (*Valor*, 13/1/2017) e "Teoria, prática e bom senso" (*Valor*, 27/1/2017). Também escreveram sobre o assunto Alexandre Schwartzman, Samuel Pessoa, Marcos Lisboa, Carlos Eduardo Gonçalves e Monica De Bolle.

Referências bibliográficas

BANCO CENTRAL DO BRASIL (2015). "Estatísticas do setor externo – Adoção da 6ª edição do Manual de Balanço de Pagamentos e Posição Internacional de Investimentos (BPM6)". *Nota metodológica nº 4 – Dívida externa*, Brasília, Banco Central do Brasil, junho.

DAVIES, James B. *et al.* (2009). "The Level and Distribution of Global Household Growth". *NBER Working Paper* n. 15.508, novembro.

DELONG, J. Bradford (2016). "On the Proper Size of the Public Sector and the Level of Public Debt in the Twenty-First Century", in BLANCHARD, Olivier *et al.*

(orgs.). *Progress and Confusion: the State of Macroeconomic Policy.* Cambridge: IMF e The MIT Press.

EICHENGREEN, Barry (2011). *Exorbitant Privilege: the Rise and Fall of the Dollar and the Future of the International Monetary System.* Oxford: Oxford University Press.

FRANCO, Gustavo H. B. (2006). "Notas sobre *crowding out*, juros altos e LFTs", in BACHA, Edmar L. e CHRYSOSTOMO, L. (orgs.). *Mercado de capitais e dívida pública.* São Paulo: Contracapa & Anbid.

CREDIT SUISSE *Research Institute*, diversos números. *Global Wealth Report* (Davies e Shorrocks).

IBGE (2008). *Série relatórios metodológicos – Contas nacionais trimestrais.* Rio de Janeiro: IBGE.

KUZNETS, Simon (1938). "On the Measurement of National Wealth". Conference on Research in National Income and Wealth. *Studies in Income and Wealth*, vol. 2. NBER.

LOYO, Eduardo (1999). "Tight Money Paradox on the Loose: a Fiscalist Hyperinflation". Cambridge: John F. Kennedy School of Government.

MEDEIROS, M. (2015). "Distribuição da riqueza no Brasil: Limitações a uma estimativa precisa a partir dos dados tabulados do IRPF disponíveis". *Economics and Politics Working Paper 57/2015.*

MELO, André A. e DIAS LEISTER, Mauricio (2016). "O investidor não residente na dívida pública em moeda local". Brasília: Secretaria do Tesouro Nacional, Texto para Discussão n. 16.

PIKETTY, T. (2014). *Capital in the Twenty-First Century.* Cambridge: The Belknap Press of Harvard University Press.

PIKETTY, T. e ZUCMAN, Gabriel (2014). "Capital is back: wealth-income ratios in rich countries 1700–2010". *Quarterly Journal of Economics* 15, setembro.

REIFF, L. e BARBOSA, A. (2005) "Housing Stock in Brazil: Estimation Based on a Hedonic Price Model". *BIS Working Papers* n. 21.

REINHART, Carmen M. e ROGOFF, Kenneth S. (2009). *This Time is Different: Eight Centuries of Financial Folly.* Princeton: Princeton University Press.

——— (2004). "Serial Default and the 'Paradox' of Rich-to-Poor Capital Flows". *American Economic Review Papers and Proceedings*, vol. 94, n. 2, maio.

REINHART, Carmen M.; ROGOFF, Kenneth S.; e SAVASTANO, M.A. (2003). "Debt Intolerance". *Brookings Papers on Economic Activity*, n. 1.

REINHART, Carmen M. e SBRANCIA, M. Belen (2011). "The Liquidation of Government Debt". *NBER Working Paper*, n. 16.863, março.

STELLA, Peter (2010). "Minimizing Monetary Policy". *BIS Working Paper*, n. 330. Basileia: Bank of International Settlements, novembro.

——— (2008). "Central Bank Financial Strength, Policy Constraints and Inflation". *IMF Working Papers*, n. 08/49, fevereiro.

STIGLITZ, Joseph E.; SEN, Amartya; e FITOUSSI, Jean-Paul (orgs.) [Sarkozy Commission] (2009). *Commission on the Measurement of Economic Performance and Social Progress*. Paris.

WORLD BANK (2006). *Where is the Wealth of Nations? Measuring Capital in the 21st Century*. Washington D.C.: The World Bank.

PARTE III

CRESCIMENTO, DESENVOLVIMENTO ECONÔMICO E BALANÇO DE PAGAMENTOS

9

CONTABILIZANDO O FUTURO: O BRASIL NA ARMADILHA DO LENTO CRESCIMENTO[1]

Regis Bonelli[2]

1. INTRODUÇÃO

A visão do crescimento de longo prazo da economia brasileira que emerge da Figura 9.1 aqui representada é mais do que suficiente para justificar a preocupação com o futuro do país devido às sucessivas frustrações com o desempenho agregado nele retratadas. Ao mesmo tempo, oferece desafio e incentivo aos que se dedicam a propor explicações para as flutuações de longo prazo do PIB e, mais importante, como superá-las. Na Figura 9.1, mostramos as taxas anuais de crescimento do PIB desde 1950 nas barras verticais, suas médias decenais na linha grossa e, na fina linha, as taxas médias decenais do PIB *per capita*.

Figura 9.1
Brasil: Taxas anuais de crescimento do PIB (Y'), sua média decenal (Y' MM10) e do PIB *per capita* (Ypc' MM10), 1950-2018 (% a.a.)

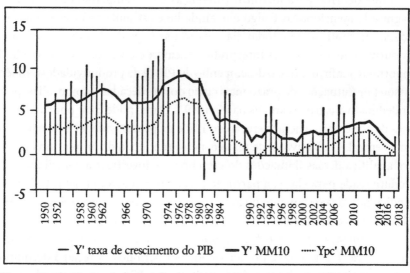

Fonte: Contas Nacionais do Brasil para 2017 e 2018, projeções do Boletim Macro do IBRE (0,4%, e 2,3%, respectivamente).

Começando com as análises da "década perdida" dos anos 1980, o interesse no tema do crescimento vem frequentemente acompanhado de dúvidas quanto à sua sustentabilidade devido às fortes flutuações que ocorreram diversas vezes; fases de aceleração e desaceleração de distintas durações se sucederam no tempo, com intensidades variáveis.[3]

Da Figura 9.1, nota-se que, após alcançar 9,5% ao ano na década encerrada em 1976, as taxas médias decenais passam por um colapso apenas brevemente interrompido na retomada que teve início logo depois de 1990 – mas, de curta duração, sucedida que foi por outra desaceleração na década terminada em 1999. Neste último ano, a média decenal de crescimento do PIB chegou a 1,7% ao ano, a mesma de 1990. Segue-se uma fase de forte aceleração do crescimento até 2012-13, quando as taxas decenais foram da ordem de 4% ao ano, e novo fracasso nos anos finais da série: a taxa média de aumento do PIB na década terminada em 2018 será da ordem de 1,2% ao ano, a mais baixa dos quase setenta anos mostrados na Figura.[4]

A fase de aceleração até 2012-13 não teve continuidade, muito pelo contrário; para quem no começo da atual década projetava para o futuro um crescimento do nível de atividade da ordem de 4% ao ano, como o dos anos imediatamente anteriores, foi grande a frustração gerada pelo desempenho dos últimos anos. Mais uma vez ficou claro que estamos presos em uma armadilha de lento crescimento, da qual só conseguimos sair poucas vezes nas últimas quase quatro décadas. E assim mesmo, temporariamente.

O que ocorreu para justificar diferenças de desempenho das ordens de magnitude mencionadas é algo que ainda hoje estimula análises e interpretações. Em praticamente todas elas, associa-se à queda do crescimento a da produtividade – em nossa interpretação, causa e consequência daquela. É importante reafirmar que o desempenho do PIB (e da produtividade) também passou por flutuações de prazo mais curto do que décadas – como, aliás, pode ser deduzido das barras anuais na Figura 9.1. O que pode estar por trás dessas fases de aceleração e desaceleração do PIB e da produtividade? Este é o nosso tema central. O objetivo deste texto é, nesse sentido, o de propor uma narrativa analítica dessas flutuações do crescimento, investigar a contribuição da produtividade para elas e, a partir de parâmetros macro, projetar trajetórias condicionais de crescimento no longo prazo utilizando a metodologia da contabilidade do crescimento.

A organização do texto é a seguinte: a próxima seção apresenta a associação entre crescimento e produtividade por períodos. A seção 3 decompõe o crescimento da produtividade do trabalho na PTF e no aprofundamento do capital, enquanto a seção 4 propõe formatos alternativos para examinar

220 | DE BELÍNDIA AO REAL

a mesma questão, cada um deles adicionando aspectos para a explicação. A seção 5 especula sobre as perspectivas de longo prazo a partir de dois cenários principais, função de parâmetros macro observados no passado e projeções demográficas. A seção 6 conclui a análise com um breve resumo do artigo e algumas especulações.

2. CRESCIMENTO E PRODUTIVIDADE ESTREITAMENTE RELACIONADOS

As médias decenais na Figura 9.2 escondem flutuações de prazo mais curto tanto do PIB (Y) quanto da produtividade horária do trabalho (yt). Essas flutuações são ilustradas na Figura 9.2 junto com as da produtividade total dos fatores (PTF), nele incluídas pelo destaque que receberão na análise posterior.

No painel da esquerda (A), subdividimos o período desde 1950 em duas longas épocas: entre 1950 e 1980 e entre 1980 e 2016. Nesse painel, se observa que na fase de ouro do crescimento brasileiro, de 1950 a 1980, o PIB crescia 7,4% ao ano, enquanto a produtividade do trabalho aumentava 4,2% anualmente – ou seja, a produtividade representava 57% do crescimento do PIB. Já a PTF crescia 2% ao ano, com a implicação de que o aprofundamento do capital respondia pelos 2,2% anuais restantes.[5] Desses dados, se deduz que o uso combinado de capital e trabalho aumentou elevados 5,2% ao ano na fase de ouro (7,4 – 2,2), ou 70% do crescimento.

Depois de 1980, o quadro muda substancialmente: o crescimento do PIB até 2016 alcançou apenas 2,2% anuais, e o da produtividade do trabalho meros 0,6% ao ano (27% do crescimento do PIB, apenas). A PTF, por sua vez, avançou mísero 0,2% ao ano. O uso combinado de capital e trabalho, portanto, aumentou 2% ao ano (2,2 – 0,2), respondendo por cerca de 90% do crescimento.

Figura 9.2
Taxas médias de crescimento do PIB (Y'), da produtividade horária
do trabalho (yt') e da produtividade total dos fatores (PTF')
entre 1950 e 2016: Subperíodos selecionados (% a.a.)

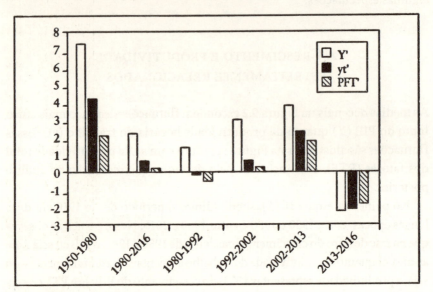

Fonte: Elaboração do autor.

O desempenho desses indicadores depois de 1980, entretanto, não foi uniforme. E é isso que mostra o painel da direita (B) na Figura 9.2, em que se identificam quatro fases entre 1980 e 2016. A primeira é a da longa década perdida, entre 1980 e 1992, sobre a qual tanto se escreveu. Nela, o PIB cresceu medíocre 1,4% anual (com o PIB per capita caindo 0,5% ao ano) e as produtividades do trabalho e total dos fatores diminuíram, com a implicação de que a eficiência com que os fatores de produção foram utilizados caiu no período como um todo. É interessante registrar que o uso combinado de capital e trabalho continuou aumentando: a taxa média é de 2% ao ano. Ou seja, mais capital e trabalho foram utilizados, mas de forma tão ineficiente que a PTF caiu.

Na década das reformas (1992-2002), a retomada do PIB foi vigorosa (3% ao ano), mas a produtividade não se recuperou tanto quanto o PIB. Já o emprego aumentou substancialmente, como se deduz da diferença entre as alturas das barras Y' e yt'.

Seguiu-se a fase do *boom* das *commodities*, caracterizada por fortes ganhos dos termos de troca, tema ao qual retornaremos em seguida: entre 2002 e 2013,[6] o PIB cresceu 3,8% anuais, a produtividade horária do trabalho, 2,3% e a PTF, expressivos 1,7% anuais. Daí, resulta uma contribuição do aprofundamento do capital de 0,6% ao ano, relativamente pequena em relação ao crescimento da produtividade do trabalho.

Ou seja, atravessamos uma fase de crescimento elevado entre 2002 e 2013 – mas que não teve continuidade: entre 2013 e 2016 o PIB desabou 2,3 % ao ano, a produtividade do trabalho caiu 2,2%, e a PTF, 1,9% anuais. O aprofundamento do capital, no entanto, continuou a aumentar, mas a uma taxa bem pequena.

A sincronia dos movimentos do PIB, da produtividade do trabalho e da PTF também pode ser vista na Figura 9.3, que apresenta as médias móveis quadrienais das taxas de crescimento dessas variáveis de modo a suavizar as flutuações de prazo mais curto.[7]

A Figura 9.3 permite a identificação de duas fases de aceleração das variáveis: uma entre 1991-1992 e 1996-1997, a outra entre 2001 e 2010-2011. Mesmo após essas datas, o crescimento continuou acelerado até 2013: a taxa média de crescimento do PIB no quadriênio 2010-2013 foi de 4,1% ao ano; a da produtividade do trabalho, 3,1% ao ano; a da PTF, 1,9% anuais.

O que singulariza essas fases de aceleração é o crescimento relativamente mais forte da produtividade, tanto do trabalho quanto da PTF, especialmente na segunda fase. Mas, além disso, em ambas houve fortes ganhos dos termos de troca – especialmente mais fortes e prolongados a partir do começo dos anos 2000.[8] Esse aspecto é mostrado na Figura 9.4, em que se observa que as flutuações de crescimento do PIB estão associadas às variações dos termos de troca.[9]

Figura 9.3
PIB, produtividade do trabalho e PTF: Taxas de crescimento em médias móveis de quatro anos (MM4) (% a.a.)

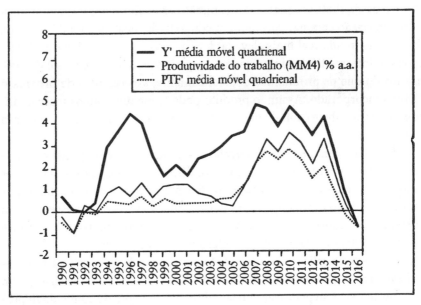

Fonte: Elaboração do autor.

Figura 9.4
Taxas de variação dos termos de troca (TdT' – eixo da esquerda) e do PIB
(Y' – eixo da direita), 1990-2016: Médias móveis de quatro anos (% a.a.)

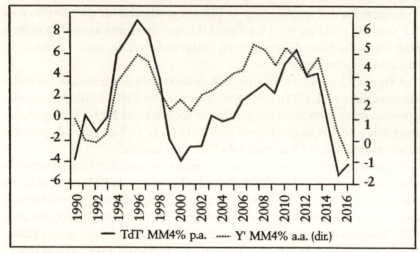

Fonte: Elaboração do autor.

E o vínculo passa pela produtividade. Isso foi mostrado, por exemplo, por Bacha e Bonelli,[10] que chamaram a atenção para as correlações positivas entre a PTF e os termos de troca (TdT) nas experiências históricas do Brasil e do México desde 1980. O canal de transmissão é: a melhora dos termos de troca gera apreciação cambial, que (em um contexto de maior disponibilidade de divisas e de renda real mais elevada) leva ao uso mais intensivo de bens de capital e intermediários importados, os quais são mais eficientes e diversificados do que os produzidos domesticamente; são veículos de progresso técnico incorporado. Assim, o produto pode aumentar com os mesmos insumos de trabalho e capital, ou mais do que proporcionalmente ao aumento dos insumos.

De forma inversa, uma deterioração dos termos de troca deprecia a taxa de câmbio real e (em um contexto de menor disponibilidade de divisas e menor renda real) induz uma substituição ineficiente de produtos importados por produzidos domesticamente. Além desse efeito, sob retornos crescentes, um aumento (redução) dos termos de troca eleva (diminui) a demanda agregada e impacta positivamente (negativamente) a medida da PTF.[11]

Restaria por explicar por que o efeito dos termos de troca sobre a produtividade foi aparentemente mais intenso na década passada do que na anterior. A resposta para isso pode estar no fato de que o aumento do conteúdo importado por unidade de produto (PIB) foi mais forte na década passada do que antes.[12] Alternativamente (ou complementarmente), a segunda onda de ganhos dos termos de troca foi muito mais prolongada do que a primeira. As médias móveis quadrienais da PTF e dos termos de troca são mostradas na Figura 9.5, em nível das variáveis, para o período 1990-2016.

Figura 9.5
Médias móveis quadrienais dos níveis da PTF e dos Termos de Troca (TdT): 1990-2016 (1995 = 100, nos dados originais)

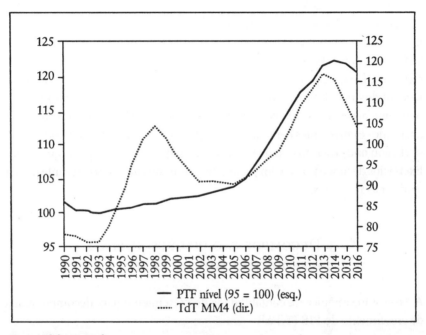

Fonte: Elaboração do autor.

Essa conclusão aparece também em resultados recentemente apresentados por Bráulio Borges,[13] ao sugerir que a crescente divergência pós-1980 do PIB per capita entre Brasil e Estados Unidos coincidiu com forte aumento da correlação entre variações do PIB per capita e dos termos de troca. Partindo de coeficientes de correlação (R) ligeiramente negativos no começo dos anos 1970, a tendência das correlações contemporâneas entre as variáveis medidas em janelas móveis de 10 e 20 anos aumenta continuamente desde então, atingindo valores de 0,8 em 2015. Na interpretação do autor, as oscilações dos termos de troca transmitem-se ao PIB principalmente pelos efeitos sobre a demanda interna, pois o consumo das famílias e o investimento fixo respondem por cerca de 80% do PIB. Borges mostra também que a correlação entre as taxas de crescimento trimestral da formação bruta de capital fixo (FBCF) em relação ao mesmo trimestre do ano anterior e dos termos de troca para o período 1997-2016 é de 0,74; com o consumo das famílias, é de 0,59.[14]

Todos esses fatores geraram forte crescimento durante a fase de aumento dos termos de troca. Mas o choque negativo, quando as variações dos termos de troca se tornaram negativas, pode gerar forte desaceleração do crescimento econômico e afetar o potencial de crescimento pela volatilidade dos investimentos. O caso brasileiro contém ingredientes desse processo.

A tentativa de conclusão desta seção não é, portanto, otimista: uma possível implicação dos resultados é que o Brasil só voltará a crescer mais rapidamente se for novamente beneficiado pela loteria das *commodities*. Mas não necessariamente. De qualquer forma, o registro até aqui é que, após interregnos em meados dos anos 1990 e entre 2003 e 2011, o país parou de crescer a taxas minimamente necessárias para convergir para níveis de renda per capita dos países avançados e emergentes bem-sucedidos. Dito isso, é importante entender como se chegou onde estamos e o que pode ocorrer após a fase em que ingressamos. Exercícios de longo prazo com parâmetros retirados da história recente podem ajudar nas respostas.

3. Decomposição do crescimento da produtividade do trabalho

A expressão canônica da contabilidade do crescimento para decompor a taxa de crescimento do PIB (Y') é:[15]

(1) $\quad Y' = PTF' + a.(u.K)' + (1 - a).HT'$

Dela, se deduz a expressão para o crescimento da produtividade do trabalho (yt'):

(2) $\quad yt' = PTF' + a.(u.K/HT)'$

em que o crescimento da produtividade do trabalho é igual à soma do crescimento da PTF com o da relação capital/trabalho ponderada pela participação do capital na renda (aprofundamento do capital). Portanto, a produtividade do trabalho pode crescer pelo crescimento da PTF – uma medida da eficiência com que trabalho e capital são utilizados na produção; alternativamente, de progresso tecnológico – pela incorporação de mais capital por trabalhador ao processo produtivo ou uma combinação de ambas. A Figura 9.6 seguinte ilustra o desempenho dessas variáveis desde 1990, medidas em médias móveis quadrienais.

Figura 9.6
Decomposição do crescimento da produtividade do trabalho (yt') nas parcelas PTF' e aprofundamento do capital: 1990-2016 (MM 4, % a.a.)

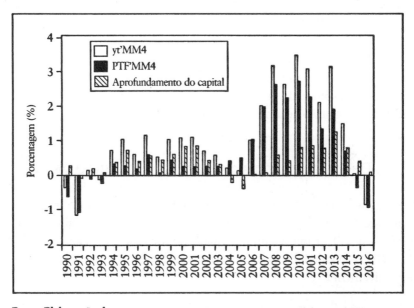

Fonte: Elaboração do autor.

Entre 1990 e 2016, a produtividade por hora de trabalho aumentou em média 1% ao ano.[16] Essa taxa decompõe-se em parcelas de 0,6% ao ano da PTF e 0,4% ao ano de aprofundamento do capital, mas com fortes flutuações por subperíodos. É possível identificar das médias móveis duas fases de aceleração da produtividade do trabalho e duas de desaceleração: entre 1991 e 1997, a aceleração de 2,2 pontos percentuais da produtividade do trabalho é explicada, principalmente, pela da PTF (+1,6 ponto percentual) – ou seja, melhora na eficiência com que capital e trabalho foram utilizados. Já na desaceleração de 0,5% de yt' entre 1997 e 2003, a PTF respondeu por 0,3 ponto percentual e o aprofundamento do capital pelo 0,2 ponto percentual restante.

Entre 2003 e 2010, houve forte aceleração (2,8 pontos percentuais) na produtividade do trabalho, dos quais 2,4 pontos percentuais corresponderam à aceleração de PTF' e 0,4 ponto percentual, ao aprofundamento do capital; novamente, a melhora na produtividade é atribuível principalmente à PTF. E, entre 2010 e 2016, a desaceleração de 4,2 pontos percentuais no crescimento da produtividade do trabalho foi, novamente, quase que integralmente associada à da PTF (-3,6 pontos percentuais).

Uma conclusão parcial é que a queda da PTF – um indicador da eficiência com que trabalho e capital são combinados na produção – está associada à queda da produtividade do trabalho. As variações no aprofundamento do capital explicam pouco das variações da produtividade do trabalho no período analisado. No quadriênio 2013-2016, aliás, houve aumento da relação capital-trabalho. O que não impediu que a produtividade do trabalho e a PTF diminuíssem fortemente.

Conclui-se que o problema está na perda de eficiência do sistema econômico, representada pela produtividade total dos fatores (PTF). Mas, por quê? Decomposições alternativas do crescimento da PTF, na próxima seção, podem ajudar na construção de uma explicação.

4. Decomposição da taxa de crescimento da PTF

É trivial deduzir de (1) que o crescimento da PTF pode ser decomposto em duas parcelas: uma associada à produtividade do capital – aqui aproximada por (Y' – [u.k]') – e outra à produtividade do trabalho – aqui aproximada por (Y' – HT') – ponderadas pelas participações dos fatores na renda, α e $(1 - \alpha)$, respectivamente:

$$(3) \quad PTF' = \alpha. (Y' - [u.k]') + (1 - \alpha).(Y' - HT')$$

O resultado dessa forma de decomposição, que nada mais é do que uma forma modificada da expressão básica da contabilidade do crescimento, está na Figura 9.7. Nele, mostramos na linha o crescimento médio quadrienal da PTF e, nas barras, a contribuição da produtividade do trabalho para esse crescimento – a da produtividade do capital sendo a diferença, como se depreende de (3).

Figura 9.7
Crescimento Quadrienal da PTF e Contribuição da Produtividade do Trabalho: 1990-2016, (MM4 em % a.a.)

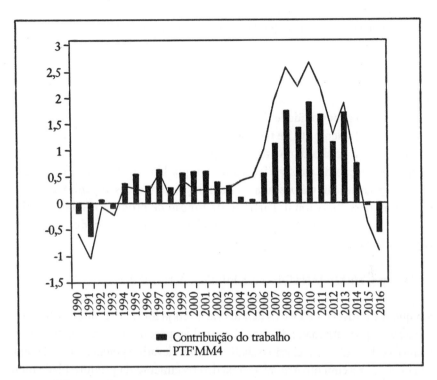

Fonte: Elaboração do autor.

É possível ver, na Figura 9.7, que a maior parte das taxas de variação da PTF esteve associada à contribuição da produtividade do trabalho. Mas, com algumas exceções que devem ser notadas: de 2004 a 2011, na fase de *boom* das *commodities*, a produtividade do capital teve uma importância positiva e relativamente maior. Nos dois últimos quadriênios, no entanto, a situação se inverte. Entre 2012 e 2016, por exemplo, a contribuição da produtividade do capital para a queda da PTF é de aproximadamente 1/2. Ou seja, a produtividade do capital também caiu substancialmente, além da do trabalho. Novamente, por quê?

As explicações mais comuns para a redução da produtividade do trabalho apoiam-se na mudança da estrutura da economia pró-serviços dos últimos anos. Como esse setor tem produtividade inferior à média, e apresenta produtividade com crescimento mais lento, a mudança estrutural ajuda na explicação.[17] Mas o desempenho setorial da produtividade foi medíocre na maior parte dos setores nas duas últimas décadas. As exceções são a agropecuária, a extração mineral, os serviços industriais de utilidade pública e a intermediação financeira, os três últimos com pequena participação no emprego total, logo, pequeno efeito sobre a produtividade da economia como um todo.

Uma conjectura é que a queda mais brusca da produtividade nos últimos anos está relacionada com a recessão, e a perda de produto e se deve à perda de eficiência do sistema econômico. Se a produtividade é pró-cíclica, quedas no crescimento estão associadas a quedas mais do que proporcionais na produtividade.

E quanto à produtividade do capital? O registro, nesse caso, é de elevação até aproximadamente 2011 e redução posterior. Mais uma vez, por quê?

Uma forma de abordar a análise da produtividade do capital (v) é a partir da decomposição de suas variações no tempo. Uma explicação neoclássica para as variações em v é baseada na sua relação com o desempenho da PTF e da relação trabalho-capital. Partindo da função de produção Cobb-Douglas agregada, com as propriedades usuais, podemos escrever a produtividade do capital v (relação produto-capital em uso) como:[18]

$$(4) \quad v = Y/uK = [A(HT)1{-}\alpha\,(uK)\alpha]/uK = A(HT/uK)1{-}\alpha$$

em que A é o nível da PTF e as demais variáveis já foram definidas. Nessa formulação, a produtividade do capital é igual ao produto da taxa de progresso técnico ou PTF (A) e da relação trabalho-capital elevada à potência $(1 - \alpha)$. Logo, sua taxa de crescimento é igual à soma do crescimento da produtividade total dos fatores com o da relação trabalho-capital ponderada pela participação do trabalho na renda.

A Figura 9.8 mostra a decomposição das taxas de crescimento das variáveis na expressão anterior, dadas pelas diferenças dos logaritmos, em médias móveis quadrienais, e registra o desempenho da produtividade do capital desde 1990 nas barras sem preenchimento. Ele permite concluir que a produtividade do capital diminuiu gradualmente até 2003, aumentou fortemente daí até 2011, se elevou pouco no biênio seguinte e desabou nos últimos três anos, nessa métrica.

Nele, se observa que a componente principal por trás das variações da produtividade do capital também é a PTF.[19] A relação trabalho-capital atua quase sempre na direção contrária, exceção feita aos quadriênios findos em 2004 e 2005, além de, marginalmente, no quadriênio terminado em 1991. Logo, a produtividade do capital também está estreitamente associada à eficiência com que trabalho e capital são combinados na produção.

230 | DE BELÍNDIA AO REAL

Figura 9.8
Decomposição logarítmica das variações na produtividade do trabalho (v) entre a PTF (A) e a relação trabalho-capital (HT/u.K) (MM4, % a.a.)

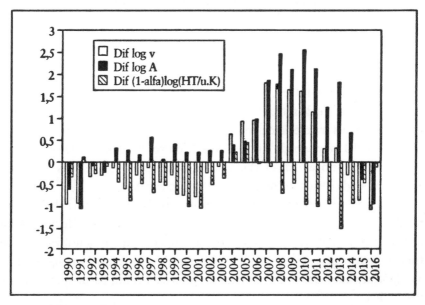

Fonte: Elaboração do autor.

A questão que naturalmente se coloca é o que pode explicar a queda de v nos últimos anos, além do seu caráter pró-cíclico. Da definição de v, se segue que ela aumenta sempre que o estoque de capital, corrigido pelo grau de utilização, aumenta menos do que o produto gerado (VA, ou PIB) no mesmo período de referência. E v diminui se o capital aumenta mais que o produto gerado.

Isso sugere que gastos em capital fixo que não gerem valor adicionado na mesma proporção que geravam em períodos anteriores implicam redução na produtividade do capital. Uma conjectura é que isso pode ter ocorrido devido a decisões de política econômica e/ou mudanças no ambiente de negócios que causaram distorções na alocação do capital. Algumas possíveis causas seriam obras atrasadas, inacabadas etc., que implicam gasto em formação de capital, mas não geram produto. Alguns exemplos são: (i) unidades de geração de energia elétrica que ficaram prontas, mas não foram interligadas às redes de transmissão; (ii) estaleiros inacabados ou paralisados; (iii) refinarias cuja construção foi interrompida, mas onde despesas de capital foram efetuadas (Maranhão e Pernambuco); (iv) obras do Complexo Petroquímico do Rio de Janeiro (Itaboraí); (v) atrasos em projetos de infraestrutura ou projetos inacabados (hidroelétricas) etc.

Além desses, pode-se mencionar a corrupção, que desvia recursos que de outra forma poderiam ser gastos em investimentos em infraestrutura.[20] Todos esses são exemplos de má alocação de capital derivados de erros de política econômica e revelam desperdício e distorções na alocação de recursos.

5. Perspectivas

O que esperar para o futuro, a partir do desempenho dos parâmetros de crescimento do passado e de sua possível evolução? Nesta seção, usamos o princípio simples de que a trajetória de crescimento futuro da economia dependerá de quanto do PIB for poupado e investido e de outros parâmetros que governam o crescimento pelo lado da oferta. Adotamos sequencialmente duas hipóteses: a produtividade é exógena ou endógena (pró-cíclica).

A expressão básica da contabilidade do crescimento, repetida abaixo para referência, nos informa que o crescimento do PIB é igual à soma de três partes: o crescimento da PTF, dos insumos de capital (corrigido pela utilização) e de trabalho (*idem*, pela jornada). O Apêndice, localizado ao fim do artigo, resume as hipóteses adotadas nos exercícios de projeção. Aqui, basta apresentar os resultados.

(1) $\quad Y' = PTF' + \alpha.(u.K)' + (1 - \alpha).HT'$

No modelo de PTF exógena, a expressão deduzida no Apêndice leva aos resultados na Tabela 9.1, no qual mostramos, para diferentes taxas PTF', o crescimento médio do PIB correspondente: dado o crescimento esperado da produtividade total dos fatores, o PIB fica determinado. A Tabela 9.1 mostra também a produtividade horária do trabalho e as taxas de formação bruta de capital fixo implícitas em cada simulação.

Assim, se o crescimento da PTF for nulo, o PIB crescerá 0,8% ao ano no longo prazo. Se for de 0,5%, o PIB crescerá 1,7% ao ano, e assim por diante. De passagem, note-se que a produtividade do trabalho é pró-cíclica: ela cresce mais do que proporcionalmente em relação ao PIB. Os insumos de trabalho crescem 0,8% por ano no longo prazo em todas as simulações. Só o que muda é PTF'.

Tabela 9.1

Taxas médias anuais de crescimento da PTF, do PIB e da produtividade do trabalho no longo prazo (% a.a.)

PTF'	Y'	yt'	Taxa de FBCF*
0	0,8	0	15%
0,5	1,7	0,9	17%
1,0	2,6	1,8	19%
1,5	3,5	2,7	21%

* Em preços de 2010; supondo relação produto-capital de 0,4.
Fonte: Elaboração do autor (ver Apêndice).

Percebe-se claramente que a transição demográfica – e as menores taxas de crescimento futuras das variáveis demográficas que ela embute (PIA, PEA e PO) – traduz-se em taxas substancialmente menores para o crescimento do PIB potencial neste exemplo com produtividade exógena, em relação a exercícios com dados do passado. Como ilustração, incluímos na última coluna da direita as taxas de formação bruta de capital fixo que resultam da adoção de uma relação produto-capital de 0,4, constante no exercício.

Com a taxa de investimento registrada em 2016 (17% do PIB), e dada uma taxa de 0,5% ao ano para a produtividade total dos fatores, o crescimento no longo prazo seria de 1,7% ao ano. Com a taxa de investimento de 2010-2011 (21% do PIB), o crescimento acelera para 3,5% – desde que PTF' aumente para 1,5% ao ano. A questão é como fazê-lo. Como vimos acima, o Brasil só conseguiu sustentar taxas médias dessa ordem de grandeza antes de 1980 ou na década terminada em 2013. Neste caso, como vimos, com desempenho fortemente associado aos termos de troca e à bonança externa permitida por termos de troca muito favoráveis.

Os resultados obtidos com o modelo em que se considera a PTF pró-cíclica estão na Figura 9.9. Nesse exercício, adotamos duas possibilidades para a produtividade do capital (v) no longo prazo: ela pode se situar entre 0,37 (como a registrada em 2000-2001) e 0,42 (como a de 2010-2011). Essas opções dão origem às duas retas mostradas na Figura 9.9. Quanto mais alto v, maior a taxa de crescimento para a mesma taxa de formação de capital, obviamente.

Figura 9.9
Taxas de crescimento do PIB em função das taxas de
investimento em preços constantes (% a.a.)

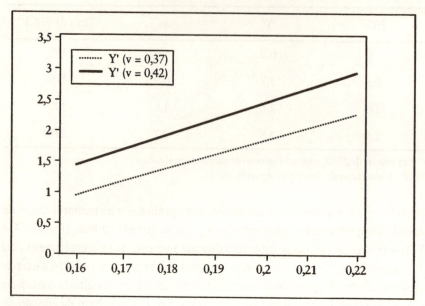

Fonte: Elaboração do autor.

Com a taxa de investimento registrada em 2016 (17%) mantida no longo prazo, o PIB cresceria 1,2% na alternativa de que v se mantenha no valor mais baixo. E 1,7% ao ano, se adotarmos a opção de produtividade do capital mais alta.

Com taxas de investimento relativamente elevadas, da ordem das observadas em 2011-2013 (21% do PIB), o crescimento acelera para entre 2,1% e 2,7% ao ano, dependendo da produtividade do capital. Não chegam a ser resultados brilhantes. De qualquer forma, esse é o leque de alternativas de crescimento no longo prazo que se obtém com os parâmetros adotados. A questão é como elevar a taxa de investimento e, simultaneamente, a produtividade do capital. A contabilidade do crescimento tem pouco a oferecer para esse cardápio.

6. Conclusão

A economia brasileira chegará ao final da década de 2010 tendo atravessado uma recessão inédita na nossa história econômica estatisticamente documentada. A recessão ajudou a piorar o fraco desempenho de longo prazo que vinha de antes, com a exceção da fase do *boom* dos preços de *commodities* – fase essa "esticada" com estímulos de política econômica à demanda por consumo e investimento que em pouco tempo se revelaram insustentáveis.

Para piorar o quadro, a rápida transição demográfica torna o crescimento do PIB nos próximos anos cada vez mais dependente da elevação da produtividade do trabalhador, pelas restrições que impõe ao crescimento da oferta de trabalho no longo prazo.

Nossa análise mostrou que o desempenho da produtividade nos últimos anos foi desapontador, por qualquer métrica que seja usada. Nessas condições, as perspectivas de crescimento futuro parecem ainda mais fracas do que se imaginava há não muito tempo.

A análise identificou também diversos fatores na raiz da fragilidade do crescimento atual. Um deles, obviamente, é o débil ritmo de elevação da produtividade, causa e consequência do crescimento, tema ao qual voltaremos em um instante.

O outro é a transição demográfica, que impõe limites ao crescimento da força de trabalho – logo, aos níveis de emprego – e coloca um ônus adicional na elevação da produtividade como fonte de crescimento. Se na "idade de ouro" do crescimento brasileiro, pré-1980, era possível elevar o nível de emprego a taxas médias pouco superiores a 3% ao ano (emprego medido em pessoas ocupadas), atualmente as taxas máximas não alcançam um terço daquelas.

Existem poucas alternativas para escapar dessa limitação imposta pela dinâmica demográfica. Uma, apontada no texto, é esperar que a difusão da educação se encarregue de elevar a taxa de participação (especialmente feminina, ainda hoje bem inferior à masculina), o que faria a força de trabalho (PEA) crescer mais rápido do que a população em idade ativa (PIA) – mas os ganhos possíveis aqui são quantitativamente limitados, como vimos. Outra, é recorrer a influxos significativos de trabalhadores de outros países. Mas, nesse caso, cálculos preliminares indicam que o volume de imigrantes teria que ser substancial para fazer diferença perceptível na oferta de trabalho. Além disso, o país ainda não possui instituições capazes de lidar com influxos de imigrantes nas ordens de grandeza requeridas para elevar substancialmente o número de trabalhadores. Logo, se o objetivo é acelerar o crescimento do nível de atividade, a solução tem necessariamente que passar, principal e primeiramente, pelo aumento da produtividade.

Outro fator seria a ocorrência de um novo ciclo de bonança externa.[21] A gerência prudente dos frutos de eventuais ganhos futuros advindos da "loteria das *commodities*" poderia resultar em aceleração da produtividade e do produto, evitando as flutuações bruscas que foram a tônica das épocas de ganhos de termos de troca no passado. Mas não existem atualmente indicações de que um novo ciclo de ganhos substanciais dos termos de troca esteja por acontecer.

CONTABILIZANDO O FUTURO | 235

Um terceiro seria um aumento do grau de participação do comércio exterior no PIB que, além do efeito sobre a demanda dado pela expansão das exportações, teria efeitos pelo lado da oferta que adviriam de melhoria na qualidade dos insumos, como assinalado.[22]

Retorna-se, portanto, ao tema da produtividade, razão de ser deste ensaio. Nele, vimos que o colapso do crescimento da produtividade total dos fatores está muito associado ao decepcionante desempenho, seja da produtividade do trabalho, seja da produtividade do capital. Se interpretarmos a PTF como uma medida da eficiência com que os fatores são combinados na produção – noção que embute a de progresso tecnológico –, a experiência dos últimos anos é reveladora de distorções alocativas que podem estar na raiz do fraco desempenho produtivo do país.

Mas nossos resultados também indicam uma saída, ao apontarem repetidas vezes para o aspecto pró-cíclico da produtividade segundo as medidas usuais (*measured productivity*). A saída está no impulso ao crescimento pelo lado da demanda, particularmente eficaz em uma fase, como a atual, de elevado grau de ociosidade na economia, tanto do trabalho quanto do capital. Mas aqui, como em diversas outras áreas da teoria do crescimento, a metodologia de *growth accounting* tem pouco a oferecer.

Notas

1. O texto reflete acerca do débito intelectual do autor com o homenageado, quanto mais não seja pelo aprendizado nos trabalhos feitos em coautoria, listados ao final.
2. Do Instituto Brasileiro de Economia – IBRE/FGV, Rio de Janeiro. Esta versão foi beneficiada por comentários do homenageado e de Pedro Malan a uma anterior. Erros e/ou omissões remanescentes são, obviamente, de responsabilidade do autor. O texto atualiza resultados e análises anteriores, notadamente Bonelli, 2014, 2016 e 2017.
3. A rigor, ainda nos anos 1970, alguns trabalhos eram céticos quanto à sustentabilidade do crescimento acelerado registrado na maior parte da década (ver, por exemplo, Bonelli e Malan, 1976). Mas é a partir dos anos 1980, e com mais intensidade nos anos 1990, que começa a se difundir a dúvida quanto à manutenção do crescimento às taxas médias do pós-guerra. Ver, por exemplo, Bonelli e Fonseca, 1998, Pinheiro, Gill, Serven e Thomas, 2001, Bugarin, Ellery Jr., Gomes e Teixeira, 2003, Gomes, Pessôa e Veloso, 2003, Bacha e Bonelli, 2005 e 2016a, Bonelli e Bacha, 2013, Bonelli, 2014, 2016 e 2017, Barbosa F. e Pessôa, 2014b.

4. Em termos *per capita*, no entanto, a conclusão é ligeiramente diferente: a taxa mais baixa da série, – 0,3% ao ano, é a da década terminada em 1990. A evolução da diferença entre as alturas das curvas decenais do PIB e do PIB *per capita* espelha a forte transição demográfica experimentada pelo país, com implicações não negligenciáveis sobre a oferta de trabalho no longo prazo – logo, sobre o crescimento, como veremos no final do texto. Na segunda metade da década de 1950, por exemplo, a população crescia cerca de 3,1% a.a.; atualmente ela cresce aproximadamente 0,8% ao ano.

5. Uma decomposição padrão da contabilidade do crescimento nos informa que a taxa de crescimento da produtividade do trabalho é igual à da PTF acrescida do crescimento da relação capital-trabalho ponderada pela participação do capital na renda gerada. Essa expressão é derivada da que iguala o crescimento do PIB à soma do crescimento da PTF e do uso dos insumos capital e trabalho, dada a hipótese de retornos constantes à escala. As expressões (1) e (2), que aparecem mais adiante, representam algebricamente essas descrições.

6. Para sermos mais precisos, os ganhos dos termos de troca terminaram em 2011. Mas o crescimento econômico continuou até 2013, por conta dos estímulos à demanda adotados no país desde o início da crise mundial.

7. A partir deste ponto, a análise se restringe aos anos desde 1990. Vários textos citados na nota número III analisaram os anos anteriores.

8. Sobre o papel dinamizador da bonança externa possibilitada pelo aumento das relações de troca sobre a atividade, Bacha, 2013, conclui que a bonança acumulada entre 2005 e 2011 representou entre 8,8% e 9,9% do PIB em preços constantes (dependendo do exercício realizado pelo autor), permitindo que o gasto interno crescesse 5,7% ao ano no período – ou seja, 1,5 ponto percentual acima do PIB. "Esse excesso de gasto sobre o PIB foi permitido em partes aproximadamente iguais pela melhoria das relações de troca e a entrada líquida de recursos financeiros líquidos" (p. 116). De passagem, mencione-se que fortes ganhos dos termos de troca também ocorreram durante o "milagre econômico" brasileiro de 1968-1973.

9. Um relatório recente do Banco Mundial (Araújo *et al.*, 2016) analisa o *boom* de preços de *commodities* e o desempenho das economias latino-americanas. Das suas conclusões destacamos a seguinte passagem: "Uma importante parcela do crescimento durante os anos 2000 nos países ricos em recursos naturais pode ser explicada pelas condições externas, medidas por *dummies* de tempo para capturar choques globais, crescimento dos termos de troca e ganhos inesperados de preços de *commodities*." (p. 75, nossa tradução.)

10. Bacha e Bonelli, 2016.

11. Seguimos fielmente Bacha e Bonelli, 2016, pp. 162-640, nestes dois parágrafos. Lá, o período do *boom* dos preços (e quantidades) de *commodities* foi por nós batizado de "*China Syndrome*", para destacar o fato de que parte da bonança

externa foi devida ao pantagruélico apetite chinês por *commodities* que caracterizou o período.

12. Entre 1992 e 1997, o *quantum* importado de bens de capital por unidade de PIB quadruplicou e o de bens intermediários (também por unidade de produto) pouco mais do que dobrou, ambos partindo de um nível muito baixo. Para o intervalo 2003-2011, as razões são, respectivamente, de 3 e 1,5, partindo de níveis bem mais elevados.

13. Seminário no IBRE/FGV em 16 de janeiro de 2017.

14. Outros canais de transmissão de elevações dos termos de troca para a demanda interna são, como mencionado pelo autor: (1) efeitos renda (setor exportador) e riqueza (via preços dos ativos); (2) induzem abertura comercial mais acelerada, permitindo, entre outras coisas, ganhos mais expressivos de produtividade; (3) facilitam *booms* de crédito, alimentados, inclusive, pelo resto do mundo, pois existe elevada sobreposição entre ciclos de alta dos preços de *commodities* e ciclos de fluxos de capitais para emergentes; (4) geralmente são acompanhadas por política fiscal pró-cíclica, com forte elevação das receitas governamentais nos períodos de *boom* geralmente acompanhadas de elevação das despesas primárias.

15. A expressão é derivada de uma função de produção Cobb-Douglas com retornos constantes de escala. α é a produtividade marginal do capital, ou elasticidade do produto em relação ao capital – nas condições usuais, igual à participação do capital na renda (igual a 0,45, doravante) –, u.K é uma medida do capital utilizado, na qual u é o grau de utilização e K, o estoque de capital, e HT é o número de horas trabalhadas. O sinal ' denota taxas de crescimento.

16. É importante registrar que a produtividade por pessoa ocupada cresceu menos: 0,6% ao ano. A diferença se deve à redução da jornada de trabalho, que alcançou -0,4% ao ano entre 1990 e 2016. A taxa média desde 1982 é um pouco menor: -0,42% ao ano. Ver Barbosa e Pessôa (2014a).

17. Registre-se, por outro lado, que setores como as indústrias de transformação e de construção apresentaram crescimento negativo para a produtividade do trabalho em boa parte do período, o que não tem a ver com mudança estrutural. Ver, a propósito, Veloso, Matos e Coelho, 2014.

18. Essa dedução foi apresentada em Bonelli e Bacha, 2013.

19. A rigor, trata-se de outra forma de mostrar o que vimos antes.

20. Bacha, em comentário feito a uma versão anterior, adiciona uma especulação: a corrupção também contribui para elevar a relação capital-produto (diminuir a produtividade do capital) ao privilegiar projetos intensivos em capital, com maior margem de propina.

21. Além dos efeitos sobre o crescimento pelo lado da demanda, os ganhos dos termos de troca têm efeitos sobre a produtividade pelo lado da oferta, como vimos, devido ao progresso técnico incorporado em matérias-primas e equipamentos importados.

22. Ver, para outras implicações, a estratégia descrita em Bacha (2016).

Referências bibliográficas

Araujo, J. T.; Vostroknutova, E.; Brueckner, M.; Clavijo, M. e Wacker, K. M. *Beyond Commodities - The Growth Challenge of Latin America and the Caribbean*. Latin American Development Forum. Washington, DC: World Bank, 2016.

Bacha, E. "Bonança externa e desindustrialização: Uma análise do período 2005-2011". In: Bacha. E. e de Bolle, M. B. (orgs.). *O futuro da indústria no Brasil - Desindustrialização em debate*. Rio de Janeiro: Civilização Brasileira, IEPE/ CdG, 2013.

Bacha, E. "Integrar para crescer 2.0". In: Velloso, João Paulo dos Reis (org.). *Investindo contra a crise e procurando voltar a crescer*. Rio de Janeiro: Instituto Nacional de Altos Estudos - INAE, 2016, pp. 65-74.

Bacha, E. e Bonelti, R. "Uma interpretação das causas da desaceleração econômica do Brasil". In: *Revista de Economia Política*, São Paulo, jul-set 2005, 25(3).

Bacha, E. e Bonelli, R. "Coincident Growth Collapses: Brazil and Mexico Since the Early 1980's". *Estudos CEBRAP*, São Paulo, 2016a, nº 105.

Bacha, E. e Bonelli, R. "Accounting for the Rise and Fall of Brazil's Growth after World War II". In: Damill, Mario; Rapetti, Martín e Rozenwurcel, Guillermo (eds.). *Macroeconomics and Development: Roberto Frenkel and the Economics of Latin America*. Nova York: Columbia University Press, 2016, pp. 188-207.

Barbosa, F. de H. e Pessôa, S. "Pessoal ocupado e jornada de trabalho: Uma releitura da evolução da produtividade no Brasil". *Revista Brasileira de Economia*. Rio de Janeiro, abr-jun 2014a, vol. 68, nº 2.

Idem. "A desaceleração veio da Nova Matriz, não do Contrato Social". In: Bonelli e Veloso (orgs.). *Ensaios IBRE de Economia Brasileira II*. Rio de Janeiro: Elsevier: Ibre/FGV, 2014b.

Barbosa, F. de H.; Turra, C. M.; Wajnman, S. e Guimarães, R. "Transição demográfica, oferta de trabalho e crescimento econômico no Brasil". In: Bonelli e Veloso (orgs.). *A crise de crescimento do Brasil*. Rio de Janeiro: Elsevier: Ibre/ FGV, 2016.

Bonelli, R. "Produtividade e armadilha do lento crescimento". In: de Negri, F. R. e Cavalcante, L. R. Produtividade no Brasil: Desempenho e determinantes. Brasília: Ipea, 2014.

Bonelli, R. "Sobre o enigma do lento crescimento brasileiro". In: Bonelli, R. e Veloso, F. (orgs.). *A crise de crescimento do Brasil*. Rio de Janeiro: Elsevier: Ibre/ FGV, 2016.

Bonelli, R. "O Brasil em transição para um 'Novo Normal'?". In: Bonelli, R.; Pinheiro, A. C. e Veloso, F. (orgs.) *Anatomia da produtividade no Brasil*, 2017.

Bonelli, R. e Malan, P. S. "Os limites do possível: Notas sobre balanço de pagamentos e indústria nos anos 1970". In: *Pesquisa e Planejamento Econômico*. Rio de Janeiro: IPEA, ago 1976, vol. 6, nº 2.

Bonelli, R. e Fonseca, R. "Ganhos de produtividade e de eficiência: Novos resultados para a economia brasileira". *Pesquisa e Planejamento Econômico*. Rio de Janeiro: IPEA, ago 1998, vol. 28, nº 2.

Bonelli, R. e Bacha, E. "Crescimento brasileiro revisitado". In: Veloso, F.; Ferreira, P. C.; Giambiagi, F. e Pessôa, S. (orgs.). *Desenvolvimento econômico: Uma perspectiva brasileira*. Rio de Janeiro: Ed. Campus, 2013.

Bonelli, R. e Veloso, F. (orgs.). *Ensaios IBRE de Economia Brasileira II*. Rio de Janeiro: Elsévier: Ibre/FGV, 2014.

Bonelli, R. e Veloso, F. (orgs.). *A crise de crescimento do Brasil*. Rio de Janeiro: Ibre/FGV e Elsevier, 2016.

Bonelli, R.; Pinheiro, A. C. e Veloso, F. (orgs.). *Anatomia da produtividade no Brasil*. Rio de Janeiro: Ibre/FGV e Elsevier, 2017.

Bugarin, M. S.; Ellery Jr., R.; Gomes, V. e Teixeira, A. "The Brazilian Depression in the 1980's and 1990's". Brasília: Universidade de Brasília, Mimeo, 2003.

Gomes, V.; Pessoa, S. e Veloso, F. "Evolução da produtividade total dos fatores na economia brasileira: Uma análise comparativa". *Pesquisa e Planejamento Econômico*. Rio de Janeiro: IPEA, 2003, vol. 33.

Pinheiro, A. C.; Gill, I. S.; Serven, L. e Thomas, M. R. "*Brazilian economic growth, 1900-2000: Lessons and policy implications*". Washington, DC: World Bank, 2001.

Veloso, F.; Matos, S. e Coelho, B. "Produtividade do trabalho no Brasil: Uma análise setorial". In: *Ensaios IBRE de Economia Brasileira II*. Bonelli, R. e Veloso, F. (orgs.). Rio de Janeiro: Ibre/FGV e Elsevier, 2014.

APÊNDICE
HIPÓTESE DE CONSTRUÇÃO DAS
VARIÁVEIS USADAS NAS PROJEÇÕES

A equação básica da contabilidade do crescimento, repetida a seguir para referência, é a base para as projeções:

$$(1) \quad Y' = PTF' + \alpha.(u.K)' + (1 - \alpha).HT'$$

Começando pelos insumos de trabalho, total de horas trabalhadas (HT), sabemos que sua taxa máxima de crescimento no longo prazo é dada por

$$HT' = PO' + j'$$

Ou seja, é igual à soma do crescimento da população ocupada (PO) com o da jornada de trabalho (j). A PO, por sua vez, mantém em equilíbrio de longo prazo uma razão constante com a PEA (implica taxa de desemprego constante no longo prazo), logo,

$$PO' = PEA'$$

Já a PEA não pode crescer mais do que a PIA (população em idade ativa)[1] acrescida do aumento esperado da taxa de participação (part'). Logo, o crescimento do número de pessoas ocupadas é dado pelo da força de trabalho, ou PEA, o qual é a soma do crescimento da população em idade ativa (PIA) e do aumento anual esperado da taxa de participação, especialmente feminina, que acompanha o nível educacional da população. Em um horizonte de uma década a partir do presente, a PIA crescerá cerca de 1% ao ano no Brasil, e o aumento esperado da taxa de participação é de 0,1 ponto percentual ao ano.[2] Para a jornada, adotamos uma taxa de -0,3% ao ano, inferior à média observada desde 1982, de -0,42% ao ano.[3]

Logo,

$$PEA' = PIA' + part' = 1,0 + 0,1 = 1,1\% \text{ ao ano}$$

Substituindo:

$$HT' = PEA' + j' = 1,1 - 0,3 = 0,8 \% \text{ ao ano.}$$
$$\text{Com } \alpha = 0,45$$
$$(1 - \alpha).HT' = 0,44\%$$

que é a contribuição do trabalho para o crescimento, valor a ser substituído na expressão (1).

Para o crescimento do capital em uso (u.K)', adotamos, inicialmente, no algoritmo (modelo) de produtividade exógena, a hipótese de que no longo prazo a produtividade do capital (v) ficará constante. Com isso, $v' = 0$, ou $Y' = u' + K'$.

Logicamente, a utilização de capacidade u também é constante no longo prazo, logo $u' = 0$. Assim, $K' = Y'$.

Substituindo acima, resulta em $Y' = 1,82^*PTF + 0,008$: o crescimento do PIB só depende de PTF' e dos insumos de trabalho.

Para o modelo de produtividade endógena (função do PIB), precisamos de uma relação entre a PTF e um indicador de atividade (que não o próprio PIB). Uma solução é estimar PTF' como função do crescimento da utilização dos insumos de trabalho e capital. Ou seja:

$$PTF' = f[\alpha(u.K)' + (1 - \alpha)HT']$$

A estimação por OLS de uma equação desse tipo mostra que o crescimento da PTF é igual a 0,27 do crescimento dos insumos de capital e trabalho no período de 1990 a 2016 quando se levam em conta os níveis dos termos de troca e se isolam os anos de 2007 a 2011.[4]

Com isso e as hipóteses sobre o crescimento máximo de horas trabalhadas e utilização (u) constante (u' = 0), a equação (1) se escreve:

$$Y' - 0,27Y' = 0,45K' + 0,0044$$
$$Ou\ Y' = 0,62K' + 0,006$$

Neste ponto, fazemos uso de uma expressão deduzida em Bacha e Bonelli,[5] ligeiramente adaptada:

$$K' = s.u.v - \delta$$

Em que s é a taxa de poupança em preços constantes (de 2010, no presente caso), u e v já foram definidos e δ é a taxa de depreciação do estoque de capital (igual a 0,05 nos anos finais da série de capital). Supondo u = 0,95 (valor médio da taxa de utilização em 2000-2016) e v assumindo o valor mais baixo desde 2000 (0,37; em 2000, 2001 e 2003) ou mais elevado (0,42; em 2011), tem-se duas taxas possíveis para o crescimento do capital, dadas pelas equações

$$K'1 = 0,35s - 0,05$$
$$K'2 = 0,40s - 0,05$$

Da substituição de cada uma dessas equações na equação para Y' acima resultam duas equações para o crescimento do PIB:

$$Y'1 = 0,217s - 0,025$$
$$Y'2 = 0,247s - 0,025$$

Ou seja, com a produtividade do capital mais alta, o PIB cresce 0,03 vez a taxa de poupança em preços constantes em relação ao caso de produtividade mais baixa.

Finalmente, o leitor terá notado que neste ensaio não incluímos nos insumos de trabalho o capital humano.[6] Neste sentido, o efeito dos aumentos na dotação de capital humano por trabalhador aparece incluído na produtividade total dos fatores. Sua inclusão elevaria os insumos de trabalho nas projeções de crescimento. Mas, ao mesmo tempo, reduziria PTF'.

Notas do Apêndice

1. Nos exercícios, adotamos como limite para definir a PIA toda a população com idade de 15 anos e mais de idade e o horizonte de 2017 a 2027. Se tivéssemos adotado como limite superior a idade de 64 como corte, a taxa de crescimento anual seria menor ainda: 0,6%, em vez de 1% ao ano.
2. Ver Barbosa, F. *et al.*, 2016.
3. Ver Barbosa, F. e Pessôa, 2014a.
4. É interessante notar que, quando a estimação é feita com os dados de 1950 a 1980, o coeficiente aumenta para 0,43.
5. Bacha e Bonelli, 2005.
6. Isso foi feito em trabalho anterior. Ver Bonelli, 2016.

10

SEM RESTRIÇÕES, SEM CRESCIMENTO: UMA NOTA SOBRE A MACROECONOMIA ARGENTINA DURANTE A BONANÇA DOS ANOS 2000[*]

Guillermo Rozenwurcel e Ramiro Albrieu[1]

INTRODUÇÃO

O *boom* das *commodities* observado entre os anos de 2003 e 2013 transformou o contexto externo das economias da América Latina. A grande melhora nos termos de troca dos países latino-americanos, em especial os da América do Sul, promoveu o crescimento destas economias ao longo desses dez anos.

À primeira vista, parece, contudo, surpreendente que, apesar de uma bonança externa de semelhante magnitude e extensão, caracterizada pela coexistência de taxas de crescimento elevadas com superávits gêmeos (externo e fiscal) por um prolongado período, em muitos dos países beneficiados, tanto a taxa de investimento como o crescimento potencial praticamente não apresentaram melhoras. Como se explica esse aparente paradoxo? De nosso ponto de vista, a abordagem do modelo de hiatos, que teve em Edmar Bacha um de seus grandes expoentes, pode contribuir para a explicação.

Tomando a Argentina como estudo de caso, esse artigo aborda esse paradoxo, logo após a presente introdução. Com essa finalidade, no início o texto revê o modelo de hiatos à luz da conjuntura econômica favorável dos anos 2000 e apresenta a síndrome argentina de volatilidade, baixo crescimento e escassez de divisas. Depois, discute a dinâmica dos hiatos durante o período de bonança. A seguir são analisadas as razões do enfraquecimento dos investimentos nesse mesmo período. Finalmente, o artigo encerra com breves reflexões finais.

---

[*] Tradução de Fernanda da Rocha Lima Diego.

Revendo o modelo de hiatos à luz da ascensão econômica dos anos 2000

Desde meados dos anos 1970, se desenvolveu na América Latina uma corrente de pensamento crítico, que, mantendo o diálogo com o *mainstream*, procurou fazer teoria econômica a partir da realidade das economias da região, da dinâmica de suas estruturas produtivas e institucionais, de seus contextos políticos e sociais e dos problemas específicos que afetavam sua estabilidade no curto prazo, bem como seu potencial crescimento no longo prazo.

Edmar Bacha é, sem dúvida, um dos principais expoentes dessa corrente de pensamento e entre suas principais contribuições destacam-se os chamados modelos de hiatos, que tiveram sucessivas reformulações ao longo do tempo, evoluindo de forma concomitante com as mudanças no funcionamento das economias latino-americanas.

Os modelos de hiatos foram formulados com o intuito de identificar os determinantes das baixas taxas de investimento e, como consequência, o baixo crescimento potencial observado nas economias latino-americanas, fenômenos que não podiam ser explicados apenas como resultado das reduzidas taxas de poupança agregada.

Assim, a partir do questionamento da validade do modelo Harrod-Domar para explicar o funcionamento de economias semi-industrializadas, surge o modelo de dois hiatos.[2] Nesse modelo, o investimento e o crescimento potencial estão limitados pela disponibilidade da poupança agregada (hiato entre poupança e investimento). Porém, em economias como as dos maiores países latino-americanos, que foram se industrializando a partir do pós-Segunda Guerra por meio de um processo de substituição de importações, existe um segundo hiato, de poupança externa, que limita as importações de bens de capital não produzidos internamente. Nesses casos, é a escassez de divisas a restrição operativa que limita o investimento e o potencial crescimento.

Contudo, já desde o início da década de 1980, quando eclode a crise da dívida, o "problema da dupla transferência" não pode ser explicado satisfatoriamente pelo modelo de dois hiatos. Eis a razão para o surgimento do modelo de três hiatos:[3] a economia gera divisas (a restrição externa não é limitante), mas o superendividamento do governo e a sua necessidade de fazer frente ao pagamento de juros externos (transferência externa) limita o investimento público. De outro lado, o investimento privado está restrito porque o governo, mediante a tributação, o imposto inflacionário ou outros mecanismos compulsórios, capta os excedentes de divisas resultantes do superávit comercial gerado pelo setor privado (transferência interna).

246 | De Belíndia ao Real

Desde o começo do novo século, contudo, o *boom* das *commodities* voltou a transformar o contexto em que se desenvolviam as economias da região. A grande melhora nos termos de troca dos países latino-americanos, em especial os da América do Sul, contribuiu para promover o crescimento dessas economias ao longo de mais de dez anos. As condições financeiras externas também ajudaram, pois o período se caracterizou pela vigência de taxas de juros baixas e pelo excesso de liquidez em nível global.

Em consequência, parece, à primeira vista, surpreendente que, apesar de uma bonança externa de semelhante magnitude e extensão, caracterizada pela coexistência de taxas de crescimento elevadas e superávits gêmeos (externo e fiscal) por um período prolongado, nem a taxa de investimento nem o potencial de crescimento tenham praticamente apresentado melhoras em alguns dos países beneficiados. Como se explica esse aparente paradoxo? Acreditamos que, pelo menos no caso da Argentina, a abordagem do modelo de hiatos possa contribuir para essa explicação.[4]

A SÍNDROME ARGENTINA *REDUX*: RESTRIÇÃO EXTERNA, VOLATILIDADE E BAIXO CRESCIMENTO

Desde meados do século passado, mas provavelmente desde antes, o desempenho da economia argentina tem sido limitado recorrentemente pela escassez de divisas. É essa restrição externa que subjaz a sua forte volatilidade cíclica e seu baixo crescimento.

Três fatores estruturais são relevantes na hora de explicar esse fenômeno: o primeiro está vinculado à combinação de baixa produtividade e limitada abertura econômica da Argentina. Por essa razão, os períodos de expansão estiveram estreitamente associados ao aproveitamento de melhoras temporárias de competitividade-preço em decorrência de desvalorizações cambiais e de baixos salários reais (verso e reverso do mesmo fenômeno), sustentadas por acordos políticos mais ou menos circunstanciais, ou pela existência de condições externas transitoriamente favoráveis, seja dos termos de troca, seja de acesso ao financiamento internacional. Em qualquer caso, mais cedo ou mais tarde, essas melhoras paulatinamente tendiam a desaparecer.

Como em outros países semi-industrializados da América Latina (sendo México e Brasil os casos mais significativos), a limitada inserção internacional do país fez com que desde meados do século XX a economia argentina, em particular o setor industrial, estivesse centralmente dedicada a produzir bens para o mercado doméstico ou regional sob condições de escassa competência internacional e, portanto, com mínimos incentivos ou exigências para se modernizar e aumentar sua competitividade.

Entre meados da década de 1970 e a primeira metade da segunda década deste século, o país experimentou três períodos mais ou menos prolongados de relaxamento da restrição externa. Nos dois primeiros períodos, entre 1976 e 1982 e ao longo da década de 1990, isso foi possível pelas inéditas oportunidades de acesso aos mercados financeiros internacionais, que permitiram adotar (mais intensamente nos anos 1990) políticas de liberalização externa financiadas com endividamento internacional. O resultado foi um acentuado enfraquecimento dos setores comercializáveis, induzido tanto pelo rápido aumento das importações, quanto pelo atraso cambial resultante do massivo influxo de capitais. Ambas as experiências entraram em colapso quando o superendividamento e o concomitante fechamento dos mercados financeiros internacionais fez reaparecer a escassez das divisas, que em ambos os casos se acreditava, erroneamente, superada.

Essas duas tentativas de liberalização das importações *cum* endividamento externo acabaram reforçando os traços mais negativos do funcionamento da economia ao facilitar o acesso ao mercado interno de importações substitutivas de produção local, sem criar, no entanto, os incentivos necessários para induzir a diversificação e o aumento de exportações ou para competir vantajosamente com as importações no mercado interno. Mas, além disso, o superendividamento fez com que ambas as experiências acabassem abruptamente no meio de profundas crises financeiras e cambiais.

O que ocorreu no terceiro período de relaxamento externo? Não queremos antecipar aqui o que será discutido na seção seguinte, entretanto, basta dizer que os resultados não foram os esperados: se bem que a economia acelerou a sua taxa de crescimento durante a bonança das *commodities*, o efeito foi temporário e, em boa medida, posteriormente revertido, pelo menos no que diz respeito ao PIB *per capita*.

Esse fraco desempenho macroeconômico se manifesta em um conjunto amplo de variáveis que afeta o crescimento a longo prazo. Em particular, a ocorrência de fortes turbulências derivou em mudanças frequentes do regime macroeconômico, contribuindo, em consequência, para desestimular severamente a tomada de riscos de longo prazo por parte dos agentes econômicos. O acúmulo de capital físico é uma das "vítimas" das mudanças de regime, como também a intermediação financeira, a acumulação de capital humano e o ritmo de exploração dos ativos naturais.

No que tange à acumulação de capital físico – investimento –, a Figura 10.1 exibe sua evolução no longo prazo. Duas observações merecem destaque: note-se, em primeiro lugar, que a taxa de investimento raramente supera os 25% do PIB, o limiar que a Growth Commission encontrou para as economias que

248 | DE BELÍNDIA AO REAL

fizeram milagres de crescimento na segunda metade do século XX;[5] em segundo lugar, verifica-se que o investimento segue uma tendência de declínio, que não muda no período de bonança das *commodities* que citamos anteriormente.

Figura 10.1
Baixas taxas de investimento:
Um problema crônico na Argentina (preços correntes)

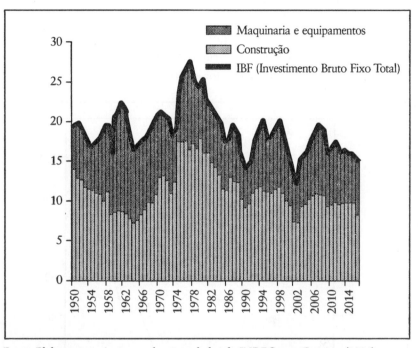

Fonte: Elaboração própria com base em dados do INDEC e em Ferreres (2006).

O que esta nota pretende explicar é, precisamente, a anemia da taxa de investimento em um contexto de relaxamento das restrições externa e fiscal poucas vezes experimentado pela economia argentina no passado.

Os anos 2000 (i): O *boom* das *commodities* e o relaxamento dos hiatos

No terceiro período de relaxamento da restrição externa, que se estendeu aproximadamente entre 2003 e 2012, a abundância de divisas chegou de mãos dadas com o *boom* das *commodities*. Neste caso, as divisas afluíram não pela via de um endividamento crescente, e sim pelas maiores entradas provenientes das importações agrícolas, da soja, em primeiro lugar, resultado tanto de espetaculares aumentos de preço como de lucros mais elevados. Isto permitiu que as contas externas mostrassem superávits persistentes e, consequentemente, ocorresse um importante acúmulo de reservas no Banco Central. Como se observa na Figura 10.2, a mudança não foi somente de preços: o volume das exportações também aumentou de uma maneira poucas vezes vista na história da Argentina.

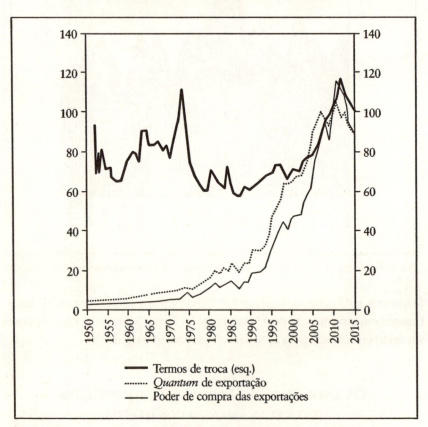

Figura 10.2
Anos 2000, um período de folga externa:
Indicadores do setor externo, 1950-2016

Fonte: Elaboração própria com base em dados da Cepal e em Ferreres (2006).

Como, por meio de elevadas retenções das exportações, o governo nacional captou boa parte das rendas "extraordinárias" e como, adicionalmente, o maior ritmo de crescimento se traduziu em um importante aumento da pressão tributária, o resultado fiscal também se tornou superavitário. Como se observa na Figura 10.3, a carga tributária se acelerou nitidamente a partir de 2002, passando de 25% do PIB a 45% do PIB, um valor inédito na história argentina (pelo menos desde 1932, o primeiro ano em que se começou a contar com dados confiáveis). Em termos *per capita*, a arrecadação atual é três vezes aquela registrada antes do *boom* das *commodities*.

Figura 10.3
Anos 2000, um período de folga fiscal: Carga Tributária, 1961-2016

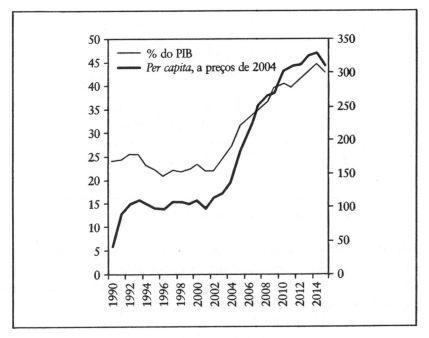

Fonte: Elaboração própria com base em dados do MECON.

Os dois choques positivos – externo e fiscal – tiveram um impacto imediato na taxa da poupança, que aumentou acentuadamente nos primeiros anos do século XXI (Figura 10.4). Embora sem jamais alcançar os padrões "asiáticos", a taxa de poupança registrou picos históricos nesse período. E não foi apenas a poupança privada: como mencionado anteriormente, a poupança pública também melhorou sensivelmente. Com superávits gêmeos e seu correlato, altas taxas da poupança, a macroeconomia parecia destinada a conseguir preservar um crescimento sustentado.

Figura 10.4
Anos 2000, um período de elevada poupança: Poupança
doméstica como % do PIB, 1990-2016 (preços correntes)

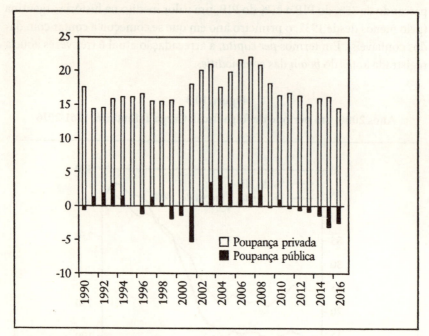

Fonte: Elaboração própria com base em dados do MECON.

O otimismo não decorria apenas dos choques positivos. A grande melhora dos termos de troca iniciada em 2003 coincidiu com a saída da crise profunda da convertibilidade ocorrida em 2001. Em consequência, a recuperação inicial propiciada pela enorme correção da taxa de câmbio real, uma taxa de desemprego em nível ineditamente elevado e a existência de uma altíssima ociosidade, se estendeu por um período prolongado de rápido crescimento, em que puderam coexistir os superávits gêmeos, a retomada do emprego e a melhora nas remunerações reais dos trabalhadores. Ao mesmo tempo, a camada mais desfavorecida da população foi beneficiada pelo aumento do gasto público destinado a financiar diversos programas sociais, os subsídios à energia e ao transporte e, também, por um aumento da cobertura do sistema previdenciário.

Então, o que aconteceu? Por que a Argentina não conseguiu aproveitar esse inédito relaxamento das restrições externa e fiscal e alcançar o crescimento sustentado?

Os anos 2000 (ii): O *BOOM* DAS *COMMODITIES* E A DINÂMICA DOS HIATOS

A combinação de rápida expansão e superávits gêmeos criou a ilusão de que a Argentina ingressaria, por fim, em uma trajetória de crescimento sustentado. No entanto, os intensos conflitos sociais somados à fraqueza institucional para mediar nas disputas setoriais, fenômenos presentes há muito tempo na Argentina, contribuíram para o aparecimento de duas circunstâncias muito negativas. Por um lado, a "doença holandesa", que induziu um forte atraso da taxa de câmbio real e afetou severamente a competitividade de setores comercializáveis que não tinham sido favorecidos pelo *boom* nos preços das *commodities*; de outro lado, a chamada "maldição dos recursos naturais", resultado da incapacidade de canalizar pelo menos parte das rendas extraordinárias para o investimento, de molde a assegurar a sustentabilidade do crescimento. As políticas redistributivas, de resultados modestos e, no fim das contas, insustentáveis e o impulso ao consumo, fenômenos próprios de um regime de economia política populista, foram a outra face desta segunda circunstância.

A rápida expansão da economia fez com que aumentassem progressivamente os requerimentos de importações. Somou-se a isso uma política energética que estabeleceu um grande diferencial entre os preços locais e os internacionais, transformando o país, que até então era exportador líquido de energia, em importador líquido. Tudo isso fez com que a balança comercial tendesse a piorar. No mesmo sentido, operaram a apreciação cambial resultante dos aumentos nos custos trabalhistas e não trabalhistas e o reaparecimento da inflação. Desse modo, mesmo antes da reversão do ciclo de preços das *commodities,* a abundância começou, pouco a pouco, a se transformar mais uma vez em escassez de divisas, situação que se intentou amenizar com a imposição de restrições ao acesso ao mercado de divisas ("cepo" cambial) e a redução das reservas.

A partir de 2013, durante o segundo mandato de Cristina Fernández de Kirchner, as dificuldades aumentaram por causa da queda dos preços das *commodities*, com a economia tendendo à estagnação. As tentativas de evitar essa trajetória, mantendo elevado o consumo mediante políticas "populistas", contribuíram para o aumento dos desequilíbrios macroeconômicos (fiscal, externo e de preços relativos), mas permitiram que Kirchner completasse o seu mandato, deixando ao governo de Mauricio Macri a missão de realizar um ajuste inevitável.

Essa evolução pode ser retratada de forma estilizada com base no modelo dos hiatos. Partindo da identidade macroeconômica básica chega-se à seguinte equação:

(1) I = Ig + Ip = Sg + Sp + Se

Em que: I é o investimento total, Ig é o investimento público, Ip é o investimento privado, Sg é a poupança pública, Sp é a poupança privada e Se é a poupança externa (o resultado da conta-corrente com sinal trocado).

O que aconteceu antes, durante e depois do choque? A Figura 10.5 mostra a evolução dos hiatos macroeconômicos em três períodos do tempo: antes (1990), durante (2012), e depois (2015) da bonança.

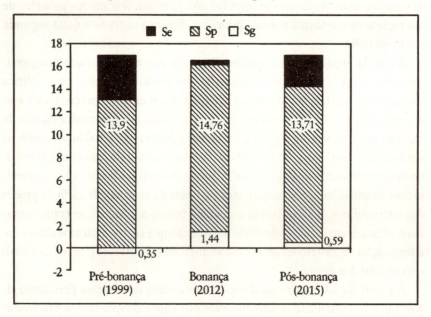

Figura 10.5
Poupança setorial (% do PIB a preços correntes)

Fonte: Elaboração própria com base em dados do INDEC.

A Figura 10.5 retrata o lado direito da equação (1) e mostra as poupanças setoriais nos três períodos de referência, 1999, 2012 e 2015. Registre-se o aumento da poupança privada, da ordem de 1,6% do PIB, durante o período economicamente favorável (bonança). Verifica-se, também, uma melhora da poupança pública, que deixa de registrar valores negativos para registrar valores positivos (de -0.3% para 1,4%). Note-se, contudo, que o aumento da poupança pública é insignificante se comparado com o brutal incremento da carga tributária. Em outras palavras, boa parte dessa captação de recursos foi destinada a gastos correntes, assunto que será comentado mais adiante. Passado o período de bonança, a poupança do setor privado, assim como a do setor público, retornou a valores mais baixos, ligeiramente acima dos registrados antes do *boom* das *commodities*. Em consequência, com escassez de poupança doméstica, uma fração não desprezível dos investimentos passa a ser financiada novamente por fluxos externos de capital (poupança externa).

Examinemos a seguir os padrões de investimento (Figura 10.6). Observe-se, em primeiro lugar, que a taxa de investimento privado não só não subiu durante o *boom*, mas caiu (de 14% do PIB para 12,5% do PIB), e continuou caindo depois na fase pós-bonança. Em segundo lugar, contrastando com a evolução anterior, o investimento público aumentou acentuadamente nos anos 2000, passando de valores inferiores a 3% do PIB a valores acima de 4% do PIB. Essa tendência se manteve na fase pós-bonança. Em terceiro lugar, o investimento total se manteve relativamente estável ao longo dos três períodos, ou seja, a folga externa e fiscal destacada anteriormente não se traduziu em um maior ritmo de acumulação de capital.

Figura 10.6
Investimento setorial (% do PIB a preços correntes)

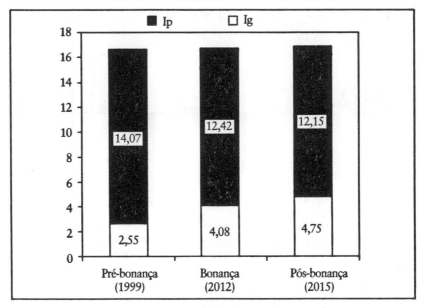

Fonte: Elaboração própria com base em dados do INDEC.

Por último, podemos reescrever a equação (1) para verificar a evolução dos superávits setoriais:

(2) $(Sg - Ig) + (Sp - Ip) + Se = SUPg + SUPp + SUPe = 0$

A Figura 10.7 mostra os superávits setoriais nos três momentos de tempo assinalados. O setor público não muda muito o seu comportamento: ele é sempre deficitário. Mas o que muda é o peso dos itens que compõem o déficit: sobem tanto a poupança como o investimento. E, no pós-bonança, o déficit aumenta devido à queda da poupança. Quem financia o déficit público? Na fase de bonança, principalmente o setor privado, que passa de registrar déficits a registrar superávits, os quais se mantêm na etapa pós--bonança, só que em níveis menores. Nessa última fase, portanto, o financiamento externo se faz novamente necessário, de maneira que os déficits de conta-corrente se elevam a 3% do PIB. Na pós-bonança, dois agentes superavitários (o setor privado e o resto do mundo), financiam um único agente deficitário (o setor público).

Figura 10.7
Superávits setoriais (% do PIB a preços correntes)

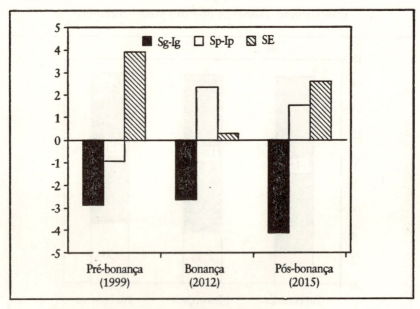

Fonte: Elaboração própria com base em dados do INDEC.

Em resumo, a análise baseada no modelo de hiatos nos diz o seguinte: embora tenham ocorrido choques positivos de magnitude suficiente para promover um relaxamento das restrições sobre as contas fiscais e externas, isso não se traduziu em aumento no investimento agregado. O investimento público melhorou, mas não de forma expressiva, principalmente se considerarmos o tamanho do aumento na carga tributária. O investimento privado caiu, apesar do aumento observado na poupança privada.

RAZÕES DA ANEMIA DO INVESTIMENTO NOS ANOS 2000

Por que a acumulação de capital não respondeu frente à oportunidade brindada por um choque positivo que reconhece poucos antecedentes no período recente? Uma rápida olhada na Figura 10.7 mostra que, do lado do setor público, a elevação da carga tributária não se traduziu em efetivo relaxamento do hiato fiscal, pois pouco afetou a poupança. O setor privado, por sua vez, incrementou o seu superávit, mas o fez economizando mais e investindo menos.

Do lado do setor público, a resposta à indagação acima deve ser procurada na tendência observada na deterioração do resultado fiscal. Como observado na Figura 10.8, o comportamento do setor público frente à enorme elevação da carga tributária se traduziu em aumento no gasto corrente, principalmente dos subsídios econômicos ao transporte, à energia e à previdência social. O primeiro passou de valores próximos de zero, em 2004, a percentual superior a 5% do PIB, em 2015, enquanto o segundo já alcança um percentual superior a 10% do PIB, valor certamente elevado quando se considera que a Argentina atravessa a oportunidade da "janela demográfica" e não se encontra ainda na fase de envelhecimento populacional. Os gastos com saúde e educação também subiram e estão acima de 6% do PIB. Devido a esses fatores, o gasto total cresceu quase 20% do PIB entre o piso registrado em 2003 e o valor observado em 2015.

Figura 10.8
Evolução do gasto público consolidado (% do PIB a preços correntes)

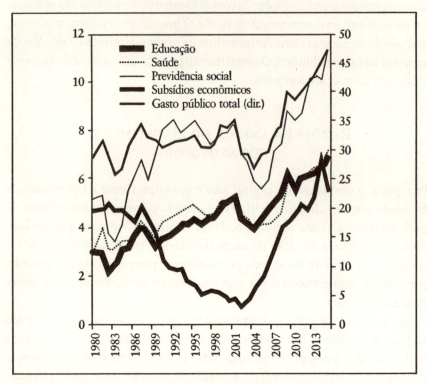

Fonte: Elaboração própria com base em dados do INDEC.

O que aconteceu com o setor privado? Como já destacado, a poupança privada aumentou, mas esse aumento coincidiu com uma subida na preferência pela liquidez, fenômeno que nas economias latino-americanas significa um aumento da dolarização no portfólio do setor. O conflito que o governo de Kirchner enfrentou com o campo, somado a uma série de políticas confiscatórias, levou um recado ao setor privado: era necessário se resguardar sob outra *polity*. De fato, como observado na Figura 10.9, a formação de ativos externos do setor privado não financeiro deu um salto em 2008, quase atingindo US$ 25 bilhões, valor equivalente a 7% do PIB. Em outras palavras, apesar de ter registrado aumento, a poupança privada "disponível" domesticamente para investimento permaneceu estagnada (ou caiu). Na fase pós-*boom*, a dolarização da carteira do setor privado se reduziu ligeiramente e é o endividamento externo – antes do superávit comercial – que compensa no mercado de câmbios.

Figura 10.9
Evolução do mercado de câmbios (milhões de dólares, acumulado em 12 meses)

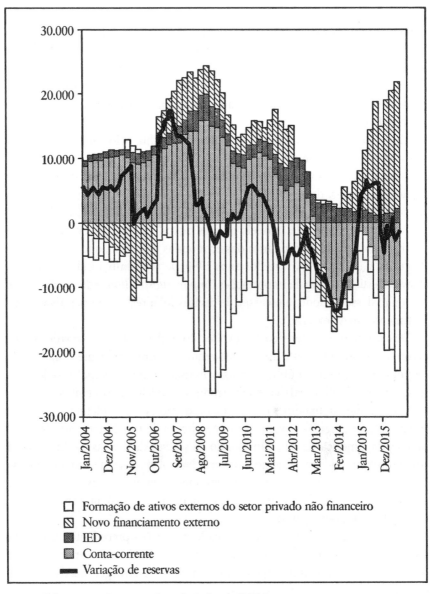

☐ Formação de ativos externos do setor privado não financeiro
▧ Novo financiamento externo
▨ IED
▩ Conta-corrente
▬ Variação de reservas

Fonte: Elaboração própria com base de dados do BCRA.

Final: repensando os hiatos

O que podemos aprender com esta história?

Como mostra a análise do caso argentino, as limitações ao crescimento potencial podem variar através do tempo. Historicamente, nas economias latino-americanas semi-industrializadas, nas quais a produtividade total dos fatores permaneceu praticamente estagnada, as taxas de crescimento tampouco foram estimuladas pela acumulação de capital. Porém, isso não foi consequência de uma baixa taxa de poupança agregada, como poderia sugerir o modelo Harrod-Domar.

Tal como apontado na introdução deste trabalho, pelo contrário, os fatos estilizados que motivaram as baixas taxas de investimento nessas economias podem ser explicados satisfatoriamente empregando sucessivas versões do modelo de hiatos, desenvolvido no fim dos anos 1970 por um conjunto de economistas latino-americanos, entre os quais se destaca Edmar Bacha.

A versão denominada "modelo de dois hiatos" oferece uma representação estilizada adequada da dinâmica das economias da região, que, desde o pós--Segunda Guerra até o início dos anos 1980, perseguiram a industrialização através da substituição de importações (*import substitution industrialization*). Ao longo desse período, a escassez de divisas foi a restrição operativa ao investimento (hiato externo).

Desde então e até o começo do novo século, as despesas com juros decorrentes do superendividamento do governo reduziram drasticamente a capacidade de poupança do setor público, transformando-se na principal restrição ao investimento (hiato fiscal), como ilustrado no modelo de três hiatos.

O *boom* das *commodities* e a drástica redução do endividamento público[6] transformaram significativamente as condições de funcionamento das economias da América do Sul, eliminando a escassez de divisas e o hiato fiscal como limitantes do crescimento potencial. Não obstante, em termos gerais, as taxas de investimento se mantiveram em seus níveis anteriores e os aumentos temporários observados na taxa de crescimento não se sustentaram. Quais as razões desse aparente paradoxo?

No caso da Argentina, como destacado nas seções precedentes, nossa explicação se baseia na interação de três fatores. O primeiro se refere ao que poderíamos classificar como "tragédia dos pampas", versão argentina da tragédia dos comuns (*tragedy of the commons*).[7]

A tragédia consiste no conflito sobre os direitos de propriedade dos recursos naturais e, consequentemente, sobre o destino de suas rendas. Esse conflito assume características próprias, diferentes das que surgem no caso dos recursos não renováveis. Neste caso, as empresas que extraem os recursos são grandes

260 | De Belíndia ao Real

corporações, geralmente de capital estrangeiro, que em épocas de bonança ficam expostas ao risco de estatização.

No entanto, quando o recurso que gera a renda extraordinária é a terra, a propriedade está nas mãos de um conjunto mais ou menos amplo de produtores agropecuários, majoritariamente nacionais. A estatização do recurso terra, portanto, fica descartada. A "tragédia" é que, neste caso, não existem mecanismos institucionais que assegurem de maneira expedita e crível a repartição dessas rendas, isto é, quanto corresponde aos proprietários nominais dos recursos e quanto é captado e redistribuído pelo Estado. Implicitamente se questionam os direitos de propriedade privada sobre esses recursos, que são vistos difusamente como propriedade "coletiva".

A disputa sobre a distribuição presente e intertemporal da renda pode dar origem, nesse caso, a uma profunda "rachadura social". Durante a última bonança na Argentina, em 2007, se pode observar uma manifestação extrema dessa "rachadura", quando o governo tentou voltar a aumentar as retenções às exportações (já muito elevadas), dando motivo a uma verdadeira rebelião que unificou, de maneira inédita, os grandes e pequenos produtores – os primeiros, associados à Sociedade Rural Argentina, e os segundos, agrupados em torno da Federação Agrária Argentina. Também foi inédito o apoio ao campo proveniente dos setores urbanos médios e altos.

O efeito da "rachadura social" repercute sobre as decisões de poupança tanto do setor privado quanto do público. Por um lado, as decisões de gasto do governo são orientadas para a expansão do consumo de bens privados por meio de subsídios e transferências aos setores que não intervêm na exploração do recurso (terra) e, portanto, não participam da distribuição "primária" das rendas extraordinárias. Isto limita a poupança pública e impede que os maiores recursos fiscais sejam destinados, pelo menos em parte, a financiar o investimento orientado a melhorar a provisão de bens públicos em infraestrutura, transporte etc.[8] Essa tendência da poupança pública também se observa em outros países da região, principalmente no Brasil.[9]

Por outro lado, a insegurança sobre o futuro dos direitos de propriedade faz com que surja no setor privado uma acentuada "preferência pela liquidez". Em economias como a argentina, em que recorrentemente os retornos esperados dos ativos domésticos podem se tornar muito incertos, essa circunstância induz a canalização da poupança privada para os ativos financeiros externos, limitando a poupança privada disponível para a realização de investimentos no país.

É interessante observar que ambos os efeitos da "tragédia" são consistentes com a abordagem dos hiatos. Foi destacada, na análise precedente, o hiato fiscal, emergente do superendividamento público dos anos 1980. No *boom* das *commodities*, esse hiato reaparece, mas não como consequência de pesados pagamentos de juros externos, como os efetuados naquele período, senão como resultado do aumento do gasto primário estimulado pelas pressões dos setores urbanos.

Por fim, mais além de sua validade empírica, o *gap* entre poupança "disponível" e investimento privado, que pode aparecer como resultado da fuga de capitais, completa logicamente o conjunto de hiatos que, dependendo do contexto, podem ser candidatas a operar como limitantes do investimento.

Notas

1. Os autores agradecem os comentários recebidos no seminário em homenagem a Edmar Bacha, particularmente os do próprio e de R. Werneck. Os erros remanescentes são de nossa total responsabilidade.
2. Chenery e Bruno, 1962; Bacha, 1984.
3. Bacha, 1990; Frenkel e Rozenwurcel, 1989; Taylor, 1994.
4. Caberá explorar em trabalho futuro a validade dessa mesma explicação para o caso de outros países. *A priori*, o caso venezuelano parece assemelhar-se ao argentino.
5. Growth Commission, 2008.
6. No caso argentino discutido neste trabalho, como consequência do default ocorrido em 2001.
7. Hardín, 1968. Um conjunto de fatores semelhantes parece ter havido também na Venezuela. Assim, a "tragédia dos pampas" tem um ar familiar com a "enfermidade venezuelana", expressão dada por Carlos Díaz-Alejandro.
8. Katz e Rozenwurcel, 2013.
9. No Brasil, como explicado em Bacha e Bonelli (2016), ainda que durante o período de bonança o investimento agregado tenha aumentado apenas marginalmente, as melhoras na PTF foram significativas. Em consequência, mesmo o investimento não registrando aumento, o crescimento do PIB foi significativamente superior ao do período anterior.

Referências bibliográficas

Bacha, E. "Growth with Limited Supplies of Foreign Exchange: A Reapprisal of the two Gap Model". In: Syrqin, M.; Taylor, L. e Westphal, L. (eds.). *Economic Structure and Performance*. Nova York: Academy Press, 1984.

_____. "A Three Gap Model of Foreign Transfers and the GDP Growth Rate in Developing Countries". *Journal of Development Economics*, Amsterdam, vol. 32, abr 1990, pp. 279-296.

Bacha, E. e Bonelli, R. "Accounting for the Rise and Fall of Post -WWII Brazil's Growth". In: Damill, M.; Rapetti, M. e Rozenwurcel, G. (eds.). *Macroeconomics and Development*. Nova York: CUP, 2016, cap. 9.

Chenery, H. e Bruno, M. "Development Alternatives in an Open Economy: The Case of Israel". *Economic Journal*, 1962, vol. 30, pp. 98-139.

Frenkel, R. e Rozenwurcel, G. "Fiscal Deficits and Growth Incentives in Highly Indebted Economics". In: *Public Finance and Steady Economic Growth Proceedings of the 45th Congress of the International Institute of Public Finance*. Buenos Aires, 1989.

Growth Commission. The Growth Report. World Bank, 2008.

Hardín, G. "Trage*dy of the Commons*". *Science*. Washington, D. C., 1968, vol. 162, pp. 1243-1248.

Katz, S. e Rozenwurcel, G. "La economía política de los recursos naturales en América del Sur". In: Albrieu, R.; López, A. e Rozenwurcel, G. (eds.). *Los recursos Naturales como palanca del desarrollo en América Del Sur ¿Ficción o Realidad?* Red Mercosur, 2013, cap. 2.

Taylor, L. "Gap Models". *Journal of Development Economics*, abr 1994, vol. 45, pp. 17-34.

11

ONDE FOI PARAR A RESTRIÇÃO DE DIVISAS DO MODELO DE TRÊS HIATOS?

José Carlos Carvalho

A QUESTÃO DA ESCASSEZ DE DIVISAS

O problema da dívida externa e da escassez de reservas internacionais ocupou um espaço importante do debate econômico no Brasil e em países emergentes em um passado não muito distante. É impressionante que esse tema tenha desaparecido completamente da agenda econômica poucos anos depois. O que aconteceu? Por que esse tema perdeu importância? Qual é a versão moderna desse debate? Vamos tentar abordar algumas dessas perguntas ao longo deste artigo.

As reservas internacionais ocupavam um papel relevante no debate econômico, porque, na ausência de poupança doméstica significativa, os países em desenvolvimento viam a utilização da poupança do resto do mundo (déficit em conta-corrente) como forma de acelerar a sua trajetória de crescimento rumo ao desenvolvimento. No entanto, no mundo real, essa trajetória era frequentemente interrompida por choques adversos no mercado internacional – levando a "paradas repentinas" no financiamento do balanço de pagamentos, desvalorizações abruptas na taxa de câmbio e consequentes problemas fiscais para esses países que tinham elevado passivo externo. Com poucas reservas cambiais para suavizar os choques externos, os países em desenvolvimento eram frequentemente afastados das suas trajetórias ótimas de crescimento e condenados a se limitar a "soluções de canto". Havia, na literatura desenvolvida em torno do modelo de dois hiatos de Chenery e Bruno,[1] quase que uma resignação com a baixa taxa de poupança doméstica dos países emergentes (privada e estatal) e com o limitado e intermitente acesso à poupança externa. Na realidade do debate político desses países, muitas vezes o fator externo levava exageradamente a culpa pelo baixo crescimento – quando, muitas vezes, as opções de políticas domésticas eram as verdadeiras culpadas.

No modelo de três hiatos, Bacha[2] avança sobre o modelo de dois hiatos, acrescentando explicitamente o hiato fiscal como um dos principais problemas do crescimento dos países em desenvolvimento. É um passo importante, uma vez que amadurece, nessa literatura, a percepção de que uma parte relevante dos problemas de crescimento advém das escolhas erradas adotadas domesticamente por cada país. É verdade que, no contexto da época, o desempenho fiscal em diversos países ainda estava intimamente associado à dinâmica da dívida externa. Com mercados domésticos de dívida incompletos e pouco desenvolvidos, havia uma elevada proporção de financiamento do hiato fiscal no mercado de dívida externa. A elevada proporção de dívida externa no passivo do governo fazia com que uma desvalorização cambial abrupta se traduzisse imediatamente em um aumento do serviço da dívida em moeda local e em uma piora imediata da relação dívida/PIB e das necessidades de financiamento do setor público.

> O modelo de dois hiatos [...] discute as interações entre as restrições de poupança e de divisas na determinação da taxa de crescimento de um país em desenvolvimento. Mais recentemente, tem havido um crescente interesse na possibilidade de a restrição fiscal ser um terceiro hiato, limitando as perspectivas de crescimento do grupo de países em desenvolvimento altamente endividados. O objetivo deste trabalho é elaborar um modelo muito simples de uma economia em desenvolvimento altamente endividada e com restrição fiscal.[3]

Ainda que a combinação entre fundamentos externos e fiscais em função da dívida externa esteja presente, Bacha enfatiza o papel central da questão fiscal em detrimento da questão exógena da escassez de divisas.

> À medida que a crise da dívida vai se perpetuando, cresce a sensação de que, para vários países altamente endividados de renda média, [...] a principal fonte de dificuldades – em relação ao crescimento e à inflação – advém das limitações orçamentárias do governo, e não da escassez de divisas ou de uma restrição de poupança global. Além disso, [...] a restrição orçamentária do governo tende a ser a restrição relevante para o crescimento a médio prazo, especialmente quando o país sofre um choque financeiro externo.[4]

Um ponto importante é a compreensão de que na raiz dos desequilíbrios macroeconômicos está a questão fiscal. O problema não aflora necessariamente de maneira explícita como uma crise nas contas públicas, embora possa ser a fonte de vários problemas. Por exemplo, um fundamento importante por trás deste debate é a baixa taxa de poupança doméstica da economia – e, nisso, obviamente a questão fiscal é crucial, uma vez que a poupança do governo faz parte da taxa de poupança doméstica da economia diretamente. Mas em outros casos, a relação pode não ser tão direta. Muitas vezes, o problema aflora como déficit em conta-corrente – mas o excesso de demanda que acaba por gerar o déficit externo pode ter origem em um desequilíbrio fiscal. O mesmo se pode dizer quando o excesso de demanda leva a uma elevação da taxa de inflação. Relacionado a esse último ponto, outro tema abordado por Bacha[5] é a questão da senhoriagem. Em um mundo de mercados de dívida domésticos incompletos, a inflação era uma forma de compensar a incapacidade de financiamento e gerar arrecadação para o governo. Essa inflação persistente, por sua vez, levava frequentemente a uma tendência de apreciação da taxa de câmbio que acabava por acentuar o déficit externo. Em suma, embora muitas vezes a notícia na primeira página do jornal fosse inflação, o déficit em conta-corrente, o baixo crescimento, na verdade, na raiz de todos esses problemas estava a questão fiscal.

Como veremos a seguir, a conjuntura macroeconômica global deu uma grande oportunidade para o Brasil fazer um experimento macroeconômico de laboratório. E o laboratório mostrou que a escassez de divisas não era a origem dos problemas de crescimento no Brasil. Nas próximas páginas, analisaremos o caso brasileiro, que sugere que o acúmulo de reservas não é condição suficiente para o crescimento. Mais adiante, veremos o caso australiano, que sugere que reservas cambiais não são nem mesmo condição necessária para o crescimento. O modelo australiano, com equilíbrio fiscal e câmbio livre, pode ter elementos importantes a serem adotados pelo Brasil.

Reservas cambiais não são condição suficiente para gerar crescimento: o caso brasileiro

Para alguns países em desenvolvimento, em especial o Brasil, o quadro crônico de escassez de divisas ficou para trás a partir do início da última década. A origem desse fenômeno global deve ser estudada a fim de entender que fatores podem levar ao fim desse ambiente tão favorável da última década. Podemos dividir os países que acumularam um elevado nível de reservas em dois grupos distintos. O primeiro é formado por países que tiveram (e têm) superávits em conta-corrente significativos. Esse é o caso, por exemplo, de China, Rússia e Coreia do Sul. Esse grupo conta com uma taxa de poupança elevada e, em geral, esses países não se encaixam na típica parábola da restrição de divisas afetando o crescimento econômico. Um segundo grupo de países, no entanto, logrou acumular reservas, apesar de apresentar déficits em conta-corrente persistentes. Dois exemplos que se encaixam nesse caso são Brasil e México. Obviamente, esse acúmulo foi devido a elevados fluxos de entrada na conta de capital. Mas talvez a pergunta mais importante seja: quais foram os determinantes da conjuntura global que permitiram o fluxo de capitais abundantes para esses países, apesar dos déficits em conta-corrente?

Figura 11.1
Reservas internacionais: Brasil, México e Argentina

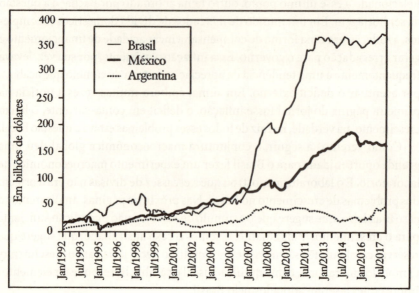

Fonte: Bloomberg.

Vários fatores explicam o ambiente de liquidez abundante e *rent-seeking* que vem ocorrendo ao longo das últimas décadas. Os principais centros financeiros globais vivem um ambiente de queda de juros persistente que teve origem na década de 1980, quando os Estados Unidos combateram, com sucesso, o surto inflacionário. Depois daquela intervenção, os Estados Unidos – e também Japão e Europa – embarcaram em uma longa tendência de queda nas taxas de juros e inflação. O ambiente de baixa inflação global também se alimentou, anos depois, da integração de milhões de trabalhadores asiáticos ao sistema capitalista ocidental através da corrente de comércio. Uma decomposição do núcleo da inflação americana nas últimas décadas, por exemplo, revela uma persistente inflação de serviços em torno de 3% ao ano e, por outro lado, uma sistemática deflação no preço de bens comercializáveis.

O papel dos países asiáticos – e da China, em particular – não se limita apenas a deprimir as taxas de inflação globais através do comércio internacional. Com uma elevada taxa de poupança, e superávits em conta-corrente persistentes, os países asiáticos acabaram por alimentar também o que Bernanke[6] chamou de *"global savings glut"*. A reciclagem dos superávits em conta-corrente acumulados pelos países asiáticos gera uma demanda por títulos de governos de países desenvolvidos, ajudando a reduzir as taxas de juros longas desses países. Esse foi um dos principais motivos para explicar o *"conundrum"* quando ocorreu a alta de Fed Funds em 2004.

Tradicionalmente, a alta do Fed Funds vinha acompanhada por uma aceleração nas taxas de juros americanas de longo prazo. Mas, no ciclo de 2004, isso não aconteceu. A principal explicação foi a reciclagem dos superávits asiáticos com a compra de títulos do Tesouro americano. Isso ajudou a alimentar o ambiente de liquidez global, paradoxalmente em um momento em que o Fed subia juros.

O episódio que descrevemos no parágrafo anterior tem paralelo com o que ocorreu na década de 1970 com a reciclagem dos superávits em conta-corrente dos países produtores de petróleo. Esse fenômeno levou ao surgimento do mercado de Eurodólares (juros) e à consequente disponibilidade de recursos para o endividamento, naquela época, dos países em desenvolvimento. Esse paralelo pode ser importante para a prescrição de políticas futuras que abordaremos mais à frente.

Finalmente, um último fator explicativo relevante para o excesso de liquidez dos últimos anos foi a compra maciça de ativos por parte dos bancos centrais no período posterior à crise de 2008. A chamada "expansão quantitativa" injetou liquidez na economia, inflou o preço de ativos e levou as taxas de juros para níveis próximos de zero ou negativos.

A sequência de eventos que elencamos explica o ambiente de liquidez abundante e *rent-seeking* que vivemos nas últimas décadas. É possível que tenhamos de ficar preocupados nos próximos anos com a possibilidade de reversão desse cenário paradisíaco para mercados emergentes. Existe uma perspectiva de que as economias desenvolvidas respondam aos seus problemas de estagnação econômica com a adoção crescente de políticas protecionistas. Menos *free-trade* deverá implicar em taxas de inflação maiores nas economias centrais, uma vez que o impacto da deflação de produtos importados tenderá a se tornar menos significativo. E com menos superávits em conta-corrente dos países exportadores de deflação, menor será também a reciclagem desses excedentes via compra de títulos dos países desenvolvidos. A menor demanda de títulos por parte de países asiáticos poderá ocorrer em um momento em que os países desenvolvidos discutem aumentar os seus déficits fiscais, ou seja, um aumento na emissão de títulos. Um último ponto a se considerar é que, com um maior papel expansionista da política fiscal, e com o sucesso no combate à deflação, faz sentido esperar que os bancos centrais comecem a reverter o forte estímulo monetário dos últimos anos. Ou seja, mais um vetor apontando para uma trajetória de alta nas taxas de juros globais, a médio prazo.

Em suma, o objetivo não é fazer uma previsão catastrofista da evolução do ambiente de liquidez global. Mas é importante reconhecer que existem elementos concretos na conjuntura atual que sugerem que podemos estar caminhando para o fim do ambiente de liquidez abundante que vivemos nos últimos anos. Compreender e acompanhar a evolução desse cenário é importante a fim de preservar os benefícios que foram colhidos nesse período sob forma de acúmulo de reservas cambiais.

De onde vieram as reservas cambiais brasileiras? Por que isso importa?

Como mencionamos anteriormente, o Brasil foi um dos poucos países que lograram fazer um acúmulo expressivo de reservas cambiais nos últimos anos, apesar dos déficits em conta-corrente. No período posterior a 2005, quando ocorreu a maior parte do acúmulo de reservas, o Brasil apresentou significativos déficits em conta-corrente, apesar do choque positivo nos termos de troca.

O acúmulo de reservas teve origem nos fluxos de entrada de divisas da conta de capital em combinação com uma flutuação suja da taxa de câmbio. Havia uma crença de que seria importante sustentar uma taxa de câmbio desvalorizada a fim de evitar a competição de produtos importados com a indústria nacional e eventualmente estimular as exportações. Com esse intuito, o Banco Central do Brasil comprou uma quantidade significativa de reservas, absorvendo os fluxos de entrada de capitais estrangeiros. Os fluxos líquidos de entrada na conta de capital foram, na sua maioria, originados em investimento estrangeiro direto. Em segundo lugar, ficaram os investimentos de estrangeiros em portfólio: ações e renda fixa.

Além dos benefícios do acúmulo de reservas no que tange à suavização da trajetória do balanço de pagamentos, o Brasil teve também benefícios na dinâmica fiscal em momentos de choques externos adversos. Quando o governo era liquidamente devedor em moeda estrangeira, choques externos adversos se traduziam em desvalorização da moeda, aumento imediato da dívida externa medida em moeda nacional e a consequente elevação da relação dívida/PIB. Depois de acumular reservas cambiais além da dívida externa, ou seja, quando o governo brasileiro passou a ser credor em dólares, os choques externos adversos passaram a reduzir a dívida do governo medida em moeda local. A dívida do setor público como proporção do PIB passou a cair, em consequência de uma desvalorização cambial.

Se a situação do balanço fiscal é clara, a situação da posição externa do país como um todo é menos evidente. Com a compra dos fluxos da conta de capital, houve um aumento significativo do passivo externo líquido do país no período recente. Isso, evidentemente, não ocorreria se o acúmulo de reservas adviesse da compra de um excedente na conta-corrente. Esse passivo externo

270 | De Belíndia ao Real

líquido guarda um paralelo com o acúmulo da dívida externa na década de 1980. O passivo externo líquido (PEL) do Brasil era de aproximadamente US$ 300 bilhões em 2005 e subiu para cerca de US$ 1 trilhão em meados de 2011. A magnitude do aumento pode parecer exagerada, mas uma análise detalhada do balancete elaborado pelo Banco Central mostra que os investidores estrangeiros fazem *hedge* cambial de apenas uma parcela pequena do patrimônio investido em Reais. Esse aumento entre 2005 e 2011 foi fruto não apenas de novos fluxos de entrada, mas também de uma apreciação do Real para um nível nominal em torno de R$ 1,70 por dólar em meados de 2011. Como o PEL é expresso em dólares, e a proteção cambial não é integral, a apreciação do Real faz o seu valor medido em dólares aumentar. O efeito inverso se observou a partir do final de 2011, quando o Real iniciou uma tendência de desvalorização que chegou a atingir um valor nominal acima de R$ 4,00 por dólar em meados de 2015. Naquele momento, em função da desvalorização do Real, o passivo externo líquido se reduziu para cerca de US$ 500 bilhões, apesar das entradas contínuas de investimentos estrangeiros entre 2011 e 2015.

Figura 11.2
Passivo externo líquido e taxa de câmbio no Brasil

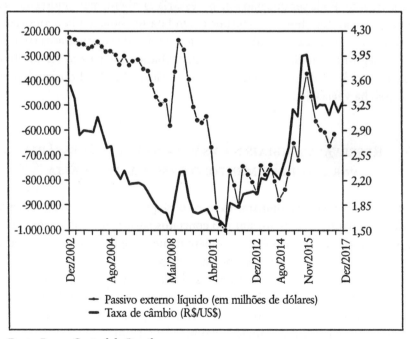

Fonte: Banco Central do Brasil.

A história do acúmulo de um passivo externo líquido significativo nos últimos anos guarda um paralelo com o acúmulo da dívida externa na década de 1980. A grande diferença é que agora temos uma contrapartida em reservas cambiais. Para evitar os erros do passado, o caso brasileiro parece sugerir a prescrição de uma política de câmbio flexível radical para se proteger de uma possível mudança do ambiente de liquidez internacional. Os paralelos são muito fortes. Reciclagem de superávits em conta-corrente dos países produtores de petróleo na década de 1970 e dos países asiáticos hoje. Dívida externa na década de 1980 e passivo externo líquido hoje. Política fiscal expansionista de Ronald Reagan então e Trump hoje. Fed subindo taxas de juros ontem e hoje. É possível que as condições que propiciaram um ambiente de liquidez abundante estejam perto de acabar. Se isso for verdade, é preciso evitar a reversão do processo de acúmulo de reservas. E a única forma de reduzir o poder de "ataque" potencial do passivo externo líquido sobre as reservas cambiais brasileiras é operar com um sistema de câmbio flexível radical. Um elevado volume de reservas cambiais (não necessariamente o nível atual) pode ser um bom instrumento para suavizar o impacto dos choques externos. Em outras palavras, o experimento de laboratório mostrou que o acúmulo de reservas não é condição suficiente para gerar crescimento. Pode ser que não seja necessária também, mas ajudou a isolar a parte fiscal dos choques externos e, em boa medida, ajuda a amortecer os efeitos de ataques especulativos em momentos de choques adversos. Na seção seguinte, analisaremos o caso australiano, que parece ser um bom exemplo prático de um sistema de câmbio flexível radical operando com sucesso há várias décadas.

Reservas cambiais não são condição necessária para o crescimento: o caso da Austrália

A teoria das vantagens comparativas e os consequentes benefícios do comércio internacional sobre o bem-estar são conceitos básicos da teoria econômica. Uma previsão dessa teoria é que o comércio internacional deveria se dar entre países complementares – países industriais e produtores de matérias-primas, por exemplo. Ambos aumentariam o seu bem-estar ao se especializarem e engajarem em comércio. No entanto, apesar da profissão de fé em Adam Smith, existe uma percepção no mundo real de que no comércio entre "diferentes" há um lado bom e um lado ruim. O lado ruim é o dos produtores de matérias-primas, que ficam presos em um ambiente de baixa produtividade ao se especializarem em bens de baixo valor agregado que geram poucas externalidades. O lado bom seria o daqueles que se especializam na produção de manufaturas, de alto valor agregado por trabalhador. Todos querem a indústria! Linder[7] e a posterior racionalização por Helpman e Krugman[8] observaram que o comércio internacional se dava primordialmente entre países iguais, e não complementares, como sugeria a teoria das vantagens comparativas. A produção industrial foi se tornando crescentemente complexa e especializada, com extensas cadeias produtivas em que diferentes partes da produção se dão em países distintos. Esse grande volume de comércio "entre iguais" ilustra a competição pelo desenvolvimento via industrialização. O importante seria ingressar em algum estágio da cadeia produtiva global como estratégia de aumento da corrente de comércio e de desenvolvimento. Nesse mundo onde há uma obsessão por industrialização, a Austrália adotou uma estratégia de desenvolvimento surpreendentemente distinta, baseada nos preceitos de Adam Smith de especialização e, adicionalmente, na adoção do câmbio flexível. Existem muitos elementos que sugerem que esse modelo australiano vem dando certo.

A Austrália adotou um modelo de câmbio flexível em 1983, depois de uma sequência de *pegs* ao pound, ao dólar americano e, finalmente, a um índice de câmbio *trade-weighted*. Logo após a introdução do câmbio flutuante, em 1983, houve um período em que as intervenções no mercado de câmbio foram mais intensas – enquanto o mercado de câmbio local se desenvolvia e se adaptava ao novo ambiente de flutuação. No entanto, a partir do início da década de 1990, as intervenções se tornaram muito menos frequentes, e recentemente são praticamente inexistentes.

Quais foram as consequências dessa política? A Austrália se moveu progressivamente de um modelo de câmbio fixo, no qual o banco central fica refém da política monetária global, para um modelo de câmbio flexível, no qual o banco central ganhou independência para implementar a política monetária adequada para equilibrar a economia doméstica. Nas palavras do Reserve Bank of Australia (RBA):

> Existe uma percepção geral de que o regime de câmbio flutuante, que está em vigor na Austrália desde 1983, foi extremamente benéfico. A taxa de câmbio flutuante criou um amortecedor contra choques externos – em particular flutuações nos termos de troca – permitindo que a economia absorvesse esses choques sem gerar grandes pressões inflacionárias ou deflacionárias que costumavam acontecer sob o prévio regime de câmbio fixo. [...] A mudança para um sistema de câmbio flexível permitiu portanto uma redução na volatilidade do produto nas últimas duas décadas aproxi-

madamente. Adicionalmente, essa alteração também permitiu que o banco central australiano determinasse a condução da política monetária de forma a melhor responder aos condicionantes da economia doméstica (em vez de fixar a política monetária com foco em manter um determinado nível de taxa de câmbio).

A figura a seguir ilustra a volatilidade da taxa de câmbio ao longo do processo de mudança do câmbio fixo para o flutuante. Obviamente, a volatilidade aumentou significativamente na taxa de câmbio, mas isso permitiu uma redução significativa na volatilidade da taxa de juros doméstica.

Figura 11.3
Volatilidade da taxa de juros e da taxa de câmbio na Austrália

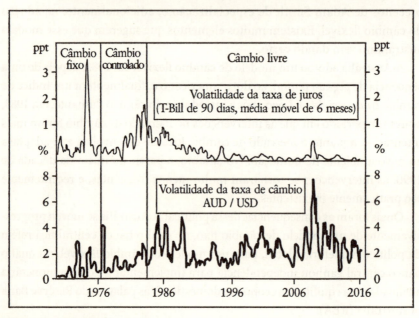

Fonte: Royal Bank of Australia.

E que tipo de choques esse modelo permitiu suportar? A Austrália vem apresentando déficits em conta-corrente *ininterruptos* desde a década de 1970. E, muitas vezes, esses déficits externos ultrapassaram a marca de 5% do PIB em um dado ano.

Figura 11.4
Déficit em conta-corrente como % do PIB na Austrália

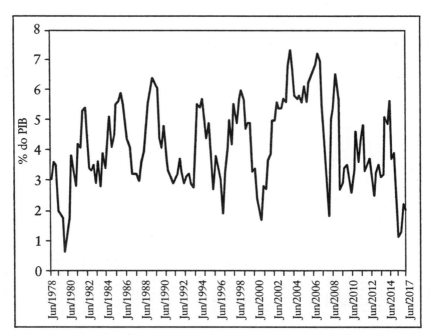

Fonte: Bloomberg.

Ao permitir o acúmulo de déficits em conta-corrente por tantos anos seguidos, o modelo mostra que permite absorver os impactos potenciais da movimentação do passivo externo líquido. Outro resultado importante é que o modelo australiano vem entregando crescimento sustentado. A última breve recessão na Austrália ocorreu em 1992 – portanto, há mais de 25 anos. O modelo foi resiliente até mesmo à grave crise internacional de 2008, à redução do crescimento chinês e à forte queda no preço das *commodities*.

Figura 11.5
Crescimento anual do PIB da Austrália

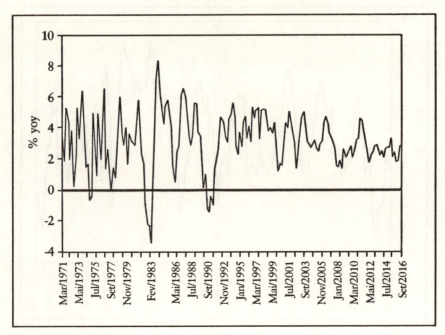

Fonte: Bloomberg.

Um grande teste do modelo australiano é comparar o crescimento obtido com estratégias distintas de crescimento, como as adotadas pelo México e pelo Brasil, por exemplo. O modelo mexicano contrasta com o australiano, porque a ênfase nas *maquiladoras* sugere a preferência pelo modelo industrial como motor do desenvolvimento. Como apresenta a Figura 11.6, a evolução do PIB desses três países mostra que a partir de 1996 a Austrália teve mais crescimento do PIB do que os modelos alternativos do México e do Brasil. A perda de produto na ocasião da crise de 2008 também foi bem mais favorável ao modelo australiano.

Figura 11.6
PIB real: comparação entre Austrália, Brasil e México

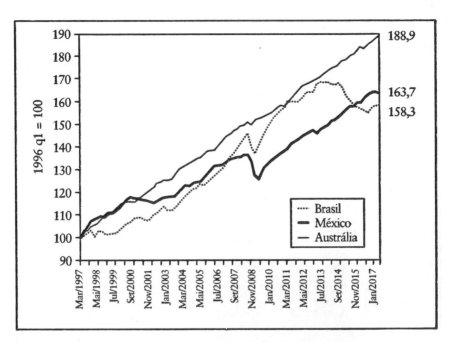

Fonte: Bloomberg.

Quais foram os custos da opção australiana? A especialização tende a gerar uma taxa de câmbio apreciada, como sugerem os persistentes déficits em conta-corrente. Isso fez com que a Austrália tivesse uma redução da sua capacidade industrial. Em meados da década de 1980, Austrália e México tinham um setor industrial que respondia por cerca de 35% do valor agregado do PIB. Em 2015, esse valor havia se reduzido para cerca de 25% no caso australiano, e se manteve perto de 35% no caso mexicano. No entanto, é preciso ter cuidado com esses números relativos. Embora tenha ocorrido uma queda da indústria como proporção do PIB, a indústria australiana apresentou uma média de crescimento de 2,3% nos últimos cinco anos, 2,2% de crescimento nos últimos dez anos e 2% de crescimento nos últimos vinte anos. Ou seja, a externalidade do crescimento da economia pode ter mais do que compensado o efeito negativo da especialização.

Uma breve análise da composição das exportações líquidas mostra com clareza o grau de especialização. Analisando as exportações líquidas da Austrália, vemos que 66% são minerais, 7% são metais, 7% são animais ou produtos animais e 6% são produtos vegetais. Para contrastar a opção australiana com outros modelos que mencionamos anteriormente, temos o caso mexicano, em que 26% das exportações líquidas são material de transporte e 25% são maquinário e equipamentos elétricos. O Brasil parece ser um caso intermediário entre Austrália e México, com menos concentração nas exportações de primários, embora esses produtos ainda respondam pela maior parte das exportações.

Figura 11.7
Exportações líquidas da Austrália em 2016

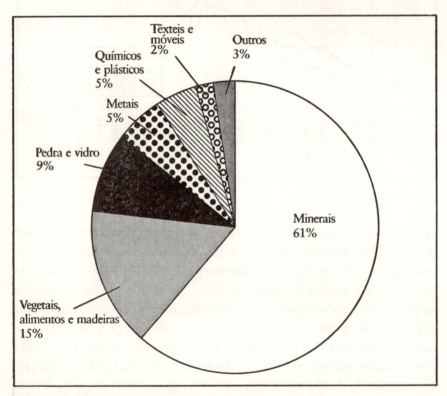

Fonte: Atlas of Economic Complexity (Harvard University).

Figura 11.8
Exportações líquidas do Brasil em 2016

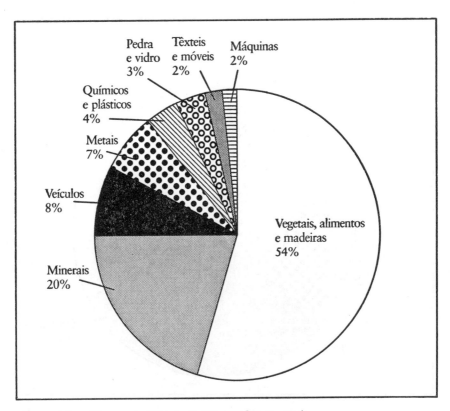

Fonte: Atlas of Economic Complexity (Harvard University).

Figura 11.9
Exportações líquidas do México em 2016

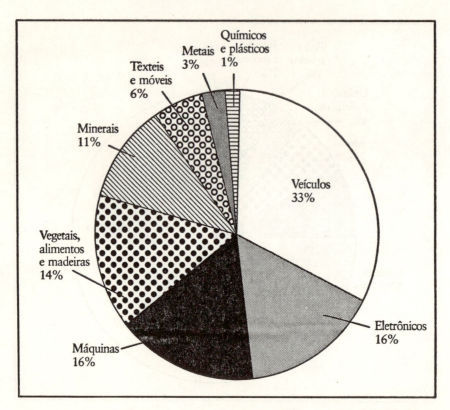

Fonte: Atlas of Economic Complexity (Harvard University).

Uma crítica que se pode fazer aos resultados positivos que mostramos do modelo australiano é que o principal parceiro comercial da Austrália nas últimas décadas foi a China – e, portanto, a boa performance australiana foi, em grande parte, influenciada pelo crescimento acelerado chinês. Mas, nos anos posteriores à crise de 2008, observou-se uma significativa desaceleração do crescimento chinês, junto com uma queda vertiginosa no preço do minério de ferro, principal produto de exportação australiano. A queda foi de US$ 170 por tonelada, em 2011, para cerca de US$ 45, em 2015 – como mostra a Figura 11.10. Pensando em um modelo de crescimento inspirado em Thirlwall,[9] deveríamos esperar uma forte desaceleração no crescimento econômico australiano. Mas não foi isso que aconteceu, como vimos anteriormente.

Figura 11.10
Preço do minério de ferro

Fonte: Bloomberg.

Existem pelo menos dois motivos para que essa queda superior a 70% no preço do minério de ferro não tenha causado uma forte recessão na Austrália. Em primeiro lugar, com o câmbio flutuante, a desvalorização do dólar australiano foi forte o suficiente para fazer com que o índice de preços das exportações australianas, medido em moeda local, flutuasse pouco – como mostra a Figura a seguir. Portanto, a receita das empresas exportadoras, medida em dólares australianos, se alterou pouco. Adicionalmente, com a independência que o câmbio flutuante permite à política monetária, o Banco Central australiano pôde reduzir significativamente as taxas de juros após esse choque, estimulando fortemente setores domésticos sensíveis às taxas de juros, como, por exemplo, a construção de novas residências. O estoque de empréstimos para hipotecas cresceu 30% entre 2011 e 2016.

Figura 11.11
Índice de preço das exportações australianas (em dólares australianos)

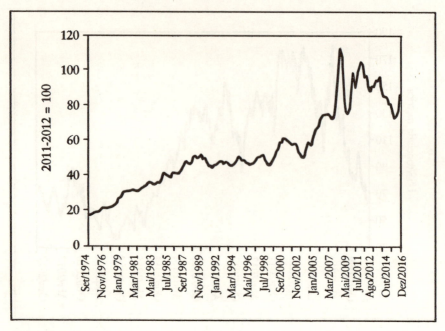

Fonte: Bloomberg.

Outro motivo para o bom desempenho posterior à crise de 2008 foi a existência de amplo espaço para usar a política fiscal. O governo australiano teve sucessivos superávits fiscais nominais que levaram a dívida pública australiana de aproximadamente 30% do PIB, em 1994, para cerca de 10% do PIB, em 2007. Essa política permitiu reverter essa poupança do governo em 2008, em um processo que voltou a elevar a dívida pública nos anos seguintes. Hoje, a dívida australiana é de 40% do PIB.

Figura 11.12
Dívida do governo da Austrália como % do PIB

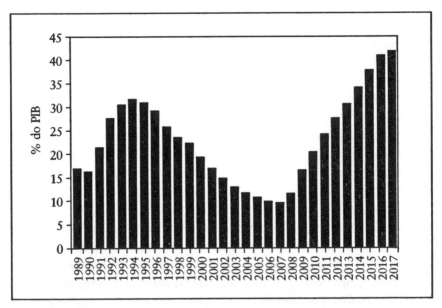

Fonte: Bloomberg.

O câmbio flexível permitiu que o país utilizasse abundantemente a poupança externa por meio de significativos déficits em conta-corrente desde a década de 1970. O câmbio flexível também libertou a política monetária para reagir aos fundamentos domésticos, além de suavizar para os produtores locais as fortes flutuações dos preços internacionais de *commodities*. O resultado que resume o bom desempenho é o crescimento, sem recessão, por 25 anos. Um dos custos foi uma especialização crescente nas áreas em que a Austrália tem vantagem comparativa. Mas, ainda assim, a indústria australiana mostrou crescimento anual acima de 2% nas médias dos últimos cinco, dez e vinte anos. Finalmente, o modelo australiano entregou mais crescimento do que os modelos alternativos do México e do Brasil, que sempre mostraram preocupação com a promoção das suas respectivas indústrias nacionais. Talvez Adam Smith tivesse razão!

Conclusão

A origem e motivação deste artigo foi revisitar a questão da escassez de divisas como um dos limitadores do crescimento, presente no popular modelo de dois/ três hiatos. Em que pese a inconveniência da escassez de divisas, Bacha[10] já chamava a atenção para a importância do hiato fiscal como a origem de diversos desequilíbrios macroeconômicos que podem aflorar sob a forma de inflação ou déficits em conta-corrente.

Uma conjunção de fatores no cenário internacional, felizmente, permitiu ao Brasil e a alguns outros países emergentes se livrar da severa restrição de divisas. O acúmulo de reservas permitiu evitar vários inconvenientes que tornavam o crescimento volátil, como as paradas bruscas no financiamento dos déficits externos. Mas, confirmando que a verdadeira origem do problema é o desequilíbrio fiscal, o crescimento econômico sustentado não ocorreu com a eliminação da escassez de divisas. O principal benefício do acúmulo de reservas foi dissociar as contas fiscais dos choques externos. Desvalorizações da taxa de câmbio deixaram de se traduzir imediatamente em uma deterioração das contas fiscais.

O acúmulo de reservas, no entanto, não foi contrapartida de superávits em conta-corrente, e sim da entrada de investimentos estrangeiros. Isso quer dizer que, paralelamente ao acúmulo de reservas, houve também um aumento significativo do passivo externo líquido do país. Como evitar que uma possível mudança na conjuntura internacional reverta o quadro dos últimos anos? O modelo australiano pode ser um bom exemplo do caminho a seguir. A Austrália apresenta significativos déficits em conta-corrente desde a década de 1970. Com um modelo de câmbio flexível adotado desde 1983, o modelo australiano absorve os choques de entrada e saída de divisas, permitindo uma ampla flutuação na taxa de câmbio. Esse modelo dá mais flexibilidade para a política monetária se focar nos elementos da economia doméstica, e não na política monetária internacional. Como consequência da combinação dessas duas políticas, a Austrália não sofre uma recessão desde 1992. O país se financia integralmente no mercado doméstico, tem contas fiscais equilibradas há décadas, e um baixo nível de reservas internacionais. Idealmente, os atuais elevados níveis de reservas cambiais brasileiras poderiam ser usados para uma transição suave rumo a esse modelo.

NOTAS

1. Chenery e Bruno, 1962.
2. Bacha, 1989.
3. Bacha, 1989.
4. Bacha, 1989.
5. Bacha, 1989.

6. Bernanke, 2005.
7. Linder, 1961.
8. Helpman e Krugman, 1989.
9. Thirlwall, 1979.
10. Bacha, 1989.

REFERÊNCIAS BIBLIOGRÁFICAS

Arora, V.; Tyers, R.; Zhang, Y. "Reconstructing the Savings Glut: The Global Implications of Asian Excess Saving". *International Journal of Economics and Finance*, 2015, vol. 7, nº 7.

Bacha, E. "External debt, net transfers, and growth in developing countries". *World Development*, 1992, vol. 20, nº 8, pp. 1183-1192.

_____. "External shocks and growth prospects: The case of Brazil, 1973-1989". *World Development*, 1986, vol. 14, nº 8, pp. 919-936.

_____. "A three-gap model of foreign transfers and the GDP growth rate in developing countries". *Journal of Development Economics*, 1990, vol. 32, nº 2, pp. 279-296.

Becker, C.; Sinclair, M. *"Profitability of Reserve Bank Foreign Exchange Operations: Twenty Years After the Float"*. Reserve Bank of Australia. Disponível em: <www.rba.gov.au/publications/rdp/2004/2004-06.html>. Acesso em: 23/5/2017.

Bernanke, B. *"The Global Saving Glut and the U.S. Current Account Deficit"*. The Federal Reserve Board, 2005. Disponível em: <www.federalreserve.gov/boarddocs/speeches/2005/200503102/.> Acesso em: 23/5/2017.

Chenery, H.; Bruno, M. "Development Alternatives in an Open Economy: The Case of Israel". *The Economic Journal*, 1962, vol. 72, nº 285, p. 79.

Debelle, G.; Plumb, M. "The Evolution of Exchange Rate Policy and Capital Controls in Australia". *Asian Economic Papers*, 2006, vol. 5, nº 2, pp. 7-29.

Friedman, M. *The case for flexible exchange rates.* Chicago, IL: University of Chicago Press, 1953, 1a. ed.

Helpman, E. e Krugman, P. *Trade Policy and Market Structure.* Cambridge: The MIT Press, 1989.

Kearns, J.; Rigobon, R. *"Identifying the Efficacy of Central Bank Interventions: Evidence from Australia"*. Reserve Bank of Australia, 2003. Disponível em: <www.rba.gov.au/publications/rdp/2003/2003-04.html>. Acesso em: 23/5/2017.

Linder, S. *An essay on trade and transformation.* Nova York: J. Wiley, 1961.

Lowe, P. *"The Changing Structure of the Australian Economy and Monetary Policy"*. Discurso – Reserve Bank of Australia, 2012. Disponível em: <www.rba.gov.au/speeches/2012/sp-dg-070312.html>. Acesso em: 23/5/2017.

Reserve Bank of Australia. *"The Exchange Rate and the Reserve Bank's Role in the Foreign Exchange Market"*. Disponível em: <www.rba.gov.au/mkt-operations/ex-rate-rba-role-fx-mkt.html>. Acesso em: 23/5/2017.

Simon, J. *"The Decline in Australian Output Volatility"*. Reserve Bank of Australia, 2001. Disponível em:<www.rba.gov.au/publications/rdp/2001/2001-01.html>. Acesso em: 23/5/2017.

Stevens, G. *"The Australian Dollar: Thirty Years of Floating"*. Discurso – Reserve Bank of Australia, 2013. Disponível em: <www.rba.gov.au/speeches/2013/sp--gov-211113.html>. Acesso em: 23//5/2017.

Thirlwall, A. *Growth and development, with special reference to developing economies*. 1. ed. Houndmills (U.A.): Palgrave Macmillan, 1972.

12

MERCADO DE CAPITAIS: BREVE HISTÓRIA DE UMA TRILOGIA

Luiz Chrysostomo de Oliveira Filho[1]

GÊNESE

No ano de 2017 comemorou-se o aniversário de dez anos da publicação do último livro de uma extensa trilogia sobre o mercado de capitais brasileiro, relacionando temas como crescimento econômico, tributação, indexação financeira, poupança compulsória e bancos públicos.[2] Fruto de um esforço conjunto realizado pelo Instituto de Estudos de Política Econômica/Casa das Garças[3] e a Associação Nacional de Bancos de Desenvolvimento e Investimentos (antiga Anbid, atual Anbima),[4] o trabalho, organizado por Edmar Bacha, Armando Castelar e o presente autor, reuniu nos três volumes um conjunto de 56 artigos, com a colaboração de 42 autores, entre os mais destacados membros da academia, do mercado financeiro, autoridades públicas e *policy makers*. A agenda de discussões perpassou quatro anos de debate intenso, iniciados em 2004, que incluíram sete seminários, interações com membros do governo, reguladores, instituições públicas e privadas, no Brasil e no exterior.

A inspiração desta *venture* nasceu da constatação comum de seus autores de que faltava uma abordagem, ao mesmo tempo ampla e profunda, sobre as razões do baixo grau de desenvolvimento do mercado de capitais brasileiro. Carente não só de uma bibliografia que desse cabo de questões mais técnicas, verificou-se que o próprio debate do tema parecia por vezes interditado dadas questões de ordem política, em especial com aquilo que pudesse se relacionar a uma visão mais crítica sobre a atuação dos bancos públicos e de fundos compulsórios.

Entendeu-se que as contribuições deveriam ter um duplo objetivo: realizar um diagnóstico detalhado e sugerir pautas de caminhos ou sugestões de política. Para que tal empreitada tivesse resultado objetivo, foram analisadas diversas experiências internacionais e a realização de estudos independentes. Tal material, disponibilizado nos debates e seminários, produziu o conjunto rico de artigos, matéria-prima para a organização da trilogia.

O ano de 2003 trouxe um conjunto de informações que estimularam a necessidade do debate. O alerta veio com as incertezas do advento de um novo governo eleito, no bojo de uma grave crise de credibilidade. Entre os anos de

1999 e 2003 a redução do número de emissões de ações e de títulos privados de renda fixa atingiu um dos mais baixos níveis da história. Somente em ações, o número de transações caiu 80%, e o valor transacionado, 90%. A representação da totalidade de títulos privados de renda fixa, incluindo debêntures simples, títulos híbridos conversíveis e notas promissórias, significava menos de 5% da alocação da totalidade da indústria de fundos de investimentos, dominada essencialmente por títulos públicos. Mesmo com um mercado financeiro sofisticado, com infraestrutura organizada e liquidez em ativos públicos, o movimento local do mercado de capitais pouco contribuía para o financiamento de longo prazo. Atendia essencialmente a gestão da dívida pública interna. A despeito de modernizações na legislação no período, como o lançamento do Novo Mercado na Bovespa em 2002, a criação das Instruções CVM 391 e 393, respectivamente responsáveis pela criação dos Fundos de Investimento em Participações e os Fundos de Direitos Creditórios, ou mesmo a modernização dos mecanismos de ofertas públicas como a Instrução 400 e 404, a pergunta persistia: Por que não temos um mercado de capitais pujante, tal o tamanho da economia e a sofisticação de seus participantes?

O presente artigo está dividido em quatro seções, além da Introdução. As três primeiras, extraídas diretamente dos volumes da trilogia, cobrem as principais conclusões e propostas delineadas em cada um dos livros editados.[5] São selecionados e sumariados os principais pontos do debate, sem perder a dimensão da continuidade que sempre foi o fio condutor da obra. Na última seção são atualizados e confrontados alguns dos argumentos à luz da realidade, passados dez anos da última publicação. Sem querer antecipar, mas sinalizando, concluímos que, apesar dos esforços, da pertinência das sugestões e do melhor entendimento dos desafios, o Brasil continuou onde esteve. Imerso em políticas públicas "curto-prazistas" e com um mercado de capitais atrofiado. Sabemos o que fazer, mas infelizmente não conseguimos até o presente momento executar.

Livro 1: *Mercado de capitais e crescimento econômico: Lições internacionais, desafios brasileiros* (2005)

Este primeiro volume da trilogia, publicado 13 anos atrás, concentrou-se em dois pontos principais. O primeiro foi dedicado a uma avaliação das experiências e lições recentes de desenvolvimento financeiro de cinco países emergentes na América Latina, Leste Europeu, Ásia e África, alçados à época à condição de grau de investimento pelas agências internacionais de avaliação de risco. O segundo eixo focou em uma abordagem local e institucional das características do mercado de capitais brasileiro, suas limitações diante da

288 | De Belíndia ao Real

instabilidade contínua do cenário macroeconômico, bem como de uma breve apreciação das reformas que estavam sendo discutidas para torná-lo mais relevante para o crescimento econômico brasileiro. Neste primeiro volume, várias das questões foram posteriormente aprofundadas nos debates e livros seguintes.

i) Lições externas

A visão das experiências internacionais[6] voltou sua atenção para os aspectos institucionais que permitiram o desenvolvimento do mercado de capitais em cinco países emergentes: Chile, México, África do Sul, Polônia e Tailândia. Como se observou na ocasião, o desenvolvimento do mercado de capitais em cada um desses países teve algo que poderia ter servido de exemplo para o Brasil. Chile e México foram países que venceram a luta contra a inflação, passaram por graves crises bancárias e receberam classificação de baixo risco ("grau de investimento"). Enquanto o Chile ficou conhecido por sua pioneira reforma dos fundos de pensão em 1981 e por gozar de um amplo mercado de títulos e recebíveis imobiliários, o México foi um dos poucos países da América Latina que conseguiu desenvolver um mercado de títulos governamentais prefixados de longo prazo. Já a Polônia pode ser considerada um verdadeiro exemplo prático, dado que organismos financeiros internacionais e a Comunidade Europeia introduziram um receituário com as melhores práticas conhecidas para os mercados de capitais. A África do Sul, por sua vez, destacou-se historicamente por possuir uma das maiores relações de capitalização de ações e bônus em relação ao Produto Interno Bruto (PIB), bem como uma indústria de seguros e de fundos de pensão extremamente desenvolvidas. Por fim, a Tailândia, apesar de sua elevada taxa de poupança doméstica e de seguidos anos de superávit fiscal, teve profunda crise financeira em 1997, servindo seu exemplo para mostrar o quanto a governança corporativa é importante na manutenção do crescimento econômico.

Os cinco países estudados apresentaram desempenhos macroeconômicos superiores ao Brasil, na década anterior à análise, em ao menos quatro pontos: a) dívida do setor público em relação ao PIB variando de 16% do PIB para o Chile a 45% do PIB no México e na Polônia; b) inflação máxima de 5,8% na África do Sul em 2003; c) dívida pública mobiliária com perfil adequado no que se refere a prazo e estrutura – todos conseguiram criar um mercado de papéis públicos prefixados de longo prazo, superior a cinco anos; e d) obtenção do grau de investimento nos últimos anos, conferindo credibilidade às suas políticas macroeconômicas.

Mas, além do pré-requisito da estabilidade macroeconômica, o que se pode concluir e aprender em relação ao mercado de capitais com base no estudo desses cinco países? Em primeiro lugar, destacou-se o papel do governo como facilitador de seu desenvolvimento. Na Tailândia, após 1997, e no Chile, depois de 1980, os governos tomaram medidas objetivas para diminuir a participação dos bancos na oferta de crédito e fomentar o mercado de capitais. Além disso, enquanto a política tributária sul-africana foi importante para que a indústria de seguros e fundos de pensão florescesse, o governo do México estabeleceu um programa com o fim específico de desenvolver a poupança de longo prazo e ampliar os mercados de renda fixa e variável, ao lado de uma profunda reforma da Previdência Social caracterizada pela passagem para o regime de capitalização.

Em segundo lugar, o Tesouro e o Banco Central desses países buscaram fomentar o mercado de títulos públicos, seja para financiar o déficit público e facilitar o manejo da política monetária, seja para criar uma curva a termo de juros para o setor privado. Na Polônia, no México e no Chile, o governo procurou ativamente diminuir a importância dos títulos pós-fixados à taxa de juros e elevar a participação dos papéis prefixados. Durante esse processo, a entrada da Polônia para a Comunidade Europeia e a participação do México na área de livre comércio da América do Norte (Nafta) foram elementos de estabilidade política, econômica e institucional que favoreceram a atribuição a esses países do nível "grau de investimento" pelas agências internacionais de classificação de risco. Já o Chile utilizou largamente a indexação ao índice de preços ao consumidor, as chamadas Unidades de Fomento (UF), nos contratos e inclusive na emissão de títulos públicos.

Em terceiro lugar, esses cinco países trabalharam para melhorar a proteção aos acionistas minoritários e credores, por intermédio da modificação de leis relativas a valores mobiliários, empresas abertas, Comissão de Valores Mobiliários e falências. Objetivos comuns, entre outros, foram aumentar e melhorar o nível de informação e transparência para os investidores, aprimorar a supervisão do mercado e elevar a proteção aos credores, ao tornar mais célere a retomada das garantias. No Chile, foi aprovada legislação que permitiu ações coletivas (*class actions*) contra empresas e entidades que tivessem causado prejuízo aos investidores.

A relevância dos investidores institucionais para o desenvolvimento do mercado de capitais foi importante como um quarto ponto. Nos dois casos em que os mercados de ações e de debêntures se desenvolveram e se tornaram relevantes, no Chile e na África do Sul, floresceu um importante mercado de investidores institucionais (fundos de pensão e companhias seguradoras). As experiências da Polônia e do México, por seu turno, exemplificaram a importância desses investidores no alongamento da dívida pública interna. Na Tailândia, o setor público foi o primeiro a aderir ao sistema de previdência de capitalização individual introduzido pelo governo.

Por fim, as Bolsas de Valores dos cinco países estudados trabalharam para que as empresas listadas adotassem melhores práticas de governança corporativa, inclusive com a exigência formal do regulador na supervisão, como nos casos da Tailândia e da Polônia.

À luz da experiência dos países estudados, seguiram-se na ocasião as seguintes recomendações ao Brasil: a) manter uma política macroeconômica que reduzisse a dívida pública e a taxa de juros, bem como abrisse espaço para a captação privada – o Tesouro e o Banco Central, tanto quanto possível, deveriam manter uma ativa política de emissão de papéis prefixados; b) incentivar medidas que protejam acionistas minoritários e credores especialmente em casos de transferência de controle. (O principal problema brasileiro a esse respeito, contudo, reside mais na morosidade da Justiça que nas próprias leis); c) aprofundar a Reforma da Previdência e do sistema de poupança compulsória; e d) continuar com o processo de melhoria das informações prestadas ao mercado (na área contábil, ressaltou-se importante incentivar o processo de convergência dos padrões brasileiros com os internacionais).

ii) Aspectos do atraso local

Enriquecido por tais lições internacionais o debate se voltou novamente para a pergunta: Por que o mercado de capitais brasileiro é tão subdesenvolvido como fonte de financiamento do investimento de longo prazo? Foram então abordadas as várias formas de como esta deficiência respondeu pela sua grave atrofia. A consideração foi de que não se tratou de uma causa isolada, mas de um conjunto desordenado e atemporal de fatos, em especial em uma nação, na época, que ainda não havia alcançado seu grau de investimento.

A interpretação da experiência brasileira de alta inflação foi um dos pontos de partida[7] para uma análise dos entraves ao desenvolvimento financeiro do país. Houve inflação elevada no país, mas não dolarização da economia, mantendo-se durante todo o período inflacionário a intermediação financeira estatal viva, relevante e à disposição do governo para usá-la a qualquer momento, como um poderoso agente de controle do setor privado. Em troca, assumimos o custo da instituição de um Estado intermediário-investidor. Parte considerável dos recursos da sociedade foi drenada de forma compulsória para que este Estado exercesse a liberdade de escolher a alocação mais adequada, de acordo com seu projeto de desenvolvimento. Como resultado, acabou-se montando um sistema difícil de ser desfeito porque funcionou para objetivos de defesa, em que o passe de mágica encontrado foi a concessão de liquidez remunerada ao depositante, implicando o acesso a um lastro que, em última instância, só pode ser dado por um único devedor: o Estado. Se o Estado continua a ser um grande intermediário financeiro, o ônus de sua intermediação será sempre refletido pelos sistemas tributário e regulatório. O fato em si é que, apesar do Plano Real, e até aquele momento, a estabilização da inflação ainda não havia desenvolvido a montagem de um sistema alternativo que substituísse as instituições financeiras inflacionárias por instituições de uma economia estável. Desejo de muitos, mas ainda longe da realidade.

Em outra hoje já clássica interpretação[8] ressaltou-se que o mercado financeiro interno de longo prazo era pequeno devido à resistência dos agentes privados em aplicar sua poupança em instrumentos financeiros locais longos, pois não confiavam na estabilidade e na segurança dos contratos financeiros firmados sob jurisdição brasileira. Aceitando que essa problemática fosse causada de fato pela "incerteza jurisdicional", como reduzi-la? Concordou-se que a manutenção da estabilidade de preços e a consolidação fiscal seriam essenciais, sem atalhos que pudessem apressar a redução da incerteza jurisdicional, à medida que se fortalecessem os fundamentos macroeconômicos. Conjecturas sobre esses possíveis atalhos poderiam até passar por mecanismos de sinalização que antecipassem os efeitos de medidas futuras e fossem considerados sustentáveis dos pontos de vista político e econômico, sendo o melhor sinalizador de confiança na moeda disponível um programa crível de conversibilidade plena, com regulações financeiras sensatas e nível adequado de reservas internacionais, sem esquecer da necessária independência do Banco Central como indicação do compromisso com a consolidação fiscal. A integração a uma jurisdição de qualidade superior foi outra medida sempre lembrada, e que vem funcionando internacionalmente como demonstração desse compromisso, como já visto anteriormente (contágio jurisdicional positivo). Ainda no quesito institucional, foi notado que ocorreram alguns avanços notáveis,[9] como a reforma do Judiciário aprovada em 2004 no Senado, a nova Lei das Sociedades Anônimas, a Lei de Falências e regras de melhores práticas de governança definidas pela Bolsa de Valores de São Paulo (atual B3), todas mudanças que ampliaram mecanismos de proteção de credores e investidores, minimizando arbitragens e riscos de foro, ainda que não suficientes para garantir uma sensação de maior previsibilidade de certas decisões.

Dois outros elementos foram objeto de ampla discussão, a saber, as questões relativas às distorções tributárias, o peso da carga (na ocasião já referida como 35% do PIB) e a disfuncionalidade dos fundos compulsórios, ambos temas inspiradores dos volumes 2 e 3 da trilogia. Concordou-se com a percepção de que o desenvolvimento do mercado financeiro brasileiro tinha sido prejudicado também pelas nossas finanças públicas e pela gestão da dívida.[10] Ao tributar excessivamente a intermediação financeira, reduziam-se não só incentivos à poupança e ao investimento, como também o tamanho dos mercados financeiros, com indução de uma indevida expansão de produtos e atividades cujo único propósito era sempre evitar a alta taxação. Ocorreria ainda um aumento do custo da dívida pública, uma vez que a tributação sobre a poupança financeira, em uma situação de relativa abertura ao exterior, provocaria a necessidade de aumentar a remuneração bruta do investidor para igualar os ganhos de ativos domésticos e internacionais. Por último, a alta carga tributária alimentaria o paradoxo de os mercados de derivativos apresentarem liquidez maior que os mercados *spot* que lhes deveriam servir de referência, haja vista a necessidade de caixa ser maior no mercado à vista que nos mercados futuros, nos quais os impostos incidem sobre uma base tributária menor.

Por último foram discutidos e sugeridos um amplo conjunto de profundas modificações nos mecanismos compulsórios de financiamento, hoje materializados sobretudo nos fundos FGTS e FAT.[11] Foram apontadas quatro áreas em que se poderia buscar mais eficiência desses referidos instrumentos compulsórios. A primeira disse respeito à governança, pois tais fundos, de natureza fiscal, são administrados por Conselhos Curadores tripartites, compostos por representantes dos trabalhadores, dos empregadores e do governo, numa situação injustificada perante os contribuintes e seus representantes eleitos, uma vez que tal procedimento implica muitas vezes apartar recursos de impostos do orçamento da União e transferir as instâncias de decisão sobre eles para a representação classista. A segunda área de aprimoramento se referiu à gestão. Foram acolhidas propostas que têm sido feitas tanto para assegurar ao trabalhador liberdade na escolha do administrador de seu FGTS quanto para instituir leilões em que instituições financeiras privadas competissem pela aplicação dos recursos do FAT e do FGTS. Argumentou-se que, de qualquer forma, a gestão dos recursos pelo BNDES e pela Caixa Econômica Federal (CEF) deveria permanecer sujeita à revisão crítica independente, feita por especialistas no assunto. A precificação foi a terceira área de aprimoramento sugerida, dada a falta de coerência nos custos de financiamentos de longo prazo feitos com lastro nos mecanismos compulsórios. Ademais, os custos dos empréstimos concedidos pelo BNDES e pela CEF sempre foram sistematicamente inferiores à taxa Selic, reduzindo a potência da política monetária. As propostas feitas na ocasião para melhorar a precificação, portanto 13 anos atrás, já consistiam em propor remunerar os depósitos do FGTS de acordo com a antiga Taxa de Juros de Longo Prazo (TJLP), hoje substituída pela TLP (a ser vista na última seção do artigo), eliminando-se dessa forma a incoerência entre os custos de financiamentos oriundos do FAT e do FGTS, bem como determinar a TJLP de acordo com a taxa de juros em reais dos títulos de longo prazo do Tesouro Nacional. A quarta área de aprimoramentos sugerida visava eliminar as distorções alocativas causadas pelos mecanismos de financiamento compulsório. O efeito adverso do FGTS sobre o mercado de trabalho seria bastante atenuado pela reprecificação da remuneração dos depósitos antes sugerida. O efeito adverso do PIS sobre a economia poderia ser eliminado pela fixação de uma alíquota zero para esse imposto.

As seções finais do livro, e desse primeiro debate,[12] se concentraram na impossibilidade do desenvolvimento de um mercado primário de capitais sem a ampliação do mercado secundário. A despeito da solidez e qualidade da infraestrutura do mercado e da maior presença de investidores estrangeiros e institucionais nas ofertas públicas (IPOs), o nível mínimo de negociação, exceto para títulos públicos, permaneceu limitado para títulos privados de dívida e ações. Movimentos de mercado com uma atuação maior na autorregulação, transparência de informações e avanços regulatórios não construíram uma base mínima estável de negociação e formação de preços no mercado secundário. Parte da resposta está delineada nos itens acima descritos e na falta de um sistema econômico que garantisse um mínimo de previsibilidade. Nas seções abaixo amplia-se também essa visão.

LIVRO 2: *MERCADO DE CAPITAIS: TRIBUTAÇÃO, INDEXAÇÃO, ALONGAMENTO* (2006)

Instruídas pelas discussões anteriores decidiu-se por reunir um novo grupo de especialistas, alguns já partícipes da primeira série de debates, para explorar o que pareceu serem fortes indicativos da limitação do desenvolvimento do mercado de capitais local. Ficou evidente que a questão tributária, a indexação financeira e o tamanho da dívida pública, bem como sua composição, eram fatores inibidores que precisavam ser atacados. A dívida pública, apesar de avanços passados significativos, até aquele momento, além de cara, continuava a ser predominantemente curta e indexada diariamente à taxa do Sistema Especial de Liquidação e Custódia (Selic). Em consequência, o mercado de capitais brasileiro se mantinha no curto prazo, à sombra das metas periodicamente fixadas pelo Banco Central para essa taxa Selic, sugerindo que o desenvolvimento de um mercado diversificado no país passava também por uma melhoria da qualidade da dívida pública. Nas subseções a seguir escolheu-se o que de mais provocativo surgiu desse debate. Talvez o volume 2 da trilogia tenha-se constituído o mais denso em termos de discussões e propostas. Além do que sua ancoragem esteve bastante relacionada à gestão da política monetária e tributária, bem como na análise de seus efeitos diretos sobre o mercado de capitais local, como pode ser visto a seguir.

i) O peso e as distorções da tributação no debate sobre o alongamento: uma equação de difícil solução

Desenvolveu-se logo no início a tese[13] de que as autoridades fiscais brasileiras, em suas ações tributárias, padeciam de uma séria inconsistência temporal. Na tentativa de aumentar a arrecadação tributária no curto prazo, sobretudo com impostos sobre transações, o fisco sempre acabou produzindo, no longo prazo, uma redução da receita de impostos, uma vez que os agentes do mercado financeiro, como contrapartida, reduziam suas atividades ou desenvolviam produtos e serviços com menor carga tributária.

Identificou-se que a tributação no mercado financeiro tinha sofrido constantes mudanças em relação a alíquotas, bases de cálculo, isenções e deduções, e que essas alterações resultaram em uma enorme diversidade de cargas tributárias efetivas sobre o contribuinte, seja este credor, devedor ou intermediário, pessoa física ou jurídica, residente ou não residente. Um dos exemplos ressaltados foi o crescimento dos impostos sobre transações, tendo como bases de incidência a negociação com títulos, a concessão de créditos, as transações cambiais e a utilização dos meios de pagamentos representados pelos depósitos à vista. Esses tributos não incidiam sobre fatos geradores de valor para os contribuintes, sendo devidos independentemente da renda gerada. Induziam, portanto, comportamentos defensivos para evadir a tributação ou transferi-la para partes contratantes com menor poder de mercado. Tais impostos e contribuições, além disso, produziram outros efeitos sobre os mercados financeiros: afetaram preços, volumes, liquidez e volatilidade, e contrariaram os critérios de neutralidade, equidade e simplicidade do sistema tributário.

O princípio da maximização da receita tributária no curto prazo de fato sempre governou as mudanças nas regras fiscais para o setor financeiro, tendo a carga tributária, calculada em relação ao valor adicionado, dobrado entre 1995 e 2004. Além do incremento de carga de impostos, houve uma piora na sua composição, tendo a maior parte desse acréscimo ocorrido via impostos indiretos que incidiram sobre as transações ou receitas brutas das atividades financeiras. Consolidou-se o predomínio de impostos com maior capacidade de gerar distorções na base tributária das instituições financeiras, um fato que constituiu um estímulo poderoso para que seu ônus fosse sempre transferido para depositantes e tomadores de crédito.

Outro ponto destacado foi que o regime tributário da época permaneceu com o viés, herdado do período de inflação elevada, de penalizar operações de curto prazo no mercado de títulos. As dificuldades introduzidas para o giro de papéis em geral tendem a desestimular *trading* em papéis longos e desencorajam a formação de uma estrutura transparente de preços para todos os ativos.

Lançando mão mais uma vez de lições internacionais no debate, verificou-se que a tendência da tributação do setor financeiro nos países mais desenvolvidos era de simplificação, redução das alíquotas e maior neutralidade. Nesse contexto, foram consideradas controversas a introdução de medidas seletivas de discriminação tributária com o intuito de forçar o alongamento das aplicações (como as Medidas Provisórias 206 e 209, de 2005) que criaram uma alíquota decrescente de Imposto de Renda sobre fundos de investimentos e demais aplicações em renda fixa, de acordo com o prazo de permanência dos recursos na aplicação e o prazo médio da carteira. Como complemento a isso lembrou-se ainda de outra medida em 2006, a Medida Provisória 281, que isentava investidores estrangeiros de Imposto de Renda na compra de títulos públicos no mercado doméstico. Tudo com o objetivo de "estimular" um sistema indutor de alongamentos, claramente não natural e de alcance talvez discutível como ação de longo prazo. De alguma forma, entretanto, é necessário considerar que em outras jurisdições isso chegou a funcionar, como no caso do Canadá e dos Estados Unidos, desde 1926,[14] sobretudo em processos de consolidação da mudança do perfil da dívida pública.

Em outra linha da discussão sobre o tema do alongamento dos títulos de renda fixa, lembrou-se que isso não pode ser visto sob uma ótica parcial, devendo ser analisado à luz de um arcabouço teórico que abordasse o conjunto de riscos não diversificáveis – o risco sistêmico – contido nos títulos. Risco sistêmico é aquele que não pode ser eliminado pela diversificação dos portfólios. Em um país, o risco sistêmico envolve mais que a condução da política econômica ou das instituições em que este se baseia (Banco Central independente, Lei de Responsabilidade Fiscal etc.) e o ambiente contratual. Envolve também instituições fundamentais subjacentes à governança da sociedade, como a estabilidade democrática e o funcionamento do Poder Judiciário.

Ao longo das discussões levantou-se que as experiências bem-sucedidas de alongamento voluntário também o foram de desdolarização,[15] ou seja, ocorreram inequivocamente outras mudanças que reduziram o risco sistêmico. Desdolarização e alongamento dos contratos em moeda doméstica foram, portanto, parte de um processo mais amplo de estabilização e desenvolvimento institucional das economias emergentes. Os países escolhidos para ilustrar essa tese foram Polônia, México e Israel. Todos passaram por períodos de instabilidade macroeconômica com altos níveis de inflação, e seus mercados

296 | De Belíndia ao Real

de títulos eram, majoritariamente, indexados ao câmbio e à inflação. Os três conseguiram, na década 1995-2005, emitir papéis prefixados com maturidade de dez anos e, em alguns casos, de vinte anos ou mais em volumes substanciais, de forma a elevar a participação desses papéis de longo prazo para mais da metade de suas dívidas domésticas. Não obstante as diferenças entre as três economias analisadas, e entre cada uma delas e o Brasil, as experiências apresentaram características comuns, entre as quais foram particularmente relevantes as seguintes: a) o alongamento do mercado de renda fixa (dívida pública) em moeda doméstica ocorreu simultaneamente à desdolarização; houve uma queda na participação da dívida em moeda estrangeira (externa e interna); b) tais movimentos ocorreram no contexto de programas de estabilização baseados em fortes fundamentos fiscais, que levaram a razão dívida/PIB a uma queda significativa; c) o regime monetário dos três países era o de metas para a inflação, tendo em todos eles ocorrido forte redução da inflação; d) à medida que a inflação caiu, a taxa de juros real também caiu, produzindo uma queda mais acentuada da taxa de juros nominal e incentivando sobremaneira o alongamento; e) o aumento da maturidade média da dívida pública ocorreu concomitantemente ao aumento da parcela prefixada (não indexada) da dívida; f) a obtenção de *investment grade* pelos três países confirmou a redução do risco sistêmico; e g) os mercados privados, como eram menos desenvolvidos, miraram o mercado de dívida pública para desenvolver seus contratos. Concluiu-se nessa vertente dos debates que, para obter o alongamento, o papel do governo é duplo. O mais importante, entretanto, deveria ser avançar na agenda de reformas, imprescindível para a redução do risco sistêmico.

ii) Indexação financeira, o uso das LFTs e a continuidade do debate sobre o alongamento de prazos: indefinições quanto à forma, mas certeza sobre o conteúdo

O Brasil, apesar de seu passado de inflação alta e instável, conseguiu desenvolver um amplo mercado financeiro interno baseado na moeda nacional, em contraste com a dolarização dos mercados financeiros domésticos ocorrida em parte dos países emergentes. Os substitutos domésticos aos depósitos bancários dolarizados, comuns em outros países emergentes, foram aqui, por excelência, os fundos de investimento DI, lastreados em LFTs.[16]

As LFTs foram introduzidas há mais de trinta anos, em maio de 1986, sob o nome de Letras do Banco Central (LBC), como uma forma de reduzir os custos de rolagem da dívida pública, e chegaram a representar mais de 50% da dívida pública federal mobiliária interna em vários momentos (na última seção do artigo essa evolução será detalhada).

Por que discutir "até quando" elas estarão entre nós? Por que pode ser tão difícil se "livrar" desse engenhoso mecanismo de indexação financeira? Qual sua real importância para a estabilização do país, ou da postergação da real estabilização? Por que as LFTs podem ser um agente limitador da política monetária e de um mercado de capitais robusto e de longo prazo?

As seguir, sumariamos alguns dos argumentos que provocaram essa ampla discussão. Sem uma homogeneidade de recomendações, entre defesas e ataques, ficou claro que as LFTs tiveram um papel importante no ambiente de alta inflação no país, bem como na construção de um programa posterior da estabilização. Da mesma forma a discussão induziu a concluir que mecanismos forçados, ou artificiais, de substituição das LFTs (e de seu papel de indexador) podem ter consequências nefastas e serem pouco eficazes a longo prazo.

1) Um título inconveniente e que precisaria de fato ser repensado?[17]

O contraste entre a persistência da crítica ao título e a sua manutenção sugeriu um problema de falta de incentivos à mudança, que pode ser definido pela assimetria entre os custos de manter as LFTs e os riscos de sua eliminação. Os benefícios das LFTs resultaram, nessa análise, de um casamento de conveniência entre credores e devedores, herdado de uma situação de inflação crescente e instável e, portanto, com risco permanente de uma rápida subida dos juros.

Do ponto de vista do Banco Central, as LFTs foram no passado um instrumento adequado para impedir a dolarização financeira, passo perigoso na direção de uma hiperinflação. Mas, para que elas desempenhassem o papel de lastro dos substitutos domésticos da moeda dolarizada, foi necessário um compromisso implícito de que a taxa de juros do *overnight* não se afastaria da condição de paridade descoberta da taxa de juros, e que, na realidade, ela tivesse como limite inferior os juros externos mais a desvalorização cambial esperada. Tal piso para os juros, na verdade, atuaria como "garantidor" de taxas reais muito elevadas, mesmo com ambiente externo favorável. Em tais circunstâncias, a taxa de câmbio tenderia a se valorizar, mas a taxa de juros nominal não acompanharia a queda do custo de financiamento externo, dado o temor de que esse movimento fosse temporário. Repetir-se-ia no Brasil o problema identificado na literatura como causa dos juros elevados no México do pós-guerra, e que ficou conhecido como "peso *problem*": os juros domésticos não caem porque há uma pequena probabilidade de um grande desastre no futuro, como o que finalmente ocorreu no México na crise financeira de 1982.

Notou-se que o custo inicial da introdução das LFTs (antigas LBCs) era menor que o benefício, do ponto de vista da política monetária, em especial no contexto posterior da malsucedida tentativa de estabilização do Plano Cruzado. Os riscos de uma não rolagem da dívida e os custos a ela associados sempre pareceram suficientemente importantes para justificar que as LFTs constituíssem parcela significativa da dívida pública.

Nesse sentido reforçou-se o perigo e o ceticismo de medidas que estimulassem artificialismos ou uma substituição rápida das LFTs. Seria melhor aguardar outras melhorias nos fundamentos que permitissem a queda dos juros básicos e, por essa via, que se reconstituísse uma curva de juros capaz de levar os diferentes tipos de poupadores a procurar títulos com taxas e riscos compatíveis com suas preferências.

2) Um título que foi e ainda poderia ser útil, de forma comedida?[18]

Nessa versão do debate sustentou-se que a causa da baixa eficácia da política monetária e da permanência de juros altos era a persistência do desequilíbrio fiscal, apesar do extraordinário aumento da carga tributária, em sua ligação com os demais fatores que constituiriam o risco associado à incerteza jurisdicional, já mencionados anteriormente.[19] O alongamento da dívida pública deveria ser sempre positivo e desejável, como meta de gestão fiscal e como fator de melhoria da eficácia da política monetária.

Um dos raciocínios aventados, e discutidos, foi de que como as LFTs, por terem duração de um dia, seriam a causa das dificuldades para alongar a dívida e, consequentemente, da baixa eficiência da política monetária. Entretanto para esses autores haveria uma inversão do sentido da causalidade. Com a dívida sendo curta, as LFTs continuavam a ter tal peso relativo porque o risco sistêmico do país seria percebido como alto, e não ao contrário. É verdade que o prazo da dívida é um importante indicador do risco sistêmico, mas disso não se poderia inferir que o alongamento artificial da dívida reduziria o risco. É a redução da incerteza que leva ao alongamento e não o alongamento – especialmente, se artificialmente induzido – que levaria à redução da incerteza.

O Tesouro sempre pagou um elevado prêmio para que o sistema financeiro administrasse o descasamento de prazos e de indexação, mas o Banco Central é obrigado a recomprar os títulos e incorrer em custos para evitar o colapso do sistema em momentos de forte instabilidade. Assim, ainda que muitas vezes se diga que as LFTs eram fiscalmente desestabilizadoras, elas seriam menos onerosas e, portanto, relativamente estabilizadoras, se comparadas à alternativa do resgate do sistema financeiro pelo Banco Central em face da possibilidade de uma crise sistêmica.

MERCADO DE CAPITAIS | 299

Concluiu-se que os títulos de indexação financeira diária seriam uma alternativa para reduzir o descasamento da intermediação financeira quando a alta incerteza cria uma forte preferência por liquidez diária. Sua prevalência na composição da dívida, entretanto, seria um sinal de que a percepção de incerteza é elevada. Em economias em que a estabilidade está consolidada, os títulos de indexação financeira deveriam reduzir-se a uma parcela inexpressiva da dívida, todavia, inverter o sentido da causalidade seria forçar a redução dos títulos de indexação financeira na expectativa de colher os frutos da estabilidade consolidada.

Questionou-se ainda o argumento de que as LFTs, ao supostamente tornarem perene a cultura do *overnight*, estariam tomando o espaço de títulos de mais longo prazo e, assim, agravando umas das principais lacunas de funcionamento da economia brasileira e do mercado de capitais. Na verdade, não existiria no país uma preferência irracional, ou mesmo cultural por LFTs, mas sim uma exigência de prêmios de risco elevados para aplicações com maior duração em razão dos riscos e incertezas a que a economia ainda estaria sujeita. Para alguns, distintamente, compensaria até manter parcela expressiva da dívida em LFTs no curto prazo dada a alternativa momentânea de validar prêmios de risco elevados na tentativa de se emitirem títulos mais longos, com reflexos claros sobre a dívida como proporção do PIB.

Os anos de instabilidade deixaram marcas, de modo que a estimativa de uma taxa de inflação de longo prazo só poderia ser feita aceitando-se uma enorme variância. Com isso, nas operações prefixadas longas, as curvas da demanda e da oferta de fundos não se interceptariam, fazendo com que não houvesse transações e mercado secundário. Tal argumento reforçaria mais uma vez que a demanda por tal seguro seria oferecida novamente pelas LFTs, minimizando sempre o pouco apetite por operações ativas longas contratadas com taxas prefixadas.

3) O efeito riqueza, LFTs e a eficácia da política monetária[20]

O debate sobre o fim das LFTs ainda foi enriquecido pela contribuição de um dos autores, que revisitou seu argumento de 1996 a respeito do impacto redutor das LFTs sobre a eficácia da política monetária.[21] De acordo com ele, quando o Tesouro vende títulos longos com taxas de juros fixas, uma elevação da taxa de juros básica reduz o valor de mercado dos títulos e, assim, contrai o valor de mercado do estoque de riqueza dos indivíduos, produzindo um efeito riqueza que reduz o fluxo de consumo e aumenta a eficácia da política monetária. Quando a dívida pública é representada por LFTs, esse efeito riqueza desaparece, pois o aumento da taxa Selic, ao elevar os fatores de desconto que se aplicam aos rendimentos das LFTs, eleva esses rendimentos exatamente na mesma proporção, eliminando o impacto sobre o preço do título e sobre a riqueza do detentor.

No caso brasileiro, dadas as magnitudes das variações dos juros envolvidas, esse efeito poderia ser importante, não fosse o fato de a dívida pública ter uma elevada proporção de LFTs.

O mesmo autor chega à conclusão de que a utilização das LFTs eliminaria completamente um canal de atuação da política monetária, que é o efeito riqueza. Ficaria, assim, com a proposição de que, se a dívida pública passasse a ser representada por títulos longos emitidos com taxas de juros fixas, existiria um efeito riqueza sobre o consumo que aumentaria a potência da política monetária, ainda que não se tenha certeza sobre sua real magnitude.

4) Uma proposta alternativa com certa intervenção[22]

Voltando a uma versão mais crítica sobre os possíveis males das LFTs, no contexto do mercado local de capitais, resgataram-se sugestões da adoção de medidas regulatórias e tributárias que inibissem seu uso, em prol do desenvolvimento deste mercado. Isso porque se estabeleceria, via LFTs, uma dependência mútua entre o Tesouro e a indústria de fundos. O argumento derivava do raciocínio que o público exigiria liquidez diária, o regulador o sancionaria, os fundos seriam obrigados a carregar LFTs ou operações compromissadas remuneradas pelo *overnight*, e o Tesouro e o Banco Central não teriam dificuldade de rolar a dívida pública. Todos seriam atendidos, mas isso atrofiaria o desenvolvimento do próprio mercado de capitais. Um dos pontos sugeria a reforma dos procedimentos de "zeragem" adotados pelo Banco Central no mercado de reservas bancárias, com o duplo objetivo de remunerar mais modestamente o excesso de liquidez no *overnight*, introduzindo alguma volatilidade na taxa Selic. Essa mudança de funcionamento no *overnight* teria como consequência natural a perda de interesse nas LFTs em comparação com o papel prefixado de mesmo prazo, permitindo o alongamento das aplicações financeiras. Simultaneamente à implantação dessas medidas, seria preciso também fazer mudanças na indústria de fundos. Nesse momento sustentou-se que a liquidez diária das cotas enviesaria os fundos na direção das LFTs. Como experimento alternativo, imaginou-se uma nova regulamentação que definisse uma separação entre classes de fundos, segundo a qual existiriam fundos à semelhança dos *money market funds* americanos, com liquidez diária, mas taxas nominais muito pequenas, e outros fundos mútuos de escopo variado e liquidez restrita que fossem genuinamente veículos de investimento e, por isso, menos tributados e menos focados no carregamento da dívida pública.

Sem que tais propostas atingissem consenso, lembrou-se que não se poderia considerar com certeza um deslocamento da demanda dos investidores para durações mais longas. Foram partilhados estudos indicando que mais volatilidade do preço de um ativo faz com que o mercado desse ativo encolha, mas isso não quereria dizer que esse encolhimento seria acompanhado por um aumento da atividade em outros mercados específicos, e que essa expansão seria positiva no cômputo geral. Ademais, um aumento da volatilidade das taxas de juros *overnight* tenderia a aumentar os prêmios de risco embutidos na parte longa da curva, encarecendo o alongamento da dívida pública.[23]

LIVRO 3: *MERCADO DE CAPITAIS E BANCOS PÚBLICOS: ANÁLISE E EXPERIÊNCIAS COMPARADAS (2007)*

Esse último volume da trilogia talvez tenha sido um dos mais difíceis para ser organizado. Parte da análise já havia sido referida no Livro 1 ao se descortinar a natureza e os efeitos dos fundos compulsórios no país. A alegação de que a presença do Estado através de seus agentes financeiros, atuando em condições diferenciadas de prazo e custo, inibiu o desenvolvimento do mercado de capitais, em um *crowding out* explícito, estimulou a pesquisa.

A participação relevante dos bancos públicos federais e do crédito direcionado na intermediação financeira permanecia inalterada há décadas. Existiam, todavia, boas razões para indagar se esses arranjos, criados para uma realidade tão diferente da atual, ainda seriam funcionais ou se também deveriam ser reformados para que se adaptassem a um país mais estável e integrado ao resto do mundo.

A cada ano, bilhões de reais foram e ainda são transferidos de maneira compulsória para fundos geridos por bancos públicos ou direcionados para tomadores de crédito em condições mais interessantes que as do mercado. São recursos escassos, que poderiam ser aplicados de outra forma, tornando-se importante avaliar se eles teriam sido utilizados para a promoção do máximo de desenvolvimento econômico e social. Haveria usos melhores para esses recursos ou instrumentos mais eficientes para alcançar os mesmos resultados? Também aqui, impressionava o quão pouco se sabia sobre: i) o impacto efetivo dessas políticas; ii) das bases de dados críveis (e disponíveis); e iii) a utilização desse dinheiro ou os critérios de medição da relação custo-benefício nas aplicações desses recursos.

Os estudos e debates apresentados a seguir, publicados em 2007, tendo como base as discussões de dois seminários ocorridos no final de 2006, lançaram

302 | DE BELÍNDIA AO REAL

mão mais uma vez de uma investigação das experiências internacionais, onde casos específicos foram analisados e confrontados. Essa base analítica ajudou no encaminhamento das questões locais e na construção de alternativas e recomendações de possíveis políticas públicas.

i) Experiências internacionais: o que pode ser evitado?

Em dois estudos foram examinadas detalhadamente as experiências de oito países,[24] com histórias e características de desenvolvimento distintas, a saber: Indonésia, Chile, Itália, Suíça, Coreia do Sul, Índia, Rússia e China. Além de fontes primárias de pesquisa, com informações diretas dos bancos centrais desses países, reuniu-se uma extensa base de dados dos balanços de centenas de instituições financeiras. Ao se partir de uma visão histórica dos fatores determinantes da criação dos bancos públicos, procurou-se identificar as razões da sua constituição à luz das visões social, política ou de agência. Sem perder de vista as intenções por trás dos incentivos públicos no direcionamento de crédito, foram examinadas as origens dos recursos utilizados, de caráter voluntário ou compulsório, bem como a importância dos bancos públicos para o mercado de capitais, seja para estimulá-los, seja para limitar a sua expansão. Com esse espírito, foram discutidas não só as formas como os governos desses países atuaram em momentos de crise, principalmente nos processos de reestruturação bancária decorrentes das crises dos anos 1990, como também no encaminhamento de soluções mais duradouras, entre as quais a privatização ou a abertura de capital de algumas instituições.

A análise mostrou que nem sempre a atuação desses intermediários financeiros públicos levou à concretização dos objetivos anunciados em sua criação: maior crescimento econômico e aprofundamento do crédito e do mercado de capitais. Em alguns casos, como o da Coreia do Sul, esses bancos, apesar de sua relevância na implementação de determinadas políticas industriais no início dos anos 1960, perderam importância, em razão do próprio amadurecimento do mercado e da economia. As maiores chances de sucesso seriam atingidas quando a atuação dos bancos públicos se deu de forma competitiva, com incentivos à boa performance dos gestores em outorgar crédito sem subsídios velados. As experiências com o microcrédito na Indonésia e no Chile foram exemplos claros de sucesso, distintamente do que ocorreu em países como a Índia, em que o subsídio à agricultura sempre foi um dos principais elementos de distorção alocativa do sistema financeiro e, em alguns casos, da própria saúde financeira das instituições públicas. O estudo sugeriu ainda que, em um mundo cada vez mais globalizado, onde os grandes bancos privados cruzam fronteiras e adquirem ativos em outros países, os bancos públicos tenderiam a perder competitividade relativa.

Observando de perto China e Rússia, dois dos maiores Brics, notou-se que o sistema bancário sempre foi majoritariamente controlado por bancos públicos, e a participação do capital estrangeiro nos ativos totais, limitada. A disponibilidade de recursos para as empresas advinha principalmente do sistema bancário, dado o baixo nível de desenvolvimento dos mercados de capitais de dívida e acionário. Na Rússia, poucos bancos sob controle público ou ligados a grupos industriais dominavam o sistema. Foram instituições que passaram por grandes momentos de incerteza na aguda crise de 1998 e na crise de liquidez de 2004, assim como sofreram pesada intervenção do Estado em seu processo de reorganização. A China, apesar de ser o país com a maior participação do crédito como proporção do PIB entre os Brics, apresentou, como no caso russo, um sistema bancário dominado por quatro bancos especializados, criados na década de 1980, que atravessaram um significativo processo de reestruturação de seus ativos devido à baixa qualidade dos empréstimos concedidos. No período 1996-2006, o governo chinês realizou uma limpeza desses créditos problemáticos e impôs rigorosos controles de risco.

Ao mesmo tempo, ambos os países procuraram abrir seus mercados, após terem reconhecido que dificilmente cresceriam de modo autossustentado sem a modernização de seus sistemas financeiros. Além do estímulo ao desenvolvimento dos mercados de ações e de dívidas corporativas, os governos desses países, de forma semelhante ao governo indiano, começaram a abrir o capital de seus principais bancos e a listá-los em Bolsas de Valores. Esperavam que a entrada de novos investidores aumentasse o grau de transparência, melhorasse as práticas bancárias, reduzindo o uso político desses bancos, ainda que a mudança de sua propriedade estatal nunca estivesse em pauta. A maior exposição dessas instituições ao mercado e a realização de mudanças em seus quadros e nos conselhos de administração permitiram, em vários casos, um aperfeiçoamento de sua gestão. Os resultados, ainda que lentos, indicaram a vontade dos governos desses países em inseri-los no cenário financeiro global e, de certa forma, romper com os antigos modelos de concessão de créditos direcionados e retornos questionáveis. Mas de alguma forma, com raras exceções, onde se viu e se vê o domínio da intermediação financeira nas mãos do setor público, pouca dinâmica se observou nos mercados locais de capitais, em especial em economias emergentes.

ii) Bancos públicos e desenvolvimento: o ocaso brasileiro

A literatura apontou no livro três razões principais para a existência de bancos públicos: facilitar o acesso ao sistema de pagamentos, ampliando desse modo a sua utilidade; mitigar o receio dos poupadores em depositar seus recursos no sistema financeiro, elevando o volume de fundos intermediados; e incrementar a eficiência alocativa da economia, estimulando o financiamento de projetos cujo retorno social supera o privado.[25] Apesar de sua importância no passado, os dois primeiros fatores não justificariam em si a existência de bancos públicos no Brasil do século XXI. Além disso, constatou-se, empiricamente, que a alocação de recursos feita pelos bancos públicos não foi direcionada para as atividades com maior hiato entre os retornos privado e social, nem estimulado um crescimento significativo dos setores e regiões apoiados. No todo, a intervenção estatal por meio de bancos públicos gerou, no período considerado, perda líquida de bem-estar, se considerada a necessidade de financiar os subsídios canalizados por essas instituições por meio de tributos diversos. Nesse sentido, uma das recomendações enunciadas foi de que se reduzisse paulatinamente o volume desses subsídios, aumentando-se a transparência e o controle sobre a sua utilização, e avaliando-se, caso a caso, a premissa de que os bancos públicos seriam a forma mais adequada de atingir o objetivo que se quer promover com a intervenção estatal.

Ainda no caso brasileiro, dois outros argumentos da literatura[26] se somariam para tentar justificar a existência de bancos públicos e de sistemas de poupança compulsória locais: a viabilização do financiamento de longo prazo em um ambiente institucional e político que sempre inibiu essa oferta por meio dos bancos privados, e a apropriação pelo governo do imposto inflacionário incidente sobre os depósitos bancários em um ambiente corrente de alta inflação. Nessa ótica, diante de um quadro de normalização macroeconômica e institucional, e seguindo a experiência internacional, o próprio tempo se encarregaria de reduzir de maneira expressiva a importância dos bancos públicos ou torná-los "indistinguíveis de seus congêneres privados". Para se acelerar esse processo seria ainda interessante organizar um conjunto de reformas na estrutura e na forma de atuação do setor financeiro público, tendo como base a hierarquização das instituições que o compõem; das que trazem benefícios menores e riscos maiores de captura política.

Nesse sentido rememorou-se o histórico dos bancos estaduais no Brasil.[27] Apesar de terem sido drasticamente reduzidos desde a implantação do Plano Real e dos programas de reestruturação bancária do Banco Central, incluindo privatizações, tais instituições estaduais foram uma das formas de intervenção estatal no setor financeiro que mais trouxeram prejuízos à economia, sobretudo a partir do início da redemocratização, com a eleição direta de governadores em 1982. Estudos nessa área mostraram que tais instituições eram especialmente ineficientes e possuíam elevado grau de captura política, tendo proporcionado escassos benefícios em termos de promoção do desenvolvimento e ao mercado de capitais. O tema analisado foi visto como um sistema federativo, em que a existência dessas instituições complicava e dificultava a gestão das políticas fiscal e monetária, já que funcionavam como bancos centrais estaduais que "emitiam moeda" para financiar gastos públicos dos governos estaduais, em geral ferindo regras de prudência bancária, inclusive pela concentração de ativos. Além disso muitas vezes viabilizavam gastos não contemplados no orçamento público, com a geração de um *crowding out* de créditos ao setor privado; e, ao fim e ao cabo, dada a necessidade de salvar instituições insolventes, expandiam a oferta de moeda. A concessão corrente de empréstimos de liquidez pelo Banco Central para que esses bancos estaduais fizessem frente à pressão sobre as suas reservas bancárias, advinda da rolagem das dívidas públicas estaduais, produzia uma inevitável expansão da base monetária e dos meios de pagamentos, comprometendo as metas monetárias do Banco Central.

O volume de recursos envolvidos nesse processo foi substantivo, sendo que a estabilização macroeconômica alcançada na década de 1990 não teria sido possível sem a privatização ou a federalização dessas instituições.

iii) Bancos públicos, fundos compulsórios e o BNDES

As análises finais cobriram as partes mais polêmicas das discussões. Focaram no instrumento de coleta e transmissão de subsídios para os bancos públicos, a saber os fundos de poupança compulsória,[28] o papel do BNDES[29] e os potenciais impactos para o financiamento de longo prazo, tanto no crédito bancário, como no mercado local de capitais.

Com relação aos fundos foram três os principais pontos tratados. Primeiro, esses instrumentos impõem e impuseram custos significativos à eficiência econômica que, em geral, eram ignorados no debate. Em especial, como justificar que se distorça a atividade econômica e se sub-remunerem os recursos de contribuintes e trabalhadores para subsidiar empresas que poderiam se financiar a baixo custo no mercado internacional? Segundo, não eram (e ainda não são) evidentes que esses mecanismos tenham, ou tenham tido, impacto positivo sobre a distribuição de renda e sequer sobre o nível de emprego. Nesse sentido indagou-se, por exemplo, se os trabalhadores não seriam mais bem atendidos, se recebessem uma rentabilidade de mercado sobre suas poupanças, em vez do baixo retorno oferecido pelo Fundo de Garantia por Tempo de Serviço (FGTS), cuja contrapartida é a possibilidade de, eventualmente, ter acesso ao crédito do Sistema Financeiro de Habitação (SFH). Terceiro, o recurso à poupança compulsória contribuiu (e vem contribuindo) para situar o país em um equilíbrio de baixo nível, em que os elevados juros no mercado livre justificavam o crédito direcionado, mas a existência desse crédito e os tributos e regulações dele decorrentes contribuíram sempre para encarecer os empréstimos no segmento livre. Não seria melhor se o país eliminasse o crédito direcionado, permitindo que os juros caíssem nos créditos com recursos livres e todas as empresas fossem beneficiadas? Em especial aquelas que não conseguem ter acesso aos recursos subsidiados dos bancos públicos? No todo, portanto, chamou-se a atenção para a necessidade de analisar o tema da poupança compulsória utilizando uma abordagem de equilíbrio geral que considerasse as diferentes repercussões de seu uso sobre a distribuição de renda e o crescimento. Para isso apresentaram-se algumas sugestões de como se poderia fazer essa transição entre a situação atual e um quadro em que os poupadores estivessem livres para aplicar seus recursos.

Um dos tratamentos para a questão da poupança compulsória considerou também a possibilidade de o BNDES se tornar independente, ainda que parcialmente, do fluxo de recursos do FAT. Ao recorrer a um exercício numérico, adequado ao atual contexto macroeconômico, procurou-se verificar os impactos fiscais dessa operação de "desembarque" gradual do FAT e avaliar que opções se apresentariam futuramente para o banco. A princípio, se estabeleceu o próprio mecanismo de "desembarque" por intermédio da redução paulatina dos novos fluxos decorrentes da arrecadação do PIS-Pasep e da capitalização do estoque anterior, liberando-se assim recursos que poderiam ser utilizados na redução da carga tributária. O segundo elemento foi a mudança da regra de fixação da Taxa de Juros de Longo Prazo (TJLP), matéria recorrente no debate desde o início dos anos 2000, por meio da definição de um teto declinante para a diferença entre esta e a taxa do Sistema Especial de Liquidação e Custódia (Selic). Por fim, analisou-se a mudança das regras de disponibilidade de recursos para o seguro-desemprego, vislumbrando uma adaptação às regras atuais.

O resultado de todas essas alterações seria levar o BNDES a repensar, de maneira ativa, a estruturação de seu próprio financiamento, em que se destacassem um uso mais intenso de captações junto a organismos internacionais; o retorno às emissões no mercado financeiro internacional; a reativação do papel catalisador da BNDESPar no mercado de capitais local; e uma renegociação com o governo e com o Congresso na busca de recursos carimbados para usos específicos em operações de cunho social ou de desenvolvimento regional. Tudo a partir de um aumento na transparência do ponto de vista da gestão do banco, a fim de estimular a implantação de regras mais elevadas de governança corporativa e adequar a instituição aos novos tempos do mercado.

Tal discussão muitas vezes esteve eivada de apegos ideológicos. O papel cinquentenário de uma instituição de fomento como o BNDES e sua importância estratégica no debate do desenvolvimento nunca foram travados sem paixões. Em um contexto de maior estabilidade econômica e com um fluxo externo contínuo de recursos de longo prazo o banco deveria para alguns continuar a ter um papel, porém de forma mais alinhada ao desenvolvimento dos mercados de capitais de dívida, de ações e de securitizações, financiando o requerido fluxo futuro de investimentos no país. Não se poderia prescindir no curto prazo do banco, mas sua função seria de complementaridade, e não de protagonismo. Seus mecanismos de financiamento, desembolso e *funding* teriam que ser repensados. Deixaria de ser o *crowding out bank*.

Para outras vertentes, o aniquilamento da instituição não contribuiria para o ressurgimento de um mercado privado de capitais. Em essência, o BNDES sempre atuou, e deveria atuar, como uma alavanca anticíclica, especialmente em momentos de grande restrição do crédito privado. Os desembolsos de recursos públicos e de longo prazo do banco não competiriam com o restante do mercado, pois esses recursos não estão de fato disponíveis em reais, sejam em outras instituições financeiras privadas, sejam por parte de investidores dispostos a aportar riscos de longo prazo. As considerações desse grupo tampouco admitiriam questões ligadas a subsídios e os impactos fiscais decorrentes. O argumento de que os recursos seriam previamente carimbados não permitiria compará-los com o custo alternativo de mercado de financiamento do Tesouro.

Paixões à parte, o fato é que o Banco sempre teve um impacto relevante na economia. Seja por sua ausência em segmentos carentes, seja por sua atuação hipertrofiada, inibindo (ou competindo) outras iniciativas do próprio mercado.

Após 10 anos, onde estamos? O que mudou? O que aprendemos?

i) Onde estamos?

Desde a publicação do último volume, o Brasil e o mundo mudaram muito. A volatilidade do cenário político e macroeconômico esteve na pauta recorrente dos mercados financeiros globais. O que foi um período de pujança, com crescimento e aumento da renda até 2007, reverteu-se rapidamente com a crise financeira global de 2008. A magnitude da recessão e o impacto sobre as economias somente podem ser comparados a 1929. Bancos Centrais, Tesouros Nacionais e principais reguladores tiveram de atuar de forma intensa e contínua na busca da estabilização dos mercados e do sistema financeiro global. A quebra de grandes instituições financeiras e a falência de alguns Estados soberanos mais endividados impôs uma agenda de reformas que pode ser sentida até o presente momento.

O Brasil não ficou imune. Apesar de a crise ter sido sentida a partir de 2009, as escolhas de política recaíram sobre um receituário de maior intervencionismo estatal e do adiamento de reformas. A ideia era poder compensar as chamadas falhas de mercado com o gasto público. A postergação das reformas de cunho estrutural revelou-se desastrosa do ponto de vista do crescimento, das taxas de investimento e da produtividade. O intervencionismo se fez sentir em várias frentes, desde o aumento de gastos correntes, sem contrapartida adequada pelo lado da receita, até o uso de mecanismos de controle de preços públicos e artificialismos praticados na gestão da política monetária. A chamada "Nova Matriz Econômica" solapou avanços institucionais e introduziu uma série de desequilíbrios.

O tão almejado grau de investimento alcançado em 2008 durou pouco, sendo retirado em 2015. As lições internacionais, expostas no Livro 1, sobre os benefícios obtidos com tal distinção, tiveram aqui destino diferente. Apesar do aumento de reservas, do influxo de capitais externos (com consequente apreciação do câmbio), em especial na aquisição de títulos públicos de maior duração e de ações em várias operações de IPO (Initial Public Offerings), o mercado de capitais local apenas esboçou alguma reação, mas ao final não adquiriu escala nem relevância no financiamento do médio e longo prazos.

No mercado acionário, apesar do *boom* de novas emissões nos anos de 2006 e 2007 (quando 90 novas empresas vieram a mercado), e mesmo após o grau de investimento, o número de companhias listadas na Bovespa (atual B3) caiu ano após ano. Se em 2007 eram 404 (em 2000, sem o Novo Mercado, contava--se com 449 listadas), em 2017 chegou-se a 344 (das quais apenas 305 foram negociadas), nível próximo ao de 2005 (Figura 12.1). Ou seja, os fechamentos de capital via OPAs (Ofertas Públicas de Ações) foram superiores aos IPOs. Da mesma forma o sonho da implantação de um Mercado de Acesso para pequenas e médias empresas se viu frustrado. Se em países como a Coreia do Sul, Canadá, China, e em especial a Inglaterra, conseguiu-se implementar com certo dinamismo, o Brasil desde 2008 atraiu somente 14 novas empresas, tendo sido apenas duas listadas.

MERCADO DE CAPITAIS | 309

Figura 12.1
Número de empresas listadas na B3

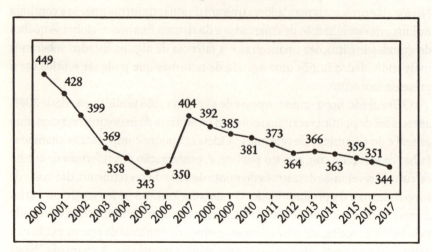

Fonte: B3.

A retração do número de empresas listadas, ou mesmo a manutenção, não foi um fenômeno isolado no Brasil. Nos Estados Unidos, mercado desenvolvido com um dos maiores índices de capitalização, entre 2007 e 2017, somando as empresas cotadas na Nasdaq e da Nyse (New York Stock Exchange), verificou-se uma leve queda de 5.332 para 5.235 empresas, pouco afetando sua relevância, mesmo após a crise de 2008. A questão do número de companhias importa certamente menos para países onde o mercado de capitais já é consolidado. A limitação do número de ações listadas e o acesso a esse mercado por novas companhias são mais dramáticos em jurisdições onde o acesso a outras formas de financiamento é restrito.

Pela ótica da governança das empresas, o Brasil construiu um arcabouço legal que, seguindo padrões internacionais, pode ser considerado adequado e relativamente robusto. Entre os chamados emergentes, criou-se no país um ambiente de melhoria na proteção ao investidor minoritário, que evoluiu ao longo da última década, iniciando em 2002 com o advento do Novo Mercado. Por outro lado, eventos pontuais de não observância correta de *compliance* e diligência, casos como das empresas X (Grupo EBX), reestruturações societárias malsucedidas como a de telecomunicações (conglomerado da Oi) ou de ingerências do sócio majoritário em empresas de economia mista (Petrobras e Eletrobras) distorceram essa percepção e introduziram um grau adicional de incerteza, especialmente para grandes investidores institucionais locais e internacionais.

No mercado de capitais de renda fixa, da mesma forma que na renda variável, os últimos dez anos estiveram abaixo das expectativas e das necessidades das empresas. Enquanto o endividamento das empresas saltou vigorosamente entre 2007 e 2017, evidenciado por indicadores (excluindo do cômputo Petrobras e Vale do Rio Doce) em que a relação Dívida Líquida/EBITDA dos últimos 12 meses deixou o patamar saudável da razão de 1 vez para a marca superior a 3, o montante de emissões públicas de debêntures corporativas e outras notas de créditos flutuou e perdeu relevância. Nos últimos anos as ofertas de debêntures e outros títulos corporativos permaneceram estagnadas, a despeito de uma maior demanda por reestruturações e rolagens das dívidas contratadas.[30] Em 2017, mesmo com alguma recuperação dos volumes emitidos, retornou-se apenas aos patamares de 2012.

Nesses dez anos, quando comparamos a longevidade das emissões e as características dos valores mobiliários emitidos, nos vemos diante de um mesmo quadro histórico. Atualmente mais da metade das emissões tem prazo de até três anos, e considerando o prazo até seis anos, esse número atinge 80% do total das emissões. Em relação aos indexadores, temos novamente um mercado marcado por indexadores relacionados ao CDI, em sua maioria, ou a índices de preços. O montante emitido de títulos prefixados, ou com outras características não CDI, na média do mesmo período, não atingiu 5% das emissões.[31]

Por outro lado, no âmbito de mudanças regulatórias, duas iniciativas mereceram destaque: a Instrução CVM 476 de 2009 e a Lei 12.431 de 2011. Ambos os casos são vistos como exemplos possíveis de avanços em nossa regulação que, mesmo sob condições adversas, estimularam e aceleram parcialmente novas emissões. No primeiro caso, a Instrução 476 introduziu mecanismos simplificados para ofertas públicas, quando comparada à antiga Instrução 400 de 2003. Essa instrução deixou de requerer da CVM autorização prévia, sendo analisada por órgão autorregulador (Anbima), destinando-se a investidores qualificados, com esforços restritos de distribuição. Tais emissões ganharam espaço no total das emissões de debêntures, e se constituíram numa força adicional ao mercado de capitais de renda fixa. A segunda mudança atingiu diretamente o segmento de infraestrutura. Carente de recursos e totalmente dependente do crédito público, em especial dos desembolsos (direto e indireto) do BNDES e da Caixa Econômica Federal (além dos aportes do FI-FGTS gerido pela própria Caixa),[32] as chamadas debêntures incentivadas, via benefícios fiscais ao tomador final, se tornaram fonte complementar de financiamento de maior prazo. Mesmo não dando conta de toda a demanda de recursos para os Programas de Aceleração de Crescimento (PACs), e posteriormente do Programa de Parcerias Público-Privadas de Investimento (PPI), pós-2016, elas já significam hoje um volume de R$ 35 bilhões, em 127 emissões, com 8,0% do total de emissões de debêntures.[33]

ii) O que mudou?

A decisão de conduzir uma política anticíclica que pudesse contrapor os efeitos da crise global levou a administração do segundo governo Lula e do primeiro governo Dilma a uma escalada intervencionista nos agentes financeiros controlados pelo Estado. Mais do que medidas de caráter revisionistas ou prudenciais, as autoridades instaladas no governo conduziram uma política de cunho nacionalista, onde a crença de que as "falhas" de mercado deveriam ser compensadas essencialmente com recursos e "gestão" pública. De certa forma reconstruiu-se a política dos anos 1970 da "escolha dos campeões nacionais", só que mais ativamente pelo lado do apoio financeiro. Os maiores alvos foram os três principais bancos: Caixa Econômica Federal, Banco do Brasil e o BNDES.

Nos dois primeiros casos partiu-se para uma política artificial de redução das taxas de juros na concessão dos empréstimos, independentemente dos riscos de crédito envolvidos, bem como um direcionamento destes empréstimos dentro de uma duvidosa agenda preestabelecida. A despeito de serem bancos controlados pelo Estado, como indicado na seção anterior, gestões passadas foram desmontadas, com piora na política de governança, controles e transparência. Ambas as instituições haviam passado por processos de capitalização e redefinição de parte de seu escopo de atuação. No caso da Caixa Econômica, o uso político da instituição beirou atos de gestão temerária. A instituição não somente foi usada em discutíveis investimentos diretos de projetos de infraestrutura (FI-FGTS), atuando na forma de uma empresa de participações, como também na manipulação de desembolsos compulsórios para pagamento de subsídios (atrasos no pagamento denominados de "pedaladas fiscais"). Com o agravamento da crise fiscal, a Caixa ainda se viu forçada, assim como o BNDES, a distribuir volumes maiores de dividendos para contrapor a necessidade de caixa do governo federal.

Entretanto, foi no uso da estrutura do BNDES que mais se notou o processo de intervenção governamental. O banco foi alçado a principal alavanca anticíclica de 2008 até 2015, quando a gravidade da crise fiscal já dava claros sinais da exaustão do modelo. Conforme demonstrado na Figura 12.2, o crédito do BNDES como proporção do PIB saltou de 5,7% do PIB em 2007 para 11,3% em 2015. Isso representou o equivalente a 21% do crédito total da economia no ano de 2015.

Figura 12.2
Crédito BNDES/PIB (em %)

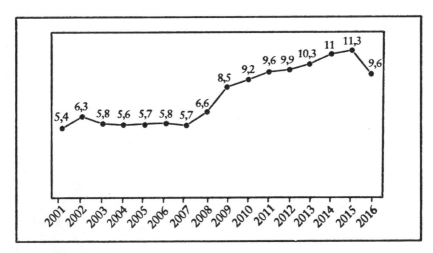

Fonte: BNDES.

O principal fator de distorção da "política de fomento contínuo" foi a adoção, em 2009, do Programa de Sustentação do Investimento (PSI).[34] Pensado com o objetivo de reverter a contração da formação bruta de capital fixo da economia (FBCF), o programa instituiu o financiamento de aquisição de máquinas e equipamentos nacionais em condições facilitadas de juros e prazos para tomadores finais, distintamente de outros programas e política creditícia do banco. A renovação do programa em anos sucessivos ampliou ainda mais o subsídio dessa modalidade de crédito, sendo que em 2012 parte das operações eram oferecidas com juros de 2,5% ao ano para uma Selic média superior a 10% ao ano, no mesmo período.

O uso indiscriminado dessa política, contudo, resultou abaixo do esperado. O efeito sobre determinados segmentos econômicos pontuais e o impacto sobre a taxa de investimento e, mesmo sobre a produtividade, foram irrelevantes. Ao final de 2016 a taxa de investimento sobre o PIB atingiu 16,4%, um dos mais baixos níveis da série histórica, mesmo com a destinação estimada de um volume de subsídios superior a R$ 180 bilhões (entre os relativos às transferências do Tesouro Nacional e às operações de equalização dos financiamentos do PSI).

Contrário a tudo o que havia sido analisado e recomendado nas seções anteriores, a opção política de contrapor a crise com uma avalanche de recursos públicos agravou sobremaneira a percepção dos agentes sobre a possibilidade de se alcançar um regime de estabilidade fiscal de longo prazo.[35] Conforme demonstrado na Figura 12.3, a escalada dos desembolsos levou a um ajuste radical na estrutura de captação do BNDES. Empréstimos do Tesouro Nacional passaram a ser a maior fonte do passivo da instituição, em contraposição ao tradicional *funding* do FAT. Se em 2007 o FAT representou 52,3% (R$ 105,9 bilhões) do passivo do Banco, em 2015 ele foi de 23,7% (R$ 220,7 bilhões). Enquanto isso, os empréstimos do Tesouro Nacional, que representavam 6,9% (R$ 13,9 bilhões), atingiram 56,3% (ou R$ 506,2 bilhões).

Figura 12.3
Composição do passivo do BNDES de 2002 a 2017 (em R$ milhões)

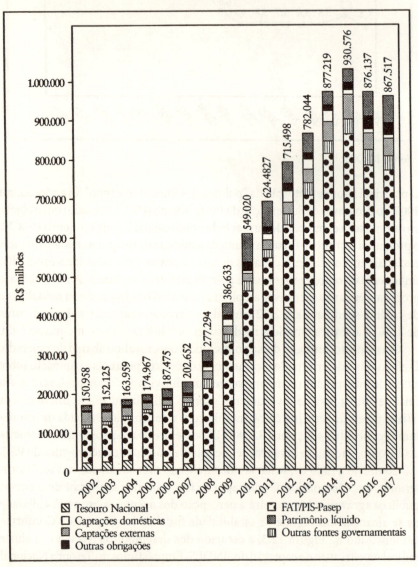

Fonte: BNDES e Oliveira (2018).

A despeito do efeito limitado sobre a dívida líquida, a pressão sobre a dívida bruta do setor público se fez sentir rapidamente. Os desajustes causados por essa política de crédito público farto, subsidiado e direcionado para determinados segmentos, foram uma das causas dos fortes desequilíbrios fiscais. A dívida pública bruta, que oscilava em torno de 52% do PIB, saltou para mais de 70% ao final de 2017 (Figura 12.4).

Figura 12.4
Dívida bruta (em % do PIB)

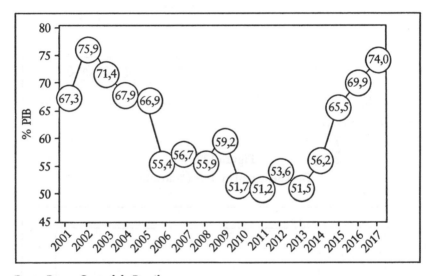

Fonte: Banco Central do Brasil.

A instabilidade na questão fiscal teve seu preço também estampado e com reflexos na gestão da política monetária. Combinando uma agenda errática de práticas heterodoxas de reduções forçadas de taxa de juros com a tentativa de manutenção do tripé de política econômica que vinha sendo praticado, o país experimentou grande volatilidade de preços e juros (Figuras 12.5, 12.6 e 12.7).

Figura 12.5
Taxa Selic real *ex post* (% ao ano)

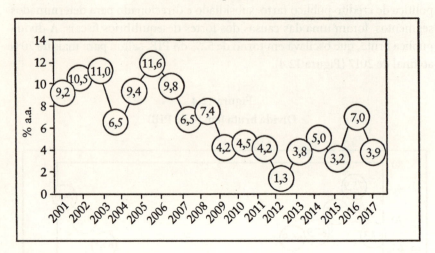

Fonte: Banco Central do Brasil.

Figura 12.6
Taxa Selic real *ex ante* (% ao ano)

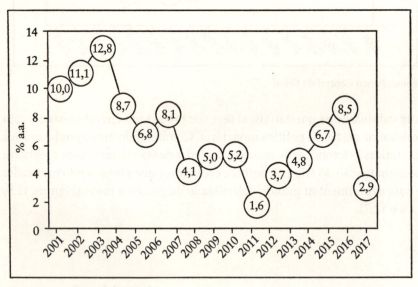

Fonte: Banco Central do Brasil.

Figura 12.7
Taxa Selic nominal (% ao ano)

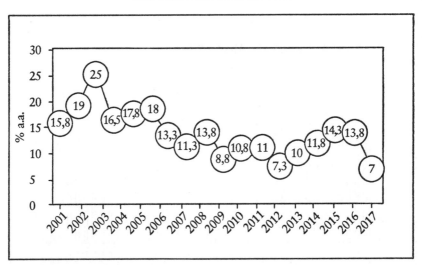

Fonte: Banco Central do Brasil.

Essa intermitência na governança fiscal e a percepção de falta de credibilidade mantiveram sempre aceso um sentimento de instabilidade e dúvida acerca da sustentabilidade do longo prazo. Tal sensação limitou a desejável extensão de prazos e as características mais adequadas de indexadores dos títulos públicos. O que seria louvável como aceleração de uma desindexação financeira, teve, ao longo dos últimos anos, um relativo retrocesso. Se as LFTs chegaram a representar quase 50% nos idos 2002/2003, e reduziram para pouco mais de 12% em 2009, sua participação estacionou em torno de 20% do total dos títulos emitidos. Da mesma forma, e complementarmente, o crescimento dos títulos prefixados, que poderiam indicar um crescimento desejável de maior confiança, teve expansão parcial a partir de 2003 até 2014, quando novamente começaram a recuar (Figura 12.8).

Figura 12.8
Dívida imobiliária: percentual por indexador

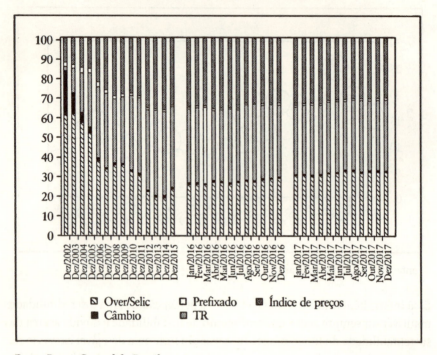

Fonte: Banco Central do Brasil.

O QUE APRENDEMOS?

Como já mencionado, desde a publicação do último volume da *Trilogia de mercado de capitais*, em 2007, a economia brasileira sofreu impactos em sua política macroeconômica, tanto como reflexo de decisões internas ("Nova Matriz"), como pelos efeitos da crise global de 2008/2009. As opções de política econômica adotadas, especialmente no período 2009/2015, levaram a um grande desajuste fiscal e à perda do grau de investimento do país. Esse artigo demonstrou que não existem fórmulas mágicas ou atalhos para desenvolver o mercado de capitais. Medidas complementares de aperfeiçoamento regulatório ou de cunho autorregulatório são importantes, mas não definem a profundidade e o tamanho necessário de um mercado de capitais permanente. Mesmo possuindo infraestrutura eficiente, legislação testada e investidores líquidos.

As inúmeras experiências internacionais citadas identificaram e recomendaram um conjunto uniforme e consistente de ações. Os debates e artigos anteriormente abordados dão conta de que a condição fundamental para o estabelecimento de um mercado desenvolvido de financiamento de empresas é estar ancorado num contexto mínimo de disciplina fiscal, estabilidade e previsibilidade.

Pela análise, o Brasil comportou-se de forma contrária ao que aprendemos. Em vez de repensarmos o tamanho do Estado, ampliamos a dependência e o papel dos bancos públicos. Estimulamos, e não evitamos, uma política de *crowding out*. Para realizarmos tal façanha de política econômica, endividamos mais o setor público, hipertrofiamos o gasto público corrente, desequilibramos o orçamento das empresas estatais (controlando tarifas e preços administrados), postergamos uma reforma tributária racional e desistimos de uma ampla e urgente Reforma da Previdência.

A soma desses desajustes pressionou e continuará pressionando a dívida bruta do setor público, fazendo com que o país mantenha instrumentos de indexação financeira que já deveriam ter sido revistos. O financiamento do Estado brasileiro permanece caro, curto e indexado ao sabor das taxas de juros de curto prazo. A percepção de que estamos sempre na beira de uma ruptura, ou de enfrentar um problema de risco sistêmico, não nos fez ainda mudar de postura. Ainda que tenhamos que reconhecer o peso da crise internacional e da crise política que o país vem passando, a percepção é que falta muito para se assumir uma postura pró-estabilidade de longo prazo.

O uso constante de atalhos, como a forçada e artificial queda dos juros em 2012, mostrou que opções políticas casuísticas de curto prazo ainda se sobrepõem a decisões racionais de longo prazo, ainda que eventualmente custosas. Em vez de o país se abrir ao comércio mundial e estimular a atração de investimentos e poupança externa, fechamos a economia ainda mais com políticas de conteúdo nacional, criamos alinhamentos comerciais e políticos com nações pouco representativas e submergimos ao mesmo tempo em severa restrição fiscal. Em vez de reduzirmos, aumentamos nossa incerteza jurisdicional, termo tão bem cunhado e já descrito aqui em Arida, Bacha e Lara Resende.[36]

Entretanto ao longo do segundo semestre de 2016 e início de 2017 algumas mudanças se fizeram notar. Após o *impeachment* do governo Dilma, uma nova agenda, premida pela crise, começou a se esboçar. Ainda que incompleta e oscilante, e de difícil execução, optou-se por um ajuste mais profundo e urgente das contas públicas. Ações no campo fiscal, como a aprovação da Emenda Constitucional 95 – que fixou um teto para as despesas públicas por um período de vinte anos; o maior controle sobre as estatais (Lei 13.303/2016) e a prática de uma política tarifária realista de preços administrados; agenda de privatização e concessões; retomada de uma política monetária crível com reafirmação do tripé; redefinição do papel do BNDES e dos bancos públicos, com o desfazimento dos financiamentos recorrentes do Tesouro, definido junto a um cronograma de devolução de recursos; abandono da política de subsídio financeiro (extinção do PSI), além da criação e aplicação gradual da TLP (aprovação da Medida Provisória 777/2017), com extinção da TJLP e a revisão das políticas operacionais. Somando essas medidas com a queda da inflação, e a adoção de uma redução estruturada e gradual dos juros nominais e reais, sinais positivos começaram a propiciar um novo cenário.

Razões para otimismo? Talvez ainda não. Melhor dizer que hoje, diante do *Roadmap* já delineado pela Trilogia, aprendemos onde não cometer os erros. A solução parte definitivamente da construção que privilegie a estabilização completa. Mercados de capitais, investidores e intermediários são sensíveis a essa agenda. Sem ela teremos sempre um mercado de espasmos, oportunista e sem profundidade. Com todos os custos dessa inanição. Sem essa consciência certamente perderemos novamente mais uma década. E a possibilidade de crescer de forma autossustentada por longo período de tempo.

Notas

1. O autor agradece os comentários de Edmar Bacha. E, pelo auxílio com a base de dados, agradece a Stephan Kautz, João Paulo de Faria Rabe, Erika Lacreta e Ilíada Carvalho.
2. Bacha e Oliveira Filho, *Mercado de capitais e crescimento econômico*, 2005; Bacha e Oliveira Filho, *Mercado de capitais e dívida pública*, 2006; Castelar e Oliveira Filho, *Mercado de capitais e bancos públicos*, 2007.
3. <www.iepecdg.com.br>.
4. <www.anbima.com.br>.
5. Foram consolidados e compilados com base nos artigos de "Introdução" de Bacha e Oliveira Filho, *Mercado de capitais e crescimento econômico*, 2005; Bacha e Oliveira Filho, *Mercado de capitais e dívida pública*, 2006; e Castelar e Oliveira Filho, *Mercado de capitais e bancos públicos*, 2007.
6. Novaes, "Mercado de capitais: Lições da experiência internacional", 2005.
7. Carneiro, "Origens e consequências da regulação e da tributação das transações financeiras no Brasil", 2005.
8. Bacha, "Incerteza jurisdicional e crédito de longo prazo", 2005; e Arida; Bacha; e Lara Resende, "Credit, Interest and Jurisdictional Uncertainty: Conjectures on the Case of Brazil", 2004.
9. Teixeira, "Mercado de capitais brasileiro à luz de seus avanços e desafios", 2005.
10. Moura, "Desenvolvimento financeiro e qualidade dos ajustes econômicos: Notas sobre o caso brasileiro", 2005.

11. Arida, "Mecanismos compulsórios e mercado de capitais: Propostas de política econômica", 2005.
12. Cantidiano, "Aspectos regulatórios do mercado de capitais", 2005; Oliveira Filho, "A autorregulação e o mercado de capitais", 2005; Rocha, "Limites e oportunidades do mercado de ações no Brasil", 2005.
13. Moura, "Tributação no mercado financeiro brasileiro e inconsistência temporal", 2006.
14. Levy, 2005.
15. Garcia e Salomão, "Alongamento dos títulos de renda fixa no Brasil", 2006.
16. As LFTs são títulos com taxa de juros flutuante (também chamados títulos pós-fixados ou títulos de indexação financeira), cujos preços são reajustados diariamente de acordo com a taxa Selic.
17. Carneiro, "Letras Financeiras do Tesouro e normalidade financeira: Haverá um 'peso problem'?", 2006.
18. Lara Resende, 2006; Arida, "As Letras Financeiras do Tesouro em seu vigésimo aniversário", 2006; e Bodin, 2006.
19. Arida; Bacha; e Lara Resende, "Credit, Interest and Jurisdictional Uncertainty: Conjectures on the Case of Brazil", 2004.
20. Pastore, "As Letras Financeiras do Tesouro e a eficácia da política monetária", 2006.
21. Pastore, 1996.
22. Franco, "Notas sobre crowding out, juros altos e Letras Financeiras do Tesouro", 2006.
23. Loyo, "Política monetária e alongamento da dívida pública", 2006.
24. Novaes, "Intermediação financeira, bancos estatais e o mercado de capitais: a experiência internacional", 2007; e Oliveira Filho, "Crédito direcionado e intermediários financeiros: Rússia e China, duas dimensões dos Brics", 2007.
25. Castelar, "Bancos públicos no Brasil: para onde ir?", 2007.
26. Bacha, 2007.
27. Moura, "Bancos públicos estaduais e políticas macroeconômicas", 2007.
28. Amadeo, "A situação da poupança", 2007.
29. Giambiagi, "BNDES: Exercício sobre o 'desembarque' gradual do FAT", 2007; Torres, "Direcionamento do crédito: o papel dos bancos de desenvolvimento e a experiência recente do BNDES", 2007; e Coutinho e Borges, "A consolidação da estabilização e o desenvolvimento financeiro do Brasil", 2007.
30. Oliveira Filho, "Fragilidades e desafios do mercado de capitais brasileiro", 2017.
31. Oliveira Filho, "Crédito direcionado e intermediários financeiros: Rússia e China, duas dimensões dos Brics", 2007; e Anbima, Relatórios de mercado de capitais.
32. No período 2010-2015 o mercado de capitais local representou 13,2% como fonte de financiamento para projetos de longo prazo. O BNDES Direto, Re-

MERCADO DE CAPITAIS | 321

passes e bancos privados, quase 80,0% (Oliveira Filho, "Crédito direcionado e intermediários financeiros: Rússia e China, duas dimensões dos Brics", 2017).

33. Para uma descrição das debêntures incentivadas, Lei 12.471, ver Wajnberg, "Cinco anos de debêntures de infraestrutura: Uma avaliação da efetividade do instrumento", 2015.

34. Ver *Livro verde* (BNDES, 2017).

35. Em 2016 o FMI, em seu *World Economic Outlook Database*, ressalta que o Brasil entre 2015 e 2021 seria um dos países com maior possibilidade de aumento da dívida pública bruta. Honorato, 2017.

36. Arida; Bacha; e Lara Resende, "Credit, Interest and Jurisdictional Uncertainty: Conjectures on the Case of Brazil", 2004.

REFERÊNCIAS BIBLIOGRÁFICAS

AMADEO, E. "A situação da poupança". In: CASTELAR, A. P. e OLIVEIRA FILHO, L.C. *Mercado de capitais e bancos públicos: Análise e experiências comparadas.* Rio de Janeiro: Contra Capa, 2007.

ANBIMA. Relatórios de mercado de capitais, vários anos.

ARIDA, P. "Mecanismos compulsórios e mercado de capitais: Propostas de política econômica". In: BACHA, E. L. e OLIVEIRA FILHO, L. C. *Mercado de capitais e crescimento econômico: Lições internacionais, desafios brasileiros.* Rio de Janeiro: Contra Capa, 2005.

———. "As Letras Financeiras do Tesouro em seu vigésimo aniversário". In: BACHA, E. L. e OLIVEIRA FILHO, L. C. *Mercado de capitais e dívida pública: Tributação, indexação, alongamento.* Rio de Janeiro: Contra Capa, 2006.

ARIDA, P., BACHA, E. L. e LARA RESENDE, A. "Credit, Interest and Jurisdictional Uncertainty: Conjectures on the Case of Brazil". In: GIAVAZZI, F., GOLDFAJN, I e HERRERA, S. (orgs.). *Inflation Targeting, Debt and the Brazilian Experience, 1999 to 2003.* Cambridge, MA: MIT Press, 2004.

BACHA, E. L. "Incerteza jurisdicional e crédito de longo prazo". In: BACHA, E. L. e OLIVEIRA FILHO, L. C. *Mercado de capitais e crescimento econômico: Lições internacionais, desafios brasileiros.* Rio de Janeiro: Contra Capa, 2005.

BACHA, E. L. e OLIVEIRA FILHO, L.C. "Introdução". In: BACHA, E. L. e OLIVEIRA FILHO, L. C. *Mercado de capitais e crescimento econômico: Lições internacionais, desafios brasileiros.* Rio de Janeiro: Contra Capa, 2005.

———. *Mercado de capitais e dívida pública: Tributação, indexação, alongamento.* Rio de Janeiro: Contra Capa, 2006.

BARBOSA, F. H. "Um plano de reconstrução fiscal". In: GIAMBIAGI, F. e ALMEIDA Jr. M. F. *Retomada do crescimento: Diagnóstico e propostas.* Rio de Janeiro: Elsevier, 2017.

CANTIDIANO, L. L. "Aspectos regulatórios do mercado de capitais". In: BACHA, E. L. e OLIVEIRA FILHO, L. C. *Mercado de capitais e crescimento econômico: Lições internacionais, desafios brasileiros*. Rio de Janeiro: Contra Capa, 2005.

CARNEIRO, D. C. "Origens e consequências da regulação e da tributação das transações financeiras no Brasil". In: BACHA, E. L. e OLIVEIRA FILHO, L. C. *Mercado de capitais e crescimento econômico: Lições internacionais, desafios brasileiros*. Rio de Janeiro: Contra Capa, 2005.

CARNEIRO, D. D. "Letras Financeiras do Tesouro e normalidade financeira: Haverá um 'peso problem'?" In: BACHA, E. L. e OLIVEIRA FILHO, L. C. *Mercado de capitais e dívida pública: Tributação, indexação, alongamento*. Rio de Janeiro: Contra Capa, 2006.

CASTELAR, A. P. "Bancos públicos no Brasil: para onde ir?". In: CASTELAR, A. P. e OLIVEIRA FILHO, L. C. *Mercado de capitais e bancos públicos: Análise e experiências comparadas*. Rio de Janeiro: Contra Capa, 2007.

CASTELAR, A. P. e OLIVEIRA FILHO, L. C. "Introdução". In: CASTELAR, A. P. e OLIVEIRA FILHO, L. C. *Mercado de capitais e bancos públicos: Análise e experiências comparadas*. Rio de Janeiro: Contra Capa, 2007.

COUTINHO, L. G. e BORGES, B. L. "A consolidação da estabilização e o desenvolvimento financeiro do Brasil". In: CASTELAR, A. P. e OLIVEIRA FILHO, L. C. *Mercado de capitais e bancos públicos: Análise e experiências comparadas*. Rio de Janeiro: Contra Capa, 2007.

FRANCO, G. H. B. "Notas sobre crowding out, juros altos e Letras Financeiras do Tesouro". In: BACHA, E. L. e OLIVEIRA FILHO, L. C. *Mercado de capitais e dívida pública: Tributação, indexação, alongamento*. Rio de Janeiro: Contra Capa, 2006.

GARCIA, M. G. P. e SALOMÃO, J. "Alongamento dos títulos de renda fixa no Brasil". In: BACHA, E. L. e OLIVEIRA FILHO, L. C. *Mercado de capitais e dívida pública: Tributação, indexação, alongamento*. Rio de Janeiro: Contra Capa, 2006.

GIAMBIAGI, F. "BNDES: Exercício sobre o 'desembarque' gradual do FAT". In: CASTELAR, A. P. e OLIVEIRA FILHO, L. C. *Mercado de capitais e bancos públicos: Análise e experiências comparadas*. Rio de Janeiro: Contra Capa, 2007.

LIVRO verde. BNDES, 2017.

LOYO, E. H. M. M. "Política monetária e alongamento da dívida pública". In: BACHA, E. L. e OLIVEIRA FILHO, L. C. *Mercado de capitais e dívida pública: Tributação, indexação, alongamento*. Rio de Janeiro: Contra Capa, 2006.

MORAES, P. B. "As Letras Financeiras do Tesouro e o alongamento da dívida pública". In: BACHA, E. L. e OLIVEIRA FILHO, L. C. *Mercado de capitais e dívida pública: Tributação, indexação, alongamento*. Rio de Janeiro: Contra Capa, 2006.

MOURA, A. "Desenvolvimento financeiro e qualidade dos ajustes econômicos: Notas sobre o caso brasileiro". In: BACHA, E. L. e OLIVEIRA FILHO, L. C.

MERCADO DE CAPITAIS | 323

Mercado de capitais e crescimento econômico: Lições internacionais, desafios brasileiros. Rio de Janeiro: Contra Capa, 2005.

_____. "Tributação no mercado financeiro brasileiro e inconsistência temporal". In: BACHA, E. L. e OLIVEIRA FILHO, L. C. *Mercado de capitais e dívida pública: Tributação, indexação, alongamento*. Rio de Janeiro: Contra Capa, 2006.

_____. "Bancos públicos estaduais e políticas macroeconômicas". In: CASTELAR, A. P. e OLIVEIRA FILHO, L. C. *Mercado de capitais e bancos públicos: Análise e experiências comparadas*. Rio de Janeiro: Contra Capa, 2007.

NOVAES, A. "Mercado de capitais: Lições da experiência internacional". In: BACHA, E. L. e OLIVEIRA FILHO, L. C. *Mercado de capitais e crescimento econômico: Lições internacionais, desafios brasileiros*. Rio de Janeiro: Contra Capa, 2005.

NOVAES, A. "Intermediação financeira, bancos estatais e o mercado de capitais: a experiência internacional". In: CASTELAR, A. P. e OLIVEIRA FILHO, L. C. *Mercado de capitais e bancos públicos: Análise e experiências comparadas*. Rio de Janeiro: Contra Capa, 2007.

OLIVEIRA, P. C. B. C. Calculando o verdadeiro custo fiscal dos bancos de desenvolvimento: O caso do BNDES. Monografia PET/CAPES – PUC-Rio 2018.

OLIVEIRA FILHO, L. C. "A autorregulação e o mercado de capitais". In: BACHA, E. L. e OLIVEIRA FILHO, L. C. *Mercado de capitais e crescimento econômico: Lições internacionais, desafios brasileiros*. Rio de Janeiro: Contra Capa, 2005.

_____. "Crédito direcionado e intermediários financeiros: Rússia e China, duas dimensões dos Brics". In: CASTELAR, A. P. e OLIVEIRA FILHO, L. C. *Mercado de capitais e bancos públicos: Análise e experiências comparadas*. Rio de Janeiro: Contra Capa, 2007.

_____. "Fragilidades e desafios do mercado de capitais brasileiro". In: GIAMBIAGI, F. e ALMEIDA Jr., M. F. *Retomada do crescimento: Diagnóstico e propostas*. Rio de Janeiro: Elsevier, 2017.

PASTORE, A. C. "As Letras Financeiras do Tesouro e a eficácia da política monetária". In: BACHA, E. L. e OLIVEIRA FILHO, L. C. *Mercado de capitais e dívida pública: Tributação, indexação, alongamento*. Rio de Janeiro: Contra Capa, 2006.

PINHEIRO, A. C; OLIVEIRA FILHO, L. C. *Mercado de capitais e bancos públicos: Análise e experiências comparadas*. Rio de Janeiro: Contra Capa, 2007.

RESENDE, A. L. "Em defesa dos títulos de indexação financeira". In: BACHA, E. L. e OLIVEIRA FILHO, L. C. *Mercado de capitais e dívida pública: Tributação, indexação, alongamento*. Rio de Janeiro: Contra Capa, 2006.

ROCHA, B. "Limites e oportunidades do mercado de ações no Brasil". In: BACHA, E. L. e OLIVEIRA FILHO, L.C. *Mercado de capitais e crescimento econômico: Lições internacionais, desafios brasileiros*. Rio de Janeiro: Contra Capa, 2005.

TEIXEIRA, N. "Mercado de capitais brasileiro à luz de seus avanços e desafios". In: BACHA, E. L. e OLIVEIRA FILHO, L. C. *Mercado de capitais e crescimento econômico: Lições internacionais, desafios brasileiros*. Rio de Janeiro: Contra Capa, 2005.

TORRES FILHO, E. T. "Direcionamento do crédito: o papel dos bancos de desenvolvimento e a experiência recente do BNDES". In: CASTELAR, A. P. e OLIVEIRA FILHO, L. C. *Mercado de capitais e bancos públicos: Análise e experiências comparadas*. Rio de Janeiro: Contra Capa, 2007.

WAJNBERG, D. "Cinco anos de debêntures de infraestrutura: Uma avaliação da efetividade do instrumento". *Revista do BNDES* 44, dezembro, 2015.

13

OBSESSÃO AUTÁRQUICA: VISÃO A LONGO PRAZO DO BRASIL NA ECONOMIA MUNDIAL*

Marcelo de Paiva Abreu

INTRODUÇÃO

Quando se examinam os vínculos a longo prazo do Brasil com a economia mundial, a característica impressionante tem sido a ênfase na autarquia, durante muito tempo. A economia hoje é mais fechada – medida pela participação tanto nas exportações mundiais quanto nos investimentos estrangeiros – do que, pelo menos, no começo do século passado. Será que essa situação tende a mudar?

A seção 1 deste trabalho procura identificar evidências para sustentar essa asserção, com base nos fluxos de comércio, nos fluxos de capitais e no nível das tarifas de importação.[1] Na seção 2, examinam-se as origens dessa introversão, levando em consideração a possível herança de políticas públicas portuguesas sobre a intervenção do Estado e sobre a estrutura de exportação de *commodities* brasileiras, mormente quanto ao poder de mercado no comércio mundial de café. A seção 3 foca no sucesso de uma estratégia baseada em alta proteção e em alta intervenção estatal, até a década de 1970. Na seção 4, examinam-se a exaustão dessa estratégia, nos anos 1980, e a abertura relativamente modesta da economia, nos anos 1990. A seção 5 é sobre alianças protecionistas, envolvendo interesses internos e externos, com atenção especial para a convergência de interesses entre sindicatos trabalhistas e empresas multinacionais. Ela examina as forças indutoras do sucesso das negociações para a criação do Mercosul e analisa o fracasso da integração hemisférica nas décadas de 1990 e 2000. Também trata do ressurgimento do protecionismo nos últimos dez anos. Na seção 6, examina-se a emergência de novos elementos de economia política que atuam como contrapesos de *lobbies* bem-estabelecidos no contexto da probabilidade de uma mudança para políticas mais extrovertidas.

---

* Uma versão muito preliminar deste trabalho foi apresentada no Seminário sobre Globalização e Países Emergentes, realizado na Universidade de São Paulo, em 18-20 de março de 2015. Tradução de Afonso Celso da Cunha Serra.

1. O Brasil e a economia mundial: A evidência a longo prazo

A economia brasileira é muito fechada, mesmo quando se considera a sua área geográfica continental: em 2013, sua participação no PIB mundial situava-se em torno de 3,7%, enquanto nas exportações mundiais era de 1,3%. Ela é muito mais fechada hoje do que antes da Grande Depressão de 1929-1931. Chega-se a essa constatação com base em dados de longo prazo sobre o comércio e sobre os fluxos de capitais, e também acerca da participação das exportações no PIB, conforme a Tabela 13.1 (no Apêndice).

Comércio

No começo do século XIX, a participação brasileira na população mundial era muito baixa, e nas exportações mundiais era substancial. Desde então, constata-se um aumento duradouro e constante na população brasileira como proporção da população mundial, de 0,3% para quase 3% agora, enquanto a fatia brasileira das exportações mundiais, depois de tropeçar em meados do século XIX, voltou a acelerar, até chegar ao pico de 2,2%, no começo da década de 1950. Essa maior participação resultou, principalmente, da elevação dos preços do café, que atingiu níveis recordes em fins da década de 1920 e no começo dos anos 1950, impulsionados pelo controle brasileiro da oferta mundial. Essa proporção caiu espetacularmente para cerca de 0,8%, em torno de 1970, com a estagnação das exportações. Desde então, a recuperação tem sido muito lenta, decorrente, em grande parte, dos preços crescentes das *commodities*, como minérios e alimentos. A recente reversão dessa tendência reduziu o índice.

No Brasil, o índice das exportações em relação ao PIB atingiu o pico antes da Primeira Guerra Mundial, em mais de 20%, e situa-se hoje em torno de 12%. Na medida em que as exportações estagnaram, depois do início da década de 1950, até fins dos anos 1960, o índice diminuiu para 6%-8%, nos anos 1960 e 1970. Desde então, vem aumentando lentamente. Em parte, isso é consequência do crescimento a longo prazo um tanto lento, desde 1980, e não de qualquer crescimento excepcional das exportações. O índice aumentou para cerca de 8%, em 1970 e 1990; 10%-11%, em 2000 e 2010, e 12,5%, em 2013.[2]

Fluxos de capitais

As evidências empíricas sobre fluxos de capitais são mais frágeis do que as referentes a fluxos comerciais, mas também indicam fatia de mercado muito significativa do Brasil como destino de capitais estrangeiros (Investimento Direto Estrangeiro – IDE, e, principalmente, dívida pública), até meados da década de 1850, seguida de queda acentuada, até fins do século XIX, e de forte recuperação, especialmente até a década de 1920. Desde então, até a década de 1980, a redução dessa fatia não foi muito acentuada. Como destino de investimentos estrangeiros diretos, contudo, o Brasil vem ganhando terreno, depois da virada do último século. É preciso lembrar, no entanto, que essa pode ser uma tendência resultante dos esforços de empresas estrangeiras, ansiosas por entrar no mercado interno brasileiro, para lucrar com a alta proteção persistente.

Tarifas

Até a década de 1840, a tarifa de importação brasileira era de 15% *ad valorem*, por força da renovação, depois da independência em relação a Portugal, em 1822, do acordo comercial anglo-português de 1810, que foi assinado quando o poder de barganha de Portugal estava em seu nível mais baixo, em seguida à invasão de Portugal metropolitano pela França e à transferência da corte portuguesa para o Rio de Janeiro.

Depois que o Brasil recuperou a capacidade de aumentar a tarifa de importação, após 1845, o seu nível subiu continuamente, até 1930, para alcançar picos equivalentes[3] a quase 50%, *ad valorem*, no fim da década de 1880 e no começo da de 1900. Em 1930, era algo inferior a 30%. Entre 1930 e 1991, os níveis tarifários, evidentemente, não são muito relevantes como indicadores do nível de proteção, uma vez que, durante quase todo o período, havia controles de importação quantitativos, além de ampla redução discricionária dos impostos de importação para projetos que o governo considerava importantes. O imposto de importação tornou-se irrelevante, do ponto de vista fiscal, em uma das economias mais protegidas do mundo. A proteção efetiva era espantosamente alta: 117% sobre manufaturados, em 1967, e quase 80%, em 1987. Para muitos produtos, a proteção era absoluta.

A estagnação econômica da década de 1980, além da inflação muito alta, criou clima propício para reconsiderar a estratégia de buscar o crescimento por meio da combinação de alta proteção e de participação substancial do Estado. A tarifa nominal média era de 57,5%, em 1987, antes da eliminação das barreiras não tarifárias e da redução unilateral das tarifas, depois de 1990,

OBSESSÃO AUTÁRQUICA | 329

para alcançar a média de 13,5%, em 1993. Essa redução acabou sendo limitada por compromissos na Organização Mundial do Comércio em 35%, para produtos industrializados, e em 55%, para produtos agrícolas. Como em muitas economias emergentes, na maioria das linhas tarifárias, as tarifas aplicadas são bem inferiores aos limites estipulados pela OMC, mas, para grande número de produtos manufaturados, a tarifa aplicada se manteve em 35% *ad valorem*.

Depois de 1995, ocorreu uma reação do protecionismo, em seguida à liberalização da primeira metade da década de 1990. Essa recaída afetou em grande parte os produtos industrializados e, sobretudo, os do setor automotivo. Quotas tarifárias sobre veículos automotores foram introduzidas em meados da década de 1990 e as medidas anti*dumping* sobre ampla variedade de importações tornaram-se muito mais frequentes. A tarifa média ainda se situa em torno de 13%, mas as políticas protecionistas, baseadas principalmente em critérios de conteúdo nacional, tornaram-se cada vez mais relevantes. A mais importante iniciativa, relativamente recente, foi a instituição de devoluções parciais ou totais de tributos internos (Regime Especial de Reintegração de Valores Tributários para as Empresas Exportadoras – Reintegra), dependendo das metas de conteúdo nacional mínimo de cada produto, na aquisição de partes e componentes. Essa política se encontra hoje sob escrutínio multilateral da OMC.

A participação compulsória, por força de lei, da empresa estatal Petrobras na exploração das vultosas reservas de petróleo na camada pré-sal foi muito ampliada. Suas compras de partes e peças também foram submetidas a rigorosos requisitos de conteúdo nacional, mas essa medida não está sujeita ao escrutínio multilateral, uma vez que o Brasil não é signatário do acordo plurilateral da OMC sobre licitações. A forte queda recente nos preços do petróleo tende a aumentar os efeitos adversos dessas políticas.

2. Origens da autarquia: Poder de mercado em café e a economia política da proteção

Talvez seja tentador atribuir o viés brasileiro para a autarquia à influência portuguesa, que foi muito forte na intervenção estatal e no rentismo desenfreado. Desde o início do século XVIII, porém, os portugueses se comprometeram com tarifas de importação baixas. A sobrevivência de Portugal como país independente se baseou, desde 1640, em alianças políticas para contrapor-se à ameaça espanhola. Isso explica as concessões comerciais aos ingleses, sob Cromwell e Carlos II. Depois da superação da ameaça espanhola, sucedeu-se um breve período de protecionismo, sob a influência francesa. O luso-colbertismo, na década de 1690, inspirou as chamadas "pragmáticas", que, apesar das tarifas mais ou menos baixas, proibiram o uso público de roupas feitas com tecidos importados, em aplicação pioneira de barreiras não tarifárias.

No começo do século XVIII, a Guerra da Sucessão espanhola impôs novas ameaças a Portugal, e os acontecimentos se precipitaram, propiciando o avanço inglês, quando Inglaterra e Portugal negociaram novo tratado. O Tratado de Methuen, de 1703, impunha o abandono das barreiras não tarifárias portuguesas e uma tarifa máxima de 23% por parte de Portugal sobre tecidos de lã importados da Inglaterra, em troca de acesso preferencial do vinho português ao mercado inglês, onerado por apenas dois terços das tarifas pagas pelo vinho de outros fornecedores. O arranjo funcionou bem enquanto durou o ouro brasileiro, até a década de 1770, com o desequilíbrio comercial português compensado pela exportação de ouro brasileiro, de Portugal para a Grã-Bretanha.

Portugal assinou, em 1810, depois da transferência da corte para o Brasil, um tratado comercial, reduzindo para 15% a tarifa de importação sobre produtos ingleses. Como já mencionamos, o Brasil estava limitado a essa tarifa baixa, até meados da década de 1840, e só depois ela sofreu aumentos contínuos, para quase 30% *ad valorem*, na década de 1860, e, então, para um pico pré-1930 de quase 50%, em fins da década de 1880, e, novamente, na "década de ouro", antes da Primeira Guerra Mundial. Portanto, estabeleceu-se uma tradição de alta proteção no Brasil, desde meados do século XIX, que nada tinha a ver com a herança portuguesa.

No fim do século XIX, o Brasil não era um exportador muito eficiente de *commodities*, como o açúcar, em que fora líder do mercado no passado, e como o algodão ou o fumo. Mas dominava o mercado mundial de café, em rápido crescimento, na medida em que suas vantagens competitivas eram ampliadas pela ausência de pragas que afetavam intensamente os concorrentes asiáticos. Na década de 1850, o Brasil respondia por metade da produção total do mundo, logo chegando a 2/3 da oferta mundial de café, no começo do século XX.

Considerando a baixa elasticidade-preço da demanda por café e o peso do Brasil como produtor mundial, havia espaço para a adoção de políticas de valorização do café, depois de 1906, que procuravam maximizar os seus preços e evitar que sofressem grandes flutuações na esteira de safras voláteis. A "valorização" do café antes da Primeira Guerra Mundial foi empreendida por uma associação de entidades, controladas principalmente por empresas estrangeiras exportadoras e bancárias, mas que dependiam do governo federal para a obtenção de garantias financeiras. Na década de 1920, esses esforços de "valorização" foram promovidos, sobretudo, pelo governo do estado de São Paulo e por agências especiais criadas com esse propósito.

O domínio do mercado mundial de café teve importantes consequências para economia política de proteção. A curva de oferta mundial de café refletia os custos de produção no Brasil. Altas tarifas de importação no país resultavam em altos preços de insumos importados, usados na produção de café. Quanto mais altas eram as tarifas de importação no Brasil, mais altos eram os preços do café para os consumidores nos mercados mundiais. Tivesse sido o Brasil menor produtor de café, as tarifas mais altas teriam resultado em lucros menores na indústria do café ou em perda de participação no mercado.[4]

Essa peculiar política econômica de proteção se encaixa bem no que é agora a visão dominante sobre as origens da industrialização brasileira. As interpretações que enfatizavam o conflito entre os interesses enraizados dos cafeicultores e os interesses emergentes dos industriais têm sido substituídas por outras que enfatizam os vínculos estreitos entre os interesses cafeeiros e os interesses industriais. A indústria foi, principalmente, consequência da diversificação do portfólio pelos cafeicultores.[5]

Proteção elevada e intervenção estatal (principalmente no setor cafeeiro) eram políticas arraigadas na Velha República brasileira (1889-1930). Essas políticas continuaram a ser adotadas na década de 1930, com as tarifas relativamente altas sendo complementadas, às vezes, por controles de importação rigorosos.

Por volta do fim da Segunda Guerra Mundial, surgiram alguns debates sobre qual deveria ser a estratégia econômica depois da guerra. Dois economistas influentes expuseram ideias opostas. Roberto Simonsen, líder industrial bastante conhecido, favorecia a continuidade da intervenção estatal, seguindo o modelo da recém-instalada usina siderúrgica de Volta Redonda, associada a elevado protecionismo. Eugenio Gudin, economista maduro, experiente colaborador de empresas estrangeiras de serviços ferroviários e de cabos submarinos, defendia a abertura da economia, além de menos intervenção estatal e mais incentivos para os setores industriais que produziam bens de consumo e insumos industriais, em vez de bens de capital. Apesar da superioridade técnica do raciocínio de Gudin, Simonsen venceu com facilidade o debate político. As raízes da estratégia de autarquia com intervenção estatal aprofundaram-se ainda mais. Esse aprofundamento foi, evidentemente, ajudado por decisões econômicas cruciais destinadas a enfrentar as dificuldades do pós-guerra, sobretudo as referentes ao balanço de pagamentos.

3. Rentismo entranhado e alto crescimento

A persistente sobrevalorização do câmbio depois da Segunda Guerra Mundial, racionalizada pela preocupação com a inflação e pela tentativa de manter altos os preços do café, exigia controles de importação duradouros, que só foram desfeitos no começo da década de 1990. O rentismo por empresas nacionais substitutas de importações tornou-se ainda mais significativo depois da década de 1950. Essa tendência foi reforçada pelo *lobby* das novas empresas estrangeiras que ingressavam no país, que se tornaram importantes no setor manufatureiro, sobretudo na segunda metade da década. Elas foram atraídas por subsídios generosos, pelas restrições impostas à quantidade de entrantes e pela alta proteção. O que se oferecia era competição oligopolista, por trás de alta muralha protecionista. Os investimentos estrangeiros diretos, que até 1930 se concentravam em prestadores de serviços públicos, como energia e transporte, tornavam-se cada vez mais importantes no setor manufatureiro.

Até o golpe militar de 1964, o Brasil se manteve, basicamente, como exportador de *commodities*, sobretudo café, apesar da mudança rápida na composição do PIB, com a indústria conquistando participação, em detrimento da agricultura. A produção industrial era ineficiente e incapaz de enfrentar a competição dos mercados mundiais. A exportação de têxteis havia sido significativa no imediato pós-Segunda Guerra Mundial, mas desapareceu como consequência do câmbio sobrevalorizado, assim como da baixa eficiência decorrente da obsolescência das instalações industriais.

Tudo isso mudou drasticamente depois em fins da década de 1960: as exportações de produtos industrializados aumentaram rapidamente e alcançaram o pico de mais ou menos três quartos do total das exportações, no fim do século (ver Tabela 13.3 no Apêndice). Isso resultou, em parte, do papel desempenhado pelos subsídios às exportações, que variavam entre 40% e 60% do valor das exportações até fins da década de 1980.[6]

As políticas de subsídio brasileiras enfrentaram fortes críticas dos principais parceiros comerciais, em especial os Estados Unidos. O Brasil sofreu fortes pressões para assinar o novo Código de Subsídios do Acordo Geral de Tarifas e Comércio (GATT), que tornariam ilegais para o GATT grande parte dos subsídios às exportações, adotados em fins das décadas de 1960 e 1970.

Em grande parte, essas dificuldades de política comercial foram reconsideradas sob a perspectiva da crise da dívida externa que afetou o Brasil depois de 1980. Até o começo dos anos 1970, o Brasil apresentava níveis de crescimento muito bons e se incluía no grupo das economias de alto crescimento, desde o início do século XX, junto com o Japão e a Finlândia. Isso mudou abruptamente na esteira do choque do petróleo de 1978-79 e do aumento significativo das taxas de juros internacionais.

OBSESSÃO AUTÁRQUICA | 333

4. Exaustão da estratégia introvertida. A estrada acidentada para a liberalização do comércio

No começo da década de 1980, o meio século de crescimento glorioso do Brasil, a partir de 1931, terminou abruptamente. Primeiro, houve uma recessão aguda, que acarretou queda na produção mais profunda que a baixa relativamente moderada da Grande Depressão de 1929-1931. A esse processo agudo seguiu-se uma recessão prolongada: o PIB *per capita* aumentou somente 0,5% ao ano, em média, no período entre 1980 e 2005. Com baixo crescimento, alta inflação e dificuldades fiscais, os subsídios tiveram de ser reduzidos e surgiram dúvidas crescentes sobre as virtudes da estratégia de crescimento sob a proteção do Estado. No entanto, as tentativas de reverter os níveis de inflação muito altos tendiam a dominar a agenda da política econômica.

A participação da indústria no PIB atingiu o pico em meados da década de 1980, em quase 50%, mas, em seguida, caiu drasticamente, para chegar a 25%, em 2013 (Tabela 13.2 no Apêndice).[7] O clamor sobre a desindustrialização e sobre a "primarização" das exportações brasileiras não levou em conta que quase dois terços da redução do peso da indústria eram consequência da queda nos preços dos produtos industrializados em relação aos outros preços. O aumento recente da penetração das importações – de 11%-13% em fins de 2010 para 14%-15% em 2012-2013 – desempenhou papel relativamente secundário na explicação dessa tendência.[8]

Este não é o lugar para uma discussão abrangente sobre as razões do declínio relativo da indústria e, em especial, da indústria manufatureira no PIB. A competitividade industrial, porém, foi afetada em diferentes momentos pela valorização do câmbio, pelo rigor relativo da política monetária e pelo chamado "custo Brasil", gerado por políticas que aumentam o custo da produção interna em comparação com os concorrentes externos. Talvez o ponto mais importante a ser considerado nesse contexto seja o *trade-off* entre políticas macroeconômicas prudentes em um contexto de pressões inflacionárias e penetração de importações.

5. Alianças protecionistas internas e externas: O ressurgimento do protecionismo

Um nítido viés protecionista permeia a *intelligentsia* brasileira, em linha com a posição de Roberto Simonsen no debate com Gudin. A voga duradoura do protecionismo resultou da convergência de "interesses especiais" industriais com ideias fixas da burocracia sobre o papel do Estado e sobre o nacionalismo. Há, e houve, apoio maciço ao protecionismo em todo o espectro político. *Lobbies* pelo protecionismo industrial, no Brasil, depois dos anos 1950, foram reforçados por empresas multinacionais, sobretudo, mas não somente, na indústria automobilística, que fora atraída por uma combinação de proteção absoluta e de direitos discriminatórios na instalação. Essas empresas procuravam proteger os seus lucros e contavam com os trabalhadores como aliados naturais, que tentavam proteger os empregos, aumentar os salários e melhorar as condições de trabalho. Essa aliança é especialmente relevante em face da importância política dos sindicatos dos metalúrgicos, que ganharam força especialmente em São Paulo e foram a origem do Partido dos Trabalhadores. Não houve contrapeso sério para essa aliança de interesses constituídos e de preconceitos arraigados. Em regra, o Congresso brasileiro meramente carimbava esses acordos, sem debater com seriedade suas implicações.

Como já mencionamos, a estagnação econômica e a inflação muito alta criaram condições que suscitaram dúvidas sobre a eficácia duradoura da estratégia de intervenção estatal com protecionismo autárquico. As iniciativas iniciais, em fins da década de 1980, meramente tiraram água das tarifas, mas, em seguida, ocorreu um avanço importante no começo da década de 1990. É irônico que tenha sido sob Collor de Mello, presidente que seria impedido por força de acusações de corrupção, que se tenham empreendido os primeiros esforços para reduzir as barreiras tradicionais às importações e para privatizar ativos estatais.

Esse surto unilateral de liberalização, que reduziu a tarifa média para cerca de 13% e eliminou as proibições a importações, foi intensificado pela importância crescente da integração econômica com a Argentina, como objetivo da diplomacia brasileira. O Brasil, no começo dos anos 1990, era retardatário em comparação com a Argentina, em controle da inflação e em reforma econômica. As negociações sobre a criação do Mercosul atuaram como estímulo importante à abertura da economia. Foi depois da crise de 2001 que a Argentina começou a arrastar os pés em relação às iniciativas envolvendo o aprofundamento da liberalização comercial do Mercosul. O Brasil, lentamente, tendeu para aumentar a proteção, e o compromisso da Argentina com a liberalização do comércio simplesmente desapareceu. Não admira que, desde então, não tenham ocorrido negociações comerciais significativas pelo Mercosul com seus parceiros comerciais. Talvez o fracasso emblemático seja a protelação das negociações com a União Europeia.

O fracasso das negociações sobre a Área de Livre Comércio das Américas deve ser atribuído, porém, sobretudo à relutância de Brasília e Washington em liberalizar, pelo menos até 2002.[9] Dificuldades de integração da economia dos Estados Unidos com exportadores agrícolas eficientes, como Brasil e Argentina, e o poder dos *lobbies* industriais protecionistas no Mercosul se revelaram intransponíveis. Depois de 2002, o tema foi contaminado, no Brasil, pelo sentimento antiamericano, com raízes políticas, na esteira da vitória da oposição nas eleições presidenciais de 2002.

A elevação dos preços das *commodities*, depois da virada do século, e as dificuldades competitivas da indústria nacional acarretaram mudanças significativas na composição das exportações, com o aumento da participação de produtos primários e semimanufaturados. Isso explica, pelo menos em parte, as prioridades da diplomacia comercial brasileira e sua ênfase na liberalização do comércio agrícola. O fracasso da Conferência Ministerial da OMC, em Cancún, de 2003, resultante de um choque entre algumas economias em desenvolvimento, de um lado, e os Estados Unidos e a União Europeia, de outro, sobre liberalização agrícola, forneceu a base para a formação de uma coalizão do G-20 (OMC), que incluía China e Índia. Depois de cinco anos, diferenças acentuadas entre os membros mais protecionistas da coalizão e os Estados Unidos levaram ao fracasso em Genebra, apesar do forte interesse do Brasil no avanço das negociações. O impasse persistiu em 2014, e as bases de uma coalizão G-20 parecem solapadas, apesar das últimas concessões da Índia. Acumulam-se, agora, críticas internas ao foco brasileiro na liberalização do comércio multilateral, em detrimento da busca de acordos comerciais regionais. Essa crítica parece descabida. Nada havia de errado na ênfase nas negociações da OMC. O que parecia menos razoável era a falta de acordos comerciais do Mercosul com parceiros comerciais importantes.

Em 2013 e 2014, ressurgiu com força o protecionismo no Brasil. A tarifa média ainda se situa em torno de 13%, mas esse fato não reflete a forte reação adversa na nova legislação protecionista. Esse retrocesso afetou muitos produtos automotivos e eletrônicos, com base em novos instrumentos que impõem requisitos de conteúdo local, cuja legalidade, sob as normas da OMC, tem sido questionada pelos parceiros comerciais do Brasil.

Os produtos de alguns dos setores que mais reivindicam proteção, como a indústria automotiva, já eram protegidos por uma tarifa consolidada de 35% na OMC. Outras formas de proteção consistem em elevadas restituições tributárias para produtos de fabricação local, dependendo do uso de componentes de produção interna.[10] Os requisitos de conteúdo nacional também afetaram os investimentos em exploração de petróleo, setor em que a influência da Petrobras, o gigante estatal, é formidável.

336 | De Belíndia ao Real

6. Mudança para políticas extrovertidas

Um esforço sério para reduzir drasticamente as barreiras às importações para o mercado brasileiro deve ser elemento essencial de uma estratégia que almeje reparar os danos provocados pelas políticas econômicas desastrosas adotadas por Dilma Rousseff, sobretudo no segundo mandato. No entanto, os obstáculos que tendem a evitar esses esforços não devem ser subestimados.

Estão surgindo alguns sinais de um "pentimento", pelo menos parcial, no setor privado, e também nos círculos governamentais, referente à posição do Brasil quanto à extroversão. Não é fácil prever, porém, que tendência prevalecerá nas atitudes do governo sobre o aprofundamento da globalização: teremos mais do mesmo ou veremos empenho significativo para reformular as políticas vigentes? Poderá o equilíbrio de baixo nível do passado, em favor do protecionismo e da introversão, ser desestabilizado?

Constata-se, hoje, insatisfação crescente com o que é percebido por alguns setores como isolamento progressivo do Brasil, na medida em que proliferam acordos regionais excluindo o Brasil e em que a alternativa multilateral não parece promissora, para dizer o mínimo. Não está claro se, como e quando serão enfrentadas essas deficiências percebidas.

É possível detectar um novo equilíbrio de *lobbies* nos anos recentes. Os exportadores de *commodities* têm interesses que nem sempre são coincidentes com os da indústria nacional. É provável que quaisquer negociações comerciais futuras envolvendo o Brasil venham a depender, crucialmente, da abertura dos mercados para exportações de *commodities* ou baseadas em *commodities*, em troca da abertura dos mercados internos para produtos industrializados, assim como de concessões em várias questões menos tradicionais, como serviços, compras públicas e outros novos temas que, de fato, estão ficando um tanto velhos. Esses novos interesses agrícolas, localizados principalmente no Brasil central, tendem a desempenhar papel importante em contrabalançar a influência até agora dominante dos *lobbies* industriais.

A mudança para mais extroversão exigirá não só uma ruptura com a tradição herdada, mas também alta dose de autocrítica. Políticas menos autárquicas dependerão de melhorias em muitos outros aspectos da política econômica para reduzir os prováveis efeitos adversos iniciais da liberalização do comércio sobre a competitividade de empresas estabelecidas no Brasil.

A capacidade brasileira de negociar tem sido afetada desfavoravelmente no passado recente. O Brasil ainda parece ter aspirações a desempenhar papel global mais proeminente, a consolidar uma posição de destaque na América Latina e a buscar um assento em um Conselho de Segurança expandido das Nações Unidas. As dúvidas do passado sobre se essa agenda era realista para

Obsessão autárquica | 337

uma *soft power* estão sendo agravadas, hoje, pelo desempenho econômico estagnado, por seus antecedentes medíocres referentes a seu compromisso com a extroversão e pelo tumulto político recente que resultou no impedimento de Dilma Rousseff. Em contraste com o período de 2003 a 2010, quando prevalecia e alcançava algum sucesso a diplomacia presidencial exuberante de Lula, o Itamaraty tem enfrentado grave crise de credibilidade, e a política externa recente adotou um perfil muito mais discreto do que no passado.

Revelações recentes evidenciaram as deficiências da gestão da Petrobras e revelaram processo decisório muito ineficaz no mais alto nível da administração pública, nos governos Lula e Dilma Rousseff. Há fortes indícios de corrupção sistêmica – em oposição às formas mais triviais de corrupção venal – afetando os resultados das eleições e a representação política em geral. O Brasil está em meio à, possivelmente, pior crise da história republicana. Essa situação sugere provável concentração de esforços para combater a corrupção e para melhorar a gestão do setor público. Qualquer mudança significativa nas políticas econômicas referentes ao setor externo será item de baixa prioridade na maioria das agendas.

É improvável que a administração Temer seja capaz de abrir significativamente o mercado brasileiro. Nem mesmo se sabe ao certo se a liberalização do comércio é um objetivo a ser perseguido com seriedade antes das eleições presidenciais de 2018. Condição necessária, mas longe de suficiente, para possibilitar mudança significativa na posição brasileira quanto à extroversão e, em especial, quanto ao protecionismo dependerá da natureza da coalizão política que vencer as próximas eleições presidenciais. É preciso ter em mente que a obsessão autárquica é difusa entre os políticos de todos os partidos e bem representada na administração Temer.

NOTAS

1. Com a possível exceção da década de 1890, quando absorveu cerca de um terço do total dos Estados Unidos, o Brasil não foi destino muito importante de emigrantes, em termos absolutos. Hatton e Williamson, 1998. Em contraste, foi importante destino do comércio de escravos na primeira metade do século XIX. Ver: <www.slavevoyages.org/tast/assessment/estimates.faces>.
2. Os dados refletem índices entre exportações e PIB a preços correntes. Os dados apresentados em Findlay e O'Rourke, 2007, p. 41, se baseiam em Maddison, 2001, p. 362, a preços de 1990, e mostram valores muito mais baixos para o período posterior a 1950, que refletem o uso de diferentes deflatores para exportações e PIB.
3. Calculado como o índice entre arrecadação do imposto de importação e o valor das importações.

4. Abreu e Fernandes, 2005.
5. A revisão original é de Dean, 1969.
6. Baumann e Moreira, 1987. Houve muito entusiasmo indevido, mesmo entre economistas profissionais, que comemoraram as exportações de automóveis para a Finlândia.
7. A participação da indústria manufatureira caiu, no mesmo período, de mais de 35% para 13,1%.
8. Dados de World Development Indicators. Em meados da década de 1980, esse número tinha caído para cerca de 6%.
9. A essa altura, o entusiasmo da Argentina por "relações carnais" com os Estados Unidos tinha sido substituído pelo padrão peronista antiamericano.
10. A União Europeia apresentou requerimento formal para que um grupo da OMC analise a questão. [A decisão recente foi contrária ao Brasil, adicionado em 14 de novembro de 2017.]

REFERÊNCIAS BIBLIOGRÁFICAS

Abreu, M. de P. e Fernandes, F. T. "Market Power and Commodity Prices: Brazil, Chile and the United States, 1820's-1930". Texto para discussão 511, Departamento de Economia da Pontifícia Universidade Católica do Rio de Janeiro, dezembro de 2005.

Banco Central do Brasil. Relatórios anuais.

Banco Mundial. *Brazil: Industrial policies and manufactured exports*. Washington, D. C.: World Bank, 1983.

Baumann, R. e Moreira, H.C. "Os incentivos às exportações brasileiras de produtos manufaturados"., *Pesquisa e Planejamento Econômico*, ago 1987, 17(2).

Dean, W. *The Industrialization of São Paulo, 1880-1945*. Austin (Texas) e Londres: University of Texas Press, 1969.

Findlay, R. e O'Rourke, K. H. *Power and Plenty. Trade, war, and the world economy in the second millennium*. Princeton: Princeton University Press, 2007.

Hatton, T. J. e Williamson, J. G. *The Age of Migration: Causes and economic impact*. Nova York: Oxford University Press, 1998.

Maddison, A. *The Global Economy: A millennial perspective*. Paris: OCDE, 2001.

Obstfeld, M. e Taylor, A. "Globalization and capital markets". In: Bordo, M. D.; Taylor, A. M. e Williamson, J. G. *Globalization in Historical Perspective*. Chicago e Londres: University of Chicago Press, 2003.

United Nations International Trade Statistics, UNCTADSTATS, UNCTAD, UNCTAD. *Foreign Investment Report*, várias edições.

Bibliografia digital:

<data.worldbank.org/data-catalog/world-development-indicators>.

<www.slavevoyages.org/assessment/estimates>.

Tabela 13.1
Brasil: Participações da população, exportações, estoque de capital estrangeiro e
estoque de capital estrangeiro direto nos totais mundiais, 1850-2013

	Participação na população mundial (%)	Participação nas exportações mundiais (%)	Participação no estoque de investimentos estrangeiros (%)	Participação no estoque de investimentos estrangeiros diretos (%)	Exportações como fatia do PIB (%)
1850	0,5	0,98	4,4		9,8
1870	0,7	1,46	1,4		13,1
1900	1,0	1,61	1,8		21,8
1913	1,4	1,65	3,7		18,1
1928	1,7	1,45	5,1*		16,8
1950	2,1	2,19	3,1**		10,1
1960	2,3	0,98	4,3		6,0
1970	2,5	0,86	n. d.		8,4
1980	2,7	0,98	2,6		9,0
1990	2,8	0,90	1,6	1,8	8,2
2000	2,6	0,85		1,6	10,0
2010	2,8	1,32		2,5	10,9
2013	2,8	1,29		2,9	12,5

Tabela 13.2
Brasil: Composição do PIB, 1947-2013

	Indústria (%)	Indústria de transformação (%)
1947	26,0	19,9
1960	33,2	26,3
1970	38,3	29,3
1980	44	33,7
1985	48	35,9
1990	38,7	26,5
2000	27,7	17,2
2010	28,1	16,2
2013	25	13,1

Tabela 13.3
Brasil: Composição das exportações, 1965-2013

	Produtos primários (%)	Produtos industriais (%)	Semimanufaturados (%)	Manufaturados (%)
1965	82,2	17,8	9,7	8,1
1970	75,7	24,3	9,1	15,2
1975	60,4	29,6	9,8	29,8
1980	42,5	56,5	11,7	44,9
1985	33,3	65,6	10,8	54,8
1990	27,8	70,4	16,3	54,1
1995	23,6	74,6	19,7	55
2000	22,8	74,5	15,4	59
2005	29,3	68,6	13,5	55,1
2010	44,6	53,4	14	39,4
2013	46,7	51	12,6	38,4

14

A ECONOMIA POLÍTICA DA REFORMA COMERCIAL: O PAPEL DOS PORTOS

José Tavares de Araújo Jr.

1. INTRODUÇÃO

Em dois trabalhos recentes, Bacha[1] propõe um amplo projeto de abertura da economia brasileira baseado em três pilares: (i) redução de custos de transação; (ii) eliminação gradual de barreiras comerciais, compensada por uma desvalorização cambial; (iii) acordos de livre comércio. A proposta inclui ainda o exame de uma questão não trivial: por que o Brasil continua sendo uma das economias mais fechadas do mundo quando os benefícios da integração ao comércio exterior parecem ser óbvios? Cinco possíveis razões são ali exploradas: (i) a complexidade dos argumentos pró-abertura, que se apoiam na lógica pouco intuitiva da teoria das vantagens comparativas; (ii) a oposição dos interesses constituídos; (iii) os benefícios da integração ocorrem no longo prazo, enquanto os custos são imediatos; (vi) uma leitura simplista da história econômica brasileira nos últimos dois séculos, que ficou estagnada durante o período primário-exportador no século XIX, e cresceu a taxas elevadas durante a fase da substituição de importações no século XX; e (v) o irrealismo das hipóteses aberturistas, que ignoram os eventuais desequilíbrios causados pela inércia alocativa no momento subsequente à abolição das barreiras comerciais.

Com base na literatura sobre economia política da proteção, este artigo discute o papel do setor portuário no âmbito da estratégia proposta por Bacha. A seção 2 mostra que, sob a ótica daquela literatura, a política comercial de qualquer país pode ser descrita como uma resultante do embate entre grupos de interesses favoráveis e contrários ao protecionismo.

Dependendo do ativismo e do poder político de cada grupo, há um número infinito de soluções intermediárias entre as alternativas extremas de livre comércio *versus* autarquia. Além disso, todas as soluções são, em princípio, transitórias, porque a distribuição de instrumentos de poder entre os dois grupos pode ser alterada pelo progresso técnico e por mudanças institucionais.

| 343

A seção 3 descreve a evolução do setor portuário nas duas últimas décadas, com foco nas transformações ocorridas na Europa e na China, que foram denominadas de *renascimento dos portos*. O agente catalisador do processo de mudança foi a autoridade portuária que, em diversos países, tem sido pressionada a rever continuamente seus instrumentos de governança corporativa. Um exemplo notável é o da reforma do porto de Roterdã, em 2003, que despertou o interesse acadêmico de vários autores, devido ao seu caráter aparentemente inusitado. A principal questão a ser esclarecida era: por que alterar a personalidade jurídica de um ícone reconhecido internacionalmente pela excelência de seus serviços?[2] A explicação consensual foi: este era um requisito indispensável para preservar aquele status.

A seção 4 discute a situação dos portos brasileiros, que até o presente estiveram à margem das inovações gerenciais referidas na seção anterior. Em contraste com a experiência internacional, as mudanças introduzidas no Brasil a partir da Lei nº 8.630/93 se concentraram nos critérios de licitação de terminais portuários, deixando de lado o debate sobre a qualidade da gestão das autoridades portuárias, que aqui são chamadas de Companhias Docas. A seção 4.1 examina os processos de licitação realizados na década de 1990 e destaca dois pontos. O primeiro é o de que, embora o critério de seleção dos participantes nos leilões tenha sido o valor de outorga, os contratos de arrendamento sempre incluíam o compromisso de que os terminais iriam movimentar anualmente um determinado volume mínimo de carga. O desempenho posterior dos terminais revelou a inutilidade daquela cláusula. O segundo ponto diz respeito às falhas de gestão das Companhias Docas, que têm sido recorrentes na maioria dos portos brasileiros. A seção 4.2 mostra que as deficiências registradas na década de 1990 foram ampliadas nas décadas seguintes, em virtude de alguns retrocessos institucionais, como a Resolução ANTAQ nº 517, de 18 de outubro de 2005, sobre a outorga de terminais de uso privativo, e o Decreto nº 8.033/13, ao introduzir um conjunto de critérios controvertidos de licitação que, entretanto, não foram aplicados nos leilões realizados posteriormente.

Por fim, a seção 5 revê as evidências comentadas nas seções 3 e 4 à luz do esquema analítico sugerido na seção 2 e resume as conclusões do texto.

2. LIVRE COMÉRCIO E PROTEÇÃO:
UM JOGO DE SUPERPOSIÇÃO

Como notaram Grossman e Helpman,[3] a literatura sobre economia política da proteção originou-se da constatação de que as prescrições da teoria econômica a respeito dos benefícios do livre comércio raramente são acatadas pelos governos. Sob a ótica dessa literatura, a conduta dos governantes não é pautada pela busca de soluções racionais que visem promover o bem comum, mas resultam de prioridades políticas definidas a partir de pressões exercidas pelos grupos de interesses dominantes na sociedade. A partir da contribuição de Putnam, a análise dessas pressões e dos resultados que provocam tem sido realizada, normalmente, por meio dos instrumentos da teoria dos jogos. Segundo ele, em uma democracia, a política comercial deveria ser entendida como um jogo em dois níveis.

> A nível nacional, os grupos locais perseguem seus interesses, pressionando o governo a adotar políticas favoráveis, e os políticos adquirem poder através da formação de coalizões entre esses grupos. A nível internacional, os governos procuram maximizar sua capacidade de satisfazer as pressões internas, ao mesmo tempo que minimizam as consequências adversas dos eventos ocorridos em outros países. Nenhum dos dois jogos pode ser ignorado pelos governantes, enquanto seus países permanecerem interdependentes, embora soberanos.[4]

Em uma formulação similar, Alt e Eichengreen usam os conceitos de "jogos paralelos e de superposição":

> Jogos paralelos ocorrem quando os mesmos oponentes se enfrentam ao mesmo tempo em mais de uma arena. Existem jogos de superposição quando um determinado jogador enfrenta ao mesmo tempo oponentes distintos, e quando a estratégia adotada em um jogo limita as estratégias disponíveis no outro.[5]

Com esses instrumentos analíticos, podemos identificar, no interior de cada economia, três grupos de pressão que disputam a influência sobre as decisões governamentais na área de comércio exterior. O primeiro é formado pelos setores cujas atividades estão concentradas na exploração do mercado doméstico, e que estão expostos – de fato ou potencialmente – à pressão competitiva de importações. Integrantes típicos deste grupo são indústrias de bens de consumo baseadas em tecnologias difundidas, além de fabricantes de equipamentos e bens intermediários que operam com escalas de produção inadequadas, e cuja capacidade inovadora é limitada. Este grupo luta pela preservação de medidas protecionistas, e procura resistir a eventuais acordos comerciais regionais ou multilaterais, assim como a qualquer tentativa de abertura unilateral.

O segundo grupo é composto pelos setores em que o país possui vantagens comparativas reveladas. O foco das firmas que ali operam é o mercado mundial, e a eventual presença de competidores externos no mercado doméstico não ameaça sua sobrevivência. Como mostraram Wonnacott e Wonnacott,[6] o interesse permanente dessas firmas é eliminar barreiras comerciais no resto do mundo, a fim de obter novas oportunidades de exportação, ampliar suas economias de escala e sustentar suas estratégias de globalização. Logo, a política comercial ideal para este grupo é a da abertura recíproca de mercados, via negociações regionais ou multilaterais. Mas, na ausência desta opção, a abertura unilateral também lhe interessa, porque permitirá reduzir os custos dos insumos domésticos.

O terceiro grupo reúne o conjunto de firmas que prestam serviços de comércio exterior, como autoridades portuárias, terminais, recintos alfandegados, armadores e seguradoras. Este grupo será favorável a qualquer tipo de reforma comercial – multilateral, regional ou unilateral – que promova a expansão das atividades de exportação e importação. De fato, como veremos adiante, na seção 3, essas firmas cumpriram papéis importantes em diversos países nas últimas décadas, auxiliando na remoção de barreiras comerciais e promovendo iniciativas geradoras de novas correntes de comércio internacional.

Em decorrência do ativismo e da distribuição de instrumentos de poder entre estes grupos de interesses, os cenários de política comercial poderão adquirir configurações distintas em cada país, como sugere a Figura 14.1, na qual as influências sobre as decisões do governo têm escalas hipotéticas de intensidade que variam entre zero e dois.[7] O eixo vertical mede as pressões protecionistas ($G1$) e o horizontal corresponde aos interesses liberais ($G2 + G3$). Em princípio, os cenários extremos de *autarquia* ($G1 = 2$; $G2 + G3 = 0$) e *livre comércio* ($G1 = 0$; $G2 + G3 = 2$) raramente ocorrerão, porque os setores produtivos que integram os três grupos acima referidos sempre existirão em qualquer economia, e irão, portanto, defender seus interesses. Além disso, os cenários intermediários tendem a ser voláteis, devido ao progresso técnico e a mudanças institucionais ou políticas. Por exemplo, uma política comercial com viés protecionista ($G1 > G2 + G3$) pode ser eventualmente revertida após a edição de uma nova legislação portuária, a eleição de um novo governo comprometido com o ideário liberal, ou em virtude de alguma inovação tecnológica que fortaleça a competitividade internacional de certas indústrias. Da mesma forma, uma política comercial com viés liberalizante ($G1 < G2 + G3$) poderá mudar de tendência se os produtores de máquinas ou de bens intermediários provocarem a elevação das tarifas de importação, ou a proliferação de ações *antidumping*. Tais eventos irão afetar o desempenho das indústrias usuárias daqueles bens, que poderão solicitar medidas similares ao governo, a fim de compensar os danos sofridos.

Figura 14.1
Cenários de política comercial

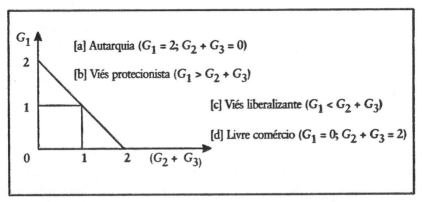

Fonte: Elaboração do autor.

3. O RENASCIMENTO DOS PORTOS

Conforme apontaram inúmeros estudos, o extraordinário crescimento do comércio exterior das economias asiáticas nas duas últimas décadas foi baseado na redução contínua dos custos de transação, obtida por meio de investimentos de longo prazo na infraestrutura de portos, aeroportos, e de comunicação desses países, e da modernização permanente dos métodos de gestão daquela infraestrutura.[8] Essa queda nos custos de transação introduziu três mudanças radicais nos padrões contemporâneos de comércio internacional:

i) Permitiu a fragmentação dos processos produtivos de várias indústrias, dando origem às chamadas "cadeias globais de valor", que aprofundaram os vínculos econômicos dos países asiáticos com a Europa e os Estados Unidos;
ii) Transformou o fator *tempo* em instrumento de competição, promovendo a disputa entre portos e aeroportos pelo transporte de cargas leves e/ou de alto valor unitário, como peças e componentes, medicamentos, produtos perecíveis, bens de informática etc.[9]
iii) Redefiniu o papel das autoridades portuárias em diversos países, gerando um conjunto de inovações institucionais e gerenciais que foram denominadas de "renascimento dos portos".[10]

3.1. Os portos europeus

Com base em uma pesquisa sobre o estado de 116 portos em 26 países europeus em 2010, Verhoeven[11] identificou três estilos de autoridade portuária: o "conservador", o "facilitador" e o "empresarial". O estilo conservador é aquele em que a autoridade portuária se restringe às funções típicas do porto locador (*landlord port*), que incluem a manutenção da infraestrutura, a obediência às normas ambientais e de segurança operacional, e a administração das receitas geradas pelo arrendamento de terminais e demais instalações. Segundo Verhoeven, esse tipo de porto está em vias de extinção na Europa. O estilo facilitador vai além do perímetro do porto, e participa de iniciativas regionais voltadas ao desenvolvimento econômico e social de sua área de influência, visando promover externalidades que posteriormente irão ampliar o volume de carga no porto. O estilo empresarial acrescenta às suas prioridades regionais outros interesses de âmbito internacional, como a prestação de serviços de consultoria a empresas e governos de outros países, ao lado de investimentos e formação de parcerias com portos estrangeiros, a fim de criar fluxos cativos e complementares de exportação e importação.

Embora sejam órgãos públicos na maioria dos países, o processo de modernização ocorrido nestes três tipos de autoridades portuárias desde o início dos anos 1990 foi marcado pela transformação de sua personalidade jurídica em empresa estatal, com normas de governança corporativa que procuram assegurar a transparência de seus atos, conferem prioridade efetiva à proteção ambiental, e promovem a competitividade internacional do porto, como bem ilustra o caso de Roterdã.

As sucessivas reformas do porto de Roterdã

Em 2003, após um intenso debate público, a autoridade portuária de Roterdã foi transformada em empresa estatal, com 70% do capital controlado pela prefeitura local e 30% pelo governo nacional. Até então, o porto havia sido administrado por um órgão municipal semiautônomo, com desempenho admirável durante a segunda metade do século passado. Naquele período, Roterdã manteve sua posição de líder mundial na movimentação de cargas e foi pioneiro na introdução das principais inovações ocorridas no setor portuário, como o uso de contêineres na década de 1960.

A autoridade portuária de Roterdã foi estabelecida em 1932, encerrando uma fase em que os serviços estiveram dispersos em vários departamentos municipais. No final do século XIX, o porto havia sido privatizado durante um breve período, com consequências desastrosas sobre a economia local, gerando um consenso político que permanece até hoje a respeito de dois pontos: (1) a área do porto é propriedade inalienável do município; (2) a cidade deve manter o controle sobre a gestão do porto. Assim, em 1934, a autoridade portuária passou a ter orçamento próprio, mas só adquiriu independência para administrar suas finanças em 1970.[12]

Entretanto, os resultados positivos da reforma de 1932 conferiram, gradualmente, uma autonomia *de fato* à autoridade portuária. Durante quarenta anos, o porto teve apenas dois dirigentes: Nicolaas Koomans (1932-1959) e Frans Posthuma (1959-1973). Naquele período, os projetos de expansão do porto eram sistematicamente aprovados pela prefeitura, sob o mantra de que "o que é bom para o porto é bom para a cidade".[13]

A partir dos anos 1970, a relação entre o porto e a cidade passou a ser mediada por novos temas, como proteção ambiental, qualidade da vida urbana e desenvolvimento agrícola. Esta nova agenda impôs novos métodos de gestão que, afinal, beneficiaram a reputação de Roterdã. Dois desafios adicionais surgiram na década de 1990: o crescimento das parcelas de mercado dos dois principais rivais europeus, Antuérpia e Hamburgo, e a emergência dos portos asiáticos, sobretudo Cingapura e Hong Kong, que iriam superar Roterdã em volume de carga a partir de 2005.[14]

Para lidar com os novos padrões de competição internacional impostos pela revolução nas tecnologias de informação, a autoridade portuária de Roterdã, durante a gestão de Willem Scholten (1992-2004), passou a demandar maior autonomia formal, a fim de adotar métodos contemporâneos de governança corporativa, tal como haviam feito, no setor privado, as multinacionais holandesas. Esta proposta enfrentou, ao longo dos anos 1990, a firme resistência do líder político Pim Fortuyn e de outros atores importantes nos âmbitos municipal e nacional.

A reforma de 2003 foi marcada por dois eventos inesperados: o assassinato de Fortuyn, em maio de 2002, e o escândalo financeiro envolvendo Scholten, que havia concedido – sem o conhecimento do governo municipal – garantias bancárias no valor de €180 milhões ao estaleiro do Grupo RDM, que faliu em 2004. Por um lado, a morte de Fortuyn dissipou a oposição ao projeto de reforma. Por outro, o escândalo financeiro conferiu um novo perfil à empresa estatal estabelecida em 2004. Em lugar das iniciativas ambiciosas sugeridas por Scholten, as metas se concentraram na transparência das rotinas da empresa, nos indicadores de desempenho portuário e na facilitação de comércio.

Os resultados econômicos da reforma foram avaliados por Langen e Heij,[15] que compararam o desempenho do porto de Roterdã em dois períodos, 1997-2003 e 2005-2011, por meio de oito indicadores: parcela de mercado, faturamento total, receita por empregado, custos operacionais, EBITDA, lucro líquido, lucro por empregado, e investimentos. O desempenho do porto após a reforma foi superior ao do período anterior sob todas as perspectivas.

Outro resultado importante do estudo de Verhoeven foi o de haver levantado a escala de prioridades econômicas das autoridades portuárias europeias (Figura 14.2). Maximizar o valor adicionado e o volume de carga foram as metas mais citadas nas respostas aos questionários enviados aos 116 portos, seguidas pela maximização do lucro da autoridade portuária e, em um quarto lugar bem distante, a maximização dos lucros das empresas que atuam no porto. A categoria de "outros objetivos" inclui a variedade de ações desenvolvidas pelas autoridades portuárias europeias em âmbito regional e/ou internacional.

Figura 14.2
Prioridades econômicas das autoridades portuárias europeias

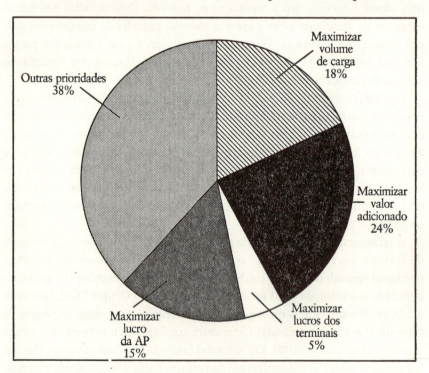

Fonte: Verhoeven, 2011, p. 27.

Estudos posteriores ao de Verhoeven mostraram que, na presente década, o estilo empresarial de gestão está se difundindo rapidamente entre as autoridades portuárias europeias. Pallis e Kladaki,[16] por exemplo, examinaram 17 iniciativas de cooperação internacional vigentes em cinco portos localizados na Alemanha (Hamburgo e Bremen), Bélgica (Antuérpia) e Holanda (Amsterdã e Roterdã). Tais iniciativas estão sendo conduzidas por meio de instrumentos diversos, como *Memorandos de Entendimento* (MoU), *Acordos de Colaboração, Contratos de Consultoria, Protocolos de Aliança Estratégica* e *Joint Ventures*. O formato dos instrumentos varia de acordo com os objetivos de cada iniciativa, cujos tipos mais frequentes são: (a) ampliar e sustentar os fluxos de transações bilaterais com parceiros preferenciais em outras economias; (b) intercâmbio de experiências e programas de treinamento; e (c) auxiliar no desenvolvimento da infraestrutura dos portos de outros países.

Como mostra a Figura 14.3, as autoridades portuárias mais ativas têm sido as de Antuérpia e Roterdã. Apoiando-se na diligente diplomacia econômica do governo belga, o porto de Antuérpia participa, neste momento, de oito projetos internacionais com os portos de Montreal, Nagoya (Japão), Canal do Panamá, San Pedro (Costa do Marfim), Rosmorport (Rússia), Nhava Sheva (Índia), e com a empresa Essar Ports Ltd., que opera diversos portos indianos. Da mesma forma, a diplomacia econômica do governo holandês tem auxiliado os projetos de Roterdã no Oriente Médio (Omã), na Índia (duas parcerias), no Brasil (Porto Central, no Espírito Santo), na Indonésia e em Cingapura.

Figura 14.3
Vínculos internacionais dos portos europeus

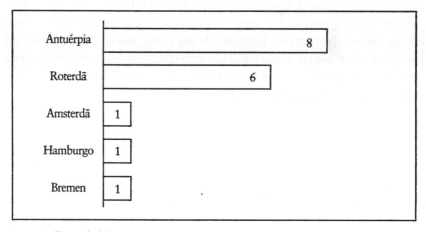

Fonte: Pallis e Kladaki, 2016.

Os portos de Amsterdã, Hamburgo e Bremen só entraram nessa área recentemente. Entretanto, seus projetos já se tornaram notáveis por seu escopo inovador e de longo prazo. Em 2015, a autoridade portuária de Amsterdã firmou um protocolo com o governo de Aruba que visa modernizar a gestão dos portos daquele país durante os próximos trinta anos, com foco no desenvolvimento do turismo sustentável no Caribe e na competitividade do transporte de cargas daqueles portos. Em 2013, os portos de Hamburgo e Los Angeles iniciaram um sofisticado programa de intercâmbio de experiências nas áreas de infraestrutura, meio ambiente, segurança operacional e instrumentos de governança corporativa. Em 2015, o governo da Islândia formou uma parceria com a autoridade portuária de Bremen, a fim de construir um porto de grandes dimensões que irá explorar uma nova rota de transportes na região do Polo Ártico.

3.2. Os portos chineses

Como indica a Figura 14.4, o desenvolvimento da economia chinesa nos últimos 25 anos foi marcado por uma transformação radical no setor portuário daquele país. Até 1993, nenhum porto da China continental aparecia na lista dos dez maiores portos mundiais na movimentação de contêineres. Na década seguinte, em 2003, os portos de Xangai e Shenzhen já ocupavam, respectivamente, a terceira e a quarta posições. Em 2010, Xangai alcançou o primeiro lugar, e vem mantendo esse desempenho desde então. Em 2014, sete entre os dez maiores portos mundiais eram chineses. Além de competirem vigorosamente entre si, esses portos disputam sua participação nas cadeias globais de valor com vários outros líderes mundiais que operam naquela região, como os portos de Cingapura, Hong Kong, Busan, Klang (Malásia), Kaohsiung (Taiwan) etc. Essa rivalidade inclui também outros portos chineses, como Dalian, que obteve o 14º lugar na pesquisa do Lloyd, em 2014, Xiamen (17º), Yingkou (27º) e Suzhou (33º).

Figura 14.4
Movimentação de contêineres nos principais portos mundiais
(milhões de *twenty-foot equivalent units* – TEUs)

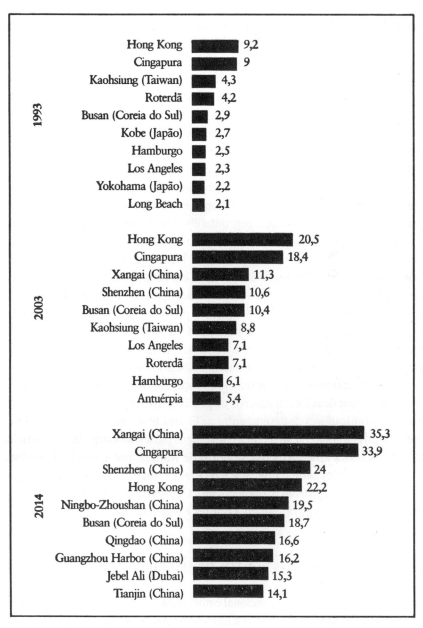

Fonte: Lloyd's List Annual Top 100 Ports.

Entre 1984 e 2004, o controle do sistema portuário foi gradualmente transferido às autoridades locais. Por meio de um projeto-piloto, o Ministério das Comunicações passou a compartilhar a gestão do porto de Tianjin com o governo municipal, em 1984.[17] O projeto incluía a criação de uma autoridade portuária local, com personalidade jurídica de empresa estatal e autonomia para levantar recursos no sistema bancário, atrair investimentos sob a forma de *joint-ventures* (até o limite de 49% do capital da empresa), e operar a logística do porto. Entretanto, o governo central continuou a participar das atividades de planejamento e de uma parcela majoritária das receitas geradas pelos terminais portuários. Na década seguinte, reformas similares foram introduzidas nos principais portos do país.

Uma nova etapa foi inaugurada em janeiro de 2004, com a edição da Lei dos Portos que havia sido aprovada pelo Congresso do Povo em junho de 2003. Não obstante sua estrutura sintética, com apenas seis Capítulos e 61 Artigos, a lei abrange todos os aspectos relevantes da atividade portuária, como planejamento, construção, manutenção, segurança das operações, meio ambiente, condutas dos agentes, direitos de propriedade, responsabilidades legais etc. Pelo menos duas mudanças radicais foram introduzidas. A primeira foi a de eliminar a ambiguidade das funções das autoridades portuárias locais, que até então cumpriam o duplo papel de regulador e operador. Assim, em cada porto foram criados dois agentes: um órgão normativo, com suas funções típicas estabelecidas na lei, e um operador portuário com estatuto de empresa privada e participação minoritária do governo municipal. A segunda mudança foi a de abolir as restrições à participação de investidores estrangeiros, que passaram a ter o direito de construir novos portos, sem a obrigação de estarem associados aos governos locais.

Esse novo marco legal permitiu a aceleração dos investimentos e a difusão das melhores práticas internacionais de gestão entre os portos chineses, como revelam os indicadores de desempenho na Figura 14.4. Outro efeito notável foi o de estimular a cooperação técnica com outros países, ao estilo da experiência europeia descrita anteriormente. O porto de Xangai, por exemplo, mantém, desde a segunda metade da década passada, protocolos de parceria com os portos de Barcelona, Busan (Coreia do Sul), Geórgia, Miami e Seattle (Estados Unidos), Hakata e Nagoya (Japão), Londres e Roterdã.[18]

4. OS PORTOS BRASILEIROS

Em síntese, a experiência internacional comentada na seção anterior mostra que na maioria dos países – sobretudo na Europa, na Ásia e nos Estados Unidos – os índices atuais de desempenho dos portos resultam da interação de três fatores: (i) a rivalidade entre portos e aeroportos vizinhos, como ocorre nas regiões de

Hamburgo-Roterdã-Antuérpia-Amsterdã; Hong Kong-Cingapura-Xangai; Seattle-São Francisco-Los Angeles; Halifax-Nova York-Baltimore; Aukland-Tauranga etc.; (ii) a infraestrutura de rodovias, ferrovias e hidrovias, cujos níveis de eficiência foram crescentes nas últimas décadas, e permitiram a queda dos custos de transporte fluvial e terrestre, estimulando assim a rivalidade referida no item anterior; (iii) a modernização dos métodos de gestão das autoridades portuárias – que se transformaram em agentes catalisadores deste padrão de competição –, cujo escopo operacional pode ser local, regional ou internacional, dependendo das características geográficas e/ou históricas de cada porto.

No Brasil, o cenário é bem distinto. Conforme registra a coletânea de estudos recentes organizada por Pinheiro e Frischtak,[19] nossa infraestrutura de transportes é antiga, ineficiente, e com dimensões – em todos os modais – incompatíveis com as necessidades do país. Em virtude destas distorções, a rivalidade entre os portos brasileiros é quase inexistente e, portanto, as autoridades portuárias – isto é, as Companhias Docas – não foram pressionadas a acompanhar as mudanças que estavam ocorrendo no resto do mundo. Além do desleixo com os temas ambientais, comentado adiante, outro indicador das falhas gerenciais das Companhias Docas é sua incapacidade de cumprir os orçamentos de investimento. Entre 2003 e 2013, os recursos federais cresceram exponencialmente, tendo saltado de R$ 156 milhões para R$ 1,7 bilhão, mas as Companhias Docas só gastaram, em média, 28% dos orçamentos anuais (Figura 14.5).

Figura 14.5
Orçamento de investimento das Companhias Docas

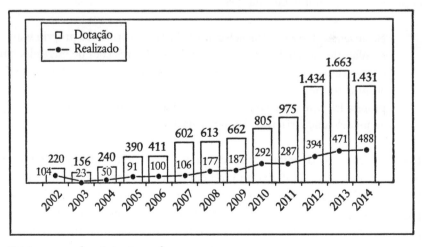

Fonte: <www.planejamento.gov.br>

4.1. As licitações da década de 1990

Sob a influência dos eventos comentados na seção 3, o Brasil introduziu mudanças profundas em sua legislação portuária por meio da Lei nº 8.630, de 25 de fevereiro de 1993, que permitiram reduzir a presença do Estado nesse setor ao transferir para a iniciativa privada a exploração e gestão dos portos. Como registrou, em 24 de julho de 1997, o edital do primeiro leilão de arrendamento de terminais de contêineres no Porto de Santos, os principais objetivos da reforma foram:

- Reduzir custos logísticos;
- Melhorar a qualidade dos serviços;
- Aumentar o movimento de cargas nos portos;
- Elevar o valor agregado da atividade portuária.

Como vimos anteriormente, esses objetivos eram similares aos das reformas que estavam sendo promovidas em outras economias naquele instante, embora por meio de modelos institucionais distintos do brasileiro. Uma singularidade da Lei nº 8.630 é a de haver antecedido certas inovações jurídicas importantes que viriam a ocorrer nos anos seguintes, como a Lei nº 8.884/94, que transformou o Conselho Administrativo de Defesa Econômica (CADE) em autoridade antitruste independente, a Lei nº 8.987/95, sobre o regime de concessões e a Lei nº 10.233/01, que criou a Agência Nacional de Transportes Aquaviários (ANTAQ). Este cronograma inadequado de reformas gerou um conjunto de distorções que marcaram o desenvolvimento dos portos brasileiros nos últimos vinte anos. Como notou Guimarães:

> Na ausência dessa referência legal, a Lei nº 8.630 criou seu próprio marco regulatório, no qual a função de regulação das relações de mercado, em alguns casos, permanece vaga, e, em outros, está referida à estrutura da administração pública federal então vigente ou a entidades criadas pela própria lei. Este marco regulatório não era necessariamente harmonizado ao modelo que viria a ser definido pela legislação subsequente.[20]

No porto de Santos, os editais de licitação dos terminais arrendados na segunda metade da década de 1990 tiveram três características principais em comum: (a) leilão pelo maior valor de outorga, que é o método usual na maioria dos países; (b) compromisso de movimentação mínima contratual (MMC) por parte da arrendatária; (c) prazo de cinco anos após a assinatura do contrato para que a arrendatária obtenha o Certificado ISO 14000 de gestão ambiental.

O critério do valor de outorga tornou-se uma praxe internacional em virtude de sua simplicidade e transparência, mas, sobretudo, porque permite maximizar a receita do poder concedente. Já o critério de carga mínima, ainda que também usado em muitos países, padece de certas deficiências que merecem ser comentadas.

Quando uma firma decide arrendar um terminal portuário para movimentar carga própria – ou de terceiros – em operações de comércio exterior e/ou de cabotagem, sua meta estratégica é expandir, sempre que viável, as atividades do terminal. Afinal, lances vencedores de leilões são usualmente altos, e geram períodos longos de amortização dos investimentos. Mas a firma sabe que, apesar de seus esforços para melhorar a eficiência do terminal, por meio de investimentos nas instalações e métodos gerenciais racionais, a realização de seu objetivo original depende, em última instância, de variáveis que ela não controla: seus competidores podem ter tido melhor desempenho, novos entrantes eventualmente redefiniram os padrões de concorrência no ramo, o cenário da economia mudou, novas normas regulatórias elevaram os custos operacionais, os usuários passaram a usar outros modais de transporte etc.

Assim, o compromisso de MMC é, em princípio, supérfluo, porque o arrendatário é o principal interessado em cumpri-lo. Mas é também inócuo, porque nenhuma firma seria capaz de assegurar sua realização, pelas razões apontadas. Além disso, os parâmetros usados para aferir a MMC são, com frequência, inadequados, conforme ilustram os casos dos terminais de contêineres operados pela Santos Brasil e o Grupo Libra no porto de Santos, descritos nas Figuras 14.6 e 14.7. Em ambos os casos, a unidade usada para medir a MMC foi o número de contêineres movimentados anualmente no porto. Ora, como se sabe, a unidade convencional é TEUs (*twenty-foot equivalent units*) porque os contêineres costumam ter tamanhos variados.

O contrato de arrendamento da Santos Brasil, assinado em 28 de novembro de 1997, com prazo de 25 anos, estabeleceu uma MMC de 275 mil contêineres a ser cumprida nos cinco anos iniciais, e de 363 mil contêineres nos vinte anos seguintes. Já o contrato do Grupo Libra, firmado sete meses depois, em 25 de junho de 1998, com prazo de vinte anos, estabeleceu montantes crescentes para os 16 anos iniciais, que variaram entre 300 mil e 750 mil contêineres, patamar que deveria ser mantido nos cinco anos finais do contrato.[21] Entretanto, o desempenho dos dois terminais entre 1999 e 2014 demonstrou o irrealismo e a inutilidade das cláusulas de MMC de ambos os contratos.[22] Embora os compromissos assumidos pelo Libra tenham sido sempre superiores aos da Santos Brasil (Figura 14.6), ocorreu o contrário com o desempenho dos dois terminais (Figura 14.7). Já a partir do terceiro ano do contrato, a Santos Brasil conseguiu movimentar volumes crescentes de carga, que saltaram de 300 mil

A ECONOMIA POLÍTICA DA REFORMA COMERCIAL | 357

TEUs, em 2001, para 1,8 milhão, em 2013, tendo registrado apenas uma única queda em 2009, em virtude da crise financeira internacional. Enquanto isso, o Libra seguiu uma trajetória de crescimento instável até 2008, quando movimentou 903 mil TEUs, e de declínio nos anos seguintes, tendo regredido para 550 mil TEUs em 2014.

Figura 14.6
Libra e Santos Brasil: movimentação mínima contratual (em mil contêineres)

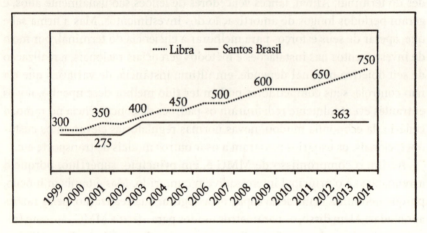

Fonte: <www.portodesantos.com.br>.

Figura 14.7
Libra e Santos Brasil: movimentação de contêineres

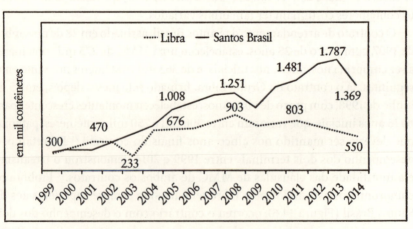

Fontes: <www.grupolibra.com.br>; <www.portodesantos.com.br>.

4.1.1. A gestão ambiental

Os contratos da Santos Brasil e do Libra revelam uma das principais deficiências do sistema portuário brasileiro, que é o contraste entre a gestão ambiental dos terminais e a da autoridade portuária. Enquanto ambos os terminais obtiveram seus Certificados ISO 14000 no prazo previsto, a CODESP não possui até hoje a licença ambiental do IBAMA, sua equipe de profissionais dedicados a questões ambientais é limitada numericamente, e a qualificação dela é insuficiente, conforme vêm apontando há vários anos os relatórios periódicos da Gerência de Meio Ambiente da ANTAQ.

Em 2014, a CODESP publicou, pela primeira vez, uma agenda ambiental elaborada pela Universidade Católica de Santos (UniSantos) e a Companhias Ambiental do Estado de São Paulo (CETESB), que está disponível no site <www.portodesantos.com.br>. Esse estudo identificou 17 passivos ambientais classificados em cinco grupos: (i) seis áreas contaminadas; (ii) três áreas degradadas; (iii) três passivos submersos; (iv) um estoque de efluentes armazenados inadequadamente em tanques na ilha Barnabé, da ordem de 8.500 m³; (v) quatro conjuntos de resíduos portuários, que incluem sucatas metálicas depositadas a céu aberto ao longo da faixa portuária, materiais de obras de construção civil abandonados, transformadores e pneus velhos.

A maioria dos assuntos acima referidos está à espera de solução há longa data, não obstante eventuais esforços da CODESP e outros órgãos públicos para enfrentá-los. Alguns exemplos notáveis são:

- O antigo lixão da Alemoa – desativado em 2002 –, que foi usado durante meio século para acumular resíduos oriundos da operação portuária, tendo contaminado cerca de 680 mil m³ de solo;
- Os dutos do Saboó, com extensão superior a 1,5 km, que, embora desativados na década de 1970, sem a devida retirada dos produtos oleosos remanescentes no seu interior, continuam abandonados no mesmo local até hoje;
- O chamado Galpão A da Alemoa, que foi usado até 2002 para armazenar produtos perigosos oriundos de acidentes ambientais ocorridos na faixa portuária;
- Dois postos de combustível estabelecidos em áreas próximas ao porto, que foram demolidos sem os devidos cuidados ambientais;
- Um terminal de fertilizantes que movimentou de forma descuidada grandes quantidades de enxofre a granel durante vários anos;
- Sedimentos contaminados, devido à falta de operações sistemáticas de dragagem do canal de acesso ao porto, das bacias de evolução e dos berços de atracação.

Mazelas desse tipo – cuja superação requer estudos complexos e dispendiosos, envolvendo equipes técnicas interdisciplinares e prazos longos de execução – não são exclusivas do porto de Santos. Desde 2006, a Gerência de Meio Ambiente da ANTAQ vem avaliando o desempenho dos portos quanto ao atendimento das normas ambientais e de segurança operacional, usando uma metodologia que atualmente incorpora 38 variáveis, e que resultam no *Índice de Desempenho Ambiental* (IDA), cuja escala varia de zero a cem. Em 2012, o IDA de trinta portos brasileiros passou a ser divulgado semestralmente. A nota de Santos no primeiro semestre de 2015 foi 64,5, correspondendo ao 13º lugar na amostra do IDA. A Figura 14.8 mostra a distribuição das notas, em que apenas cinco portos alcançaram índices superiores a 80: São Sebastião (97,5), Itajaí (95,9), Itaqui (84,5), Fortaleza (82,2) e Paranaguá (80,10). No outro extremo, o IDA de três portos foi inferior a 40: Macapá (39,9), Porto Velho (27,4) e Porto Alegre (16,8).

Figura 14.8
Desempenho ambiental dos portos brasileiros (primeiro semestre de 2015)

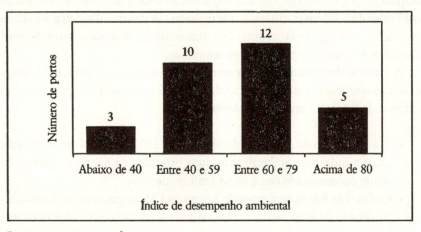

Fonte: <www.antaq.gov.br>.

4.2. O retrocesso do período 2005-2013

Além das deficiências gerenciais das Companhias Docas, outro fator que prejudicou o desenvolvimento recente do setor portuário brasileiro foi o inusitado debate sobre *carga própria* versus *carga de terceiros* iniciado em 2005 por meio da Resolução ANTAQ nº 517, de 18 de outubro de 2005, cuja única consequência foi paralisar os investimentos privados neste setor durante cerca de dez anos. Esse debate – que não tem precedentes no resto do mundo – só veio a ser encerrado em 2013, após a edição da Lei 12.815, de 5 de junho de 2013, regulamentada pelos Decretos nº 8.033/13 e nº 8.464/15. Na prática, a legislação atual apenas restaurou os princípios que haviam sido estabelecidos pela Lei nº 8.630, e posteriormente desvirtuados pela Resolução 517/05 e o Decreto nº 6.620/08.[23] Entretanto, os decretos que regulamentaram a Lei nº 12.815 introduziram algumas inovações quanto aos critérios de licitação. Em lugar de se restringir ao valor de outorga, que foi o parâmetro adotado em todos os leilões promovidos na década de 1990, o Art. 9º do Decreto nº 8.033 (conforme a redação do Decreto nº 8.464) instituiu sete critérios, que poderão ser aplicados de forma combinada ou isolada em cada leilão: (i) maior capacidade de movimentação; (ii) menor tarifa; (iii) menor tempo de movimentação de carga; (iv) maior valor de investimento; (v) menor contraprestação do poder concedente; (vi) melhor proposta técnica, conforme critérios objetivos estabelecidos pelo poder concedente; (vii) maior valor de outorga.

Os itens citados revelam os distintos objetivos que o poder concedente deseja alcançar ao licitar um terminal portuário. Como veremos adiante, embora tais objetivos sejam corretos, sua inclusão entre os critérios de licitação nem sempre é a melhor forma de assegurar sua realização. Antes de examiná-los individualmente, cabe destacar duas falhas gerais do Art. 9º do Decreto nº 8.033. A primeira é ignorar que a lógica de funcionamento de um terminal de uso privativo é bem diferente daquela vigente nos terminais que só movimentam cargas de terceiros. A segunda falha é tentar transferir para os arrendatários compromissos que, a rigor, são atribuições típicas das Companhias Docas ou do governo.

i) *Maior capacidade de movimentação.* Como vimos na seção 3, maximizar o volume de carga é uma das principais prioridades das autoridades portuárias europeias. Mas, para realizar esta meta, é inútil incluí-la nas cláusulas dos contratos de arrendamento dos terminais, conforme demonstrou a experiência brasileira na década de 1990. Cabe à autoridade portuária mobilizar os instrumentos que estão ao seu alcance no âmbito local, aprimorando suas rotinas operacionais como locador dos terminais; no âmbito regional, buscando externalidades que permitam ampliar a demanda pelos serviços portuários; e, eventualmente, no âmbito internacional, formando parcerias com portos de outros países que permitam gerar novas correntes de comércio. Na literatura econômica referida na seção 3, são abundantes os estudos de casos que revelam a eficácia, isolada ou combinada, dos três tipos de estratégia.

ii) *Menor tarifa.* Este é um critério de licitação que pode ser útil no caso de terminais que irão movimentar cargas de terceiros em condições de monopólio virtual, porque não estarão submetidos a pressões competitivas advindas de portos vizinhos, nem de outros terminais estabelecidos naquele porto. Mas essa situação pode ser corrigida pela autoridade portuária e/ou pelo governo, por meio de ações que promovam a competição intraporto, licitando simultaneamente, por exemplo, mais de um terminal para o mesmo tipo de carga; ou projetos de mais longo prazo que estimulem a competição interportos, por meio de investimentos que elevem a eficiência dos demais modais de transporte. O critério de menor tarifa não se aplica, evidentemente, aos terminais privativos, porque neste caso não existem serviços prestados a terceiros.

iii) *Menor tempo de movimentação de carga.* Este critério – que também só se aplica a cargas de terceiros – padece de um defeito similar ao do compromisso de MMC, porque depende de variáveis que o arrendatário não controla, como o ritmo de trânsito no porto, condições meteorológicas, estado da infraestrutura e outros obstáculos cuja superação compete à autoridade portuária.

iv) *Maior valor do investimento.* Este critério, tal como o anterior, e demais parâmetros que estipulam previamente o desempenho do terminal, constitui uma tentativa do poder concedente de limitar a autonomia do arrendatário na gestão de seu negócio. O agente mais bem qualificado para estimar o montante de investimento requerido para promover a competitividade de um terminal é o arrendatário. Os montantes indicados pelo poder concedente são frequentemente irrealistas e tendem a afastar do leilão os melhores candidatos.

v) *Menor contraprestação do poder concedente.* Este é o critério padrão na licitação de contratos para a formação de parcerias público-privadas (PPP), posto que o objetivo principal deste tipo de empreendimento é justamente reduzir a parcela do gasto público nos investimentos em infraestrutura, conforme dispõe a Lei nº 11.079/04. Entretanto, o uso desta norma na licitação de terminais portuários gera externalidades indesejáveis, porque impõe ao arrendatário tarefas que deveriam ser cumpridas pela autoridade portuária, como dragagem e demais providências necessárias para manter ou ampliar as condições de acesso ao porto. Esta transferência de funções prejudica, evidentemente, a competitividade do arrendatário.

vi) *Melhor proposta técnica.* Este critério pode ser útil em leilões em que participam muitos candidatos e a área a ser licitada é relativamente pequena. Como mostrou Verhoeven,[24] esta situação é usual nos casos em que a autoridade portuária assume um perfil de *facilitador,* ou *empresarial.* Quando ocorrem leilões de áreas em portos com essas características, o número de candidatos é sempre alto.

vii) *Maior valor de outorga*. Embora os méritos deste critério sejam inequívocos, pelas razões já apontadas anteriormente – simplicidade, transparência e maximização da receita do poder concedente –, ele aparece em último lugar entre os itens listados no Art. 9º do Decreto nº 8.033, e só foi introduzido em 2015, por meio do Decreto nº 8.464. Contudo, no edital dos leilões da primeira etapa do PIL, anunciado pela ANTAQ em 26 de outubro de 2015, o valor de outorga foi o único critério adotado.

5. Conclusão

À luz do esquema analítico sugerido na seção 2, o relato apresentado nas seções 3 e 4 pode ser sintetizado da seguinte forma: Na Europa e na China, o desempenho empresarial das autoridades portuárias fortalece o viés liberalizante da política comercial de três modos: (a) reduzindo custos de transporte; (b) promovendo medidas de facilitação de comércio, via acordos de cooperação com portos de outros países, e aderindo a parcerias público-privadas visando a melhorar os modais de transporte de acesso ao porto; (c) reduzindo o tamanho do grupo G1 – que luta pela preservação de políticas protecionistas – à medida que um número crescente de segmentos produtivos adquire competitividade internacional em virtude de providências tomadas pelas autoridades portuárias.

No Brasil, a situação é oposta: a ineficiência das Companhias Docas acentua o fechamento da economia e estimula a expansão do grupo G1, ao prejudicar a competitividade internacional de um grande número de segmentos produtivos. Assim, no âmbito da estratégia proposta por Bacha,[25] uma das providências fundamentais para reduzir os custos de transação na economia brasileira que seria acompanhar a tendência mundial das últimas décadas, e mudar a governança das Companhias Docas na direção descrita na seção 3. Como vimos ali, os ganhos de eficiência advindos de uma reforma deste tipo seriam significativos e imediatos.

Notas

1. Bacha, 2013 e 2016.
2. Jacobs, 2007; Langen e Heij, 2013; Verhoeven, 2015.
3. Grossman e Helpman, 2002.
4. Putnam, 1988, p. 434.
5. Alt e Eichengreen, 1990, p. 76.
6. Wonnacott e Wonnacott, 1981.

7. O grau de influência de cada grupo não depende apenas de sua dimensão relativa na economia, mas, sobretudo, dos recursos ideológicos de que dispõe para construir uma narrativa em defesa de seus interesses. No caso do Brasil, por exemplo, a ideologia nacional-desenvolvimentista gerada ao longo do processo de industrialização no século passado é um dos principais ativos que sustentam o poder do grupo G1. Porém, a eficácia deste ativo poderá declinar à medida que os grupos G2 e G3 sejam capazes de promover suas respectivas narrativas.

8. Blonigen e Wilson, 2006; Clark *et al.*, 2004; Haddad, 2007; Hummels, 2007; Hummels e Schaur, 2012; Ma e Van Assche, 2010.

9. Evans e Harrigan, 2005; Harrigan, 2005; Hummels e Schaur, 2012.

10. Verhoeven, 2015.

11. Verhoeven, 2011.

12. Verhoeven, 2015.

13. Verhoeven, 2015, p. 83.

14. Jacobs, 2007.

15. Langen e Heij, 2013.

16. Pallis e Kladaki, 2016.

17. Notteboom e Yang, 2016.

18. McKinnon, 2011.

19. Pinheiro e Frischtak, 2014.

20. Guimarães, 2014, p. 296.

21. Não são conhecidas as razões que explicariam as diferenças de prazos e montantes de MMC entre dois contratos firmados em datas tão próximas, e que dizem respeito a terminais que movimentam o mesmo tipo de carga, dentro de um mesmo porto.

22. A penalidade pelo descumprimento da MMC é de 2% do valor do aluguel mensal estabelecido no contrato, mas pode ser perdoada se o arrendatário apresentar justificativas que sejam aceitas pela Companhias Docas do Estado de São Paulo (CODESP).

23. Guimarães, 2014.

24. Verhoeven, 2011.

25. Bacha, 2013.

REFERÊNCIAS BIBLIOGRÁFICAS

Alt, James, e Eichengreen, Barry. "Parallel and Overlapping Games: Theory and an Application to the European Gas Trade". In: Odell, John e Willet, Thomas (orgs.). *International Trade Policies*. Michigan: Michigan University Press, 1990.

Bacha, Edmar. "Integrar para crescer: O Brasil na economia mundial". In: Velloso, João Paulo dos Reis (org.). *Visão do Brasil: Estratégia de desenvolvimento in-*

dustrial com maior inserção internacional e fortalecimento da competitividade. Rio de Janeiro: Instituto Nacional de Altos Estudos – INAE, 2013, pp. 47-65.

_____. "Integrar para Crescer 2.0". In: Velloso, João Paulo dos Reis (org.). *Investindo contra a crise e procurando voltar a crescer.* Rio de Janeiro: Instituto Nacional de Altos Estudos – INAE, 2016, pp. 65-74.

Blonigen, Bruce, e Wilson, Wesley. *"New Measures of Port Efficiency Using International Trade Data".* Nova York: NBER Working Paper nº 12052, 2006.

Clark, Ximena, Dollar, David e Micco, Alejandro. *"Port Efficiency, Maritime Transport Costs and Bilateral Trade".* Nova York: NBER Working Paper nº 10353, 2004.

Cullinane, Kevin, e Wang, Teng-Fei. *"Port Governance in China".* Research in Transportation Economics. Reino Unido: Elsevier, 2007, 17, pp. 331-356.

Evans, Carolyn, e Harrigan, James. "Distance, Time and Specialization: Lean Retailing in General Equilibrium". *American Economic Review,* Pittsburg, 2005, vol. 95, nº 1.

Grossman, Gene, e Helpman, Elhanan. *Interest Groups and Trade Policy.* Princeton: Princeton University Press, 2002.

Guimarães, Eduardo Augusto. "Regulação dos portos no Brasil: Evolução e perspectivas". In: Pinheiro, Armando Castelar e Frischtak, Claudio (orgs.). *Gargalos e Soluções na Infraestrutura de Transportes.* Rio de Janeiro: FGV, 2014, pp. 285-311.

Haddad, Mona. *"Trade Integration in East Asia: The Role of China and Production Networks".* Washington, D.C.: Policy Research Working Paper 4160, World Bank, 2007.

Harrigan, James. *"Airplanes and Comparative Advantage",* Nova York, NBER Working Paper 11688, 2005.

Hummels, David. "Transportation Costs and International Trade in the Second Era of Globalization". *Journal of Economic Perspectives,* 2007, vol. 21 pp. 131-154.

Hummels, David e Schaur, Georg. *"Time as a Trade Barrier".* Nova York: NBER Working Paper 17758, 2012.

Jacobs, Wouter. *Political Economy of Port Competition: Institutional Analysis from Rotterdam, Southern California and Dubai.* Nijmegen: Academic Press Europe, 2007.

Langen, Peter, e Heij, Christiaan. *"Performance Effects of the Corporatisation of Port of Rotterdam Authority".* Report EI 2013-06. Rotterdam: Econometric Institute, Erasmus University Rotterdam, 2013.

Ma, Alyson, e Van Assche, Ari. *"The Role of Trade Costs in Global Production Networks".* Washington, D. C.: Policy Research Working Paper 5490, World Bank, 2010.

McKinnon, Alexander. *"Hong Kong and Shanghai Ports: Challenges, Opportunities and Global Competitiveness".* Hong Kong: Working Paper Series, City University of Hong Kong, 2011.

Notteboom, Theo e Yang, Zhongzhen. *"Port Governance in China Since 2004: Institutional Layering and the Growing Impact of Broader Policies"*. Research in Transportation Business & Management, set 2016.

Pallis, Athanasios, e Kladaki, Paraskevi. *"Port Collaboration Beyond Proximity: Inter-Organizational Relationships of Port Management Entities"*. Artigo apresentado na IAME Conference 2016, 23-26 ago 2016, Hamburgo, Alemanha. Disponível em: <www.PortEconomics.eu>.

Pinheiro, Armando Castelar, e Frischtak, Claudio (orgs.). *Gargalos e soluções na infraestrutura de transportes*. Rio de Janeiro: FGV, 2014.

Putnam, Robert. *"Diplomacy and Domestic Politics: The Logic of Two-Level Games"*. In: International Organization, Cambridge, 1988, 42, pp. 427-460.

Verhoeven, Patrick. *European Port Governance*. Bruxelas: European Sea Ports Organisation, 2011.

_____. "Economic Assessment of Management Reform in European Seaports". Tese de Doutorado, University of Antwerp, 2015.

Wonnacott, Paul, e Wonnacott, Ronald. "Is Unilateral Tariff Reduction Preferable to a Customs Union? The Curious Case of the Missing Foreign Tariffs". *American Economic Review*, Pittsburg, vol. 71, Nº 4, pp. 704-714.

15

BRASIL E AS CADEIAS DE COMÉRCIO GLOBAIS

Thomas Wu e Daniel Leichsenring[1]

1. INTRODUÇÃO

Nos últimos quarenta anos, o crescimento do PIB do Brasil ficou próximo a 2% ao ano. Em comparações internacionais, trata-se de dados embaraçosos. Como resultado, o país não conseguiu diminuir a distância que separa a renda *per capita* de seus habitantes em relação à dos norte-americanos. Mais perturbador é ver que, ao longo desse período, o crescimento brasileiro deveu-se basicamente à incorporação de pessoas ao processo produtivo, ao passo que o PIB por trabalhador teve desempenho sofrível, mesmo que tenhamos avançado (lentamente) na educação formal da população desde a universalização do ensino básico nos anos 1990, e que o estoque de capital no Brasil tenha crescido mais do que o dos Estados Unidos.

Tabela 15.1
Taxa de crescimento do PIB e suas aberturas
ao longo dos períodos selecionados

Período	1980-2016	1990-2016	2000-2016	2010-2016
PIB	2,2%	2,4%	2,3%	0,1%
PIB por população ocupada	0,2%	1%	0,6%	-0,2%
População ocupada	2%	1,4%	1,7%	0,3%

Fonte: IBGE, Penn World Table, Verde Asset Management (AM).

Desde 1980, a produtividade total dos fatores (PTF) no Brasil está em queda, segundo dados da Penn World Table. De 1980 até 2014, a PTF caiu em torno de 25%. De 1990 até 2014, a PTF ficou praticamente estável (com queda de 3%). Se, em termos absolutos, o desempenho da PTF (e da renda *per capita*) no Brasil é desfavorável, ele também o é em uma comparação com outros países da América Latina e com os demais países em desenvolvimento.

Nesse mesmo período, em especial de 1990 em diante, observamos no mundo uma tendência significativa de integração comercial. A globalização se impôs e os países que confiaram em sua capacidade de competir em escala global e decidiram fazer parte dessa nova realidade tiveram ganhos de renda muito substanciais. O Brasil decidiu ficar de fora do processo de integração. Não é por coincidência, portanto, que o desempenho econômico (em particular o da produtividade) tenha deixado tanto a desejar.

Foram recorrentes as tentativas de impor barreiras ao comércio, de estabelecer programas de proteção contra as importações, de conteúdo local, de subsídios dos mais diversos tipos, de tarifas e barreiras não tarifárias. Na prática, o Brasil fechou-se não apenas ao comércio global, mas principalmente à concorrência, a verdadeira mão invisível.

Em 2016, dois choques globais foram marcantes. Em 23 de junho, a opção pelo Brexit[2] no referendo sobre a permanência do Reino Unido na União Europeia. Depois, em 8 de novembro, a vitória de Donald Trump nas eleições presidenciais americanas, com seu slogan *"Make America Great Again"*. Sabemos que ambas as surpresas possuem implicações socioeconômicas importantíssimas, mas neste artigo focamos em apenas uma dimensão: a do comércio exterior. As vitórias do Brexit e de Trump refletem a opção do eleitorado por um modelo que prioriza o conteúdo nacional. Nesse contexto, é importante apontar algumas implicações do avanço do comércio e da globalização, e não apenas no Brasil, sobre a produtividade, o crescimento e a distribuição de renda.

Figura 15.1
Duas visões distintas de comércio internacional:
Conteúdo local *versus* cadeias globais

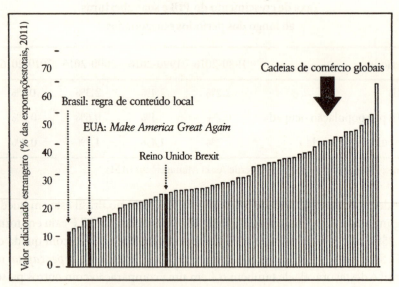

Fonte: Trade in Value Added Database (OCDE e OMC).

Usando a base de dados Trade in Value Added da OCDE/OMC, ordenamos na Figura 15.1 os 61 países da amostra de acordo com o valor adicionado estrangeiro de suas exportações em 2011 (último ano disponível). Por exemplo, se a pauta de exportação de um país fictício fosse composta por apenas um tipo de veículo de valor de US$ 20 mil, e se o motor desse veículo fosse importado de outro país pelo valor de US$ 5 mil, sendo todo o restante produzido domesticamente, então o valor adicionado estrangeiro das exportações desse país seria de 25%. Nesse cálculo, excluímos as exportações de produtos do setor primário (agricultura, pecuária, caça e pesca) e da indústria extrativa, uma vez que estas atividades possuem um baixo valor agregado estrangeiro por natureza própria e não por decisão econômica.

Na Figura 15.1, temos visões bem distintas de comércio exterior. No lado esquerdo, os países que privilegiam o "conteúdo nacional", como por exemplo o Brasil, que com apenas 11% é justamente o país com o menor valor adicionado estrangeiro em toda a amostra (o que denota um forte isolamento do país em relação ao comércio global). Os Estados Unidos, que recentemente elegeram um presidente que enfatiza em seu discurso o *"buy american, hire american"*, aparece como o quinto mais baixo, com 15% de valor adicionado estrangeiro. Na figura, destacamos também o Reino Unido, que fez recentemente a opção pelo Brexit, com um valor adicionado estrangeiro de 23% – não tão baixo quanto o Brasil e os Estados Unidos, mas ainda assim abaixo da média amostral de 29%.

No outro extremo, do lado direito da figura, temos os países que optam por participar de cadeias globais de comércio, sendo responsáveis por uma etapa no processo de produção de um bem que ocorre em diversos países. As duas cadeias de comércio internacional mais relevantes são a de eletrônicos, com um grande *hub* na China e envolvendo vários países asiáticos, e a automotiva, com um grande *hub* na Alemanha e envolvendo outros países do Leste Europeu.[3]

O objetivo deste artigo é tentar jogar um pouco de luz sobre a contribuição do comércio e da integração global para o crescimento e o "bem-estar", e responder a seguinte pergunta: qual dessas visões de comércio internacional tende a ser mais vantajosa? O ponto de partida da análise vem do diagnóstico traçado por Bacha:[4] não há país que tenha conseguido vencer a armadilha da renda média se mantendo isolado do comércio global. Como nota o autor,[5] com dados do Banco Mundial, em 2012, o Brasil era o país com a menor integração comercial entre os países para os quais o BM tinha dados segundo a métrica de importações de bens e serviços em relação ao PIB. Em 2012, o Brasil ficou na 176ª posição, com apenas 13,1% de penetração de importações. Com os dados de 2016, o Brasil manteve a última posição no ranking, com uma penetração de apenas 12,1%, ainda mais baixa do que a revelada em 2012.

Entretanto, este artigo não foca apenas nas importações, mas na relação entre importações e exportações, e a relação entre elas e o crescimento da produtividade. O restante do artigo está organizado da seguinte forma: na seção 2, mostramos que países que exportam produtos que utilizam uma proporção maior de insumos importados são também aqueles cujo setor exportador mais contribui para o PIB nacional. Na seção 3, analisamos a cadeia de comércio global de eletrônicos, com um grande *hub* na China e envolvendo outros países asiáticos. Na seção 4, olhamos a cadeia de comércio global de veículos, com um grande *hub* na Alemanha e envolvendo outros países do Leste Europeu. Na seção 5, analisamos o caso do México, que nos anos após a implementação do Nafta registrou um aumento no conteúdo estrangeiro de suas exportações, mas, curiosamente, sem melhora equivalente do valor adicionado do setor exportador. Na seção 6, estudamos a relação entre maior integração, produtividade e câmbio. Na seção 7, concluímos notando que os países desenvolvidos onde o discurso protecionista está tendo grande apelo entre o eleitorado também se beneficiaram com a globalização. O problema é que esses benefícios foram capturados de maneira assimétrica em favor dos proprietários do capital, na forma de maiores lucros, tendo tido um efeito bem menos importante para os trabalhadores. Esta observação reflete um processo de perda relativa de emprego e renda dos setores cujo centro de produção se deslocou dos Estados Unidos para as novas fronteiras do comércio, em especial na Ásia. Finalmente, trazemos algumas conclusões e questionamentos sobre o Brasil.

2. Regra de conteúdo local ou inserção em cadeia de comércio global?

Antes de tentarmos responder à pergunta aqui lançada, precisamos definir o que entendemos por "vantajoso". Economistas são unânimes em defender que diferentes opções de política econômica devem sempre ser julgadas de acordo com o critério do "bem-estar". Porém, "bem-estar" é uma abstração teórica sem contrapartida diretamente mensurável no mundo real. Resolvemos usar, então, um critério mais simples: quanto os produtos exportados contribuem para a geração do valor agregado doméstico. A conta é a seguinte: do valor total das exportações subtraímos o valor dos produtos importados usados como insumos nesses produtos exportados e, depois, dividimos pelo PIB do país. Ou seja, estamos calculando a contribuição do setor exportador de um país para o PIB nacional.

Figura 15.2
Países com menor conteúdo local foram os que mais extraíram renda do comércio internacional

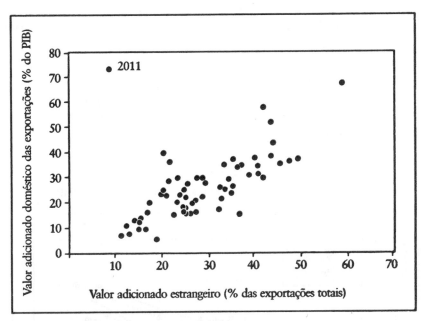

Fonte: Trade in Value Added Database (OCDE e OMC).

Note-se que esse conceito difere do de exportações líquidas. Qual é a diferença? Nem todos os produtos importados são usados como insumos para produtos exportados. Diversos produtos importados são consumidos direta ou indiretamente por firmas e famílias como bens finais, bens intermediários ou bens de capital. Então, enquanto as exportações líquidas subtraem do valor total exportado apenas o valor dos produtos importados usados como partes, peças e componentes.

A Figura 15.2 traz a relação entre a contribuição ao PIB do setor exportador de um país e o conteúdo importado de suas exportações. Podemos notar algo curioso e, em tese, até contraintuitivo: países que exportam produtos que utilizam uma proporção maior de insumos importados (menor conteúdo nacional) também são aqueles cujo setor exportador mais contribui para o PIB nacional. Como isso é possível? A resposta está no volume: a inserção em uma cadeia de comércio global permite um ganho de escala que mais que compensa o baixo conteúdo local. Esse fato reflete uma realidade distinta do mote criado no governo Figueiredo, de que "exportar é o que importa". Em realidade, os dados mostram que importar mais está correlacionado com produzir e exportar mais. Esse fato vai ao encontro do pensamento de Bacha.[6]

3. Cadeia de comércio global de eletrônicos

Na Figura 15.3, selecionamos alguns países específicos e mostramos não apenas a posição das duas variáveis da Figura 15.2 em 2011, mas também sua evolução em relação a 1995 (primeiro ano da amostra). No canto inferior esquerdo, temos Argentina, Brasil e Colômbia (os países da América Latina disponíveis na base de dados). Esses países eram pouco integrados em 1995, com um valor adicionado estrangeiro nas exportações de 6% a 11%, e pouco evoluíram em 16 anos, indo para 11% a 15%. Da mesma forma, o valor adicionado do setor exportador como proporção do PIB foi de um intervalo de 5% a 7% para apenas 7% a 15%.

Figura 15.3
Entre os maiores beneficiados, temos os suspeitos usuais asiáticos

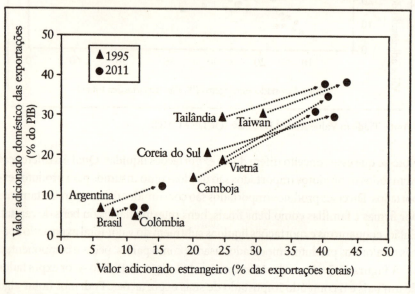

Fonte: Trade in Value Added Database (OCDE e OMC).

O contraste desses países com Camboja, Coreia do Sul, Tailândia, Taiwan e Vietnã é gritante. Em 1995, o valor adicionado estrangeiro como fração das exportações desses países variava entre 21% e 31%. Em 2011, sua inserção na cadeia de comércio global de eletrônicos aumentou o conteúdo estrangeiro dos produtos exportados para um intervalo de 39% a 44% em 2011. Ao mesmo tempo, a contribuição do setor exportador para o PIB foi do intervalo de 15% a 30% para 30% a 39%.

O produto que melhor personifica a cadeia global de eletrônicos com um *hub* na China e envolvendo diversos países asiáticos é o iPhone. A Apple terceiriza a montagem do iPhone entre três empresas (Foxconn, Pegatron e Wistron) e 96% dos iPhones montados por essas empresas vêm da China. O custo de produção do iPhone 7 é estimado em US$ 305,10. Porém, quando a China exporta um iPhone 7 para os Estados Unidos, apenas US$ 45,70 dos US$ 305,10 é valor adicionado chinês (15,2%). De onde vem o resto do valor adicionado? A maior parte vem da Ásia: o Japão contribui com US$ 80,90 (câmera, display, entre outros), Taiwan, com US$ 80,50 (chip, processador, memória, sensor de impressão digital, entre outros) e Coreia do Sul, com US$ 40,30 (bateria e também chip, processador e memória). Esses três países (Japão, Taiwan e Coreia do Sul) representam 2/3 do valor adicionado do iPhone produzido na China. O restante fica dividido entre US$ 28,40 de componentes enviados dos Estados Unidos, US$ 5,40 da Europa, e US$ 23,90 do resto do mundo. Não é à toa que no verso do iPhone aparece a frase *"Assembled in China"* ("montado na China") em vez do usual *"Made in China"* ("fabricado na China").

Figura 15.4
A China é o grande *hub* da cadeia de comércio global asiática de equipamentos eletrônicos

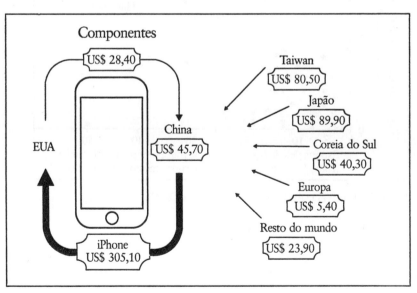

Fonte: UBS (2014), UBS (2016), Bank of America Merrill Lynch (2017) e Verde Asset Management (AM).

4. Cadeia de comércio global do Leste Europeu

Na Figura 15.5, identificamos os países onde, ao mesmo tempo, (i) o setor automobilístico é bastante relevante para o setor exportador (medido no eixo vertical pela razão entre exportações de equipamentos de transportes sobre exportações totais) e (ii) a integração do setor automobilístico com a Alemanha é grande (medida no eixo horizontal pela razão entre exportações de equipamentos de transportes para a Alemanha sobre o total exportado de equipamentos de transportes). Podemos ver que os quatro países mais distantes da origem são Eslováquia, Hungria, Polônia e República Checa.

Figura 15.5
Cadeia de comércio global de veículos com *hub* na Alemanha

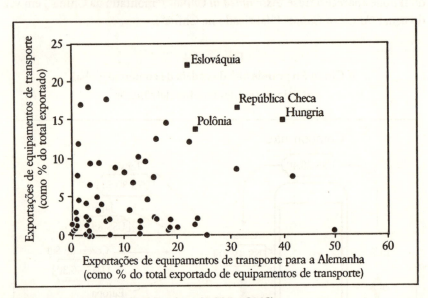

Fonte: Trade in Value Added Database (OCDE e OMC).

Figura 15.6
Algumas surpresas do Leste Europeu

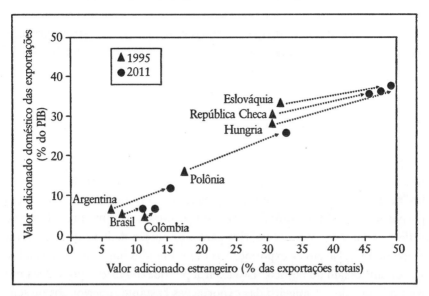

Fonte: Trade in Value Added Database (OCDE e OMC).

A empresa alemã Volkswagen é um bom exemplo da integração comercial entre esses países. Suas duas fábricas na Eslováquia produzem o Volkswagen Touareg, o Volkswagen up!, o Audi Q7 e o SEAT Mii, além de caixas de transmissão e chassis. Sua fábrica na Hungria produz o Audi A3 Cabriolet, o Audi A3 Sedan, o Audi TT Coupé, o Audi TT Roadster e também motores. Suas nove fábricas na Polônia produzem veículos leves comerciais como o Volkswagen Caddy, o Volkswagen T6, o Volkswagen Crafter, além de assentos, motores e partes e peças para ônibus e caminhões. Por fim, suas quatro fábricas na República Checa produzem o SEAT Toledo, o SEAT Ateca, diversos veículos da marca ŠKODA, além de motores, caixas de transmissão e turbocompressores.[7]

Na Figura 15.6 (com as mesmas variáveis da Figura 15.3 em ambos os eixos), podemos ver como a inserção desses países nessa cadeia de comércio foi extremamente benéfica. No canto superior direito, temos Eslováquia, República Checa e Hungria. O valor adicionado estrangeiro das exportações desses três países foi do intervalo de 31% a 32%, em 1995, para de 40% a 49%, em 2011. Esse salto na integração comercial levou, no mesmo período, a um aumento do valor adicionado do setor exportador como proporção do PIB do intervalo de 28% a 33% para o de 36% a 38%. Mais ao centro da figura, temos a Polônia, que em 1995 apresentava um valor adicionado estrangeiro relativamente mais baixo, de apenas 16% do valor exportado. A inserção da Polônia na cadeia de comércio de veículos mais do que dobrou o valor adicionado estrangeiro, que chegou a 33% em 2011, e, no mesmo período, fez com que a contribuição do setor exportador saltasse de 17% para 26% do PIB.

5. As maquiladoras mexicanas e o Nafta

A experiência do México com cadeias de comércio globais antecede a implementação do Nafta. Nos anos 1960, o governo mexicano autorizou a operação das "maquiladoras". Em sua versão original, firmas estrangeiras ou domésticas que participassem desse programa tinham permissão para importar, livres de tarifas, os componentes necessários para a produção de bens que deveriam ser exportados. No ato da exportação, seriam cobrados impostos apenas sobre o valor adicionado doméstico.[8] Isso explica por que o México apresentava um valor adicionado estrangeiro das exportações bastante superior aos de seus pares latino-americanos, da ordem de 30%, já em 1995 (apenas um ano após a implementação do Nafta).

Dessa forma, a implementação do Nafta em 1994 parecia um evento bastante promissor para o México, ao combinar a experiência com cadeias de comércio globais com a integração a uma zona de livre comércio junto ao maior mercado consumidor do mundo – os Estados Unidos. Porém, os resultados observados foram decepcionantes. De um lado, de fato observou-se no período de 1995 a 2011 um crescimento da indústria maquiladora, refletido na Figura 15.7 pelo aumento do valor adicionado estrangeiro das exportações de 30% para 37%. Por outro, contrariando as expectativas, nesse mesmo período, a contribuição do setor exportador permaneceu estagnada em 16% do PIB. O que pode ter acontecido?

Figura 15.7
México: integração sem benefícios

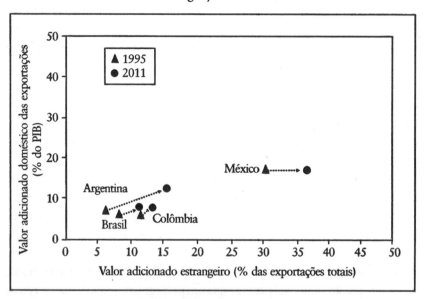

Fonte: Trade in Value Added Database (OCDE e OMC).

Figura 15.8
Saldo comercial bilateral do México contra países selecionados

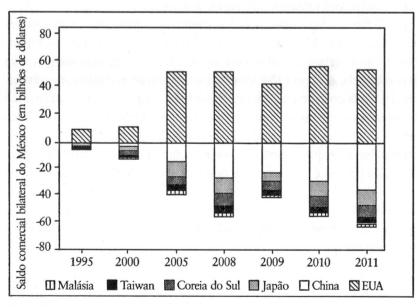

Fonte: Trade in Value Added Database (OCDE e OMC).

Uma explicação potencial é que as maquiladoras poderiam estar importando produtos praticamente prontos, necessitando de um mínimo valor adicionado mexicano, apenas o suficiente para poderem se beneficiar do tratamento tributário do Nafta legalmente. Nesse caso, a "integração comercial" seria, na realidade, um artifício usado por firmas estrangeiras para obterem acesso ao mercado consumidor americano com o tratamento tarifário preferencial recebido pelo México. Essa é, aliás, a principal reclamação do atual governo americano em relação ao Nafta.

A Figura 15.8, de certa forma, dá suporte ao descontentamento do governo americano. A implementação do Nafta aumentou significativamente o superávit comercial bilateral do México contra os Estados Unidos, que foi de US$ 9,5 bilhões, em 1995, para US$ 54,6 bilhões, em 2011. Porém, todo esse ganho parece ter sido às custas de um crescimento no déficit contra países asiáticos: no mesmo período, a soma dos déficits comerciais bilaterais do México contra China, Japão, Coreia do Sul, Taiwan e Malásia cresceu de US$ 4,4 bilhões para US$ 55,6 bilhões.

O governo mexicano rechaça esse argumento. De acordo com o livro-texto, a maior integração comercial permite que um país exporte mais (bens e serviços nos quais possui vantagem comparativa) e, ao mesmo tempo, também importe mais (bens e serviços nos quais não possui vantagem comparativa). Se isso for verdade, não deveríamos esperar o mesmo padrão da Figura 15.8 ao olharmos categorias específicas da pauta de exportações, em especial naquelas em que o México não possui vantagem comparativa óbvia.

Resolvemos olhar então os fluxos comerciais apenas de computadores e eletrônicos entre México, Estados Unidos e os países asiáticos, nos quais esses últimos seriam supostamente aqueles com a vantagem comparativa nessa categoria. A Figura 15.9 mostra que a evolução do saldo comercial bilateral do México contra os Estados Unidos em computadores e eletrônicos é praticamente o espelho da soma dos déficits comerciais bilaterais do México contra os países asiáticos da cadeia de comércio global de eletrônicos. Em outras palavras, o que o México exporta de computadores e eletrônicos para os Estados Unidos é basicamente o que ele importa de China, Japão, Coreia do Sul, Taiwan e Malásia. Essa evidência de que o México funcionaria mais como um entreposto comercial do que um elo de uma cadeia de comércio global ajuda a entender a estagnação do valor adicionado do setor exportador no período em questão.

Figura 15.9
Saldo comercial bilateral de computadores e eletrônicos
do México contra países selecionados

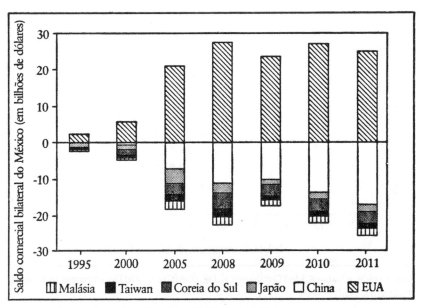

Fonte: Trade in Value Added Database (OCDE e OMC).

6. Integração, produtividade e taxa de câmbio

Até agora, vimos que países com a economia mais aberta são aqueles cujas exportações mais contribuem para o PIB. Vimos também que houve avanços bastante díspares entre os países nessas métricas, mas que, em geral, o Brasil se manteve em último lugar. A questão que emerge, naturalmente, é: como medir o avanço do comércio e o crescimento dos países? Para tentar responder a essa questão, criamos uma nova medida de aumento da integração global. Ela equivale justamente ao tamanho do vetor entre o ponto inicial (1995) e o final (2011) nas Figuras 15.3 e 15.5. Ou seja, a distância entre o ponto inicial e o final.

Figura 15.10
Maior integração comercial correlacionada com ganhos de produtividade

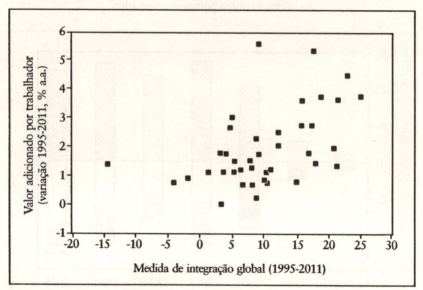

Fonte: Trade in Value Added Database (OCDE e OMC) e World Development Indicators (Banco Mundial).

O resultado está na Figura 15.10. No eixo horizontal, colocamos essa medida de integração global entre 1995 e 2011. No eixo horizontal, os ganhos de valor adicionado por trabalhador[9] no mesmo período. O que se vê é que os países que mais aumentaram sua integração comercial de 1995 a 2011 foram também os que registraram os maiores ganhos de produtividade (aumento do valor adicionado por trabalhador) no período. Vemos, aqui, apenas a correlação, sem causalidade. É possível que a maior integração inicial ao comércio, com marco legal e infraestrutura adequados, tenha feito com que maiores investimentos fossem feitos nesses países, de modo que houvesse ganhos de produtividade subsequente. Outra hipótese, que, de fato, implicaria em causalidade, é que esses ganhos de produtividade advieram do aprendizado ou da transferência de tecnologia que a exposição a uma cadeia de produção global permite. Enfim, de alguma maneira, a postura mais aberta ao comércio parece relacionada ao crescimento da produtividade.

Figura 15.11
**Maior integração comercial correlacionada com ganhos de produtividade
(países selecionados)**

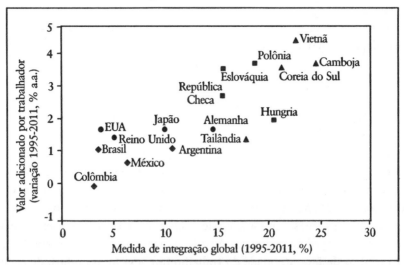

Fonte: Trade in Value Added Database (OCDE e OMC) e World Development Indicators (Banco Mundial).

Figura 15.12
A política cambial parece pouco relevante no processo de integração comercial

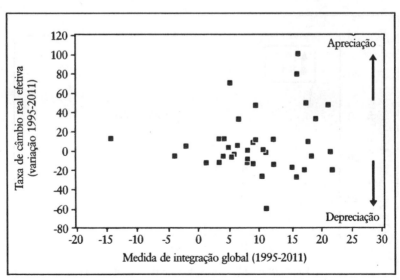

Fonte: Trade in Value Added Database (OCDE e OMC) e World Development Indicators (Banco de Compensações Internacionais – BIS).

A evidência até aqui considerada sugere que os anos de (ab)uso de protecionismo no Brasil, evitando que houvesse mais competição entre os produtores domésticos e externos, tenham relação com o fato de a produtividade brasileira ter tido desempenho pior do que nos países que foram mais expostos a competição.

Na Figura 15.11, caracterizamos essa evidência para o período entre 1995 e 2011. Os países com maiores ganhos de produtividade do trabalho nesse período foram também os que tiveram maior avanço da integração com o comércio global. Podemos ver que os dois *hubs* mencionados anteriormente se destacam em termos de aumento de integração e de produtividade. No outro extremo, temos o Brasil, que, nesse período, teve um crescimento apenas pouco superior a 1% ao ano, distanciando-se da fronteira (Estados Unidos). O aumento do isolamento relativo do Brasil esteve acompanhado de piora da produtividade relativa aos Estados Unidos. Outro país que destoa negativamente é o México. Ao operar nessa zona cinzenta entre elo de cadeia de comércio global e entreposto comercial, o México acabou tendo um aumento no conteúdo estrangeiro das exportações, mas sem melhora do valor adicionado do setor exportador. Com isso, sua medida de integração global ficou baixa. E, ao mesmo tempo, seus ganhos de produtividade do trabalho também foram pífios, de apenas 0,7% ao ano no período.

Figura 15.13
Países desenvolvidos também se beneficiaram da maior integração comercial

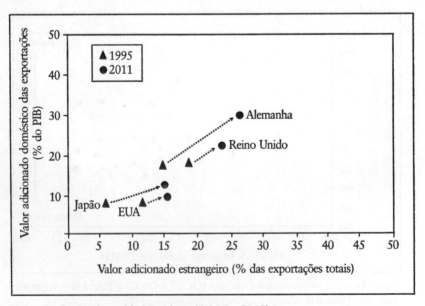

Fonte: Trade in Value Added Database (OCDE e OMC).

Será que a política cambial foi decisiva no aumento da integração? A Figura 15.12 traz a variação da taxa de câmbio real efetiva[10] de 1995 a 2011, junto com a nossa medida de integração global. Não parece haver uma correlação forte. Dos países que aumentaram a integração na Figura 15.12, 17 tiveram apreciação do câmbio real nesse período, e 18, depreciação, sendo que há grande concentração de países no entorno da "estabilidade". Apenas 10 países tiveram variação cambial superior a 20% (seja de depreciação ou apreciação).

7. Conclusão: A culpa é da globalização ou da desigualdade?

Pelo exposto até aqui, e respondendo à pergunta proposta no início, parece-nos evidente que o mais vantajoso para o bem-estar e para o crescimento de um país é a abertura e a integração econômica global, desde que se tenha em mente que, como o caso do México nos ensina, há uma diferença grande entre um elo de uma cadeia de comércio global e um simples entreposto comercial. Em suma, para que a integração seja benéfica, não basta uma participação "proforma" no comércio. É necessária uma integração convicta, e que se manifesta de modo a aumentar a concorrência interna, levando ao longo do tempo a uma melhora de produtividade. Esse resultado vale, inclusive, para os países desenvolvidos. Na Figura 15.13, temos que Estados Unidos, Japão, Alemanha e Reino Unido também tiveram ganhos em termos de valor adicionado do setor exportador com o aumento da integração comercial. Os ganhos podem não ter sido tão significativos como aqueles observados nos países asiáticos ou do Leste Europeu que analisamos, mas ainda assim foram positivos.

Figura 15.14
Voltando ao exemplo do iPhone, os Estados Unidos extraem mais renda do que todos os outros países juntos

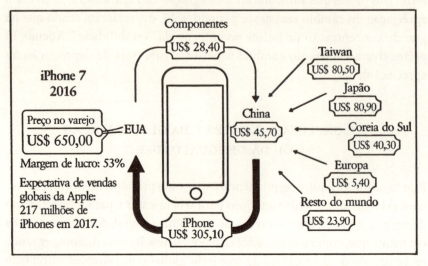

Fonte: UBS (2014), UBS (2016), Bank of America Merrill Lynch (2017) e Verde Asset Management (AM).

Temos de nos lembrar de que a principal motivação das companhias que decidem transferir suas fábricas dos países onde estão sediadas para essas cadeias globais é a possibilidade de reduzir os custos de produção. Voltando ao exemplo do iPhone, vimos na seção 3 que os Estados Unidos participam com apenas US$ 28,40 de valor adicionado do custo total de produção de US$ 305,10. Na prática, isso quer dizer que os Estados Unidos têm um déficit comercial bilateral com a China de US$ 276,70 por cada iPhone importado. Mas isso não significa que a relação comercial entre Estados Unidos e China seja injusta (*unfair trade*, como o presidente Trump gosta de caracterizar). Na Figura 15.14, vemos que cada iPhone importado da China por US$ 305,10 é vendido na loja por US$ 650,00. Ou seja, a Apple e, consequentemente, os Estados Unidos se apropriam de um valor adicionado equivalente a 53% – mais da metade – do preço no varejo do produto.

Por que, então, estamos vendo um processo de recrudescimento do protecionismo, mais marcadamente nos Estados Unidos e no Reino Unido? A Figura 15.15 mostra a evolução da média móvel de cinco anos do lucro por ação do S&P 500 e da mediana da renda das famílias norte-americanas (ambas as variáveis foram deflacionadas pelo CPI, ou seja, estão em termos reais). Aparentemente, o problema não é a globalização em si, mas sim a divisão de seus ganhos. Nos vinte anos entre 1995 e 2015, o lucro real por ação das empresas do S&P 500 quase triplicou, enquanto a mediana da renda das famílias se manteve praticamente estagnada.

Figura 15.15
A globalização é boa para as firmas (lucros),
mas ruim para os trabalhadores (salários)

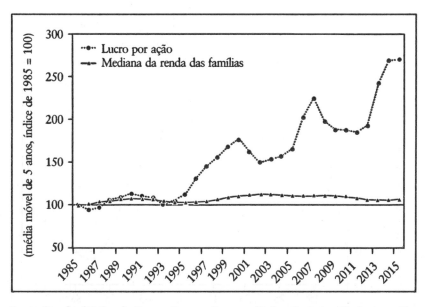

Fonte: Standard & Poor's, Census Bureau, Bureau of Labor Statistics, Verde Asset Management (AM).

Evidentemente, a intensificação da globalização e da integração comercial teve influência em ambas as variáveis. A realocação de plantas produtivas para a Ásia ou para a Europa emergente teve como motivação a redução dos custos trabalhistas. De fato, a integração comercial expandiu a disponibilidade de mão de obra dos países industriais, aumentando a competição para os trabalhadores desses países e, consequentemente, reduzindo seus preços. A escala de produção a custos mais baixos fez com que houvesse expansão das margens de lucro.

Nos setores tradicionais da indústria, houve queda na participação (relativa e em alguns casos absoluta) de emprego. Esses segmentos são justamente os setores de emprego da classe média dos países desenvolvidos. A Figura 15.16 (conhecida como *Elephant Chart*) traz o crescimento da renda real entre 1988 e 2008 por percentil da distribuição de renda global, isto é, alinhando-se a população desde a pessoa que recebe a menor renda até a pessoa que recebe a maior renda. O que se vê é que nesse período o processo de globalização e de inovação tecnológica fez com que os ganhos mais intensos tenham sido os dos 65% mais pobres do mundo e também os do 1% mais rico. Foi justamente a classe média alta global (ou a classe média das indústrias tradicionais dos países desenvolvidos) que teve o pior desempenho, com crescimento quase nulo de sua renda real em vinte anos.

Figura 15.16
As classes médias dos países desenvolvidos foram as grandes perdedoras da globalização

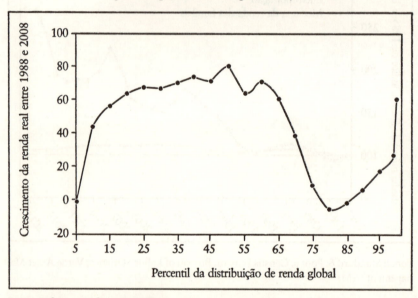

Fonte: Lakner e Milanovic (2016).

Está claro, portanto, que há uma boa justificativa para a narrativa que acabou por motivar os dois eventos políticos mundiais mais relevantes de 2016, mas que não está apenas circunscrita a eles. A "culpa" pela estagnação da renda da classe média dos países desenvolvidos é colocada ora na globalização, diminuindo a distância efetiva entre os países e ampliando a concorrência do mercado de trabalho, ora na "ganância" dos ricos, que capturam de maneira desproporcional os benefícios do crescimento econômico.

Por fim, procuramos jogar um pouco de luz sobre o caso do Brasil. O fato de ter se isolado ativamente do comércio global fez com que o país deixasse de ser uma opção viável de investimento com vistas à exportação. Ao longo do tempo, não apenas sob a justificativa de dar proteção a indústrias nascentes, vários benefícios foram concedidos, e hoje já praticamente chegaram à idade de aposentadoria, sem que os setores tenham se tornado competitivos na prática. Com um conteúdo importado muito pequeno das exportações, o país está isolado. Tem um mercado consumidor grande, do qual as empresas globais não querem abrir mão. Mas os investimentos aqui realizados são tipicamente para atender ao mercado local, não raro com produtos cujos investimentos já foram amortizados em escala global. O isolamento comercial acaba por reduzir de maneira significativa a estrutura concorrencial da economia, fazendo surgir vários monopólios e oligopólios cuja estratégia é maximizar o lucro às custas da qualidade dos produtos que aqui são produzidos, dados os custos e a disponibilidade de insumos.

Com uma estrutura concorrencial bastante imperfeita, o processo "darwiniano" de seleção natural das empresas opera de maneira incompleta, e empresas e setores pouco produtivos acabam sobrevivendo apenas na base da concessão de benefícios e proteções específicos. A permanência desses aspectos por um período longo de tempo, juntamente com bancos públicos com ampla vontade de dirigir o investimento para as áreas que a classe política julga prioritárias, leva a um quadro recorrente de má alocação de capital na economia, que reforça o equilíbrio de baixo crescimento da produtividade, e da "necessidade" da existência de políticas de proteção, sem as quais o setor protegido não existiria (com efeitos negativos sobre o emprego e a renda no curto prazo). O que não se consegue ver é que, embora uma política alternativa fosse claramente negativa para esses incumbentes, teria forte repercussão positiva para o conjunto da sociedade, o que ao longo do tempo se manifestaria sob a forma de maior renda e "bem-estar".

NOTAS

1. Os autores agradecem os comentários e sugestões de Edmar Bacha e também a participação da equipe de gestão da Verde Asset pelas discussões que serviram de base para este texto. Erros remanescentes são de inteira responsabilidade dos autores.
2. Junção dos termos em inglês *British* (Britânico) e *exit* (saída).
3. No lado direito da figura, temos também três importantes paraísos fiscais: Luxemburgo, Países Baixos e Irlanda.
4. Ver Bacha, 2013, e Bacha, 2016.
5. Ver Bacha, 2013.
6. Ver Bacha, 2013, e Bacha, 2016.
7. Ver informações disponíveis em: <www.volkswagenag.com/en/group/portrait-and-production-plants.html>.

8. Ao longo do tempo, esse programa sofreu diversas alterações; mais notadamente, o relaxamento da restrição a respeito do destino do produto (exportação *versus* venda doméstica) foi relaxada.

9. Usamos a base de dados do Banco Mundial (valores de 2011 na PPP), que por sua vez usa dados da Organização Internacional do Trabalho (OIT), para calcular a variação do PIB do trabalhador de 1995 a 2011.

10. Os dados de taxa de câmbio real efetivo são do BIS, no conceito ampliado: média geométrica das taxas de câmbio bilaterais reais (ajustadas pela inflação ao consumidor) ponderadas pela participação no comércio. Disponível em: <www.bis.org/statistics/eer.htm>.

REFERÊNCIAS BIBLIOGRÁFICAS

Bacha, Edmar. "Integrar para crescer: O Brasil na economia mundial". In: João Paulo dos Reis Velloso (coord.). *Visão do Brasil: Estratégia de desenvolvimento industrial com maior inserção internacional e fortalecimento da competitividade*. Rio de Janeiro: Fórum Nacional, 2003, pp. 47-65.

_____. "Integrar para crescer 2.0". Artigo para o Instituto de Estudos de Política Econômica – IEPE Casa das Garças, 2016. Disponível em: <iepecdg.com.br/wp-content/uploads/2016/08/160914INTEGRARPARACRESCER2-0x.pdf>.

Bank of America Merrill Lynch "iPhone supply chain 2017 Year Ahead: spec upgrade and ASP/volume growth". *Technology – Asia Pacific Industry Overview*. 19 de janeiro de 2017.

Lakner, C. e Milanovic, B. "Global income distribution: from the fall of the Berlin Wall to the great recession". *The World Bank Economic Review*, vol. 30, pp. 203-232.

UBS. "iPhone 6 tear down and gross margin analysis". *Global Research Tech Hardware/Semis*, 3 de outubro de 2014.

_____. "iPhone 7/7+ teardown & margin analysis". *Global Research Tech Hardware, Displays & Semis*, 21 de outubro de 2016.

PARTE IV

ECONOMIA E DISCIPLINAS CONTÍGUAS

16

AS FÁBULAS E O ECONOMISTA
NO PAÍS DOS CONTRASTES

Maria Laura Viveiros de Castro Cavalcanti

Quando precisa soletrar o sobrenome, em diversas situações corriqueiras, Edmar sempre começa explicando: "Bacha, B de Brasil..." Não é para menos. Sua vida profissional se entrelaça com a trajetória da vida econômica brasileira desde "O economista e o rei da Belíndia: Uma fábula para tecnocratas". A fábula, escrita em 1974, no contexto da crítica de oposição à política econômica da ditadura brasileira, consagrou no imaginário social o termo "Belíndia" para parafrasear nosso Brasil de tão grandes desigualdades socioeconômicas. Uma década depois, no ambiente do gradual retorno à democracia, o debate econômico se deslocou para o combate a um mal menos óbvio, mas tremendamente corrosivo: a inflação. A esse tema se dedicaram "O fim da inflação no reino de Lisarb" e "A inflaflução: Os preços em alta no país do futebol", ambos de 1985.

Essas três fábulas compuseram a primeira parte do livro Belíndia 2.0, com o qual Edmar celebrou seus 70 anos. Essa veia fabulística – que desponta também aqui e ali em toda a sua obra acadêmica e artigos jornalísticos – é uma forma muito pessoal de sua participação em acirrados debates sobre políticas econômicas públicas. Ela traduz o anseio de explicar em linguagem simples, a partir de situações cotidianas e próximas, problemas complexos e cheios de tecnicalidades. Com notável clareza e uma boa dose de humor e criatividade, a aridez dos sempre muitos dados estatísticos, das muitas siglas e equações econômicas se vê traduzida na concretude da experiência e dos afetos.[1]

1.

Como ocorre em "O rei da Belíndia", que tem o caminho das pedras de sua criação indicado na introdução do livro *Belíndia 2.0*. O censo de 1970 revelara o agravamento da concentração da renda nos mais ricos nos dez anos anteriores. Naquele ano de 1974, durante a docência na Universidade de Brasília, ele havia lido um artigo acadêmico de Hollis Chenery e Montek Ahluwalia, em um livro desses autores, *Redistribution with Growth*, que propunha medir o crescimento econômico levando em conta a distribuição de renda. Anos antes,

| 391

na Yale University – onde, em 1968, obteve o Ph.D. –, ele lera uma fábula escrita por um de seus professores, Edmund Phelps, sobre a taxa ótima de crescimento econômico: por que não fazer com as ideias de Chenery e Ahluwalia uma fábula sobre o Brasil daqueles anos?

Era uma vez, então, Belíndia, reino cujo nome revelava uma "estranha unidade dialética de contrários"[2] derivada quiçá de problemas ligados à natureza singular de sua colonização. O economista visitante que lá chega com suas novas ideias logo é contratado pelo rei para calcular a taxa de crescimento do reino, cuja população é designada não por números – exatos e impessoais –, mas pelos nomes de seis pessoas: Antônio, Celso, Conceição, Fernando, Francisco e Paulo.[3] Desse modo bem empático, nós, leigos, apreendemos a gravidade do problema a ser enfrentado. Do acréscimo da riqueza obtida pelo reino de Belíndia no intervalo de dez anos entre aquelas datas tornadas exóticas por numerais romanos, Antônio,[4] o mais rico, detivera a maior parcela, e para os outros cinco sobrara apenas uma pequena parcela! No Brasil real, os dados do censo revelavam que os 10% mais ricos haviam se apropriado de 72% do acréscimo da renda total do período. A Bélgica de Antônio ficara bem mais rica ao longo do período e distanciava-se cada vez mais da Índia dos cinco mais pobres. Atônito, o economista visitante acredita estar diante de uma filosofia política próxima de algum fundamentalismo religioso: à riqueza material equivalia a bem-aventurança post mortem e, aos pobres, a danação do inferno! Não há como não entender o raciocínio do espantado economista, que nos interpela:

> Se uma pessoa vale tanto quanto outra no plano político (independentemente de sua crença religiosa, sexo, cor, condição social) é plausível admitir que também a taxa de crescimento de sua renda deva valer tanto quanto a taxa de crescimento da renda de outra pessoa, independentemente da condição social em que se encontre.[5]

Ora, para melhor distribuir a renda gerada pelo crescimento econômico, era preciso começar privilegiando o crescimento da renda dos mais pobres: no cômputo geral, Antônio, o único rico, deveria valer menos, e os outros cinco mais pobres, mais. As equações de Chenery e Ahluwalia transformam-se então na taxa da pobreza (o crescimento da renda ponderado inversamente ao nível de renda da pessoa), na taxa democrática (o crescimento da renda de cada um valendo tanto quanto o de qualquer outro) e na taxa da riqueza (o crescimento da renda ponderado diretamente de acordo com o nível de renda). E o problema técnico das medições estatísticas revela-se como um problema fundamental de ordem política: medir o crescimento do país pelo crescimento do produto interno bruto (PIB) escamoteava a gritante desigualdade da distribuição da renda, pois equivalia

392 | DE BELÍNDIA AO REAL

a ponderar o crescimento da renda de cada pessoa de acordo com o seu nível de renda. O PIB era "o felicitômetro dos ricos"! Era preciso rever com urgência os parâmetros utilizados para as medições do crescimento. O rei, persuadido, resolve adotar os sábios conselhos recebidos: "Não se fazem mais reis como antigamente!", nos diz o autor,[6] brincando com a aguardada moral de toda fábula. No entanto, a lição moral subjacente apresentada aos leitores (e endereçada aos tecnocratas do Brasil-Belíndia) é de impecável rigor socioantropológico: os parâmetros utilizados para medir o crescimento correspondem a escolhas prévias entre quais valores queremos seguir como nação; os números técnicos da economia, além de exigirem fidedignidade de cálculo, correspondem a escolhas políticas e éticas. O nosso economista real, de carne e osso, se bateu e se bate tenazmente até hoje em prol dessa associação adequada entre conhecimento profissional apurado e escolhas éticas e economicamente democratizantes.

2.

"O fim da inflação no reino de Lisarb", datado de 1985, foi concebido em 1984, desde Nova York, onde Edmar era professor visitante da Columbia University.[7] Um intrincado problema rugia às vésperas da redemocratização brasileira com o fracasso da estratégia gradualista de combate à inflação adotada durante a ditadura. Também na introdução de *Belíndia 2.0*, Edmar nos referencia ao livro de Simonsen *Inflação: Gradualismo x tratamento de choque*, de 1970, que organizava o debate que posicionara de um lado Delfim Netto e Reis Velloso – mais favoráveis à acomodação da inflação – e, de outro, Roberto Campos e Octavio Gouvêa de Bulhões – mais favoráveis a um combate explícito. A inflação anual de então superava 200% e, deslocada para Lisarb, uma ilha vizinha a Belíndia, ameaçava destruir o reino tamanha a confusão lá instalada. Afinal, Lisarb era o país dos contrários – tudo funcionava de trás para a frente – a começar pelo nome do país –, e os principais problemas econômicos costumavam ser discutidos no Sambódromo! Nas entrelinhas, a mensagem é: soluções são processos a serem postos em marcha e requerem, na partida, o estabelecimento mais acurado possível dos termos do problema a ser enfrentado. E as muitas camadas do problema da inflação galopante nos são apresentadas de forma bem-humorada em 12 atos do drama-debate que se desenrola entre os personagens da arena e da plateia do Sambódromo. O pessoal que vinha do Norte, da região Efemeí, culpava o déficit orçamentário do governo que produzia emissão de dinheiro. Mas, como no caso do ovo e da galinha, o déficit do governo não era gerado pela própria inflação ao requerer a correção monetária da dívida pública? A solução *à la* João-sem-braço da turma interiorana seria simples: parar de pagar a correção monetária, o que apavorava o pessoal da pátria financeira. Entra em cena a turma do meio de campo com alguma lucidez: o problema é econômico, não contábil. Pouco a pouco – em meio à proliferação de ideias que colidem – vão se delineando com maior clareza alguns parâmetros para o enfrentamento do problema: o que é preciso controlar e como? 1) Os preços (com tabelamento e congelamento?); 2) os salários (como compensar as perdas passadas, i.e., como fazer os salários pararem de subir sem prejudicar os trabalhadores que a cada seis meses viam liquefazer-se seu próprio poder de compra? (Sem falar que cada categoria de trabalhadores tinha data diferenciada para seu reajuste); 3) os juros embutidos na correção monetária da dívida pública.

O reino estava imerso em uma cruel temporalidade em que passado, presente e futuro se fusionavam na mesma alucinada corrida de expectativas equívocas. O remédio era veneno: os mecanismos de indexação tornados lei ligavam inexoravelmente a inflação presente àquela passada, eternamente projetada no futuro. O valor do dinheiro se liquefazia diariamente. Parodiando Millôr Fernandes, olhando pelo lado dos assalariados, Bacha comentou na ocasião que "faltavam sempre muitos dias no final do salário". Como estabelecer um novo marco zero no tempo? Como chegar com razoáveis condições de sucesso no tal dia D – o começo de uma nova temporalidade a ser consagrada pela força simbólica de uma nova moeda e em que um novo pacto econômico obtivesse a adesão de toda a sociedade? Aquele dia em que "Inflaflução", também de 1985 – escrita quando Edmar era presidente do IBGE e membro da equipe econômica do Plano Cruzado –, "todos se sentam juntos" em um Fla-Flu no Maracanã de meio de campeonato. Isso porque, em um arroubo de grande lucidez e capacidade de liderança, o juiz para por um momento o jogo de futebol e passa a apitar para a plateia, que se senta, então, toda ao mesmo tempo para poder ver melhor o jogo. A inspiração acadêmica foi, aqui, a de um artigo de 1981 de James Tobin, seu ex-professor em Yale, que iluminava um certo tipo de inflação como um problema de ação coletiva. O leitor contemporâneo se familiariza, assim, com todo o debate que cercou a formulação e implantação do Plano Cruzado e pode se dar conta do quanto de experiência e persistência (pois foram importantes as lições do fracasso desse Plano) dependeu o sucesso da formulação e implantação do bem-sucedido Plano Real, do qual Edmar pôde participar também (com seus colegas–mosqueteiros e com Fernando Henrique Cardoso à frente do Ministério da Fazenda). Com todos os passos pré-anunciados claramente para todos, o Plano Real teve o seu Dia D em 1º de julho de 1994. Havia sido também antecipadamente preparado pela sofisticada solução transitória do mecanismo de conversão da moeda pela URV (Unidade Real de Valor), que a sofrida população, à época tão habituada a índices os mais diversos e a fazer e refazer diariamente contas, pôde compreender de imediato!

Mas Lisarb ainda estava penando lá nos idos de 1985. A inteligência matemática do ilustre Arquimedes (Mário Henrique Simonsen, na vida real) – que logo vira o grego e, na confusão da polêmica, logo depois, Zorba! – não consegue se sobrepor ao problema social. Danadinho, o *alter ego* do autor pondera: a correção monetária não poderia se resolver por si mesma, pois quem garante que os índices dos preços não continuariam a subir depois de os salários serem ajustados? E se o jogo antigo prevalecesse na indexação pós-fixada dos títulos públicos? E a taxa de juros – como fazê-la servir aos interesses do desenvolvimento econômico do país, e não àqueles da especulação financeira? E a poupança e o financiamento da habitação?

Os estudiosos percebem que precisam estudar e debater mais e de modo mais organizado. O rei Seven (Tancredo Neves, que, na vida real, infelizmente, não chegou à Presidência do país) também percebeu quão relevante era sua liderança política para a condução das complexas medidas para o fim da inflação e a retomada do crescimento. E, de modo divertido, nós, leitores leigos, entendemos que complexidade não é sinônimo de confusão e apreendemos o valor do debate que almeja a clareza dos parâmetros corretos para o enfrentamento dos problemas de interesse público.

3.

Problemas nunca faltam. Seguiram-se as dificuldades de retomada do crescimento no mundo cada vez mais globalizado, em especial no final dos anos 1990, com o impacto da crise asiática em 1997 e com a crise russa e os ataques especulativos de 1998. Como repensar políticas sociais adequadas ao século XXI? E, ainda, o problema das altas taxas de juros e das dificuldades de abertura do país para o comércio internacional, do ajuste fiscal, tão familiares a nossos dias atuais. Acompanhando a produção propriamente acadêmica e também jornalística, a veia fabulística de nosso autor despontou ativa aqui e ali em sua obra.

O impacto da crise financeira mundial de 2008/2009 gestou "O discreto erotismo da macroeconomia", o epílogo de *Belíndia 2.0*. Essa deliciosa aula-fábula aborda os encontros e desencontros conceituais da oferta e da procura nas principais teorias macroeconômicas desde o clássico de Alfred Marshall, *Principles of Economics*, de 1890 (a Bíblia econômica até a crise de 1929). O debate alinha os monetaristas das Águas Doces (Os grandes lagos da região de Chicago e Minnesota) e os keynesianos das Águas Salgadas (os oceanos das costas leste e oeste).[8] A experiência histórica de receituários que associaram as duas senhoras curvas em posições extremas havia produzido, afinal, seu indesejável rompimento em 2008! Era preciso ouvir o profeta esquecido: o sábio ponto de partida de Marshall que recomendava a ambas a temperança dos encontros mais harmoniosos. A aula-fábula é também um pleito em prol da boa formação profissional a lembrar a profundidade dos clássicos para a compreensão dos perenes problemas econômicos e da relevância de seus *insights* para a contemporaneidade.

Também no prefácio ao livro organizado por Felipe Salto e Mansueto de Almeida, *Finanças públicas: Da contabilidade criativa ao resgate da credibilidade*, de 2016, Edmar lançou mão de um marciano que pousa em Brasília sem conseguir entender por que a taxa de juros brasileira é tão alta se o déficit e a dívida do governo não são maiores do que em outros países emergentes. O Brasil não foi mesmo feito para extraterrestres e a moral do prefácio-fábula recomenda conhecer a história econômica que acompanhou a redemocratização do país e o exame cuidadoso dos números disponíveis com a perspicácia da boa formação profissional.

Talvez este país não tenha mesmo jeito e, antes desse prefácio, desesperançado depois das eleições de 2014 – sem que sequer aventássemos a dimensão dos problemas que o país viria a enfrentar depois –, a catarse foi a bem-humorada "Lendária Terra Brasiliensis",[9] escrita por seu descendente, Ramde Ahcab, no ano 2115 da Era Cristã, cem anos depois de renhidas eleições que haviam deixado o país polarizado entre crenças distintas; e quando o país se via "preso na armadilha da renda média, incapaz de seguir uma trajetória de crescimento que o levasse para o nível de renda dos países que eram então os mais avançados do mundo." Um novo conclave de sábios foi, então, reunido, e um plebiscito acolheu a proposta de transformar a república em 7 unidades políticas associadas em torno de um banco central independente, tendo o Real como moeda comum e regidas por um regime tributário simples e unificado. A imaginação consolava a tragédia anunciada que enfrentamos ainda, e levava o autor a seu desejo de futuro: a confederação Terra Brasiliensis, a mais próspera e feliz do mundo no despontar do século XXII, pois passara desde então a crescer com equidade e sustentabilidade.

4.

Em linguagem simples, a partir de situações cotidianas e bem próximas,[10] as fábulas convidam o leitor comum a se aproximar, ele também, dos assuntos econômicos; a compreender os termos de grandes problemas e a necessidade mesma de tão candentes debates.

Creio que esse pendor para a escrita imaginativa, associado ao impulso de participação na cena pública, deita raízes nas Minas Gerais. Edmar nasceu em 1942, em Lambari, então "Águas Virtuosas de Lambary". Nos anos 1940,

Lambari tinha 5 mil habitantes, e sua irmã mais velha, Magdala – que também tem o dom da escrita escorreita –, relatou em um *libretto* de 2018 (*Flashes sobre o casal Maria e Felício Bacha, em Lambari*) o ambiente amoroso e ao mesmo tempo culturalmente heterogêneo da criação dos sete irmãos dos quais Edmar é o caçula. Felício Bacha, seu pai, era o filho mais velho de Sara e Gabriel, imigrantes libaneses, e sua mãe, Maria de Jesus Lisboa, vinha de família brasileira tradicional. Era filha de João e Maria Rita Lisboa,[11] e sua irmã, Henriqueta Lisboa, alçou-se como poeta no panteão literário do país. Felício, o pai, trabalhava como administrador na Prefeitura de Lambari, cujo prefeito era o tio materno de Edmar, e a mãe era a diretora do grupo escolar. A casa da família ficava entre os dois prédios bem próximos e Edmar conta que aprendeu a ler com quatro anos, atravessando a rua rumo à escola da mãe, assistindo às aulas nos corredores, do lado de fora das salas de aula – para desespero das professoras que não queriam ser repreendidas pela diretora pela alfabetização precoce de seu caçula. E lembra-se de seu avô materno, o então deputado estadual João Lisboa, desafiando-o, aos cinco anos de idade, a ler os letreiros dos bondes que circulavam em Belo Horizonte. O pai de Edmar, infelizmente, morreu cedo, com 51 anos, da doença de Adison, cuja cura havia sido apenas recentemente descoberta e a medicação não pôde chegar na cidade a tempo de salvá-lo. Edmar tinha 9 anos e sua mãe tomou a corajosa decisão de realizar um dos sonhos do marido: mudar-se com os filhos para Belo Horizonte e propiciar-lhes a melhor educação possível e um horizonte mais amplo de possibilidades de trabalho. A Lambari dourada e aprazível das lembranças de Magdala, frequentada pela família Vargas e pela elite brasileira, já declinava depois da proibição dos jogos de azar pelo governo Dutra em 1946. Mas deixou marcas suficientemente fortes em Edmar. Entre elas, a curiosidade, o gosto pelos estudos e pela participação na vida pública, tão próxima dele na época. Em 1950, com 8 anos de idade, quando das eleições para a Presidência da República, Edmar dividiu as paredes externas de sua casa com a colagem de cartazes em prol de Cristiano Machado, do PSD (Partido Social Democrático), o candidato a presidente de sua mãe, e em prol de Getúlio Vargas, do PTB (Partido Trabalhista Brasileiro), o candidato de seu pai. Getúlio ganhou as eleições e um Edmar tão motivado em seu empenho participativo decepcionou-se ao ouvir o pai exclamar aliviado que finalmente teria sossego e poderia limpar a casa!

O menino – carinhosamente retratado por sua tia materna, a também escritora Alaíde Lisboa, em *Edmar, esse menino vai longe*[12] – tornou-se um profissional tão bem formado quanto criativo. Um economista experiente que associou docência, pesquisa e marcantes experiências de atuação pública à imaginação da escrita em prosa limpa. Com os valorosos colegas da Casa das Garças, ele continua a promover os acirrados conclaves de sábios que povoam suas fábulas. Neles – que, por sinal, geram tantas coletâneas sempre integradas aos principais debates econômicos em pauta –, diferenças e divergências podem ser discutidas, e confusões, superadas. Busca-se um objetivo comum: um crescimento econômico equilibrado que vise a equidade social. Mas busca-se, também, muito especialmente, aquele imponderável que parece ser a condição prévia e incontornável das boas políticas públicas: o ambiente propício ao debate que Edmar sempre se empenha em oferecer, em busca de parâmetros lúcidos, capazes de propiciarem o enfrentamento efetivo de nossos complicados problemas.

NOTAS

1. Agradeço aos organizadores do Seminário o convite para a participação e, especialmente, a meu querido amigo Regis Bonelli, que muito me incentivou a escrever este texto e veio infelizmente a falecer antes de ver este livro pronto.
2. Bacha, 2012, p. 33.
3. Os nomes foram escolhidos a dedo e correspondiam a Antônio Delfim Netto, e os demais, a Celso Furtado, Conceição Tavares, Fernando Henrique Cardoso, aos dois Franciscos – Weffort e Oliveira – reunidos em um só, e a Paul Singer.
4. Antônio da fábula de Belíndia retorna vinte anos depois em "Antônio aperta o cinto" (*Folha de S.Paulo*, 15 de outubro de 1993). Como parte do plano de estabilização, estava em cena o orçamento para 1994, visando o ajuste fiscal e o corte de despesas do governo. Antônio Delfim Netto havia criticado, em artigo no mesmo jornal, a forma do reordenamento do orçamento do governo para aquele ano, que estaria "cortando vento". Edmar replica. Ao longo de seu artigo, o Antônio que enfrenta novos tempos se dá conta de que, independentemente do esforço que fazia em prol de ajustes e cortes cuidadosamente planejados, eram as decisões tomadas no passado que continuariam aumentando suas despesas por mais dois anos vindouros. Era preciso dar tempo ao tempo, pois o efeito das decisões passadas só reverteria depois disso. O orçamento governamental fora reordenado com essa perspectiva.
5. Bacha, 2012, p. 34.
6. Bacha, 2012, p. 38.
7. A fábula é dedicada a Sílvia Gabriela, sua então enteada, e à sua filha Júlia, então com 5 anos de idade, na esperança de que o tal complicado reino ganhasse cores mais próximas aos contos de fadas e não viesse a se tornar uma verdadeira casa de bruxas. Essas fábulas registram também para as gerações mais novas, como a dos nossos filhos e netos, a memória da inflação existente antes do Plano Real. Lembram a terrível sensação cotidiana de profundo desequilíbrio, o desespero surdo com as intermináveis filas de banco diárias para buscar o dinheiro que se evaporava antes de ser usado, o estoque de mercadorias

compradas no primeiro dia do mês e pagas no cartão de crédito que venceria apenas quarenta dias depois.

8. As universidades dessas regiões abrigaram as principais referências intelectuais para a história das teorias macroeconômicas. Em Chicago e Minnesota, estão as universidades do mesmo nome. Próximas aos litorais do Atlântico e do Pacífico, estão, de um lado, Massachusetts Institute of Technology, Harvard, Yale, Princeton, e de outro, Berkeley e Stanford.

9. "Lendária Terra Brasiliensis". (*O Globo*, 28 de outubro de 2014.)

10. Em 2015, por exemplo, uma pergunta de Luiza, nossa neta, então com 10 anos, sobre os preços surreais das coisas no Brasil, foi o impulso para o artigo "Por que o Brasil cresce tão pouco frente a outros emergentes". (*Folha de S.Paulo*, 22 de maio de 2015, p. B4.)

11. Ver a respeito o discurso de posse de Alaíde Lisboa de Oliveira na Academia Municipalista de Letras de Minas Gerais, o Elogio a seu pai, João de Almeida Lisboa, patrono da cadeira por ela ocupada em 1986. (Em: *Discursos de Posse*. Belo Horizonte: Ed. O Lutador, 1998, pp. 9-28.) João Lisboa (1870-1947) nasceu em Macaé, era filho de um advogado abolicionista e fixou-se como farmacêutico em Lambari no começo dos anos 1890. Elegeu-se deputado estadual em 1907 e reelegeu-se por várias legislaturas. Foi eleito deputado federal em 1924, reeleito em 1927, tendo voltado a Minas depois da Revolução de 1930.

12. Lisboa, 1983; Lisboa, 2006.

REFERÊNCIAS BIBLIOGRÁFICAS

Bacha, E. "Antônio aperta o cinto". *Folha de S.Paulo*, 15 de outubro de 1993.

_____ . *Belíndia 2.0*. Rio de Janeiro: Civilização Brasileira, 2012.

_____ . "Lendária Terra Brasiliensis". *O Globo*, 28 de outubro de 2014.

_____ . "Por que o Brasil cresce tão pouco frente a outros emergentes". *Folha de S.Paulo*, 22 de maio de 2015, p. B4.

Bacha, M. *Flashes sobre o casal Maria e Felício Bacha, em Lambari*. Lambari, 2008.

Lisboa, A. *Edmar, esse menino vai longe*. Belo Horizonte: Editora São Vicente, 1983; São Paulo: Peirópolis, 2006.

Marshall, Alfred. *Principles of Economics*. Londres: Macmillan, 1890.

Oliveira, A. L. de. Discurso de posse de Alaíde Lisboa de Oliveira na Academia Municipalista de Letras de Minas Gerais. In: *Discursos de Posse*. Belo Horizonte: Ed. O Lutador, 1998, pp. 9-28.

Salto, F. e Almeida, M. *Finanças Públicas: Da contabilidade criativa ao resgate da credibilidade*. Rio de Janeiro: Record, 2016.

Simonsen, Mario Henrique. *Inflação: Gradualismo × tratamento de choque*. Rio de Janeiro: Apec, 1970.

17

A AMBIÇÃO DO SUPREMO E O PLANO REAL[1]

Joaquim Falcão

O COMEÇO É A METADE DE TUDO

Na sessão de 17 de março de 1994 da Comissão de Assuntos Econômicos do Senado, Fernando Henrique Cardoso, então ministro da Fazenda, explicava:

> No ano passado, a Comissão de Orçamento tomou a decisão de refazer o orçamento – refiro-me a 93 –, tendo em vista que achávamos e mostramos que não haveria condições de uma execução minimamente razoável, em termos de obtenção de algum equilíbrio nas contas, se não fizéssemos também um esforço de contenção de gastos. [...] Propusemos conter os gastos e, ao mesmo tempo, a não utilizar mecanismos de contingenciamento de tal maneira que embora reduzindo o montante da verba despendida, isso seria compensado pela oportunidade que seria utilizada na despesa. [...] Assim procedemos até novembro, quando, por decisão do Supremo Tribunal Federal, nos foi negada a possibilidade de completar o Orçamento com recursos do IPMF, o que nos obrigou, no último bimestre do ano, a contingenciar o dispêndio.[2]

Aqui se faz presente o Supremo no Plano Real.[3] Era bem o começo. Murilo Portugal, então Secretário do Tesouro Nacional, narrou:

> O Ministério da Fazenda perseguia a consolidação fiscal mesmo antes da posse de Fernando Henrique Cardoso como ministro da Fazenda, com a adoção de importantes medidas. Aproveitando o processo de aprovação simplificada de emendas constitucionais de revisão após cinco anos de vigência da Constituição Federal, o Ministério da Fazenda havia conseguido incluir importantes mudanças na Emenda Constitucional nº 3, promulgada em 17/3/93: a criação do Imposto Provisório sobre Movimentações Financeiras (IPMF) [...].[4]

A tentativa de fazer o ajuste fiscal antes do lançamento do Plano era um objetivo da nova equipe econômica. O IPMF, o instrumento privilegiado e bem-vindo. A inflação estava em 43% ao mês. A sessão na Comissão de Assuntos Econômicos do Senado era importante.

| 401

Afinal, o novo Plano Real dependeria da conversão voluntária pelo mercado e da renegociação de contratos e preços, evitando tablitas e congelamentos que estimulariam milhões de ações judiciais – muitas até hoje pendentes. Impor, sem convencer, é mais caro e arriscado. Construía-se ali a credibilidade do Plano Real que viria em seguida. Todos estavam lá: Mário Henrique Simonsen, com sua ironia matemática; Eduardo Suplicy, defendendo seu sonho de renda mínima; Maria da Conceição Tavares. Paulo Nogueira Batista. Todos atentos.[5] Edmar Bacha e Gustavo Franco também.

Discutia-se o plano de estabilização, antes mesmo da implantação da unidade real de valor (URV) e da transformação da URV em Real. Mas já se praticava a estratégia básica: conquistar políticos, lideranças econômicas, mercado e sociedade, aliando técnica econômica, transparência pública e legitimidade política. Era preciso equilibrar receita e despesa da União e dos estados. Como sempre. Até hoje.

Lawrence Summers, então Subsecretário para Assuntos Internacionais do Departamento do Tesouro dos Estados Unidos, receava a presença do Supremo. "Larry" comentou em carta que boa parte do sucesso no aumento da arrecadação era devido ao imposto sobre transações financeiras e alertou para o fato de que mesmo que o Supremo Tribunal Federal declarasse constitucional o IPMF, "novas fontes de receita provavelmente terão de ser consideradas ".[6]

O que acontecera? O Congresso aprovara e sancionara o novo imposto – IPMF – por meio da Emenda Constitucional nº 3. Mudou a Constituição. Sancionou. Publicou no *Diário Oficial*. Entrou em vigor. Mas o novo imposto não pôde ser cobrado.

Fernando Henrique, segundo Bacha, em outra oportunidade revelara que os advogados lhe eram sempre pedra no meio do caminho: "Não aguento mais isto porque os advogados terminavam dizendo que era tudo inconstitucional."[7] Diziam, mas, dessa vez, acabou sendo. Benon Peixoto da Silva foi um dos advogados que representou a Confederação Nacional dos Trabalhadores no Comércio (CNTC) em uma ação direta de inconstitucionalidade no Supremo. Os argumentos foram: a cobrança imediata do IPMF feria o princípio da anualidade, ou da anterioridade fiscal, bem como os princípios da não cumulatividade, do equilíbrio orçamentário, da capacidade contributiva e da vedação da bitributação do contribuinte.[8] Ganhou.

O futuro Plano Real começava perdendo. O problema foi a pressa. Não dos legisladores, nem do Supremo, mas do Tesouro, que se esvaía. Era preciso estancar o déficit. Criar e cobrar o IPMF no mesmo ano de 1993. Por isso, a Emenda nº 3 previu expressamente que ao novo imposto não se aplicaria o princípio da anterioridade fiscal: "Art. 2: [...] § 2º Ao imposto de que trata este artigo não se aplica o Art. 150, III, b, da Constituição, em que é vedada a cobrança de tributos no mesmo exercício financeiro em que haja sido publicada a lei que os instituiu ou aumentou."[9]

A cobrança não esperaria entrar em vigor, em 1º de janeiro de 1994. Mas 127 dias antes, em 24 de agosto de 1993. A disputa constitucional por esses 127 dias mudaria o equilíbrio dos poderes. Até hoje. O imposto em si não foi considerado inconstitucional, mas a pressa de sua cobrança, sim. "Foi a pressa", poderia ter dito Técio Lins e Silva, que acordou "o monstro por dentro". Despertou a ambição do Supremo.

Aldous Huxley disse, certa vez, em Apipucos, bairro do Recife, na varanda da casa grande de Gilberto Freyre, que o Brasil era apenas um país improvável. O Supremo parecia concordar. O que seria um problema apenas microjurídico – a constitucionalidade ou não de um prazo fiscal – transformou-se em problema macrojurídico – o desequilíbrio dos poderes da República. É melhor contar logo a história. E suas inesperadas consequências. O Supremo ficou mais. O Congresso e o Executivo ficaram menos.

O CONSTITUCIONALISMO DE REALIDADE

Para decidir se o IMPF feria ou não o princípio da anterioridade fiscal, o Supremo se deu, logo no deferimento de medida cautelar,[10] questão maior. Pode a Constituição, ou parte já integrante dela, ser pelo Supremo considerada inconstitucional, em nome da própria Constituição? Ou seja, uma nova norma incluída na Constituição por uma emenda, mesmo que aprovada pela Câmara e pelo Senado, seguindo rito constitucional, promulgada, publicada no *Diário Oficial*, já integrando a Constituição e produzindo efeitos constitucionais, pode ser declarada inconstitucional? O Supremo tem o poder de limitar tanto o Congresso?[11] Parece, no mínimo, contradição a Constituição ser e não ter sido ao mesmo tempo.

Para o Executivo e para o Congresso, a cobrança imediata era constitucional. Aliás, já era Constituição. Para o Supremo, não. Votou assim Marco Aurélio, ministro indicado por Collor: "Tenho que, pelo ângulo do sinal do bom Direito, deve a Corte caminhar no sentido da suspensão do preceito no que transgride a norma proibitiva de emendas que suprimam direitos e garantias individuais."[12] Mas essa não é apenas uma questão de constitucionais, longe disso. É preciso ler o Brasil antes de ler o texto da Constituição.

Para a teoria do constitucionalismo de realidade, que indaga sobre a origem e as consequências do formalismo legislativo e judicial, e seu impacto, por exemplo, na política econômica, o que o Supremo decidiria era quem detinha a competência última para mudar a Constituição.

A AMBIÇÃO DO SUPREMO E O PLANO REAL | 403

O Congresso, representante direto dos eleitores? Ou ele próprio, representante indireto? Clara disputa entre os poderes da República. O poder constituinte originário foi do Congresso e dos que escreveram a Constituição em 1988. A história não pode voltar. Isto é pacífico. Mas e o poder constituinte derivado? Aquele que pode reformar a Constituição. De quem seria? A resposta repercute até hoje. Quatorze anos depois a história se repete.

O Supremo terá de se manifestar sobre a Emenda Constitucional nº 95, que instituiu o novo regime fiscal, ou sobre a proposta de emenda que visa a implementar a Reforma da Previdência. Ambos os assuntos já foram levados ao tribunal com o argumento de que violariam cláusulas pétreas.

Esse caminho aberto em 1993 aumentou a incerteza judicial que estará embutida, daí em diante, em qualquer decisão do Congresso Nacional sobre emendas à Constituição. O Supremo se deu a competência de gerir mais uma incerteza que ele mesmo criou.[13] Além de poderoso intérprete da Constituição, o Supremo passou a ser poderoso fazedor dela.[14] Constituinte derivado, aquele que determina o que pode mudar, ou não, na Constituição. Passou a deter dois instrumentos "técnico-jurídicos" para mudar a Constituição: (a) interpretar seus artigos e (b) proibir ou permitir novos artigos. O palco iluminado da política brasileira subiu à cabeça do Supremo, para o bem ou para o mal. Não é difícil seguir a argumentação formalista dos ministros que pretendem legitimar essa ascensão.

POR DENTRO DO SUPREMO

O ministro Ilmar Galvão, levado ao Supremo pelo presidente José Sarney, votou:

> Assim sendo, tenho por perfeitamente plausível a tese de que a Emenda Constitucional sob apreciação (IPMF), bem como a lei complementar que a regulamentou, padecem do vício capital da inconstitucionalidade, no ponto em que afrontam o princípio irredutível da anterioridade.[15]

Votou o relator, ministro Sydney Sanches, indicado pelo presidente João Baptista Figueiredo:

> Uma Emenda Constitucional, emanada, portanto, de Constituinte derivada, incidindo em violação à Constituição originária, pode ser declarada inconstitucional, pelo Supremo Tribunal Federal, cuja função precípua é de guarda da Constituição. A Emenda Constitucional nº 3 [...] incidiu em vício de inconstitucionalidade.[16]

404 | DE BELÍNDIA AO REAL

O governo foi pego de surpresa? Acho que não. Afinal, em nenhum momento a Constituição diz textualmente que o princípio da anterioridade é protegido constitucionalmente. Não existia precedente.

Mais ainda, na maioria dos países, a data de entrada em vigor de um imposto é estabelecida em lei infraconstitucional. Criar imposto – a história revela – é sempre risco político. A ambição guerreira do rei João da Inglaterra – João Sem Terra – o levou a perder poder para os barões pelo tratado de 1215, a Carta Magna. A derrama estimulou também, na primeira metade do século XVIII, a Inconfidência Mineira.

No mesmo século, o princípio de *no taxation without representation* estimulou a independência dos Estados Unidos (1776). Sem falar na Revolução de 1817, que levou pernambucanos exaustos de pagar as despesas cariocas da Corte de D. Joao VI a quererem se separar do Brasil. Mas do ponto de vista de proteção dos contribuintes, do prazo fiscal como direito de garantia, a cobrança do IPMF não parecia impor danos adicionais. Afinal, se o imposto tivesse sido criado depois, em dezembro de 1993, e não em 24 de agosto, poderia ter sido cobrado em apenas 32 dias, em 1º de janeiro de 1994. Muito antes dos 127 dias antecipados pretendidos pela Emenda. Matematicamente não havia dano. Foi uma decisão gregoriana, diria Regis Bonelli.

Espero que esteja claro um argumento central. O Supremo – inesperadamente e sem precedentes nacionais ou internacionais – deu vida a uma cláusula pétrea que os constituintes de 1988 inseriram na Constituição, e até então permanecia em sossego. Ao lhe dar vida, aumentou-se a si próprio. Acordou sua ambição de deter a palavra final no que diz respeito a políticas públicas. Se foi algo que os ministros fizeram deliberadamente ou não, é secundário. Mas as implicações do que estavam fazendo deviam estar claras ao menos para alguns deles. Não é difícil seguir o raciocínio do Supremo.

AS CLÁUSULAS PÉTREAS

Qual artigo da Constituição garante a inviolabilidade do princípio da anterioridade fiscal? O ministro Néri da Silveira revelaria:

> A Emenda Constitucional só pode ser declarada inconstitucional quando ela ferir uma cláusula pétrea da Constituição. [...] A Constituição de 1988 ampliou as cláusulas pétreas [...] abriu-se um leque: o voto direto, o voto secreto, os direitos, garantias individuais, tudo isso [...] possibilitou ao Supremo Tribunal Federal [...] um exame bem mais amplo da atividade parlamentar, inclusive nisso que ela tem de mais nobre, que é exatamente reformar a Constituição.[17]

A pedra no meio do caminho do IPMF eram as cláusulas pétreas. Mas o que são cláusulas pétreas? São as do Artigo 60, parágrafo 4º:

> Não será objeto de deliberação a proposta de emenda (constitucional) tendente a abolir:
> I – a forma federativa de Estado;
> II – o voto direto, secreto, universal e periódico;
> III – a separação dos Poderes;
> IV – os direitos e garantias individuais.

Para entender a força indomável das cláusulas pétreas, permitam dois minutos de teoria constitucional, digamos, ortodoxa. O poder da Constituição, que é a norma maior sobre outras normas, as leis infraconstitucionais, decretos, resoluções, regimentos etc., reside no fato de que seus artigos são os mais difíceis de serem mudados em toda a pirâmide legal. Ou, como preferem os economistas, em todo o sistema legal.[18] Na pirâmide, a Constituição está no topo. Muda-se mais facilmente uma resolução, menos facilmente uma lei, e muito menos ainda uma Constituição. A escala do poder das normas deriva da rigidez de sua mudança. A estrutura do sistema legal resulta do cruzamento entre a hierarquia das normas e dificuldade de mudança.

Figura 17.1
Pirâmide das leis da rigidez da mudança

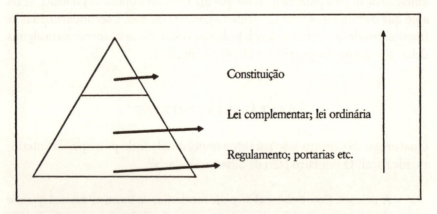

Não é a relevância política, social ou econômica do conteúdo que define o que deve estar ou não na Constituição. Dificilmente pode-se atribuir a mesma relevância entre o Colégio Pedro II e o monopólio do refino do Petróleo pela Petrobras. Mas ambos são igualmente difíceis de alterar pela Constituição de 1988, isto é, têm o mesmo grau de rigidez. Artigos 242[19] e 177.[20]

Juridicamente, a Constituição é, pois, a norma mais difícil de ser mudada. Por isso que, na Assembleia Nacional Constituinte, o objetivo dos *lobbies* e corporações foi inserir seus interesses na própria.

Acontece que os constituintes de 1988 criaram um artigo ainda mais difícil de mudar do que os outros, seus irmãos siameses. É, digamos, um artigo "classe *premium*": o das cláusulas pétreas.

Criaram uma Constituição de duas classes: as cláusulas pétreas e as demais. Aquelas controlam estas. Ou seja, para mudar qualquer artigo, os constituintes foram exigentes. É necessária proposta de iniciativa de: (a) no mínimo, um terço dos membros da Câmara dos Deputados ou do Senado Federal; (b) do presidente da República ou de mais da metade das Assembleias Legislativas das unidades da Federação.

Mais ainda. (c) Precisará ser discutida e votada em cada casa do Congresso Nacional, em dois turnos; (d) sendo aprovada apenas se obtiver, em ambos, três quintos dos votos dos respectivos membros. Mas para mudar quatro cláusulas do Artigo 60, parágrafo 4º, os constituintes foram mais exigentes ainda: Não podem ser suprimidos. Podem, em tese, somente ser aumentados, acrescidos.

AS PALAVRAS VAZIAS

O problema é que a Constituição apenas nomeia as cláusulas pétreas, não as especifica. Em nenhum momento a Constituição ou o Artigo 60 dizem expressamente que o princípio da anterioridade fiscal é garantia individual e, portanto, cláusula pétrea. Foi o Supremo que "inventou" essa tese. As cláusulas pétreas são muito vagas. São palavras vazias. São *topoi*.[21] Ou seja, são apenas o ponto de partida de uma discussão, sem determinar como, qual e quando será seu fim. São caixas vazias a serem preenchidas não se sabe com o quê. São portas abertas não se sabe para onde.

O que quer, então, dizer e quais são, por exemplo, os direitos e as garantias individuais? São dezenas de respostas possíveis. O que significa voto periódico? A reeleição de presidente da República fere o voto periódico? Lula poderia voltar e se reeleger uma terceira vez? O voto periódico é sequencial ou intermitente?

Eis, então, a chave do enigma do poder. O Supremo interpretou como nunca dantes neste país. O princípio da anterioridade estava embutido na cláusula de garantia individual. Era, portanto, cláusula pétrea. Ninguém sabia. Só ele soube na hora. Ser dono da Constituição é ser dono do significado último das cláusulas pétreas vazias.

A ampla indeterminação das cláusulas pétreas levou economistas e advogados do Plano Real à convicção de que poderiam cobrar imposto no mesmo ano. A interpretação do Supremo não foi apenas improvável, como também, e desde o início, polêmica. O próprio ministro Moreira Alves, indicado pelo então presidente Ernesto Geisel, hesitava: "Não há dúvida de que Emenda Constitucional pode ser inconstitucional", mas afirmou ter "sérias dúvidas a respeito do alcance das denominadas cláusulas pétreas [...] principalmente no tocante aos direitos e às garantias individuais [...] só essa cláusula petrificaria quase toda a Constituição, além de petrificar os tratados de que decorram direitos e garantias [...]".[22]

Não adiantaram as sérias dúvidas. O Supremo se deu o poder de petrificar ou despetrificar a Constituição.

EM OUTROS PAÍSES

Nos Estados Unidos, não é possível o Supremo declarar inconstitucional uma emenda aprovada pelo Congresso e ratificada pelas assembleias de pelo menos 38 estados. O que garante desde logo que a reforma constitucional é competência exclusiva dos representantes diretos dos eleitores e da federação. Cláusula pétrea foi difundida pela influência do direito europeu de pós-guerra. A Lei Fundamental da Alemanha tem uma "cláusula de eternidade", o Artigo 79 (3), que diz que ela não pode mudar os princípios dos Artigos 1 a 20. São eles referentes à dignidade da pessoa humana, ao reconhecimento dos direitos humanos, ao federalismo, ao princípio republicano, ao estado social, à soberania popular, à democracia, ao estado de direito, à separação de poderes.[23] São também *topoi*. A cláusula existe, mas nunca foi aplicada pelo Tribunal Constitucional Federal da Alemanha para invalidar uma decisão do Parlamento que aprovou mudança na Lei Fundamental por emenda.

Na Itália, é mais simples: "Art. 139: A forma republicana não pode ser objeto de revisão constitucional."[24] Nunca foi usada.

Em Portugal, são mais específicas:

> Art. 288: As leis de revisão constitucional terão de respeitar: a) A independência nacional e a unidade do Estado; b) A forma republicana de governo; c) A separação das Igrejas do Estado; d) Os direitos, liberdades e garantias dos cidadãos; e) Os direitos dos trabalhadores, das comissões de trabalhadores e das associações sindicais; f) A coexistência do sector público, do sector privado e do sector cooperativo e social de propriedade dos meios de produção; g) A existência de planos económicos no âmbito de uma economia mista; h) O sufrágio universal, directo, secreto e periódico na designação dos titulares electivos dos órgãos de soberania, das regiões autónomas e do

poder local, bem como o sistema de representação proporcional; i) O pluralismo de expressão e organização política, incluindo partidos políticos, e o direito de oposição democrática; j) A separação e a interdependência dos órgãos de soberania; l) A fiscalização da constitucionalidade por acção ou por omissão de normas jurídicas; m) A independência dos tribunais; n) A autonomia das autarquias locais; o) A autonomia político-administrativa dos arquipélagos dos Açores e da Madeira.[25]

O Tribunal Constitucional de Portugal jamais usou esse tipo de cláusula para inconstitucionalizar uma decisão do Congresso.

É bem verdade que, aqui no Brasil, o Supremo tem usado esse poder de veto com parcimônia, como constata o ministro Luís Roberto Barroso.[26, 27] Usou, por exemplo, no caso do novo regime especial de pagamento de precatórios.[28]

De vez em quando, alguns ministros reiteram este poder em seus votos. Como lembrando ao Congresso e à Presidência de seus menores tamanhos.[29] Por exemplo, quando questionada a criação do Conselho Nacional de Justiça (CNJ), alguns ministros argumentaram em seus votos vencidos[30] que a Emenda Constitucional, no todo ou em parte, feria a cláusula pétrea de separação de poderes, como lembra Thomas Pereira. Não feria.

O resultado líquido da inconstitucionalidade da cobrança imediata do IPMF foi criar uma espada de Dâmocles sobre a cabeça do Congresso e do Executivo. Trata-se de inibidor e desmobilizador poder, que, no mínimo, estimula maior judicialização da política e politização do Supremo.

Qualquer análise sobre teoria dos jogos evidencia que a mera possibilidade de um movimento influencia os movimentos do adversário. O fato é que os primórdios do Plano Real concederam ao Supremo, sem querer, a oportunidade de aumentar a incerteza judicial e a consequente insegurança jurídica e econômica. Até hoje. Em 20 de dezembro de 2016, por exemplo, a Confederação Nacional dos Trabalhadores na Indústria Química entrou no Supremo alegando que a futura Reforma da Previdência, mesmo que aprovada pelo Congresso e alterada a Constituição, seria inconstitucional.[31] Mais ainda, antes de virar a Emenda Constitucional nº 95, a proposta de emenda do "teto de gastos" ou do "novo regime fiscal" já havia sido questionada no Supremo, via mandado de segurança, sob o argumento de que as alterações pretendidas continham "enunciados tendentes a abolir a separação de Poderes, o voto direto, secreto, universal e periódico, e os direitos e garantias individuais".[32]

O ministro Luís Roberto indeferiu o pedido liminar nesse mandado de segurança impetrado por deputados federais integrantes do PCdoB e do PT. Para o ministro:

A responsabilidade fiscal é fundamento das economias saudáveis, e não tem ideologia. [...] A democracia, a separação de Poderes e a proteção dos direitos fundamentais decorrem de escolhas orçamentárias transparentes e [...] justificadas, e não da realização de gastos superiores às possibilidades do Erário.[33]

Para os autores das ações no Supremo, a emenda que impôs o novo regime fiscal e a proposta de emenda para reforma da previdência já representam – como diria Marcos Vilaça – mau pensamento constitucional. O caminho aberto em 1993 continua a provocar incerteza.

O ARSENAL

A trajetória do Plano Real teria sido diferente se o Supremo considerasse constitucional a cobrança imediata do IPMF? Acredito que não, ou muito pouco. O Tesouro teria arrecadado mais. A criação do IPMF era ainda medida preliminar e provisória. Talvez a equipe econômica tivesse alterado o limite de 20% dos cortes nos gastos públicos para constituir o Fundo Social de Emergência.

"Precisamos lembrar que a primeira etapa do Plano Real era uma reforma constitucional para cortar 20% dos gastos obrigatórios. Extraordinário [...]. Vai tentar hoje cortar 20% dos gastos no Congresso",[34] dizia, então, Bacha, defendendo o Fundo Social de Emergência.

Os 20% do FSE, estes sim, seriam decisivos para o equilíbrio orçamentário e fiscal. Indispensáveis inclusive para o pagamento dos juros da dívida interna federal. Na verdade, o Fundo viabilizava apenas uma troca de rubricas orçamentárias. Sem muito custo político. Maria Clara do Prado explica o porquê:

Quando ouviu a proposta de Bacha (criação do FSE), FHC teve uma reação típica de político: "Você está maluco, quer tirar 20% da educação, da saúde? Nós não vamos conseguir isto nunca."[35] Ao que Bacha retrucou: "Então esquece porque meu arsenal já se esgotou."[36] Nem Fernando Henrique esqueceu. Nem o arsenal de Bacha se esgotara. Prosseguiram.

E diria ainda Maria Clara:

> [...] o Fundo acabou sendo aprovado pelo Congresso, sem dificuldades, em fevereiro de 1994. Bacha teve ali uma função primordial. Ia tirando da cartola alternativa atrás de alternativa sempre que surgia um obstáculo, gerando fonte através de fonte, até garantir o valor de que precisava para ajudar no pagamento do serviço da dívida do Tesouro.[37]

410 | DE BELÍNDIA AO REAL

Bacha provavelmente seguia os ensinamentos de Max Weber. O mesmo fato econômico (no caso, a geração de recursos para pagar a dívida pública e equilibrar os orçamentos) pode assumir diversas formas jurídicas: contingenciamento, corte de gastos, aumento de imposto, novo imposto, descontingenciamento, judicialização etc. O importante era, pois, manter o arsenal; manter a cartola como fábrica de alternativas econômicas e de imaginação jurídico-institucional. Manteve-se.

Em *Macbeth*, Duncan, o rei da Escócia, diz: "Não há arte que ensine a ler no rosto de alguém o que vai em sua mente."[38] Nem no rosto das leis, nem das propostas econômicas, acrescentaria, com certeza, Edmar Bacha. A equipe econômica cumpriu a decisão do Supremo. O ajuste fiscal atrasaria.

Maria da Conceição Tavares, naquela sessão de 17 de março de 1994, dissera que, se dessa vez o plano desse certo, Edmar Bacha e Gustavo Franco deveriam ganhar o prêmio Nobel. Se não desse, deveriam ser mandados de volta para Harvard.[39] O Plano Real daria certo. Fernando Henrique seria eleito presidente da República. Pedro Malan seria o sempre discreto ministro da Fazenda. Bacha e Franco não ganharam o prêmio Nobel, mas também não tiveram que voltar para Harvard.

Não foi a Confederação Nacional dos Trabalhadores no Comércio (CNTC) nem o governo de Itamar Franco quem ganhou a ADI 939 contra o IPMF. Foi o Supremo. Aproveitando a pressa pelo ajuste fiscal que viria a preparar a implantação do Plano Real, o Supremo criou um precedente, um *by product avant la lettre*. Transformou-se a si próprio, além de intérprete da Constituição, em constituinte derivado, reformador ou não da Constituição. Expandiu o grau de incerteza da economia e constitucionalizou sua própria ambição. Qual?

A ambição de expandir os limites da jurisdição liberal como constitucional, do judicial *review*, intérprete e constituinte derivado. Até hoje. O que não é pouco diante da quimera de poderes harmônicos e independentes.

NOTAS

1. Agradeço a Laura Osório e Julia Cani a grande contribuição nas pesquisas. A Paulo Augusto Franco, Jorge Hilário Gouvêa Vieira, Thomaz Pereira e Diego Werneck Arguelhes a leitura prévia e as sugestões.
2. Discurso de Fernando Henrique Cardoso, ministro da Fazenda na época, na Comissão de Assuntos Econômicos do Senado, em 17 de março de 1994. *Diário do Congresso Nacional* (Seção LI). Disponível em: <www.legis.senado.leg.br/diarios/BuscaPaginasDiario?codDiario=6789&seqPaginaInicial=1&seqPaginaFinal=96>. Acesso em: 15/1/2017.

3. Falcão, Joaquim. "O Supremo e a revisão". In: Falcão, Joaquim. *O Supremo*. Rio de Janeiro: Edições de Janeiro, Fundação Getulio Vargas, 2015, pp. 153-155.

4. Portugal, Murilo. "Política fiscal na primeira fase do Plano Real: 1993-1997". In: Bacha, Edmar (org.). *A crise fiscal e monetária brasileira*. Rio de Janeiro: Civilização Brasileira, 2016.

5. Comissão de Assuntos Econômicos do Senado, em 17 de março de 1994. *Diário do Congresso Nacional* (Seção II). Disponível em: <www.legis.senado.leg.br/diarios/BuscaPaginasDiario?codDiario=6789&seqPaginaInicial=1&seqPaginaFinal=96>. Acesso em: 15/1/2017.

6. Do Prado, Maria Clara. *Real história do Real: Uma radiografia da moeda que mudou o Brasil*. Rio de Janeiro: Record, 2005, p. 153.

7. Mesa-redonda sobre os vinte anos da criação do Plano Real, suas consequências e perspectivas para o futuro da economia brasileira. Participação de Edmar Bacha, Gustavo Franco e o jornalista Guilherme Fiuza. Debate publicado em 26 de agosto de 2014. Disponível em: <www.youtube.com/watch?v=goGwxH_TcrA>. Acesso em 1/2017.

8. Ação Direta de Inconstitucionalidade (ADI) nº 939 – DF. Relator: min. Sydney Sanches. Julgamento em 15 de dezembro de 1993.

9. Emenda Constitucional nº 3. Disponível em: <www.planalto.gov.br/ccivil_03/constituicao/emendas/emc/emc03.htm>. Acesso em: 15/1/2017.

10. Medida Cautelar na Ação Direta de Inconstitucionalidade (ADI) nº 939 – DF. Relator: min. Sydney Sanches. Julgamento em 15.09.1993.

11. Ação Direta de Inconstitucionalidade (ADI) nº 939 – DF. Relator: min. Sydney Sanches. Julgamento em 15.12.1993.

12. Voto do min. Marco Aurélio na Ação Direta de Inconstitucionalidade (ADI) nº 939 – DF. Relator: min. Sydney Sanches. Julgamento em 15.12.1993.

13. Falcão, Joaquim. "O Supremo, a incerteza judicial e a insegurança jurídica". *Journal of Democracy*, 2016. Disponível em: <www.journalofdemocracy.org>. Acesso em: 20/1/2017.

14. Diego Werneck Arguelhes e Leandro Molhano Ribeiro escreveram sobre o tema: "Isso equivale a dizer que o STF é copartícipe, junto do constituinte de 1988, da tarefa de definir as estruturas constitucionais básicas do país – incluindo, portanto, o próprio poder do tribunal. Se isso é verdade, então o STF também tem o poder de interpretar, em última instância, o alcance de suas próprias competências, dotando a si próprio de uma decisiva margem de manobra para influenciar as condições da sua participação na política." Arguelhes, Diego Werneck; Ribeiro, Leandro Molhano. "Criatura e/ou criador: Transformações do Supremo Tribunal Federal sob a Constituição de 1988". *Revista Direito GV*, São Paulo, mai-ago 2016, vol. 12, nº 2, pp. 405-440.

15. Voto do min. Ilmar Galvão na Ação Direta de Inconstitucionalidade (ADI) nº 939 – DF. Relator: min. Sydney Sanches. Julgamento em 15.12.1993.

16. Voto do ministro Relator Sydney Sanches na Ação Direta de Inconstitucionalidade (ADI) nº 939 – DF. Relator: min. Sydney Sanches. Julgamento em 15.12.1993.
17. Entrevista concedida pelo ministro Néri da Silveira ao História Oral do Supremo, Projeto da Escola de Direito da Fundação Getulio Vargas. Rio de Janeiro. Páginas 92 e 93. Disponível em:<bibliotecadigital.fgv.br/dspace/handle/10438/13570>. Acesso em 10/1/2017.
18. Falcão, Joaquim. "Constituição, Constituições". In: Abreu, Alzira Alves (org.). *Caminhos da cidadania*. Rio de Janeiro: Editora FGV, 2009, pp. 13-33.
19. Art. 242: [...] § 2º O Colégio Pedro II, localizado na cidade do Rio de Janeiro, será mantido na órbita federal.
20. Art. 177: Constituem monopólio da União: [...] II – a refinação do petróleo nacional ou estrangeiro.
21. Viehweg, T. *Tópica e jurisprudência*. Brasília: Departamento de Imprensa Nacional, 1979.
22. Voto do min. Moreira Alves na Medida Cautelar na Ação Direta de Inconstitucionalidade (ADI) nº 939 – DF. Relator: min. Sydney Sanches. Julgamento em 15.09.1993.
23. Disponível em: <www.btg-bestellservice.de/pdf/80208000.pdf>. Acesso em 2/2/2017.
24. Disponível em: <www.educazioneadulti.brescia.it/certifica/materiali/6.Documenti_di_riferimento/La%2 0Costituzione%20in%2015%20lingue%20 (a%20cura%20della%20Provincia%20di%20Milano)/CostituzioneItaliana--Portoghese.pdf>. Acesso em 2/2/2017.
25. Disponível em: <www.parlamento.pt/Legislacao/Paginas/ConstituicaoRepublicaPortuguesa.aspx>. Acesso em 2/2/2017.
26. Medida Cautelar em Mandado de Segurança nº 32.262 – DF. Relator: min. Roberto Barroso. Julgamento: 24/09/2013.
27. Medida Cautelar em Mandado de Segurança nº 34.448 – DF. Relator: min. Roberto Barroso. Julgamento: 10/10/2016.
28. Julgamento conjunto das Ações Diretas de Inconstitucionalidade (ADI) nº 4357 e nº 4425 – DF. Relator: min. Ayres Britto. Relator p/ Acórdão: min. Luiz Fux. Julgamento: 14.03.2013.
29. Ao julgar a inconstitucionalidade no caso do regime de precatórios, o min. Celso de Mello observou que ao aprovar o terceiro adiamento do pagamento dos precatórios previsto na EC 62, "o Congresso Nacional exorbitou dos limites de mudança da Constituição estabelecidos por ela própria, por ofender princípios pétreos que não são suscetíveis de mudança legislativa." (Voto do min. Celso de Mello no julgamento conjunto das Ações Diretas de Inconstitucionalidade (ADI) nº 4.357 e nº 4.425 – DF. Relator: min. Ayres Britto. Relator p/ Acórdão: min. Luiz Fux. Julgamento: 14.03.2013). Já em 1991, sobre a constitucionalidade

ou não da instituição da pena de morte mediante plebiscito, o min. Celso de Mello anunciava a tese: "O Congresso Nacional [...] está juridicamente subordinado à decisão do poder constituinte originário que [...] identificou [...] um núcleo temático intangível e imune à ação revisora da instituição parlamentar. As limitações materiais explícitas – as cláusulas pétreas – definidas no § 4º do Art. 60 da Constituição da República, incidem diretamente sobre o poder de reforma conferido ao Poder Legislativo da União, inibindo-lhe o exercício nos pontos ali discriminados. A irreformabilidade desse núcleo temático, acaso desrespeitada, pode legitimar o controle normativo abstrato, e mesmo a fiscalização jurisdicional concreta, de constitucionalidade". (Ação Direta de Inconstitucionalidade – ADI nº 466 – DF. Relator: min. Celso De Mello. Julgamento: 3/4/1991)

30. Ação Direta de Inconstitucionalidade (ADI) nº 3.367 – DF. Relator: min. Cezar Peluso. Julgamento: 13/4/2005.

31. Arguição de Descumprimento de Preceito Fundamental (ADPF) nº 438 – DF. Relator: Rosa Weber.

32. Medida Cautelar em Mandado de Segurança nº 34.448 – DF. Relator: min. Roberto Barroso. Julgamento: 10/10/2016.

33. Medida Cautelar em Mandado de Segurança nº 34.448 – DF. Relator: min. Roberto Barroso. Julgamento: 10/10/2016.

34. Mesa-redonda sobre os vinte anos da criação do Plano Real, suas consequências e perspectivas para o futuro da economia brasileira. Com Edmar Bacha, Gustavo Franco e o jornalista Guilherme Fiuza. Debate publicado em 26 de agosto de 2014. Disponível em: <www.youtube.com/watch?v=goGwxH_TcrA>. Acesso em 10/1/2017.

35. Do Prado, Maria Clara. *Real história do real: Uma radiografia da moeda que mudou o Brasil.* Rio de Janeiro: Record, 2005, p. 176.

36. Do Prado, Maria Clara. *Real história do real: Uma radiografia da moeda que mudou o Brasil.* Rio de Janeiro: Record, 2005, p. 176.

37. Do Prado, Maria Clara. *Real história do real: Uma radiografia da moeda que mudou o Brasil.* Rio de Janeiro: Record, 2005, p. 176.

38. SHAKESPEARE, William. Macbeth. In: *Shakespeare – tragédias*, vol. I. Trad. de F. Carlos de Almeida Cunha Medeiros e Oscar Mendes. São Paulo: Abril Cultural, 1978.

39. Discurso de Maria da Conceição Tavares na Comissão de Assuntos Econômicos do Senado, em 17 de março de 1994. *Diário do Congresso Nacional* (Seção LI). Sexta-feira, 18 de março de 1994. Disponível em: <www.legis.senado.leg.br/diarios/BuscaPaginasDiario?codDiario=6789&seqPaginaInicial=1&seqPaginaFinal=96>. Acesso em: 15/1/2017.

Referências bibliográficas

Ação Direta de Inconstitucionalidade (ADI) nº 3.367 – DF. Relator: min. Cezar Peluso. Julgamento em 13 de abril de 2005.

Ação Direta de Inconstitucionalidade (ADI) nº 939 – DF. Relator: min. Sydney Sanches. Julgamento em 15 de dezembro de 1993.

Arguelhes, Diego Werneck; Ribeiro, Leandro Molhano. "Criatura e/ou criador: Transformações do Supremo Tribunal Federal sob a Constituição de 1988". *Revista Direito GV*, São Paulo, mai-ago 2016, vol. 12, nº 2, pp. 405-440.

Cardoso, Fernando Henrique. Discurso na Comissão de Assuntos Econômicos do Senado. *Diário do Congresso Nacional*, 17 de março de 1994, Seção LI. Comissão de Assuntos Econômicos do Senado. *Diário do Congresso Nacional*, Seção I1.

Do Prado, Maria Clara. *Real história do Real: Uma radiografia da moeda que mudou o Brasil*. Rio de Janeiro: Record, 2005.

Falcão, Joaquim. "Constituição, Constituições". In: Abreu, Alzira Alves (org.). *Caminhos da cidadania*. Rio de Janeiro: FGV, 2009, pp. 13-33.

_____. "O Supremo, a incerteza judicial e a insegurança jurídica". *Journal of Democracy*, 2016. Disponível em: <www.journalofdemocracy.org>. Acesso em: 20/1/2017.

_____. "O Supremo e a revisão". In: Falcão, Joaquim. *O Supremo*. Rio de Janeiro: Edições de Janeiro, Fundação Getulio Vargas, 2015, pp. 153-155.

Mesa-redonda sobre os vinte anos da criação do Plano Real, suas consequências e perspectivas para o futuro da economia brasileira. Participação de Edmar Bacha, Gustavo Franco e o jornalista Guilherme Fiuza. Debate publicado em 26 de agosto de 2014. Disponível em: <www.youtube.com/watch?v=goGwxH_TcrA>. Acesso em 10/1/2017.

Medida Cautelar na Ação Direta de Inconstitucionalidade (ADI) nº 939 – DF. Relator: min. Sydney Sanches. Julgamento em 15.09.1993.

Portugal, Murilo. "Política fiscal na primeira fase do Plano Real: 1993-1997". In: Bacha, Edmar (org.). *A crise fiscal e monetária brasileira*. Rio de Janeiro: Civilização Brasileira, 2016.

Viewheg, T. *Tópica e jurisprudência*. Brasília: Departamento de Imprensa Nacional, 1979.

18

A ELITE POLÍTICA BRASILEIRA E OS DESAFIOS DA SEGUNDA DÉCADA DO SÉCULO XXI

Bolívar Lamounier

Marx postulou que a infraestrutura econômica determina a superestrutura política, o Direito e as ideologias. Sucinto, o general De Gaulle declarou o oposto: *"D'abord, la politique."* Dou por assentado que hipóteses tão extremadas já não fazem sentido. Sempre complexa, a interação entre economia e política varia entre países e entre períodos históricos.

Frisando inicialmente o aspecto político, parece-me indiscutível que a qualidade das estruturas e lideranças é um fator crucial no desenvolvimento econômico. Este enunciado suscita importantes indagações a respeito do caso brasileiro. De um lado, nosso país parece corresponder com exatidão à tese da "armadilha do baixo crescimento" (ou "da renda média"). Presumindo um crescimento médio anual do PIB *per capita* de 3%, levaremos uma geração para alcançar Portugal e Grécia, os países mais pobres do sul da Europa – e lá chegaremos com uma distribuição de renda muito pior. Do outro, o sistema político brasileiro padece de deficiências notórias, sendo perfeitamente cabível duvidar de sua capacidade de engendrar um empuxo desenvolvimentista comparável ao dos três principais *late industrializers* do século XIX: os Estados Unidos a partir de 1877, a Alemanha da era Bismarck e o Japão a partir da restauração Meiji de 1868.

Um trabalho mais extenso deveria começar por um exame rigoroso da hipótese de que o sistema político brasileiro se debilitou ainda mais no passado recente.[1] Quanto de tal proposição é fato, quanto é juízo de valor, e quanto é simples impressionismo? Limitar-me-ei, no entanto, a duas observações que me parecem suficientes para os fins deste artigo. Primeiro, a escassa presença de políticos de expressão nacional no Legislativo. Por volta de 1980, um observador informado apontaria pelo menos vinte nomes; hoje, dificilmente chegará a cinco. Segundo, graças à operação Lava-Jato, o país tomou conhecimento de um conluio entre políticos e empresas sem precedentes em nossa história. O que veio a público até o momento em que redijo este texto – dezembro de 2016 – permite afirmar sem temor a erro que uma única empresa – a construtora Odebrecht – se apropriou praticamente do sistema partidário e do Legislativo, afundando-os em níveis inéditos de descrédito.

| 417

A DEBILIDADE POLÍTICA BRASILEIRA
EM PERSPECTIVA HISTÓRICA

Na literatura histórica brasileira, as hipóteses mais importantes sobre a debilidade de nosso sistema político são, sem dúvida, a do patrimonialismo,[2] a do populismo[3] e a de que sucessivas rupturas do regime impediram a sedimentação dos respectivos sistemas partidários. Subsidiariamente, é preciso considerar que, desde pelo menos o segundo pós-guerra, o Brasil não tem elites como grupos reais, e sim agregados estatísticos constituídos pelos indivíduos que sobressaem nas diferentes hierarquias que compõem a estrutura dorsal da sociedade; tocarei neste ponto na conclusão deste trabalho.

Três hipóteses

Em abstrato, o termo "patrimonialismo" designa uma forma de organização política na qual a burocracia, concentrando em suas mãos uma enorme massa de recursos econômicos, coopta todo grupo que a ela se anteponha com pretensões de autonomia empresarial ou política. Ao impedir a emergência do setor privado, um setor público digno do nome tampouco se configura; o padrão resultante é, pois, uma virtual indistinção entre ambos. Examinando a transição do Estado Novo ao regime democrático de 1946, Campello de Souza[4] sugeriu, mais especificamente, que a preempção dos espaços decisórios pela burocracia egressa da ditadura varguista resultou em uma acentuada atrofia do sistema de partidos no tocante às opções macroeconômicas, com o que as agremiações do período "especializaram-se" no protagonismo ideológico em termos de esquerda e direita, ou seja, em torno do nacional-desenvolvimentismo e das repercussões internas da Guerra Fria. A partir da renúncia de Jânio Quadros, essa lógica levaria a uma radicalização crescente e ao Golpe de 1964.

O tema principal da crônica política do período 1961-1964 foi, sem dúvida, a emergência do *populismo*. Conquanto o termo fosse muitas vezes empregado sem a desejável precisão, o fenômeno que ele designava tinha duas faces. De um lado, o aparecimento de lideranças inclinadas a se dirigir diretamente ao "povo" (a aglomerações socialmente difusas, reunidas nas ruas e praças das grandes cidades), relegando as instituições representativas a segundo plano (os nomes de Perón e Getúlio, e depois de Jango e Brizola, vêm facilmente à memória). De outro, uma mudança na forma de articulação e apresentação de demandas ao poder público. Antes, as carências populares eram apresentadas a candidatos e a parlamentares de forma desagregada por pequenos grupos e até por indivíduos, segundo o padrão tradicionalmente denominado clientelismo, ao qual geralmente se associa uma forte conotação interiorana. Com o advento do populismo, o sujeito das demandas é a massa, e seu palco é eminentemente urbano. Desta descrição, uma dúvida e uma indagação decorrem de forma imediata. Salvo no tocante a serviços locais (habitação, saneamento, pavimentação etc.), a capacidade de articulação de seus interesses desse novo ator político, formado principalmente por imigrantes rurais de origem recente, era sabidamente modesta. Demandas desse tipo careciam, portanto, da octanagem necessária para alimentar comícios convocados por lideranças de expressão nacional. Em tais ocasiões, ou em seus pronunciamentos pelo rádio – um recurso político decisivo nessa época –, as demandas ditas populares não eram articuladas de baixo para cima pelas massas, mas de cima para baixo pelos líderes populistas. Estes, valendo-se da situação esboçada, recorriam a um discurso bifronte, ameaçando empreender reformas contundentes contra as elites tradicionais e impedindo a conquista das massas por setores mais genuinamente ideológicos, que à época eram basicamente os comunistas. Perpassado de alto a baixo por um incessante recurso ao blefe, esse jogo haveria obviamente de introduzir incertezas e riscos sem conta nos sistemas políticos da América Latina, contribuindo para a ruptura de vários deles.

Com o benefício do retrospecto, é possível afirmar que as interpretações da época atribuíram um peso excessivo às transformações sociais, que apenas se iniciavam, em detrimento da iniciativa de "empresários políticos" em encontrar atalhos para a conquista do poder. Valendo-se, como já se observou, dos novos meios de comunicação – o mais importante era ainda o rádio –, do paulatino enfraquecimento do PSD e da UDN, que eram os dois principais partidos do período 1945-1964, e de brechas absurdas nas regras institucionais, como a independência entre as candidaturas a presidente e a vice, que resultou na eleição de Jânio Quadros e João Goulart em 1960, os referidos "empresários" assumiram posições profundamente prejudiciais à estabilidade do regime constitucional de 1946.

É certo que as pressões inflacionárias decorrentes da gestão Kubitschek afetaram negativamente o equilíbrio político do período considerado, facilitando a "politização" das massas, por um lado, e acirrando os conflitos em torno da política econômica no interior dos governos Jânio e Jango, por outro. Mas, como já se notou, as grandes transformações estruturais apenas se iniciavam. Como proporção da população total, o eleitorado de 1960 não chegava a 20%; foi depois de 1964 que ele cresceu de forma sustentada até atingir o patamar atual, superior a 70%. Ainda mais importante, o acelerado crescimento da população urbana, que redundaria na inversão da matriz demográfica do país, deu-se depois, não antes de 1960.

O exposto no parágrafo anterior sugere uma releitura do triênio que se seguiu à renúncia de Jânio Quadros. A emergência do "povo" – vale dizer, de grandes massas urbanas – não parece prover uma explicação suficiente do populismo e do desarranjo político geral que desembocaria no golpe de 1964. Para bem compreender estes dois fenômenos, é mister situá-los no quadro mais amplo de uma mudança no sistema de partidos: a passagem de partidos de "notáveis" a partidos de "massas", como ocorreu durante o século XX em praticamente todas as democracias modernas. O PSD e a UDN, os dois principais partidos do período, eram evidentemente partidos de notáveis, recrutando seus quadros mais importantes entre as profissões liberais e entre fazendeiros e comerciantes. O PTB, terceiro em importância, só começou a penetrar nas cidades médias e pequenas do interior em 1963, após o plebiscito que possibilitou a recuperação por João Goulart do poder presidencial em sua plenitude. A releitura que se impõe tem, pois, o sentido de ressaltar que a transição que se iniciava dizia respeito a um sistema de partidos de notáveis debilitado desde sua formação, no alvorecer do regime de 1946, pelos enfrentamentos da Guerra Fria e mais ainda pelo precoce surgimento do populismo. Não descabe conjecturar que, de uma forma ou de outra, a dinâmica partidária radicalizada daqueles três anos levaria o regime constitucional à ruptura. Os militares, ao promovê-la, concentrando o poder em suas mãos durante 21 anos, liquidaram o "mercado" populista que surgira na esteira da crise de 1961, mas imprimiram aos processos políticos uma direção não menos nefasta no que tocava ao futuro robustecimento dos partidos e do sistema político como um todo.

Em 1965, ao editar o Ato Institucional nº 2, impondo a extinção dos partidos existentes e sua substituição pelo bipartidarismo Arena *versus* MDB, o governo militar reencenou uma hipótese complementar às do patrimonialismo e do populismo no tocante à debilidade do sistema político. Refiro-me ao fato de todas as precedentes formações partidárias terem sido extintas mediante atos de força, desaparecendo, em cada caso, todo o sistema e não apenas partidos individuais. A República extinguiu os partidos do Império; a Revolução de 1930 e o Estado Novo puseram fim aos partidos únicos estaduais (ditos "republicanos") da Primeira República; o golpe de 1964 extinguiu os 13 partidos do regime de 1946, forçando-os a se acomodarem em um dualismo de situação *versus* oposição. Salvo o atual PMDB, teoricamente descendente do MDB, e vários outros que sucederam a Arena, nenhum outro foi capaz de conservar suas estruturas para eventualmente se reorganizar, uma clara evidência da debilidade geral de tais agremiações a que me venho referindo.[5]

420 | DE BELÍNDIA AO REAL

FATORES DE DEBILITAÇÃO POLÍTICA
NO PASSADO RECENTE

Tendo relembrado as hipóteses mais abrangentes sobre a evolução política brasileira durante o século XX, concentrarei o restante do texto no que me parece ser o foco decisivo de uma inquirição sobre a realidade atual: *o agravamento da debilidade política brasileira após a luta vitoriosa das oposições contra o regime de 1964-1985*. Farei, inicialmente, uma breve menção à dinâmica endógena da "abertura" do regime militar e a certas mudanças que se deram concomitantemente na estrutura das profissões – um fator até agora não estudado de forma sistemática –, e concluirei com um *vol d'oiseau* sobre a crise engendrada durante os 13 anos e meio da gestão petista.

A debilitação mútua da corporação militar e das lideranças civis

Sucintamente, o ponto principal da questão é, a meu ver, a debilitação mútua de ambos os lados, militares e civis, em decorrência da procrastinação da "abertura" pelo presidente Ernesto Geisel – procrastinação consubstanciada na designação do general Figueiredo para um mandato de seis anos –, e a inviabilização da estratégia econômica dos anos 1970 pelo estrangulamento externo – ou seja, pela abrupta elevação das cotações do petróleo e das taxas internacionais de juros –, que precipitou a crise da dívida e o início da prolongada série de adversidades que se convencionou denominar "década perdida". Nesse quadro, a corporação militar sofreu uma forte erosão em sua legitimidade e perdeu praticamente sua capacidade de governar, mas tal perda não foi capitalizada pela elite civil que liderara a transição. Esta, com efeito, chegou ao poder em uma condição de acentuado desgaste e tendo à frente uma agenda política e econômica deveras intratável: a conjugação da crise econômica com dissensos profundos quanto aos caminhos, em um quadro de índices inflacionários em rápida ascensão, a morte de Tancredo Neves, substituído por José Sarney, e o desmembramento da antiga "frente de oposições", abrindo espaço para um acelerado processo de antropofagia.[6]

Mudanças na estrutura das profissões

Às descontinuidades causadas pelo ciclo militar na evolução dos partidos políticos, é preciso acrescentar a desvalorização social da carreira política e, por via de consequência, de todo o mecanismo de recrutamento – oferta e procura de candidatos – de que ela necessariamente depende. Quanto a esse aspecto, uma questão importante, e ainda não estudada de forma sistemática, tem a ver com mudanças que vêm ocorrendo na estrutura de profissões desde a segunda metade dos anos 1960.[7]

Até a Segunda Guerra, como já se observou, praticamente toda a política eletiva brasileira encaixava-se no figurino dos "partidos de notáveis". Os primeiros fatores de mudança dignos de nota surgem nos anos 1950, com as agremiações de esquerda começando a formar bases de militantes e, mais importante, o surgimento de um mercado político populista, a partir do qual umas poucas lideranças credenciaram-se como candidatos à Presidência ou a governos estaduais (Jânio, Jango, Adhemar de Barros, Brizola e Arraes, para ficarmos só nestes), enquanto diversos outros disputavam as prefeituras das cidades mais importantes.

Vista pelo ângulo das profissões, a "era dos notáveis" assentava-se na tríade clássica – advocacia, principalmente, e engenharia e medicina. Muitos proprietários de terras e comerciantes possuíam diplomas nessas áreas, o que não significa que tivessem interesse nelas como carreiras. Com todas as ressalvas que devam ser feitas, certo é que, do ponto de vista profissional, a advocacia foi a principal via de entrada na carreira política eletiva até o advento do regime de 1946. Desse ponto em diante, duas forças contrapostas fizeram-na perder tal *status*. De um lado, ela mesma se transformou. Tomando o ano de 1970 como *baseline*, vemos uma categoria profissional constituída por cerca de 70 mil praticantes, com um nível médio de prestígio bastante elevado e pouca dispersão em torno da média. Hoje, aproxima-se de um milhão o número de advogados registrados na OAB, com um perfil social em tudo e por tudo antitético ao de meio século atrás. A nova advocacia caracteriza-se por uma pequena elite internacionalizada, associada aos grandes escritórios e regiamente remunerada, contraposta a uma grande massa "proletarizada", com rendimentos mensais médios que mal chegam a R$ 10 mil. O impacto de tal mudança nos valores políticos da profissão e em sua relevância como manancial de candidatos à política eletiva é evidentemente dramático.

Como é óbvio, a situação descrita no parágrafo anterior não seria necessariamente negativa para a qualidade da classe política eletiva se a perda de altitude da advocacia fosse compensada pela ascensão de outras profissões – mas nada sugere que isso esteja acontecendo.

Creio ser oportuno inserir aqui uma breve comparação da advocacia com o jornalismo e a economia.[8] Max Weber, como se sabe, era cético quanto à possibilidade de os jornalistas virem a ombrear com os advogados no tocante a suas chances de eleição e a sua adaptabilidade ao dia a dia da carreira parlamentar.

422 | DE BELÍNDIA AO REAL

Na mesma linha, creio oportuno ressaltar, remontando ao fim da Segunda Guerra Mundial, que muitos jornalistas passaram a ver sua atividade como uma *vocação*, e não como uma simples técnica: uma verdadeira profissão, com um *esprit de corps* e valores próprios. Atualmente, com o declínio do jornal impresso e a ascensão da TV e da internet, é possível que esse processo tenha sofrido o impacto de pressões contraditórias e se revertido em alguma medida. Em linhas gerais, no entanto, não há dúvida de que os jornalistas têm um grande apego à profissão, que apreciam os desafios e a instigação intelectual que ela proporciona e valorizam a possibilidade de expressar o talento individual que ela permite; não é por acaso que muitos deles cultivam com certa paixão o idioma e desenvolvem aptidões literárias.[9]

Caso façam sentido, as observações anteriores sugerem alguns acréscimos às hipóteses de Weber. Primeiro, os jornalistas em geral gostam do que fazem. Segundo, não é fácil exercer um mandato parlamentar sem abdicar da independência de pensamento e da postura pública que um jornalista destacado deve manter; assim, mudar-se de mala e cuia para a política eletiva não deve ser uma opção palatável.

Outro aspecto relevante da questão em exame é ser a vida privada do jornalista relativamente bem defendida contra as pressões do trabalho. Por intenso que seja, o cotidiano do profissional de imprensa transcorre em uma sucessão temporal previsível, não impondo sacrifícios excessivos à vida familiar e ao lazer. Quanto a esse ponto, não descabe conjecturar que o jornalista e o acadêmico universitário gozem por igual de certos benefícios: um cotidiano mais ou menos calmo e uma liberdade de movimentos (maior ainda com o advento da internet) que o médico, por exemplo, não possui. Por último, mas não menos importante, o jornalista bem-sucedido exerce certa influência na vida pública, não tendo por que fazê-lo na condição de vidraça se o pode fazer na de estilingue.

E os economistas, como entram nessa história? Como categoria profissional, sua presença nos partidos e nos parlamentos é tão modesta ou até mais modesta que a dos jornalistas. Como explicar isso? Por que uma profissão reconhecida como um símbolo de modernidade, antenada como nenhuma outra para os caminhos e descaminhos da política pública e altamente visível na mídia permanece à margem dos organismos eletivos da representação política?

Penso que a busca por respostas deve começar pela base de conhecimentos que singulariza a economia como profissão. Se é certo que o jurista se concentra na aplicabilidade ou não de um conjunto de normas a uma dada situação[10] e que o jornalismo existe em função do "último acontecimento", do "furo", e de *como* comunicá-lo ao leitor ou telespectador, o traço distintivo do economista, qualquer que seja sua linha de pensamento, é a circunstância de lidar com

A ELITE POLÍTICA BRASILEIRA E OS DESAFIOS DO SÉCULO XXI | 423 fatos – mas fatos, *hélas!* – estruturados como um sistema objetivo.[11] O sistema econômico "secreta" informações relevantes todos os dias, e pode fazê-lo a qualquer momento, impondo-se, pois, literal e cotidianamente à atenção do economista. Na era atual, o alto grau de integração doméstica e internacional das economias, a complexidade dos processos financeiros e a importância antes inimaginável que as expectativas dos agentes econômicos assumiram em um mundo de comunicações em tempo real, impactos poderosos podem afetar de uma hora para outra o funcionamento do conjunto. Por essa e outras razões, os economistas têm uma aguda consciência do caráter especializado de seu ofício e das fortes exigências técnicas e teóricas sobre as quais ele se assenta. Por si só, esse fato alerta quanto à baixa compatibilidade da profissão com a política. Mas isso não é tudo, e seria um grande equívoco imaginar que a complexidade dos processos econômicos abate esses profissionais e os faz sofrer. Ao contrário, eles tendem a ver a intricada trama científica da disciplina como um desafio e uma fonte de satisfação. Muitos possuem uma bagagem intelectual respeitável, não adstrita aos limites técnicos da disciplina, cultivam amplos relacionamentos acadêmicos e culturais, e prezam muito esse modo de vida. Acrescente-se que os economistas são, em média, bem-remunerados – sem esquecer aqueles que integram o *star system* internacional, pecuniariamente muito bem recompensados pelo trabalho que realizam. A exemplo dos jornalistas, eles não necessitam de um mandato eletivo para se tornarem influentes na esfera pública. Sentem mais a atração do Executivo que a do Legislativo, quanto a isso não há dúvida. Uma opção obliquamente política é a imprensa, tendo em vista que a formação acadêmica em economia lhe assegura uma presença destacada no contato com o público. Nessa capacidade, muitos parecem se representar como tribunos do povo – e do próprio país –, uma percepção que quadra muito bem com a autoimagem da profissão como um coletivo devotado à racionalidade. Podemos, pois, concluir sem temor a erro que poucos se dispõem a trocar a situação profissional de que desfrutam pelas incertezas da política eletiva.

Retomando o fio do argumento e recapitulando: na época de ouro da advocacia como estufa produtora de carreiras políticas, as chances favoráveis dos advogados na arena eletiva deviam-se a uma pluralidade de fatores que transcende por larga margem os mais frequentemente citados: o domínio de um padrão linguístico e oratório similar aos da esfera política, o desembaraço com que os bacharéis costumam se expressar em público etc. Deviam-se também ao status de quase elite de que o advogado geralmente desfrutava; à familiaridade prática que desenvolvia no trato com as agências do Estado; à interação relativamente desimpedida que mantinha com as elites sociais, à sua *dispensabilidade* – relembrando aqui a tese weberiana –, devido a uma agenda mais flexível que a das outras profissões liberais e, ainda importantes, à circunstância de ser representado por uma organização corporativa poderosa (no Brasil, a OAB), e a seu acesso praticamente privativo às carreiras do sistema de justiça. A esses elementos haveria ainda a acrescentar a hipótese da semelhança ou convergência entre os papéis a que o advogado se habitua em seu conflituoso cotidiano e aqueles que assume quando opta pela política como destino profissional.

Em tese, a advocacia poderia ter permanecido como um grande supridor de talentos para a carreira política, mas esse, decididamente, não é o panorama que descortinamos na presente realidade brasileira. O que hoje caracteriza a profissão, como já se observou, é uma pirâmide fortemente estratificada, com os grandes escritórios internacionalizados no topo e uma massa anônima de profissionais mal remunerados na base. Ainda que conserve alguns traços da antiga mentalidade política liberal, não há dúvida de que ela perdeu o papel que parece outrora ter tido. E sua saída não foi proporcionalmente compensada pela entrada de profissionais em economia. Ou seja: os bacharéis deixaram de ser protagonistas de primeiro plano na política eletiva, e não foram substituídos pelos doutores em sociologia da USP, muito menos pelos Ph.Ds. em economia de Harvard, Berkeley ou Chicago. Fernando Henrique Cardoso e José Serra são exceções que confirmam a regra.

1979-2017: A ERA PETISTA

Pela porosidade social e pela influência que viria a adquirir nos meios intelectuais e universitários, o PT provocou uma abrangente reconfiguração do universo ideológico brasileiro.[12] Em que pese a complexidade de tal processo, parece-me razoável afirmar que tal reconfiguração reforçou grandemente os elementos de debilitação do Estado e do sistema político explorados neste texto. Três aspectos específicos podem ser mencionados em prol dessa hipótese. Primeiro, ao favorecer o confronto e ao assumir posturas mais rancorosas que as precedentemente comuns, o partido enrijeceu ideologicamente o debate público e até mesmo o oferecimento de alternativas às políticas praticadas pelo Executivo. Este aspecto adquiriu contornos especialmente marcantes durante o governo Dilma, quando as advertências dos economistas a respeito da política econômica foram, no geral, descartadas e a comunidade profissional tornou-se um espectador passivo do desastre que se avizinhava.

Em segundo lugar, desde os primórdios de sua fundação, o PT se constituiu e permanece como uma das mais fortes correntes de pensamento antiliberal da história brasileira. No que toca ao regime político, sua perspectiva é nitidamente *anti-institucional*, fato que alguns dos melhores estudiosos petistas reconhecem.[13] É certo que o "assembleísmo" dos primeiros tempos perdeu substância, mas em benefício de um "estatismo" e de um culto à personalidade de Lula que de democráticos têm muito pouco, ou nada. Em termos econômicos, como bem a exemplificou o governo Dilma, a maioria abraça sem rebuços a velha imagética do Estado "forte", vale dizer, a concepção nacional-desenvolvimentista de um Estado com ampla presença empresarial e regulatória na economia. Não fosse a tradição *liberal* brasileira – muito mais forte no tocante ao regime constitucional que na esfera econômica –, o mais provável é que o petismo tivesse marchado mais enfaticamente no sentido de modelos autoritários. Em apoio a essa conjectura, devemos também lembrar o patamar relativamente alto de industrialização e diversificação de nossa sociedade e, no passado recente, o petardo que atingiu o partido na seara da corrupção.

À GUISA DE CONCLUSÃO

Tomados em conjunto, os argumentos apresentados parecem-me autorizar o diagnóstico de que a parte eletiva da democracia brasileira sofreu uma série de impactos desgastantes à medida que superava a era dita "oligárquica" (ou de "notáveis") da estrutura partidária. No ponto em que nos encontramos, o resultado por certo não é unívoco. Remontando ao segundo pós-guerra, não há dúvida de que ela se expandiu e robusteceu graças à expansão do sufrágio e à modernização dos mecanismos administrativos e judiciais que balizam a disputa eleitoral. Mas não há que subestimar a ação dos fatores negativos explorados no texto e, no momento atual, o efeito conjugado de duas crises, a econômica e a decorrente do vasto esquema de corrupção desvendado pela Operação Lava-Jato.

Qualquer que seja o desfecho imediato de tais crises, reconstruir uma elite eletiva com uma base aceitável de legitimidade será um processo penoso e demorado. Que perfil social e profissional terá tal elite? Será possível constituí--la com base nos mecanismos institucionais existentes, ou só a partir de uma reforma política abrangente, projeto, por sua vez, eivado de incertezas?

Reforçando as indagações do parágrafo anterior, convém introduzir aqui a crucial distinção entre elites reais e elites categoriais, ou abstratas. As primeiras, praticamente inexistentes na história brasileira, constituem-se como projeções de grupos sociais preexistentes na esfera política. Sua base são substratos duradouros, não raro hereditários, fundados em posições de status, modos de vida aristocráticos e, no limite, altos índices de endogamia.[14] No Brasil, notadamente a partir da Segunda Guerra, nossas elites têm-se formado a partir de bases corporativas, que por sua vez não passam de grupos de interesse ou categorias estatísticas delineadas pela autoridade pública. Raramente coesas e dotadas de uma identidade consciente, elas podem, portanto, ser visualizadas como o ápice de uma pirâmide social imaginária, ponto de encontro de hierarquias diversas, baseadas no acesso a postos políticos eletivos, no exercício de funções elevadas na administração civil ou militar, na direção de empresas ou sindicatos, nas profissões, no conhecimento científico, em distinções culturais e artísticas, e assim por diante. Dito de outro modo, "reais" são elites que se beneficiem de uma coesão, por assim dizer, prévia e natural. Abstratas, ao contrário, são elites que devem sua coesão a um elemento exógeno (crenças ideológicas, uma preferência partidária particular, uma devoção incomum a um líder político), ou seja, à presença de elementos unificadores dotados de alta valência entre os membros da coletividade em questão.[15]

Notas

1. Empregarei o termo "debilitação" não apenas no sentido sistêmico, abrangendo o Estado e o regime, mas também em relação à qualidade média dos indivíduos que ingressam na política pelo processo eletivo.
2. Faoro, 1958; Schwartzman, 2015; Senna, 1994.
3. Weffort, 1966.
4. Campello de Souza, 1976.
5. Vale a pena lembrar que a ruptura do sistema voltou a se manifestar, embora de forma oblíqua, na reforma partidária de 1979, urdida pelos estrategistas do regime e por setores minoritários da "frente de oposições", com o objetivo de quebrar o dualismo ARENA *versus* MDB.
6. Foge ao âmbito deste artigo avaliar se a formalização da transição com o ingresso de Tancredo pelo Colégio Eleitoral, e não através de eleições diretas, foi um complicador adicional na conjuntura descrita. Outra lacuna inevitável diz respeito ao perfil dos novos líderes e partidos, remontando à reforma partidária de 1979, e em particular aos perfis de Lula e do PT, aos quais farei uma breve referência na conclusão do texto.
7. Realmente, a transformação das profissões em função das grandes mudanças que se registraram nas estruturas sociais e nas tecnologias durante o século XX está a exigir mais observação e aprofundamento por parte dos cientistas sociais. Ver a respeito: Ben-David, Joseph, 1966, e Perrucci e Gerstl, 1969. No caso brasileiro, não há dados empíricos satisfatórios a respeito da distribuição das candidaturas ao Legislativo segundo as profissões. Creio, porém, que o crescimento exponencial do número de bacharéis e a "proletarização" da advocacia endossam suficientemente meu argumento.
8. O restante desta seção foi extraído de meu estudo *Império da Lei - Visão dos Advogados sobre a Justiça Brasileira* (São Paulo: Companhia das Letras, 2016),

disponível em e-book. Seu pano de fundo é o conhecido trecho de Max Weber sobre o jornalismo e a advocacia em *A Política como Vocação*, obra de 1919. Decorrido quase um século da publicação desse celebrado ensaio, é natural que as observações de Weber sobre o jornalismo pareçam insuficientes – mais ainda em vista dos avanços tecnológicos consubstanciados no advento da televisão e da internet. Procuro compensar tal deficiência com observações pessoais, cujo caráter impressionista deve ser frisado.

9. Como cultores do idioma, poderíamos remontar a Nelson Rodrigues e a Antônio Maria, jornalistas dublês de dramaturgo e compositor, respectivamente. Na grande geração do "Castelinho" (Carlos Castelo Branco), Carlos Chagas, Villas-Boas Corrêa e os romancistas Carlos Heitor Cony e Moacir Japiassu são menções obrigatórias; na geração atual, Dora Kramer, Eliane Cantanhede, Josias de Souza, Merval Pereira e Roberto Pompeu de Toledo, para ficarmos só nestes.

10. "[...] a dogmática jurídica procura definir os fatos aos quais a ordem legal positiva se aplica e a forma pela qual ela incide sobre eles." Ver Rheinstein, Max (ed.). *Max Weber on Law and Society*. Nova York: Simon e Schuster, 1967, p. 11.

11. Fatos, mais precisamente, que: a) se definem como tais por estarem teoricamente referidos a um axioma indiscutível, o da escassez; b) mantêm entre si uma interligação ou interdependência contínua, de tal forma que o conjunto deles se configura como um sistema; c) sendo tal sistema um mecanismo empírico, objetivo, cujos movimentos sujeitam-se permanentemente a restrições e *trade-offs* de toda ordem.

12. Sabemos que a influência das ideologias pode se acentuar conforme a evolução sequencial dos acontecimentos e segundo os tipos de elite que se hajam constituído em uma dada época. Por definição, ideologias são modos de pensar e sentir relativamente "descolados" das realidades imediatas, e, portanto, não assimiláveis aos elementos de cálculo racional que conflitos de natureza estritamente econômica ou derivados de diferenciais de acesso a oportunidades geralmente trazem embutidos. Ideologias não são meros "reflexos", nem se reduzem a meros "enganos" ou "distorções". São crenças que se interligam em graus variáveis de dependência umas em relação às outras, configurando-se, pois, como sistemas relativamente estáveis e autônomos. Entre as interpretações do conceito existentes na literatura, parece mais lúcida a que estuda as ideologias em uma linha estreitamente ligada à antropologia e à psicologia social; veja-se Geertz, 1964, Converse, 1964, e Brewster Smith, 2003. Esses autores argumentam que opiniões políticas, como qualquer sistema de representações subjetivas, têm três funções: a de conhecer (ou avaliar) a realidade ("*object appraisal*"), a de facilitar o ajustamento de seus portadores ao ambiente social e a de externar problemas individuais não resolvidos.

13. Bueno de Azevedo, 1995, p. 191.

14. A aristocracia italiana do século XIX é um bom exemplo; veja-se a respeito Montroni, 1995, pp. 255-275.
15. Considerando que as elites alemãs ter-se-iam tornado abstratas após a experiência nazista e a Segunda Guerra, Dahrendorf, 1969, atribuiu às faculdades de Direito uma função unificadora importante; no Brasil, como já se notou, nada sugere que as profissões possam cumprir tal função.

REFERÊNCIAS BIBLIOGRÁFICAS

Ai Camp, Roderic. *Mexico's Mandarins: Crafting a Power Elite for the Twenty-First Century*. Berkeley e Los Angeles: University of California Press, 2002.

Ben-David, Joseph. "The Growth of the Professions and the Class System". In: BENDIZ, Reinhard e M. LIPSET, Seymour. *Class, Status and Power*. Nova York: Free Press, 1966. 2. ed.

Bensel, Richard F. *The Political Economy of American Industrialization, 1877-1900*. Cambridge, UK: Cambridge University Press, 2000.

Bueno de Azevedo, Clovis. *A estrela partida ao meio: Ambiguidades do pensamento petista*. São Paulo: Athena Livros, 1995.

Campello de Souza, Maria do Carmo. *Estado e partidos políticos no Brasil – 1930-1964*. São Paulo: Alfa-ômega, 1976.

Dahrendorf, Ralph. "Law Faculties and the German Upper Class". In: AUBERT, Vilhelm. *Sociology of Law*. Baltimore, Maryland: Penguin, 1969.

Faoro, Raymundo. *Os Donos do Poder*. Porto Alegre: Globo, 1958.

Lamounier, Bolívar. *Da Independência a Lula: Dois séculos de política brasileira*. São Paulo: Augurium, 2005.

_____ . *Império do Direito: A visão dos advogados sobre a Justiça*. São Paulo: Companhia das Letras, 2016.

_____ . *Liberais e antiliberais: A luta ideológica de nosso tempo*. São Paulo: Companhia das Letras, 2016.

Lamounier, B. e Souza, Amaury de. *As elites brasileiras e a modernização do setor público*. São Paulo: Editora Sumaré, 1989.

Montroni, Giovanni. "Aristocracy and Professions". In: MALATESTA, Maria (ed.). *Society and the Professions in Italy, 1860-1914*. Cambridge, UK: Cambridge University Press, 1995.

Perruci, Robert e Gerstl, Joel E. *The Engineers and the Social System*. Nova York: John Wiley and Sons, 1969.

Rheinstein, Max (ed.). *Max Weber on Law and Society*. Nova York: Simon & Schuster, 1967.

Senna, José Júlio. *Os parceiros do rei – Herança cultural e desenvolvimento econômico no Brasil*. Rio de Janeiro: Topbooks, 1995.

Sparks, Allister. *Tomorrow is another country – The inside story of South Africa's negotiated revolution*. Londres: Arrow Books, 1997.

Schwartzman, Simon. *Bases do autoritarismo brasileiro*. Campinas, São Paulo: Editora da Unicamp, 2015.

Weber, Max. *"Politics as a Vocation"*. In: Gerth, Hans e Mills, Wright. *From Max Weber* (1919). Nova York: Free Press, 1968.

Weffort, Francisco. *O populismo na política brasileira*. Rio de Janeiro: Paz e Terra, 1978.

19

A SAGA DE BELÍNDIA: AS POLÍTICAS SOCIAIS NO PAÍS DOS CONTRASTES

Simon Schwartzman

PRELÚDIO: A SAGA DE BELÍNDIA

Quando Edmar Bacha visitou o país fictício Belíndia, nos anos 1970, não foi difícil mostrar que o bolo do PIB, sozinho, não traz felicidade; e isso ficou claro não só pelo uso inteligente da matemática, mas também porque outros, dentro e fora do reino, já começavam a notar como a desigualdade entre as fatias do bolo não só era enorme, como parecia aumentar.[1] Isso não foi suficiente, no entanto, para convencer o rei a começar a compartir o bolo antes que acabasse de crescer.[2] Quando Bacha volta a Belíndia, vinte anos depois, o rei havia sido deposto, os direitos à participação e ao consumo haviam sido solenemente consagrados em uma bela Constituição cidadã, mas o bolo havia solado, e foi preciso usar uma matemática muito mais complicada para mostrar que seria possível voltar a um mundo real onde a soma das fatias crescesse, mas sem ser maior do que o bolo, e foi assim por um tempo.[3] Mas a crença mágica de que a distribuição das fatias faria o bolo crescer e de que o povo podia ir bem mesmo quando a economia fosse mal, embora absurda, parecia ter se enraizado;[4] e foi preciso aguardar o difícil momento da crise para começar a entender que os problemas do país não se restringiam às grandes desigualdades de renda e ao mau manejo da economia, mas incluíam também profundos equívocos nas políticas sociais.

POBREZA, DIREITOS SOCIAIS E OPORTUNIDADES

O Brasil é conhecido por seus altos níveis de desigualdade social e de renda, que foram reduzidos em certa medida, nas últimas décadas, entre os assalariados, graças ao crescimento econômico, diferentes políticas de distribuição de renda e a provisão de expansão de serviços sociais, como educação, saúde, habitação e outros. O Programa das Nações Unidas para o Desenvolvimento, em parceria com instituições brasileiras, estima o Índice de Desenvolvimento Humano dos municípios brasileiros (IDHM), e constatou que a maioria dos municípios melhorou muito significativamente a sua condição no período de 1991 a 2010, passando do nível "baixo" para "alto" em termos de renda, longevidade e escolaridade da população.[5] As melhorias que ocorreram são inegáveis, mas permaneceram incompletas, e sempre persistiu a dúvida sobre em que medida seriam sustentáveis, porque resultantes de políticas sociais bem-concebidas, ou precárias, simples reflexos das oscilações da economia do país. A resposta se tornou óbvia com a recessão econômica iniciada em 2014, elevando o desemprego a níveis inauditos e tornando evidentes as limitações das políticas de educação, saúde, previdência e segurança pública dos anos anteriores.

A questão da pobreza, sobretudo na influente literatura inglesa, foi entendida no passado como um problema moral, como em Malthus, a ser tratado pela prédica religiosa ou pela caridade, que, no caso clássico da Inglaterra, levaram à grande polêmica sobre os benefícios ou danos morais das *poor laws*. Na visão de Malthus e dos economistas da época, os efeitos da caridade e da legislação a favor dos pobres seriam perversos, porque estimulariam o desinteresse pelo trabalho e o aumento da população, que não teria como ser sustentada pela atividade produtiva dos demais. Os pobres não deveriam ser ajudados, e sim convencidos ou forçados a trabalhar pelo seu sustento e reduzir o tamanho de suas famílias. Para que a economia crescesse e a pobreza diminuísse, era necessário eliminar as travas à busca do lucro e os incentivos à indolência, colocando todos em um mercado competitivo no qual prevaleceriam os mais perseverantes e os mais aptos. Para Polanyi, no entanto, escrevendo na década de 1940 e retomando o que Marx havia escrito no *Manifesto comunista*, a principal consequência da expansão do capitalismo e da abolição das leis de proteção aos pobres teria sido o rompimento do tecido social, sem o qual a competição nos mercados terminaria por levar à destruição das sociedades e à guerra.[6]

Além de ignorar o que a literatura mais atual denomina de "capital social", sem o qual os mercados competitivos não conseguem funcionar adequadamente, uma dificuldade óbvia das teorias malthusianas, em suas versões antigas ou mais atuais, é que nem todos nascem com as mesmas condições para competir, e as desigualdades persistem através de gerações. A questão, então, é como liberar as pessoas de seus condicionamentos de origem, dando a todos oportunidades semelhantes de participar e fazer valer os seus méritos individuais e morais. O tema da relação entre pobreza e capitalismo é central nas teorias sociológicas de modernização, que têm sua origem nos textos de F. Tönnies e E. Durkheim desde o final do século XIX, e foi codificada na teoria do sistema social de T. Parsons.[7] A ideia central é que as sociedades tradicionais são baseadas em hierarquias de status, que as pessoas recebem ao nascer, em contraste com as sociedades modernas, baseadas em posições de mercado que dependem do desempenho de cada um. Na prática, ninguém está totalmente livre das condições derivadas de suas origens, mas as sociedades podem variar muito em relação à medida que os seus cidadãos podem ter e fazer uso das oportunidades para decidir sua própria vida. Sociedades tradicionais tendem a ser estruturadas em divisões e hierarquias sociais, econômicas e étnicas, e a expectativa é que cada pessoa aceite sem questionar o lugar, o estilo de vida e as formas de pensar de seu grupo social. A ampliação do direito de escolha dos indivíduos, quando ocorre, é consequência das alterações nos sistemas de valores, com o aumento do individualismo; do enfraquecimento das instituições tradicionais de poder baseadas no status e hierarquia; da ampliação da mobilidade social e geográfica; e do desenvolvimento econômico, permitindo que as pessoas se libertem da necessidade de trabalhar apenas para sua sobrevivência diária. Um componente central dessa evolução é a expansão da educação pública, acessível a todos, independentemente de suas condições de origem, que possa proporcionar aos indivíduos não só as qualificações necessárias para participar do mercado de trabalho, mas também a capacidade de compreender o contexto mais amplo em que vivem, para que possam buscar novas oportunidades e decidir sobre o seu destino.

Com o moderno Estado de bem-estar social, a questão da pobreza se transforma na questão dos direitos sociais, com os quais, na formulação clássica de T. H. Marshall, "os contratos são invadidos pelo status, os preços de mercado são subordinados à justiça social, e a livre negociação é substituída pela afirmação de direitos".[8] Com isto, o tecido social se reconstrói em certa medida, mas, por outro lado, a eficiência dos mercados é tolhida. O problema das sociedades modernas é como combinar a preservação dos direitos sociais com o estímulo aos mecanismos de mercado que geram riqueza e permitem a ampliação do bem-estar social. O caminho, em princípio, é desenvolver políticas sociais que não consistam em simples distribuição de benefícios de status, mas em instrumentos que aumentem a oportunidade que as pessoas possam ter para fazer suas opções e buscar seu lugar na economia e na sociedade.

No Brasil também, tradicionalmente, as questões da pobreza sempre foram tratadas sobretudo como um problema dos pobres, cujas deficiências físicas, mentais e emocionais, caricaturadas no Jeca Tatu de Monteiro Lobato, deveriam ser objeto das ações de saúde pública (incluindo, até a Segunda Guerra Mundial, as políticas de branqueamento e eugenia racial), educação e pregação religiosa, e mitigadas pelas instituições de caridade cristã, como as Santas Casas de Misericórdia. Esta era também a visão de autores marxistas que explicavam a pobreza como resultado da exploração de classes, mas não atinavam com as razões pelas quais os pobres brasileiros não se organizavam como uma classe proletária em defesa de seus direitos, como presumivelmente ocorria na Europa. A pobreza entra na agenda política da América Latina principalmente pela mobilização protagonizada pelos setores da Igreja Católica associados à Teologia da Libertação, como a Conferência Nacional dos Bispos do Brasil e personalidades carismáticas como Leonardo Boff, Frei Betto e Herbert José de Sousa (Betinho), que se juntaram ao Partido dos Trabalhadores na criação de programa Fome Zero, apresentado como carro-chefe da política social no início do governo Lula.[9]

O programa Fome Zero foi abandonado logo de início, tanto pelo equívoco de colocar a questão da fome no centro dos problemas sociais do país quanto pela inviabilidade do intervencionismo extremo na economia que propugnava em nome da "segurança alimentar" da população, por meio de 25 políticas e 60 programas específicos.[10] Em seu lugar surgiu o Bolsa Família, um entre os vários programas de transferência condicionada de renda apoiados pelo Banco Mundial em diversos países, cujas características principais eram a vinculação entre transferências de renda e condicionalidades (colocar os filhos nas escolas, demandar serviços de saúde preventiva), e a expectativa de que o estímulo à demanda reduziria a necessidade de atuar diretamente na organização da oferta dos serviços sociais. Uma das questões centrais em relação a estes programas é se, de fato, as condicionalidades tinham o efeito desejado, que era o de ir além de uma simples transferência de renda e desenvolver o capital humano necessário para que esta transferência deixasse de ser necessária. Em outros termos, a questão é se eles se limitavam a "dar o peixe", melhorando as condições de vida dos destinatários, ou teriam também a capacidade de "ensinar a pescar", abrindo portas para que as pessoas pudessem sair da armadilha da pobreza. Esta questão se coloca, também, em relação a outras políticas sociais implementadas no Brasil nos últimos anos. Em relação à expansão da educação, a questão é se ela se limita a dar acesso à educação formal a mais pessoas, distribuindo credenciais, ou contribui para aumentar a produtividade, reduzindo, assim, as diferenças de oportunidade. Uma característica das políticas sociais dos últimos anos no Brasil tem sido a ênfase dada à participação social na implementação de políticas, desde os orçamentos participativos até aos inúmeros conselhos comunitários associados às políticas de educação, saúde e outros programas sociais. Aqui, novamente, a questão é se este tipo de empoderamento social ajuda a melhorar a qualidade e a equidade das políticas sociais e as competências dos participantes como cidadãos, ou, simplesmente, leva a uma maior politização das ações públicas, com ganhos apenas para os grupos no poder. Neste artigo, vamos rever as principais políticas sociais postas em prática na sociedade brasileira nos últimos vinte anos, examinando, em cada caso, quando elas realmente criaram maiores oportunidades para a população pobre, ou se limitaram à distribuição de benefícios em uma perspectiva assistencial, associada a um processo de ocupação "gramsciana" do Estado pelos militantes.

MOBILIDADE SOCIAL E NOVAS OPORTUNIDADES NO BRASIL

As três características principais da sociedade brasileira são a modernização tardia, grande desigualdade e alta mobilidade social. O Brasil foi o maior importador de escravos africanos do mundo, com cerca de 5 milhões trazidos para as plantações de cana-de-açúcar e café e para mineração; e o último a abolir a escravidão, em 1888. Em 1950, metade da população de 15 anos ou mais era analfabeta, e o acesso universal ao ensino primário só foi alcançado ao final dos anos 1990. A miscigenação intensa impediu o desenvolvimento de um *apartheid* racial semelhante ao da África do Sul ou ao do sul dos Estados Unidos, mas a desigualdade social e econômica, fortemente correlacionada com origens étnicas, manteve-se muito elevada.

Desde o final do século XIX, o país começou a mudar, impulsionado principalmente pela riqueza produzida pelas exportações de café. Milhões de imigrantes vieram da Europa e do Japão para regiões do Sul, primeiro como agricultores e trabalhadores das plantações, mas se transferindo depois para as cidades, e uma indústria incipiente começou a desenvolver em torno do Rio de Janeiro e de São Paulo. A partir dos anos 1950, o país se transformou drasticamente. A população aumentou de 70 milhões para 120 milhões entre 1960 e 1980, graças a altas taxas de natalidade e aumento da expectativa de vida, chegando a 190 milhões em 2010, e se transferiu, em grandes números, do campo para os centros urbanos, com a proporção rural se reduzindo de 64% para 16% entre 1950 e 2010. A região de São Paulo tornou-se o maior centro industrial da América Latina, atraindo investimentos nacionais e internacionais e imigrantes de outras partes do país.

A urbanização foi um processo espontâneo, impulsionado pelas condições de extrema pobreza nas áreas rurais estagnadas, principalmente no Nordeste, agravada por secas periódicas e pela atração das oportunidades de emprego e acesso a serviços públicos nas cidades. Ela foi facilitada também pela abertura de estradas e a expansão das comunicações por rádio e TV, que mostravam a existência de um mundo melhor e a possibilidade de se mudar para lá. Diferentemente da China ou da África do Sul durante o *apartheid*, não havia limitações legais para que os pobres se mudassem para as cidades. Normalmente, os imigrantes vinham sozinhos e viviam em assentamentos precários e conseguiam um emprego de baixa qualificação; os homens, geralmente como peões na construção civil, e as mulheres, como empregadas domésticas; mais tarde, traziam suas famílias. Para os imigrantes que conseguiam trabalho, a vida era melhor do que no campo, e a abundância de mão de obra barata subsidiava a expansão da economia urbana e o padrão de vida das novas classes médias. Para outros, a alternativa era a indigência ou a pequena criminalidade.

A SAGA DE BELÍNDIA | 435

Na economia, a industrialização se desenvolveu mais fortemente em São Paulo, impulsionada pela riqueza do café e a presença da população de imigrantes, mas o setor de serviços se expandiu em todos os lugares, bem como o setor público, empregando um número crescente de pessoas, enquanto grande parte da antiga agricultura, baseada em trabalho de baixa qualificação, ia sendo substituída pelo agronegócio. Essas mudanças demográficas e econômicas foram acompanhadas, ainda que tardiamente, por mudanças também profundas no acesso à educação.

A grande transição do campo para as cidades, a expansão da economia de serviços e do acesso à educação têm sido descritas na literatura como um intenso processo de mobilidade social, não só na geração presente, como também intergeracionalmente, com as crianças recebendo mais educação e tendo acesso a melhores empregos do que seus pais. A literatura distingue a "mobilidade estrutural", relacionada a amplas mudanças na estrutura social e na economia, da mobilidade vertical ou "fluidez", a probabilidade de as pessoas se moverem ao longo da pirâmide social, interpretada como uma medida da igualdade de oportunidades. Resumindo as pesquisas sobre mobilidade social no Brasil desde a década de 1970, Costa Ribeiro nota que

> uma enorme diminuição da desigualdade de oportunidades ocorreu nesse período, bem como grandes fluxos de mobilidade das classes sociais rurais para as urbanas. Fora a Coreia do Sul, nenhum outro país se caracterizou por tanta mobilidade social das áreas rurais para as urbanas como o Brasil na década de 1970.[11]

Os principais fatores que explicam essa queda da desigualdade são a expansão do mercado de trabalho, o aumento do trabalho feminino e a expansão da educação formal, que se acelerou na década de 1980, e o fim da hiperinflação após 1995, permitindo que a economia voltasse a crescer. A maior parte dessa mobilidade ocorreu na base da pirâmide social, com a população rural passando a desempenhar atividades urbanas de baixa remuneração, fazendo com que a desigualdade de renda persistisse.[12] Com o Plano Real, iniciado em 1994, a desigualdade de renda melhorou um pouco, e voltou a diminuir entre 2002 e 2011, com o Índice de Gini baixando de 0,59 para 0,53 – ainda muito elevado em termos comparativos. A pobreza absoluta, no entanto, se reduziu significativamente: cerca de 5,6 milhões de pessoas no Brasil saíram da pobreza entre 1977 e 2001, um declínio de 23,6%. A maior parte da redução ocorreu entre 1993 e 2001, quando cerca de 4,2 milhões de pessoas saíram da pobreza.[13]

Outra maneira de analisar a desigualdade de oportunidades foi proposta por John E. Roemer, que distingue variáveis de "circunstância", que estão além do controle do indivíduo, de variáveis de "efeito", que podem ser alteradas pelo

436 | DE BELÍNDIA AO REAL

comportamento individual, como estudar mais ou migrar. Um estudo empírico com dados de 1996, no Brasil, mostrou que quatro variáveis de circunstância (escolaridade dos pais, ocupação do pai, raça e região de nascimento) são responsáveis por mais de um quinto da desigualdade de rendimentos dentro das coortes de gênero e idade, limitando a capacidade das pessoas de mudar suas condições pelo seu próprio esforço. Segundo os autores,

> nossa análise sugere que o contexto familiar é o mais importante conjunto de circunstâncias que determinam as oportunidades de uma pessoa. Cinquenta e cinco a 75 por cento do efeito total das circunstâncias pode ser atribuído à escolaridade dos pais, e esse número sobe para 70 a 80 por cento, quando se inclui também a ocupação dos pais.[14]

Um aspecto significativo do processo de crescimento econômico e da mobilidade foi a ampliação do acesso a diferentes tipos de serviços públicos e bens de consumo, incluindo água tratada, escolas, energia elétrica e transporte público. Até os anos 1990, o sistema de telefonia no Brasil era um monopólio estatal, e era quase impossível para uma família de classe média obter um telefone fixo. O setor começou a se expandir com a privatização, em 1995; alguns anos mais tarde os telefones celulares foram introduzidos e logo se tornaram acessíveis. Por volta de 2000, 30% dos domicílios tinham um telefone celular; em 2015, eram 92%. A posse de computadores chegou a 45% dos domicílios em 2014, e o acesso domiciliar à internet, a 58%.[15] Até recentemente, havia a preocupação de que a introdução das tecnologias de informação e comunicação (TIC) iria criar um "fosso digital" entre os que teriam ou não acesso a esses recursos;[16] agora, o número de telefones celulares registrados no país, 258 milhões, é maior do que o da população,[17] e a divisão é sobretudo entre as gerações. Não existem estudos sistemáticos sobre o impacto das TIC sobre a expansão das oportunidades, mas alguns efeitos são facilmente observáveis. No mercado de trabalho informal, tornou-se muito mais fácil para os provedores anunciar seus serviços e se conectar diretamente com seus clientes, por meio de empresas digitais especializadas em intermediação de trabalho. O acesso aos serviços públicos e privados, como o setor bancário e os provedores de benefícios sociais, vem se tornando simples e mais eficiente, reduzindo os custos, a ineficiência e as oportunidades de corrupção de intermediários. Serviços como Uber e Airbnb estão criando novas oportunidades de trabalho para a prestação de transporte público e de hospedagem, pela simplicidade de funcionamento e pelo baixo custo para se iniciar o negócio. Ao mesmo tempo, eles podem estar gerando desemprego nos setores mais regulamentados, como táxis e hotéis, e os efeitos líquidos destas tecnologias disruptivas não são claros.

Outro desenvolvimento recente foi a introdução das novas tecnologias de informação e comunicação na educação. Em 1997, o Ministério da Educação criou um Programa Nacional de Tecnologia da Educação (Proinfo),[18] com o objetivo de dotar as escolas com equipamentos, conteúdo educacional e acesso à internet, e vários estados e municípios também têm comprado equipamento para suas escolas. No entanto, uma visão geral das várias avaliações desses projetos até 2011 concluiu que "havia pouca evidência de uso efetivo da tecnologia nas escolas, especialmente em aplicações pedagógicas para o ensino e a aprendizagem, o que é uma preocupação, dado o volume de recursos públicos que têm sido gastos para isto".[19] A situação pode ser diferente hoje, quando quase todos os alunos já têm seus próprios smartphones ou tablets, e materiais internacionais educativos como os da Academia Khan[20] estão sendo traduzidos e disponibilizados gratuitamente, e muitas pequenas empresas e editoras começam a desenvolver novas tecnologias para uso das escolas e dos alunos. A expectativa é que novas tecnologias possam facilitar o trabalho dos professores e permitir que os alunos contornem as limitações e a rigidez das escolas tradicionais; mas o consenso entre os especialistas é que estas tecnologias só funcionam efetivamente quando o professor é bem-qualificado, motivado e consegue apoiar seus alunos no uso desses novos recursos.

AS EXPECTATIVAS DE MOBILIDADE

A longa experiência de mobilidade social, apesar da alta desigualdade e de períodos de estagnação, pode explicar por que os brasileiros tendem, ou tendiam, a ser otimistas sobre seu futuro, embora desconfiando das instituições do país. Uma pesquisa feita em 2007, em sete países latino-americanos, mostrou que, em todos, a população tinha muita desconfiança em relação ao governo central, ao Congresso, aos partidos políticos, prefeitos, tribunais e à polícia. Mas, ao mesmo tempo, tinham altas expectativas em relação ao futuro de seus filhos, independentemente da situação atual, e mesmo quando eles mesmos não tivessem melhorado muito em relação a seus pais.[21] Quando perguntados sobre as razões para a desigualdade, a maioria optava por explicações individuais e pessoais (falta de iniciativa, vícios), em vez de fatores sociais, tais como herança ou discriminação social, o que pode ser interpretado como uma aceitação da desigualdade social, um achado que é consistente com outras pesquisas.[22] Isso, no entanto, não é incompatível com a crença generalizada, encontrada em um estudo anterior, de que cabe ao Estado, e não aos indivíduos, a responsabilidade de lidar com as questões da pobreza e da desigualdade.[23]

As pesquisas de opinião do Latinobarómetro[24] confirmam a tendência da população a ser otimista em relação a suas condições pessoais, mesmo quando veem claramente que as condições gerais do país não permitem isso. Em 2010, ainda sob os efeitos do crescimento econômico dos anos anteriores, 83% dos entrevistados no Brasil estavam satisfeitos com sua vida e 68% achavam que o país estava progredindo, embora só 38% achassem que a situação do país era boa. Em 2015, o número de satisfeitos com a vida havia caído um pouco, para 77%, mas a avaliação positiva da situação da economia do país havia despencado para 13%, com apenas 16% achando que o país estava progredindo, e metade achando que a situação do passado era melhor. Em todos os momentos, no entanto, o futuro parecia brilhante, para a grande maioria em 2010, 70%, e, ainda, para 55% dos entrevistados em 2015, quando a crise já havia se tornado visível.

Esse descolamento entre as expectativas e a realidade não tem como persistir, no entanto, quando os efeitos perversos da mobilidade acelerada começam a se intensificar, os motores que a alimentavam – a urbanização, a expansão dos gastos e serviços públicos, e o crescimento do emprego urbano – deixam de existir, e as políticas buscadas pelos governos para reduzir estes efeitos mostram suas limitações.

As políticas urbanas

Apesar de algumas tentativas, nenhuma das grandes cidades foi capaz de implementar políticas adequadas para lidar com as demandas e os problemas associados à superlotação urbana, incluindo as áreas de saúde, educação, transporte público e segurança. A cidade de Curitiba, sobretudo a partir da gestão de Jaime Lerner no início dos anos 1970, se tornou internacionalmente famosa como exemplo bem-sucedido de planejamento urbano, sem, no entanto, conseguir integrar o cinturão de pobreza que se desenvolveu a seu redor.[25] Na década de 1960, o governo do Rio de Janeiro decidiu retirar algumas favelas de áreas centrais e remover a população para conjuntos habitacionais em periferias da cidade, mas as condições de vida nos novos assentamentos não mudaram, a oposição política às remoções cresceu, e a experiência foi abandonada. A partir de então, a maioria das políticas urbanas no Rio e em outros lugares consistiu, no máximo, em esforços para melhorar as condições de vida nas favelas, sem interferir em suas rotinas diárias. O programa Favela-Bairro, implementado no Rio de Janeiro nos anos 1990, com apoio do Banco Interamericano de Desenvolvimento, melhorou um pouco o acesso à água potável e à coleta de lixo nas favelas beneficiadas, mas não parece ter tido maior impacto nas condições de vida de seus habitantes.[26] Abandonada, sem serviços públicos e policiamento, a maioria dos assentamentos ficou sob o controle de grupos criminosos, operando inicialmente com atividades relativamente inofensivas, como o jogo do bicho, mas, desde os anos 1970 (quando as principais ondas de migração já haviam arrefecido), se tornando cada vez mais violentos, com a introdução do tráfico de drogas, trazendo a criminalidade urbana a níveis extremos.[27] Nos últimos anos, o governo do estado do Rio de Janeiro decidiu interromper a aceitação tácita de controle de favelas pelas gangues criminais por meio da sua ocupação por Unidades de Polícia Pacificadora (UPPs), um processo que inicialmente se mostrou promissor, mas que parece ter perdido seu impulso inicial.[28]

O ESTADO DE BEM-ESTAR SOCIAL E AS POLÍTICAS DE TRANSFERÊNCIA DE RENDA

Apesar de tão visível, até recentemente a questão da pobreza nunca teve maior presença entre os estudiosos da economia e da sociedade brasileira e na América Latina em geral, a não ser como problemas de marginalidade e de privação social, frequentemente em uma perspectiva religiosa,[29] os temas que predominaram sempre foram os do desenvolvimento econômico, modernização da sociedade e do Estado e, à esquerda, dos conflitos de classe, que de uma forma ou de outra resolveriam os problemas da pobreza. Os rudimentos de um Estado de bem-estar começaram a surgir no Brasil na década de 1930, com a implantação de um sistema previdenciário para os que possuíam um emprego regular nas cidades, uma pequena minoria. Ao longo do tempo, o sistema foi se expandindo, passando a incluir os trabalhadores rurais a partir de 1971, mas sempre de forma muito segmentada e desigual, com a maior parte dos recursos se destinando aos estratos sociais mais altos.[30] A Constituição de 1988, no seu Artigo 5º, estabeleceu serem direitos sociais "a educação, a saúde, a alimentação, o trabalho, a moradia, o transporte, o lazer, a segurança, a previdência social, a proteção à maternidade e à infância, a assistência aos desamparados", que deveriam ser assegurados de forma universal. Isto não bastou para minimizar os problemas da pobreza, e a partir da década de 1990, vários governos locais, e, depois, o Governo Federal começaram a implementar diferentes programas de transferências de renda, que mais tarde foram unificados no Bolsa Família, que se tornou o carro-chefe da política social dos governos do Partido dos Trabalhadores logo que foi constatada a inviabilidade de seu programa inicial, o Fome Zero.

No Bolsa Família, o montante transferido para as famílias é pequeno, dependendo do seu nível de pobreza e número de filhos. Em 2013, aproximadamente 13 milhões de famílias recebiam benefícios do programa, o que correspondia a cerca de 52 milhões de pessoas, ou 27,5% da população do país. Em princípio, todas as famílias em situação extrema de pobreza, ou pobres e com filhos estudando, têm direito a um benefício: em 2016, o valor médio recebido por família era de R$ 176,00. Apesar de seu grande tamanho, o programa custa apenas cerca de 0,5% do PIB do país, em comparação com 11,2% gasto em previdência social, de 8,8% em saúde pública e cerca de 6% em educação pública. A estimativa é que o Bolsa Família foi responsável por cerca de um quarto da redução na desigualdade de renda no Brasil desde a sua criação, sendo os outros três quartos explicados pela expansão do mercado de trabalho. Como os valores transferidos são pequenos, seu efeito na redução da pobreza também é pequeno, mas os benefícios para aqueles em condições extremas de pobreza são significativos. Pelas estimativas de Serguei Soares, o Bolsa Família reduziu o percentual de pobres na população em apenas 1,6 ponto percentual, mas o hiato de pobreza foi reduzido em 18%, e a severidade da pobreza, em quase um quarto.[31]

No entanto, o Bolsa Família, assim como outros programas de transferência condicional de renda, criados em muitos países em desenvolvimento com o apoio do Banco Mundial, não foi concebido primordialmente como um mecanismo de distribuição de renda, mas como um meio para tirar as pessoas da pobreza pelo desenvolvimento do capital humano. Assim, o Banco Mundial os define como:

> programas que transferem dinheiro, geralmente para famílias pobres, com a condição de que essas famílias façam investimentos pré-especificados no capital humano de seus filhos. As condicionalidades de saúde e nutrição geralmente incluem a realização de check-ups periódicos, acompanhamento do crescimento e vacinas para crianças com menos de 5 anos de idade; assistência pré-natal para as mães, com participação em encontros informativos regulares. As condicionalidades em educação incluem a matrícula escolar, a presença efetiva em 80% a 85% dos dias de aula, e, ocasionalmente, alguma medida de desempenho. A maioria dos programas transfere o dinheiro para a mãe da família ou em alguns casos para as famílias.[32]

As evidências, no entanto, são que os impactos sobre a educação e cuidados de saúde e outras melhorias de capital humano têm sido muito pequenos ou inexistentes, com algumas variações entre os países.[33] O governo brasileiro investiu bastante no acompanhamento das condicionalidades do programa, especialmente em matéria de frequência escolar, mas apenas uma pequena fração entre os faltosos teve seus benefícios cancelados. Segundo Soares, apesar de o governo ter endurecido o acompanhamento das condicionalidades nos anos mais recentes, menos de 5% das famílias faltosas perderam seus benefícios, o que seria justificado, no entanto, pela necessidade de manter os benefícios em dinheiro para os mais necessitados. Na prática, o Bolsa Família terminou sendo sobretudo um programa social de renda mínima, como defendido pelo ex-senador Eduardo Suplicy, e não, como pretendido, um programa de desenvolvimento de capital humano.[34]

Experiências de outros países mostram que é possível melhorar um pouco a contribuição dos programas de transferência de renda para o desenvolvimento do capital humano, mas, mesmo nas melhores condições, eles não têm como substituir políticas específicas de educação, saúde pública e emprego. Um balanço feito pelo Banco Mundial confirma isso. Segundo o Banco, os programas aumentam a probabilidade de que as famílias levem seus filhos para check-ups e saúde preventiva, mas isto nem sempre resulta em melhoria das condições nutricionais das crianças; as taxas de escolarização aumentaram substancialmente entre os beneficiários do programa (mas não no Brasil, há que lembrar), mas há pouca evidência de melhorias nos resultados da aprendizagem. Estes resultados sugerem que, para maximizar seus efeitos potenciais sobre a acumulação de capital humano, os programas de transferência de renda devem ser combinados com outros programas para melhorar a qualidade da oferta de serviços de saúde e educação, e fornecer outros serviços de apoio.[35] Outra conclusão é que é preferível focalizar mais os programas de transferência de renda na população em situações extremas de pobreza, e trabalhar mais diretamente com instituições e programas que lidam diretamente com a criação e expansão de oportunidades para os mais pobres.

EDUCAÇÃO: DIREITO SOCIAL OU CAPACITAÇÃO?

Os investimentos públicos em educação são geralmente justificados pela teoria de capital humano segundo a qual, quando as pessoas se educam mais, elas se tornam mais produtivas, aumentando seu valor de mercado e tornando-se menos dependentes de proteção pública e subsídios para viver. Em termos gerais, a correlação entre educação e riqueza está claramente estabelecida, tanto para os indivíduos dentro das sociedades e quando comparamos países, e existe uma importante literatura econômica argumentando que as credenciais proporcionadas pela educação formal funcionam como mecanismo funcional de sinalização da produtividade efetiva de seus portadores.[36] Mas, ao mesmo tempo, é evidente que as credenciais proporcionadas pela educação formal também podem trazer benefícios a seus portadores que não têm a ver com produtividade, e sim com o status social associado às credenciais. Essas duas visões da educação – como o capital humano[37] e como o status social[38] – são muitas vezes apresentadas como interpretações opostas, mas também podem ser vistas como fenômenos complementares que coexistem e podem prevalecer ou não em circunstâncias diferentes.[39]

O acesso à educação no Brasil expandiu-se drasticamente nas últimas décadas, depois de séculos de negligência, e os diferenciais de renda associados aos níveis de educação são muito elevados, o que dá credibilidade à crença de que a educação realmente aumenta a produtividade das pessoas. No entanto, a qualidade da educação tem sido consistentemente baixa, e a produtividade não melhorou muito em termos agregados nos últimos anos, o que dá credibilidade ao ponto de vista oposto, de que a educação tenha sido mais importante na criação de credenciais do que como criadora de capital humano.

A expansão começou com a Constituição de 1988, que estabeleceu que os municípios do país devem ser os principais provedores de educação pré-escolar e fundamental, os governos estaduais, do ensino secundário, e o Governo Federal, de ensino superior; e que 25% das receitas de estados e municípios e 18% das receitas do Governo Federal deveriam ir para a educação. Em 1998, parte dos recursos de educação de cada estado e seus municípios foram alocados para o Fundo Nacional para a Educação Fundamental (Fundef), para serem redistribuídos para os governos estaduais e municipais conforme o número de alunos do ensino fundamental. Em 2007, o fundo foi expandido para incluir toda a educação básica, da educação infantil e pré-escolar ao ensino médio, mudando o nome para Fundeb. A legislação também estabeleceu o mínimo a ser gasto por aluno e para a remuneração dos professores, ficando com o Governo Federal a responsabilidade de complementar os orçamentos dos estados que não conseguissem atingir esse mínimo. Com isso, os gastos com educação se expandiram rapidamente, passando de 4,6 a 6% do PIB entre 2000 e 2014, segundo informações do Inep.[40] Os gastos por aluno com o ensino superior público, sobretudo federais, se mantiveram muito elevados, e variaram pouco: a preços de 2014, eram de R$ 85 mil em 2000, chegaram a se reduzir para R$ 72 mil em 2005, mas subiram para R$ 91 mil em 2013, recuando, em 2014, para R$ 87 mil. Os gastos com o primeiro ciclo da educação fundamental, de responsabilidade dos municípios, passaram de R$ 7,4 mil para R$ 29,5 mil entre 2000 e 2014, um aumento de 400%; os do segundo ciclo do fundamental, de responsabilidade compartida entre estados e municípios, de R$ 7,8 mil para R$ 23,7 mil; e os do ensino médio, de responsabilidade dos estados, de R$ 5,6 mil para R$ 18 mil.

Com o Fundeb, os municípios que haviam saturado as matrículas na educação fundamental nos anos anteriores começaram a expandir a educação infantil e pré-escolar. As matrículas para crianças de 0 a 3 anos, que eram de

10,6% da coorte em 2001, pularam para 24,6% em 2014. Na pré-escola, de 4 a 5 anos, passou de 55% para 82,7% no mesmo período.

Além do interesse dos municípios em ter mais alunos para receber mais recursos do Fundeb, e da necessidade de muitas mães de ter onde deixar as crianças para poder trabalhar, a expansão da educação infantil encontrou respaldo nas inúmeras pesquisas – com destaque para as de Heckman e associados – sobre a importância da educação nos primeiros anos para o desempenho ao longo da vida.[41] Isso varia, no entanto, com a qualidade da educação pré-escolar proporcionada, e, sobretudo nos primeiros anos, com o possível impacto negativo da escolarização precoce sobre os vínculos emocionais das crianças com os pais. Dados do Brasil confirmam que, em certa medida, atender a pré-escola leva a melhores resultados mais tarde na vida, mas isso depende da sua qualidade, que, na maioria dos casos, não é adequada.[42]

O ensino médio, embora continuasse se expandindo, cresceu menos, com menos recursos e com problemas mais sérios de qualidade do que a educação fundamental. A taxa líquida de matrícula (ou seja, a percentagem de jovens de 15 a 17 anos) matriculada no ensino médio, que era somente de 18,3% em 1992, subiu para 40,3% dez anos depois, mas não foi além de 56,5% em 2014.[43] Muitos completam o ensino médio com atraso, e muitos outros nunca se matriculam ou abandonam antes de terminar. As diferenças sociais são significativas: em 2014, 73,7% dos jovens brancos de 25 anos de idade haviam concluído o ensino médio, em comparação com 61% dos negros e 58,6% dos pardos.

No ensino superior, a relativa escassez de formados, e mais as vantagens concedidas pela administração pública aos portadores de diploma universitário, fez com que a demanda crescesse continuamente, e fosse atendida sobretudo pelo setor privado, financiado a partir dos governos do PT pelo setor público por meio da isenção fiscal do Prouni e do crédito educativo federal (Fies), com o total de matrículas passando de 3 milhões em 2010 para 8 milhões em 2015 (dados do Censo da Educação Superior do Ministério da Educação). Apesar das políticas de ação afirmativa, o acesso ao ensino superior continuou fortemente seletivo em termos sociais. Em 2015, aos 30 anos, 27,7% dos brancos haviam completado o curso superior, comparado com 10,5% dos pretos e 11,3% dos pardos (dados da PNAD anual).

As políticas dos governos do PT para o ensino superior se caracterizaram pela ênfase na expansão e no acesso, com fortes incentivos ao setor privado, e praticamente nenhuma ênfase em excelência. Diferentemente da maioria dos países latino-americanos, em que as universidades públicas expandiram para absorver a demanda crescente, no Brasil, as universidades públicas se mantiveram relativamente fechadas, gratuitas para os estudantes, mas de alto custo para os governantes, e de difícil acesso. Coube ao setor privado responder à demanda, sobretudo com cursos noturnos, pouco exigentes e taxas escolares relativamente baixas. Os governos do PT, sob a influência dos sindicatos das universidades públicas, buscaram em diversos momentos dar prioridade ao setor estatal, sobretudo na gestão de Tarso Genro no Ministério da Educação, com investimentos importantes na criação de novas universidades e abertura de novos campi, por meio do programa Reuni, mas o que predominou foi um amplo sistema de subsídios ao setor privado, pelas isenções fiscais do Prouni e o sistema de crédito educativo (Fies) que favoreceu a entrada de grandes *players* no setor (o valor dos créditos educativos, subsidiados e avalizados pelo Governo Federal, saltou de R$ 1,1 bilhão para R$ 13,4 bilhões entre 2010 e 2014, em valores corrigidos[44]). Entre 2003 e 2015, as matrículas no setor público aumentaram 57%, mas passaram de 30% para 23% do total, com baixa eficiência: a relação concluintes/matriculados passou de cerca de 15% para 12%, mais baixa do que a do setor privado, que oscila ao redor de 14%.

Para ampliar o acesso, foi implantada uma política de cotas para estudantes negros e provenientes de escolas públicas, com a reserva de 50% das vagas nos estabelecimentos federais. Pesquisas sobre os efeitos dos sistemas de cotas sugerem que os alunos cotistas têm desempenho semelhante aos demais nos cursos menos competitivos, mas inferior nos cursos mais disputados, lembrando que as cotas para alunos de escolas públicas incluem os provenientes de instituições federais e colégios de aplicação, que são altamente seletivos.[45]

A pós-graduação nas universidades públicas também se expandiu bastante, com o número de estudantes em cursos de doutorado, saltando de 33 mil no ano 2000 para 102 mil em 2015, e o número de titulados, de 5,3 mil para 18,6 mil.[46] Esse aumento se refletiu também no aumento do número de publicações científicas brasileiras em revistas indexadas internacionalmente, que passou de cerca de 14 mil em 2000 para 57 mil em 2015. Ao mesmo tempo, o impacto dessas publicações, medido pela média de citações, caiu de 19,4 em 2000 para 7,9 em 2010 (próximo da Índia, com 7,5, e bem abaixo do Chile, com 10,6).[47] O impacto dessa produção no setor produtivo é negligível.[48]

Para aferir a qualidade da educação, na década de 1990, o Ministério da Educação criou um sistema de avaliação amostral para a educação básica, o Saeb (Sistema de Avaliação da Educação Básica), inspirado no National Assessment of Educational Progress dos Estados Unidos,[49] e passou também a participar também do Programme for International Student Assessment (Pisa), coordenado pela OECD.[50] Em 2007, o governo introduziu um novo instrumento para avaliar individualmente as escolas, o Índice Nacional da Educação Básica (Ideb), combinando informações de testes de linguagem e matemática com estatísticas de retenção. Estes instrumentos fazem parte de um conjunto mais amplo de avaliações implantadas pelo Instituto Nacional de Pesquisas Educacionais Anísio Teixeira (Inep) na década de 1990, que persistiram com algumas modificações desde então.[51] Essas avaliações mostraram que, embora o acesso à escola tivesse sido ampliado para todos os setores da sociedade, reduzindo a iniquidade no acesso, a qualidade do ensino não melhorou e parece ter inclusive deteriorado no ensino médio, criando uma forte iniquidade no desempenho dos estudantes em função de suas condições sociais de origem, quando medidas, por exemplo, em termos de "raça" ou "cor";[52] e os dados do Pisa mostram que o nível da educação brasileira, quando medido pelas competências em linguagem, matemática e ciências, está entre os piores do mundo, ocupando a 58ª posição entre 64 países pesquisados, abaixo do Chile (51ª), México (53ª), Uruguai (55ª) e Costa Rica (56ª), na América Latina, só superando Argentina (59ª), Colômbia (62ª) e Peru (65ª), na região.[53] Dados divulgados no final de 2016, referentes a 2015, mostram que a situação não se alterou.

Muitos programas foram iniciados pelos governos federal, estaduais e municipais para lidar com esse problema. O site do Ministério da Educação listava, para 2014, a existência de 18 programas diferentes para a educação básica, além de vários outros para o ensino médio, educação infantil e formação de professores[54] – exemplos incluem o apoio à alimentação escolar, ao transporte escolar, à infraestrutura, à alfabetização de jovens e adultos, ao dinheiro direto na escola, à alfabetização na idade certa, à formação continuada para professores etc. Em 2014, o Congresso brasileiro aprovou um ambicioso Plano Nacional de Educação para os próximos dez anos, que resultou de um amplo processo de consulta com todos os grupos de interesse relacionados com a educação pública. O Plano tem vinte objetivos, um dos quais é elevar os gastos públicos para 10% do PIB; outro é colocar 25% dos estudantes em escolas de tempo integral; um terceiro é melhorar a pontuação das escolas no Índice de Desenvolvimento da Educação (Ideb), de acordo com metas preestabelecidas; outro é elevar a taxa de matrícula líquida no ensino superior para 33% da população de 18 a 24 anos, sendo 40% em escolas públicas (em 2016, a taxa era de 18%, com 28% no setor público, segundo a PNAD Contínua 2/1216).

Com um orçamento de cerca de R$ 130 bilhões em 2016, e cerca de 270 mil cargos, o Ministério da Educação é um dos maiores e mais dispendiosos do país, mas, fora dos indicadores do Inep, não existem avaliações dos resultados dos seus diversos programas. Os governos nacional, estaduais e municipais são obrigados por lei a cumprir as metas do PNE, mas não há uma relação clara entre as metas e os instrumentos e meios para alcançá-los, e, com a recessão econômica, o plano se tornou inviável, embora ainda continue em vigor, e conformando as atividades do Ministério da Educação e dos entes federados.

EDUCAÇÃO PROFISSIONAL: A PORTA DE SAÍDA?

A maior parte da expansão da educação nos últimos vinte anos se deu no modelo acadêmico tradicional, começando com a linguagem e a aritmética nos primeiros anos e gradualmente introduzindo ciências sociais, ciências naturais e as humanidades como disciplinas isoladas, em preparação para o ensino superior. O ensino profissional ficou por conta das instituições do Sistema S, das quais a mais conhecida é o Sistema Nacional de Aprendizagem Industrial (Senai), que funciona com recursos públicos e proporciona cursos de diferentes níveis de formação, em sua maioria dissociados da educação formal regular. Além dos cursos de aprendizagem, existem também cursos regulares proporcionados por meio dos serviços sociais do Sistema S (Serviço Social da Indústria (Sesi) e Serviço Social do Comércio (Sesc)), com baixa integração com o sistema de aprendizagem. Embora de boa reputação naquilo que fazem,[55] as instituições do Sistema S têm pouco impacto na ampliação da educação técnica de nível médio, que depende da existência de escolas técnicas regulares. No passado, a legislação permitia caminhos diferentes para o ensino secundário – industrial, agrícola, comercial e magistério, nas escolas normais, além de opções na área de ciências naturais ou de estudos "clássicos", para quem pretendia seguir direito ou línguas. Depois, no entanto, o currículo foi unificado, e a formação profissional de nível médio passou a ser um curso adicional ao médio regular, e não mais uma opção, deixando a grande maioria dos jovens que não chegam ao ensino superior sem qualificação profissional apropriada. Reconhecendo o problema, o Governo Federal encaminhou, em 2016, uma Medida Provisória criando diferentes itinerários formativos no ensino médio, entre os quais o de formação técnica, que resultou na Lei nº 13.415, de 16 de fevereiro de 2017, cuja implementação efetiva ainda depende das bases nacionais curriculares a serem estabelecidas pelo Conselho Nacional de Educação.[56]

A grande diferença de rendimentos entre pessoas de educação média e superior faz com que as carreiras técnicas de nível médio sejam pouco atraentes. No entanto, os benefícios financeiros de um diploma de ensino superior têm diminuído, particularmente para as carreiras de menor prestígio e mais acessíveis, como pedagogia, administração e serviços de saúde, o que talvez explique por que o ensino técnico de nível médio tenha crescido nos anos recentes, sobretudo na modalidade "subsequente", ou seja, para pessoas que já completaram o ensino médio regular. Em 2015, das 10,6 milhões de matrículas no ensino médio, 780 mil eram em cursos técnicos pós-secundários, ou subsequentes, atendendo a um público mais velho em busca de uma melhor qualificação para o mercado de trabalho. Outros 511 mil estavam nos poucos cursos de tempo integral oferecidos pelos Institutos Federais de Educação, Ciência e Tecnologia (os antigos Centros Federais de Educação Técnica) e pelo Centro Paula Souza em São Paulo. Os alunos destes cursos passam por um processo seletivo, têm cerca de 15 anos de idade, e aproveitam a oportunidade para se preparar para os exames de seleção para o ensino superior. Outros 390 mil combinam cursos regulares com cursos técnicos oferecidos em outras instituições (concomitantes).

Em 2011, o governo, por meio do Ministério da Educação, lançou um ambicioso Programa Nacional de Acesso ao Ensino Técnico e Emprego (Pronatec), que se tornou um de seus principais carros-chefes. Como resumido em uma análise feita pelo Banco Mundial, o programa pretendia investir um total de R$ 24 bilhões (ou seja, cerca de US$ 10,8 bilhões) entre 2011 e 2014 para financiar 8 milhões de matrículas, das quais 2,4 milhões no ensino técnico de nível médio e 5,6 milhões em cursos de formação inicial e continuada de curta duração (FIC). A identificação e seleção dos beneficiados ficavam a cargo dos Ministérios do Desenvolvimento Social, Turismo e Comunicação; de entidades do Sistema Nacional de Aprendizagem, com de estaque para o Senai; de municípios (como no caso do Bolsa Formação e do Bolsa Trabalho) e dos estados (como no caso do programa Brasil Profissionalizado).[57] O Ministério da Educação criou também um programa de financiamento de cursos técnicos de nível médio criados por universidades privadas, para alunos selecionados pelo Enem que não conseguiam entrar as universidades públicas (o Situtec).

Um dos componentes do Pronatec era a sua parceria com outro programa federal chamado Brasil sem Miséria, também de 2011, destinado a garantir renda, acesso aos serviços públicos e emprego produtivo para a população em condições de pobreza extrema. O objetivo da parceria era proporcionar cursos de formação inicial e continuada para pessoas com mais de 16 anos identificadas como extremamente pobres pelo Cadastro Único para Programas Sociais criado pelo Ministério de Desenvolvimento Social. Os cursos duram cerca de 160 a 200 horas, e são organizados pelos municípios, em parceria com o Governo Federal, que transfere os recursos conforme o número de alunos e acompanha as atividades por meio de um sistema informatizado centralizado. Cabe aos municípios identificar as especialidades das áreas de maior demanda na região, recrutar os candidatos e identificar os provedores que ministram os cursos.

Nunca houve uma avaliação global do Pronatec, mas foram feitas algumas avaliações parciais, fazendo uso dos dados do Cadastro Único, informações sobre quase 90 milhões de pessoas, e outros bancos de dados, atém de entrevistas e grupos focais com participantes.[58] Em junho de 2014, havia 2.490 mil pessoas inscritas em programas do Pronatec, das quais 1.146 mil no programa de parceria com o Brasil sem Miséria. Destes, 41% eram na região Nordeste, 38% tinham até 29 anos, 73% eram mulheres. A maioria (59%) havia completado o ensino secundário, o que indica que, na realidade, não faziam parte da população em situação de pobreza extrema; apesar disso, mais da metade (54%) era beneficiária do Bolsa Família. A renda média familiar per capita era de R$ 318,24, por mês, ligeiramente inferior à metade do salário mínimo em 2013. Uma pesquisa com grupos focais identificou três tipos principais de participantes: pessoas jovens, em sua maioria mulheres, filhos dos beneficiários do Bolsa Família que haviam concluído o ensino médio e buscavam uma qualificação profissional; homens mais velhos, chefes de família com experiência de trabalho, mas baixas qualificações e empregos instáveis; e as mulheres mais velhas e mais pobres, muitas vezes chefes de família, sem experiência de trabalho anterior. Não há informações sobre quantos concluíram ou não seus cursos e em que áreas foram capacitados, e as informações sobre a inserção posterior no mercado de trabalho se limitou ao setor formal. Com essas limitações, os autores da avaliação concluíram, com cautela, que a participação no Pronatec aumentou as chances para os participantes de entrar no mercado de trabalho formal ou se estabelecer como empreendedores individuais. Mas, dado o perfil das pessoas que iniciam o programa – em sua maioria jovens, já por terminar a educação média –, é difícil isolar os efeitos do programa de outros fatores, tais como a expansão do ensino secundário e de oportunidades de trabalho.

Outra avaliação dos resultados das bolsas de formação inicial financiadas pelo programa Pronatec (Bolsa Formação), com cerca de 3,5 milhões de participantes, feita por técnicos do Ministério da Fazenda, concluiu que:

> não existe diferença estatística significativa entre as probabilidades de reinserção no mercado de trabalho formal entre o grupo dos inscritos que cursaram e o grupo de controle na maioria dos estados e eixos tecnológicos. O mesmo pôde ser verificado com relação aos ganhos salariais.[59]

Outro estudo, finalmente, focalizado no programa Pronatec Setor Produtivo, promovido pelo MEC em parceria com o Ministério da Indústria e Comércio, de financiamento de cursos de aprendizagem solicitados por cerca de 2 mil empresas para aproximadamente 600 mil estudantes, concluiu que esses cursos aumentam a probabilidade de emprego em mais ou menos 6%, mas não têm efeitos significativos nos salários.[60] Esse resultado difere do encontrado em análises dos cursos técnicos do Senai, que estimaram um retorno salarial de 24,7% para os cursos de aprendizagem e de 1,4% para os de formação inicial.[61] As discrepâncias se devem, presumivelmente, a detalhes técnicos relativos às bases de dados e seleção de grupos de controle, entre outros.

Acesso ao mercado de trabalho

O mercado de trabalho formal no Brasil é altamente regulado. Todos os empregados têm direito a receber pelo menos um salário mínimo, 13º salário e um mês de férias remuneradas, além de remunerações adicionais por horas extras, demissão sem justa causa etc. Os custos de INSS, FGTS e outros benefícios fazem com que o dispêndio pelo empregado seja de cerca de 60% mais do que o empregado recebe. Em troca, o trabalhador tem direito a vários benefícios, como aposentadoria, licença médica, seguro-desemprego e indenização.

Como os salários são muitas vezes fixados por contratos de negociação coletiva, empresas pequenas ficam obrigadas a pagar os mesmos salários que empresas de grande porte do mesmo setor. Os altos custos, mais a complexidade do cumprimento das normas, que requer, no mínimo, a contratação de um contador, fazem com que pequenas empresas prefiram muitas vezes operar informalmente, ou reduzir ao mínimo as contratações. Muitos trabalhadores, especialmente com baixas qualificações, têm dificuldade em encontrar um emprego regular com todos esses custos e benefícios. Assim, há um grande setor informal da economia, que inclui tanto os trabalhadores pouco qualificados quanto indivíduos qualificados que optaram por trabalhar de forma independente. A informalidade, que atingia 60% da força de trabalho em 2001, caiu para cerca de 47% em 2015. Este declínio se explica, aparentemente, pelo crescimento da economia nos anos recentes, sua modernização e, também, pelo aumento do número de pessoas com credenciais educativas no mercado de trabalho.[62]

Com o crescimento da economia se reduzindo, a partir de 2008, o governo introduziu uma nova legislação para estimular o emprego formal. Pela nova legislação, empresas em setores intensivos em trabalho (tais como têxteis, vestuário, calçados, alimentos, materiais elétricos e outros) deixaram de contribuir com 20% dos salários para a previdência social, substituídos por 1% ou 2% de seu faturamento. A expectativa era de que isso estimularia as empresas a contratar mais. Não há evidência de que esta mudança efetivamente aumentou o emprego, mas, para o governo, significou uma perda significativa de receitas, e desde 2015 o Governo Federal vem buscando reverter essa política. Outra legislação de 2012 permitiu que indivíduos pudessem se estabelecer como microempreendedores por um procedimento simplificado, pagando uma pequena taxa mensal para ter acesso à previdência social; cerca de 5 milhões de pessoas tinham se registrado como microempresários em 2015. Um efeito negativo, no entanto, pode ter sido a substituição de contratos formais de emprego pela prestação de serviços terceirizados, aumentando a precariedade do mercado de trabalho.[63]

Muitos outros programas foram implantados para facilitar a entrada e a permanência dos trabalhadores no mercado de trabalho, e em muitos casos é difícil saber em que medida eles efetivamente funcionaram para aumentar as oportunidades ou permaneceram simplesmente como políticas de assistência social. Um dos mais importantes é o seguro-desemprego, instituído no Brasil em 1986 como mecanismo de apoio transitório, de três meses, para pessoas demitidas sem justa causa que precisam se recolocar no mercado de trabalho. Há um grande paradoxo, entretanto: apesar de a taxa de desemprego ter caído de 12,9% para 5% entre 2002 e 2014, o uso dos benefícios do seguro aumentou continuamente: segundo a Secretaria do Tesouro, o valor gasto com a principal modalidade do seguro – voltada para o trabalhador formal – chegou a R$ 33,2 bilhões em 2014, um crescimento médio de 9,37%, e de 239,81% acumulado no período de 2001 a 2014, ambos em termos reais. Como proporção do PIB, a despesa praticamente dobrou no período, chegando a 0,60% em 2014.[64] A interpretação é de que o seguro estimulava o trabalhador a imigrar temporariamente para a economia informal, o que permite manter o seguro por algum tempo, voltando depois ao mercado formal,[65] em uma indicação de que os benefícios da formalização do trabalho são sobretudo uma proteção dos direitos da parcela da população já empregada, e menos um mecanismo de expansão das oportunidades.[66]

Existem dois programas que buscam qualificar os jovens para o mercado de trabalho: o Jovem Aprendiz e o programa de integração da educação profissional com a educação básica (Proeja). O programa Jovem Aprendiz se apoia na Lei de Aprendizagem de 2000, que requer que as empresas de determinado porte que tenham atividades de natureza técnica dediquem de 5% a 15% dos cargos a jovens de 14 a 24 anos que estejam também se qualificando profissionalmente. A inspiração é o modelo dual de formação profissional adotado na Alemanha e outros países europeus, em que a formação profissional é dada de forma integrada pelas empresas, sindicatos profissionais e escolas. No Brasil, o número de jovens participantes é ínfimo, as empresas consideram a legislação um encargo, preferindo muitas vezes pagar multa pelo descumprimento, e a maioria dos aprendizes acabam em atividades administrativas de rotina, entre outras razões, porque a legislação de proteção ao menor impede que trabalhem com equipamentos industriais. Para estimular as empresas, o Programa de Primeiro Emprego, de 2003, previa uma subvenção de R$ 250 por seis meses para as empresas participantes. No final de 2013, havia 381 mil jovens em programas de aprendizagem, dos quais 240 mil com menos de 18 anos, segundo os dados da Rais 2014. O fracasso do PROEJA fica claro em seus números: segundo o censo escolar de 2015, havia somente 55 mil jovens matriculados nesse tipo de curso. O governo estadual paulista introduziu um programa similar, o Jovem

Cidadão – Meu Primeiro Trabalho, no ano 2000, para subsidiar, por seis meses, estágios em empresas e ONGs de jovens matriculados no ensino médio na região metropolitana de São Paulo. Até meados de 2003, o programa havia gerado um total aproximado de 390 mil inscrições, para as quais foram disponibilizadas apenas 25.728 vagas; uma análise mostrou que o programa, que envolveu um volume razoável de recursos públicos, não teve nenhum impacto, seja sobre os índices de desemprego juvenil, seja sobre a violência, fenômenos constantemente associados e ainda uma de suas principais justificativas.[67]

Na área rural, o equivalente aos programas de emprego é a política de reforma agrária, que sempre respondeu sobretudo à dinâmica política dos movimentos sociais, como o MST. Os dados do Incra indicam a existência de 976 mil famílias assentadas em novembro de 2016, ocupando uma área de 88 milhões de hectares.[68] Não há dados disponíveis sobre quantos dos assentamentos iniciais permanecem nas mãos das famílias originais ou foram vendidos, quantos são viáveis economicamente, e quantos sobrevivem à custa de bolsas e subsídios. O Cadastro Único, em 2016, registrava 619 mil famílias de assentamentos cadastradas, das quais 383 mil eram beneficiárias do Bolsa Família. O Programa Nacional de Fortalecimento da Agricultura Familiar (Pronaf) foi concebido inicialmente como um mecanismo de apoio à pequena agricultura, mas se transformou em um grande programa de crédito para o setor agrícola, no qual a participação dos pequenos estabelecimentos é pequena e os subsídios são altos: "o fato de o programa cobrar, em média, apenas 1,88% de juros anuais ao mutuário do crédito rural familiar custou para a sociedade mais de R$ 4,1 bilhões em 2012."[69]

OS SISTEMAS DE PROTEÇÃO SOCIAL

A proteção social, incluindo aposentadorias, seguro-desemprego e proteção à saúde, lida diretamente com a garantia de direitos sociais, sem relação direta com a questão das oportunidades no mercado de trabalho. No Brasil, ela começou a ser implantada nos anos 1930, com sistemas de previdência separados para diferentes categorias de trabalhadores do setor urbano. A ideia original era que os diferentes institutos seriam financiados com recursos provenientes de impostos cobrados dos respectivos setores, o que significava, por exemplo, que alguns podiam proporcionar serviços de saúde de mais qualidade do que outros.[70] Mais tarde, no entanto, o sistema para o setor privado foi unificado, os benefícios foram estendidos também para a área rural, o atendimento à saúde se separou do sistema previdenciário, e os diferentes segmentos do setor público – federal, estadual, municipal, militares, empresas estatais – mantiveram seus benefícios em separado. O sistema é razoavelmente generoso para quem ganha até três salários mínimos, que concede benefícios próximos ao rendimento médio, e também para trabalhadores rurais e pessoas sem rendimentos, que podem se aposentar aos 60 ou 65 anos (mulheres e homens, respectivamente, com um salário mínimo), e permite aposentadorias precoces por tempo de serviço e pensões integrais para os herdeiros; e é especialmente generoso para os funcionários públicos que, até recentemente, podiam se aposentar com salários integrais, além de outros benefícios. Não existe, no entanto, um sistema público adequado para as classes médias do setor privado, que precisam recorrer a planos de aposentadoria privados. Concebido quando as taxas de natalidade eram altas e a expectativa de vida, baixa, o sistema se tornou insustentável, e tem sido objeto de reformas sucessivas, que ainda não conseguiram equacioná-lo.[71]

No passado, o atendimento público à saúde era proporcionado pelos institutos de previdência, deixando a população não filiada e do setor informal à mercê das poucas Santas Casas e outras instituições de beneficência, quando havia, ou do setor privado, quando podiam pagar. A Constituição de 1988 estabeleceu o princípio do direito universal aos serviços de saúde, que resultou no Sistema Unificado de Saúde, que, na prática, se tornou inviável financeiramente e de difícil acesso, sobretudo nos grandes centros urbanos e também nas regiões rurais mais remotas. Para as classes média e alta, a alternativa são os planos de saúde ou acesso pago à rede de médicos e hospitais privados, cuja qualidade depende fortemente de seus custos. Por outro lado, o sistema de saúde preventiva tem tido maior sucesso, com as vacinações em massa e o Programa de Saúde da Família, de provimento de cuidados primários de saúde à população por meio de agentes comunitários, reduzindo a mortalidade em várias faixas etárias, embora com limitações, pela falta de médicos de família devidamente treinados, particularmente em áreas pobres e remotas. Cabe destaque também ao programa bem-sucedido de apoio às pessoas portadoras de aids/HIV. Para lidar com o déficit de médicos nas regiões mais afastadas, o governo de Dilma Rousseff criou um programa de contratação de médicos estrangeiros, sobretudo cubanos, sob forte oposição da classe médica brasileira, mas aparentemente bem-recebido pelas populações atendidas, embora faltem, como sempre, avaliações sistemáticas.[72]

INCLUSÃO, MOVIMENTOS SOCIAIS E EMPODERAMENTO[73]

Desde a vitória do Partido dos Trabalhadores (PT) na eleição presidencial de 2002, a inclusão de movimentos e organizações sociais na formulação de políticas públicas aumentou significativamente, junto com a criação de um grande número de conselhos de cidadãos em diferentes setores, como saúde, educação, proteção à criança, meio ambiente e política econômica. Algumas agências, como a Fundação Nacional Indígena (Funai), o Ministério da Reforma Agrária, Ministério do Meio Ambiente e Ministério da Reforma Agrária, passaram a ser preenchidas por integrantes de movimentos sociais correspondentes, e outras foram criadas especificamente para abrigar lideranças destes movimentos, reunidas no Ministério das Mulheres, da Igualdade Racial e dos Direitos Humanos, extinto em 2015. A União Nacional dos Estudantes (UNE), uma organização historicamente independente, passou a se beneficiar de fortes incentivos públicos diretos e indiretos, da mesma forma que organizações como o Movimento dos Trabalhadores Sem Terra. Em alguns casos, esse arranjo levou a conflitos dentro do governo, como aconteceu, por exemplo, com o Ministério do Meio Ambiente, que se opôs à construção de hidrelétricas na bacia amazônica;[74] com o Ministério da Reforma Agrária, que apoiou invasões de terra por militantes do Movimento dos Trabalhadores Sem Terra;[75] e com a FUNAI em questões de demarcação de territórios das populações indígenas.[76]

Como parte da mesma tendência, vários municípios fizeram experiências de orçamento participativo, e a noção de que a democracia direta poderia substituir as formas tradicionais de governo representativo tornou-se popular. O real impacto dessa tendência no avanço da inclusão social e na redução da pobreza e da desigualdade não é claro e está sujeito a controvérsia. Há uma literatura crescente que sugere que as expectativas originais deste arranjo foram excessivas.[77] Uma pesquisa de 2001 sobre movimentos populares no Chile e no Brasil, realizada pelo Instituto de Pesquisa das Nações Unidas para o Desenvolvimento Social, mostrou que, à medida que essas organizações de movimentos sociais se tornam dependentes do governo, elas se tornam mais expostas aos controles clientelistas e ao caciquismo político, perdendo a capacidade de manter uma postura crítica ou promover projetos alternativos de desenvolvimento.[78]

Ao mesmo tempo, as extraordinárias manifestações de rua que ocorreram no Brasil em junho de 2013, na sequência de manifestações semelhantes no Chile e em outras partes do mundo, mostram que as democracias modernas devem aprender a combinar a ampla legitimidade conseguida por meio de eleições regulares com as demandas prementes de curto prazo de movimentos sociais vocais e de grande visibilidade. Não há soluções fáceis para isso, mas parece claro que sistemas legítimos e transparentes de representação política são parte da resposta.

Conclusões

Esta visão geral e a riqueza das pesquisas feitas sobre estas questões nos anos mais recentes mostram claramente que as políticas sociais implantadas nos governos do PT tiveram muito mais a ver com a atribuição de direitos e distribuição de benefícios do que com o aumento efetivo das oportunidades de educação e trabalho e aumento da produtividade da economia; e que as políticas de empoderamento podem ter sido úteis para mobilizar apoio ao governo em determinados setores, mas não para melhorar a capacidade da população ou a qualidade das políticas sociais.

Para entender por que isso ocorreu é necessário ter em conta os processos decisórios e o contexto político em que essas políticas foram implementadas. Para os políticos, tanto no Executivo quanto no Congresso, as políticas precisam ser simples, fáceis de entender, não enfrentar interesses estabelecidos, e ajudar a ganhar as eleições. No entanto, para serem eficazes, políticas precisam ser complexas, e, muitas vezes, se opor a interesses estabelecidos. A maioria das políticas sociais nas últimas décadas foi muito simples na sua formulação, limitadas à distribuição de benefícios em resposta às demandas reais ou percebidas, implementadas de forma pouco competente, e com pouca ou nenhuma avaliação dos resultados. Para lidar com as complexidades de implementação e avaliação é necessário ter uma administração pública composta por profissionais bem-qualificados, que tenham condições de entender as dificuldades e implementar políticas de longo alcance, protegidos dos caprichos de mandatos políticos e eleições. O setor público no Brasil tem algumas áreas que se aproximam destes critérios, tais como a Secretaria do Tesouro, a Receita Federal e o Itamaraty, mas são exceções. O ingresso ao serviço público se dá hoje por critérios meritocráticos, por meio de concursos, e os funcionários públicos têm estabilidade, mas o Governo Federal tem cerca de 40 mil cargos de confiança que podem ser preenchidos por militantes de partidos, representantes de movimentos sociais e de interesses. Até recentemente, havia 39 ministérios--agências ministeriais, preenchidos em grande parte por meio de negociações com os partidos políticos em troca de apoio no Congresso, lubrificados pelas moedas políticas da troca de favores e da corrupção, e a situação nos estados e municípios tende a ser pior. Dada esta situação, é surpreendente que algumas políticas complexas tenham sido implementadas, graças à existência de alguns corpos técnicos e profissionais mais consolidados.

A distribuição dos benefícios e direitos pelo governo para determinados grupos sociais é fortemente enraizada em práticas políticas brasileiras desde os seus primórdios, decorrente da forma como o Estado foi organizado como um empreendimento patrimonial para o benefício dos colonizadores portugueses, no passado, e das elites locais desde a independência, no início do século XIX.[79] Com a modernização do país, sobretudo a partir dos anos 1930, essas práticas antigas produziram uma espécie de capitalismo de Estado que se expandiu cada vez mais, criando um setor público de grandes dimensões, incluindo, além da administração pública propriamente dita, bancos, sistemas de transportes, comunicações, energia e empresas de serviços públicos. Como o objetivo principal destes entes não era proporcionar serviços, mas distribuir cargos e facilitar negócios, a eficiência nunca foi uma prioridade. Além das agências governamentais, estabeleceu-se um sistema complexo de sindicatos e associações empresariais financiados com recursos públicos, e uma miríade de benefícios, isenções fiscais, proteção tarifária e créditos subsidiados financiados por meio de agências como o Banco do Brasil, a Caixa Econômica e o BNDES.

Na década de 1990, com o Plano Real, grandes empresas estatais foram privatizadas, a maioria dos bancos estaduais, que funcionavam na prática como emissores de moeda, foram fechados, e a lei de responsabilidade fiscal limitou os gastos e endividamento dos governos nacionais e locais, como parte de um esforço para estabilizar a economia do país após anos de hiperinflação. Apesar destes esforços para reduzir o tamanho do Estado e tornar a economia mais competitiva, a maioria dessas instituições e práticas permaneceram intactas, e foram revigoradas a partir do governo do PT, em 2002. O presidente Lula, que em suas origens defendia um sindicalismo independente e o fim do imposto sindical, não só manteve intacto o sistema instituído nos anos 1930, como impediu que o Tribunal de Contas fiscalizasse o uso dos recursos públicos pelas centrais sindicais, ao vetar dispositivo da Lei nº 11.648 de 2008, que previa essa fiscalização.

As políticas sociais implementadas durante os períodos de Lula e Dilma não significaram uma mudança em relação a essas práticas antigas, mas sim sua extensão, pela cooptação de outros setores da sociedade, como os novos movimentos sociais, estimulados ou criados por meio da transferência de recursos e da oferta de empregos públicos. A principal preocupação sempre foi a prestação de benefícios de curto prazo em troca de apoio político. Na educação, por exemplo, a prioridade era dar mais dinheiro para as escolas e apaziguar os sindicatos de professores, e não tornar as escolas mais eficientes e responsáveis pelos seus resultados. Na educação básica, os gastos por aluno triplicaram ou quadruplicaram em 15 anos, enquanto o desempenho se manteve estagnado em níveis extremamente baixos. No ensino superior, o governo ampliou os subsídios a universidades públicas, sem exigir que elas mostrassem que estavam melhorando o desempenho, e aprovou uma lei obrigando-as a reservar 50% dos seus lugares para os estudantes pobres e negros, sem se assegurar de que estes alunos teriam condições adequadas para aproveitar a oportunidade oferecida.

A legislação do salário mínimo, exigindo aumentos regulares em termos reais, não relacionados à produtividade, ajudou a reduzir a desigualdade de renda nos anos de crescimento econômico, mas contribuiu também para o aumento descontrolado dos gastos públicos e do desemprego trazido pela recessão econômica a partir de 2015.

Esta visão geral se refere principalmente às políticas implementadas nos últimos 15 anos de governo do PT, mas desde 2015 o Brasil é um país totalmente diferente. O governo do PT, que no início se comprometeu e de fato manteve o equilíbrio macroeconômico estabelecido pelo Plano Real, respondeu à crise financeira de 2008 com a expansão do crédito para o consumo, empréstimos subsidiados e outros benefícios para setores selecionados na economia e a expansão dos gastos públicos, na esperança de que isso levaria ao crescimento econômico e geraria recursos para manter a expansão do setor público. A consequência foi um déficit público crescente, a estagnação em 2014 e a recessão em 2015. No início do segundo mandato de Dilma Rousseff, no começo de 2015, o país entrou na maior depressão econômica de sua história. Muito antes disso, as despesas públicas vinham crescendo acima da receita, criando um problema estrutural com o qual o governo não teve como lidar, pois exigiria uma política oposta a seu modo de atuar e de conquistar alianças e apoio eleitoral.[80]

Ainda é muito cedo para saber o impacto dessa crise econômica sobre a miríade de programas sociais estabelecidos pelo Governo Federal nos últimos anos. Já há indícios de que alguns indicadores, tais como a redução da desigualdade e da pobreza, estão piorando, e o desemprego está crescendo rapidamente A crise econômica é agravada por uma profunda crise política e um escândalo de corrupção em grande escala, tornando especialmente difícil implementar as mudanças de rumo que se fazem necessárias, não só para recuperar o equilíbrio da economia, da qual tudo depende, mas sobretudo para tornar as políticas sociais mais orientadas para a melhoria das competências e das oportunidades da população, e menos para suas rendas e benefícios.

Olhando para as experiências das últimas duas décadas, em que medida um elenco de políticas sociais voltadas para a melhoria das oportunidades seria distinto das políticas adotadas até aqui? A maior parte da redução da pobreza e da expansão das oportunidades das últimas décadas veio do crescimento econômico e da modernização da sociedade e da economia, e muito menos de políticas específicas. Isso confirma que o principal instrumento para a expansão das oportunidades é criar as condições para a economia prosperar, livre de uma burocracia pública intrusiva e sobretudo ineficiente. Isso não significa que as políticas sociais de garantia dos direitos civis sejam irrelevantes, já que o mercado, por si só, não tem como prover as redes de segurança para milhões em situação de pobreza, melhorar a qualidade da educação, proporcionar saúde

A SAGA DE BELÍNDIA | 457

acessível e lidar com os crescentes problemas de superlotação e violência nas grandes áreas urbanas.

Não há uma resposta simples, mas um instrumento importante para essa transformação seria uma mudança profunda na maneira pela qual as políticas públicas são avaliadas. Existem muitas informações sobre gastos e pessoas beneficiadas nos diversos programas, mas escasseiam avaliações sobre resultados efetivos e seu impacto sobre a produtividade da economia do país. Uma exceção é a área de educação, em que avaliações como o Saeb e a participação na avaliação internacional do Pisa mostram como os investimentos crescentes no setor não têm produzido os resultados esperados. Mas este exemplo também mostra que não basta ter o diagnóstico correto, se não houver interesse, por parte de governantes e governados, em alterar o regime de distribuição de recursos e benefícios para atingir os objetivos necessários.

Isso, no entanto, é mais fácil de dizer do que de fazer. A crise iniciada em 2015 pode ser uma oportunidade para o país desistir dessas práticas antigas, eliminar subsídios para interesses especiais, e criar um ambiente mais estável, transparente e equitativo para o setor empresarial. Pode ser também uma oportunidade para tornar o setor público mais enxuto e mais eficiente em suas múltiplas funções de regular a economia, melhorar a infraestrutura e a prestação de serviços públicos essenciais. O Bolsa Família revelou-se uma importante rede de segurança para aqueles em situação de extrema pobreza, e, dado o seu baixo custo e resultados positivos, deve ter continuidade, sem a ilusão de que ele tenha outros resultados importantes além deste. Na educação, programas altamente subsidiados e sem evidência clara de resultados, como o Pronatec, o crédito educativo e as bolsas de estudo para o exterior do Ciência sem Fronteiras, já estão suspensos ou com o orçamento reduzido, e terão de ser profundamente revistos. Ao contrário do previsto no Plano Nacional de Educação de 2014, os gastos do setor não chegarão aos 10% do PIB em 2024, mas os recursos existentes podem ser utilizados de forma mais eficaz para proporcionar melhor educação. O sistema unificado de saúde terá de ser revisto, aumentando o foco na atenção primária e atendimento gratuito para os mais pobres, e formas de compartilhamento de custos para os demais.

É uma transição difícil, mas, como as políticas sociais desenvolvidas nas últimas décadas não terão como persistir, há esperança de que ela possa ser feita, assim como a reorganização da economia em novas bases, e já possa ser vislumbrada na próxima visita de Edmar Bacha a Belíndia.

Notas

1. Fishlow, 1972; Hoffmann e Duarte, 1972; Bacha e Taylor, 1978.
2. Bacha e Klein, 1986.
3. Bacha, 1995.
4. Bacha e Schwartzman, 2011; Neri, 2010.
5. PNUD, 2013.
6. Schwartzman, 2004a; Malthus, 1998; Polanyi, 1980; Schwartzman, 2004b.
7. Durkheim, 1967; Parsons, 1991; Tönnies, 1887.
8. Marshall, 1950.
9. Pinto, 2005; Souza, 2004; Yasbek, 2004.
10. Coutinho e Lucatelli, 2006; Belik, 2003.
11. Ribeiro, 2012, p. 645.
12. Pastore, 1982; Lima e Campos, 2015.
13. Bonelli, Gonzaga, e Veiga, 2008.
14. Bourguignon, Ferreira, e Menendez, 2007, p. 26. Tradução do autor, Roemer, 1998.
15. Dados da PNAD de 2015, considerando somente as respostas válidas.
16. Sorj e Unesco Brasil, 2003.
17. Disponível em <www.anatel.gov.br/dados/2015-02-04-18-43-59>. Acesso em: 5/11/2016.
18. Disponível em: <www.portal.mec.gov.br/proinfo/proinfo>. Acesso em: 14/11/2016.
19. Martins e Fátima Flores, 2015.
20. Disponível em <www.khanacademy.org>. Acesso em: 6/11/2016.
21. Valenzuela *et al.*, 2008.
22. Scalon e de Oliveira, 2012.
23. Scalon e Cano, 2008.
24. Disponível em <www.latinobarometro.org/lat.jsp>. Acesso em: 14/11/2016.
25. Klink e Denaldi, 2012; Del Rio, 1992.
26. Soares e Soares, 2005.
27. Riley, Fiori e Ramirez, 2001; Portes, 1979; Perlman, 1979; Perlman, 2010; Pamuk e Cavallieri, 1998; Zaluar, 1993; Carneiro, 2012; Valladares, 1978.
28. Cano, Borges, e Ribeiro, 2012.
29. Vekemans, Silva Fuenzalida, e Giusti, B., 1970.
30. Oliveira e Beltrão, 2001.
31. Campello e Neri, 2013; Soares 2012, p. 22.
32. Fiszbein e Schady, 2009, p. 1.
33. Medici, 2011a; Cardoso e Souza, 2004; Souza, 2011; Reimers, Silva, e Trevino, 2006.
34. Soares, 2012, pp. 10 e 30; Suplicy, 1988.

35. Fiszbein e Schady, 2009.
36. Spence, 1973.
37. Becker, 1964.
38. Collins, 1979; Bourdieu e Passeron, 1990.
39. Bills, 2004; Baker, 2004; Walters, 2004.
40. Disponível em <www.portal.inep.gov.br/indicadores-financeiros-educacionais>.
41. Araujo *et al.*, 2011; Duncan e Magnuson, 2013; Heckman, 2007; Cunha e Heckman, 2007.
42. Barros *et al.*, 2011; Campos, Füllgraf, e Wiggers, 2006; Curi e Menezes-Filho, 2009; Ruzek *et al.*, 2014.
43. Dados das PNADs anuais, tabulados pelo IETS.
44. Disponível em <www.sao-paulo.estadao.com.br/noticias/geral,gasto-com--fies-cresce-13-vezes-e-chega-a-r-13-4-bi-mas-ritmo-de-matriculas-cai--imp-,1634714>. Acesso em: 5/12/2016.
45. Schwartzman, 2014b; Schwartzman e Castro, 2005; Peixoto *et al.*, 2016; Waltenberg e Carvalho, 2012; Zylberstajn, 2010; Ferman, 2006.
46. Disponível em: <www.mct.gov.br/index.php/content/view/6629/Brasil_Alunos_matriculados_e_titulados_nos_cursos_de_mestrado_e_doutorado_ao_final_do_ano.html>. Acesso em: 5/12/2016.
47. Dados de <www.scimagojr.com>. Acesso em: 5/12/2016.
48. Pedrosa e Queiroz, 2014.
49. Disponível em <www.nces.ed.gov/nationsreportcard>. Acesso em: 20/11/2016.
50. OCDE, 2014.
51. Schwartzman, 2013.
52. Soares e Alves, 2003.
53. OCDE, 2013.
54. Disponível em <www.portal.mec.gov.br/secretaria-de-educacao-basica/programas-e-acoes>. Acesso em: 20/11/2016.
55. Castro, 1979.
56. Schwartzman, 2014a; Almeida, Amaral, e Felício, 2014; Schwartzman, 2016.
57. Almeida, Amaral e Felício, 2014, p. 9.
58. Montagner e Muller, 2015.
59. Barbosa Filho, Porto, e Liberato, 2015.
60. Basto *et al.*, 2016.
61. Silva, Almeida, e Strokova, 2015; Silva, Gukovas, e Caruso, 2015.
62. Tafner, 2006.
63. Corseuil, Neri, e Ulysses, 2014.
64. Secretaria do Tesouro Nacional, 2016.
65. Mourão, Almeida, e de Lima Amaral, 2013.
66. Silva Teixeira e Balbinotto Neto, 2014.
67. Madeira, 2004.

68. Disponível em <www.painel.incra.gov.br/sistemas/index.php>.
69. Feijó, 2014, p. 500.
70. Malloy, 1979; Melo, 2014.
71. Tafner e Giambiagi 2011; Rocha e Caetano, 2008.
72. Medici, 2011b; 2015; Ministério da Saúde, 2012; Oliveira e Borges, 2008; Sousa e Hamann, 2009.
73. Esta seção é baseada em Schwartzman e Campos, 2014.
74. Fearnside, 2003.
75. Romig, 2006.
76. Fisher, 1994.
77. Baierle, 2009; Fedozzi, 1997; Cohen e Fung, 2004; Cornwall, 2007; Frey, 2003; Wampler e Avritzer, 2004; Almeida e Cunha, 2016.
78. Foweraker, 2001.
79. Faoro, 1979; Schwartzman, 2015.
80. Almeida Jr. *et al.*, 2015.

REFERÊNCIAS BIBLIOGRÁFICAS

Almeida, Debora Rezende, e Cunha, Eleonora Schettini. "Brazilian Social Assistance Policy: An empirical test of the concept of deliberative systems". *Critical Policy Studies*, 2016, pp. 1-21.

Almeida Jr., Mansueto; Lisboa, Marcos de Barros; Pessoa, Samuel e de Paula, Elisa. "O Ajuste Inevitável". *Folha de S.Paulo*, 19 de julho de 2015.

Almeida, Rita, Amaral, Nicole e Felício, Fabiana de. 2014. *Assessing Advances e Challenges in Technical Education in Brazil – Policy Repport*. Washington: The World Bank Group, 2014.

Araujo, Aloisio; Casella, Erasmo Barbante; Cunha, Flávio; Costa, Jaderson Costa da; Oliveira, João Batista Araujo e; Silva, Luiz Carlos Faria da; Davidovich, Luiz e Schwartzman, Simon. "Meeting on Early Childhood Education". Grupo de Estudo sobre Aprendizagem Infantil, Rio de Janeiro, 2011.

Bacha, Edmar Lisboa. "Plano Real: Uma avaliação preliminar". *Revista do BNDES*, 1995, vol. 2, nº 3, pp. 3-26.

Bacha, Edmar Lisboa e Klein, Herbert S. *A transição incompleta: Brasil desde 1945*. Rio de Janeiro: Paz e Terra, 1986.

Bacha, Edmar e Schwartzman, Simon. *Brasil: A nova agenda social*. Rio de Janeiro: Editora LTC, 2011.

Bacha, Edmar, e Taylor, Lance. "Brazilian income distribution in the 1960's: 'facts', model results e the controversy". *Journal of Development Studies*, 1978, vol. 14, nº 3, pp. 271-297. Reproduzido em Taylor, Lance *et al. Models of Growth and Distribution for Brazil*. Nova York: Oxford University Press, 1980, pp.

296-342. Versão em espanhol em: Bacha, Edmar. *El Milagro y la Crisis*. FCE, 1986, pp. 43-88.

Baierle, S. "The Porto Alegre Thermidor: Brazil's' Participatory Budget' at the crossroads". *Socialist Register*, 2009, vol. 39, nº 39.

Baker, David. *Inequality across societies: Families, schools and persisting stratification. Research in sociology of education*. Londres/Amsterdam: JAI, 2004, vol. 14.

Barbosa Filho, Fernando de Holanda, Rogério Porto, e Denísio Liberato. *Pronatec Bolsa-Formação: Uma avaliação inicial sobre reinserção no mercado de trabalho formal*. Brasília: Ministério da Fazenda, 2015.

Barros, Ricardo Paes; Carvalho, Mirela; Franco, Samuel; Mendonça, Rosane, e Rosalém, Andrezza. "Uma avaliação do impacto da qualidade da creche no desenvolvimento infantil". *Pesquisa e planejamento econômico*, 2011, vol. 41, pp. 213-232.

Basto, João Bevilaqua T.; Dutz, Mark A.; Mation, Lucas Ferreira e O'Connell, Stephen D. *Can program design improve the effectiveness of worker retraining? An evaluation of Brazil's Pronatec-MDIC*. Washington: The World Bank, 2016.

Becker, Gary Stanley. *Human capital*. Nova York: Columbia University Press, 1964.

Belik, Walter. "Perspectivas para segurança alimentar e nutricional no Brasil". *Saúde e sociedade*, 2003, vol. 12, nº 1, pp. 12-20.

Bills, David B. "*Creeping Credentialism in the United States e Germany: Changing Relationships between Educational Credentials e Occupational Assignment*". *Inequality and Stratification: Broadening the Comparative Scope*. Rio de Janeiro, ago. 2004.

Bonelli, Regis; Gonzaga, Gustavo e Veiga, Alinne. "Social Exclusion e Poverty Dynamics". In: Marió, Estanislao Gacitúa e Woolcock, Michael J. V. (eds.). *Social exclusion, and mobility in Brazil*. World Bank Publications, 2008, pp. 35-80.

Bourdieu, Pierre e Passeron, Jean Claude. *Reproduction in education, society, and culture*. Londres; Newbury Park, CA: Sage in association with Theory, Culture & Society, Dept. of Administrative e Social Studies, Teesside Polytechnic, 1990.

Bourguignon, François; Ferreira, Francisco H. G. e Menendez, Marta. "Inequality of opportunity in Brazil". *Review of Income e Wealth*, 1990, vol. 53, nº 4, pp. 585-618.

Campello, Tereza e Côrtes Neri, Marcelo. *Programa Bolsa Família: Uma década de inclusão e cidadania*. Brasília: IPEA, 2013.

Campos, Maria Malta; Füllgraf, Jodete e Wiggers, Verena. "A qualidade da educação infantil brasileira: Alguns resultados de pesquisa". *Cadernos de pesquisa*, 2006, vol. 36, nº 127, pp. 87-128.

Cano, Ignacio; Borges, Doriam e Ribeiro, Eduardo. *Os donos do morro: Uma avaliação exploratória do impacto das unidades de polícia pacificadora (UPPs) no Rio de Janeiro*. Fórum Brasileiro de Segurança Pública, 2012.

Cardoso, Eliana e Souza, André Portela. "The impact of cash transfers on child labor and school attendance in Brazil". Department of Economics, Vanderbilt University, Working Paper nº 04-W07, 2004.

Carneiro, Leandro Piquet. *The Politics of Pacification in Rio de Janeiro: A study in leadership e innovation*. Working paper, Lemann Dialogue, Kennedy Schoolof Government. Cambridge, MA: Harvard University. 2012.

Castro, Cláudio de Moura. "Vocational Education and the Training of Industrial Labour in Brazil". *International Labour Review*, 1979, vol. 118, nº 5, pp. 617-629.

Cohen, J., e Fung, A. "Radical democracy". *Swiss Journal of Political Science*, 2004, vol. 10, nº 4, pp. 23-34.

Collins, Randall. *The credential society*. Nova York: Academic Press, 1979.

Cornwall, Andrea. *Deliberating Democracy: Scenes from a Brazilian Municipal Health Council. Working Paper*. Sussex, Brighton: Institute of Development Studies, 2007.

Corseuil, Carlos Henrique L.; Neri, Marcelo Côrtes e Ulysses, Gabriel. "Uma análise exploratória dos efeitos da política de formalização dos microempreendedores individuais". Texto para Discussão, Instituto de Pesquisa Econômica Aplicada (IPEA), 2014.

Coutinho, Marília e Lucatelli, Márcio. "Produção científica em nutrição e percepção pública da fome e alimentação no Brasil". *Revista de Saúde Pública*. São Paulo, 2006, vol. 40, pp. 86-92.

Cunha, Flávio e Heckman, James J. "The Technology of Skill Formation". *National Bureau of Economic Research Working Paper Series*, 2007.

Curi, Andréa e Menezes-Filho, Naércio. "A relação entre educação pré-primária, salários, escolaridade e proficiência escolar no Brasil". *Estudos Econômicos*, 2009, vol. 39, pp. 811-850.

Del Rio, Vicente. "Urban design e conflicting city images of Brazil: Rio de Janeiro e Curitiba". *Cities*, 1992, vol. 9, nº 4, pp. 270-279.

Duncan, Greg J. e Magnuson, Katherine. "Investing in Preschool Programs". *Journal of Economic Perspectives*, 2013, vol. 27, nº 2, pp. 109-132.

Durkheim, Émile. De la division du travail social. Paris: Presses universitaires de France, 1967, *Bibliotheque de philosophie contemporaine*, 8. ed.

Faoro, Raymundo. *Os donos do poder formação do patronato político brasileiro*. Porto Alegre: Editora Globo, 1979, 5. ed.

Fearnside, Philip M. "Conservation policy in Brazilian Amazonia: Understanding the dilemmas". *World Development*, 2003, vol. 31, nº 5, pp. 757-779.

Fedozzi, Luciano. *Orçamento participativo – reflexões sobre a experiência de Porto Alegre*. Apresentação de Simon Schwartzman. Porto Alegre; Rio de Janeiro: Tomo Editorial; Observatório de Políticas Urbanas e Gestão Municipal, 1997.

Feijó, Ricardo Luis Chaves. "Um estudo quantitativo dos subsídios implícitos nas operações de crédito do Pronaf". *Pesquisa e planejamento econômico*, v. 44, n. 2, p. 461-506, 2014.

Ferman, Bruno. "Cotas no processo de admissão de universidades: efeitos sobre a proficiência de alunos do ensino médio." Dissertação de mestrado, programa de pós-graduação em Economia do Departamento de Economia da PUC-Rio, 2006.

Fisher, William H. "Megadevelopment, environmentalism, and resistance: The institutional context of Kayapó indigenous politics in central Brazil". *Human Organization*, 1994, vol. 53, nº 3, pp. 220-232.

Fishlow, A. "Brazilian size distribution of income." *The American Economic Review* 62(1/2): 391-402, 1972.

Fiszbein, Ariel e Rüdiger Schady, Norbert. *Conditional Cash Transfers: Reducing Present e Future Poverty.* Washington, DC: The World Bank, 2009.

Foweraker, Joe. "Grassroots Movements, Political Activism e Social Development in Latin America: A Comparison of Chile e Brazil". In: *Civil Society e Social Movements Programme Paper Number 4.* Nova York: United Nations Research Institute for Social Development, 2001.

Frey, K. "Building a local public sphere on the internet to strengthen local democracy: The experience of Curitiba/Brazil". Paper presented at the II Global Congress of Citizens Networks, Buenos Aires. Disponível em: <www.globalcn2001.org>.

Heckman, James J. "The economics, technology, e neuroscience of human capability formation". *Proc. Natl. Acad. Sci. USA* 104, 2007, vol. 33, pp. 13250-5.

Hoffmann, Rodolfo e Duarte, João Carlos. "A distribuição da renda no Brasil". *Revista de administração de empresas,* 1972, vol. 12, nº 2, pp. 46-66.

Klink, Jeroen, e Delnadi, Rosana. "*Metropolitan Fragmentation e Neo-localism in the Periphery Revisiting the Case of Curitiba*". *Urban studies,* 2012, vol. 49, nº 3, pp. 543-561.

Lima, Ricardo Carvalho de Andrade e Campos, Luís Henrique Romani de. "Mobilidade intergeracional de renda, um estudo aplicado à região metropolitana do Recife". *Revista Nexos Econômicos,* 2015, vol. 7, nº 2, pp. 9-26.

Madeira, Felícia Reicher. "A improvisação na concepção de programas sociais: muitas convicções, poucas constatações – O caso do primeiro emprego". *São Paulo em Perspectiva,* vol. 18, nº 2, pp. 78-94.

Malloy, James M. *The politics of social security in Brazil, Pitt Latin American series.* Pittsburgh: University of Pittsburgh Press, 1979.

Malthus, T. R. *An essay on the principle of population, Great minds series.* Amherst, NY: Prometheus Books, 1998.

Marshall, Thomas H. *Citizenship e social class.* Cambridge: Cambridge University Press, 1950, vol. 11.

Martins, Ronei Ximenes, e Flores, Vânia Fátima. "A implantação do Programa Nacional de Tecnologia Educacional (ProInfo): Revelações de pesquisas realizadas no Brasil entre 2007 e 2011". *Revista Brasileira de Estudos Pedagógicos,* vol. 96, nº 242, pp. 112-128.

Medici, André. "Gastos com saúde e ciclo econômico no Brasil: uma análise do período 1980-2015." *J. bras. econ. saúde* (Impr.), v. 9, n. Suplemento 1, 2015.

————. "Impacts of Conditional Cash Transfers on Health Status: The Bolsa Familia Program in Brazil (powerpoint presentation)". Harvard Conference – New Strategies for Health Promotion: Steering Clear of Ethical Pitfalls, Cambridge, MA, 2011a.

————. "Propostas para Melhorar a Cobertura, a Eficiência e a Qualidade no Setor Saúde". In: Bacha, E. e Schwartzman, S. (eds.) *Brasil: A Nova Agenda Social*. Rio de Janeiro: LTC, 2011b.

Melo, Marcus André. *Political e Institutional Drivers of Social Security Universalization in Brazil*. Genebra: United Nations Research Institute for Social Development (UNRISD), 2014.

Ministério da Saúde. *Política Nacional de Atenção Básica*. Brasília: Ministério da Saúde, 2012.

Montagner, Paula e Muller, Luiz Herberto. *O Pronatec e o fortalecimento das políticas de educação profissional e tecnológica, Cadernos de Estudo – Desenvolvimento Social em Debate*. Brasília: Ministério do Desenvolvimento Social e Combate à Fome/Ministério da Educação, 2015.

Mourão, Aline Nogueira Menezes; Almeida, Mariana Eugenio e Amaral, Ernesto Friedrich de Lima. "Seguro-desemprego e formalidade no mercado de trabalho brasileiro". *Revista Brasileira de Estudos de População*, vol. 30, n° 1, pp. 251-270.

Neri, Marcelo. *A nova classe média: O lado brilhante dos pobres*. Rio de Janeiro: Fundação Getulio Vargas, 2010.

OCDE. *Programme for International Student Assessment (Pisa) – Results from Pisa 2012*. In: *Country Notes*. Paris: OCDE, 2013.

OCDE. *PISA 2012 Results: What Students Know e Can Do – Student performance in mathematics. Reading and Science*, 2014, vol. 1.

Oliveira, Ana Katarina Pessoa de Borges, Djalma Freire. "Programa de Saúde da Família: uma avaliação de efetividade com base na percepção de usuários". *Revista de Administração Pública*, 2008, vol. 42, n° 2.

Oliveira, Francisco Eduardo Barreto de e Beltrão, Kaizô Iwakami. "Brazil – The Brazilian Social Security System". *International Social Security Review*, 2001, vol. 54, n° 1.

Pamuk, Ayse e Cavallieri, Paulo Fernando A. "Alleviating urban poverty in a global city: new trends in upgrading Rio de Janeiro". *Habitat International*, 1998, vol. 22, n° 4, pp; 449-462.

Parsons, Talcott. *The social system. Routledge sociology classics*. Londres: Routledge, 1991.

Pastore, José. *Inequality e social mobility in Brazil*. Madison: University of Wisconsin Press, 1982.

Pedrosa, Renato Hyuda de Luna e Queiroz, Sérgio Robles Reis de. "Democracia e o 'dividendo de inovação' – Brasil". In: Schwartzman, S. (ed.). *A via democrática – Como o desenvolvimento econômico e social ocorre no Brasil*. Rio de Janeiro: Elsevier, 2014.

Peixoto, Adriano de Lemos Alves; Ribeiro, Elisa Maria Barbosa de Amorim; Bastos, Antônio Virgilio Bittencourt e Ramalho, Maria Cecilia Koehne. "Cotas e desempenho acadêmico na UFBA: Um estudo a partir dos coeficientes de rendimento". *Avaliação: Revista da Avaliação da Educação Superior.* Campinas, 2016, vol. 21, pp. 569-592.

Perlman, Janice. *Favela: Four decades of living on the edge in Rio de Janeiro.* Oxford: Oxford University Press, 2010.

_____. *The myth of marginality: Urban poverty,* and *politics in Rio de Janeiro.* Califórnia: University of California Press, 1979.

Pinto, Céli Regina Jardim. "A sociedade civil e a luta contra a fome no Brasil (1993-2003)". *Sociedade e estado,* 2005, vol. 20, nº 1, pp. 195-228.

PNUD 2013. "Atlas do Desenvolvimento Humano no Brasil." United Nations Development Program. – Brazil. Disponível em <www.pnud.org.br/Noticia.aspx?id=3753>. Acesso em 25/7/2017.

Polanyi, Karl. *A grande transformação – As origens da nossa época.* Rio de Janeiro: Campus, 1980.

Portes, Alejandro. "Housing policy, urban poverty, and the state: The favelas of Rio de Janeiro, 1972-1976". *Latin American Research Review,* 1979, pp. 3-24.

Reimers, Fernando; Silva, Carol DeShano da e Trevino, Ernesto. *Where is the "education" in conditional cash transfers in education?.* Montreal: UNESCO Institute for Statistics, 2006.

Ribeiro, Carlos A Costa. "Quatro décadas de mobilidade social no Brasil". *Dados,* 2012, vol. 55, n º 3, pp. 641-679.

Riley, Elizabeth; Fiori, Jorge e Ramirez, Ronaldo. "Favela-Bairro e a new generation of housing programmes for the urban poor". *Geoforum,* 2001, vol. 32, nº 4, pp. 521-531.

Rocha, Roberto de Rezende e Caetano, Marcelo Abi-Ramia. "O sistema previdenciário brasileiro: Uma avaliação de desempenho comparada". Texto para Discussão. Brasília: Instituto de Pesquisa Econômica Aplicada – IPEA, 2008.

Roemer, John E. *Equality of opportunity.* Cambridge, Mass: Harvard University Press, 1998.

Romig, Bradley S. "Agriculture in Brazil and Its Effect on Deforestation and the Landless Movement: A Government's Attempt to Balance Agricultural Success and Social Collateral Damage." *Drake J. Agric. L.,* v. 11, p. 81, 2006.

Ruzek, Erik; Burchinal, Margaret; Farkas, George e Duncan, Greg J. "The quality of toddler child care e cognitive skills at 24 months: Propensity score analysis results from the ECLS-B". *Early childhood research quarterly,* 2014, vol. 29, nº 1, pp. 12-21.

Scalon, Celi e Oliveira, Pedro Paulo de. "A percepção dos jovens sobre desigualdades e justiça social no Brasil." *Interseções: Revista de Estudos Interdisciplinares,* vol. 14, nº 2.

Scalon, Maria Celi e Cano, Ignacio. "Legitimization e Acceptance: How Brazilians Survive Inequalities". In: Estanislao Gacitúa Marió e Michael J. V. Woolcock (eds.). *Social exclusion e mobility in Brazil*. Washington, DC: World Bank Publications, 2008, pp. 81-96.

Schwartzman, Simon. *As causas da pobreza*. Rio de Janeiro: FGV, 2004a.

_____. *Pobreza, exclusão social e modernidade: Uma introdução ao mundo contemporâneo*. São Paulo: Augurium Editora, 2004b.

_____. "Uses and abuses of education assessment in Brazil". *Prospects*: 2013, 1-20.

_____. "O Centro Paula Souza e a Educação Profissional no Brasil". In: Barjas Negri, Haroldo de Gama Torres e Maria Helena Guimarães de Castro (eds.). *Educação básica em São Paulo – Avanços e desafios*. São Paulo: SEADE/FDE, 2014a, pp. 187-216.

_____. "Massificação, equidade e qualidade: Os desafios da educação Superior no Brasil – Análise do Período 2009-2013". In: José Joaquin Brunner e Cristóbal Villalobos. Santiago: Ediciones Diego Portales. *Políticas de Educación Superior en Iberoamérica, 2009-2013*. 2014b.

_____. *Bases do autoritarismo brasileiro*. Rio de Janeiro: Editora Unicamp, 2015, 5ª ed.

_____. *Educação média profissional no Brasil: situação e caminhos*. São Paulo: Fundação Santillana, 2016.

Schwartzman, Simon e Campos, Maína Celidonio de. "Democracia e desenvolvimento social" In: Schwartzman, Simon (ed.). *A via democrática: Como o desenvolvimento econômico e social ocorre no Brasil*. Rio de Janeiro: Elsevier, 2014, pp. 91-134.

Schwartzman, Simon, e Moura Castro, Cláudio de. "A nova reforma do MEC: Mais polimento, mesmas ideias." *Estudos – Revista da Associação Brasileira de Mantenedoras de Ensino Superior* nº 23 (365):9-18, 2005.

Secretaria do Tesouro Nacional. "Seguro-desemprego e mercado de trabalho: Indicadores e insights". *Boletim de Avaliações de Políticas Públicas* 2 (1), 2016.

Silva, Joana; Almeida, Rita e Strokova, Victoria. *Sustentando melhorias no emprego e nos salários no Brasil: Uma agenda de competências e empregos*. Washington: The World Bank, 2015.

Silva, Joana; Gukovas, Renata e Caruso, Luiz. "*Employability e returns to vocational training in Brazil: Analysis using linked provider-employer data (research paper)*". The Word Bank; Senai, 2015.

Silva Teixeira, Gibran e Balbinotto Neto, Giácomo. "O Programa do Seguro--Desemprego no Brasil: Uma análise histórica de 1986 a 2010". *Indicadores Econômicos FEE*, 2014, vol. 42, nº 2, pp. 9-22.

Soares, Fabio e Soares, Yuri. "The socio-economic impact of Favela-Bairro: What do the data say?". In: *Inter-American Development Bank*. Washington DC, 2005.

Soares, José Francisco e Alves, Maria Teresa Gonzaga. "Desigualdades raciais no sistema brasileiro de educação básica". *Educação e Pesquisa*, 2003, vol. 29, n° 1, pp. 147-165.

Soares, Sergei Suarez Dillon. "Bolsa Família, its design, its impacts e possibilities for the future". In: *Working Paper*. International Policy Centre for Inclusive Growth, 2012.

Sorj, Bernardo e Unesco Brasil. *Brazil@digitaldivide.com: Confronting inequality in the information society*. Brasília: Unesco Brasil, 2003.

Sousa, Maria Fátima de e Hamann, Edgar Merchán. "Programa Saúde da Família no Brasil: Uma agenda incompleta?". *Ciência & Saúde Coletiva*, 2009, vol. 14, n° 5, pp. 1325-35.

Souza, André Portela. 2011. "Políticas de Distribuição de Renda no Brasil e o Bolsa Família." In: Edmar E. Bacha e Simon Schwartzman. *Brasil – A Nova Agenda Social*. Rio de Janeiro: Grupo Editorial Nacional, 2011, pp. 166-186.

Souza, Luiz Alberto Gómez de. "As várias faces da Igreja Católica". *Estudos avançados*, vol. 18, n° 52, pp. 77-95, 2004.

Spence, Michael. "Job market signaling". *The quarterly journal of Economics*, 1973, vol. 87, n° 3, pp. 355-374.

Suplicy, Eduardo Matarazzo. *Da distribuição da renda e dos direitos à cidadania*. São Paulo: Editora Brasiliense, 1988.

Tafner, Paulo. *Brasil: O estado de uma nação – Mercado de trabalho, emprego e informalidade*. Rio de Janeiro: IPEA, 2006.

Tafner, Paulo e Giambiagi, Fabio. "Previdência Social: Uma agenda de reformas." In: Bacha, Edmar e Schwartzman, Simon. *Brasil – A nova agenda social*. Rio de Janeiro: Grupo Editorial Nacional, pp. 109-165, 2011.

Tönnies, F. *Gemeinschaft und Gesellschaft: Grundbegriffe der reinen Soziologie*. Darmstadt: Wissenschaftliche Buchgesellschaft, 2005. Originalwerk entstand, 1887.

Valenzuela, Eduardo; Schwartzman, Simon; Valenzuela, J. Samuel; Scully, Timothy; Somma, Nicolás M. e Biehl, Andrés. *Vínculos, creencias y ilusiones – La cohesión social de los latinomericanos*. Colección CIEPLAN. Santiago, Chile: Uqbar Editores, 2008.

Valladares, Licia do Prado. *Passa-se uma casa – Análise do programa de remoção de favelas do Rio de Janeiro, Biblioteca de ciências sociais*. Rio de Janeiro: Zahar Editores, 1978.

Vekemans, Roger; Fuenzalida, Ismael Silva e Giusti, Jorge. *La marginalidad en América Latina – Un ensayo de conceptualización*. Santiago: Centro para el Desarrollo Económico y Social de América Latina, 1970.

Waltenberg, Fábio D. e Carvalho, Márcia de. "Cotas aumentam a diversidade dos estudantes sem comprometer o desempenho?". *Sinais Sociais*, 2012, vol. 7, n° 20, pp. 36-77.

Walters, David. "The relationship between postsecondary education e skill: Comparing credentialism with human capital theory". *Canadian Journal of Higher Education*, 2004, vol. 34, nº 2, pp. 97-124.

Wampler, B.; e Avritzer, L. "Participatory publics: Civil society and new institutions in democratic Brazil". *Comparative Politics*, 2004, pp. 291-312.

Yasbek, Maria Carmelita. "O programa fome zero no contexto das políticas sociais brasileiras". *São Paulo em Perspectiva*, 2004, vol. 18, nº 2, pp. 104-112.

Zaluar, Alba. "Urban Violence, Citizenship e Public Policies". *International Journal of Urban e Regional Research*, 1993, vol. 17, pp. 56-66.

Zylberstajn, Eduardo. "Cotas nas universidades e aprendizado escolar: Modelo teórico e evidências empíricas". Dissertação apresentada à Escola de Economia de São Paulo da Fundação Getulio Vargas, como requisito para obtenção do título de mestrado, 2010.

20

Oferta de trabalho e mobilidade urbana

José Márcio Camargo e Rafael Bacciotti

Introdução

Entre 2005 e 2014, a taxa de participação no mercado de trabalho brasileiro – a relação entre a população economicamente ativa (PEA) e a população em idade ativa (PIA) – apresentou forte tendência de queda. Em 2005, a proporção de pessoas com idade entre 14 e 65 anos que participavam do mercado de trabalho (empregadas, procurando emprego ou trabalhando por conta própria) era de 64,8%. Em 2014, este número havia caído para 61%. Esse comportamento da taxa de participação é surpreendente, porque, ao longo desse período, a taxa de desemprego caiu sistematicamente, tendo atingido níveis bastante baixos, próximos a 4,5% da força de trabalho no final do período.

A literatura sobre o tema sugere que a queda da taxa de desemprego tende a aumentar a taxa de participação, por duas razões. Primeiro, devido à redução do custo da busca por trabalho e, portanto, a diminuição do chamado desalento. Segundo, porque a redução do desemprego gera aumento do salário real, que gera dois resultados conflitantes. De um lado, aumenta o custo de oportunidade do lazer e, portanto, reduz a demanda por lazer e aumenta a oferta de trabalho. De outro, aumenta a renda do trabalhador e, caso o lazer não seja um bem inferior, aumenta a demanda por este. O resultado final depende da magnitude relativa desses dois efeitos.

Partindo da suposição de que a escolha entre trabalho e lazer é o resultado do processo de maximização de utilidade por parte dos indivíduos, sujeito à restrição de tempo, mostramos que o efeito da substituição decorrente de um aumento do salário real no Brasil domina o efeito renda e, portanto, aumenta a oferta de trabalho. Ou seja, a queda da taxa de participação não pode ser explicada pela redução da taxa de desemprego e pelo aumento do salário real, como alguns analistas sugerem. Diante disso, mostramos que um aumento do tempo de deslocamento casa-trabalho-casa, dado o salário real, reduz a utilidade do consumo e, portanto, o tempo dedicado ao trabalho. Ou seja, um aumento do tempo de deslocamento aumenta o custo, em termos de bem-estar, de trabalhar e, dado o salário real, reduz a oferta de trabalho.

Esses resultados são obtidos a partir de regressões utilizando dados da Pesquisa Nacional por Amostra de Domicílios (PNAD-IBGE) para os anos de 2011 a 2015. Estimamos a relação entre a taxa de participação no mercado de trabalho, o salário real e o tempo de deslocamento casa-trabalho-casa e mostramos que aumentos de salário real tendem a aumentar a taxa de participação, ao mesmo tempo que o aumento do tempo de deslocamento reduz a taxa de participação.

A EVIDÊNCIA EMPÍRICA

A taxa de participação é uma medida do movimento de entrada e saída de pessoas em idade de trabalhar no mercado de trabalho. Utilizando dados da PNAD/IBGE, pode-se observar que, após ter atingido 64,8% em 2005, esta variável entrou em trajetória de queda acentuada, atingindo 61% em 2014 (Figura 20.1).

Figura 20.1
Taxa de participação (relação entre população economicamente ativa/população em idade ativa)

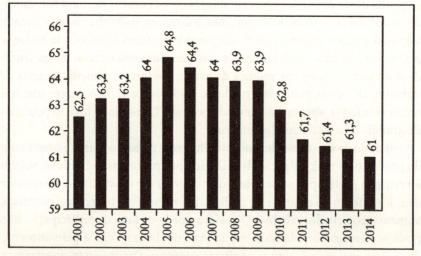

Fonte: Elaboração própria com os dados da PNAD.

Alguns trabalhos, como Filho, Cabanas e Komatsu,[1] apontam indícios de que tem aumentado a parcela de jovens que não estudam e não participam do mercado de trabalho, inclusive, com aumento da duração média nesta condição, conhecida como "nem-nem". A constatação é relevante, pois gera implicações ao crescimento potencial da economia brasileira, seja pela menor disponibilização de mão de obra, seja pela baixa qualificação do trabalhador.

Outra explicação para a redução da oferta de trabalho (que é refletida na queda da relação PEA/PIA) pode também estar associada à opção de pessoas mais jovens pela dedicação integral ao estudo de nível universitário. O substancial aumento de recursos direcionados ao Fies (Fundo de Financiamento ao Estudante do Ensino Superior), programa do governo destinado a financiar total ou parcialmente cursos de educação superior em centros de ensino privados, pode ter sido um fator que gerou esse comportamento. Ao contrário da situação "nem-nem", esses indivíduos serão mais qualificados, o que pode contribuir para a recuperação dos ganhos de produtividade na economia no médio prazo.

Existem poucos trabalhos no Brasil que investigam de maneira específica a relação entre mobilidade urbana e a taxa de participação no mercado de trabalho. Duvivier,[2] utilizando os dados do Censo de 2010 com uma amostra restrita aos municípios de regiões metropolitanas, encontrou uma relação negativa e estatisticamente significante entre o tempo de deslocamento e a taxa de participação, da ordem de -0,12 (ou seja, o aumento de 1 ponto percentual da parcela da população ocupada que leva mais de uma hora para chegar ao trabalho gera uma redução de 0,12 ponto percentual na taxa de participação).

Em análise sobre o tempo que a população gasta em deslocamentos urbanos casa-trabalho, através de dados da PNAD, Pereira e Schwanen[3] constataram que tem havido uma piora nas condições de transporte urbano nas principais áreas metropolitanas do país, com aumento do tempo de viagem casa-trabalho, explicada por uma combinação de fatores que incluem crescimento populacional, aumento das taxas de motorização (ampliação da frota de veículos) e dos níveis de congestionamento. De acordo com os autores, as únicas regiões que apresentam estabilidade no indicador, desde 1992, foram Curitiba e Porto Alegre.

Na literatura internacional, o trabalho de Black, Kolesnikova e Taylor[4] identificou, a partir de dados censitários dos Estados Unidos, efeito negativo e significante do aumento do tempo pendular sobre a taxa de participação feminina. Os autores mostram que, quanto maior o tempo de deslocamento casa-trabalho-casa, menor a taxa de participação das mulheres no mercado de trabalho nas cidades americanas.

Na próxima seção, descrevemos um modelo simples de escolha entre trabalho e lazer que mostra a relação entre salário real, taxa de participação e tempo de deslocamento casa-trabalho-casa.

A ESCOLHA ENTRE TRABALHO E LAZER

De maneira simples, podemos descrever a decisão quanto à oferta de trabalho como o resultado do processo de maximização de utilidade sujeito à restrição de tempo. Suponha uma função utilidade que tem como argumentos consumo, que supomos igual à renda do trabalho, e o tempo dedicado ao lazer. Suponha, também, que a utilidade do consumo é negativamente relacionada com o tempo de deslocamento entre casa e trabalho. Ou seja, quanto maior o tempo de deslocamento, maior é o custo em termos de bem-estar do trabalho e, portanto, menor o ganho líquido (descontada a inutilidade do deslocamento) de utilidade decorrente de uma unidade adicional de consumo. Afinal, um aumento de consumo exige um aumento da renda que, por sua vez, exige maior tempo dedicado ao trabalho. Neste contexto, dado o tempo de deslocamento casa-trabalho-casa, cada indivíduo escolhe quanto de seu tempo irá dedicar ao trabalho e quanto irá dedicar ao lazer a partir da solução do problema:

$$\text{Max.}\ U[c(t), r]$$

$$\text{s. a.}\ pc(t) - wl = 0$$

$$l + r = T$$

Em que
c = consumo
r = tempo dedicado ao lazer
l = tempo dedicado ao trabalho
t = tempo gasto no transporte entre trabalho e casa
T = total de tempo disponível para o indivíduo
w = salário por unidade de tempo
p = preço do bem

Utilizando a equação de Slutsky,[5] podemos dividir o efeito de uma variação do salário real sobre a oferta de trabalho em duas partes: em um efeito substituição e um efeito renda. Segundo o efeito substituição, o aumento do preço de um bem – no caso atual, um aumento do salário real, acompanhado de uma transferência de renda compensatória que faça com que a cesta de consumo inicial continue acessível por parte do consumidor – reduz a demanda pelo bem em causa. No caso em análise, reduz a demanda por lazer e, portanto, aumenta o tempo dedicado ao trabalho e a oferta de trabalho.

Já o efeito renda, em geral, tem o resultado contrário. Um aumento do preço de um bem reduz a renda real do consumidor e, caso o bem seja normal, diminui seu consumo. Entretanto, no caso da oferta de trabalho, um aumento do salário real aumenta a renda real do trabalhador e, caso o lazer seja um bem normal, aumenta sua demanda. Ou seja, ao contrário dos bens comuns, o efeito renda de um aumento do preço do lazer é positivo. Combinando estes dois resultados, conclui-se que o efeito líquido sobre a oferta de trabalho é uma questão empírica.

$$\frac{\partial r}{\partial \frac{w}{p}} \Rightarrow \frac{\partial r}{\partial \frac{w}{p}} \bigg| \, u = const + \frac{\partial r}{\partial y} * (T - r)$$

Um aumento do tempo necessário para o deslocamento casa-trabalho-casa reduz a utilidade marginal do consumo, na medida em que a perda de bem-estar necessária para adquirir a mesma quantidade de consumo aumenta. O resultado é que, dado o salário real, o aumento de bem-estar decorrente de uma unidade adicional de consumo é menor. Portanto, dado o salário real, a escolha ótima do consumidor é menos tempo dedicado ao trabalho e mais tempo dedicado ao lazer.

$$\frac{\partial U}{\partial c} * \frac{\partial c}{\partial t} < 0$$

Na próxima seção, utilizaremos estes resultados para estimar os efeitos de aumentos do salário real e de variações da mobilidade urbana sobre a oferta de trabalho no Brasil. Para tal, estimamos uma regressão que explique a relação PEA/PIA utilizando controles tradicionais para rendimentos e efeitos individuais (idade e anos de estudo, por exemplo), mas incluindo a variável tempo de deslocamento casa-trabalho como redutor adicional, justamente para captar um possível efeito da piora das condições de mobilidade urbana sobre a participação no mercado de trabalho.

METODOLOGIA

Descrição dos dados

As regressões utilizam os dados da PNAD dos anos de 2011 a 2015, tendo como variáveis independentes o salário real e o tempo de deslocamento casa-trabalho-casa e, como variável dependente, a taxa de participação no mercado de trabalho. A amostra selecionada é composta por indivíduos em idade ativa, compreendidos, portanto, entre 14 e 65 anos, e residentes em áreas urbanas.

A partir dos dados de cada pessoa foram construídas as variáveis de interesse para cada uma das 27 unidades da federação, conforme descrição a seguir:

- *PEA/PIA*: razão entre o número total de pessoas classificadas como economicamente ativas sobre o número total de pessoas com idade entre 14 e 65 anos.
- *L_renda*: logaritmo natural da renda média obtida de todos os trabalhos a preços constantes de 2015 (deflacionada pelo IPCA).
- *Temp_desloc*: parcela da população ocupada que demora mais de uma hora para chegar ao trabalho. Vale notar que a variável sobre tempo de deslocamento (código V9057 no dicionário da PNAD)[6] é construída como variável categórica: assume valor 1, se o indivíduo leva até meia hora; 3, se leva entre meia hora e uma hora; 5, se leva entre uma e duas horas, e 7, se leva mais de duas horas. Para incluir a variável no modelo, calculou-se o total de 5 e 7 sobre o número total de pessoas ocupadas.
- *Anos_estudo*: número de anos de estudo.
- *Idade²*: idade ao quadrado.

Vale notar que as áreas urbanas dos estados do Rio de Janeiro e São Paulo são as piores em termos de mobilidade urbana. A figura a seguir ilustra a evolução do percentual de pessoas ocupadas que demoram mais de uma hora no deslocamento até o trabalho nos dois estados. Percebe-se que esse percentual aumentou de maneira substancial no Rio de Janeiro, de 13,3%, em 2004, para 20,6%, em 2014, com maior força a partir de 2012, provavelmente em decorrência das obras de reforma viária em preparação para as Olimpíadas de 2016. Em São Paulo, o incremento ocorre de maneira mais gradual (de 10,9% para 13,4% no mesmo período).

Figura 20.2
Parcela da população ocupada que leva mais de uma hora para chegar ao trabalho nas áreas urbanas do Rio de Janeiro e de São Paulo

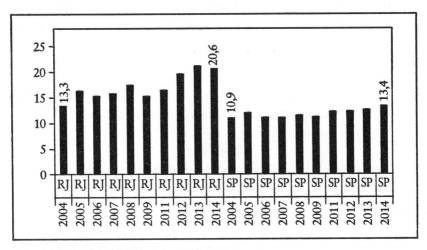

Fonte: Elaboração própria com os dados da PNAD.

Modelo econométrico

A partir desses dados, foi estimada uma regressão, adotando como variável dependente a relação PEA/PIA e como variáveis independentes o salário real do trabalhador, a idade, a idade ao quadrado, a escolaridade e um indicador do tempo de deslocamento casa-trabalho-casa (porcentagem de trabalhadores que levam mais de uma hora para chegar ao trabalho). A estimação foi realizada por meio da estrutura de dados em painel, composta pela evolução das variáveis consolidadas por unidade da federação entre 2011 e 2015.

$$pea/pia_{it} = \beta_0 + \beta_1 * temp\_desloc_{it} + \beta_2 * lrenda_{it} + \beta_3 * anos\_estudo_{it} + \beta_4 * idade_{it} + \beta_5 * idade2_{it} + \varepsilon_{it}$$

Em primeiro lugar, a regressão foi estimada pelo método de Mínimos Quadrados Ordinários (MQO agrupado). Como o MQO agrupado ignora a estrutura de dados em painel, foram estimadas, na sequência, as regressões de efeitos fixos (EF) – o que equivale permitir um intercepto diferente para cada observação, estimado pela inclusão de variáveis *dummy* para cada unidade – e de efeitos aleatórios (EA) – estimador de Mínimos Quadrados Generalizados (MQG).

Os estimadores de EF e EA diferem ao supor que os efeitos invariantes no tempo estão ou não correlacionados com as variáveis explicativas. Especificamente, se os efeitos individuais não estão correlacionados com as variáveis explicativas, o estimador de efeitos aleatórios é consistente e eficiente. Se os efeitos individuais estão correlacionados com as variáveis explicativas, o estimador de efeitos fixos é consistente e eficiente. Após a estimação dos dois modelos, foi realizado o teste de Hausman[7] para verificar qual dos modelos (EF ou EA) seria mais apropriado para a estrutura dos dados.

Além da análise realizada sobre a amostra completa de dados, foi estimada, na sequência, a mesma regressão para uma amostra delimitada para as pessoas na condição de cônjuge e também para chefes de família. As estatísticas descritivas para cada um desses recortes encontram-se na Tabela 20.1 a seguir.

Tabela 20.1
Estatísticas descritivas

Amostra completa				
Variável	Média	Desvio padrão	Mínimo	Máximo
Tempo de deslocamento 1 hora ou mais (% população ocupada)	7,8%	5,3%	1,0%	27,7%
Taxa de participação (PEA/PIA)	57,1%	5,1%	45,4%	67,0%
Renda real de todos os trabalhos	R$ 835	R$ 288	R$ 444	R$ 2.023
Cônjuges				
Variável	Média	Desvio padrão	Mínimo	Máximo
Tempo de deslocamento 1 hora ou mais (% população ocupada)	7,5%	5,0%	0,6%	25,2%
Taxa de participação (PEA/PIA)	53,0%	6,2%	40,9%	67,9%
Renda real de todos os trabalhos	R$ 826	R$ 329	R$ 448	R$ 2.313
Chefes de família				
Variável	Média	Desvio padrão	Mínimo	Máximo
Tempo de deslocamento 1 hora ou mais (% população ocupada)	7,9%	5,3%	0,4%	28,2%
Taxa de participação (PEA/PIA)	68,6%	4,5%	53,1%	77,1%
Renda real de todos os trabalhos	R$ 1.293	R$ 432	R$ 683	R$ 3.235

Fonte: Elaboração própria com os dados da PNAD.

ANÁLISE DOS RESULTADOS

A Tabela 20.2 apresenta os resultados encontrados nas três estimações (MQO agrupado, efeitos fixos e efeitos aleatórios), considerando a amostra completa. A partir da estimação da equação por MQO agrupado, observa-se que a variável de interesse apresenta um parâmetro com sinal negativo e significante em termos estatísticos. O problema em olhar exclusivamente para o MQO agrupado decorre da subestimação dos verdadeiros erros-padrão. Por isso, é importante analisar conjuntamente os estimadores de efeitos fixos e efeitos aleatórios.

Tabela 20.2
Parâmetros estimados nos três modelos (MQO agrupado, efeitos fixos e efeitos aleatórios, respectivamente): Amostra completa

Variável dependente	MQO agrupado	Efeitos fixos	Efeitos aleatórios
Taxa de participação (PEA/PIA)	Coeficientes		
Tempo de deslocamento: 1 hora ou mais (% pop. ocupada)	-0,2037***	-0,2612*	-0,1786**
	(-4,67)	(-2,19)	(-2,98)
Ln (renda)	0,1209***	0,1537***	0,1296***
	(-7,78)	(-4,98)	(-7,97)
Anos de estudo	0,012	0,0504***	0,0104
	(-1,42)	(-3,96)	(-1,24)
Idade	0,1362*	0,0733	0,0933
	(-2,35)	(-0,87)	(-1,36)
$Idade^2$	-0,0019*	-0,0012	-0,0013
	(-2,16)	(-0,94)	(-1,24)
Constante	-2,8211**	-2,0618	-2,1006
	(-2,85)	(-1,39)	(-1,80)
nº de observações	108	108	108

Teste de Hausman (prob > chi2 = 0,030)
Legenda: * $p < 0,05$; ** $p < 0,01$; *** $p < 0,0$. Estatística t entre parênteses.
Fonte: Elaboração própria com os dados da PNAD.

Como esperado, os resultados das três estimações mostram que um aumento do salário real aumenta a taxa de participação no mercado de trabalho. Ou seja, o efeito substituição é dominante em relação ao efeito renda. Por outro lado, um aumento do tempo necessário para ir de casa ao trabalho, conforme indicado pela porcentagem de trabalhadores que levam uma hora ou mais no trajeto, tende a reduzir a relação PEA/PIA e, portanto, a oferta de trabalho.

Com relação à idade, a equação estimada juntamente com seu termo quadrático indica que o efeito sobre a oferta de trabalho é positivo para os mais jovens, sendo seu impacto reduzido à medida que a idade avança, havendo um ponto de inflexão a partir do qual o aumento da idade gera um efeito negativo sobre a taxa de participação. Finalmente, a variável "anos de estudo" também mostrou um sinal positivo; quanto maior o nível educacional, maior a taxa de participação, e dentro do esperado.

Como o resultado do teste de Hausman nos leva a aceitar a hipótese de que o modelo de efeito fixo é o mais adequado para a estrutura dos dados, podemos nos deter à análise dos parâmetros da segunda coluna. O coeficiente associado ao tempo de deslocamento (-0,26) mostrou-se negativo e significante em termos estatísticos. Assim, é possível interpretar que o aumento de 1% da parcela da população ocupada que leva mais de uma hora para chegar ao trabalho, tudo ou mais constante, provoca uma redução de 0,26 ponto percentual na taxa de participação.

Os coeficientes associados ao rendimento real de todos os trabalhos e aos anos de estudos foram estimados em 0,1537 e 0,0504 (ambos positivos e estatisticamente significantes). Já sobre os coeficientes associados à idade, embora em linha com o esperado, não é possível afirmar que sejam diferentes de zero.

A Tabela 20.3 mostra os mesmos resultados para a amostra restrita às pessoas na condição de cônjuges. Como pode ser observado, o coeficiente associado ao tempo de deslocamento é negativo e com magnitude maior do que para o total da amostra, tanto para a estimação por MQO quanto na estimação por efeitos aleatórios. Ou seja, o efeito de um aumento do tempo de deslocamento casa-trabalho-casa sobre a taxa de participação do cônjuge é maior do que para o conjunto dos trabalhadores.

Para a amostra restrita aos chefes de família, o coeficiente permanece negativo, mas não significativamente diferente de zero, mas de magnitude bem menor do que o total da amostra e para a amostra restrita aos cônjuges. Em outras palavras, diante da escolha de quem irá sair da força de trabalho, o casal escolhe o membro que tem o papel de cônjuge (seja homem ou mulher). Provavelmente, isso ocorre porque, em média, a renda real do cônjuge é menor do que a do chefe de família. Assim, o incentivo em deixar o mercado predomina entre os cônjuges em detrimento aos chefes de família, como sugerido por Black, Kolesnikova e Taylor[8] para os Estados Unidos.

Tabela 20.3

Parâmetros estimados nos três modelos (MQO agrupado, efeitos fixos e efeitos aleatórios, respectivamente) – cônjuges

Variável dependente	MQO agrupado	Efeitos fixos	Efeitos aleatórios
Taxa de participação (PEA/PIA)		Coeficientes	
Tempo de deslocamento: 1 hora ou mais (% pop. ocupada)	0,3223***	-0,200	-0,2864***
	(-5,57)	(-1,51)	(-3,77)
Ln (renda)	0,1141***	0,1400***	0,1121***
	(-6,26)	(-4,94)	(-5,83)
Anos de estudo	0,0271**	0,0448***	0,0321***
	(-3,11)	(-4,18)	(-3,68)
Idade	-0,075	-0,0505	-0,0775
	(-1,16)	(-0,55)	(-1,08)
Idade^2	0,001	0,0007	0,0010
	(1,24)	(-0,55)	(-1,13)
Constante	0,886	0,1385	0,9308
	(-0,69)	(-0,07)	(-0,6500)
n° de observações	108	108	108

Teste de Hausman (prob > chi2 = 0,2477)
Legenda: * $p < 0,05$; **$p < 0,01$; *** $p < 0,0$. Estatística t entre parênteses.
Fonte: Elaboração própria com os dados da PNAD.

Tabela 20.4

Parâmetros estimados nos três modelos (MQO agrupado, efeitos fixos e efeitos aleatórios, respectivamente) – chefes de família

Variável dependente	MQO agrupado	Efeitos fixos	Efeitos aleatórios
Taxa de participação (PEA/PIA)	Coeficientes		
Tempo de deslocamento: 1 hora ou mais (% pop. ocupada)	-0,0980	-0,034	-0,064
	(-1,74)	(-0,23)	(-0,87)
Ln (renda)	0,1430***	0,1222***	0,1377***
	(-8,41)	(-4,02)	(-7,34)
Anos de estudo	-0,005	0,0045	-0,0039
	(-0,74)	(-0,39)	(-0,55)
Idade	-0,072	-0,2695*	-0,1459
	(-0,83)	(-2,00)	(-1,44)
Idade^2	0,001	0,0031	0,0017
	(-0,79)	(-1,92)	(-1,38)
Constante	1,315	5,6861*	2,9373
	(-0,72)	(-1,99)	(-1,38)
nº de observações	108	108	108

Teste de Hausman (prob > chi2 = 0,3442)
Legenda: * $p < 0,05$; ** $p < 0,01$; *** $p < 0,0$. Estatística t entre parênteses.
Fonte: Elaboração própria com os dados da PNAD.

Finalmente, um resultado interessante é a menor sensibilidade da taxa de participação do cônjuge para o aumento do nível educacional do que a dos chefes de família. Para os cônjuges, o coeficiente desta variável é positivo e significativo, enquanto para os chefes de família, este coeficiente não é significativamente diferente de zero. Em outras palavras, a oferta de trabalho dos cônjuges exige relativamente maior escolaridade, em relação à média do nível educacional dos cônjuges, em comparação com a oferta de trabalho dos chefes de família.

Conclusões

Os resultados mostram que um aumento do tempo de deslocamento reduz a taxa de participação no mercado de trabalho. Mostra também que este efeito é mais pronunciado para os cônjuges do que para os chefes de família. O artigo também mostra que aumentos de salários reais tendem a aumentar a taxa de participação tanto do conjunto da amostra quanto para os cônjuges e para os chefes de família. A sensibilidade da taxa de participação a variações do salário real é similar para ambos os grupos. Finalmente, mostramos que um aumento do nível educacional dos cônjuges tende a aumentar a taxa de participação deste grupo no mercado de trabalho, enquanto a oferta de trabalho dos chefes de família parece insensível ao seu nível educacional.

A constatação sobre a influência das condições urbanas na força de trabalho pode ser mais bem investigada pelo potencial sobre o desenho de políticas públicas. Nesse sentido, um próximo passo seria trabalhar na amostra da PNAD, a fim de discriminar os impactos não apenas para a população total das áreas urbanas, mas para grupos de classes de renda distintas, por exemplo.

Do ponto de vista macroeconômico, a questão sobre mobilidade urbana é relevante, uma vez que pode atuar para restringir a capacidade de crescimento econômico no longo prazo. Dada a oferta de infraestrutura, um aumento da taxa de crescimento da economia pode levar a um aumento do tempo de deslocamento de casa para o trabalho e, dessa forma, reduzir a oferta de mão de obra, reduzindo a taxa de crescimento. Este resultado mostra a importância dos investimentos em infraestrutura urbana para o crescimento da economia.

Notas

1. Filho, Cabanas e Komatsu, 2013.
2. Duvivier, 2015.
3. Pereira e Schwanen, 2013.
4. Black, Kolesnikova e Taylor, 2013.
5. Varian, 1992.
6. IBGE, 2015.
7. Cameron; Trivedi, 2010.
8. Black, Kolesnikova e Taylor, 2013.

REFERÊNCIAS BIBLIOGRÁFICAS

Barbosa, A. L. N. H. "Participação feminina no mercado de trabalho brasileiro". Ipea, *Boletim Mercado de Trabalho – Conjuntura e Análise* nº 57, 2014.

Black, D.; Kolesnikova, N.; Taylor, L. *"Why Do So Few Women Work in New York (and So Many in Minneapolis)? Labor Supply of Married Women Across U.S. Cities"*. Federal Reserve Bank of St. Louis, Working Paper, 2007.

Cameron, A. C., Trivedi, P. K. *Microeconometrics using stata*. Vol. 2. College Station, TX: Stata Press, 2010.

Duvivier, A. L. C. "O feito da deterioração da mobilidade urbana na taxa de participação do mercado de trabalho brasileira". Rio de Janeiro: Pontifícia Universidade Católica, monografia de final de curso, 2015.

Filho, N. A. M.; Cabanas, P, H. F.; Komatsu, B. K. "A condição 'nem-nem' entre os jovens é permanente?". São Paulo: Insper – Centro de Políticas Públicas, 2013.

IBGE. "Microdados reponderados da PNAD 2001-2012". Disponível em: <ww2.ibge.gov.br/home/estatistica/populacao/trabalhoerendimento/pnad2015/microdados.shtm>. Acesso em 11/7/2018.

Pereira, R. H. M.; Schwanen, T. "Tempo de deslocamento casa – trabalho no Brasil (1992-2009): Diferenças entre regiões metropolitanas, níveis de renda e sexo. Brasília: Ipea, texto para discussão nº 1.813, 2013.

Varian, H. R. *Microeconomic analysis*. Nova York: W.W. Norton & Company, 1992.

PARTE V

DEPOIMENTOS E AGRADECIMENTO

21

LEMBRANÇAS DE UMA AMIZADE
MAIS DO QUE CINQUENTENÁRIA

Alkimar R. Moura[1]

1. INTRODUÇÃO

Agradeço aos organizadores o convite para participar deste livro para celebrar os 75 anos de Edmar. Nesta curta intervenção, vou explorar as minhas vantagens comparativas no tema, concentrando-me nas lembranças de uma longa amizade que me une ao homenageado, deixando que os aspectos ligados à sua vasta produção acadêmica sejam tratados por outros admiradores. Espero que alguns pontos aqui comentados possam ajudar a entender a formação de um economista altamente qualificado e de um cidadão exemplar.

Provavelmente, entre todos os amigos, colegas e admiradores de Edmar que estão aqui reunidos para celebrar seus 75 anos, nenhum deles tem uma convivência tão duradoura com o homenageado quanto eu, pois ela já conta mais da metade de um século. Conheci-o em janeiro ou fevereiro de 1960, em Belo Horizonte, quando ambos prestávamos o exame vestibular em segunda chamada para acesso ao curso de graduação em Ciências Econômicas da Faculdade de Ciências Econômicas da Universidade de Minas Gerais, a Face/UFMG. Daí em diante, seguimos trajetórias rigorosamente paralelas no curso de graduação em Belo Horizonte, depois, no antigo Centro de Aperfeiçoamento de Economistas na FGV-RJ (hoje EPGE), e finalmente no programa de mestrado nos Estados Unidos, ele, em Yale, na Costa Leste, e eu, na University of California em Berkeley. Edmar continuou em Yale até o Ph.D., sendo um dos primeiros brasileiros a conquistar aquela titulação em uma universidade norte-americana. Eu retornei ao Brasil, iniciando uma carreira profissional como economista no setor público, no setor financeiro privado e na academia.

Ao terminar seu doutoramento, Edmar foi contratado para trabalhar com um grupo de professores americanos que prestavam consultoria econômica ao governo chileno. Vem daí o seu interesse e dedicação aos problemas econômicos da América Latina, tema que lhe rendeu inúmeros artigos acadêmicos e profissionais e que lhe granjeou merecido reconhecimento na comunidade de economistas da região.

Ao retornar ao Brasil,[2] Edmar iniciou uma profícua carreira acadêmica, começando pela FGV-RJ. A seguir, chefiou o então novo departamento de economia da UNB e, de volta ao Rio de Janeiro, participou da remodelação do departamento de economia da PUC-Rio, tendo posteriormente lecionado na Universidade Federal do Rio de Janeiro (UFRJ), onde encerrou sua aclamada carreira acadêmica. Na UnB e na PUC-Rio, ele foi capaz de arregimentar, em torno de sua liderança intelectual, grupos dos mais competentes economistas acadêmicos do país, os quais, através do ensino e da pesquisa, formaram uma sucessão de alunos qualificados, aceitos com relativa facilidade em programas de pós-graduação nas melhores universidades norte-americanas e europeias.

A carreira acadêmica do nosso homenageado inclui também posições de professor visitante em renomadas instituições internacionais, como Columbia, Yale, Stanford, Berkeley, e de pesquisador em Harvard e no MIT. Sua longa lista de participação em congressos, seminários e simpósios ao redor do mundo torna-o, provavelmente, o acadêmico residente no país com maior grau de exposição internacional na área da economia. Acresce-se a isto seu papel entre 1974 e 1985 como um dos editores do *Journal of Development Economics*, respeitável periódico internacional voltado à publicação de artigos na área de desenvolvimento econômico.

A trajetória de Edmar como pesquisador revela outra dimensão de sua múltipla personalidade, capaz de combinar, nos seus inúmeros trabalhos de pesquisa, impecável qualidade acadêmica, relevância de temas de interesse público e originalidade das propostas de ação derivadas dos trabalhos empíricos.

Destaca-se também sua presença marcante no debate público de questões econômicas, as mais candentes, que permearam as discussões de alguns temas críticos da economia brasileira nas últimas décadas. Tópicos como distribuição de renda e desigualdade, inflação, abertura comercial, política cambial, integração competitiva, entre outros, foram todos eles tratados por Edmar com tal maestria que alguns de seus trabalhos transformaram-se em referência obrigatória, tanto na literatura acadêmica quanto nos textos mais convencionais de artigos na imprensa. Em ambos os canais, a ressonância de alguns de seus textos foi eloquente e duradoura. Basta lembrar a repercussão da fábula de Belíndia, uma síntese de nossas mazelas econômicas e sociais, refletida em uma sociedade com profundas diferenças de renda e de oportunidades. Duro é constatar que, após tantos anos de sua publicação, a alegoria de Belíndia continua tão nítida e verdadeira, como uma síntese de nossa sedução pelo abismo da desigualdade e da indiferença pela sorte dos menos favorecidos.

Como consultor econômico governamental, sua participação foi decisiva no grupo de economistas que trabalhou na formulação, preparação e implantação do Plano Real. Além de sua contribuição intelectual nos debates internos que

488 | DE BELÍNDIA AO REAL

antecederam a elaboração daquele programa de estabilização, coube-lhe também o papel de funcionar como elemento de ligação entre a equipe econômica e o Congresso Nacional, o que certamente facilitou a aprovação do Plano pelos congressistas. Deu-se tão bem naquele papel que ganhou a alcunha de Senador Bacha pelos membros da equipe econômica.

Edmar também atuou como gestor público, ao assumir a Presidência da Fundação Instituto Brasileiro de Geografia e Estatística (IBGE) em um momento particularmente sensível na vida daquela instituição. Constituiu uma diretoria tecnicamente respeitável e comprometida com o resgate da importância do IBGE na produção e divulgação de estatísticas que pudessem retratar com fidedignidade a realidade econômica e social do país.

No setor privado, atuou como consultor sênior do Banco BBA e como responsável pela implantação e principal executivo, por um certo período, da *broker-dealer* do BBA em Nova York. Foi também presidente da ANBID, hoje ANBIMA, a mais importante associação empresarial de instituições dos mercados financeiros e de capitais.

2. A FORMAÇÃO DE ECONOMISTA NA TURBULENTA DÉCADA DE 1960

Em uma instituição como a Face/UFMG, em que estudantes e professores de economia conviviam com alunos e professores das áreas de sociologia e política, em uma época de profunda conturbação social, era inevitável que os primeiros também se envolvessem nos acalorados debates que ocorriam nos corredores da Faculdade, que já mostravam a separação entre direita e esquerda e que prenunciavam o movimento militar de março de 1964. Provavelmente, para o bem ou para o mal, a Face era certamente a instituição de ensino superior mais politizada do país à época, com intensa presença nos debates políticos e nas disputas por cargos nos centros e diretórios acadêmicos entre os vários grupos em que se subdividia a esquerda estudantil, e onde também atuavam os estudantes vinculados à Juventude Universitária Católica (JUC) e à Política Operária (POLOP). Em contrapartida, como a Face abrigava também cursos de graduação em administração pública e de empresas, formou-se em consequência um grupo de estudantes com intensa atuação política conservadora. Pode-se imaginar, então, o calor dos embates ideológicos que incendiava qualquer reunião de universitários naquele ambiente constantemente em ebulição.

Edmar provém de uma família culta, com preferência política pelas posições ditas progressistas. Sem abandonar tais princípios, ele não se envolveu nas intermináveis querelas ideológicas, preferindo concentrar sua energia intelectual nos temas macroeconômicos, principalmente a partir do terceiro ano do curso de graduação, sob a influência de textos de clara inspiração keynesiana. A Cambridge da Inglaterra, e não a Cambridge de Massachusetts, parecia-nos então o lugar ideal para que um jovem com pretensões acadêmicas pudesse continuar seus estudos no exterior, em um programa de pós-graduação.

Durante os quatro anos do curso de graduação, Edmar foi admitido em um programa de bolsas de estudos mantido pela própria faculdade, que permitia que alunos e alguns professores permanecessem em tempo integral, com compromissos de bom desempenho acadêmico e de elaboração de monografias no fim de cada ano. Em todos os anos, ele conseguiu compatibilizar suas obrigações como bolsista e seu trabalho como redator de anais da Assembleia Legislativa do Estado de Minas Gerais, onde ele foi capaz de aperfeiçoar sua capacidade de escrever tão bem e com um estilo tão próprio, que até hoje constituem um presente para os leitores de seus textos, mesmo aqueles mais voltados aos temas estritamente econômicos.

As principais influências intelectuais sobre os bolsistas emanavam de textos de economistas da Cepal (Raúl Prebisch, Aníbal Pinto e Osvaldo Sunkel), de publicações e artigos da imprensa, de autoria de alguns dos membros do Instituto Superior de Estudos Brasileiros (ISEB), como Guerreiro Ramos, Roland Corbisier, Hélio Jaguaribe, Ignácio Rangel. Com a publicação de *Formação econômica do Brasil*, Celso Furtado assumiu uma liderança intelectual indiscutível na profissão, ao propor uma abordagem para a evolução da economia brasileira que funcionava de acordo com os princípios macroeconômicos então aceitos. No campo conservador, começava a despontar a inteligência luminosa de Mario Henrique Simonsen, e os artigos mordazes de Roberto Campos e de Eugênio Gudin constituíam um instrumento implacável para criticar as políticas governamentais baseadas na excessiva intervenção do Estado nas atividades econômicas. Data também dos meados dos anos 1960 o encontro de Edmar com o professor Werner Baer, na sua primeira visita a Belo Horizonte, encontro esse que foi determinante para influenciar a futura carreira acadêmica do jovem universitário.

Três temas econômicos principais dominavam as discussões no período: a hipótese da tendência secular à deterioração dos termos de troca entre países produtores de matéria-prima e aqueles produtores de bens industrializados; a hipótese de Ignácio Rangel sobre a existência de capacidade ociosa na economia brasileira; e o debate entre monetaristas e estruturalistas na explicação para a inflação no Brasil. É interessante constatar que estes três temas nunca desapareceram do universo das preocupações de Edmar como economista, pois ele voltou a tratar deles mais tarde, já como um teórico consagrado e usando um instrumental mais avançado.

490 | DE BELÍNDIA AO REAL

No final do último ano, Edmar foi aprovado no exame de seleção para um curso destinado a preparar recém-formados em economia para admissão a estudos de pós-graduação nos Estados Unidos, mantido pelo antigo Centro de Aperfeiçoamento de Economistas (CAE) do Ibre/FGV, hoje Escola de Pós--Graduação em Economia (EPGE). Além dele, outros três candidatos mineiros foram aprovados: Flavio Rabelo Versiani, José Carlos de Oliveira e o autor destas notas. Note-se que os mineiros conquistaram o primeiro lugar nos três testes de admissão ao programa: economia, raciocínio quantitativo e inglês. Menciona-se isto para atestar um dos impactos benéficos do programa de bolsas mantido na Face/UFMG, cujas repercussões não se restringiram aos alunos de ciências econômicas, mas alcançaram também os estudantes de sociologia e de ciências políticas. A transformação produzida pelo programa de bolsas permitiu que, no curto período de dez anos, a Face/UFMG se tornasse a melhor do país nas áreas de economia e sociologia. Na verdade, os bolsistas dela provenientes tiveram uma participação importante na criação e na consolidação de programas de mestrado e de doutorado que começavam a ser implantados no país, como por exemplo, os do Departamento de Economia da Universidade de Brasília (UnB), onde Edmar teve um papel destacado, como já mencionado, e a criação do Instituto Universitário de Pesquisas do Rio de Janeiro (Iuperj), que contou com a colaboração inicial de vários sociólogos e cientistas políticos provenientes da Face/UFMG.

Ressalte-se também o papel de muitos ex-bolsistas na gestão pública, nos três níveis de governo, seja como ministros de Estado, secretários de governos estaduais, assessores ou mesmo como executivos em empresas públicas. Um número menor escolheu trabalhar como economista no setor privado, sobretudo nas instituições financeiras e no mercado de capitais. E alguns trilharam uma carreira em órgãos internacionais.

Sem desmerecer os inúmeros profissionais egressos daquele programa de bolsas de estudos, pode-se dizer que Edmar sintetiza, na área de economia, o melhor exemplo do retorno social a longo prazo daquele projeto inovador de educação concebido e implementado em uma acanhada faculdade de Belo Horizonte nos idos das décadas de 1950 e 1960.

3. DE MINAS PARA O MUNDO

Em janeiro de 1964, Edmar e seus colegas mineiros mudaram-se para o Rio de Janeiro, para iniciar o curso de aperfeiçoamento na FGV, ainda nas modestas instalações do antigo prédio na Praia de Botafogo. O objetivo do curso era preparar os economistas recém-formados para serem admitidos em universidades americanas, para o prosseguimento de seus estudos de pós-graduação naquelas instituições de ensino.

Nesse curso, o jovem professor Mario Henrique Simonsen, responsável pelas disciplinas de Matemática, Micro e Macroeconomia, encantava seus alunos pela inteligência, conhecimento teórico, clareza expositiva e bom humor – uma notável diferença em relação à maioria dos professores universitários das Faculdades de Ciências Econômicas, muitos deles egressos das Faculdades de Direito, formados dentro da tradição do ensino de Economia Política das universidades francesas. Essa nova orientação metodológica e de conteúdo foi importante para preparar os alunos para os desafios de aprender teoria econômica dentro da vertente intelectual anglo-americana, que combinava sólidos fundamentos teóricos com uma necessária base quantitativa, que cumpria a dupla função de facilitar a formalização de hipóteses e a condução de testes empíricos destinados a submetê-las aos critérios de validação científica.

Edmar concluiu com sucesso as disciplinas do primeiro módulo preparatório, tendo sido aceito no programa de mestrado no departamento de economia na Yale University, em New Haven, Connecticut, para onde se mudou em agosto de 1964. Sua escolha por Yale deveu-se muito à influência de um professor daquela universidade que teve um papel de relevo na admissão de muitos estudantes brasileiros nos programas de pós-graduação em várias universidades americanas. Refiro-me à figura ímpar já mencionada do saudoso professor Werner Baer, um dos mais conceituados brasilianistas e diretamente responsável pela elevação do nível de qualificação dos professores e pesquisadores brasileiros em economia.

O desempenho de Edmar no programa de mestrado foi tão bom que ele foi admitido diretamente no segundo ano do programa de doutoramento da mesma universidade, um dos raros casos de ex-alunos do CAE promovidos da "esteira" de MA para a de Ph.D. Depois de cumprir as exigências acadêmicas e passar nos exames *comprehensive*, ele iniciou seu projeto de tese procurando modelar e estimar econometricamente o mercado mundial de café e a participação brasileira nesse mercado. Como sabe quem se dispõe a submeter as hipóteses teóricas a testes empíricos em economia, o trabalho é penoso e às vezes frustrante, mas o jovem candidato manteve-se fiel à proposta original e conseguiu a titulação em 1968.

Após concluir seu doutoramento, Edmar inicia uma carreira com vários desdobramentos, como se mencionou: consultor internacional, professor, chefe de departamento de economia em instituição acadêmica, consultor do ministro da Fazenda, consultor de instituição financeira, presidente de instituição oficial de pesquisa, presidente de banco de desenvolvimento, coordenador de centro privado de pesquisa e debates. Em todas essas posições, desempenhou um papel importante, provendo uma incontestável liderança intelectual, ao lado de atributos raros nestas paragens tropicais, como compromisso com padrões éticos, gestão compartilhada, preocupação com eficiência no setor público e apreço pela meritocracia.

Como articulista da imprensa, ele não se furtou ao debate público de questões econômicas que impediam que a sociedade brasileira atingisse níveis decentes de bem-estar, tais como inflação, distribuição de renda, política salarial, emprego, política comercial. Teve artigos publicados nos principais órgãos da imprensa brasileira, do Rio e de São Paulo.

Edmar teve um papel relevante na criação e consolidação de uma instituição ímpar no país, como sócio-fundador e diretor do Instituto de Estudos de Política Econômica da Casa das Garças (IEPE/CdG), um *think tank* que reúne acadêmicos, empresários e políticos em um ambiente de completa liberdade, para a discussão dos principais problemas econômicos, sociais e políticos que constrangem o avanço da sociedade brasileira. Essa iniciativa foi tão bem-sucedida que propiciou o aparecimento de uma instituição análoga em São Paulo, o Centro de Debates de Políticas Públicas (CDPP), que veio oxigenar o rarefeito ambiente intelectual paulista e que tem realizado, nos últimos anos, uma série de encontros altamente estimulantes para debater os desafios para aumentar a eficiência das políticas governamentais.

4. Conclusão

Por todas essas qualificações, seus amigos e admiradores estão aqui juntos para festejar a trajetória de uma vida admirável, digna de permanecer como exemplo para as futuras gerações de acadêmicos, de gestores públicos e de cidadãos, comprometidas com o processo de desenvolvimento econômico do país, dentro de um regime de liberdade de mercado, com instituições de regulação e supervisão que funcionem, amparados por uma moldura ética inatacável.

No momento em que o país enfrenta a pior crise de sua história, causada pela superposição de crises econômicas, sociais, políticas e éticas, existe muito desencanto com o funcionamento dos processos decisórios típicos de uma sociedade de massas. Corre-se o risco de a sociedade ser levada a procurar atalhos para evitar as duras escolhas que ela terá de enfrentar. Dispensem-se os líderes providenciais em favor de homens dotados de competência, lucidez e espírito público, para o trabalho coletivo de reconstrução de uma sociedade que se esfarela diuturnamente em um espetáculo público de desintegração rumo à entropia.

Edmar é um desses varões com as qualidades intelectuais e éticas para ajudar o país a superar esta travessia tenebrosa. Tenho a convicção de que ele irá continuar contribuindo para este esforço coletivo, com seus artigos, palestras e participação nos debates públicos, não apenas para discutir opções de políticas econômicas sustentáveis, mas também para indicar aquelas que constituam desvios populistas que não respeitam as mais elementares restrições econômicas temporais ou não atendam os mínimos critérios de justiça redistributiva. Portanto, além de festejar a trajetória do homenageado, estamos incentivando a sua contínua presença nos debates públicos vindouros, como garantia de um mínimo de racionalidade econômica, sem abdicar da elegância do estilo literário e do bom humor.

Vale a pena terminar com uma citação extraída de um texto de despedida do notável cientista inglês Oliver Sacks, escrito ao saber que lhe restavam poucos meses de vida, pois tinha sido diagnosticado com uma metástase de insidiosa doença, da qual veio a sucumbir aos 82 anos de idade. As circunstâncias são bem diferentes e nosso homenageado terá pela frente longos anos de uma vida produtiva e prazerosa, para alegria de familiares, amigos e admiradores. Afinal, o recente diploma de imortal outorgado pela Academia Brasileira de Letras não tem apenas um valor simbólico, mas representa um compromisso do seu titular em legar aos contemporâneos um exemplo de vida longa e plena em todos os sentidos.

Vamos, portanto, às palavras finais de Sacks:

> Não penso na velhice como uma fase cada vez mais penosa que é preciso suportar e levar o melhor possível, mas como um período de liberdade e tempo descomprometido, sem as infindáveis urgências de outrora, livre para explorar o que eu quiser e para amarrar os pensamentos e sentimentos de toda uma vida. Não vejo a hora de fazer 80 anos.[2]

Que nosso homenageado possa considerar esse momento de alegria de chegar aos 75 anos como o começo de "um período de liberdade e tempo descomprometido, sem as infindáveis urgências de outrora, livre para explorar o que quiser e para amarrar os pensamentos e sentimentos de toda uma vida".

Notas

1. Agradeço a Edmar Bacha as sugestões que melhoraram o texto e estabeleceram a cronologia correta de alguns fatos aqui narrados.
2. Sobre a sua volta ao Brasil, vale a pena mencionar um fato pitoresco: ao desembarcar no antigo Aeroporto do Galeão, em plena ditadura militar, a Alfândega confiscou seus livros considerados subversivos, pois o primeiro deles era o

conhecido *The Keynesian Revolution*, de Lawrence Klein. A liberação de tal bagagem perigosa exigiu a interferência do ministro Delfim Netto, a pedido do professor Octavio Gouvêa de Bulhões.

2. Sacks, 2015.

Referência bibliográfica

Sacks, Oliver. *Gratidão*. São Paulo: Companhia das Letras, 2015.

22

SAUDAÇÃO

Regis Bonelli

Apresentar o Edmar é um privilégio e uma honra. Ambos estão associados à longa amizade e aos trabalhos e experiências em conjunto (nas quais se incluem parcerias nas funções públicas em que dividimos responsabilidades, coautorias em trabalhos escritos nos últimos 15 anos, bem-humoradas conversas e até mesmo animadas partidas de voleibol no ginásio da PUC). Mas se apresentar o Edmar é fácil, por um lado, é difícil, por outro. Fácil porque se trata do cidadão pleno que todos conhecemos, com atuação tão destacada na vida pública do país que dispensa maiores comentários. Difícil porque há muito que dizer sobre sua imensa obra, que se estende por meio século; receio não ter o talento para essa tarefa, mas vou tentar esboçar uma fala com minhas preferências pessoais.

Não vou recordar experiências de trabalho em comum e de amizade – pelo menos não em detalhes. Então, o que é que eu digo? Antes de mais nada, que estou apresentando um intelectual fértil e irrequieto: os trabalhos escritos pelo Edmar e sua atuação pública cobrem uma vasta área de temas que seguem muito de perto a evolução das discussões sobre política econômica no Brasil. Até hoje. É possível agrupar esses temas de interesse em quatro áreas:

Primeiro, salários, emprego e distribuição de renda. Esses são temas que marcaram fortemente o debate econômico nos anos 1970, no qual nosso homenageado foi participante muito ativo. Trabalhos clássicos do Edmar foram feitos no começo dessa década, quando ele ainda estava no IPEA. Por exemplo: Encargos trabalhistas e absorção de mão de obra no Brasil (com Milton da Mata e Rui Modenesi), em 1972. Já nessa mesma época e área temática encontramos uma das suas primeiras fábulas, "O rei da Belíndia, o economista visitante e o produto interno bruto", publicado no jornal *Opinião*, em 1974, depois revisto e publicado no livro *Os mitos de uma década*, em 1976. Quem nunca ouviu falar em Belíndia? Vivemos nela até hoje... A lista que tenho inclui tantos clássicos que seria cansativo reproduzir. Mas seria injusto não citar pelo menos um *survey* muito criativo e influente: "Brazilian Income Distribution in the 1960's: 'Facts', Model Results and the Controversy" (com Lance Taylor), publicado no *Journal of Development Studies*, em 1978.

Uma segunda área temática que atraiu seu interesse é a de Crescimento, Comércio e Finanças Internacionais. A primeira referência aqui é sua tese de doutorado para Yale, de 1968, sobre o impacto da política de preços do Brasil sobre o mercado mundial de café: *An Econometric Model for the World Coffee Economy: The Impact of Brazilian Price Policy.* Para manter o padrão de uma referência clássica por área temática, segue outra das minhas favoritas: "A Three-gap Model of Foreign Transfers and the GDP Growth Rate in Developing Countries", publicado no *Journal of Development Economics*, em 1990.

Uma terceira área é a de Política Macroeconômica, Inflação e Estabilização. Mais clássicos e mais fábulas. Entre estas, "Inflaflução: os preços em alta no país do futebol", de novembro de 1985. A relação de trabalhos aqui, aliás, é enorme. Um clássico? Para mim, "O fisco e a inflação: Uma interpretação do caso brasileiro", publicado na *Revista de Economia Política*, em 1994. Mas uma referência nessa área temática é pouco; impossível não citar também: "*Credit, Interest, and Jurisdictional Uncertainty: Conjectures on the Case of Brazil*" (com Persio Arida e André Lara Resende), de 2005.

Economia Brasileira e Latino-americana é a quarta área, e nela encontramos o primeiro texto publicado do Edmar, antes mesmo do término do doutorado (que foi, como vimos, em 1968): "Comparación entre la productividad industrial de México y los Estados Unidos", no *El Trimestre Económico*, em 1966 (!). E mais clássicos (para mim): "Issues and Evidence on Recent Brazilian Economic Growth", no *World Development*, em 1977; "Selected Issues in Post-1964 Brazilian Economic Growth", em livro editado pelo Lance Taylor, em 1980; "Brazil's Debt: From the Miracle to the Fund" (com Pedro Malan), em livro editado pelo Alfred Stepan, em 1989.

Um recente livro de peso? Sua coletânea: *Belíndia 2.0: fábulas e ensaios sobre o país dos contrastes*, de 2012. E, não menos importante (também para mim), os textos em coautoria comigo (desde 2005).

Por fim, o começo, que é a razão de ser desta homenagem:[1] aqui quero saudar o profissional afável, criativo, produtivo e teoricamente *muito rigoroso*. Uma pessoa com quem, como tantos de vocês, partilho afinidades e interesses.

Nota

1. Não vou falar sobre o homem de família – embora me sinta tentado (irmão querido, marido amoroso, pai exemplar – literalmente – e avô dedicado) que é.

498 | De Belíndia ao Real

REFERÊNCIAS BIBLIOGRÁFICAS

Arida, P. *et al.* "Credit, interest, and jurisdictional uncertainty: conjectures on the case of Brazil". In: F. Giavazzi e I. Goldfan. *Inflation targeting and debt: the case of Brazil.* Cambridge: MIT Press, 2005.

Bacha, E. "A three-gap model of foreign transfers and the GDP growth rate in developing countries". *Journal of Development Economics* n. 32, 1990, pp. 279-296.

_____·*An Econometric model for the world coffee economy: the impact of Brazilian price policy.* Tese de doutorado. New Haven: Yale University, 1968.

_____· *Belíndia 2.0: fábulas e ensaios sobre o país dos contrastes.* Rio de Janeiro: Civilização Brasileira, 2012.

_____· "Comparación entre la productividad industrial de México y los Estados Unidos". *El Trimestre Económico,* 1966.

_____· "Inflaflução: os preços em alta no país do futebol". *Nova imagem,* IBGE, nov. 1985.

_____· "Issues and evidence on recent Brazilian economic growth". *World Development.* Elsevier, vol. 5(1-2), 1977, pp. 47-67.

_____· "O fisco e a inflação; uma interpretação do caso brasileiro". *Revista de Economia Política* 14(1), 1994, pp. 5-17, jan./mar.

_____· "O rei da Belíndia, o economista visitante e o produto interno bruto". In: *Os mitos de uma década: ensaios de economia brasileira.* Rio de Janeiro: Paz e Terra, 1976.

_____· "Selected Issues in Post-1964 Brazilian Economic Growth". In: Taylor, L. *et al. Models of Growth,* 1992.

Bacha, E.; Da Mata, Milton; Modenesi, R. *Encargos trabalhistas e absorção de mão de obra no Brasil.* Rio de Janeiro: Ipea, Relatório de Pesquisa n. 12, 1972.

Bacha, E.; Malan, P. "Brazil's Debt: From the Miracle to the Fund". In: Alfred Stepan (ed.). *Democratizing Brazil: Problems of transition and consolidation.* Nova York: Oxford University Press, 1989, pp. 120-140.

Bacha, E., Taylor, L. "Brazilian Income Distribution in the 1960's: 'Facts', Model Results and the Controversy". In: *Journal of Development Studies,* 1978, 14(3): 271-297.

23

DEPOIMENTO

Elena Landau

Edmar teve enorme importância na minha formação acadêmica e profissional, além de ser grande amigo há muitos anos, décadas de fato.

Entrei para Economia na PUC-Rio em 1976. Cheguei quase ao fim do curso sem muito entusiasmo com a profissão. Não via alternativas além de trabalhar numa grande empresa ou prestar algum concurso público.

Foi então que a chegada de Edmar e seus parceiros mudou minha relação com a universidade e me fez encontrar algum sentido para Economia na minha vida. Para além da teoria, este grupo me abriu as portas da política econômica, um mundo novo para mim até então.

Sob seu comando, uma geração de brilhantes economistas montou o que iria se tornar, em breve, o melhor departamento de Economia do país. O mestrado foi um caminho natural. Foi um privilégio ter feito parte de uma geração que viveu essa transformação.

Edmar me deu aulas uma única vez, já no mestrado. Era um curso de Economia e Política, junto com Maria do Carmo Campello de Souza, a Carmute. Ele nos mostrou a importância da Economia como ferramenta de políticas públicas e transformação da sociedade, deu vida e sentido às áridas aulas de teoria. Era 1980; um período de recessão e hiperinflação e início da abertura política. Foi assim que me apaixonei pela profissão.

A mudança foi muito mais que qualitativa. Não foi apenas o nível dos professores, recém-chegados de seus doutorados no exterior, que marcou essa nova fase do departamento. Conjuntura, os caminhos (ou descaminhos) da política econômica, passaram a fazer parte do dia a dia acadêmico. Planos de estabilização foram pensados e desenhados ali e lá se formaram, e ainda se formam, ótimos gestores públicos.

Foi através dele que entrei definitivamente na vida político-partidária, completando um ciclo que havia se iniciado muitos anos antes. Ao me indicar para a assessoria econômica da Presidência do PSDB, Edmar teve influência crucial na minha carreira.

Tive a sorte de estar sempre próxima profissionalmente dele. Fui sua assessora enquanto Fernando Henrique Cardoso era ministro da Fazenda. Depois, no BNDES, fui diretora de privatização sob seu comando. Edmar foi responsável pela mudança de status do Programa de Privatização ao ter tido a ideia de criar um conselho de ministros (Conselho Nacional de Desestatização) ligado diretamente à Presidência da República. Com sua confiança no meu trabalho, passei de aluna a colega sem que eu sequer notasse.

Ao longo dos anos, Edmar me orientou em diversos aspectos da vida profissional; me ensinou a pensar, a questionar, a escutar e, até mesmo, a ter mais paciência com ideias opostas (ele não tem culpa se não aprendi tudo que ele tentou ensinar...). Seu permanente interesse nos destinos da economia e da política sempre foi um exemplo para mim e, assim, manteve acesa a minha paixão pela política pública. Foi um mestre e tutor e, acima de tudo, um grande amigo.

Não sei se ele tem consciência de seu papel na minha vida profissional, porque sempre me aconselhou com firmeza, mas acima de tudo com muito carinho. Agradeço seus ensinamentos, seu olhar e sua amizade.

24

Do INTERESSE PELA ECONOMIA AO INTERESSE PELA DEFESA DA ABERTURA DA ECONOMIA

Sandra Polónia Rios

Edmar Bacha, Rogério Werneck e Pedro Malan me ensinaram a gostar de Economia. Com as dúvidas naturais do final da adolescência, em 1977, fiz vestibular para Engenharia Química e Economia. Decidi por Economia, sem nenhuma convicção, no dia de fazer a matrícula.

Ao final do segundo ano no curso de Economia da PUC-Rio, eu tinha a nítida sensação de ter feito a escolha errada: achava o curso fraco, não sentia curiosidade, nem tinha interesse naquelas matérias.

Até que a partir do quinto período (1980), as coisas começaram a mudar. O curso de Macroeconomia B tinha como professor Edmar Bacha – um professor formal, mas acessível. As aulas eram claras, e a matéria, instigante: inflação, crescimento, ajuste do Balanço de Pagamentos... Finalmente, discussão de política econômica! Era isso que eu esperava do curso de Economia. Edmar foi o paraninfo da minha turma.

Nas aulas de Macro B comecei a me interessar por comércio e economia internacional. Edmar me apresentou ao modelo Mundell-Fleming, aos impactos das desvalorizações cambiais sobre o Balanço de Pagamentos, às condições de Marshall-Lerner e à curva em J – tudo isso me parecia fascinante.

Com Rogério Werneck, aprendi que a econometria pode ser fácil e que era uma ferramenta importante para a economia aplicada. Pedro Malan trouxe as teorias de comércio e os instrumentos de política comercial. A essa altura eu já estava decidida a seguir no mestrado e a trabalhar com comércio exterior e econometria.

No mestrado, tive a sorte de ter novamente esse trio como professores. Fui aluna do Edmar em mais dois cursos. Tropecei no Q de Tobin, é verdade, mas aprendi a gostar ainda mais da macroeconomia aberta.

A hora de escolher um orientador para a dissertação de mestrado chegou e a intenção de ter Edmar como orientador foi por água abaixo: no segundo semestre de 1983 ele iria para um período no exterior como Professor Visitante na Columbia University.

De volta ao Brasil, em meados da década de 1980, Edmar engajou-se no debate sobre política de estabilização e eu, então trabalhando no IPEA, aproveitava todas as oportunidades para aprender um pouco mais nos seminários na PUC.

A chance de assistir de perto aos debates que gestaram o Plano Cruzado e, mais tarde, o Plano Real, e de conviver com uma geração de economistas que mudaria os rumos da política econômica no Brasil foi, para mim, motivo de orgulho e realização profissional.

De meados de 1990 ao início dos anos 2010, tive poucas oportunidades de convívio com Edmar. Até que comecei a frequentar os seminários da Casa das Garças. Era como se estivesse de volta àquele ambiente de debate estimulante que se instalou no Departamento de Economia da PUC nos anos 1980, agora localizado em um ambiente sofisticado e com uma agenda mais abrangente.

Em 2012, convites para escrever artigos para dois livros organizados por Edmar e Monica de Bolle – *Novos dilemas de política econômica*, em homenagem a Dionísio Dias Carneiro, e *O futuro da indústria no Brasil* – colocaram-me novamente como aluna diante do Mestre. Com sua leitura atenta e seus comentários rigorosos às versões iniciais dos textos, ele continuava me ensinando a aprimorar os argumentos.

Também naquele ano, Edmar me surpreendeu ao se dispor a assinar um documento elaborado pelo Centro de Estudos de Integração e Desenvolvimento (Cindes) – um *think tank* criado em 2005, do qual fui uma das fundadoras – em cooperação com o ex-ministro Rubens Ricupero sobre a posição do Brasil para a Rio+20. O documento era um manifesto contra as estratégias terceiro-mundistas adotadas pelo governo brasileiro para a Conferência e contra as inconsistências entre a política industrial do país e os objetivos de mitigação das mudanças climáticas. Em sua resposta ao meu convite para que ele se juntasse a nós no manifesto, ele disse:

> [...] deixe-me explicar por que assino: (a) a companhia é muito boa, e como aprendemos na medida que a vida avança, o importante são as boas companhias pra nos acompanhar nessa travessia. [...] (d) todos nós temos falado e escrito bastante sobre esses temas, apesar de não sermos especialistas. Se nos predispomos a falar e escrever sobre limites ao crescimento *et al.*, por que não assinar um manifesto ponderado e relevante?

Fiquei comovida com a resposta. O crescente interesse de Edmar pelo tema da abertura comercial nos aproximou novamente. No Cindes, vínhamos discutindo a necessidade de reorientar a política comercial e promover a abertura da economia brasileira. Em 2013, Edmar nos sugeriu a criação de um grupo de discussões para pensar uma nova política comercial para o Brasil. Com seis ou sete participantes, o grupo reunia-se nos finais de tarde no Cindes. Edmar tinha o papel fundamental de fazer perguntas difíceis, às quais, nós, especialistas em política comercial, muitas vezes não sabíamos responder.

Ao final daquele ano, conseguimos escrever e publicar o texto "De volta à autarquia? Antecedentes e quadro atual das políticas comercial e industrial no Brasil", assinado por todos os participantes, incluindo o Edmar. O artigo trazia um bom diagnóstico sobre os equívocos das políticas industrial e comercial brasileiras e seus impactos para a economia do país. Faltava então passar à fase das propostas.

Em 2014, com o objetivo de contribuir com propostas para a campanha de Aécio Neves à Presidência da República, o grupo continuou a se reunir no Cindes sob a batuta de Edmar. Passar do diagnóstico às propostas de política é sempre um salto difícil. Ainda assim, o grupo chegou a elaborar um conjunto de propostas que seria entregue à campanha do candidato do PSDB poucos meses antes das eleições.

Desde então, Edmar tem buscado obter apoio de instituições e potenciais patrocinadores para que o Cindes continue a trabalhar nesse tema. O Mestre continua a apoiar e estimular a aluna.

REFERÊNCIA BIBLIOGRÁFICA

Bacha, E. *et al.* "De volta à autarquia? Antecedentes e quadro atual das políticas comercial e industrial no Brasil". Relatório do Grupo de Trabalho de Política Comercial. Rio de Janeiro: Cindes: 2013.

25

Tributo a Edmar Bacha

Márcio Garcia

Bacha foi meu primeiro professor de macroeconomia. Recém-saído do curso de Engenharia de Produção da UFRJ, eu o conheci como aluno do mestrado em economia na PUC-Rio, em 1983. Naturalmente, já o conhecia das páginas de jornais. Bacha dividia o primeiro curso de macroeconomia do mestrado com Francisco Lafaiete de Pádua Lopes, o Chico Lopes.

As aulas de Edmar deixaram-me imediatamente apaixonado pelo tema. Lembro-me bem da leitura dos principais capítulos da *Teoria Geral*, de Keynes, e dos ensinamentos de Edmar a respeito. Outro dia mesmo, preparando uma aula sobre o funcionamento do mercado de trabalho, lembrei-me de uma citação muito enfatizada por Edmar, em que Keynes fala que os trabalhadores costumam aceitar a redução de salário real trazida pela inflação, mas não uma redução de salário nominal que produzisse a mesma perda real em um mundo sem inflação.[1] A famosa ilusão monetária. O impacto de aprender uma ideia poderosa é muito grande, e Edmar certamente me ensinou inúmeras.

Ao longo do meu mestrado, continuei a me beneficiar do contato com Edmar. Ele também muito me ajudou no exaustivo processo de candidatura ao doutorado no exterior, escrevendo cartas de recomendação. Mas, mais que isso, ele me deu um conselho sem o qual eu talvez não tivesse conseguido realizar meu doutorado nos EUA. Como eu já tinha dois filhos pequenos, e minha esposa também iria estudar, a logística de dois doutorandos com duas crianças pequenas parecia-me inviável. Eis que Edmar desencavou uma norma da imigração dos EUA que nos permitiu levar uma babá, cujo trabalho foi fundamental para que ambos pudéssemos ter sido bem-sucedidos no doutorado em Stanford.

O segundo curso de Edmar a que assisti foi em Stanford, quando ele lá lecionou, durante um trimestre, no final da década de 1980. Foi um curso sobre economias latino-americanas, com ênfase em suas diferentes políticas econômicas. O curso, lembro-me bem, foi excelente e fez muito sucesso entre os alunos. Nessa época, também, Edmar apresentou seu trabalho sobre o modelo de três hiatos, generalizando o clássico modelo de Chenery e Bruno.

Ao voltar de Stanford, em 1991, juntei-me ao Departamento de Economia, onde pude usufruir da convivência intelectual de Edmar até ele se juntar, em 1993, à equipe do então ministro da Fazenda Fernando Henrique Cardoso, que iria gerar o Plano Real. A importância de Edmar na concepção e na execução do Plano Real já é por demais conhecida. Negociava dia a dia no Congresso, o que lhe valeu o apelido de Senador. De fato, seria espetacular caso ele resolvesse tornar real o apelido, candidatando-se este ano ao Senado Federal!

Infelizmente, após passar pelo governo, Edmar passou pouco tempo de volta à academia. Lamento muito não ter conseguido ser coautor com ele um artigo no qual começamos a trabalhar. Mas ele teve papel fundamental em criticar meus trabalhos, o que faz com rara maestria.

Recentemente, temos tido contato frequente nos debates que ele promove no Instituto de Estudos de Política Econômica. A Casa das Garças é um *think tank* que muito tem contribuído para as políticas públicas no Brasil, tendo em Edmar sua mola mestra.

Por fim, quero aqui prestar minha homenagem a Edmar. Espero que tenha demonstrado o quanto lhe devo, tanto profissional quanto pessoalmente. É realmente um grande privilégio contar com a convivência de um amigo tão brilhante e generoso. Espero viver bastante, para poder continuar a usufruir da amizade de Edmar, posto que ele é imortal.

NOTA

1. Keynes, 1982.

REFERÊNCIA BIBLIOGRÁFICA

J. M. Keynes. *Teoria geral do emprego, do juro e da moeda*. São Paulo: Atlas, 1982.

26

Palavras de agradecimento

Edmar Bacha

Meus agradecimentos aos organizadores do evento: Regis Bonelli, Pedro S. Malan, Luiz Chrysostomo de Oliveira Filho, José Carlos Carvalho, Beatriz Luz e Pedro Paulo da Silva. Aos amigos e familiares; especialmente aos membros de diversas mesas, e mais especialmente aos que vieram de longe: Paris, Washington, Nova York, Buenos Aires, Córdoba, Brasília, Belo Horizonte, São Paulo e Niterói.

A primeira coisa que quero destacar é minha satisfação ao chegar aos 75 anos. Tanto do ponto de vista afetivo – com minha família e amigos – como do profissional – com a Casa das Garças e agora a Academia Brasileira de Letras. Pedir mais seria uma afronta aos deuses.

O que anda mal é este nosso país dos contrastes e também das coisas ao contrário – que, por isso mesmo, já chamei de Belíndia e de Lisarb.

Maria Laura mencionou em sua fala que o *alter ego* de Mario Simonsen e o de Delfim Netto figuravam como os anti-heróis de Lisarb e de Belíndia, respectivamente. Pois eles replicaram com seus próprios países: Simonsen, com Banglabânia (uma mistura de Bangladesh com Albânia; um estatismo introvertido combinado com pobreza extrema, como resultado dos excessos da Constituição de 1988), e Delfim Netto, com Ingana (impostos da Inglaterra com serviços públicos de Gana, como resultado dos aumentos de impostos em preparação do Plano Real).

Esses países imaginários designam males múltiplos que ainda estão conosco: desigualdade, pobreza, introversão, impostos sem contrapartida de serviços. E, infelizmente, ainda há mais. Basta ler os jornais. Corrupção na elite, violência nas ruas. Capitalismo de quadrilhas embalado pela selvageria das gangues. É preciso um nome novo para essa combinação de Rússia com Guatemala: Rusmala?

Belíndia, Lisarb, Banglabânia, Ingana, Rusmala. A superação dos males que esses nomes sintetizam é o desafio que temos pela frente. Com lidar com eles? A tarefa é complexa. Mas repito minha obsessão dos últimos anos: a integração do país ao mundo como instrumento. A integração interna – social e regional – como objetivo. As duas integrações (parodiando "as quatro modernizações" de Chu En-Lai). É um fato que os poucos países que foram bem-sucedidos após a Segunda Guerra conseguiram chegar lá com abertura para o comércio internacional: Coreia do Sul, Hong-Kong, Israel, Cingapura, Taiwan (exportando indústria), Espanha, Grécia, Irlanda, Portugal (exportando serviços, inclusive mão de obra), Austrália, Nova Zelândia, Noruega (exportando recursos naturais). Todos integrados ao mundo.

Em um comparativo: sua renda *per capita* (ppc) mediana: US$ 43 mil; a do Brasil, US$ 15 mil. Sua parcela comércio/PIB mediana: 75%; a do Brasil, 27%. Mas, além da abertura ao exterior, são países com duas características que o Brasil não tem: no geral, são bastante igualitários. E, com exceção de Coreia do Sul e Espanha, são bem pequenos. Seu índice de Gini mediano é 0,36, enquanto o Gini do Brasil é 0,52. Sua população mediana é de 10 milhões; a do Brasil, de 207 milhões. Ou seja, ao contrário dos 12 países que ascenderam, o Brasil é um país grande, desigual e fechado.

Será possível se desenvolver mudando apenas dois polos dessa trindade – a introversão e a desigualdade –, mas mantendo o terceiro, isto é, continuando a ser um país grande? Afinal, o mercado interno devia ser um trunfo para a abertura, e não um óbice, como o é atualmente na ideologia de nossa elite.

Seria um feito inusitado no mundo que conhecemos. No século XIX, como nos lembrou Bolívar Lamounier, Estados Unidos, Japão e Alemanha chegaram lá. Mas desde a Segunda Guerra não houve caso parecido. O México ficou pelo meio do caminho, como o Brasil. A Índia e a Indonésia ainda estão lá atrás. A China está tentando, e praticamente nos alcançou em termos de renda *per capita*. Mas ainda tem o enorme desafio da democracia pela frente.

Gostaria de terminar em uma nota não negativa. A democracia é nosso grande trunfo, como o demonstra o sucesso do Plano Real e o andamento da Lava Jato. O desafio é conseguir canalizar essa força da democracia para a construção de um país mais justo e mais aberto ao mundo. Dada nossa história, especialmente nos últimos anos, é razoável ter alguma dúvida sobre a viabilidade dessa empreitada. Mas uma dúvida não tenho: de que vou continuar nesta peleja. Com uma condição: manter a companhia de vocês na caminhada. Muito obrigado.

Sobre os autores

Affonso Celso Pastore é presidente da A.C. Pastore e Associados. Professor aposentado da Faculdade de Economia e Administração da Universidade de São Paulo (USP), ex-professor da Escola de Pós-Graduação em Economia da Fundação Getulio Vargas (FGV) e ex-presidente do Banco Central do Brasil. É doutor em Economia pela USP.

Alkimar R. Moura é professor aposentado da Escola de Administração de Empresas de São Paulo (Eaesp/FGV-SP) e membro do Conselho de Administração e do Comitê de Auditoria da Central de Custódia e Liquidação Financeira de Títulos Privados (Cetip). Foi membro do Comitê de Auditoria do Itaú-Unibanco; vice-presidente de Finanças do Banco do Brasil; diretor de Dívida Pública, de Política Monetária, e de Normas do Banco Central. Professor visitante da University of California em Berkeley, onde concluiu mestrado. É economista pela Faculdade de Ciências Econômicas da Universidade Federal de Minas Gerais (Face/UFMG) e Ph.D. pela Stanford University.

André Lara Resende é *senior visiting fellow* da Columbia University e sócio-diretor da Lanx Capital Investimentos. Foi diretor do Banco Garantia, do Unibanco e do Banco Matrix. Foi professor da Pontifícia Universidade Católica do Rio de Janeiro (PUC-Rio) e pesquisador na University of Oxford. Foi diretor do Banco Central, negociador-chefe para a dívida externa, assessor do presidente Fernando Henrique Cardoso e presidente do Banco Nacional de Desenvolvimento Econômico e Social (BNDES). É economista pela PUC-Rio e Ph.D. pelo Massachusetts Institute of Technology (MIT).

Bolívar Lamounier é diretor-presidente da Augurium Consultoria, bacharel em Sociologia e Política pela UFMG (1964) e Ph.D. em Ciência Política pela California State University em Los Angeles (1974). Integra o Comitê Assessor Acadêmico do Clube de Madri, entidade criada em outubro de 2002 e integrada por ex-presidentes e primeiros-ministros, com o objetivo de desenvolver esforços internacionais de apoio à democracia.

DANIEL LEICHSENRING é sócio e economista-chefe da Verde Asset Management. Foi economista-chefe da Credit-Suisse Hedging Griffo AM e economista do Departamento de Pesquisa Econômica (Depep) e do Banco Central do Brasil. É bacharel e mestre em Economia pelo Instituto de Pesquisas Econômicas da Faculdade de Economia, Administração e Contabilidade da Universidade de São Paulo (IPE-FEA/USP).

EDMAR BACHA é sócio-fundador e diretor do Instituto de Estudos em Política Econômica/Casa das Garças (Iepe/CdG). Foi consultor sênior do Banco Itaú BBA; membro da equipe de governo responsável pelo Plano Real; presidente do BNDES, do Instituto Brasileiro de Geografia e Estatística (IBGE) e da Associação Nacional dos Bancos de Investimento (Anbid); professor da PUC-Rio, na Escola Brasileira de Economia e Finanças da Fundação Getulio Vargas (EPGE-FGV), na Universidade de Brasília (UnB), na Universidade Federal do Rio de Janeiro (UFRJ), na Columbia University, na Yale University (onde concluiu seu Ph.D.), na University of California em Berkeley e na Stanford University. Foi pesquisador no Instituto de Pesquisa Econômica Aplicada (Ipea), no MIT e na Harvard University. É economista pela UFMG.

EDUARDO LOYO é sócio e economista-chefe do Banco BTG Pactual. Foi economista-chefe para a América Latina do UBS Investment Bank, diretor executivo do Fundo Monetário Internacional (FMI), e diretor de Estudos Especiais do Banco Central do Brasil. Foi também professor do Departamento de Economia da PUC-Rio e da Kennedy School of Government, na Harvard University, professor visitante na Columbia University e no Institut européen d'administration des affaires (Insead), e diretor do Iepe/CdG; atualmente, faz parte da diretoria do Centro de Debate de Políticas Públicas (CDPP). É bacharel e mestre em Economia pela PUC-Rio e Ph.D. pela Princeton University.

ELENA LANDAU é economista e advogada formada pela PUC-Rio, onde também recebeu o título de mestre em Economia. Foi professora do Departamento de Economia da PUC-Rio e da Escola de Direito da FGV-RJ. Foi assessora econômica da Presidência do Partido da Social Democracia Brasileira (PSDB), diretora do BNDES. Atuou como conselheira na Vale, Companhia Energética de Minas Gerais (Cemig) e AES Brasil, e foi presidente do Conselho da Eletrobras. Foi organizadora e autora dos Tomos I e II do livro *Regulação Jurídica do Setor Elétrico*. Atualmente, é sócia do escritório de advocacia Sergio Bermudes e presidente do Conselho Acadêmico do Livres.

EVANDRO BUCCINI é economista-chefe da Rio Bravo Investimentos. É formado em Economia na FEA/USP com mestrado em Economia e Finanças pelo Insper.

FERNANDO HENRIQUE CARDOSO comanda a Fundação Fernando Henrique Cardoso. Foi presidente do Brasil por dois mandatos consecutivos. Foi senador, ministro das Relações Exteriores e da Fazenda. É professor emérito da USP e fundador do Centro Brasileiro de Análise e Planejamento (Cebrap). Lecionou na Universidad de Santiago de Chile, Brown University, Stanford University, University of California em Berkeley, University of Cambridge, Université Paris Nanterre e École des Hautes Études en Sciences Sociales (EHESS) e Collège de France. É sociólogo pela USP.

GUILLERMO ROZENWURCEL é investigador principal del Consejo Nacional de Investigaciones Científicas y Tecnológicas (Conicet) e professor titular na Universidad de Buenos Aires (UBA) e Universidad de San Martín (UNSAM). Foi secretário de Estado para a Pequena e Média Empresa na Argentina, entre 1999 e 2000. Licenciado em Economia pela Universidad de Buenos Aires e mestre em Economia pela PUC-Rio.

GUSTAVO H. B. FRANCO é sócio-diretor executivo da Rio Bravo Investimentos e professor no Departamento de Economia da PUC-Rio. Foi presidente e diretor de Assuntos Internacionais do Banco Central do Brasil e secretário adjunto de Política Econômica do Ministério da Fazenda. Foi membro da equipe responsável pelo Plano Real. É bacharel e mestre em Economia pela PUC-Rio e Ph.D. em Economia pela Harvard University.

JOAQUIM FALCÃO é professor titular de Direito Constitucional da Escola de Direito da FGV-RJ e membro da Academia Brasileira de Letras. Foi conselheiro do Conselho Nacional de Justiça e é autor de livros, como *A favor da democracia*, *O Supremo* e *Onze Supremos*. É mestre em Direito pela Harvard University e doutor em Educação pela Université de Genève.

JOSÉ CARLOS CARVALHO é sócio-diretor do Instituto de Estudos de Política Econômica do Iepe/CdG desde 2014 e economista-chefe da Paineiras Investimentos desde 2009. Anteriormente, foi chefe de pesquisa macroeconômica no Banco Pactual e na gestora JGP, da qual foi sócio-fundador. É bacharel em Economia pela UFRJ, mestre em Economia pela PUC-Rio e Ph.D. em Economia pela Yale University.

JOSÉ MÁRCIO CAMARGO é economista da Opus Investimentos e sócio da Tendências Consultoria Integrada. Professor Titular do Departamento de Economia da PUC-Rio, Ph.D. em Economia pelo MIT e bacharel em Economia pela Face/UFMG.

JOSÉ TAVARES DE ARAÚJO JR. é diretor do Centro de Estudos de Integração de Desenvolvimento (Cindes). Ex-professor titular da UFRJ, ex-secretário da

Comissão de Política Aduaneira (1985-1988), da Câmara de Comércio Exterior (1995) e de Acompanhamento Econômico do Ministério da Fazenda (2003-2004). Prestou serviços a organismos internacionais, como Banco Mundial, Banco Interamericano de Desenvolvimento (BID), Organização dos Estados Americanos (OEA), Comissão Econômica para a América Latina e o Caribe (Cepal), Associação Latino-Americana de Integração (Aladi) e Organização das Nações Unidas para o Desenvolvimento Industrial (Unido). É doutor em economia pela University of London.

LUIZ CHRYSOSTOMO DE OLIVEIRA FILHO é sócio da Neo Investimentos, sócio-diretor do Iepe/CdG e diretor da Associação Brasileira das Entidades dos Mercados Financeiro e de Capitais (Anbima). Foi diretor geral dos bancos de investimentos JPMorgan, Chase Manhattann, sócio do Banco Patrimônio de Investimentos e chefe do Gabinete de Desestatização do BNDES. Lecionou nos departamentos de Economia da PUC-Rio e da Universidade Federal Fluminense (UFF). É mestre e bacharel em Economia pela PUC-Rio, com especialização em Administração pela Wharton School.

MARCELO DE PAIVA ABREU é professor titular do Departamento de Economia da PUC-Rio. É Ph.D. em Economia pela University of Cambridge e engenheiro pela PUC-Rio. É pesquisador I-A do Conselho Nacional de Desenvolvimento Científico e Tecnológico (CNPq). É autor de, entre outras publicações, *O Brasil e a economia mundial: 1930-1945*, e organizador de *A ordem do progresso: dois séculos de política econômica no Brasil.*

MÁRCIO GARCIA é professor associado, do Departamento de Economia da PUC-Rio. Já ocupou a direção do Departamento, bem como as coordenações de Graduação e Pós-Graduação. É Ph.D. em Economia pela Stanford University (1991), mestre em Economia pela PUC-Rio (1987) e engenheiro de produção pela UFRJ (1982). Foi professor/pesquisador visitante na Stanford University, no MIT e MIT/Sloan, bem como na University of Chicago, Paris School of Economics e Université D'Evry-Val-D'Essone. É consultor de diversas instituições nacionais e internacionais, pesquisador do CNPq e membro do grupo de Bellagio.

MARCO BONOMO é professor titular de Economia, coordenador de Pós--Graduação Stricto Senso e Pesquisa e do Centro de Finanças da Instituição de Ensino Superior em São Paulo (Insper) e pesquisador nas áreas de economia monetária e finanças. Foi pesquisador visitante no Federal Reserve Bank of New York, Princeton University, Université de Montréal e University of Chicago. Foi professor da EPGE-FGV, da PUC-Rio e pesquisador do Ipea. É mestre e bacharel em economia pela PUC-Rio e Ph.D. em economia pela Princeton University.

MARIA LAURA VIVEIROS DE CASTRO CAVALCANTI é professora titular de Antropologia no Programa de Pós-Graduação em Sociologia e Antropologia na UFRJ. Foi coordenadora de pesquisa e diretora adjunta do então Instituto Nacional de Folclore da Fundação Nacional de Arte. Integra a diretoria da Associação de Amigos do Museu de Folclore Edison Carneiro (Centro Nacional de Folclore e Cultura Popular/Instituto do Patrimônio Histórico e Artístico Nacional – CNFCP/Iphan). É bacharel em História pela PUC-Rio e mestre e doutora em Antropologia pela UFRJ.

PAULO VIEIRA DA CUNHA é sócio fundador da Verbank Consulting em Nova York. Trabalhou como economista em Wall Street; no Banco Mundial e no Ipea/Inpes. Foi professor da USP e da UFRJ, e ocupou os cargos de diretor de assuntos internacionais e de membro do Copom no Banco Central. É Ph.D. pela University of California em Berkeley.

PEDRO S. MALAN é presidente do Conselho Consultivo Internacional do Itaú Unibanco e professor do Departamento de Economia da PUC-Rio. Foi ministro da Fazenda, presidente do Banco Central e negociador-chefe para a Dívida Externa. Foi diretor executivo do Banco Mundial, do BID, do Centro de Empresas Transnacionais da Organização das Nações Unidas (ONU) e do Department of International Economic and Social Affairs (Diesa) da ONU. É engenheiro pela PUC-Rio e Ph.D. pela University of California em Berkeley.

RAFAEL BACCIOTTI é mestre e bacharel em Economia pela Escola de Economia de São Paulo (FGV/EESP), e analista da Instituição Fiscal Independente (IFI) no Senado Federal. Escreve mensalmente no Relatório de Acompanhamento Fiscal (RAF) e produz notas técnicas e estudos especiais. Atuou como economista da área de Macroeconomia e Política da Tendências Consultoria Integrada entre 2010 e 2017.

RAMIRO ALBRIEU é pesquisador do Centro de *Estudios de Estado y Sociedad* (Cedes) e pesquisador associado da Red Sudamericana de Economía Aplicada (Red Sur). É professor da Facultad de Ciencias Económicas de la Universidad de Buenos Aires, onde se graduou em Economia. Prestou serviços a organismos internacionais como Banco Mundial, Cepal e Programa das Nações Unidas para o Desenvolvimento (PNUD).

REGIS BONELLI foi pesquisador do Instituto Brasileiro de Economia (Ibre/FGV) e pesquisador associado do Instituto de Estudos em Política Econômica do Iepe/CdG. Foi diretor-geral do IBGE, diretor de Pesquisa do Ipea e diretor executivo do BNDES. Bacharel em Engenharia pela PUC-Rio e Ph.D. em Economia pela University of California em Berkeley.

SANDRA POLÓNIA RIOS é diretora do Centro de Estudos de Integração Internacional (Cindes). Atua como consultora em projetos do Banco Mundial, BID e de outras instituições internacionais. Foi pesquisadora do Ipea e coordenadora do Departamento de Comércio Exterior da Confederação Nacional da Indústria (CNI). É mestre em Economia pela PUC-Rio, onde é professora licenciada do Departamento de Economia.

SIMON SCHWARTZMAN é professor aposentado pela UFMG e pesquisador associado do Instituto de Estudos do Trabalho e Sociedade no Rio de Janeiro (Iets). Foi presidente do IBGE, professor da USP e professor visitante na Harvard University, University of California em Berkeley (onde fez doutorado em Ciências Políticas), Stanford University e Columbia University. É membro da Academia Brasileira de Ciências (ABC).

THOMAS WU é economista sênior internacional da Verde Asset Management. Foi professor associado (com *tenure*) da University of California, em Santa Cruz. Foi economista-chefe da Ventor Investimentos. É bacharel e mestre em Economia pela PUC-Rio e Ph.D. em Economia pela Princeton University.

*O texto deste livro foi composto em Minion Pro,
em corpo 10,5/13,5, e a impressão se deu sobre
papel off-white pelo Sistema Cameron da
Divisão Gráfica da Distribuidora Record.*